한 번에 합격
자격증은 이기

# 이렇게 기막힌 적중률

함께 공부하고 특별한 혜택까지!

이기적 스터디 카페

구독자 13만 명, 전강 무료!

이기적 유튜브

인증만 하면, **고퀄리티 강의**가 **무료!**

# 100% 무료 강의

STEP 1
이기적
홈페이지
접속하기

>

STEP 2
무료동영상
게시판에서
과목 선택하기

>

STEP 3
ISBN 코드
입력 & 단어
인증하기

>

STEP 4
이기적이 준비한
명품 강의로
본격 학습하기

영진닷컴 이기적

365일 진행되는 이벤트에 참여하고 다양한 혜택을 누리세요.

EVENT ❶

## 기출문제 복원

- 이기적 독자 수험생 대상
- 응시일로부터 7일 이내 시험만 가능
- 스터디 카페의 링크 클릭하여 제보

EVENT ❷

## 합격 후기 작성

- 이기적 스터디 카페의 가이드 준수
- 네이버 카페 또는 개인 SNS에 등록 후 이기적 스터디 카페에 인증

이벤트 자세히 보기 ▶

EVENT ❸

## 온라인 서점 리뷰

- 온라인 서점 구매자 대상
- 한줄평 또는 텍스트 & 포토리뷰 작성 후 이기적 스터디 카페에 인증

EVENT ❹

## 정오표 제보

- 이름, 연락처 필수 기재
- 도서명, 페이지, 수정사항 작성
- book2@youngjin.com으로 제보

이벤트 자세히 보기 ▶

- N페이 포인트 5,000~20,000원 지급
- 영진닷컴 쇼핑몰 30,000원 적립
- 30,000원 미만의 영진닷컴 도서 증정

※이벤트별 혜택은 변경될 수 있으므로 자세한 내용은 해당 QR을 참고하세요.

# 이기적이 다 드립니다

## 여러분은 합격만 하세요! 이기적 합격 성공세트 BIG 4

### 고퀄리티 저자 직강, 무료 동영상 강의

추가 설명이 필요한 학습자를 위해 동영상 강의를 준비했습니다.
도서 구매자라면 100% 무료 동영상 강의를 시청하세요.

### 도서 구매자 특별 제공, 추가 기출문제 & 핵심요약

기출문제 5회분과 핵심요약 PDF를 추가로 제공합니다.
이기적 스터디 카페에서 구매 인증을 통해 받으실 수 있습니다.

### 쉽고 빠르게 확인하는, 자동 채점 서비스

자동 채점 서비스 QR 코드를 찍으면 OMR 카드가 오픈됩니다.
정답을 입력하면 자동 채점되어 바로 실력을 점검할 수 있습니다.

### 무엇이든 물어보세요, 1:1 질문답변

궁금한 점이 있으면 언제든지 이기적 스터디 카페에 질문해 보세요.
전문가 선생님께서 1:1로 맞춤 질문답변을 해드립니다.

※ 〈2025 이기적 워드프로세서 필기 기본서〉를 구매하고 인증한 독자에게만 드리는 혜택입니다.

이기적 홈페이지 바로가기 ▶

시험 환경 100% 재현!

# CBT 온라인 문제집

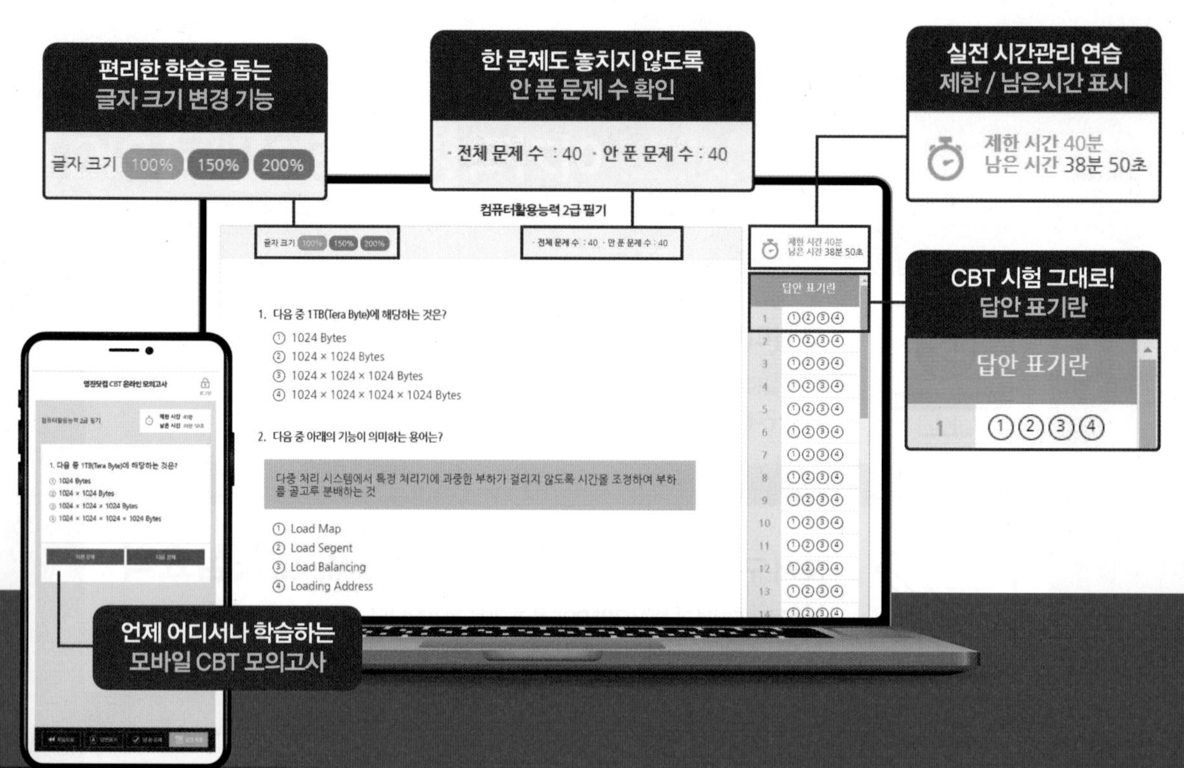


## 이용 방법

| STEP 1 | STEP 2 | STEP 3 | STEP 4 |
|---|---|---|---|
| 이기적 CBT cbt.youngjin.com 접속 | 과목 선택 후 제한시간 안에 풀이 | 답안 제출하고 합격 여부 확인 | 틀린 문제는 꼼꼼한 해설로 복습 |

이기적 CBT

# 이렇게 기막힌 적중률

# 워드프로세서 필기 기본서

"이" 한 권으로 합격의 "기적"을 경험하세요!

YoungJin.com Y.
영진닷컴

# 차례

**출제빈도에 따라 분류하였습니다.**

상 : 반드시 보고 가야 하는 이론
중 : 보편적으로 다루어지는 이론
하 : 알고 가면 좋은 이론

▶ 표시된 부분은 동영상 강의가 제공됩니다.
이기적 홈페이지(license.youngjin.com)에 접속하여 시청하세요.

▶ 제공하는 동영상과 PDF 자료는 1판 1쇄 기준 2년간 유효합니다.
단, 출제기준안에 따라 동영상 내용은 변경될 수 있습니다.

1권

## PART 01 워드프로세싱 용어 및 기능

PART 02

## PC 운영체제

# PART 03 PC 기본상식

## 별책 기출공략집



구매 인증 PDF

CBT 기출문제
01~05회 PDF

워드프로세서 필기
핵심요약 PDF

※ **참여 방법 :** '이기적 스터디 카페' 검색 → 이기적 스터디 카페(cafe.naver.com/yjbooks) 접속 → '구매 인증 PDF 증정' 게시판 → 구매 인증 → 메일로 자료 받기

# 이 책의 구성

## 시험에 꼭 나오는 핵심 이론만 빠르게 압축 정리

**출제빈도**
섹션별 출제빈도를 상/중/하로 나누어 효율적인 학습이 가능합니다.

**빈출 태그**
시험에 자주 출제되는 주요 키워드를 태그로 정리했습니다.

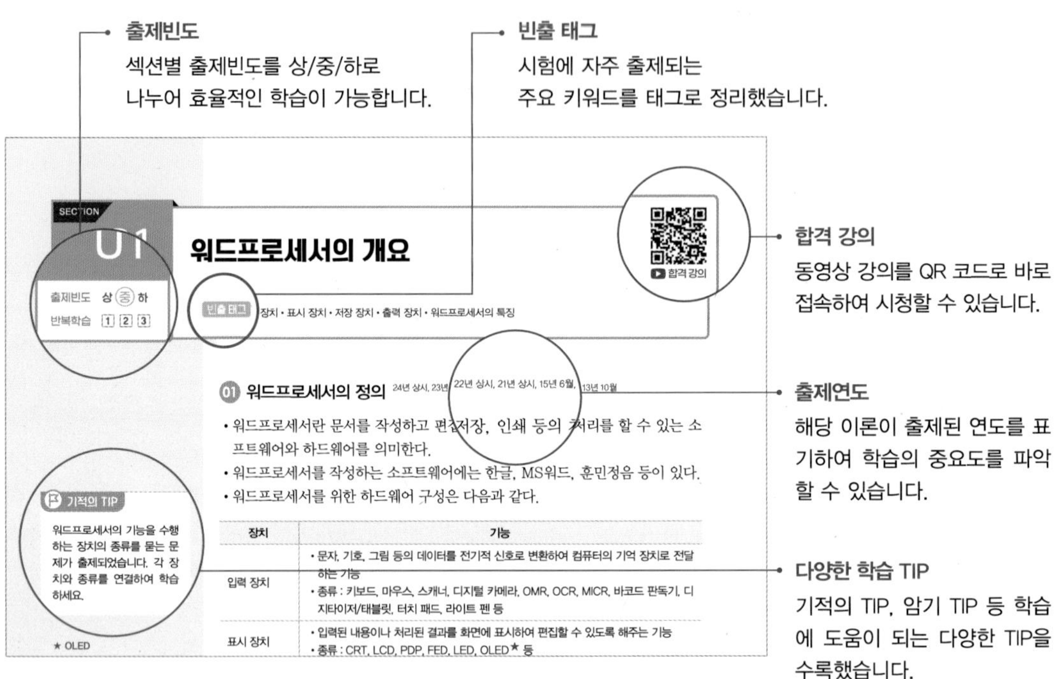

**합격 강의**
동영상 강의를 QR 코드로 바로 접속하여 시청할 수 있습니다.

**출제연도**
해당 이론이 출제된 연도를 표기하여 학습의 중요도를 파악할 수 있습니다.

**다양한 학습 TIP**
기적의 TIP, 암기 TIP 등 학습에 도움이 되는 다양한 TIP을 수록했습니다.

## 이론 학습 후 기출문제 풀이로 실력 점검 & 약점 보완

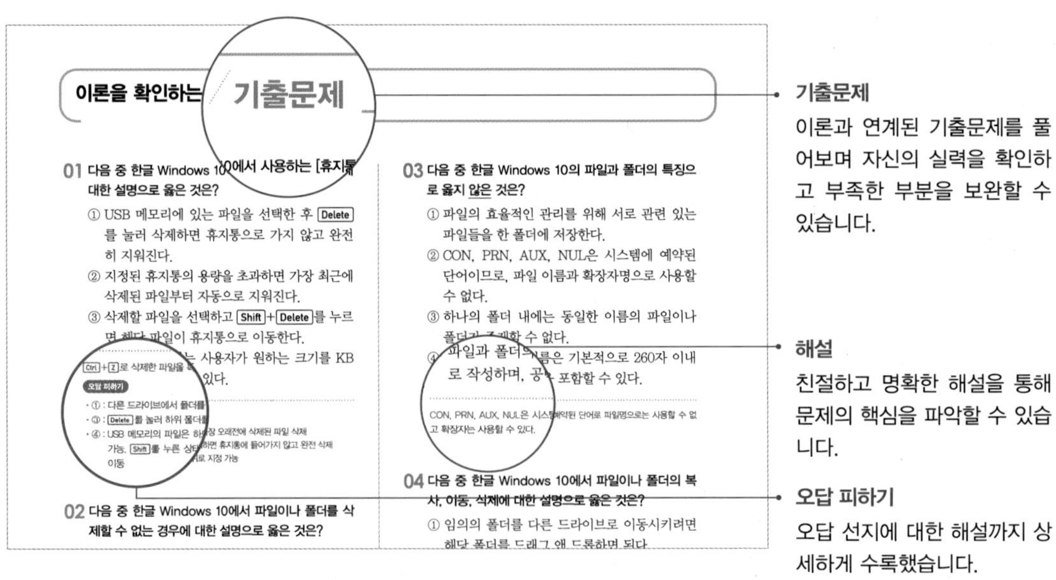

**기출문제**
이론과 연계된 기출문제를 풀어보며 자신의 실력을 확인하고 부족한 부분을 보완할 수 있습니다.

**해설**
친절하고 명확한 해설을 통해 문제의 핵심을 파악할 수 있습니다.

**오답 피하기**
오답 선지에 대한 해설까지 상세하게 수록했습니다.

## 대표 기출 75선으로 출제 유형 파악

**참고 이론 위치**
보충 학습이 필요한 경우 해당하는 이론 위치를 빠르게 확인할 수 있습니다.

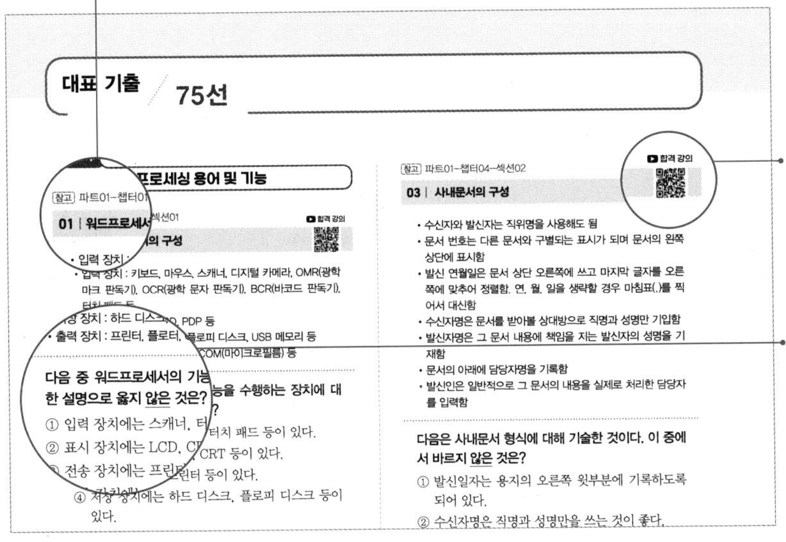

**합격 강의**
동영상 강의를 QR 코드로 바로 접속하여 시청할 수 있습니다.

**대표 기출문제**
자주 출제되는 기출문제를 풀어보며 핵심 개념을 정리하고 출제 유형을 확실히 파악할 수 있습니다.

## 최신 기출문제 풀이로 실전 완벽 대비

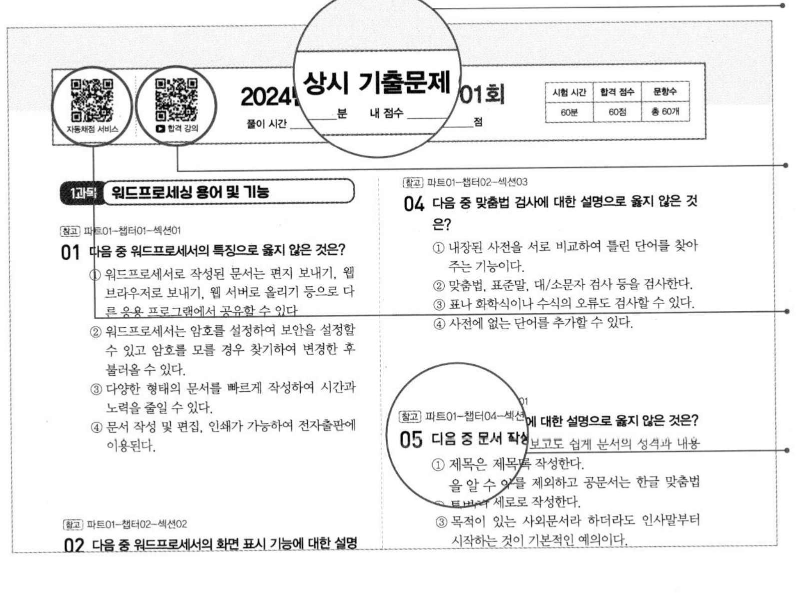

**최신 기출문제**
2023~2024년 상시 기출문제 5회분을 풀며 실전 감각을 키울 수 있습니다.

**합격 강의**
동영상 강의를 QR 코드로 바로 접속하여 시청할 수 있습니다.

**자동 채점 서비스**
OMR 카드에 정답을 입력하면 자동으로 채점됩니다.

**참고 이론 위치**
보충 학습이 필요한 경우 해당하는 이론 위치를 빠르게 확인할 수 있습니다.

## 필기 응시 자격 조건

남녀노소 누구나 응시 가능

## 필기 원서 접수하기

- license.korcham.net에서 접수
- 시험 시간 조회 후 원하는 날짜와 시간에 응시 (상시 검정)

## 필기 시험

- 신분증과 수험표 지참
- 지시사항과 문서를 보고 답안을 작성한 후 파일 제출

## 필기 합격자 발표

상시 시험일 다음날 오전 10시

## 01 응시 자격

제한 없음

## 02 원서 접수

필기 상시 시험, 단일 등급 접수
(객관식 60문항, 시험 시간 60분)

## 03 합격 기준

| | |
|---|---|
| **필기 시험** | 매 과목 100점 만점에 과목당 40점 이상, 평균 60점 이상 |
| **실기 시험** | 100점 만점에 80점 이상 |

## 04 합격자 발표

- 대한상공회의소 홈페이지(license.korcham.net)에서 발표
- 발표일부터 60일간 확인 가능

## 05 자격증 신청

- 휴대할 수 있는 카드 형태의 자격증 발급
- 자격증 교부를 신청하지 않는 사람이 합격 확인서를 필요로 하는 경우 취득확인서(동일 종목에 한하여 하루 3장만 출력 가능) 발급

| | |
|---|---|
| **형태** | • 휴대하기 편한 카드 형태의 자격증<br>• 신청자에 한해 자격증 발급 |
| **신청 절차** | 인터넷(license.korcham.net)을 통해 자격증 발급 신청 |
| **우편 수령** | 우편 수령으로 집에서 수령 가능 |
| **수령 기간** | 신청 후 10~15일 사이 수령 가능 |

## 06 출제 기준

출제 기준 상세 보기

- 적용 기간 : 2024.01.01.~2026.12.31.
- 워드프로세싱 용어 및 기능

| | |
|---|---|
| **워드프로세서 일반** | 워드프로세서의 특징, 워드 랩, 영문 균등 |
| **워드프로세서의 기능** | 확장자, 한글 코드, 인쇄 용지 |
| **전자출판의 개념** | 전자출판 특징, 워터마크, 커닝, HTML 추출 |
| **문서 작성하기** | 맞춤법, 두문/본문/결문, 연역법 |
| **교정부호** | 교정부호의 종류와 사용법 |
| **문서 관리하기** | 문서 관리, 파일링, 전자문서, 공문서 |

- PC 운영체제

| | |
|---|---|
| **한글 윈도우의 기본 기능** | 바로 가기 키, 상태 표시줄, 작업 관리자 |
| **한글 윈도우의 활용** | 작업 표시줄, 시작 메뉴, 파일과 폴더, 휴지통 |
| **보조프로그램과 앱 활용** | 보조프로그램, 원격 데스크톱 연결, 인쇄 |
| **한글 윈도우의 고급 사용법** | 프로그램 및 기능, 시스템, 개인 설정, 장치 관리자 |
| **컴퓨터 시스템 관리** | 시스템 복원, 디스크 조각 모음 및 최적화, 문제 해결 |
| **네트워크 관리** | 네트워크 연결, 서브넷 마스크, 웹 브라우저 |

- PC 기본상식

| | |
|---|---|
| **컴퓨터 시스템의 개요** | 컴퓨터의 세대별 분류, 디지털 컴퓨터 |
| **컴퓨터의 하드웨어와 소프트웨어** | 레지스터, 기억 장치, 입/출력 장치, 운영체제 |
| **멀티미디어 활용하기** | 파일 형식, 그래픽, 사운드 |
| **정보통신과 인터넷** | 인터네트워킹, 정보통신망, 프로그래밍 언어 |
| **정보사회와 보안** | 정보 윤리, 바이러스, 정보 보안, 암호화 |
| **ICT 신기술 활용하기** | 최신 기술 용어, 융합 서비스 |
| **전자우편과 개인정보 관리** | 메일 전송, 메일 관리, 개인정보 보호/관리 |

# 시험 출제 경향

## 워드프로세싱 용어 및 기능 기본을 튼튼하게, 최대한 많이 맞자! 20문항

1과목은 세 과목 중 가장 학습하기 수월한 과목으로 1과목에서 높은 점수를 받을 수 있도록 해야 합니다. 워드프로세서 용어 및 기능에서 가장 많이 출제되고, 문서 작성하기에서는 맞춤법과 띄어쓰기 기능이 출제되며, 문서 관리하기는 개괄적인 내용을 물어보는 간단한 문제가 출제됩니다.

**01 워드프로세서 일반** 14%
빈출 태그 워드프로세서의 특징, 워드 랩, 영문균등

**02 워드프로세서의 기능** 35%
빈출 태그 확장자, 한글 코드, 인쇄 용지

**03 전자출판의 개념** 7%
빈출 태그 전자출판 특징, 워터마크, 커닝, HTML 추출

**04 문서 작성하기** 8%
빈출 태그 맞춤법, 두문/본문/결문, 연역법

**05 교정부호** 8%
빈출 태그 교정부호의 종류와 사용법

**06 문서 관리하기** 28%
빈출 태그 문서 관리, 파일링, 전자문서, 공문서

## PC 운영체제 실제 컴퓨터를 사용하는 것처럼! 20문항

2과목은 사용자에게 가장 친숙한 과목으로 컴퓨터를 사용할 때 반드시 알아야 하는 기능들이 다각도로 출제되고 있습니다. 대체로 한글 Windows 10의 기능과 파일과 폴더의 관리, 시스템 관리, 네트워크 관리 등 컴퓨터 조작에 관한 전반적인 문제가 출제됩니다. 컴퓨터를 이용하여 직접 실습하면 학습에 효과적입니다.

**01 한글 윈도우의 기본 기능** 16%
빈출 태그 바로 가기 키, 상태 표시줄, 작업 관리자

**02 한글 윈도우의 활용** 28%
빈출 태그 작업 표시줄, 시작 메뉴, 파일과 폴더, 휴지통

**03 보조프로그램과 앱 활용** 13%
빈출 태그 보조프로그램, 원격 데스크톱 연결, 인쇄

**04 한글 윈도우의 고급 사용법** 16%
빈출 태그 프로그램 및 기능, 시스템, 개인 설정, 장치 관리자

**05 컴퓨터 시스템 관리** 13%
빈출 태그 시스템 복원, 디스크 조각 모음 및 최적화, 문제 해결

**06 네트워크 관리** 14%
빈출 태그 네트워크 연결, 서브넷 마스크, 웹 브라우저

## PC 기본상식 어렵지만 힘내서 해보자!

20문항

3과목은 다른 과목에 비해 내용도 많고 암기할 부분도 많아 세 과목 중에서 가장 점수를 얻기 어려운 과목입니다. 하드웨어와 소프트웨어 부분은 기출문제의 빈도율이 높은 것을 우선적으로 학습합니다. 기출공략집의 대표 기출을 통해 유형을 분석한 후 본문을 익히는 것도 방법입니다.

01 컴퓨터 시스템의 개요

14%

빈출 태그 컴퓨터의 세대별 분류, 디지털 컴퓨터

02 컴퓨터의 하드웨어와 소프트웨어

31%

빈출 태그 레지스터, 기억 장치, 입/출력 장치, 운영체제

03 멀티미디어 활용하기

7%

빈출 태그 파일 형식, 그래픽, 사운드

04 정보통신과 인터넷

16%

빈출 태그 인터네트워킹, 정보통신망, 프로그래밍 언어

05 정보사회와 보안

14%

빈출 태그 정보 윤리, 바이러스, 정보 보안, 암호화

06 ICT 신기술 활용하기

10%

빈출 태그 최신 기술 용어, 융합 서비스

07 전자우편과 개인정보 관리

8%

빈출 태그 메일 전송, 메일 관리, 개인정보 보호/관리

# CBT 시험 가이드

## CBT란?

CBT는 시험지와 필기구로 응시하는 일반 필기시험과 달리, 컴퓨터 화면으로 시험 문제를 확인하고 그에 따른 정답을 클릭하면 네트워크를 통하여 감독자 PC에 자동으로 수험사의 답안이 저장되는 방식의 시험입니다.
오른쪽 QR코드를 스캔해서 큐넷 CBT를 체험해 보세요!

큐넷 CBT 체험하기!

## CBT 필기시험 진행 방식

본인 좌석 확인 후 착석 ➡ 수험자 정보 확인 ➡ 화면 안내에 따라 진행 ➡ 검토 후 최종 답안 제출 ➡ 퇴실

## CBT 응시 유의사항

- 수험자마다 문제가 모두 달라요. 문제은행에서 자동 출제됩니다!
- 답지는 따로 없어요!
- 문제를 다 풀면, 반드시 '제출' 버튼을 눌러야만 시험이 종료되어요!
- 시험 종료 안내방송이 따로 없어요.

## FAQ

**Q** **CBT 시험이 처음이에요! 시험 당일에는 어떤 것들을 준비해야 좋을까요?**

**A** 시험 20분 전 도착을 목표로 출발하고 시험장에는 주차할 자리가 마땅하지 않은 경우가 많으므로, 대중교통을 이용하는 것을 추천합니다. 무사히 시험 장소에 도착했다면 수험자 입장 시간에 늦지 않게 시험실에 입실하고, 자신의 자리를 확인한 뒤 착석하세요.

**Q** **기존보다 더 어려워졌을까요?**

**A** 시험 자체의 난이도 차이는 없지만, 랜덤으로 출제되는 CBT 시험 특성상 경우에 따라 유독 어려운 문제가 많이 출제될 수는 있습니다. 이러한 돌발 상황에 대비하기 위해 이기적 CBT 온라인 문제집으로 실제 시험과 동일한 환경에서 미리 연습해두세요.

## CBT 진행 순서

| | |
|---|---|
| **좌석번호 확인** | 수험자 접속 대기 화면에서 본인의 좌석번호를 확인합니다. |
| ⬇ | |
| 수험자 정보 확인 | 시험 감독관이 수험자의 신분을 확인하는 단계입니다.<br>신분 확인이 끝나면 시험이 시작됩니다. |
| ⬇ | |
| **안내사항** | 시험 안내사항을 확인하고, 다음을 클릭합니다. |
| ⬇ | |
| 유의사항 | 시험과 관련된 유의사항을 확인합니다. |
| ⬇ | |
| **문제풀이 메뉴 설명** | 시험을 볼 때 필요한 메뉴에 대한 설명을 확인합니다.<br>메뉴를 이용해 글자 크기와 화면 배치를 조정할 수 있습니다.<br>남은 시간을 확인하며 답을 표기하고, 필요한 경우 아래의 계산기를 이용할 수 있습니다. |
| ⬇ | |
| 문제풀이 연습 | 시험 보기 전, 연습을 해 보는 단계입니다.<br>직접 시험 메뉴화면을 클릭하며, CBT가 어떻게 진행되는지 확인합니다. |
| ⬇ | |
| **시험 준비 완료** | 문제풀이 연습을 모두 마친 후 [시험 준비 완료] 버튼을 클릭하면 시험 감독관의 지시에 따라 시험이 시작됩니다. |
| ⬇ | |
| 시험 시작 | 시험이 시작되었습니다. 수험자는 제한 시간에 맞추어 문제풀이를 시작합니다. |
| ⬇ | |
| **답안 제출** | 시험을 완료하면 [답안 제출] 버튼을 클릭합니다. 답안을 수정하기 위해 시험화면으로 돌아가고 싶으면 [아니오] 버튼을 클릭합니다. |
| ⬇ | |
| 답안 제출 최종 확인 | 답안 제출 메뉴에서 [예] 버튼을 클릭하면, 수험자의 실수를 방지하기 위해 한 번 더 주의 문구가 나타납니다. 완벽히 시험 문제 풀이가 끝났다면 [예] 버튼을 클릭하여 최종 제출합니다. |
| ⬇ | |
| **합격 발표** | CBT 시험이 모두 종료되면, 퇴실할 수 있습니다. |

이제 완벽하게 CBT 필기시험에 대해 이해하셨나요?
그렇다면 이기적이 준비한 CBT 온라인 문제집으로 학습해 보세요!
이기적 온라인 문제집 : https://cbt.youngjin.com

이기적 CBT
바로가기

# Q&A

**Q** **워드프로세서 시험의 시행처는 어디인가요?**

**A** 워드프로세서 시험은 대한상공회의소에서 시행하고 있습니다. 시험 전에 반드시 대한상공회의소 자격평가사업단 홈페이지(https://license.korcham.net)를 방문하여 궁금한 사항이나 시험 내용을 확인하세요.

**Q** **워드프로세서 시험 일정이 궁금해요.**

**A** 워드프로세서 시험은 상시 시험입니다. 원서 접수는 개설일부터 시험 4일 전까지 가능하며, 시험 일자는 수험생이 선택할 수 있습니다. 단, 각 시험장 상황에 따라 시험을 보지 못하는 일이 발생할 수 있으니 미리 알아보고 접수하는 것이 좋습니다.

**Q** **상시 시험은 무엇인가요?**

**A** 상시 시험이란 정해진 날짜가 아닌 수험자가 원하는 날짜와 시간을 선택하여 상시 시험장에서 시험을 볼 수 있도록 한 제도입니다.

**Q** **시험은 어떻게 접수할 수 있나요?**

**A** 원서 접수를 위해서는 대한상공회의소 자격평가사업단 홈페이지에 회원가입 후 본인인증이 되어 있어야 합니다. 원서 접수는 인터넷 접수가 원칙이며, 인터넷 접수 시 수수료가 부과됩니다. 원서 접수는 '로그인 → 약관 동의 → 응시종목 선택 → 인적사항 등록 및 입력 → 시험장 선택 → 일자/시간 선택 → 선택내역 확인 → 전자결제 → 접수 확인 → 수험표 출력'의 단계로 진행됩니다. 인터넷 접수가 어려운 경우 대한상공회의소 근무시간 중 방문 접수도 가능합니다.

**Q** **시험 접수 후 일정을 바꾸고 싶어요.**

**A** 접수 기간 내 접수를 취소하는 경우에는 수험료의 100% 환불(접수 수수료 포함)이 가능합니다. 단, 시험 일시는 접수일로부터 시험 4일 전까지 가능합니다. 자세한 사항은 시행처에 문의해 주세요.

**Q** **시험볼 때 수험표를 꼭 준비해야 하나요?**

**A** 수험표는 대한상공회의소 자격평가사업단 홈페이지에서 시험일까지 출력이 가능하며, 코참패스(Korcham Pass) 앱을 통한 모바일 수험표도 확인이 가능합니다. 시험 전 수험표를 확인하는 별도의 절차는 없으나, 수험생의 시험실 및 입실 시간에 혼란이 없도록 가급적 수험표를 지참하시기 바랍니다.

**Q** **시험장에 무엇을 가져가야 하나요?**

**A** 시험장에는 신분증과 수험표를 지참하여 가시기 바랍니다. 신분증이 없으면 시험 응시를 하실 수 없으니 신분증은 반드시 준비하여야 합니다.

Q **합격자 발표일은 언제인가요?**

A 필기 시험 합격자는 상시 시험일 다음날 오전 10시에 발표되며, 실기 시험 합격자는 응시한 주를 제외하고 2주 뒤 금요일 오전 10시에 발표됩니다.

Q **자격증 신청은 어떻게 하나요?**

A 자격증은 신청하신 분에 한하여 발급하고 있습니다. 자격증 신청 기간은 따로 없으며 필요할 때 신청하면 됩니다. 자격증 신청은 인터넷 신청만 있으며, 대한상공회의소 자격평가사업단 홈페이지의 자격증 신청 메뉴에서 가능합니다. 신규와 재발급 모두 3,100원의 전자결제를 해야 하며, 신청 후 10~15일 사이에 수령할 수 있습니다. 자격증 수령 방법은 우편 등기배송만 있으며, 배송료는 3,000원입니다.

Q **필기 시험 합격 유효 기간은 언제까지인가요?**

A 필기 시험 합격 유효 기간은 필기 합격 발표일을 기준으로 만 2년입니다.

Q **워드프로세서 필기 합격 결정 기준과 과락에 대해 알고 싶어요.**

A 매 과목 100점 만점에 과목당 40점 이상이고 평균 60점 이상으로, 한 과목이라도 40점 미만으로 나올 경우 과락으로 불합격 처리됩니다.

Q **워드프로세서 필기 과목 중 PC 운영체제의 OS 출제 기준은 무엇인가요?**

A 워드프로세서 출제 기준에 따라 필기 PC 운영체제 과목은 Windows 10을 기준으로 출제됩니다.

Q **워드프로세서 자격증 취득 시 자격 특전이 있을까요?**

A 워드프로세서 자격증 취득 시 자격 특전은 다음과 같습니다.

- 경찰공무원 채용 가산점 : 2점 가점
- 학점은행제 학점 인정 : 4학점

Q **워드프로세서 실기는 어떤 프로그램으로 응시하나요?**

A 워드프로세서 실기 응시 프로그램은 '한글 2022, MS오피스 LTSC Word 2021'입니다. 보통 한글 2022로 응시하는 경우가 많으며, 원서 접수 시에는 응시 프로그램을 선택하는 선택란이 있으므로 원하는 프로그램으로 선택하시면 됩니다.

PART

# 01

# 워드프로세싱 용어 및 기능

파트 소개

1과목 워드프로세싱 용어 및 기능은 세 과목 중 가장 학습하기 수월한 과목으로 1과목에서 높은 점수를 받을 수 있도록 해야 합니다. 워드프로세서 일반과 기능에서 50% 정도 출제되고, 문서 작성하기에서는 맞춤법과 띄어쓰기 기능이 출제되고 있습니다. 문서 관리하기는 개괄적인 내용을 물어보는 간단한 문제가 출제되며, 워드프로세서의 기능에서 가장 많은 문제가 출제되므로 이 부분을 철저히 정리하도록 합니다. 공문서 부분은 용어가 어렵지만 자주 출제되는 부분을 중심으로 학습하는 것이 좋습니다.

CHAPTER 01

# 워드프로세서 일반

학습 방향

워드프로세서 일반에서는 1~2문제의 출제가 예상됩니다. 출제빈도가 높은 워드프로세서의 정의와 특징을 확실히 알아두고, 워드프로세서의 용어와 의미를 연결지어 학습하도록 합니다.

출제빈도

| | | |
|---|---|---|
| SECTION 01 | 중 | 25% |
| SECTION 02 | 상 | 75% |

SECTION 01

# 워드프로세서의 개요

합격 강의

출제빈도 상 (중) 하
반복학습 1 2 3

빈출 태그 입력 장치 • 표시 장치 • 저장 장치 • 출력 장치 • 워드프로세서의 특징

## 01 워드프로세서의 정의 24년 상시, 23년 상시, 22년 상시, 21년 상시, 15년 6월, 13년 10월

- 워드프로세서란 문서를 작성하고 편집, 저장, 인쇄 등의 처리를 할 수 있는 소프트웨어와 하드웨어를 의미한다.
- 워드프로세서를 작성하는 소프트웨어에는 한글, MS워드, 훈민정음 등이 있다.
- 워드프로세서를 위한 하드웨어 구성은 다음과 같다.

> 기적의 TIP
> 워드프로세서의 기능을 수행하는 장치의 종류를 묻는 문제가 출제되었습니다. 각 장치와 종류를 연결하여 학습하세요.

| 장치 | 기능 |
|---|---|
| 입력 장치 | • 문자, 기호, 그림 등의 데이터를 전기적 신호로 변환하여 컴퓨터의 기억 장치로 전달하는 기능<br>• 종류 : 키보드, 마우스, 스캐너, 디지털 카메라, OMR, OCR, MICR, 바코드 판독기, 디지타이저/태블릿, 터치 패드, 라이트 펜 등 |
| 표시 장치 | • 입력된 내용이나 처리된 결과를 화면에 표시하여 편집할 수 있도록 해주는 기능<br>• 종류 : CRT, LCD, PDP, FED, LED, OLED★ 등 |
| 저장 장치 | • 작업한 정보를 보조 기억 장치에 기억하는 기능<br>• 종류 : 하드 디스크, CD-ROM, DVD, 플로피 디스크, USB 메모리 등 |
| 출력 장치 | • 처리된 정보나 내용을 종이나 필름 등에 인쇄하는 기능<br>• 종류 : 프린터, 플로터, COM(마이크로필름) 등 |

★ OLED
- 형광성 유기화합물에 전류가 흐르면 빛을 내는 전계 발광 현상을 이용하여 스스로 빛을 내는 자체 발광형 유기물질을 이용한 표시
- 휴대전화나 카 오디오, 디지털 카메라와 같은 소형기기의 디스플레이에 주로 사용함

## 02 워드프로세서의 특징 24년 상시, 23년 상시, 22년 상시, 21년 상시, 19년 8월, 18년 3월, 17년 9월/3월, …

- 신속성 : 다양한 형태의 문서를 빠르게 작성하여 시간과 노력을 줄일 수 있다.
- 정확성 : 맞춤법 검사와 빠른 교정 등의 기능으로 문서의 오류를 줄일 수 있다.
- 전송성 : 작성된 문서를 모바일, 팩시밀리, 이메일, 웹 브라우저 등을 통해 전송하여 다른 응용 프로그램에서 공유할 수 있다.
- 저장성 : 보조 기억 장치에 반영구적으로 보관할 수 있다.
- 출력성 : 작업 문서를 프린터나 파일로 인쇄할 수 있다.
- 유지보수 : 문서 작성 및 관리를 전산화하여 유지관리가 쉽다.
- 보존성 : 작성된 문서를 보존하기가 쉽고, 문서의 내용을 검색하는 데 용이하다.
- 통일성 : 문서의 통일성과 체계를 갖출 수 있다.
- 보안성 : 다양한 방법(모바일, 팩시밀리, 이메일, 웹 브라우저 등)으로 전송이 가능하므로 보안에 유의하여야 한다.

> 기적의 TIP
> 정보통신망을 통하여 문서를 전송할 때에는 특히 보안에 주의해야 합니다.

## 이론을 확인하는 기출문제

**01 다음 중 워드프로세서의 기능에 대한 설명으로 옳은 것은?**

① 입력 기능은 문서에 들어있는 문자나 그래픽의 형태, 크기, 위치 등을 지정하는 것을 의미한다.
② 표시 기능은 입력된 문서나 편집 중인 문서를 프린터를 통해 인쇄하여 주는 기능을 의미한다.
③ 저장 기능은 파일 이름을 지정하여 문서를 주기억 장치에 저장하는 기능이다.
④ 문서에 들어가는 내용은 주로 한글이나 영문, 특수문자 등의 문자나 사진, 도형 등의 그래픽이 있다.

**오답 피하기**

- ① : 편집 기능에 대한 설명
- ② : 출력 기능에 대한 설명
- ③ : 저장은 보조 기억 장치를 이용하는 기능

**02 다음 중 워드프로세서에 관한 설명으로 옳지 않은 것은?**

① 다양한 형태의 문서를 손쉽게 작성하고 인쇄할 수 있도록 해준다.
② 사무자동화를 위한 데이터베이스 관리 및 처리가 주요 기능이다.
③ 문서 작성 및 관리가 전산화됨으로써 보다 효율적인 업무 처리를 할 수 있다.
④ 간단한 표 계산 기능 및 차트 기능도 지원한다.

문서를 작성하고 편집, 저장, 인쇄 등의 처리를 할 수 있는 것이 워드프로세서의 주요 기능이다.

**오답 피하기**

데이터베이스 관리 및 처리를 하는 기능은 액세스 프로그램이다.

**03 다음 중 워드프로세서의 기능을 수행하는 장치에 대한 설명으로 옳지 않은 것은?**

① 입력 장치에는 디지타이저, 태블릿, DDR3, SDRAM 등이 있다.
② 표시 장치에는 LCD, CRT, PDP 등이 있다.
③ 출력 장치에는 프린터, 마이크로필름장치(COM), 플로터 등이 있다.
④ 저장 장치에는 USB 메모리, 하드 디스크, DVD 등이 있다.

DDR3, SDRAM은 주기억 장치에 속한다.

**04 다음 중 워드프로세서의 기능을 수행하는 장치에 대한 설명으로 옳지 않은 것은?**

① 입력 장치에는 스캐너, 마우스 등이 있다.
② 표시 장치에는 바코드 판독기, LCD 등이 있다.
③ 출력 장치에는 플로터, 프린터 등이 있다.
④ 저장 장치에는 하드 디스크, USB 메모리 등이 있다.

바코드 판독기는 입력 장치에 속한다.

**05 다음 중 워드프로세서의 특징에 대한 설명으로 옳지 않은 것은?**

① 작성한 문서를 다른 응용 프로그램에서 불러와 편집할 수 있다.
② 작성 중인 문서를 포토샵 파일(*.psd)이나 동영상 파일(*.WMV)로 저장할 수 있다.
③ 작성한 문서에 암호를 부여하여 저장할 수 있어 보안 유지가 가능하다.
④ 작성한 문서를 메일, 팩시밀리, 모바일 등을 이용하여 쉽게 전송할 수 있다.

텍스트 문서, 서식 문서, 플래시 문서, PDF, JPG 등의 이미지 문서로 저장할 수 있으며, 포토샵이나 동영상 파일 형식으로는 저장할 수 없다.

정답 01 ④ 02 ② 03 ① 04 ② 05 ②

SECTION 02

# 워드프로세서 기본 용어

합격 강의

출제빈도 상 중 하
반복학습 1 2 3

빈출 태그 다단 • 레이아웃 • 래그드 • 문자 피치 • 보일러 플레이트 • 소트 • 워드 랩 • 캡션 • 클립아트

기적의 TIP

여러 가지 용어를 나열하고 설명이 잘못된 용어를 고르는 유형의 문제가 주로 출제됩니다. 모든 용어가 골고루 출제되므로 꼼꼼하게 학습하세요.

## 01 워드프로세서 기본 용어 24년 상시, 23년 상시, 22년 상시, 21년 상시, 20년 7월, 19년 3월, 18년 9월/3월, …

| 용어 | 설명 |
|---|---|
| EDI(Electronic Data Interchange) | 네트워크를 통한 업무의 교환 시스템으로 문서의 표준화를 전제로 운영됨 |
| MIPS(Million Instructions Per Second) | 컴퓨터가 1초 동안에 1백만 개의 명령어를 처리할 수 있는 단위로, 컴퓨터의 성능을 알 수 있게 하는 하나의 기준이 됨 |
| OLE(Object Linking & Embedding) | Windows 응용 프로그램 간의 자료 교환 방식. 여러 개의 응용 프로그램이 자료를 공유하면서 한쪽에서의 자료 변화가 모든 자료 공유 프로그램에 반영되도록 하는 방법 |
| 괘선 | 워드프로세서상에서 도표 등에 사용하는 선 모양의 그림 문자 |
| 다단 편집(다단 나누기) | 신문이나 잡지처럼 한 지면에 몇 개의 단을 나누는 기능으로 워드프로세서 또는 전자출판에서 사용되는 기능 |
| 디폴트(Default) | 전반적인 규정이나 서식 설정, 메뉴 등 이미 갖고 있는 값으로 기본값 또는 표준값이라 함 |
| 레이아웃(Layout) | 문서 작성에서 본문의 표제, 그림, 표 등을 페이지의 적당한 위치에 균형 있게 배치하는 기능 |
| 래그드(Ragged)★ | 문서의 오른쪽 끝이 정렬되지 않은 상태 |
| 마진(Margin) | 문서 작성 시 페이지의 상 · 하 · 좌 · 우에 두는 공백 |
| 문단 부호 | 사용자가 문서 입력 중 Enter를 누른 곳을 표시해 주는 부호(↵) |
| 문서 공유 기능 | 네트워크(Network), 인터넷을 이용하여 문서를 필요한 곳에 분배 또는 전송하거나 필요한 문서를 상대방으로부터 받아볼 수 있는 기능 |
| 문자 피치(Character Pitch) | 인쇄 시 문자와 문자 사이의 간격 표현 단위로, 1인치에 인쇄되는 문자 수를 나타내며, 피치가 클수록 문자 사이의 간격이 좁아짐 |
| 보일러 플레이트★(Boiler Plate) | 작성 중인 문서의 일부분에 주석, 메모 등을 적어놓기 위해 따로 설정한 구역 |
| 색인(Index) | 본문 속의 중요한 낱말들을 문서의 제일 뒤에 모아 그 낱말들이 책의 몇 페이지에 있는지 알려주는 기능으로, 오름차순으로 표시함 |

★ 래그드
원래 옷이 너덜너덜하게 찢어진 상태를 뜻하는 것으로 문서를 정렬하지 않아 한쪽 끝이 너덜너덜한 것을 래그드라고 함

★ 보일러 플레이트
원래 증기 보일러에 사용되는 커다란 강판을 의미하지만, 컴퓨터 분야에서는 변경 없이 계속해서 재사용할 수 있다는 의미가 있음. 워드프로세서에서는 머리말, 꼬리말, 주석 등 재사용할 수 있는 내용을 입력하는 구역

암기 TIP

우리집 보일러 플레이트는 베란다에 '따로' 있어요

| | |
|---|---|
| 소트(Sort) | 문서 중 일부분을 가나다(오름차순) 순서 또는 그 역순(내림차순)으로 재배열하는 기능으로, 성적 순위나 회원 목록 작성 시 편리함 |
| 수식 편집기 | 수학, 공학, 물리학, 화학 등의 분야에서 사용되는 각종 수식 및 기호들을 작성할 때 사용하는 기능 |
| 스크롤(Scroll) | 화면 상 · 하 · 좌 · 우의 내용을 보기 위해 스크롤 바를 이용해 화면을 이동시키는 기능 |
| 워드 랩(Word Wrap) | 문서 작성 시 한 행의 끝부분에 입력된 영어 단어가 너무 길어서 단어의 일부가 다음 줄로 넘어가야 하는 경우, 단어 전체를 다음 줄로 넘겨 단어 파악을 쉽게 할 수 있도록 하는 기능 |
| 아이콘(Icon) | 그래픽 사용자 인터페이스를 제공하는 컴퓨터에서 각종 명령이나 기능, 프로그램 등을 선택하기 위해 화면에 표시되는 작은 그림 |
| 영문 균등(Justification) | 워드 랩 등으로 생긴 공백을 처리하기 위해 단어와 단어 사이의 간격을 균등 배분함으로써 전체 길이를 맞추고 균형을 유지하기 위한 기능<br>영문 균등<br>워드 랩<br>멀티미디어란 문자(Text), 그래픽(Graphic), 동영상(Video), 소리(Sound), 음악(Music)과 같은 여러 형태의 정보를 컴퓨터 기술로 처리하고 통합하는 것을 말한다. |
| 옵션(Option) | 명령이나 기능을 수행하는 데 있어 추가 요소나 선택 항목을 말함 |
| 와일드 카드(Wild Card)★ | 검색이나 교체 기능을 수행하는 도중 지정된 문자가 아닌 아무 문자 또는 특정 형태의 여러 문자에 대응하는 문자나 기호로 보통 *와 ?를 사용 |
| 조판 부호<br>(Control Code) | • 일반적으로 편집 화면에는 나타나지 않는 숨은 문자<br>• 문서 편집 과정에서 생긴 표나 글상자, 그림, 머리말 등을 표시하기 위해 사용됨<br>• 조판 부호는 인쇄할 때 나타나지 않음 |
| 줄 높이(Line Height) | 1인치당 인쇄되는 줄의 수로, 보통 6LPI(Lines Per Inch)이며, 수치가 커질수록 간격은 좁아짐 |
| 캡션(Caption) | 문서에 포함된 표 또는 그림의 제목이나 설명을 붙이는 기능으로, 캡션의 위치는 사용자가 지정할 수 있음 |
| 클립아트(Clipart) | 잘라낸 그림이라는 의미로, 컴퓨터로 문서를 작성하거나 편집할 때 편리하게 사용할 수 있도록 만들어 놓은 그래픽 데이터 모음 |
| 파일(File) | 자료의 모임으로서 주로 디스크 등의 보조 기억 장치에 특정 형식으로 저장되어 있으며, 파일명과 확장자로 구분됨 |
| 포매터(Formatter) | 워드프로세서에서 기존의 문서가 요구하는 특정 모양으로 화면에 나타나게 하거나 프린터에 출력하기 위하여 화면 제어 문자 및 공백을 첨가하여 문서를 재편집하는 프로그램 |
| 폴더(Folder) | 문서 관리의 효율성을 높이기 위해 사용되는 것으로, 관련된 파일들의 집합 장소를 말하며, 도스의 디렉터리와 같은 개념 |
| 하이퍼미디어<br>(Hypermedia) | 문자 및 그림, 음성, 비디오 등 여러 개의 미디어를 서로 유기적으로 결합시켜 다룰 수 있는 멀티미디어 환경으로, 하이퍼텍스트를 확장한 개념 |
| 하이픈(Hyphen) | 낱말을 합치거나 음절을 나눌 때 쓰이는 문장 부호 |

**기적의 TIP**

소트(Sort)를 이용하면 성적 순이나 이름순으로 쉽게 정리할 수 있습니다.

$$\frac{Y^2}{X}+\frac{X^2}{Y}=\frac{X^3+Y^3}{XY}$$
$$=\frac{(X+Y)^3-3XY(X+Y)}{XY}$$
$$F(X)-2\int_0^X E^T F(T)DT=1$$
$$\lim_{n\to\infty} = \frac{A}{B}$$

▲ 수식 편집기

★ 와일드 카드
원래 카드 놀이에서 유래된 용어로, 카드 놀이에서는 조커(Joker)를 자신이 편할 때 사용할 수 있는 만능 패, 즉 와일드 카드로 사용함

**기적의 TIP**

• 클립보드는 버퍼와 같은 것으로, 임시 기억 장소입니다.
• 클립아트(Clipart)는 Art(미술)와 관련된 그림을 모아 둔 것을 말합니다. 혼동하지 않도록 공부하세요.

**개념 체크**

1 문서 작성 시 페이지의 상 · 하 · 좌 · 우에 두는 공백을 (    )이라고 한다.

2 작성 중인 문서의 일부분에 주석, 메모 등을 적기 위해 따로 설정한 구역을 (    )라고 한다.

1 마진 2 보일러 플레이트

| | |
|---|---|
| **화면 캡처(Screen Capture; 갈무리)** | 화면에 표시된 문자나 도형의 정보를 하나의 파일에 저장하는 것을 말하며, 동화상을 저장하는 것을 비디오 캡처라 함 |
| **소수점 탭(Decimal Tab)** | 수치 자료의 경우 소수점을 중심으로 정수와 소수 부분을 정렬하는 기능 |
| **홈베이스(Home Base)** | 특정 영역을 기억해 둔 다음 특정 키로 바로 이동 |

## 이론을 확인하는 기출문제

**01** 다음 중 아래 설명에 해당하는 워드프로세서 용어는?

> 문서 편집과 관련된 여러 가지 설정 항목들의 표준값으로 사용자가 따로 지정하지 않는 한 이 값이 그대로 적용된다.

① 클립아트(Clip Art)
② 도구상자(Tool Box)
③ 스풀링(Spooling)
④ 디폴트(Default)

**오답 피하기**
- 클립아트 : 문서 작성 시 편리하게 사용하도록 만들어 놓은 그래픽 데이터의 모음
- 도구상자 : 파일을 조작하거나 편집하는 각종 기능을 모아놓은 상자
- 스풀링 : 인쇄를 하면서 다른 작업이 가능하도록 인쇄할 데이터를 보조 기억 장치에 저장했다가 출력하는 기술

**02** 다음 중 워드프로세서의 편집 관련 용어에 대한 설명으로 옳은 것은?

① 마진(Margin) : 프린터에서 한 면 단위로 프린터 용지를 위로 올리는 기능
② 영문 균등(Justification) : 단어 사이의 간격을 조절하여 워드 랩으로 인한 공백을 없애고 문장의 양쪽 끝을 맞추는 기능
③ 홈베이스(Home Base) : 문서의 균형을 위해 비워두는 페이지의 상 · 하 · 좌 · 우 공백
④ 옵션(Option) : 문단의 각 행 중에서 오른쪽 또는 왼쪽 끝 열이 정렬되지 않은 상태

**오답 피하기**
- 마진 : 문서 작성 시 페이지의 상 · 하 · 좌 · 우에 두는 공백
- 홈베이스 : 문서의 어디서나 특별히 지정된 위치로 바로 이동하는 기능
- 옵션 : 명령이나 기능을 수행하는 데 있어 추가 요소나 선택 항목

**03** 다음 중 워드프로세서의 용어에 대한 설명으로 옳지 않은 것은?

① 옵션(Option) : 어떤 기능에 대한 지시를 부여하거나 지시할 때 선택할 수 있는 항목을 말한다.
② 마진(Margin) : 문서의 균형을 위해 비워두는 페이지의 상 · 하 · 좌 · 우 공백을 말한다.
③ 센터링(Centering) : 문서의 중심을 비우고 문서의 내용을 정렬하는 기능이다.
④ 캡션(Caption) : 문서에 포함된 표나 그림에 붙이는 제목 또는 설명이다.

센터링(Centering)은 문서의 가운데를 기준으로 정렬하는 기능이다.

**04** 다음 중 워드프로세서의 용어에 대한 설명이 옳은 것은?

① 옵션(Option) : 어떤 기능에 대한 지시를 부여하거나 지시할 때 선택할 수 있는 항목을 말한다.
② 캡션(Caption) : 글자를 구부리거나 글자에 외곽선, 그림자, 회전 등의 효과를 주어 글자를 꾸미는 것을 말한다.
③ 스크롤(Scroll) : 문장 입력 중 한글이나 영어 단어가 길어 문장의 끝에 걸쳐질 때 그 단어 자체를 다음 줄로 넘기는 기능이다.
④ 래그드(Ragged) : 문서의 왼쪽 끝이 정렬되지 않은 상태를 말한다.

옵션은 명령이나 기능을 수행하는 데 있어 추가 요소나 선택 항목을 의미한다.

**오답 피하기**
- 캡션 : 표나 그림의 제목
- 스크롤 : 화면을 상 · 하 · 좌 · 우로 이동하는 기능
- 래그드 : 문서의 오른쪽 끝이 정렬되지 않은 상태

정답 01 ④ 02 ② 03 ③ 04 ①

CHAPTER 02

# 워드프로세서의 기능

학습 방향

1과목에서 가장 핵심이 되는 부분으로 전체적으로 고르게 출제됩니다. 단순하게 용어를 외우는 것보다 워드프로세서 실습을 통해서 기능과 용어를 익히는 것이 좋습니다. 확장자, 한글 코드, 글꼴 구현 방식, 조판 기능, 인쇄 용지 등 다양한 문제가 출제되므로 기출문제를 철저하게 분석해서 시험에 대비하세요.

출제빈도

| | | |
|---|---|---|
| SECTION 01 | 상 | 25% |
| SECTION 02 | 상 | 30% |
| SECTION 03 | 상 | 33% |
| SECTION 04 | 중 | 12% |

SECTION 01

# 입력 및 저장 기능

합격 강의

출제빈도 (상) 중 하

반복학습 1 2 3

빈출 태그 저장하기 • 확장자 • 한글 코드 • 한자 입력 • 금칙 처리 • 그리기 기능 • 상용구 • 하이퍼텍스트

> **기적의 TIP**
>
> 입력 및 저장 기능에서는 확장자, 한글 코드의 특징, 글자 입력 방법, 차트 등의 다양한 문제들이 출제되고 있습니다. 출제가 많이 되는 부분이므로 모든 내용을 정확하게 이해하고 넘어가야 합니다.

## 01 불러오기 09년 7월, 07년 7월

- 저장 매체에 기록된 문서 파일을 열기 위해 사용한다.
- 불러오기 파일 목록 상자에 있는 파일을 원하는 순서에 따라 소트할 수 있다.
- 불러오기 대화상자에서 Shift, Ctrl을 이용하여 여러 개의 파일을 선택하면 여러 문서를 한꺼번에 불러올 수 있다.
- 다른 워드프로세서 프로그램으로 작성한 문서 파일을 불러올 수 있다.
- 읽기 전용 속성으로 불러온 문서를 편집할 수 있지만, 같은 이름으로 저장할 수는 없다.

## 02 저장하기 24년 상시, 21년 상시, 20년 7월/2월, 18년 9월, 16년 3월, 13년 10월, 11년 9월/6월, 10년 3월, 08년 10월, …

> **로드(Load)**
> 보조 기억 장치에 저장된 데이터를 주기억 장치로 불러들이는 기능

- 작업 중이거나 입력을 마친 문서를 보조 기억 장치에 파일로 저장하는 기능이다.
- 주기억 장치(RAM)의 내용을 보조 기억 장치에 저장하는 기능이다.
- 워드프로세서 간의 파일 저장 형태에 따라 다양한 형태로 저장할 수 있다.
- 문서의 일부분을 블록으로 지정하여 블록 저장할 수 있다.
- 문서 저장 시 암호를 지정하여 다른 사람의 열람을 막을 수 있다.
- 예기치 않은 사고로 편집 중인 문서를 미처 저장하지 못했을 경우를 대비해 자동 저장 기능을 제공한다.
- 문서를 호출하여 수정한 후 다른 이름으로 저장할 경우 본래의 문서는 그대로 있고 새로운 이름으로 문서를 저장할 수 있다.
- 작업 중인 파일을 텍스트 파일로 저장하면 워드프로세서에서 지정한 서식은 저장되지 않고 내용만 저장된다.

> **기적의 TIP**
>
> 워드프로세서 문서는 텍스트 문서, 서식 문서, 플래시 문서, PDF, JPG 등의 이미지 문서로 저장할 수 있습니다.

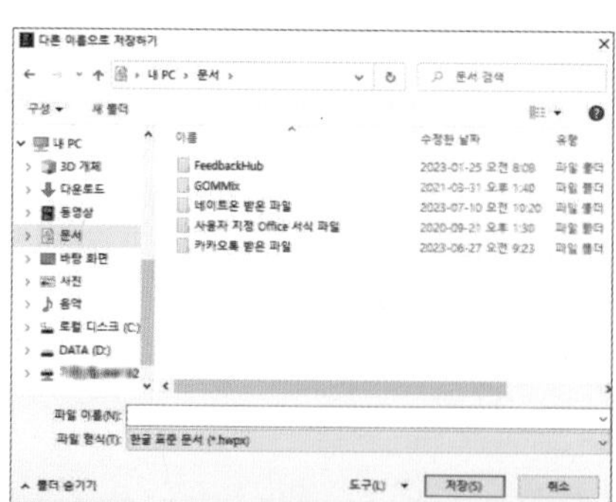

◀ 저장하기 대화상자

## 03 파일 이름 및 확장자(Extension) 23년 상시, 22년 상시, 20년 7월/2월, 17년 9월/3월, 11년 3월, …

- 파일 이름은 문서의 성격 및 내용을 쉽게 알 수 있도록 짧게 지정한다.
- 확장자는 파일의 특정 의미를 알려 주기 위해 파일명 뒤에 붙이는 이름이며 점(.)으로 구분한다.
- 확장자는 문서 작성 프로그램에 따라 정해지지만 사용자가 다른 형식으로 확장자를 바꾸어 저장할 수 있다.

| 확장자 | 설명 | 확장자 | 설명 |
|---|---|---|---|
| COM, EXE, BAT | 실행 파일 | TXT, DOC | 일반 텍스트 문서 파일 |
| BMP, PCX, GIF, JPG | 그래픽 파일 | HTM(HTML) | 인터넷 문서 파일 |
| ARJ, ZIP, LZH, RAR | 압축 파일 | ASV | 자동 저장 파일 |
| WAV, MID, MP3 | 음악 파일 | PDF | Adobe사에서 개발한 전자 문서 형식 파일 |
| BAK, WBK, BKG | 백업★ 파일 | RTF★ | 응용 프로그램 간의 문서 호환을 위해 만든 파일 |

백업 파일의 확장자는 워드프로세서 프로그램에 따라 달라짐.
예를 들어 한글에서는 BAK, MS-Word에서는 WBK로 저장됨

★ 백업(Backup)
작성된 문서가 파손되거나 분실되는 것을 방지하기 위해 따로 보관해 두는 것

★ RTF(Rich Text Format)
대부분의 워드프로세서에서 지원하는 문서 포맷

## 04 내보내기

- 워드프로세서로 저장된 문서 파일을 전자 메일이나 웹 브라우저로 '내보내기'하는 기능이다.
- [파일]-[보내기]-[편지 보내기(본문으로)], [편지 보내기(파일 첨부로)], [웹 브라우저로 보내기], [웹 서버로 올리기], [ODT로 보내기] 중에서 선택한다.
- [인터넷 문서 종류] 창에서 '보내기'할 문자 코드를 선택한 후 [확인]한다.

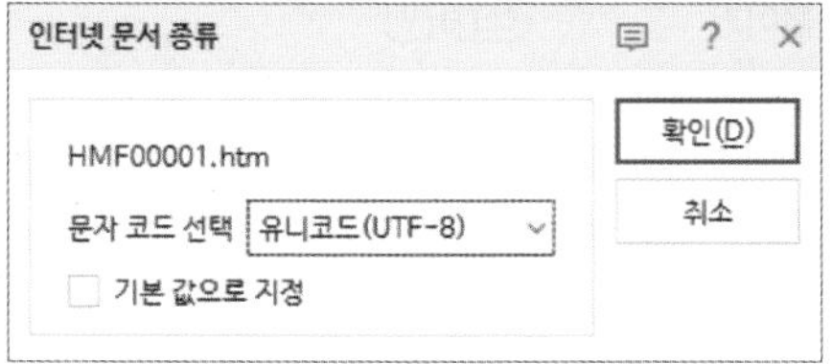


- [편지 보내기(본문으로)]는 Outlook Express 앱으로 편지 보내기 기능에서 받는 사람, 참조, 제목과 내용을 입력한 후 현재 문서를 [보내기]하는 기능이다.

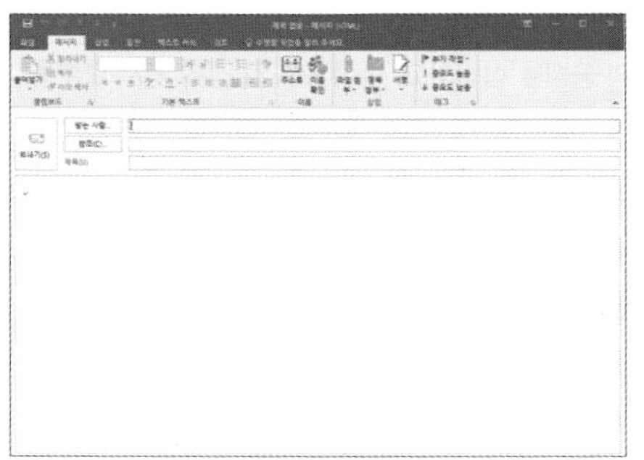

• [웹 브라우저로 보내기]는 HTML 형식으로 웹 브라우저에서 열 수 있는 기능이다.
• [ODT로 보내기]는 개방형 사무용 전자 문서 형식의 파일로 변환하여 보내는 기능이다. ODT(Open Document Format)는 웹상에서 공문이나 한글문서를 열람하기 위한 파일 형식이다.

## 05 키보드 기능 24년 상시, 23년 상시, 22년 상시, 21년 상시, 15년 3월, 08년 10월

### 1) 기능키(Function Key)

자주 사용되는 워드프로세서 기능들을 하나의 키로 수행하는 것으로 [F1]~[F12]가 있다.

### 2) 조합키

Shift
한글 쌍자음과 복모음을 입력할 때 사용하는 키

단독으로 사용할 수 없고 다른 키와 조합하여 특수한 기능을 수행하는 것으로 [Ctrl], [Shift], [Alt]가 있다.

### 3) 토글키(Toggle Key)★

★ 토글키
키를 한 번 누르면 하나의 값이 되고, 다시 한 번 누르면 다른 값으로 변하는 것을 의미

★ Caps Lock
영문의 기본값은 소문자임

하나의 키로 두 가지 기능을 수행하는 키이다.

| | | | |
|---|---|---|---|
| Insert | 입력 모드의 삽입/수정 전환 | Scroll Lock | 스크롤 기능의 설정/해제 전환 |
| Caps Lock★ | 영문 대/소문자 전환 | 한/영 | 한글/영문 입력 전환 |
| Num Lock | 숫자/방향 전환 | | |

### 4) 바로 가기 키(= 단축키) 08년 10월, 07년 3월, 05년 11월/8월/5월/3월, 04년 3월

암기 TIP
• Ctrl+C의 C는 Copy입니다.
• Ctrl+X의 X는 오릴 수 있는 가위를 생각하세요.

키보드의 조합으로 메뉴의 기능을 대신하는 키이다.

| | | | |
|---|---|---|---|
| **복사하기** | Ctrl+C | **붙이기** | Ctrl+V |
| **오려두기** | Ctrl+X | **되살리기** | Ctrl+Z |

### 5) 기타 24년 상시, 23년 상시, 22년 상시, 21년 상시, 20년 2월, 19년 3월

| 키 | 기능 |
|---|---|
| Esc | 워드프로세서에서 선택된 기능이나 명령을 취소 또는 이전 상태로 복귀 |
| Enter | 다음 줄로 이동, 줄 삽입, 새로운 문단★ 시작, 명령 실행 |
| Back Space | 백스페이스(Backspace)로, 커서 왼쪽 문자 삭제 |
| Space Bar | 삽입 모드일 경우 문자의 공백을 삽입하고, 수정 모드일 경우 커서 오른쪽 문자 삭제 (삽입 모드: 문서 중간에 글자가 추가되는 상태 / 수정 모드: 내용이 지워지면서 새 글자 입력) |
| Delete | 커서 위치의 오른쪽 문자를 한 글자씩 삭제 |
| Print Screen | 현재 화면 전체를 클립보드에 저장 |
| Alt+Print Screen | 현재 활성화된 창을 클립보드에 저장 |

★ 문단
문서의 Enter에서 Enter까지의 내용

**강제 개행**
Enter를 눌러 커서를 다음 줄로 넘기는 기능으로 문단이 구분됨

**자동 개행**
글자가 한 행에 꽉 차서 오른쪽 끝을 넘으면 자동적으로 다음 줄의 처음 위치로 옮겨가는 기능

## 06 한글 코드

24년 상시, 23년 상시, 22년 상시, 21년 상시, 20년 2월, 19년 3월, 18년 3월, 17년 9월, 16년 6월, 14년 6월, …

| 구분 | 완성형 (KS X 1001, 1987) | 조합형 (KS X 1001, 1992) | 유니코드 (KS X 1005-1) |
|---|---|---|---|
| 표현 방식 | 완성된 글자마다 코드값 부여 | 초, 중, 종성의 코드값 조합 | 완성형 코드에 조합형 코드를 반영 |
| 표현 글자 수 | • 한글 2,350자<br>• 한자 4,888자<br>• 특수문자 1,128자<br>• 사용자 정의 188자<br>• 미지정 문자 282자 | • 한글 11,172자<br>• 초성 19자, 중성 21자, 종성 27자 | • 완성형 한글 11,172자<br>• 한글 자모 240자 |
| 표현 바이트 수 | 영문/숫자 1바이트, 한글/한자 2바이트로 표현 | | 한글, 한자, 영문, 공백 등 모든 문자 2바이트로 표현 |
| 장점 | • 정보 교환 시 충돌이 없음<br>• 외국 소프트웨어의 한글화가 쉬움 | 한글의 대부분을 표현할 수 있음 | • 외국 소프트웨어의 한글화가 쉽고, 한글을 모두 가나다순으로 정렬함<br>• 완성형과 조합형을 동시에 사용할 수 있고 전 세계 모든 문자를 표현할 수 있음 |
| 단점 | • 기억 공간을 많이 차지함<br>• 코드가 없는 문자는 사용 불가능 | 정보 교환 시 충돌이 발생함 | 기억 공간을 많이 차지함 |
| 용도 | 정보 교환용 | 정보 처리용 | • 국제 표준 코드<br>• 정보 처리용/정보 교환용 |

**완성형과 조합형 차이점**

| 구분 | 코드 부여 | 표현 가능한 문자 |
|---|---|---|
| 완성형 | 영, 진 | 영, 진 |
| 조합형 | ㅇ, ㅕ, ㅈ, ㅣ, ㄴ | 여, 이, 연, 인, 엿, 져, 지, 징, 정, 진, 젼, 녀, 니, 녕 … |

**기적의 TIP**

유니코드는 모든 글자를 2Byte로 표현합니다. 예를 들어 '韓國 만세'는 공백을 포함하여 5자이므로 10바이트가 필요합니다.

## 07 입력 방법

### 1) 글자판

문서 입력 시 한글은 물론 외국 문자, 특수문자 등을 상황에 따라 바꿔 가면서 쉽고 빠르게 입력할 수 있는 기능이다.

### 2) 한글 입력

- 한글 2벌식은 받침에 상관없이 글자를 풀어서 순서대로 입력한다.
- 한글 2벌식에서 쌍자음이나 복모음을 입력하려면 Shift를 이용한다.
- 한글 3벌식은 초성, 중성, 종성을 구분하여 입력한다.

### 3) 영문 입력

- 한글 입력 상태에서 영문을 입력할 경우 한/영으로 변환한 후 입력한다.
- 대/소문자는 Caps Lock이나 Shift를 이용해 입력한다.
- 한/영 변환은 워드프로세서에 따라 한/영, 왼쪽 Shift+Space Bar, 오른쪽 Alt를 사용하기도 한다.

### 4) 한자 입력 24년 상시, 23년 상시, 22년 상시, 21년 상시, 16년 10월/3월, 15년 10월/6월, 14년 6월/3월, 13년 10월, 12년 3월, …

- 한자는 키보드에 표기할 수 없기 때문에 한자 목록이나 한자 사전에서 해당 한자를 선택하여 입력한다.
- 한자의 음을 아는 경우 한글/한자 음절 변환, 단어 변환, 문장 자동 변환 등으로 입력할 수 있다.
- 한자의 음을 모를 경우 부수/총 획수 입력, 외자 입력(코드 테이블을 이용하여 미리 약속된 코드값이 한자를 입력하는 방법), 2Stroke 입력★ 등으로 변환할 수 있다.
- 자주 사용하는 한자 단어를 한자 단어 사전에 등록하여 사용할 수 있다.
- 한자가 많이 들어 있는 문서의 일부분 또는 전체를 블록 지정하여 모두 한글로 바꿀 수 있다.
- 입력된 한자를 한글로 전환 시 [한자]를 다시 누른다.

★ 2Stroke 입력
한글 2개의 글자를 이용하여 한자를 입력하는 방법으로 국내에서는 거의 사용되지 않음

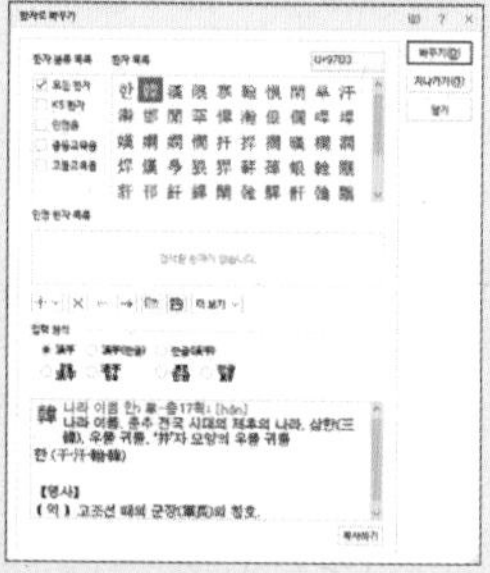
▲ 음절 변환

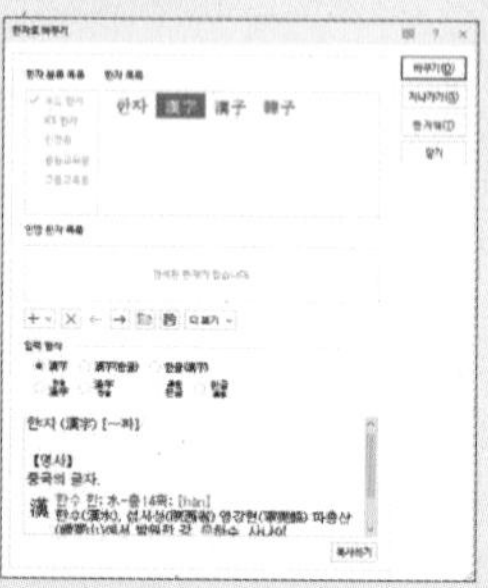
▲ 단어 변환

따라하기 TIP

**한자 입력**

① 한글에서 한자로 바꿀 단어를 한글로 입력한 후 단어의 마지막 글자에 커서를 놓고 [한자]나 [F9]를 누른다.

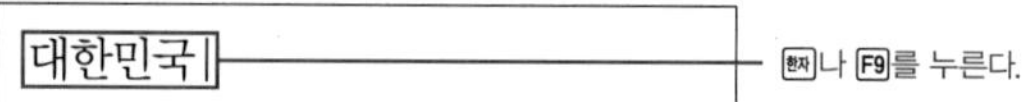


② [한자로 바꾸기] 대화상자에서 바꾸고자 하는 뜻에 맞는 한자를 선택한 후 [입력 형식]에서 원하는 형식을 지정하고 [바꾸기]를 클릭한다.

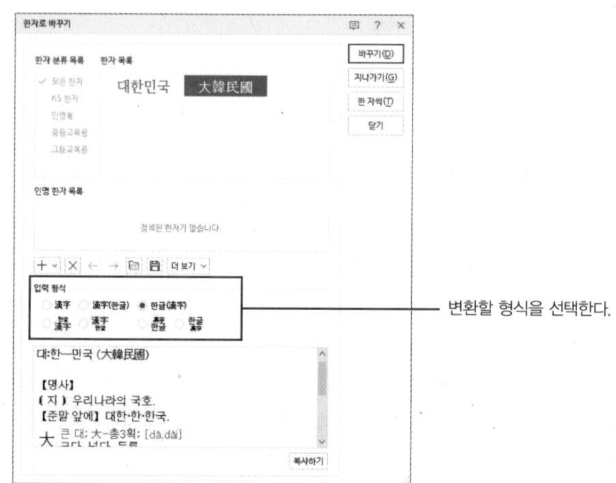


③ 문장 자동 변환을 사용하려면 문장을 블록 설정한 후 [한자]를 누르면 한자들이 차례로 변환된다.

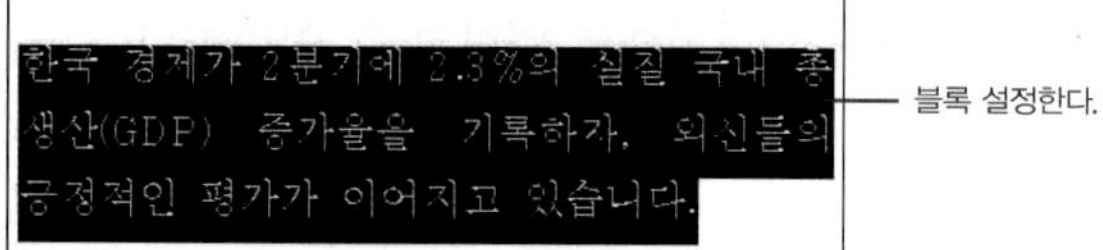

### 5) 특수문자 입력 19년 3월

- 키보드상에 없는 특수문자(기호, 도형)는 문자표를 이용해 입력할 수 있다.
- 완성형 한글 코드 방식의 워드프로세서에서는 한글의 자음 입력 후 [한자]를 눌러 특수문자 배열표에서 입력한다.
- 특수문자는 1바이트 또는 2바이트로 구성된다.

**글자 겹침**
[입력]–[글자 겹치기]를 클릭하여 글자판이나 특수문자표에서 입력할 수 없는 문자를 겹쳐서 사용할 수 있는 기능

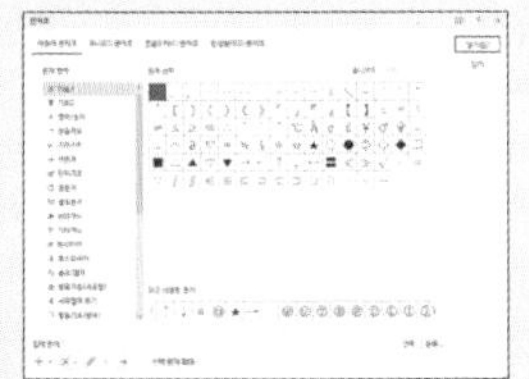

▲ 특수문자표

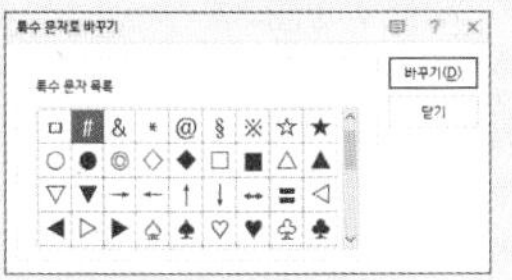


▲ 완성형 한글 코드 방식의 특수문자표

## 08 표, 차트, 그리기 기능

### 1) 표 만들기 20년 2월, 18년 9월, 16년 6월, 12년 3월, 05년 8월

- 복잡한 내용이나 수치 자료를 일목요연하게 정리하고자 할 때 표를 이용한다.
- 표 편집기를 이용해 복잡한 형태의 표도 간단히 만들 수 있다.
- 표 그리기 기능을 이용해 마우스를 연필처럼 움직여 표를 만들 수 있다.
- 표를 만든 후 표의 서식을 다양하게 변경할 수 있다.
- 표에서 같은 행이나 열에 있는 두 개 이상의 셀을 하나의 셀로 결합할 수 있다.
- 표 안에서 새로운 중첩된 표를 만들고 편집할 수 있다.
- 미리 입력된 문자열을 표로 전환하거나 표를 문자열로 전환할 수 있다.
- 표 안 수치의 합계 및 평균값을 자동으로 구할 수 있다.

### 2) 차트 만들기 17년 9월, 06년 11월, 04년 11월, 03년 6월

- 차트는 자료의 변화를 한눈에 알아보기 쉽게 그래프 형식으로 제공하는 기능이다.
- 표에서 차트로 만들 데이터를 블록 설정한 다음 차트로 만든다.
- 2차원 차트와 3차원 차트가 있으며, 원형이나 도넛 차트는 하나의 데이터 계열만을 나타낼 수 있다.

### 3) 그림 삽입 및 그리기 기능 22년 상시, 21년 상시, 20년 2월, 16년 3월, 14년 3월, 09년 4월/2월, 07년 3월, …

- 그림 삽입은 그래픽 파일이나 스캐닝한 파일 등을 문서에 삽입하는 기능이다.
- 그리기 도구 모음을 이용해 문서 작성에 필요한 각종 도형을 그릴 수 있다.
- [Shift]를 누른 채 원이나 사각형을 그리면 정원이나 정사각형이 그려진다.
- [Ctrl]을 누른 채 도형을 그리면 도형의 중심부터 그려진다.
- [Shift]+[Ctrl]을 누른 채 도형을 그리면 도형의 중심부터 정원이나 정사각형이 그려진다.
- 그리기 개체를 글의 앞/뒤 이동, 좌/우 회전, 상/하 회전 등을 할 수 있다.
- [Shift]를 누른 채 개체들을 마우스로 클릭하면 개체 묶기(그룹화)를 위한 연속적인 선택이 가능하다.
- [Ctrl]을 누른 채 마우스로 드래그하여 그리기 개체를 복사할 수 있다.
- 마우스로 드래그하여 그리기 개체를 이동할 수 있다.

**[Shift]의 사용**
- 정원이나 정사각형을 그릴 때
- 여러 개의 개체를 선택할 때
- 개체를 수직 또는 수평으로 이동할 때

**[Ctrl]의 사용**
- 도형을 중심부터 그릴 때
- 개체를 복사할 때

**워드프로세서에서 삽입할 수 있는 개체의 종류**
그림, 수식, 소리, 동영상, 플래시 파일 등

## 09 금칙 처리 24년 상시, 23년 상시, 22년 상시, 21년 상시, 19년 8월, 16년 10월, 12년 6월, 11년 6월, 03년 8월/3월

문서에서 행의 처음이나 마지막에 올 수 없는 문자나 기호를 말한다.

| 행두 금칙 | 행의 처음에 올 수 없는 문자 | . , ' " : ; ? ! ) } ] 」 』 〉 ℃ ℉ |
|---|---|---|
| 행말 금칙 | 행의 마지막에 올 수 없는 문자 | ' " ( { [ 「 『 〈 # $ № ☎ |

**기적의 TIP**

상용구 기능을 이용하면 자주 사용하는 단어를 쉽게 입력할 수 있습니다.

## 10 상용구(Glossary) 22년 상시, 18년 3월, 11년 6월, 10년 5월, 08년 7월

자주 사용되는 어휘, 도형 등을 약어(준말)로 미리 등록시켜 두고 필요할 때 불러와 입력하는 기능으로 정형구(Lexicon), 약어 등록이라 한다.

**따라하기 TIP**

### 상용구

① [입력] – [입력 도우미] – [상용구] – [상용구 내용] 메뉴를 선택한다.

② [상용구] 대화상자의 [글자 상용구] 탭에서 [상용구 추가하기] 단추를 클릭한 후 [상용구 추가하기] 대화상자에 '준말'과 '본말'을 입력하고 [설정]을 클릭한다.

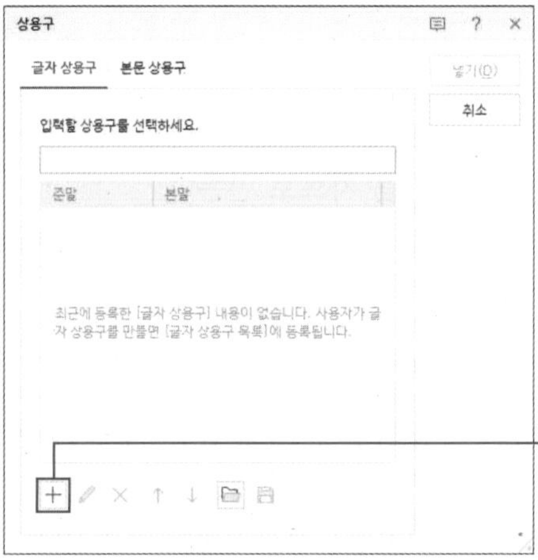

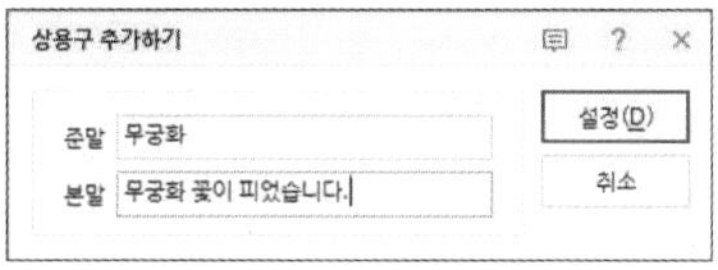

[상용구 추가하기]를 클릭한다.

③ 상용구를 실행하려면 등록한 준말을 입력하고 Alt+I를 누르면 등록된 본말이 입력된다.

무궁화 꽃이 피었습니다. 무궁화 꽃이 피었습니다. 무궁화 꽃이 피었습니다.

**반복되는 작업을 쉽게 하기 위한 기능**

상용구, 매크로, 메일 머지

## 11 하이퍼텍스트(Hypertext) 22년 상시, 18년 9월, 14년 3월, 11년 3월, 09년 7월/4월, 08년 5월, …

색인이나 사전처럼 내용이 서로 유기적으로 연결되어 있어 어떤 부분을 보다가 그와 연관된 다른 부분을 임의로 참조할 수 있도록 만들어진 문서 형식으로, Windows의 도움말이나 인터넷 웹 페이지에 사용된다.

따라하기 TIP

**하이퍼텍스트**

① 입력한 문장을 블록 설정한 후 [입력] – [하이퍼링크] 메뉴를 선택한다.

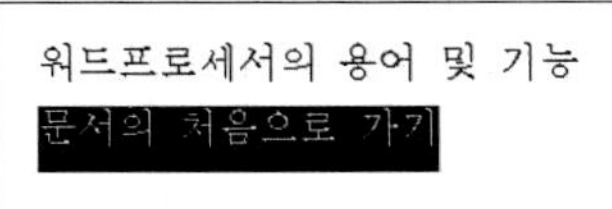


② [하이퍼링크] 대화상자가 나타나면 '문서의 처음'을 선택하고 [넣기]를 클릭한다.

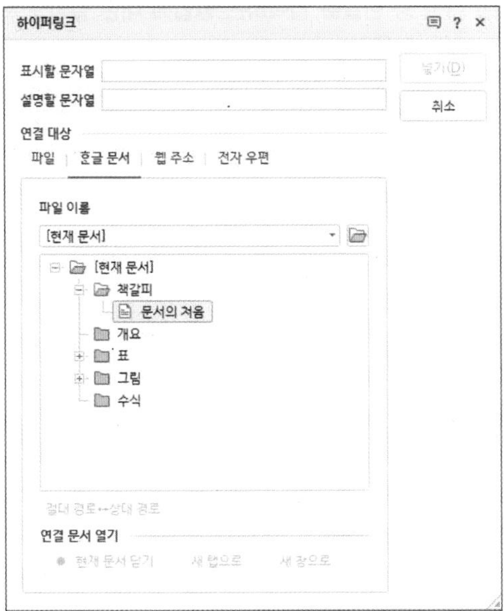


③ 하이퍼링크가 지정된 문장을 클릭하면 문서의 처음으로 이동한다.

하이퍼링크: 문서의 특정한 위치에 현재 문서나 다른 문서, 웹 페이지, 전자우편 주소 등을 연결하여 쉽게 참조하거나 이동할 수 있게 해주는 기능

워드프로세서의 용어 및 기능
문서의 처음으로 가기

**하이퍼링크의 구성 요소**
노드, 링크, 인터페이스

1 ! ? 〈 ( [ { 는 행두 금칙 문자이다. (O, X)

2 매크로는 자주 사용되는 어휘를 미리 등록시켜 두고 필요할 때 불러와 입력하는 기능이다. (O, X)

1 X 2 X

## 이론을 확인하는 기출문제

**01 다음 중 워드프로세서의 그리기 기능에 대한 설명으로 옳지 않은 것은?**

① [Alt]를 누른 채 원이나 사각형을 그리면 정원이나 정사각형이 그려진다.
② [Ctrl]을 누른 채 도형을 그리면 도형의 중심부터 그려진다.
③ [Shift]를 누른 채 개체들을 마우스로 클릭하면 개체 묶기(그룹화)를 위한 연속적인 선택이 가능하다.
④ [Ctrl]을 누른 채 마우스로 드래그하여 그리기 개체를 복사할 수 있다.

[Shift]를 누른 채 드래그 앤 드롭하면 정원이나 정사각형을 그릴 수 있다.

**02 다음 중 한자 입력 방법에 대한 설명으로 옳은 것은?**

① 한자는 키보드에 표기할 수 없기 때문에 한자 목록이나 한자 사전에서 해당 한자를 선택하여 입력한다.
② 한자의 음을 모를 경우 한글/한자 음절 변환, 단어 변환, 문장 자동 변환 등으로 입력할 수 있다.
③ 한자의 음을 알면 부수/총 획수 입력, 외자 입력, 2Stroke 입력 등으로 변환해야 한다.
④ 한자가 많이 들어있는 문서의 일부분은 블록 지정하여 모두 한글로 바꿀 수 있지만, 문서 전체는 블록 지정하여 모두 한글로 바꿀 수 없다.

오답 피하기

- ② : 한자의 음을 알면 한글/한자 음절 변환, 단어 변환, 문장 자동 변환 등으로 입력
- ③ : 한자의 음을 모르면 부수/총 획수 입력, 외자 입력, 2Stroke 입력 등으로 변환
- ④ : 문서 전체에 대해 모두 한글로 바꿀 수 있음

**03 다음 중 유니코드(KS X 1005-1)에 대한 설명으로 옳지 않은 것은?**

① 영문은 1바이트, 한글은 2바이트로 표현한다.
② 외국 소프트웨어의 한글화가 쉽고 한글을 모두 가나다순으로 정렬한다.
③ 완성형과 조합형을 동시에 사용할 수 있고 전 세계 모든 문자를 표현할 수 있다.
④ 기억공간을 많이 차지한다.

유니코드는 한글, 영문, 숫자 모두 2바이트 크기로 표현한다.

**04 다음 중 한글을 입력하는 방법에 대한 설명으로 옳지 않은 것은?**

① 완성형 한글은 코드에 없는 문자는 사용할 수 없다.
② 조합형은 초성, 중성, 종성의 코드값을 조합하여 표현한다.
③ 유니코드는 한글은 1바이트, 영문은 1바이트를 차지한다.
④ 유니코드는 국제 표준 코드로 정보처리, 정보 교환에 모두 사용한다.

유니코드는 한글, 한자, 영문, 공백 등 모든 문자를 2바이트로 표현한다.

**05 다음 중 한자를 입력하는 방법으로 옳은 것은?**

① 특정 영역을 범위 지정한 후 한자를 눌러 변환할 수 없다.
② 한자의 음을 아는 경우에는 부수/총 획수 입력, 외자 입력, 2Stroke 입력이 있다.
③ 한자의 음을 모를 때에는 한글/한자 음절 변환, 단어 변환, 문장 자동 변환이 있다.
④ [한자]키로 한자로 변환한 후 한글로 변환할 수 있고 새로운 한자를 등록할 수 있다.

오답 피하기

- ① : 특정 영역만 한자로 변경할 수 있음
- ② : 한글/한자 음절 변환, 단어 변환, 문장 자동 변환을 할 수 있음
- ③ : 부수/총 획수 입력, 외자 입력, Stroke 입력을 할 수 있음

정답 01 ① 02 ① 03 ① 04 ③ 05 ④

SECTION

# 02 표시 기능

출제빈도 상 중 하
반복학습 1 2 3

빈출 태그 눈금자 • 상태 표시줄 • 위지윅 방식 • 아웃라인 • 트루타입 • 포스트스크립트 • 장평 • 들여쓰기/내어쓰기 • 스타일

## 01 한글 2022의 화면 구성 24년 상시, 23년 상시, 22년 상시, 21년 상시, 19년 8월, 15년 3월, 14년 6월, …

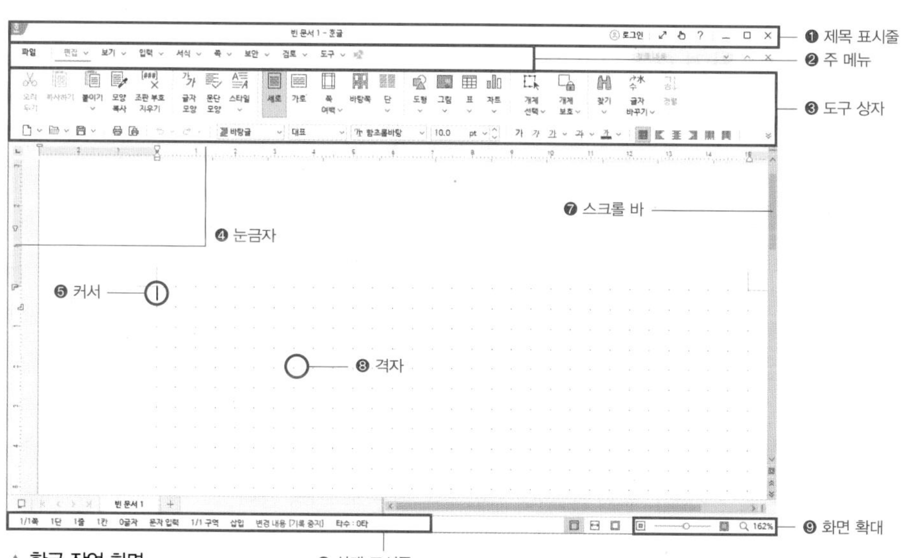


▲ 한글 작업 화면

**기적의 TIP**

격자·눈금자·도구 상자 등 화면 구성 요소에 대한 문제와 글꼴의 특징을 묻는 문제, 포인트·장평·첨자 문제 등 글자 크기에 관련된 문제 등이 출제되었습니다. 특히 문단 모양 중 들여쓰기·내어쓰기·여백 등을 응용한 문제가 출제되기도 했으므로 개념을 정확히 이해하여 응용할 수 있도록 하세요.

❶ **제목 표시줄** : 창의 제일 위쪽에 위치하며 문서 파일의 위치 및 파일 이름이 표시되고, 제어상자, 빠른 실행 도구 모음, 오른쪽에 창 조절 단추가 표시된다.

❷ **주 메뉴(Main Menu)** : 문서 편집 시 필요한 기능을 풀다운 메뉴 방식으로 불러와 사용하는 방식으로, 특정 키를 누르거나 마우스 포인터로 원하는 메뉴 위치에서 선택한다.

❸ **도구 상자** : 문서 작업을 더욱 빠르고 편리하게 작성할 수 있도록 메뉴의 내용을 아이콘화하여 나타낸 그림이다.

❹ **눈금자(Ruler)★** : 문단의 왼쪽/오른쪽 여백, 탭의 위치, 들여쓰기/내어쓰기, 눈금 단위 등을 표시한다.

❺ **커서(Cursor)** : 화면상의 작업 위치를 알려주는 표시로 모양은 밑줄( _ ), 사각형(■), 세로 직선(|) 등이 있다.

**창(Window)**
하나의 화면을 나누어 두 개 이상의 파일을 동시에 참조할 수 있는 기능

★ **눈금자**
편집 화면에서 감추거나 보이게 할 수 있음

**눈금자 단위의 종류**
눈금자 단위는 포인트, 밀리미터, 센티미터, 인치, 파이카, 픽셀 급으로 표시

⑥ **상태 표시줄(Status Line)** : 문서 편집에 필요한 여러 가지 정보를 화면에 표시하는 영역으로 전체 페이지 수와 현재 페이지, 커서가 위치한 행과 열, 삽입/수정 설정 상태 등이 표시된다.

⑦ **스크롤 바(Scroll Bar)** : 마우스 포인터를 이용하여 화면을 상 · 하 · 좌 · 우로 이동할 때 사용한다.

⑧ **격자(Grid)** : 그림을 그릴 때 정확한 간격을 맞추어 세밀한 편집을 할 수 있도록 편집 화면에 보이는 점 또는 선이다.

⑨ **화면 확대** : 문서의 실제 크기를 바꾸지 않고 화면에 보이는 크기만 확대하거나 축소하는 기능으로, 인쇄 결과에는 영향을 미치지 않는다.

**기적의 TIP**

스크롤 바를 움직이면 화면이 따라 움직입니다. 하지만 커서는 움직이지 않는다는 점을 꼭 기억하세요.

## 02 커서 및 화면 이동 16년 10월, 15년 3월, 13년 10월, 10년 5월, 09년 7월, 08년 5월, 07년 7월, 04년 8월

### 1) 커서 이동

| | |
|---|---|
| Tab | 커서를 일정한 간격으로 이동 |
| Enter | 문서상 줄의 위치를 다음 줄로 강제로 이동시키거나 줄을 삽입할 때 사용 |
| Home, End | 커서를 현재 행의 맨 처음, 맨 마지막으로 이동 |
| Page Up, Page Down | 커서를 한 화면 위, 아래로 이동 |
| Ctrl+←, Ctrl+→ | 커서를 한 단어 왼쪽, 오른쪽으로 이동 |

**홈 베이스(Home Base)**
문서의 특정 위치를 홈 주소로 지정하여 임의의 위치에서 곧바로 홈으로 커서를 이동시키는 기능

### 2) 화면 이동

- 스크롤 바를 이용하여 화면을 상 · 하 · 좌 · 우로 이동한다.
- 마우스의 휠(Wheel)을 이용하여 화면을 이동할 수 있다.

### 3) 편집 화면 나누기

- 하나의 모니터 화면을 가로, 세로, 가로/세로 화면으로 분할하여 작업하는 기능이다. 듀얼 모니터의 효과를 주는 것으로 최대 4개의 화면으로 나누어 볼 수 있다.
- [보기]–[편집 화면 나누기]에서 [나누지 않음], [가로로 나누기], [세로로 나누기], [가로 세로 나누기] 중에서 선택한다.

**개념 체크**

1 Windows에서 기본적으로 제공되는 글꼴로 위지윅(WYSIWYG) 기능을 제공하는 아웃라인 글자 모양은 (     )이다.

2 그래픽과 텍스트를 종이, 필름, 모니터 등에 인쇄하기 위한 페이지 설명 언어로, 글자의 외곽선 정보를 그래픽 소프트웨어에 제공하며 위지윅을 구현하는 글자 모양은 (     )이다.

1 트루타입 2 포스트스크립트

## 03 화면 표시 방식 24년 상시, 23년 상시, 22년 상시, 21년 상시, 16년 6월, 11년 9월, 09년 7월, 07년 5월

### 1) 텍스트 모드와 그래픽 모드

What You See Is What You Get의 약자로, '화면에 표현된 그대로 출력 결과를 얻을 수 있다'는 것을 의미

| 구분 | 텍스트(Text) 모드 | 그래픽(Graphic) 모드 |
|---|---|---|
| 화면 구성 | 점(Dot) | 픽셀(Pixel) |
| 처리 방식 | 문자 정보 | 도형 정보 |
| 장점 | • 처리 속도가 빠름<br>• 기억 공간을 적게 차지함 | • 위지윅(WYSIWYG) 방식<br>• 글자체가 다양하며 섬세함<br>• 그림 편집이 쉬움 |
| 단점 | • 인쇄하기 전에는 인쇄 내용을 확인할 수 없음<br>• 글자체가 다양하지 못하며, 그림 편집이 어려움 | • 처리 속도가 느림<br>• 기억 공간을 많이 차지함 |

### 2) 워드프로세서 화면 표시 기능

• 문서를 작성할 때 스크롤 바를 이용하여 화면을 상 · 하 · 좌 · 우로 이동할 수 있다.
• 편집 과정에서 생긴 공백이나 문단 등은 조판부호를 표시하여 확인할 수 있다.
• 편집한 문서는 인쇄하기 전 미리보기를 통해 화면에서 미리 출력해 볼 수 있다.
• 화면의 확대가 인쇄물의 결과에는 영향을 주지 않는다.

## 04 글자 모양

### 1) 글꼴(Font)★ 구현 방식 24년 상시, 23년 상시, 22년 상시, 21년 상시, 20년 7월, 15년 6월/3월, 14년 6월, 13년 10월, …

| 종류 | | 특징 |
|---|---|---|
| 비트맵(Bitmap) | | 점으로 글꼴을 표현하는 방식으로 글자체가 매끄럽지 못하고 확대하면 테두리 부분이 울퉁불퉁한 계단 현상이 나타남 |
| 아웃라인★ (Outline) | 트루타입 (True Type) | Windows에서 기본적으로 제공되는 글꼴로 위지윅(WYSIWYG) 기능을 제공 |
| | 벡터(Vector) | 글자를 점의 모임이 아닌 곡선이나 선분의 모임으로 그린 글꼴로 플로터에서 사용됨 |
| | 포스트스크립트 (Postscript) | • 글자의 외곽선 정보를 그래픽 소프트웨어에 제공하며 위지윅을 구현함<br>• 그래픽과 텍스트를 종이, 필름, 모니터 등에 인쇄하기 위한 페이지 설명 언어 |
| | 오픈타입 (Open Type) | • 외곽선 정보를 사용하며 높은 압축률을 통해 파일의 용량을 줄인 글꼴<br>• 통신을 이용한 폰트의 송 · 수신이 용이 |

**기적의 TIP**

화면에서는 글자보다 그림이 느리게 표시됩니다. 인터넷을 검색할 때도 글자는 빨리 나타나고 그림은 천천히 나타나죠? 그림 위주로 정보가 구성되는 그래픽 모드가 텍스트 모드보다 처리 속도가 느리다는 사실을 잊지마세요.

**암기 TIP**

텍스트 → 도트
그래픽 → 픽셀

★ 글꼴
폰트(Font) = 자형(字形) = 서체(書體)

**암기 TIP**

비트맵을 확대하면 글자가 비틀어져요.

★ 아웃라인
글꼴 모양을 매끄럽게 하기 위해 몇 개의 점과 그것을 연결한 선분과 곡선으로 이루어진 글꼴

**벡터 방식의 특징**
• 벡터 방식은 픽셀 단위가 아니라 선/면 단위로 표현됨
• 비트맵 방식보다 기억 공간을 적게 차지함
• 확대하거나 축소해도 이미지 손상(계단 현상)이 없음
• 화면에 표시되는 속도가 느림
• 좌표 개념을 도입하여 변형이 쉬움

## 2) 글자 속성 16년 10월, 06년 3월

- 글자에 특수한 꾸밈이나 속성을 지정하여 시각적인 효과를 높이기 위한 기능이다.
- 한 단어에 대해 여러 개의 글자 속성을 부여할 수 있다.

| 속성 | 예문 | 속성 | 예문 |
|---|---|---|---|
| 진하게 | **Youngjin.com** | 기울임 | *Youngjin.com* |
| 밑줄 | Youngjin.com | 외곽선 | Youngjin.com |
| 그림자 | Youngjin.com | 음영 | Youngjin.com |
| 역상 | Youngjin.com | 밑줄, 외곽선, 기울임, 음영 | *Youngjin.com* |

## 3) 글자 크기 12년 6월/3월, 11년 3월, 10년 5월/3월, 09년 4월/2월, 08년 5월, 07년 5월/3월, 06년 8월/3월, 05년 8월/5월/3월, …

① 포인트(Point)

인쇄에서 활자의 크기를 나타내는 단위로, 소수 표현이 가능하다. 1포인트는 1/72인치에 해당한다(1포인트 = 약 0.35mm).

단위로 ─ 호수식, 급수식, 포인트(Point)식, 파이커(Pica)식

**자간**
글자와 글자 사이의 간격을 말하는 것으로, 자간을 조절하여 가독성을 높일 수 있음

**줄 간격**
윗줄과 아랫줄의 간격으로, 그 문단에서 가장 큰 글씨의 높이에 비례하여 줄 간격이 설정되는 '비례 줄 간격'을 디폴트로 제공

② 장평

글자의 세로 크기는 그대로 유지하면서 글자의 가로 폭을 줄이거나 늘려서 글자의 모양에 변화를 준다.

③ 문자 크기

| 종류 | 설명 | 비율 |
|---|---|---|
| 전각 문자 | 문자의 폭과 높이의 비율이 1:1인 문자(한글 또는 한자) | 영진 |
| 반각 문자 | 전각 문자의 폭을 1/2로 축소한 문자(영문 또는 숫자) | 영진 |
| 횡배 문자 | 전각 문자를 가로로 2배 확대한 문자 | 영진 |
| 종배 문자 | 전각 문자를 세로로 2배 확대한 문자 | 영진 |
| 양배 문자 | 전각 문자를 가로 · 세로로 각각 2배씩 확대한 문자 | 영진 |
| 첨자 문자 | 전각 문자의 1/4 축소 문자(위첨자, 아래첨자) | 영진영진 |

따라하기 TIP

**글자 모양**

① [서식]–[글자 모양] 메뉴를 선택한다.

② [글자 모양] 대화상자에서 글꼴, 속성, 장평, 자간 등을 설정한다.

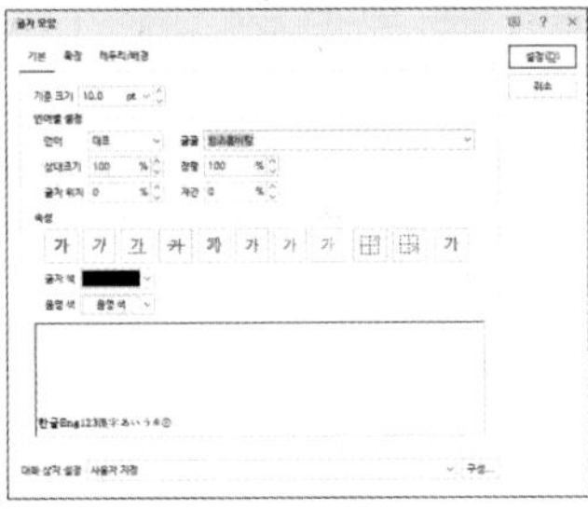

## 05 문단 모양 19년 8월, 14년 3월, 13년 10월

### 1) 정렬(Align)

- 문서 전체 또는 일부분을 일정한 기준으로 정렬하는 기능으로 왼쪽, 오른쪽, 가운데, 양쪽 정렬 등이 있다.
- 양쪽 정렬에는 양쪽 혼합, 양쪽 배분, 양쪽 글자, 양쪽 단어 등이 있다.

정렬(Align)은 문서 전체 또는 일부분을 일정한 기준으로 배치하는 기능이다.

▲ 왼쪽 정렬

정렬(Align)은 문서 전체 또는 일부분을 일정한 기준으로 배치하는 기능이다.

▲ 가운데 정렬

정렬(Align)은 문서 전체 또는 일부분을 일정한 기준으로 배치하는 기능이다.

▲ 오른쪽 정렬

정렬(Align)은 문서 전체 또는 일부분을 일정한 기준으로 배치하는 기능이다.

▲ 양쪽 정렬

정렬(Align)은 문서 전체 또는 일부분을 일정한 기준으로 배치하는 기능이 다 .

▲ 양쪽 배분 정렬

### 2) 문단 여백

- 현재 문단의 왼쪽 여백과 오른쪽 여백을 지정하는 기능이다.
- 문단 여백은 편집 용지의 여백을 지정한 데서 다시 추가로 현재 문단의 여백을 지정한다.
- 바꾸고자 하는 문단에 커서를 두고 적절한 문단 여백을 설정하면 해당 문단의 여백만 변경된다.

**기적의 TIP**

문단의 첫 행 길이를 묻는 문제가 나오면, 왼쪽 여백과 오른쪽 여백, 들여쓰기는 모두 '+'로 계산하세요.

예 왼쪽 여백 3, 내어쓰기 2, 오른쪽 여백이 5라면 3+5로 여백은 모두 8이 됩니다.

### 3) 들여쓰기(Indent)/내어쓰기(Outdent) 10년 5월, 09년 7월/2월, 08년 7월, 07년 10월, 06년 11월, …

- 들여쓰기는 문단 첫 줄이 그 문단 전체의 왼쪽 여백보다 오른쪽으로 들어가서 시작되는 것을 말한다.
- 들여쓰기를 하면 문서의 분량이 증가될 수 있다.
- 내어쓰기는 문단 첫 줄이 다음 행보다 몇 자 나오게 작성하는 것을 말한다.

**암기 TIP**

- 인덴트(Indent)는 In이니까 안으로 들여쓰기
- 아웃덴트(Outdent)는 Out이니까 밖으로 내어쓰기

들여쓰기는 문단 첫 줄이 그 문단 전체의 왼쪽 여백보다 오른쪽으로 들어가서 시작되는 것을 말한다.

▲ 들여쓰기

내어쓰기는 문단 첫 줄을 제외한 그 문단 전체의 왼쪽 여백이 내어 쓰기 값만큼 들어가서 시작된다.

▲ 내어쓰기

정렬, 들여쓰기/내어쓰기, 탭 등은 문단 단위로 지정됨

### 4) 탭(Tab) 설정 13년 10월, 07년 10월, 06년 8월/3월, 03년 8월

- 커서를 지정한 위치로 한 번에 빠르게 이동시키기 위해 사용한다.
- 탭 간격은 사용자가 임의로 변경할 수 있으며, 8칸 간격이 기본으로 지정된다.
- 각 줄의 시작 부분 등을 균등하게 맞출 때 유용하다.
- 탭의 변경 내용 적용은 문단 단위로 이루어진다.
- 탭의 추가, 지우기 등의 탭 편집이 자유롭다.
- 탭의 종류로는 왼쪽 탭★, 오른쪽 탭★, 가운데 탭★, 소수점 탭(Decimal Tab)★, 점 끌기 탭★ 등이 있다.

★ 왼쪽 탭
왼쪽 끝선을 맞춤

| 1과목 | 12.3 |
|---|---|
| 2과목 | 158.7 |
| 3과목 | 2.9 |
| 4과목 | 35.78 |
| 5과목 | 3589.6 |

★ 오른쪽 탭
오른쪽 끝선을 맞춤

| 1과목 | 12.3 |
|---|---|
| 2과목 | 158.7 |
| 3과목 | 2.9 |
| 4과목 | 35.78 |
| 5과목 | 3589.6 |

★ 가운데 탭
가운데를 기준으로 맞춤

| 1과목 | 12.3 |
|---|---|
| 2과목 | 158.7 |
| 3과목 | 2.9 |
| 4과목 | 35.78 |
| 5과목 | 3589.6 |

★ 소수점 탭
소수점을 기준으로 정수와 소수 부분을 정렬

| 1과목 | 12.3 |
|---|---|
| 2과목 | 158.7 |
| 3과목 | 2.9 |
| 4과목 | 35.78 |
| 5과목 | 3589.6 |

★ 점 끌기 탭
탭으로 지정한 부분에 점으로 채움

| 1과목 | ·············· 12.3 |
|---|---|
| 2과목 | ·············· 158.7 |
| 3과목 | ·············· 2.9 |
| 4과목 | ·············· 35.78 |
| 5과목 | ·············· 3589.6 |

따라하기 TIP

**문단 모양**

① [서식]–[문단 모양] 메뉴를 선택한다.
② [기본] 탭에서 정렬, 들여쓰기/내어쓰기, 줄 간격을 설정한다.

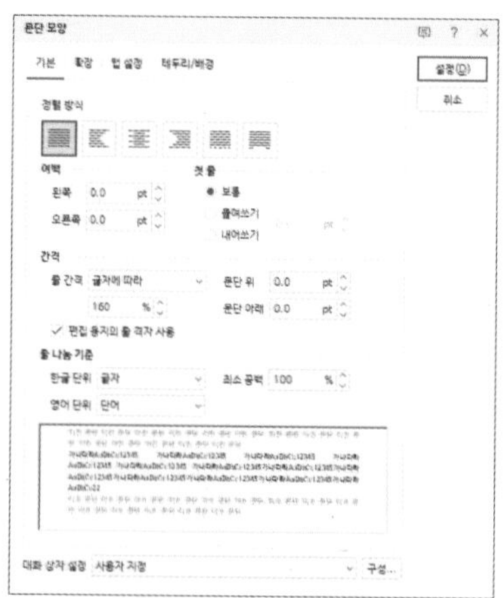

③ [탭 설정] 탭에서 탭을 설정한다.

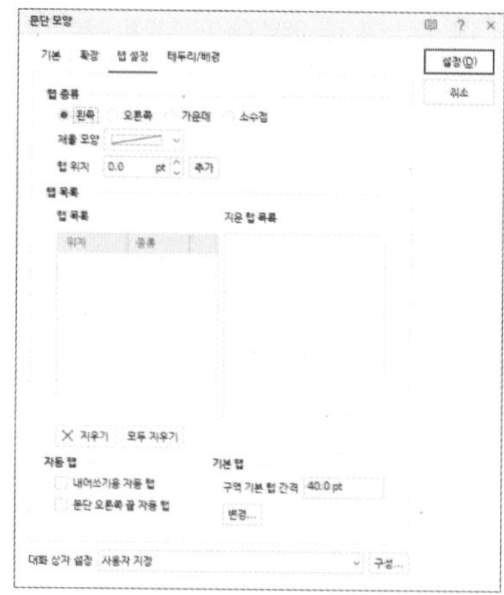

## 06 스타일(Style) 24년 상시, 23년 상시, 22년 상시, 21년 상시, 19년 3월, 14년 3월, 12년 3월, 10년 9월/5월/3월

- 자주 사용하는 글자 모양이나 문단 모양을 미리 스타일로 만들어 놓고 필요할 때 해당 문단의 글자 모양과 문단 모양을 한꺼번에 바꿀 수 있는 기능이다.
- 긴 글에 대해 일관성 있는 문단 모양과 문서의 통일성을 유지할 수 있다.

따라하기 TIP

### 스타일

① 원하는 대로 글자 모양과 문단 모양을 설정하여 적당한 모양을 만든 후 [서식] – [스타일] 메뉴를 선택한다.

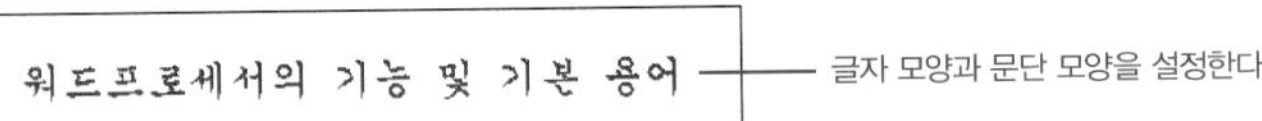


② [스타일] 대화상자에서 [새 스타일 만들기]를 클릭한다.

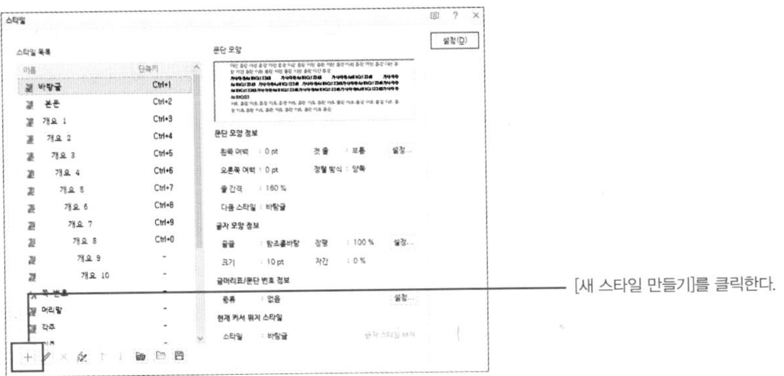


③ [스타일 추가하기] 대화상자가 나타나면 [스타일 이름] 입력 상자에 스타일 이름을 입력하고 [추가]를 클릭한다.

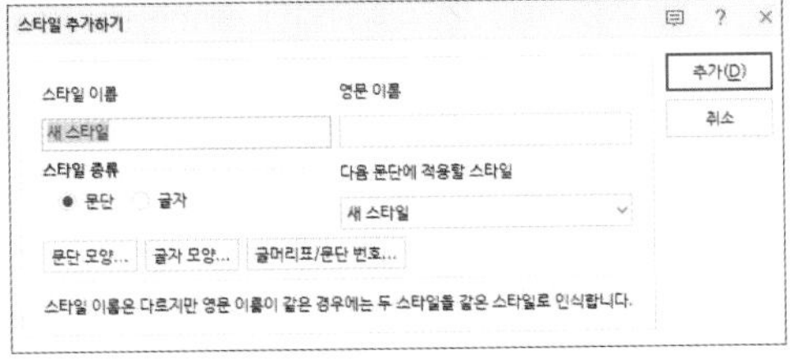


④ 커서가 놓인 문단에 현재 모양대로 새 스타일이 만들어진다.

**스타일 저장하기**
동일한 스타일을 여러 문서에 적용할 때는 스타일을 새로 만들지 않고 별도의 파일로 저장한 후 불러서 사용할 수 있음

# 이론을 확인하는 기출문제

**01** 다음 보기의 내용과 관련이 없는 사항은?

> 물해전술[1]은 신제품 출하 시 짧은 기간 내에 큰 홍보효과를 거두기 위해 물량 공세를 취하는 **마케팅** 방법이다.
>
> 1) 인해 전술에서 유래된 신조어

① 각주　② 내어쓰기
③ 음영　④ 기울임(이탤릭체)

내어쓰기란 문단의 첫 줄을 몇 칸 내어쓰는 기능이다.

**02** 다음 중 워드프로세서에서 사용하는 문단에 대한 설명으로 옳지 않은 것은?

① 문단의 시작은 들여쓰기나 내어쓰기를 할 수 있다.
② 문단의 가운데 정렬이란 글자를 가운데로 모으는 정렬 방식이다.
③ 한 행의 내용이 다 채워지지 않으면 커서는 다음 행으로 절대 이동할 수 없다.
④ 문단 정렬은 별도의 영역 지정 없이도 가능하다.

Enter를 눌러 강제 개행으로 다음 행으로 이동할 수 있다.

**03** 다음 보기는 워드프로세서의 화면 표시 기능 중 무엇에 대한 설명인가?

> 문단의 왼쪽/오른쪽 여백, 탭의 위치, 들여쓰기/내어쓰기, 눈금 단위 등을 표시하는 것으로, 편집 화면에서 감추거나 보이게 할 수 있음

① 눈금자(Ruler)
② 상태 표시줄(Status Line)
③ 스크롤 바(Scroll Bar)
④ 격자(Grid)

**오답 피하기**

- 상태 표시줄(Status Line) : 화면의 아래에 위치하며 커서가 있는 쪽 번호, 커서 위치, 삽입/수정 상태, 자판의 종류 등을 표시하는 곳
- 스크롤 바(Scroll Bar) : 화면을 상 · 하 · 좌 · 우로 이동하는 기능
- 격자(Grid) : 그림을 그릴 때 정확한 간격에 맞추어 세밀한 편집을 하도록 일정한 간격으로 그어져 있는 가로 · 세로 선

**04** 다음 중 워드프로세서의 정렬(Align) 기능에 대한 설명으로 옳지 않은 것은?

> 문단에서 첫 번째 줄의 입력 위치를 다음 줄의 시작 위치보다 들어가거나 나오도록 설정하여 문단의 시작 위치가 자동으로 지정되어 문자가 입력되도록 하는 기능

① 문서의 내용을 가, 나, 다 … 혹은 1, 2, 3 … 형태로 크기 순서에 따라 나열하는 것이다.
② 하나의 문단은 영역 지정이 없어도 정렬이 가능하다.
③ 영역 지정 기능을 사용하면 문서 전체에 대해서 한꺼번에 정렬할 수 있다.
④ 정렬 방식으로는 왼쪽 정렬, 오른쪽 정렬, 가운데 정렬, 양쪽 정렬 등이 있다.

정렬(Align)은 왼쪽, 오른쪽, 가운데, 배분, 나눔, 양쪽 정렬이 있다.

**오답 피하기**

①은 소트(Sort) 기능에 대한 설명이다.

**05** 다음 중 글꼴(Font)의 구성 방식에 대한 설명으로 옳지 않은 것은?

① 비트맵(Bitmap) : 점(Dot)으로 글꼴을 표현하는 방식이다.
② 포스트스크립트(Postscript) : 글자의 외곽선 정보를 각종 소프트웨어에 제공하며, 위지윅을 지원할 수 있다.
③ 오픈타입(Opentype) : 외곽선 글꼴 형태로 고도의 압축을 통해 용량을 줄여 통신을 이용한 폰트의 전송을 간편하게 할 수 있다.
④ 벡터(Vector) : 글자를 선, 곡선으로 처리한 글꼴로, 확대하면 테두리 부분이 계단 모양으로 변형되어 흐려진다.

벡터 방식은 글자를 선, 곡선으로 처리한 글꼴로, 확대해도 매끄럽게 표시된다.

정답 01 ② 02 ③ 03 ① 04 ① 05 ④

SECTION

03

# 편집 기능

합격 강의

출제빈도 상 중 하

반복학습 1 2 3

빈출 태그 영역 지정 • 복사/이동 • 검색/치환 • 머리말/꼬리말 • 각주/미주 • 맞춤법 검사 • 매크로 • 차례 만들기 • 메일 머지

## 01 삽입/수정/삭제 24년 상시, 23년 상시, 22년 상시, 21년 상시, 16년 3월, 15년 10월/6월/3월, 14년 6월

Insert를 이용하여 삽입/수정 모드로 전환할 수 있다.

### 1) 문자, 줄, 페이지 삽입

삽입모드 상태에서 내용을 입력하면 커서 위치에 기록되며, 기록되어 있던 내용은 뒤로 밀려나게 된다.

| 문자 삽입 | 삽입할 위치에 커서를 두고 문자를 입력 |
|---|---|
| 줄 삽입 | 줄의 맨 처음이나 끝에서 Enter를 눌러 줄을 삽입 |
| 페이지 삽입 | Enter를 계속 누르거나 특정 키를 눌러 페이지를 삽입 |

### 2) 수정

- 문서에서 잘못 입력된 내용을 고치는 기능으로, 겹쳐쓰기(Overwrite)라 한다.
- 수정모드 상태에서 내용을 입력하면 커서의 위치에 기록되어 있던 내용이 지워지며 입력된다.

수정 상태에서 이전의 글자 위에 새로운 글자를 덧씌우는 것

### 3) 삭제

- Back Space를 이용하여 커서 왼쪽의 문자를 삭제한다.
- Delete를 이용하여 커서 위치의 문자를 삭제한다.
- 삽입이나 수정모드에서 Delete를 이용하여 삭제하면 커서 위치의 내용이 삭제되며, 커서 위치로 뒤의 내용이 당겨진다.
- 수정 상태에서 Space Bar를 이용하여 커서 위치의 문자를 삭제한다.
- 많은 문단 삭제 시 해당 문단을 블록 설정하여 삭제한다.

기적의 TIP

편집 기능은 워드프로세서의 핵심 기능으로 전 기능에 걸쳐 골고루 출제되므로 정확하게 이해하고 넘어갈 수 있도록 하세요.

블록(Block) 지정이라 하며 복사, 이동, 오려두기, 소트 등은 반드시 영역을 지정한 후 작업해야 함

## 02 영역 지정

23년 상시, 22년 상시, 20년 2월, 17년 3월, 11년 9월/3월, 10년 9월/3월, 08년 7월/5월, 07년 7월, 06년 8월, …

### 1) 마우스를 이용한 영역 지정

| 단어 | 해당 단어에서 마우스 두 번 클릭 |
|---|---|
| 행(줄) | 화면의 왼쪽 끝(선택 영역)에서 마우스 포인터 모양이 바뀌면 한 번 클릭 |
| 문단 | 화면의 왼쪽 끝(선택 영역)에서 마우스 포인터 모양이 바뀌면 두 번 클릭 |
| 문서 전체 | 화면의 왼쪽 끝(선택 영역)에서 마우스 포인터 모양이 바뀌면 세 번 클릭 |

**문서 전체 선택하기**
- [편집] 메뉴에서 [모두 선택]을 선택
- Ctrl+A

### 2) 영역 복사

- 영역으로 지정된 부분의 내용을 원하는 곳에 복사하는 기능이다.
- 영역 지정 → 복사하기(Ctrl+C) → 붙이기(Ctrl+V)

영진닷컴
워드프로세서
➡
영진닷컴
워드프로세서
|
➡
영진닷컴
워드프로세서
영진닷컴

### 3) 영역 이동

- 영역으로 지정된 부분의 내용을 원하는 곳으로 이동시키는 기능이다.
- 영역 지정 → 오려두기(Ctrl+X) → 붙이기(Ctrl+V)

영진닷컴
워드프로세서
➡
워드프로세서
|
➡
워드프로세서
영진닷컴

### 4) 영역 삭제

- 많은 문장을 영역으로 지정하여 한 번에 삭제시키는 기능이다.
- 영역으로 지정한 부분을 삭제하면 그 행의 오른쪽에 있는 내용이 왼쪽으로 당겨진다.
- 영역 지정 → 삭제(Delete)

영진닷컴 워드프로세서 ➡ 워드프로세서

### 5) 이동 · 복사 비교

| 구분 | 이동 | 복사 |
|---|---|---|
| 차이점 | 문서량 변화 없음 | 문서의 분량 증가 |
| 공통점 | 영역 지정, 버퍼(Buffer)★ 및 클립보드(Clipboard)★ 사용, 붙여넣기 | |

클립보드란 복사된 내용 등을 임시로 저장하는 영역으로 원래는 종이를 끼울 수 있는 메모판을 의미. 쪽지나 메모지를 임시로 잠깐 붙여놓는 것처럼 클립보드에는 어떤 정보를 아주 잠깐 저장해 놓음

★ 버퍼(Buffer)
문서 편집 중 특정값이나 문자를 일시적으로 보관하는 기억 장소

★ 클립보드(Clipboard)
버퍼와 같은 기능으로 Windows에서 사용되는 임시 기억 장소

## 03 검색(찾기) 및 치환(바꾸기) 24년 상시, 23년 상시, 22년 상시, 20년 7월/2월, 18년 9월, 17년 3월, …

### 1) 검색(찾기)

- 문서 내용 중 특정 단어의 위치를 쉽게 찾아 이동하는 기능이다.
- 한글, 영문, 특수문자의 검색이 가능하다.
- 본문 밖에 숨어 있는 화면의 내용이나 표 안의 내용도 검색이 가능하다.
- 문서 내용을 변화시키지는 않는다.

### 2) 치환(바꾸기)

- 문서 내용 중 특정 문자열을 찾아 다른 문자열로 바꾸는 기능이다.
- 한글, 영문, 특수문자 등으로 치환이 가능하다.
- 문서 내에서 특정 문자를 찾아 크기, 서체, 속성 등을 바꿀 수 있다.
- 사용자가 정의해 놓은 스타일을 적용하여 바꿀 수 있다.
- 문서의 분량 및 내용에 변화를 줄 수 있다.

**기능과 문서 분량**
- 문서 분량이 변하는 기능 : 수정, 삽입, 삭제, 치환 등
- 문서 분량이 변하지 않는 기능 : 이동, 검색, 정렬 등

**기적의 TIP**

[찾기]에서는 대·소문자 구별, 현재 커서의 아래쪽·위쪽, 띄어쓰기 무시하고 찾기 등이 가능해요.

## 04 조판 기능 24년 상시, 23년 상시, 22년 상시, 21년 상시, 20년 2월, 17년 3월, 10년 5월/3월, 09년 7월/2월, 08년 10월, …

### 1) 머리말(두문) / 꼬리말(미문)

- 본문과 상관없이 각 페이지 위쪽에 고정적으로 들어가는 글을 머리말이라고 하고, 아래쪽에 고정적으로 들어가는 글을 꼬리말이라고 한다.
- 페이지 번호, 장 제목 등이 주로 들어간다.
- 홀수쪽, 짝수쪽, 양쪽으로 들어갈 수 있다.
- 선, 그림, 클립아트도 삽입할 수 있다.
- 머리말과 꼬리말의 인쇄될 영역 크기는 편집 용지 여백에서 설정한다.

<table>
<tr><td></td><td>위쪽 여백</td><td></td></tr>
<tr><td></td><td>머리말</td><td></td></tr>
<tr><td>왼쪽 여백</td><td>본문</td><td>오른쪽 여백</td></tr>
<tr><td></td><td>꼬리말</td><td></td></tr>
<tr><td></td><td>아래 여백</td><td></td></tr>
</table>

### 2) 각주(Footnote) / 미주(Endnote)

- 문서의 내용을 설명하거나 인용한 원문의 제목을 알려주는 보충 구절을 말한다.
- 해당 페이지 하단에 표기하는 것을 각주(Footnote), 문서의 맨 마지막에 모아서 표기하는 것은 미주(Endnote)라 한다.
- 각주의 길이는 본문의 크기에 영향을 준다.

**주석(각주, 미주)**
본문에서 인용한 자료의 출처를 밝히거나 본문에서 언급한 내용에 대한 보충 자료를 본문 밖에 표기

### 3) 편집 용지 설정

- 편집 용지의 여백에는 위쪽, 아래쪽, 왼쪽, 오른쪽, 머리말, 꼬리말, 제본 등이 있다.
- 편집 용지의 여백에는 글자를 입력할 수 없다.
- 편집 용지의 방향을 세로나 가로 방향으로 설정할 수 있다.
- 편집 용지의 제본을 위하여 한쪽, 맞쪽, 위로 등을 설정할 수 있다.

**띄어쓰기 맞춤법**
- 조사는 그 앞말에 붙여 씀
- 의존 명사는 띄어 씀
- 숫자는 천 단위로 띄어쓰고 가로로 표기
- 단음절로 된 단어가 연이어 나타날 경우에는 붙여 쓸 수 있음

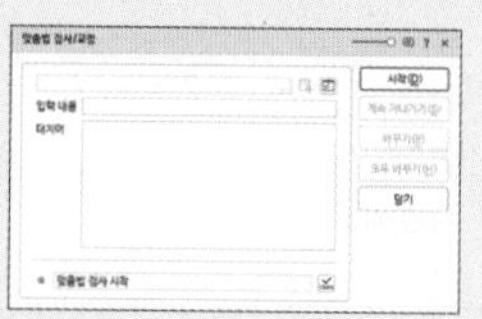
▲ 맞춤법 검사 시작

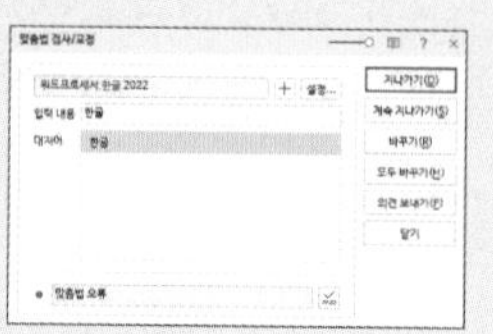
▲ 틀린 단어 수정

## 05 맞춤법 검사(Spelling Check) 24년 상시, 23년 상시, 22년 상시, 21년 상시, 20년 2월, 19년 8월, …

- 작성된 문서와 워드프로세서에 내장된 사전을 서로 비교하여 틀린 단어를 찾아 주는 기능이다.
- 맞춤법, 표준말, 띄어쓰기, 대/소문자 검사, 기호나 숫자에 알맞은 토씨 등을 검사한다.
- 사전에 없는 단어는 사용자가 추가할 수 있다.
- 자주 틀리는 단어에 대해서는 맞춤법 검사 없이 자동으로 수정할 수 있다.
- 수식의 오류는 검사할 수 없다.

## 06 매크로(Macro) 24년 상시, 23년 상시, 22년 상시, 21년 상시, 20년 7월, 19년 3월, 18년 3월, 16년 3월, 11년 3월, …

- 사용자가 입력하는 일련의 키보드의 조작 순서를 기억했다가 그대로 재생하는 기능이다.
- 매크로에는 각각 이름을 붙일 수 있으며, 별도의 파일로 저장해 두거나 정의된 매크로를 편집할 수도 있다.
- 스크립트 매크로를 이용하면 키보드뿐만 아니라 마우스 동작을 포함한 사용자의 동작을 기억할 수 있다.
- 한글에서 매크로는 [도구] – [스크립트 매크로] – [매크로 정의] 또는 Alt+Shift+H를 눌러 설정할 수 있다.
- 반복되는 작업에 효과적인 편집 기능이다.

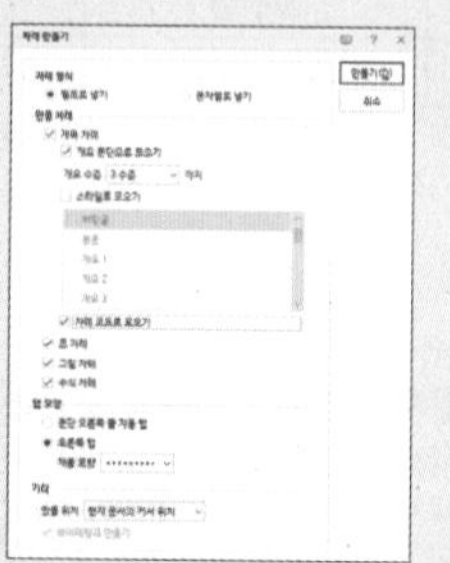
▲ 차례 만들기

## 07 차례(목차) 만들기 21년 상시, 12년 3월, 10년 3월, 08년 2월, 07년 7월, 06년 8월/3월

- 문서 작성 시 목차로 표시될 부분에 특별한 표시를 지정해 주면 자동으로 목차를 만들어 주는 기능이다.
- 책이나 보고서, 논문 작성 등에 필요한 기능이다.
- 종류에는 제목 차례, 표 차례, 그림 차례, 수식 차례 등이 있다.
- 차례 만들기 결과는 지정된 파일로 저장한다.
  └ 차례는 본문에 삽입되지 않고 별도의 파일로 만들어짐

**기적의 TIP**

메일 머지 기능은 워드프로세서의 고급 기능으로 직접 실행해 보지 않으면 이해하기 어려운 부분입니다. 실행 방법을 알고 직접 실행해 보는 것이 좋습니다.

## 08 메일 머지(Mail Merge) 24년 상시, 23년 상시, 22년 상시, 21년 상시, 19년 8월/3월, 16년 6월, …

- 전체적인 내용은 동일하지만 수신인과 같이 특정 부분만 다른 여러 개의 문서를 만드는 경우에 사용한다.
- 초청장, 안내장, 청첩장 등을 만들 경우에 효과적이다.
- 편지 병합★, 우편 합성, 폼 레터(Form Letter)라 부른다.
- 본문(내용문) 파일에 커서를 위치시킨 후 메일 머지 기능을 실행한다.
  └ 본문 파일과 데이터 파일을 각각 작성

★ **병합(Merge)**
두 개 이상의 문서를 하나로 합치는 것

따라하기 TIP

**메일 머지**

① 본문(서식) 파일과 데이터 파일을 작성하고 본문 파일에 커서를 놓는다.

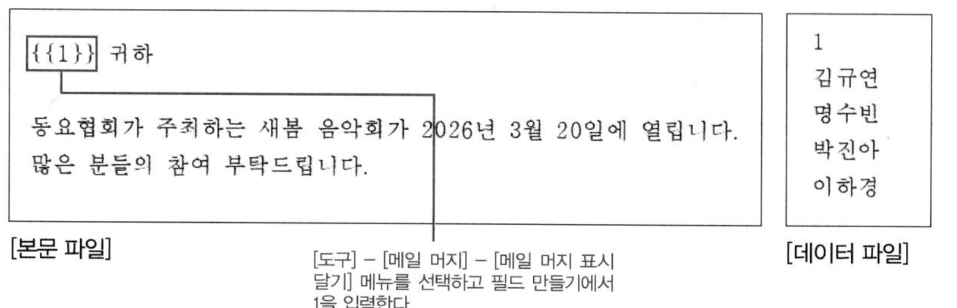

{{1}} 귀하
동요협회가 주최하는 새봄 음악회가 2026년 3월 20일에 열립니다.
많은 분들의 참여 부탁드립니다.
1
김규연
명수빈
박진아
이하경
[본문 파일]
[도구] – [메일 머지] – [메일 머지 표시 달기] 메뉴를 선택하고 필드 만들기에서 1을 입력한다.
[데이터 파일]


② [도구] – [메일 머지] – [메일 머지 만들기] 메뉴를 선택하고 '자료 종류'에서 '한글 파일'을 선택하고 데이터 파일로 사용할 한글 파일을 지정한 후 출력 방향을 '화면'으로 지정한다.

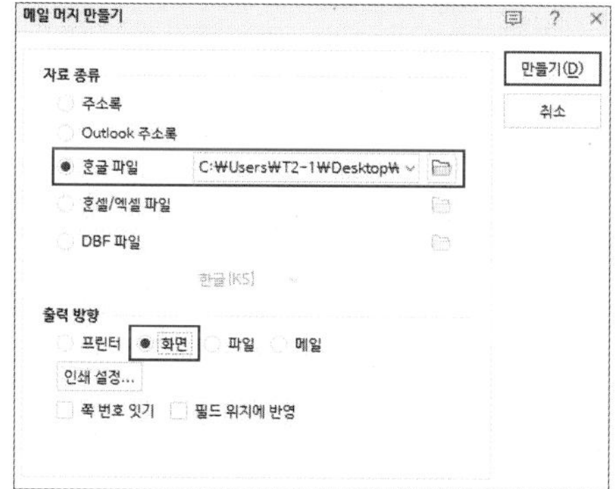


③ [만들기]를 클릭하면 메일 머지 결과가 미리 보기 창으로 출력된다.

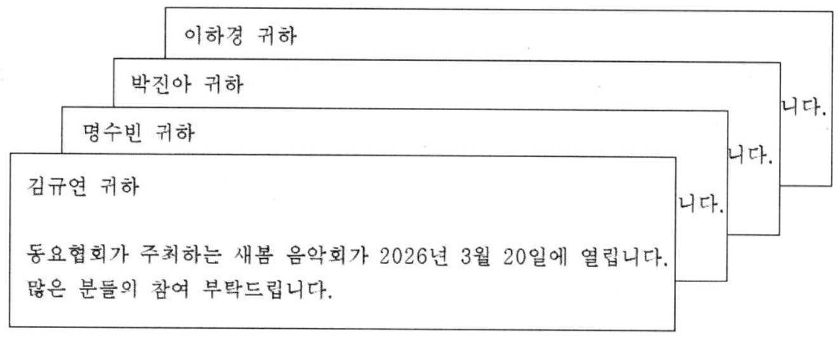


기적의 TIP

메일 머지에 쓸 수 있는 데이터 파일 종류에는 윈노우의 주소록과 Outlook 주소록, 한글 파일, 엑셀 파일, DBF 파일 등이 있습니다.

## 09 참고 문헌

- 학술 논문집, 책, 보고서, 판례, 웹 사이트, 인터뷰, 영화, 공연 등의 출처에서 태그를 달아 참고 문헌으로 등록하여 관리하는 기능이다.
- [도구]–[참고 문헌]–[인용]–[참고 문헌 추가하기]로 새로운 참고 문헌을 추가할 수 있다.
- [도구]–[참고 문헌]–[참고 문헌 삽입]을 눌러 참고 문헌을 현재 문서의 위치에 삽입할 수 있다.

## 이론을 확인하는 기출문제

**01** **다음 중 치환(Replace) 기능에 대한 설명으로 옳지 않은 것은?**

① 한글, 특수 문자, 영어, 한자 등을 바꿀 수 있다.
② 문서에서 특정 단어를 검색하여 다른 단어로 바꾸는 것을 의미한다.
③ 단어는 바꿀 수 있어도 글꼴의 크기, 모양, 속성은 바꿀 수 없다.
④ 문서에서 원하는 부분을 블록으로 설정하면 설정된 부분에 대해서만 바꾸기를 할 수 있다.

글꼴의 크기, 모양 등의 속성과 스타일도 치환할 수 있다.

**02** **다음 중 한글 워드프로세서의 매크로 기능에 대한 설명으로 옳지 않은 것은?**

① 일련의 작업 순서 내용을 특정 키로 설정하고 필요할 때 한 번에 재생해 주는 기능이다.
② 키보드 매크로는 마우스 동작을 포함하는 사용자 동작을 기억할 수 있다.
③ 작성된 매크로는 편집이 가능하다.
④ 작성된 매크로는 별도의 파일에 저장이 가능하다.

매크로는 사용자가 입력하는 일련의 키보드 조작 순서를 기억했다가 그대로 재생하는 기능이다.

**03** **다음 중 워드프로세서에서 편집 용지 설정에 관한 설명으로 옳지 않은 것은?**

① 편집 용지의 여백에는 위쪽, 아래쪽, 왼쪽, 오른쪽, 머리말, 꼬리말, 제본 등이 있다.
② 편집 용지의 여백에도 글자를 입력할 수 있다.
③ 편집 용지의 방향을 세로나 가로 방향으로 설정할 수 있다.
④ 편집 용지의 제본을 위하여 한쪽, 맞쪽, 위로 등을 설정할 수 있다.

편집 용지의 여백에는 글자를 입력할 수 없다.

**04** **다음 중 메일 머지에 대한 설명으로 옳지 않은 것은?**

① 초청장, 안내장, 청첩장 등을 만들 경우에 효과적이다.
② 데이터 파일은 반드시 DBF 파일만 사용해야 한다.
③ 본문 파일에 커서를 위치시킨 후 메일 머지 기능을 실행한다.
④ 본문 내용은 동일하지만 수신인이 다양할 때 사용한다.

메일 머지는 전체적인 내용은 동일하지만 수신인과 같이 특정 부분만 다른 여러 개의 문서를 만들 때 사용한다. 메일 머지의 데이터 파일 종류는 주소록 파일, Outlook 주소록 파일, 한글 파일, 엑셀 파일, DBF 파일 등을 사용할 수 있다.

**05** **다음 중 머리말과 꼬리말에 대한 설명으로 옳지 않은 것은?**

① 한 페이지의 맨 위와 아래에 내용이 쪽마다 고정적으로 반복되는 것을 말한다.
② 머리말과 꼬리말에는 책의 제목, 그 장의 제목, 쪽 번호 등을 넣는다.
③ 머리말과 꼬리말의 내용을 짝수쪽, 홀수쪽에 다르게 입력할 수 있다.
④ 머리말에 숫자, 문자, 그림은 입력할 수 있으나 표는 입력할 수 없다.

머리말에 문자, 숫자, 그림, 표를 입력할 수 있다.

정답 01 ③ 02 ② 03 ② 04 ② 05 ④

SECTION 04

# 출력 기능

출제빈도 상 (중) 하

반복학습 1 2 3

빈출 태그 인쇄 • 인쇄 용지 • 스풀링 • 프린터 드라이버 • 폼 피드 • 하드 카피 • 소프트 카피

## 01 인쇄 24년 상시, 23년 상시, 22년 상시, 21년 상시, 20년 7월/2월, 19년 8월/3월, 17년 3월, 16년 10월, 15년 10월/6월/3월, …

- 블록으로 설정한 부분만 인쇄할 수 있는 워드프로세서도 있다.
- 인쇄하기 전에 프린터 설정과 인쇄 선택 사항을 알맞게 지정해야 한다. 이때 공급용지를 설정하여 인쇄 크기를 변경할 수 있다.
- 프린터의 해상도를 높게 설정하면 출력 시간은 길어지지만 대신 선명하게 인쇄할 수 있다.
- E-mail로 보내기 기능을 이용하면 인터넷 서비스를 통해 메일을 보낼 수 있다.
- 팩스 인쇄★를 통해 팩시밀리가 없어도 작업한 문서를 상대방의 팩스로 보낼 수 있으며, 전자 메일로 보낼 수도 있다.
- 미리보기(Preview) 기능을 이용하면 편집한 내용의 전체 윤곽을 확인할 수 있다.
- 문서의 내용을 종이에 출력하지 않고 파일로 디스크에 저장할 수 있다.
- 한 부씩 찍기를 선택하면 1-2-3순으로 인쇄되며, 여러 장 인쇄할 때에는 인쇄 매수만큼 1페이지를 다 인쇄한 다음 2, 3 순서대로 여러 장 인쇄된다.
- 인쇄 옵션 항목에는 인쇄 범위, 인쇄 매수, 인쇄 방식, 확대/축소, 미리보기, 팩스 인쇄 등이 있다.
- 그림 워터마크와 글씨 워터마크를 설정하여 인쇄할 수 있다.

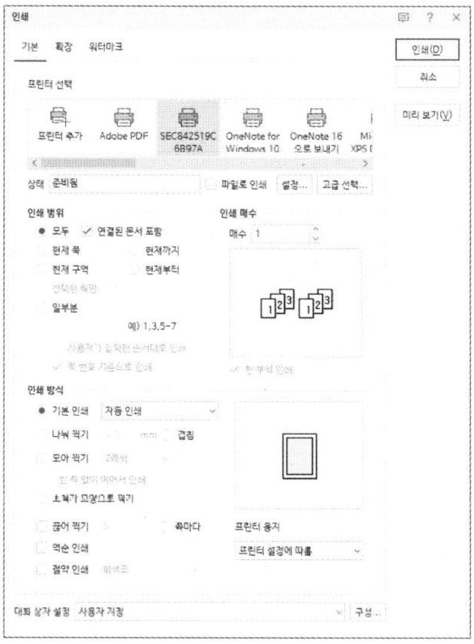

▲ 인쇄 대화상자

**기적의 TIP**

인쇄 용지 중 낱장 용지의 규격 및 인쇄 기능에 대한 문제 등이 자주 출제되고 있습니다. 최근에는 E-mail 보내기, 팩스 인쇄 등 다양한 출력 기능들이 문제로 출제되고 있으므로 깊이 있는 학습이 필요합니다.

★ **팩스 인쇄**
팩스 인쇄는 시스템에 팩스 모뎀이 설치되어 있어야 함

**기적의 TIP**

인쇄 미리보기에서 파일로 인쇄를 선택하면 확장자는 *.prn 형식으로 저장됩니다.

**개념 체크**

1 인쇄에서 한 부씩 찍기를 선택하면 1-2-3순으로 인쇄되며, 여러 장 인쇄할 때는 1-2-3페이지 순서로 여러 번 반복 인쇄한다. (O, X)

2 프린터의 해상도를 높게 설정하면 출력 시간은 길어지지만, 선명하게 인쇄할 수 있다. (O, X)

1 X 2 O

## 02 인쇄 용지 24년 상시, 21년 상시, 19년 8월, 18년 9월, 17년 3월, 16년 10월/3월, 15년 10월, 14년 6월/3월, 13년 10월, …

**인쇄 관련 단위**
- CPS(Characters Per Second) : 1초에 인쇄할 수 있는 문자 수
- LPM(Lines Per Minute) : 1분에 인쇄할 수 있는 줄 수
- PPM(Pages Per Minute) : 1분에 인쇄할 수 있는 페이지 수
- DPI(Dots Per Inch) : 1인치에 인쇄되는 점의 수

**★ 낱장 용지**
낱장 용지 규격은 전지의 종류와 전지를 분할한 횟수를 사용하여 표시함

**암기 TIP**
B판은 A판보다 'Big'

### 1) 연속 용지
- 충격식 프린터인 도트 프린터와 라인 프린터에서 사용된다.
- 한 행에 출력되는 문자 수에 따라 80자, 132자 용지가 있다.

### 2) 낱장 용지★
- 주로 잉크젯, 레이저 프린터에 사용된다.
- A판과 B판으로 나누며 가로 : 세로의 비는 1 : $\sqrt{2}$이다.
- 숫자가 같을 경우 A판보다 B판이 더 크다. 예 B0 〉 A0 〉 B1 〉 A1 〉 B2 〉 A2 …
- A판, B판 번호가 작을수록 용지의 면적이 크다.
- A판, B판 용지 뒤의 숫자가 1씩 커질수록 용지의 크기는 절반으로 작아진다.

### 3) 낱장 용지 규격

(단위 : mm)

| A판 | | | B판 | | |
|---|---|---|---|---|---|
| 용지 | 크기(가로×세로) | 용도 | 용지 | 크기(가로×세로) | 용도 |
| A0 | 841×1189 | | B0 | 1030×1456 | |
| A1 | 594×841 | | B1 | 728×1030 | |
| A2 | 420×594 | | B2 | 515×728 | |
| A3 | 297×420 | | B3 | 364×515 | |
| A4 | 210×297 | 공문서 표준 규격 | B4 | 257×364 | 8절지 |
| A5 | 148×210 | 교과서 | B5 | 182×257 | 16절지 |
| A6 | 105×148 | 엽서판 | B6 | 128×182 | 32절지 |

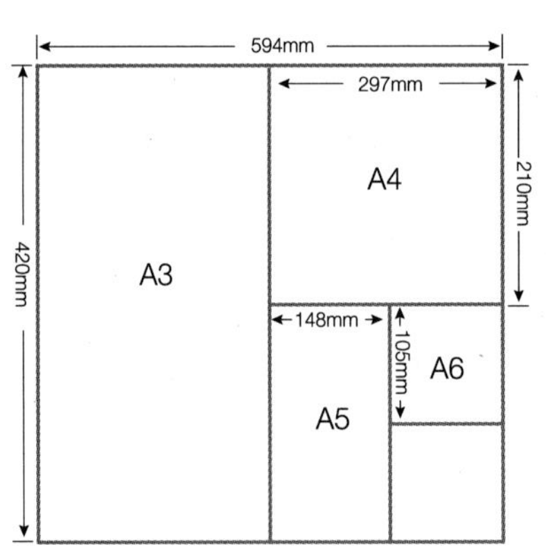

▲ A판의 크기

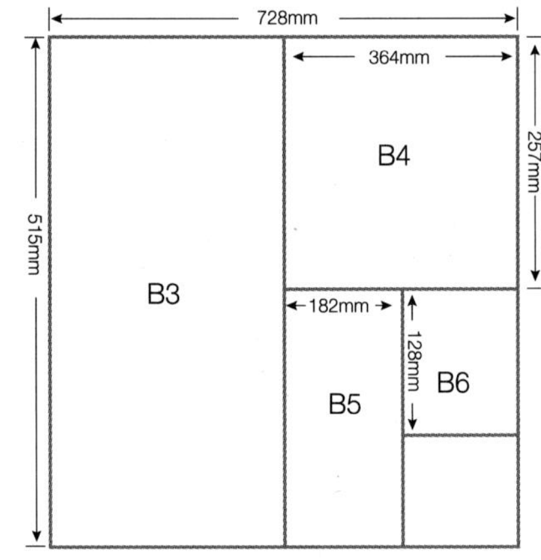

▲ B판의 크기

## 03 기타 인쇄 기능

### 1) 스풀링(Spooling) 24년 상시, 23년 상시, 22년 상시, 13년 10월, 12년 3월, 07년 10월, 04년 8월

- 고속의 CPU와 저속의 I/O(프린터) 장치에 대한 속도 차이를 극복하기 위한 기법이다.
- 인쇄할 데이터를 보조 기억 장치(하드 디스크)에 저장했다가 프린터로 출력하는 기술이다.
- 인쇄를 하면서 동시에 다른 작업이 가능하다.
- 컴퓨터 전체의 처리 효율성은 높일 수 있지만, 인쇄 속도는 저하될 수 있다.

24년 상시, 22년 상시, 10년 9월, 09년 10월, 07년 5월, 06년 11월/5월, 05년 8월

### 2) 프린터 드라이버(Printer Driver) / 프린터 버퍼(Printer Buffer)

- 프린터 드라이버란 워드프로세서에서 산출된 출력값을 특정 프린터 모델이 요구하는 형태로 번역해 주는 소프트웨어를 말한다.
- 프린터 버퍼란 컴퓨터의 처리 결과를 프린터로 출력하기 전에 임시 보관하는 기억 장소로, 용량이 클수록 출력 속도를 향상시킬 수 있다.

### 3) 라인 피드(Line Feed) / 폼 피드(Form Feed) 24년 상시, 23년 상시, 22년 상시, 12년 3월, 05년 8월

- 라인 피드는 프린터 용지를 줄 단위로 밀어 올리는 기능이다.
- 폼 피드(용지 넘김)는 프린터 용지를 페이지 단위로 밀어 올리는 기능이다.

### 4) 하드 카피(Hard Copy) / 소프트 카피(Soft Copy) 24년 상시, 23년 상시, 22년 상시, 12년 3월, …

- 하드 카피는 화면에 표시된 문서나 내용을 그대로 프린터에 인쇄하는 기능이다.
- 소프트 카피는 화면을 통해 결과물을 표시하는 기능이다.

**기적의 TIP**

스풀링을 이용하면 인쇄할 내용을 하드 디스크에 미리 저장해 놓으므로 인쇄되는 동안 재미있는 게임도 하고 인터넷도 할 수 있습니다.

**인쇄 기능**
- 라인 피드 : 줄 단위
- 폼 피드 : 페이지 단위
- 하드 카피 : 프린터로 인쇄
- 소프트 카피 : 화면에 표시

# 이론을 확인하는 기출문제

**01** 다음 중 워드프로세서의 인쇄 기능에 대한 설명으로 옳지 않은 것은?

① 프린터 등을 통해 작성한 문서를 인쇄하는 기능을 말한다.
② 미리보기 기능을 이용하여 문서의 전체 윤곽을 확인할 수 있다.
③ 프린터의 해상도를 높게 설정하면 출력 시간도 빠르고 선명하게 인쇄할 수 있다.
④ 문서의 일부분만 인쇄할 수도 있고 인쇄 매수를 지정하여 동일한 문서를 여러 번 인쇄할 수 있다.

프린터의 해상도를 높게 설정하면 출력 시간이 오래 걸린다.

**02** 다음 중 워드프로세서의 인쇄 기능에 대한 설명으로 옳지 않은 것은?

① 문서의 내용을 종이에 출력하지 않고 파일로 디스크에 저장할 수 있다.
② 프린터의 해상도를 높게 설정하면 출력시간은 길어지지만 대신 선명하게 인쇄할 수 있다.
③ 문서의 1–3페이지를 여러 장 인쇄할 때 한 부씩 찍기를 선택하지 않으면 1–2–3페이지 순서로 여러 장이 인쇄된다.
④ 미리보기 기능을 사용하여 문서의 내용을 편집할 수는 없다.

페이지별로 인쇄 매수만큼 1페이지를 다 인쇄한 다음 2, 3페이지 순서대로 인쇄된다.

**03** 다음 중 인쇄 용지에 대한 설명으로 옳지 않은 것은?

① 낱장 용지는 동일한 숫자일 경우 A판보다 B판이 크다.
② 공문서의 표준 규격은 A4(210mm×297mm)이다.
③ A판과 B판으로 나눈 용지의 가로 : 세로의 비는 1 : 3이다.
④ 낱장 용지는 규격 번호가 클수록 면적이 작다.

A판과 B판의 용지의 가로 : 세로의 비는 1 : $\sqrt{2}$이다.

**04** 다음 중 워드프로세서의 출력 기능에 대한 설명으로 옳지 않은 것은?

① B4 편집 용지로 작성한 문서를 A4 인쇄 용지에 축소하여 인쇄할 수 없다.
② 하나의 문서를 인쇄하면서 동시에 다른 작업을 할 수 있다.
③ 작성한 문서의 내용을 파일로 인쇄할 수 있다.
④ 프린터의 해상도를 높게 설정하면 출력 시간이 길어진다.

인쇄 대화상자에서 공급 용지를 설정하면 축소하여 인쇄하는 것이 가능하다.

**05** 다음 중 고속의 CPU와 저속의 프린터 장치의 속도 차이를 극복하기 위한 기법으로 인쇄를 하면서 동시에 다른 작업이 가능한 기능은?

① 스풀링(Spooling)
② 프린터 드라이버(Printer Driver)
③ 레이아웃(Layout)
④ 소프트 카피(Soft Copy)

스풀링은 인쇄할 내용을 일정한 공간에 저장해 두었다가 출력하는 기능으로 인쇄하는 동안 다른 작업을 병행 처리하도록 지원한다.

**오답 피하기**

- 프린터 드라이버(Printer Driver) : 워드프로세서에서 산출된 출력 값을 특정 프린터 모델이 요구하는 형태로 번역해 주는 소프트웨어
- 레이아웃(Layout) : 문서 작성에서 본문의 표제, 그림, 표 등을 페이지의 적당한 위치에 균형 있게 배치하는 기능
- 소프트 카피(Soft Copy) : 화면을 통해 결과물을 표시하는 기능

**06** 다음 중 인쇄 관련 단위에 대한 설명으로 옳은 것은?

① CPS : 1초에 인쇄할 수 있는 단어의 수
② LPM : 1분에 인쇄되는 점의 수
③ PPM : 1분에 인쇄할 수 있는 페이지 수
④ DPI : 1인치에 인쇄할 수 있는 줄 수

**오답 피하기**

- CPS(Characters Per Second) : 1초에 인쇄할 수 있는 문자 수
- LPM(Line Per Minute) : 1분에 인쇄할 수 있는 줄 수
- DPI(Dot Per Inch) : 1인치에 인쇄되는 점의 수

정답 01 ③ 02 ③ 03 ③ 04 ① 05 ① 06 ③

CHAPTER 03

# 전자출판의 개념

학습 방향

전자출판의 개념과 특징을 정확하게 이해한 뒤 전자출판 관련 용어를 암기합니다. 비슷한 유형의 문제들이 반복하여 출제되므로 용어를 반드시 암기한 후 기출문제를 풀어보세요. 전자출판과 전자 통신 출판의 특징, OLE, 오버프린트, 커닝, 리터칭, 필터링 등의 전자출판 관련 용어 등이 많이 출제되었습니다.

출제빈도

| | | |
|---|---|---|
| SECTION 01 | 중 | 26% |
| SECTION 02 | 상 | 74% |

SECTION 01

# 전자출판의 개요

합격 강의

출제빈도 상 (중) 하
반복학습 1 2 3

빈출 태그 전자출판의 특징 • OLE 기능 • 전자출판의 장점과 단점 • 전자책

기적의 TIP
전자출판의 특징에 대한 문제가 출제되었으므로 이를 중심으로 학습하세요.

## 01 출판의 변화 22년 상시, 12년 6월/3월, 11년 6월, 08년 10월, 07년 5월

활자 인쇄 → 사진 식자 → 전자출판 → 전자 통신 출판

## 02 전자출판(Electronic Publishing) 22년 상시, 21년 상시, 13년 10월, 10년 5월

- 컴퓨터 및 인쇄 품질이 높은 프린터 등의 장비를 이용해 출판 기획에서부터 도서 제작에 이르는 모든 과정을 말한다.
- 기업의 홍보용 책자나 소규모 출판 등에 많이 사용된다.
- 우리 나라의 전자출판협회로 KEPA(Korea Electronic Publication Association)가 있다.
- 전자출판시스템이란 전자출판물을 제작하기 위한 모든 전자기기를 의미하며 컴퓨터 등의 저장매체에 저장하고 주변 기기를 이용하여 자료를 입력, 편집, 출력, 제판 등의 작업을 하는 시스템이다.
- DTP(Desk Top Publishing) 시스템, 탁상 출판이라고도 하며 컴퓨터 모니터 위에서의 출판을 뜻한다.
- 전자출판을 이용한 종이책, HTML을 이용한 화면책, 종이책을 PDF로 만든 e-Book 등을 출판할 수 있다.

## 03 전자출판 진행 과정 18년 3월

원고 입력 → DTP★ 편집 → 필름 출력 → 터잡기★ → 소부★ → 인쇄

★ DTP(Desk Top Publishing)
탁상출판으로, 컴퓨터를 이용하여 출판물을 입력, 편집, 인쇄하는 시스템

★ 터잡기
필름을 순서에 맞게 붙이는 작업

★ 소부
인쇄판을 만드는 작업

## 04 전자출판의 특징 24년 상시, 23년 상시, 22년 상시, 17년 9월/3월, 16년 10월, 14년 6월, 12년 3월, 07년 7월

- 개인용 컴퓨터를 이용하여 출판의 전 과정이 가능하다.
- 위지윅(WYSIWYG) 방식으로 편집 과정을 편집자가 의도한 대로 구현할 수 있다.
- 다양한 글꼴(Font) 및 미리보기(Preview)를 지원한다.
- 문자뿐만 아니라 소리, 그림, 영상, 애니메이션 등의 복합적인 표현이 가능하다.
- 서로 관련 있는 문서를 이용자의 의도된 선택에 따라 연결하는 하이퍼링크 기술로 다양한 정보 습득이 증가된다.

## 05 전자출판의 기능

### 1) 편집 용지와 페이지 번호 넣기

- [쪽] 메뉴의 [편집 용지] 또는 바로 가기 F7 키를 눌러 나오는 [편집 용지] 창에서 전자출판에 사용할 용지의 종류를 선택한 후 [설정]을 한다.
- [쪽] 메뉴의 [쪽 번호 매기기]에서 번호 위치, 번호 모양, 시작 번호를 선택하고 [넣기]한다.

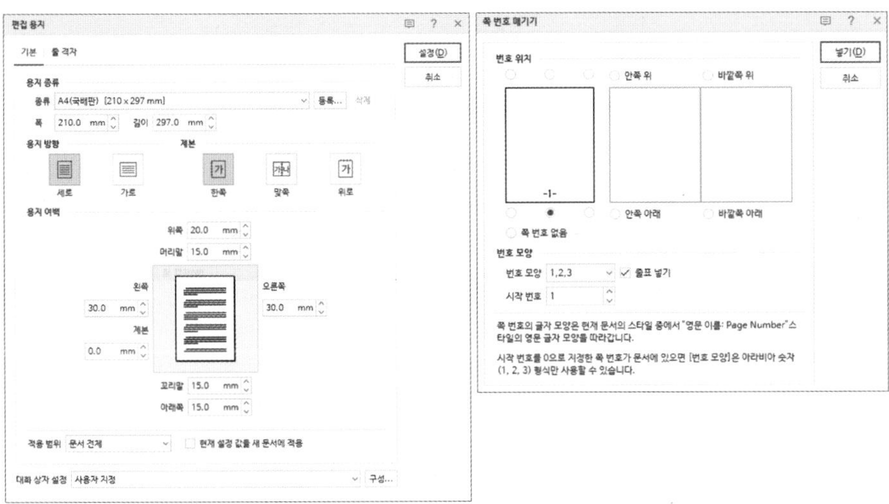


### 2) 수식 편집 기능

복잡한 수학식이나 화학식과 같은 내용을 키보드나 마우스 조작으로 간단히 입력하거나 편집하기 위해 사용된다.

### 3) 그림/사진 삽입하기

- 그림 불러오기 기능을 이용하여 문서에 추가하여 사용한다.
- 그래픽 프로그램에서 제공하는 그림 및 클립아트(Clipart)를 문서에 불러와 편집할 수 있다.
- [입력] – [그림] – [그림]을 눌러 저장된 그림/사진을 불러오거나, 이미지를 캡처/복사한 상태에서 [붙여넣기]하여 사용한다.
- 웹 페이지에서 [이미지 복사]한 후 붙여 넣는 방법으로도 사용할 수 있다.
- 대부분의 워드프로세서나 전자출판 프로그램에서는 간단한 그림을 그릴 수 있는 그리기 기능을 제공하므로, 문서 작업을 하면서 별도의 그래픽 프로그램 없이 직접 그림을 그릴 수도 있다.

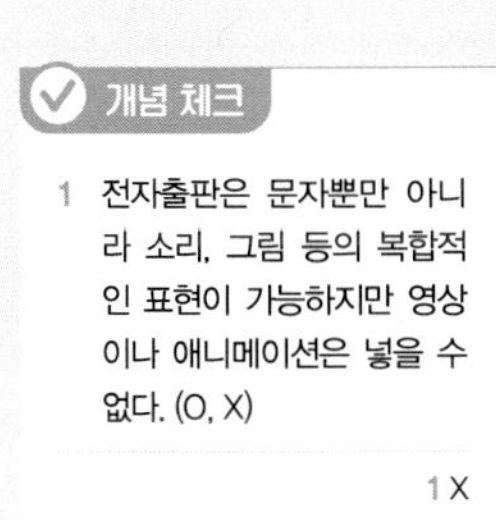

개념 체크

1 전자출판은 문자뿐만 아니라 소리, 그림 등의 복합적인 표현이 가능하지만 영상이나 애니메이션은 넣을 수 없다. (O, X)

1 X

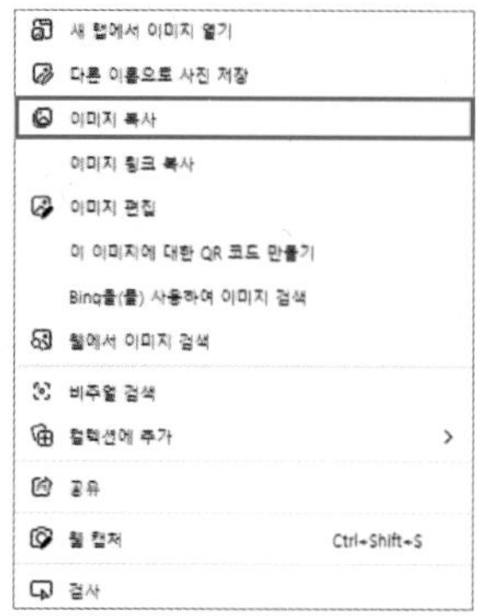


**개체(Object)**
텍스트, 그림, 클립아트, 표, 도형 등 각각의 개별 요소

### 4) OLE(Object Linking&Embedding) 기능 24년 상시, 22년 상시, 21년 상시, 17년 3월, 10년 9월, …

- Windows 응용 프로그램 간의 자료 교환 방식에 사용되는 용어로 데이터와 그것을 작성한 응용 프로그램을 밀접하게 연결 또는 포함시키는 것을 말한다.
- 여러 개의 응용 프로그램이 데이터를 서로 공유하면서 한쪽의 데이터 변화가 데이터 공유 프로그램 모두에 반영되도록 하는 것이다.

### 5) HTML 추출

- [파일] 메뉴의 [다른 이름으로 저장하기]를 선택하여 파일 이름을 입력하고 파일 형식(서식 있는 인터넷 문서(*.html))을 선택한 후 [저장]한다.

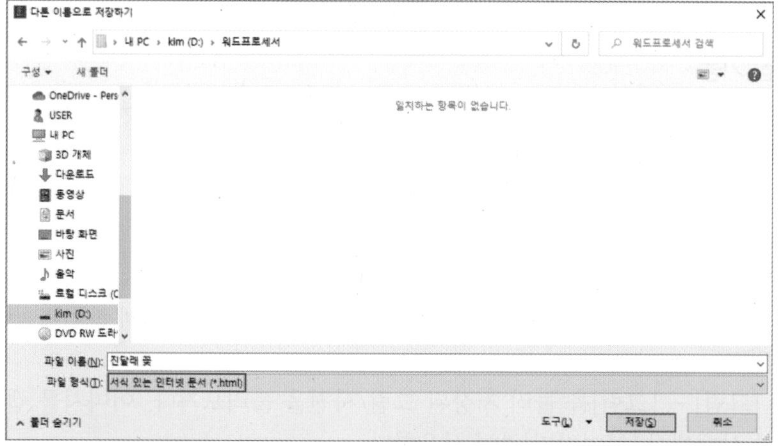


- 폴더 창에서 저장된 '파일명.html' 파일을 선택한 후 바로 가기 메뉴에서 [열기]를 하면 연결이 설정된 웹 브라우저를 통해 웹 문서가 열린다.
- 웹 문서의 바로 가기 메뉴에서 [페이지 원본 보기]를 눌러 HTML 코드를 볼 수 있다.
- HTML 코드 소스를 복사한 후 워드프로세서로 붙여넣기하면 다음과 같은 HTML 코드가 추출된다.

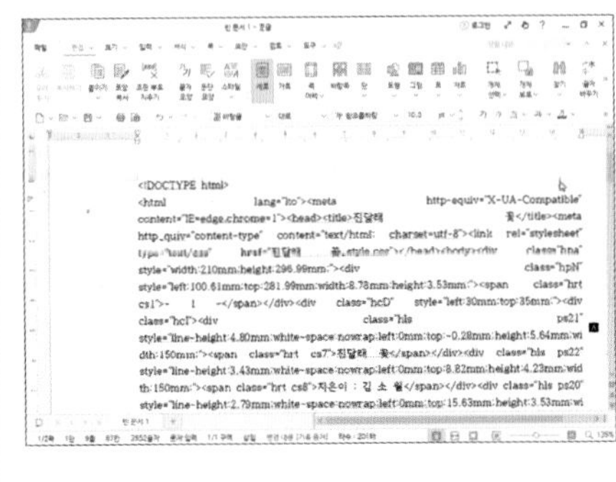

- 웹 문서가 저장된 폴더에는 html 원본 파일(*.html), 스타일시트 파일(*.css), 이미지 파일(*.png) 세 개의 파일이 생성된다.
- 웹 문서는 HTML(Hyper Text Markup Language) 언어로 작성되며 웹 페이지로 부른다.
- 웹 문서는 HTML, CSS(Cascading Style Sheets), JavaScript 언어로 구성된다.
- HTML은 웹 문서의 구조와 내용, CSS는 웹 문서의 통일성 있는 모양, JavaScript는 웹 문서의 동적 변경 및 응용 프로그램의 작성을 담당한다.
- HTML 소스는 크게 HEAD 부분과 BODY 부분으로 나뉘며 다음과 같이 구성된다.

```
〈HTML〉
  〈HEAD〉
     문서의 제목, 자바스크립트 코드, CSS 스타일 정의, 메타 데이터 정의 등
  〈/HEAD〉
  〈BODY〉
     문서의 본문 텍스트, 이미지, 테이블, 자바스크립트 코드, 동영상 등
  〈/BODY〉
〈/HTML〉
```

- HTML은 P, BR, IMG, A, DIV, SPAN, HR 등의 여러 가지 태그로 구성되며 태그는 '〈 〉' 기호를 사용한다.
- HTML 태그는 대 · 소문자를 구분하지 않는다.
- 태그 이름에 〈태그명 속성="값"〉 내용 〈/종료 태그〉의 형태로 입력한다.
- 웹 문서를 표시하기 위해 마이크로소프트 엣지, 크롬, 오페라, 파이어폭스 등의 웹 브라우저가 필요하다.

**개념 체크**

1 여러 개의 응용 프로그램이 데이터를 서로 공유하면서 한쪽이 데이터 변화가 데이터 공유 프로그램 모두에 반영되도록 하는 것은 어떤 기능인가?

1 OLE 기능

### 6) 표시/숨기기 기능

- 전자출판 등을 위해 편집에 활용할 수 있는 기능을 표시하거나 숨기는 기능이 있다.
- [보기] – [표시/숨기기] 메뉴에서 조판 부호, 문단 부호, 교정 부호, 투명 선, 그림을 표시할지 선택할 수 있다.

| 기능 | 특징 |
|---|---|
| 조판 부호 | • 편집 과정에서 사용자가 내리는 명령을 편집 화면에서 볼 수 있도록 (보통의 문서 창에서는 보이지 않게) 조판 부호로 기록한 것<br>• 조판 부호(Control Code, 제어 코드)는 일반적인 편집 화면에는 보이지 않음<br>• 모든 조판 부호는 어떠한 경우에도 인쇄되지 않음 |
| 문단 부호 | • 문서를 작성하면서 글자 입력 도중에 Enter를 누른 곳을 줄 바꿈 문자로 화면에 표시해 주는 기능<br>• 문단을 분리하는 Enter를 '하드 리턴(Hard Return)'이라고 함 |
| 교정부호 | 맞춤법, 띄어쓰기, 활자 크기, 문장 부호, 줄 바꿈, 오자, 탈자, 어색한 표현 등을 바로 잡기 위하여 삽입한 교정부호를 문서에 표시한 것 |
| 투명 선 | 투명 선을 표시 선택하면, 표나 글상자의 선 종류가 [선 없음]이어도 빨간색 점선으로 표시되어 편집하는 데 도움됨 |
| 그림 | • 그림 보이기 상태는 본문 속에 넣은 그림 파일이 편집 창에 나타남<br>• 그림 감추기 상태는 문서 편집의 속도를 빠르게 하기 위하여 그림을 편집 화면에서 보이지 않고 그림이 들어간 자리만 표시하는 기능 |

## 06 DTP 소프트웨어

| 기능 | 특징 |
|---|---|
| 페이지 레이아웃용 | • 글자, 사진, 도표 등을 배치하는 조판 과정을 처리하는 프로그램<br>• 문방사우, 페이지메이커, 쿼크익스프레스 등이 있음 |
| 이미지 리터치용 | 이미지를 생성하거나 변형시키는 프로그램으로, Adobe사의 포토샵이 있음 |
| 벡터 그래픽용 | 일러스트레이터, 코렐드로 등이 있음 |

**DTP 프로그램**
글자, 사진, 도표 등의 조판 과정을 처리할 수 있는 페이지 레이아웃 프로그램으로 주로 도서 출판 제작용으로 사용함

**CAP(Computer Aided Publishing)**
인쇄물의 편집이나 작성을 컴퓨터로 하는 것

**CTS(Computerized Typesetting System)**
컴퓨터 조판 시스템으로 기존의 기계적인 사진 식자 기능을 전산화한 시스템, DTP보다 규모가 큼

**출판물의 분류**
- SBP(Screen Book Publishing) : 화면 책 전자출판으로 웹북이나 웹진, 화면소설 등
- DBP(Disk Book Publishing) : 디스크 책 전자출판으로 전자사전이나 전자수첩 등

## 07 전자출판의 종류 23년 상시, 22년 상시, 21년 상시, 14년 6월

### 1) 온라인 데이터베이스형

온라인을 통하여 과학 기술, 비즈니스, 사회 과학, 인문 과학 등의 정보를 검색하는 형태로 온라인 정보 검색 서비스, 비디오텍스, 쌍방향 CATV, 텔레텍스트(문자 다중 방송) 등이 포함된다.

### 2) 패키지형

CD-ROM 타이틀, DVD 등 종이가 아닌 매체에 기록을 하는 형태로 문자, 사진, 영상, 음성 등의 멀티미디어를 표현할 수 있다.

### 3) 컴퓨터 통신형

온라인 데이터베이스형과 비슷하지만 저자의 집필 · 전송 · 편집 · 축적 · 이용자의 액세스까지 포함되는 것이 특징으로 전자 잡지, 전자 회의 시스템, 전자 메일박스 등이 포함된다.

## 08 전자출판의 장점과 단점 23년 상시, 22년 상시, 21년 상시, 20년 2월, 17년 3월, 08년 2월, 07년 7월, …

| 장점 | 단점 |
|---|---|
| • 출판 내용에 대한 추가 및 수정이 신속하고 용이<br>• 출판물의 제공뿐만 아니라 부가 정보 및 서비스가 가능<br>• 출판물 제공자와 수용자 간의 상호 대화가 가능한 양방향 매체<br>• 출판물 내용에 대하여 수용자가 원하는 부분만을 선택하여 전송받을 수 있음<br>• 다수의 사용자가 동시에 같은 내용에 접근하여 이용할 수 있음<br>• 출판 과정의 개인화가 가능<br>• 출판과 보관 비용이 감소 | • 컴퓨터와 소프트웨어의 사용법을 익혀야 함<br>• 컴퓨터에 전원이 공급되어야 출판물의 내용을 볼 수 있음<br>• 출판물의 전체 내용을 비교 · 분석하기가 어려움<br>• 저장 매체의 일부가 손상되면 전체 자료를 보지 못함 |

## 09 전자책(E-Book) 23년 상시, 22년 상시, 09년 7월

- 개인용 컴퓨터나 PDA, 전용 단말기를 통해 책의 내용을 다운로드해서 볼 수 있는 책이다.
- 종이책에서는 구현이 불가능한 동영상, 사운드, 애니메이션 등 각종 멀티미디어 기능을 포함한다.

▶ **인터넷 정보 표시 언어**

| | |
|---|---|
| HTML(HyperText Markup Language) | 인터넷을 통해 볼 수 있는 문서를 만들 때 사용하는 프로그래밍 언어 |
| PDF(Portable Document Format) | 컴퓨터의 기종이나 소프트웨어의 종류에 관계없이 정보를 공유하고 활용할 수 있는 형식으로 이것을 읽기 위해서는 아크로뱃 리더(Acrobat Reader) 프로그램이 필요 |
| XML(eXtensible Markup Language) | HTML과 SGML★의 단점을 개선하여 전자출판이나 웹에서 구조화된 폭넓고 다양한 문서들을 상호 교환할 수 있는 형식으로, 멀티미디어와 PDF도 포함 |

**기적의 TIP**

DOI(Digital Object Identifier)는 전자책의 보호기술 중 하나로, 책이나 잡지 등에 매겨진 국제표준도서번호(ISBN)와 같이 모든 디지털 콘텐츠에 부여되는 고유 식별번호입니다.

★ SGML(Standard Generalized Markup Language)
텍스트, 그래픽, 오디오 및 비디오 등을 포함하는 멀티미디어 전자 문서가 서로 다른 기종의 시스템 사이에서도 정보의 손실 없이 효율적으로 전송, 저장 및 자동 처리될 수 있도록 제정된 국제 표준

## 이론을 확인하는 기출문제

**01** 다음 중 전자출판의 특징으로 옳지 않은 것은?

① 저장 매체의 일부가 손상되어도 전체 자료를 볼 수 있다.
② 문자나 소리, 그림, 동영상 등의 멀티미디어 요소의 복합적인 표현이 가능하다.
③ CD-ROM 등을 저장 매체로 이용하여 보관 공간을 줄이고 영구적인 보관이 가능하다.
④ 컴퓨터 통신망을 이용하여 다수의 사용자가 동시에 자료의 사용이 가능하다.

저장 매체의 일부가 손상되면 전체 자료를 볼 수 없다.

**02** 다음 중 전자출판에 대한 설명으로 옳지 않은 것은?

① 컴퓨터를 이용하여 원고의 입력부터 출력까지의 전 과정을 관리할 수 있다.
② 전자출판을 이용하면 문자뿐만 아니라 그림, 소리, 동영상 등의 표현도 가능하다.
③ 미리보기 기능을 이용하여 최종 결과물의 결과를 미리 화면으로 확인할 수 있다.
④ 전자출판의 최종 결과물은 인화지나 필름을 이용한 사진 식자를 통해 인쇄된다.

전자출판의 최종 결과물은 CD-ROM, DVD, 온라인 등 다양한 형태이다.

**03** 다음 중 출판 문화의 변화에 대해 올바르게 나열한 것은?

① 활자 인쇄→사진 식자→전자 통신 출판→전자출판
② 활자 인쇄→사진 식자→전자출판→전자 통신 출판
③ 사진 식자→활자 인쇄→전자출판→전자 통신 출판
④ 사진 식자→활자 인쇄→전자 통신 출판→전자출판

활자 인쇄 → 사진 식자 → 전자출판 → 전자 통신 출판 순서로 변화했다.

**04** 다음 중 워드프로세서에서 작성 중인 전자문서를 '서식이 있는 인터넷 문서'로 저장할 때의 파일 형식으로 옳은 것은?

① JPG
② RTF
③ XML
④ HTML

오답 피하기

- JPG : 이미지의 파일 형식
- RTF : 서식이 있는 문서의 파일 형식
- XML : 공문서 본문 구조의 파일 형식

**05** 다음은 전자출판의 어떤 기능을 설명한 것인가?

> 한글 Windows 10의 응용 프로그램 간 자료 교환 방식에 사용되는 것으로, 여러 개의 응용 프로그램들이 데이터를 서로 공유하면서 한쪽의 데이터 변화가 데이터 공유 프로그램 모두에 반영되도록 하는 기능

① OLE 기능
② Merge 기능
③ Margin 기능
④ ODBC 기능

OLE(Object Linking & Embedding)는 개체 연결 및 포함으로 응용 프로그램 간의 자료 교환 방식이다.

**06** 다음 중 전자출판의 기능으로 옳지 않은 것은?

① 전자문서에는 수식과 그림을 추가할 수 있다.
② 다양한 글꼴과 미리 보기를 지원한다.
③ 원본 전자문서를 수정하면 웹 문서는 자동으로 연동되어 수정된다.
④ 전자문서의 크기를 A4 용지로 설정하여 페이지 번호를 추가할 수 있다.

전자문서를 수정하더라도 웹 문서가 자동으로 연동되지는 않고 다른 이름으로 저장해야 한다.

정답 01 ① 02 ④ 03 ② 04 ④ 05 ① 06 ③

SECTION 02

# 전자출판 관련 용어

출제빈도 (상) 중 하
반복학습 1 2 3

빈출 태그 디더링 • 리딩 • 리터칭 • 모핑 • 베타테스트 • 오버프린트 • 워터마크 • 초크 • 커닝 • 필터링

## 01 전자출판 관련 용어 24년 상시, 23년 상시, 22년 상시, 21년 상시, 20년 7월, 19년 8월/3월, 17년 9월/3월, …

① 디더링(Dithering)

- 제한된 색상에서 조합 또는 비율을 변화하여 새로운 색을 만드는 작업이다.
- 그래픽 이미지에 효과를 넣는 방법으로, 미세한 점으로 이루어진 흑색과 백색으로 이미지의 명암 표현이 가능하다.

② 렌더링(Rendering)

2차원의 이미지에 광원, 위치, 색상 등을 첨가하고 사실감을 불어넣어 3차원적인 입체감을 갖는 화상을 만드는 작업이다.

③ 리딩(Leading)

인쇄에서 한 행의 하단에서 다음 행 상단 사이의 간격으로 줄 간격과 같은 의미이다.

④ 리터칭(Retouching)

기존의 이미지를 다른 형태로 새롭게 변형 · 수정하는 작업을 의미한다.

⑤ 모핑(Morphing)★

두 개의 이미지를 부드럽게 연결하여 변환, 통합하는 것으로 컴퓨터 그래픽, 영화 등에서 응용되는 기법이다.

★ 모핑
모핑 기법은 주로 영화에서 많이 사용함. '터미네이터 2'에서 사이보그가 액체 상태로 변했다가 다시 사람으로 변하는 장면에서 모핑 기법을 사용했고, 그 후 우리 나라에서는 '구미호'에서 고소영이 여우로 변하는 장면에서 모핑 기법을 처음으로 사용함

⑥ 베타테스트(Beta Test)

전자출판 매체를 정식으로 내놓기 전에 오류가 있는지를 발견하기 위해 미리 정해진 사용자 계층이 활용해 보는 것을 말한다.

⑦ 스타일 시트(Style Sheet)

단락이나 문자의 속성에 해당하는 스타일을 모아 DTP에서 쉽게 사용할 수 있도록 정해 놓은 서식 파일을 의미한다.

⑧ 스프레드(Spread)

대상체의 컬러가 배경색의 컬러보다 옅을 때 배경색에 가려 대상체가 보이지 않는 현상을 의미한다.

⑨ 오버프린트(Overprint)

- 문자 위에 겹쳐서 문자를 중복 인쇄하는 작업이다.
- 배경색이 인쇄된 후에 다시 대상체 컬러를 중복 인쇄하는 방법이다.

⑩ 워터마크(Watermark)

그림을 밝고 명암 대비가 작은 그림으로 바꾸는 것으로, 회사 로고 등을 작성하여 배경으로 엷게 나타낼 때 사용한다.

⑪ 초크(Choke)

이미지 변형 작업, 입 · 출력 파일 포맷, 채도, 조명도, 명암 등을 조절한다.

⑫ 커닝(Kerning)

- 글자와 글자 사이의 간격을 미세하게 조정하는 작업으로 특정 문자의 간격을 조정한다.
- 주로 영문자의 간격을 조정하여 글자를 읽기 쉽고 예쁘게 구성하는 것이다.

⑬ 필터링(Filtering)

작성된 이미지를 필터 기능을 이용하여 여러 가지 형태의 새로운 이미지로 탈바꿈해 주는 기능이다.

⑭ 하프톤(Halftone)

그래픽 파일의 효과 넣기로, 신문에 난 사진과 같이 미세한 점으로 나타내며 각 점의 크기나 명암을 달리하여 영상을 표시한다.

⑮ 피치(Pitch)

주로 프린터 출력물에서의 문자의 간격을 측정하는 단위이다.

## 이론을 확인하는 기출문제

**01** 다음 중 전자출판에 사용되는 용어에 대한 설명으로 옳지 않은 것은?

① 오버 프린트(Over Print) : 대상체의 컬러가 배경색의 컬러보다 짙을 때에 겹쳐서 인쇄하는 방법이다.

② 필터링(Filtering) : 그림의 제한된 색상을 조합하여 복잡한 색이나 새로운 색을 만드는 작업이다.

③ 워터마크(Watermark) : 그림을 명암 대비가 작은 그림으로 바꾸는 것으로 기관의 로고 등을 작성하여 배경을 희미하게 나타낼 때 사용한다.

④ 초크(Choke) : 이미지 변형 작업으로 채도, 조명도, 명암 등을 조절해 주는 기능이다.

필터링(Filtering)은 작성된 이미지를 필터 기능을 이용하여 여러 가지 형태의 새로운 이미지로 탈바꿈해 주는 기능이다.

오답 피하기

②는 디더링(Dithering)에 대한 설명이다.

**02** 다음 중 전자출판(Electronic Publishing) 용어에 대한 설명으로 옳은 것은?

① 디더링(Dithering) : 기존의 이미지를 다른 형태로 새롭게 변형시키는 작업

② 오버프린트(Overprint) : 제한된 색상을 조합 또는 비율을 변화하여 새로운 색을 만드는 작업

③ 스프레드(Spread) : 사진이나 그래픽 이미지를 문서의 바탕에 투명하게 인쇄하는 작업

④ 커닝(Kerning) : 글자와 글자 사이의 간격을 미세하게 조정하는 작업

오답 피하기

- 디더링(Dithering) : 제한된 색상에서 조합 또는 비율을 변화하여 새로운 색을 만드는 작업
- 오버프린트(Overprint) : 문자 위에 겹쳐서 문자를 중복 인쇄하는 작업이나 배경색이 인쇄된 후 다시 인쇄하는 방법
- 스프레드(Spread) : 대상체의 컬러가 배경색의 컬러보다 옅을 때 배경색에 가려 대상체가 보이지 않는 현상

정답 01 ② 02 ④

# 문서 작성하기

학습 방향

문서의 분류에 따라 구별되는 문서의 종류를 확실히 알아두고, 출제빈도가 높은 문서의 작성 요건과 항목별 구분 기호를 반드시 숙지하세요. 맞춤법 부분에서는 기본적인 맞춤법, 띄어쓰기 정도의 출제가 예상됩니다.

출제빈도

SECTION 01 중 45%

SECTION 02 상 55%

SECTION 01

# 문서 작성 일반

합격 강의

출제빈도 상 중 하
반복학습 1 2 3

빈출 태그 문서의 기능 • 문서의 종류 • 문서 작성 원칙 • 문서 작성법 • 맞춤법

기적의 TIP
문서의 정의와 분류에 따라 문서의 종류가 구별됨을 꼭 알아두세요.

## 01 문서의 정의

문서는 사람의 생각이나 사물의 모양 등을 문자, 숫자, 기호 등으로 기록한 정보를 말한다. 즉, 회사나 관공서 등의 조직체에서 만들어지는 모든 기록을 문서라고 한다.

## 02 문서의 기능 20년 7월, 15년 6월

| | |
|---|---|
| 의사 전달의 기능 | 자신의 의사나 내용을 정확하게 상대방에 전달하는 기능 |
| 의사 보존의 기능 | 문서가 일정한 기준으로 정리 및 보관되어 증빙자료나 역사자료로 사용되는 기능 |
| 의사 교환의 기능 | 문서를 타 부서 간에 교환하는 기능 |
| 자료 제공의 기능 | 보관, 보존된 문서가 다시 활용되어 경영 활동을 촉진시키는 자료로 제공되는 기능 |
| 부서 간의 협조 기능 | 문서를 전달, 회람, 결재하는 과정에서 부서 간 문서를 공유하는 기능 |

## 03 문서의 종류

### 1) 작성 주체에 따른 분류

| | |
|---|---|
| 공문서 | • 행정기관 또는 공무원이 그 직무상 작성 또는 접수한 문서<br>• 일반적인 문서와 도면, 사진, 디스크, 테이프, 필름, 슬라이드 등이 포함<br>• 종류 : 법규 문서, 훈령, 지시, 예규, 일일명령, 고시, 공고, 회보 |
| 사문서 | • 개인이 사적인 목적으로 작성한 문서<br>• 사문서를 행정기관에 제출하여 접수되면 공문서로 간주 |

**전표**
- 기입해 넣을 것을 미리 예정해서 빈 칸을 만들어 놓은 문서
- 종류 : 매출전표, 출고전표, 출고지시서, 납품서, 청구서 등

**장표**
- 준비된 빈 칸에 때에 따라 일어나는 정보를 기입하여 사무절차의 도구로 이용하는 문서
- 종류 : 회계장부, 급여대장, 주주명부 등

**표**
- 여러 가지의 정보를 일정 기준에 따라 만들어 놓은 문서
- 종류 : 정산표, 일계표, 월계표, 재무제표, 재고표, 각종 통계표 등

### 2) 유통 대상에 따른 분류

| | |
|---|---|
| 대내문서(사내문서) | • 조직체의 내부에서 지시, 명령하거나 협조하기 위해 오고가는 문서<br>• 종류 : 지시문, 전달문, 보고서, 선언 통신문, 각종 장표 등 |
| 대외문서(사외문서) | • 국민이나 단체 및 다른 행정기관에 오고가는 문서<br>• 통지, 조회, 의뢰, 초대, 독촉 등의 형식을 취하는 문서<br>• 종류 : 주문서, 청구서, 송품장, 검수증, 영수증, 인사장, 안내문, 초대장, 부고장, 채용 공고, 신제품 광고문서 등 |
| 전자 문서 | 컴퓨터, 워드프로세서 전용기 등의 전자적인 형태로 작성하여 저장하고, 이메일, 팩스 등으로 전송되는 문서 |

### 3) 처리 단계에 의한 분류 21년 상시, 17년 3월, 16년 3월, 15년 10월

| | |
|---|---|
| 접수문서 | 문서과에서 일정한 절차에 따라 기관이 접수한 문서 |
| 배포문서 | 문서과에서 접수한 문서를 처리과로 배포(배부)한 문서 |
| 공람문서 | 처리과에서 배부 받은 문서를 결재권자가 열람에 붙이는 문서 |
| 기안문서 | 배포 문서의 내용에 따라 기관의 의사 결정을 위하여 일정한 형식에 따라 문안을 작성한 문서 |
| 기타 | 합의문서, 완결문, 시행문서, 이첩문서, 공람문서, 보관문서, 보존문서, 폐기문서 |

**보관문서**
일처리가 끝난 완결문서로 해당연도 말까지 보관하는 문서

**보존문서**
가치있는 자료라고 판단되어 일정 기간동안 보존하는 문서

## 04 문서 작성 원칙 23년 상시, 22년 상시, 21년 상시, 18년 9월

### 1) 문서 작성의 요건

① 정확성

표기법이 정확하고 합리적이며, 내용이 시행 불가능한 사항이 없이 작성자의 의사를 정확하게 표현하여 작성되어야 한다.

② 간결성

의사전달이 용이한 형태의 간결체로 문장을 짧고 긍정적으로 작성한다. 결론 및 문제점을 먼저 쓴다.

③ 신속성

표준적인 예문을 사용하고 빠르게 전송해야 한다.

④ 경제성

경비 절감을 원칙으로 문서 작성 방법을 고안한다.

⑤ 보존성

문서는 증빙자료, 역사자료 또는 정보원으로 활용할 수 있으므로 보존이 가능한 형태로 작성한다.

### 2) 항목의 구분(번호 매기기)

문서의 내용을 둘 이상의 항목으로 구분하여 작성할 때에는 다음과 같이 나누어 표시한다. 기안문과 같이 항목이 하나만 있어 항목을 구분할 필요가 없을 때에는 번호를 쓰지 않는다.

| | |
|---|---|
| 첫째 항목 | 1. 2. 3. …… |
| 둘째 항목 | 가. 나. 다. …… |
| 셋째 항목 | 1) 2) 3) …… |
| 넷째 항목 | 가) 나) 다) …… |
| 다섯째 항목 | (1) (2) (3) …… |
| 여섯째 항목 | (가) (나) (다) …… |
| 일곱째 항목 | ① ② ③ …… |
| 여덟째 항목 | ㉮ ㉯ ㉰ …… |

## 05 올바른 문장 작성법 및 맞춤법 24년 상시, 23년 상시, 22년 상시, 21년 상시, 20년 7월, 19년 3월, …

### 1) 글자

- 문서는 쉽고 간결하게 쓰고, 되도록 한글로 작성한다.
- 행정업무의 운영 및 혁신에 관한 규정에 따라 공문서는 한글 맞춤법에 맞게 가로로 작성한다.

### 2) 숫자

- 숫자는 아라비아 숫자로 가로로 표기한다.
- 만 이상의 큰 숫자는 '억'과 '만'을 숫자와 같이 사용하는 것이 좋다.
- 시각은 24시간제에 따라 숫자로 표기하되 시, 분의 글자는 생략하고 콜론(:)으로 표시한다.

### 3) 맞춤법

- 한글 맞춤법은 소리대로 적되, 어법에 맞도록 한다.
- 문장의 각 단어는 띄어쓰기를 한다. 외래어는 외래어 표기법에 맞춰 24자모만으로 적는다.
- 한글 자모의 수는 스물 넉자이다(ㄱㄴㄷ … ㅍㅎ, ㅏㅑㅓㅕㅗㅛㅜㅠㅡㅣ).

### 4) 문장 작성법

- 문장은 되도록 간결하게 쓰고, 긴 문장은 적당히 끊어서 작성한다.
- 작성자의 의사가 명확하게 표시되어야 하며 이해하기 쉬운 용어를 사용한다.
- 문서의 구성은 두문, 본문, 결문 등으로 구분한다.
- 주어와 술어의 관계를 분명히 한다.
- 수식어를 정확히 사용한다.
- 결론을 먼저 제시한다.
- 아마도, 오히려, 도리어, 반드시, 만약 등의 예고형 부사를 활용한다.
- 애매모호한 표현을 하지 않는다.

**+ 더 알기 TIP**

**비즈니스 문서의 작성 방법**

- 개인의 감정을 개입하지 않은 객관적 입장에서 사실을 바탕으로 작성
- 가장 먼저 결론을 제시하는 두괄식으로 작성
- 문장을 짧게 표현하며 번호를 매겨 작성
- 대항목에서 소항목으로 작성
- 의미가 분명한 용어나 표현을 선택하여 내용을 정확하게 작성
- 동일한 수신인이라도 하나의 문서에는 한 가지 사안을 적어 다루기 쉽게 작성
- 읽는 사람이 무엇을 알고 싶은가의 관점에서 작성
- 그래프나 표를 삽입하여 시각적 효과를 줌으로써 독자의 흥미를 유도

**아라비아 숫자**
1 2 3 4 5 ……

**로마 숫자**
Ⅰ Ⅱ Ⅲ Ⅳ Ⅴ ……

**큰 숫자**
금 5,000억 원

**소수**
0.123

**분수**
2/3

**시각**
13:05:57

**날짜**
2021. 05. 07.

**연호**
서기연호를 쓰되 서기는 표기 않음

**. : 온점**
문장의 끝에 사용

**? : 물음표**
의심이나 물음에 사용

**! : 느낌표**
감탄이나 놀람, 명령 등 강한 느낌에 사용

**– : 이음표**
이미 말한 내용에 부연하거나 보충 설명에 사용

**, : 쉼표**
문장 안에서 짧은 쉼 간격에 사용

**' ', " " : 따옴표**
대화, 인용, 특별한 어구에 사용

**( ) : 소괄호**
원어, 연대, 주석, 설명 등을 적을 때 사용

**{ } : 중괄호**
여러 단위를 동등하게 묶어서 보일 때 사용

**[ ] : 대괄호**
묶음표 안의 말이 바깥 말과 음이 다를 때 사용

# 이론을 확인하는 기출문제

**01** 다음 중 문서 작성 시 유의사항으로 옳지 않은 것은?

① 제목은 제목만 보고도 쉽게 문서의 성격과 내용을 알 수 있도록 작성한다.
② 행정업무의 운영 및 혁신에 관한 규정에 의해 공문서는 한글 맞춤법에 따라 세로로 작성한다.
③ 목적이 있는 사외문서라 하더라도 인사말부터 시작하는 것이 기본적인 예의이다.
④ 기안문 작성 시 하나의 항목만 있을 경우 항목 구분을 할 필요가 없으므로 번호를 기재하지 않는다.

공문서는 한글 맞춤법에 따라 가로로 작성한다.

**02** 다음 중 문서의 기능으로 가장 거리가 먼 것은?

① 의사 결정의 기능
② 의사 보존의 기능
③ 자료 제공의 기능
④ 의사 전달의 기능

문서의 기능에는 의사의 전달 · 보존 · 교환 · 자료 제공, 부서 간 협조의 기능이 있다.

**03** 문서를 처리 단계에 따라 분류하고자 한다. 이에 해당되지 않는 것은?

① 접수문서
② 배포문서
③ 공람문서
④ 대외문서

대외문서는 유통 대상에 따른 분류이다.

**04** 다음 중 밑줄 친 부분의 맞춤법 또는 어법이 옳은 것은?

① 마음을 *조리면서* 합격 여부를 기다린다.
② *하느라고* 한 것이 이 모양이다.
③ 이번에 남의 논을 *부치게* 되었다.
④ 주민대표*로써* 참석하였다.

오답 피하기
- ① : 마음을 졸이면서
- ② : 하노라고
- ④ : 주민대표로서

**05** 다음 중 올바른 문장 작성법 및 맞춤법에 대한 설명으로 적절하지 않은 것은?

① 한글 자모의 수는 24자이다.
② 문장의 각 단어는 띄어씀을 원칙으로 한다.
③ 외래어는 특별한 원칙 없이 발음되는 대로 쓴다.
④ 조사는 그 앞말에 붙여 쓴다.

외래어는 국가에서 공포한 '외래어 표기법' 원칙에 의해 표기한다.

**06** 다음 중 워드프로세서를 이용한 문서 작성법의 설명으로 옳지 않은 것은?

① 문장은 되도록 간결하게 쓰고, 긴 문장은 적당히 끊어서 작성한다.
② 작성자의 의사가 명확히 표시되어야 하며 이해하기 쉬운 용어를 사용한다.
③ 문서의 구성은 두문, 본문, 결문 등으로 구분한다.
④ 단어마다 한자, 영어를 넣어 작성하여 문서의 내용을 가급적 어렵게 인식되도록 한다.

이해하기 쉽도록 쉬운 용어를 사용하여 의사를 명확히 전달하여야 한다.

정답 01 ② 02 ① 03 ④ 04 ③ 05 ③ 06 ④

SECTION 02

# 문서의 형식과 구성

출제빈도 상 중 하
반복학습 1 2 3

빈출 태그 사내문서 • 사외문서 • 의례문서 • 두문 • 본문 • 결문 • 연역적 구성 • 귀납적 구성

## 01 다양한 문서의 형식 19년 3월, 18년 3월, 17년 9월/3월, 16년 6월, 15년 3월

### 1) 사내문서

- 사내문서란 사업문서로서 동일 회사 내에서 부서 간의 연락 및 통지 등에 사용되는 문서이다.
- 업계 관련 전문용어나 약칭 등을 활용하여 기입한다.
- 사내 문서를 목적별로 분류하면 다음과 같다.

| 명령(지시)문서 | 명령서, 지시서, 계획서, 통지서, 기획서, 상신서 등 |
|---|---|
| 보고문서 | 일보, 출장 보고서, 조사 보고서, 일계표 등 |
| 연락문서 | 업무 연락서, 조회문서, 의뢰문서, 회답문서, 통지서 등 |
| 기록문서 | 의사록, 사원카드, 인사기록, 장표류 등 |

**기획서 작성 방법**
- 누구나 쉽게 이해할 수 있는 용어를 사용하여 작성
- 구체적이고 측정 가능한 자료를 사용하고 성취 가능한 내용으로 구성
- 핵심 내용을 압축하여 명확히 하고 뒷받침하는 내용을 구분하여 핵심을 강조
- 결론을 논리적으로 구성하고 사실에 근거하여 명확하게 구성

### 2) 사외문서

거래를 위한 문서로 다음과 같은 문서 종류가 있다.

| 의뢰서 | 어떤 사안을 부탁하거나 의뢰하는 문서 예 견본 청구서, 견적 의뢰서, 견적서, 주문서 등 |
|---|---|
| 통지서 | 어떤 사실이나 정보를 전달하는 문서 예 송금 통지서, 거절장 등 |
| 법률문서 | 법적인 효력이 있는 문서 예 거래 계약서, 내용 증명서, 입찰서 등 |
| 반박서/해명서 | 어떤 사안에 대해 반론하거나 해명하는 문서 |
| 교섭/협의문 | 특정 사안에 대하여 상호 간 합의를 이끌어내기 위한 문서 |

**통지서 작성 방법**
- 전달하고자 하는 내용을 정확하고 일목요연하게 작성
- 육하원칙에 따라 작성
- 금액, 날짜 등 숫자의 작성에는 특별히 주의해야 함
- 의례적인 인사말 등은 간단하게 쓰고 자세히 쓸 필요는 없음

### 3) 의례문서

감사장, 초청장, 안내문, 부고장 등의 문서로 일정한 형식 속에서 항상 성의가 담겨있고 느낌이 좋게 요약하여 작성한다.

## 02 문서의 서식 구성

- 문서의 서식은 누구나 쉽게 이해할 수 있는 용어를 사용하여 설계하여야 하며, 불필요하거나 활용도가 낮은 항목을 넣어서는 안 된다.
- 서식은 글씨의 크기, 항목 간의 간격, 기재할 여백의 크기 등을 균형 있게 조절하여 기입 항목의 식별이 쉽도록 설계하여야 한다.

**서식의 승인**
공문서의 경우 중앙행정기관이 법령으로 서식을 제정하려는 경우에는 행정안전부장관의 승인을 받아야 함

### 1) 사내문서의 서식 구성 18년 3월

① 두문(머리말)

- 문서의 상단에 수신자와 발신자명, 문서번호, 발신 연월일 등을 기록한다. 이때 수신자와 발신자는 직위명을 사용해도 된다.
- 문서 번호는 다른 문서와 구별되는 표시가 되며 문서의 왼쪽 상단에 표시한다.
- 발신 연월일은 문서 상단 오른쪽에 쓰고 마지막 글자를 오른쪽에 맞추어 정렬한다. 연, 월, 일을 생략할 경우 마침표(.)를 찍어서 대신한다.
- 수신자명은 문서를 받아볼 상대방으로 직명과 성명만 기입한다.
- 발신자명은 그 문서 내용에 책임을 지는 발신자의 성명을 기재한다.
- 예 인발 제125호 – 인사부 발령과 발신 125번째 문서

② 본문

- 제목은 본문의 내용을 간략하게 한마디로 간추려서 표시한다.
- 주요 문장은 간결하고도 정확하게 표현한다. 본문의 내용을 보기 좋게 하기 위하여 '별기', '다음', '아래' 등으로 표시하여 본문의 내용을 함축하여 작성한다.

③ 결문

- 문서의 아래에 담당자명을 기록한다.
- 발신인은 일반적으로 그 문서의 내용을 실제로 처리한 담당자를 입력한다.

④ 사내문서의 서식 예제

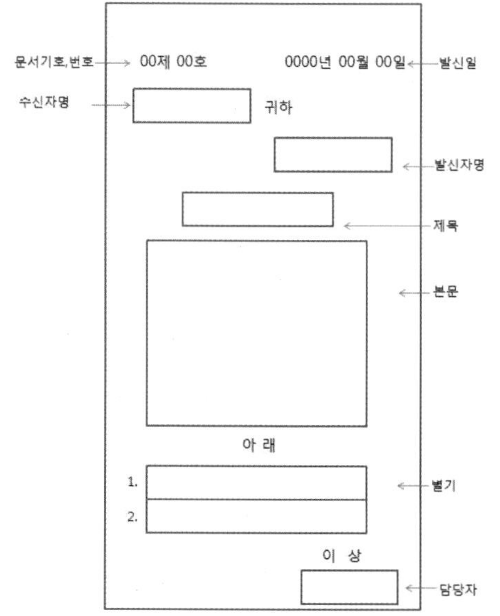


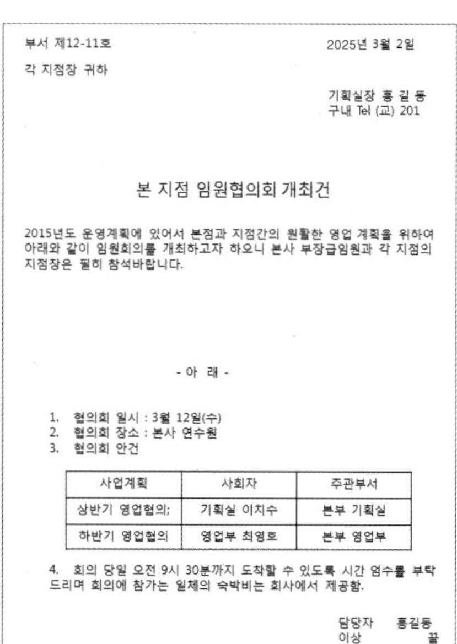

부서 제12-11호　　　　2025년 3월 2일

각 지점장 귀하

기획실장 홍 길 동
구내 Tel (교) 201

본 지점 임원협의회 개최건

2015년도 운영계획에 있어서 본점과 지점간의 원활한 영업 계획을 위하여 아래와 같이 임원회의를 개최하고자 하오니 본사 부장급임원과 각 지점의 지점장은 필히 참석바랍니다.

- 아 래 -

1. 협의회 일시 : 3월 12일(수)
2. 협의회 장소 : 본사 연수원
3. 협의회 안건

| 사업계획 | 사회자 | 주관부서 |
|---|---|---|
| 상반기 영업협의; | 기획실 이치수 | 본부 기획실 |
| 하반기 영업협의 | 영업부 최영호 | 본부 영업부 |

4. 회의 당일 오전 9시 30분까지 도착할 수 있도록 시간 엄수를 부탁드리며 회의에 참가는 일체의 숙박비는 회사에서 제공함.

담당자 홍길동
이상 끝

## 2) 사외문서의 서식 구성 23년 상시, 22년 상시, 21년 상시, 19년 8월, 17년 9월, 16년 3월, 15년 10월

### ① 두문(머리말)

- 문서 번호는 생략하나 관공서로 보낼 경우에는 문서의 왼쪽 상단에 표시한다.
- 발신 연월일은 사내 문서의 서식과 같이 문서 상단 오른쪽에 쓰고 마지막 글자를 오른쪽에 맞추어 정렬한다. 연, 월, 일을 생략할 경우 마침표(.)를 찍어서 대신한다.
- 수신인은 주소를 써도 되고, 생략해도 된다.
- 발신인은 그 문서에 책임을 지는 발신자의 주소, 회사명, 성명을 기재한다.

### ② 본문

- 제목에는 본문의 내용을 간략하게 추린 것으로 그 문서의 내용을 파악할 수 있게 표시한다.
- 전문에는 용건을 말하기 전에 간단한 인사말을 쓴다.
- 주문은 문서의 핵심으로, 전하고자 하는 내용을 간결하고 명확하게 나타낸다.
- 말문은 문장을 요약해서 매듭짓는 것이다.

### ③ 결문

- 본문의 내용을 보충하기 위한 것으로 추신, 첨부물, 담당자의 직위 및 성명을 쓴다.
- 추신에는 본문에서 빠뜨린 것을 보충하거나 내용의 일부를 강조하기 위해 기록하는 부분이다. 추신은 본문이 끝나는 곳에서 2~3행 띄어서 쓴다.
- 첨부물은 동봉하여 보내는 문서가 있을 경우, 그 문서의 명칭과 수량을 표시한다.
- 이상은 본문과 추신이 끝난 다음 오른쪽 끝에 쓰며, 문서의 내용이 끝났음을 나타낸다.

### ④ 사외문서의 서식 예제

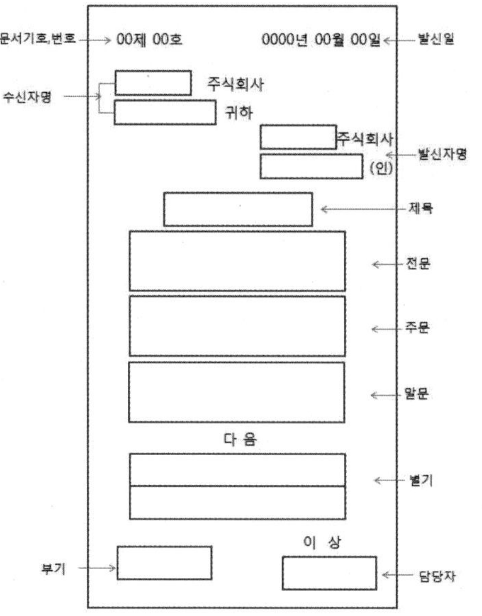


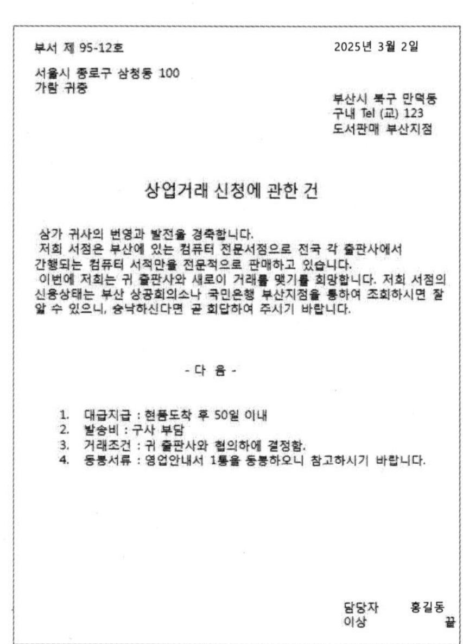

부서 제 95-12호 2025년 3월 2일

서울시 종로구 삼청동 100
가람 귀중

부산시 북구 만덕동
구내 Tel (교) 123
도서판매 부산지점

상업거래 신청에 관한 건

삼가 귀사의 번영과 발전을 경축합니다.
저희 서점은 부산에 있는 컴퓨터 전문서점으로 전국 각 출판사에서 간행되는 컴퓨터 서적만을 전문적으로 판매하고 있습니다.
이번에 저희는 귀 출판사와 새로이 거래를 맺기를 희망합니다. 저희 서점의 신용상태는 부산 상공회의소나 국민은행 부산지점을 통하여 조회하시면 잘 알 수 있으니, 승낙하신다면 곧 회답하여 주시기 바랍니다.

- 다 음 -

1. 대급지급 : 현품도착 후 50일 이내
2. 발송비 : 구사 부담
3. 거래조건 : 귀 출판사와 협의하에 결정함.
4. 동봉서류 : 영업안내서 1통을 동봉하오니 참고하시기 바랍니다.

담당자 홍길동
이상 끝

### 3) 의례문서의 서식 구성 16년 10월, 15년 6월

- 의례문서는 최소한 2주 전에 수신자가 받을 수 있도록 발송한다.
- 감사장에는 상대방에게 진심을 담아 감사의 마음을 전하는 문구를 입력한다.
- 부고장에는 부고의 내용과 자손의 이름, 장일, 영결식장, 장지 등을 입력한다.
- 초청장이나 안내문은 초대의 글이나 모임 주제를 쓰고 일시, 장소, 연락처를 입력한다. 날짜를 표시할 때에는 가급적이면 요일도 함께 표기하고, 시간은 오전, 오후를 구별하여 기입하는 것이 좋다. 또한, 행사가 끝난 후에 모든 참가자를 대상으로 리셉션이 있을 예정이라면 이 점에 대해서도 명확하게 기재한다.

초 대 장

무대에서 언론과 관객들에게 비상한 주목을 받으며 활약하고 있는 정상의 오페라를 만날 수 있는 귀한 무대가 준비되었습니다.

즐겁고 풍성한 무대로 기록된 이번 공연은 멋진 날 2025년 5월 31일 미강홀에서 꾸며집니다.

장소 : 국립극장 미강홀
날일 : 2025년 5월 31일 일요일
전화 : 010-1234-5678
약도 :

▲ 초청장 문서의 서식 예제

## 03 문서의 논리적 구성 18년 9월/3월, 17년 9월, 16년 10월

### 1) 연역적 구성

- 중심 생각이 담긴 중심 문장의 위치가 해당 문서의 처음 부분에 위치하여 구성하는 것이다.
- 문서를 읽으면서 중심 생각을 쉽게 찾을 수 있다.★

### 2) 귀납적 구성

- 구체적, 개별적 사례들로부터 일반적인 원리를 이끌어내는 방식으로 중심 생각이 담긴 문서의 마지막 부분에 위치하여 구성하는 방식이다.
- 강조할 내용을 문서의 마지막에 담아 더욱 강조할 수 있다.★

**암기 TIP**

연역적 추론은 중심 생각이 앞에(두괄식), 귀납적 추론은 중심 생각이 뒤에 있습니다. 귀는 뒤에 있지요.

★ 연역법의 예
- 모든 사람은 죽는다.
- 소크라테스는 사람이다.
- 그러므로 소크라테스는 죽는다.

★ 귀납법의 예
- 이순신은 죽었다.
- 소크라테스는 죽었다.
- 그들은 모두 사람이다.
- 그러므로 모든 사람은 죽는다.

## 04 그래프 활용법

### 1) 그래프의 활용

문서에서 판매 기록, 급여와 경비 등에 관하여 표시하는 숫자는 업무를 분석하고 앞으로의 계획을 위한 참고 자료로 사용되는데, 그래프를 활용하면 효과적이다.

### 2) 그래프의 장점

- 잠재적인 문제점이 부각된다.
- 시계열적인 변화나 경향을 파악한다.
- 자체적인 그 구성 내용을 알 수 있다.
- 목표 달성 등의 동기 부여에 도움이 된다.

**막대 그래프**
- 가로축에 항목을 표시하고 세로축의 막대 크기로 변화량을 알 수 있음
- 순서가 정해져 있지 않은 데이터를 크기순으로 나열하기에 좋음

**선 그래프**
- 가로, 세로축을 긋고 눈금을 매김
- 선모양으로 시간의 흐름에 따라 변화량을 파악하기 쉬움
- 작성이 간단하고 한 눈에 알기 쉬움

**원 그래프**
- 데이터 전체를 원의 면적 100%로 하여 그 구성 항목을 비율에 따라 부채꼴 형태로 구분한 그래프
- 눈금을 만들 필요가 없고, 구성 요소는 5~6개 정도로 제한하는 것이 좋음

## 이론을 확인하는 기출문제

**01** 다음 사외문서의 구성에 대한 설명 중 두문에 해당하지 않는 것은?

① 제목은 문서 내용을 파악할 수 있도록 본문 내용을 간추려 표시한다.
② 수신자명은 직위와 성명을 표시한다.
③ 발신 연월일은 숫자 뒤에 연, 월, 일을 붙여 표시할 수 있다.
④ 발신자명은 문서 발신자의 성명을 표시한다.

- 두문 : 문서번호, 발신 연월일, 수신자명, 발신자명
- 본문 : 제목, 내용, 별기
- 결문 : 추신, 첨부물, 담당자의 직위 및 성명

**02** 다음 중 문서 작성에 대한 설명으로 옳지 않은 것은?

① 문서에서 연, 월, 일 글자를 생략할 경우에 마침표(.)를 찍어 대신할 수 있다.
② 시작 인사말은 본문에 간단히 기재한다.
③ 문서의 머리말에 제목을 기재하여 문서의 성격을 파악할 수 있게 한다.
④ 추신이나 첨부물 등은 결문에 기재한다.

문서의 제목은 머리말(두문)이 아니라 본문에 기재한다.

**03** 다음 사외문서의 구성에 대한 설명 중 두문에 해당하지 않는 것은?

① 제목은 문서 내용을 파악할 수 있도록 본문 내용을 간추려 표시한다.
② 결재권자는 직위와 성명을 표시한다.
③ 전화번호와 홈페이지 주소를 표시한다.
④ 발신명의는 문서를 발신하는 기관의 장을 표시한다.

제목은 본문에 해당하는 내용이다.

**04** 다음 중 문서의 논리적 구성에서 귀납적 추론에 대한 설명으로 옳지 않은 것은?

① 일반적인 원리를 제시한 다음 구체적인 사실을 이끌어내는 형식이다.
② 개별적인 사례에서 공통된 일반적 원리를 이끌어내는 형식이다.
③ 중심 생각이 담긴 중심 문장의 위치가 해당 문단의 마지막 부분에 위치한다.
④ 강조하고자 하는 내용을 마지막에 담아 더욱 강조할 수 있다는 장점이 있다.

귀납적 추론은 구체적인 사실을 바탕으로 일반적인 원리가 도출되는 방식이다.

**05** 다음은 사외문서의 본문에 대한 설명이다. 본문에 해당되지 않는 것은?

① 주문에는 문서의 핵심으로 전하고자 하는 내용을 간결, 명확하게 나타낸다.
② 제목에는 본문의 내용을 간략하게 추린 것으로 그 문서의 내용을 파악할 수 있게 표시한다.
③ 추신에는 본문에서 빠뜨린 내용을 보충하기 위해 기록한다.
④ 전문에는 용건을 말하기 전에 간단한 인사말을 쓴다.

추신은 본문이 아닌 부기에 써야 하며, 부기는 결문과 같다. 추신은 아래쪽 결문에 써야 한다.

정답 01 ① 02 ③ 03 ① 04 ① 05 ③

CHAPTER 05

# 교정부호

학습 방향

1과목에서 가장 정답률이 높은 부분으로 매회 2문제씩 출제됩니다. 그러므로 교정부호는 절대 틀리지 않는다는 생각으로 학습하세요. 우선 교정부호의 의미를 익힌 후 서로 상반되는 의미의 교정부호와 문서의 분량을 변화시키는 교정부호를 연결해서 외워보세요.

출제빈도

SECTION 01 상 100%

SECTION 01

# 교정부호의 종류 및 사용법

합격 강의

출제빈도 (상) 중 하
반복학습 1 2 3

빈출 태그 상반되는 교정부호 • 문서 분량이 변하는 교정부호 • 교정부호 사용법

기적의 TIP

단순한 교정부호의 의미를 묻는 문제보다는 반대되는 의미의 교정부호, 교정부호 사용 후 문서의 분량, 교정부호를 적용한 후의 결과를 묻는 응용 문제가 주로 출제됩니다. 다른 내용에 비해 쉬운 문제가 출제되므로 놓치지 마세요.

## 01 글자 간격을 조정하는 교정부호

24년 상시, 10년 3월, 09년 4월, 06년 11월, 05년 11월/5월, …

| 교정부호 | 기능 | 교정 전 | 교정 후 |
|---|---|---|---|
| ✓ | 사이 띄우기 | 나는수평선을 보았다. | 나는 수평선을 보았다. |
| ⌒ | 붙이기 | 조 상의 빛난 얼을 | 조상의 빛난 얼을 |
| > | 줄 삽입 | 콩 심은 데 콩 나고<br>팥 심은 데 팥 난다. | 콩 심은 데 콩 나고<br><br>팥 심은 데 팥 난다. |

줄 단위 이동이 발생하는 교정부호
_┌, ⊃, >

## 02 글자 위치를 조정하는 교정부호

24년 상시, 23년 상시, 22년 상시, 21년 상시, 20년 7월, 19년 8월, …

| 교정부호 | 기능 | 교정 전 | 교정 후 |
|---|---|---|---|
| _┌ | 줄 바꾸기 | 눈을 감으면생각난다. | 눈을 감으면<br>생각난다. |
| ⊃ | 줄 잇기 | 태어났다.<br>조상의 빛난 | 태어났다. 조상의 빛난 |
| ∽ | 자리 바꾸기 | 별빛을 바라본다. | 바라본다. 별빛을 |
| ⊏ | 들여쓰기 | 하늘이 무너져도<br>솟아날 구멍이 있다. | 하늘이 무너져도<br>솟아날 구멍이 있다. |
| ⊐ | 내어쓰기 | 큰 방죽도 개미 구멍<br>으로 무너진다. | 큰 방죽도 개미 구멍<br>으로 무너진다. |
| _┌‾┐_ | 끌어 내리기 | 고향<br>나는 내일 간다. | 나는 내일 고향 간다. |
| ‾┐_┌‾ | 끌어 올리기 | 칼로 베기<br>물 | 칼로 물 베기 |

기적의 TIP

들여쓰기, 내어쓰기, 끌어 올리기, 끌어 내리기는 모두 튀어나온 부분을 누른다고 생각하면 글자가 어느 부분으로 움직일지 알 수 있습니다.

## 03 글자를 교정하는 교정부호 24년 상시, 23년 상시, 22년 상시, 21년 상시, 17년 9월, 15년 3월, 13년 10월, …

| 교정부호 | 기능 | 교정 전 | 교정 후 |
|---|---|---|---|
|  | 삽입 | 작성한 문서를 검하여 (토) | 작성한 문서를 검토하여 |
|  | 수정 | 교정부호을 나타낸다. (를) | 교정부호를 나타낸다. |
|  | 삭제하기 | 이 하늘과 땅에 태어났다. | 이 땅에 태어났다. |
| ★ | 되살리기, 원래대로 두기 | 찬물도 위 아래가 있다. | 찬물도 위 아래가 있다. |
| ★ | 글자 바로 하기 | AMERICA | AMERICA |

★ 한 번 교정된 것을 교정 전의 상태로 되돌리는 교정부호

★ 활자 인쇄 시 돌아간 글자를 바로 잡는 부호이므로 워드프로세서 작업과는 관계가 없는 교정부호

## 04 상반되는 교정부호 24년 상시, 23년 상시, 22년 상시, 20년 2월, 19년 3월, 17년 9월, 16년 6월, 12년 3월, …

- ∨ : 사이 띄우기 ↔ ⌒ : 붙이기
- : 삽입 ↔ : 삭제하기
- : 들여쓰기 ↔ : 내어쓰기
- : 끌어 올리기 ↔ : 끌어 내리기
- : 줄 바꾸기 ↔ : 줄 잇기

**기적의 TIP**

상반되는 교정부호는 확실히 이해하세요. 문서 분량에 변동을 주는 교정부호도 자주 출제되었습니다.

## 05 문서 분량과 교정부호 24년 상시, 23년 상시, 22년 상시, 21년 상시, 20년 2월, 19년 3월, 17년 3월, …

### 1) 문서 분량이 증가할 수 있는 교정부호

>, ∨, , , ,

### 2) 문서 분량이 감소할 수 있는 교정부호

, , ⌒, ,

### 3) 문서 분량과 관계 없는 교정부호

, ,

교정부호는 흔히 빨간색으로 표시하지만 색깔이 정해져 있는 것은 아님. 원고의 색과 달리 하되 눈에 잘 띄는 색깔을 사용

## 06 교정부호의 사용법

24년 상시, 23년 상시, 22년 상시, 20년 7월, 19년 8월, 17년 9월/3월, 16년 10월/3월, …

- 정해진 부호를 사용해야 한다.
- 의미가 명확히 전달되도록 가지런히 표기한다.
- 표기하는 색깔은 원고의 색과 다르면서 눈에 잘 띄는 색으로 한다.
- 교정부호나 글자는 명확하고 간략하게 표기한다.
- 수정하려는 글자를 정확하게 지적해야 한다.
- 교정할 부호가 서로 겹치지 않도록 주의하며, 부득이 서로 겹칠 경우에는 겹치는 각도를 크게 하여 교정 내용을 알아볼 수 있게 한다.

# 이론을 확인하는 기출문제

**01** 다음 중 교정부호에 대한 설명으로 옳지 않은 것은?

① > : 문서에서 줄 간격을 띄우라는 부호이다.
② ∽ : 단어나 문자의 위치를 변경하라는 부호이다.
③ ㄱ_ㄱ : 지정된 부분을 아래로 내리라는 부호이다.
④ ◯ : 불필요한 내용을 삭제하라는 부호이다.

ㄱ_ㄱ는 지정된 부분을 위로 끌어 올리라는 부호이다.

**02** 다음 중 문서의 분량이 감소할 가능성이 있는 교정부호들로만 올바르게 짝지어진 것은?

① ㄷ, ◡, ⭘
② ♂, _ㄱ, ㄱ_
③ ㄱ_ㄱ, ∽, ∨
④ ⌒, ◯, ⊂

⌒(붙이기), ◯(빼기), ⊂(줄 잇기)는 모두 분량이 감소할 수 있는 교정부호이다.

오답 피하기
- 문서의 분량이 증가되는 교정부호 : _ㄱ, ∨
- 문서의 분량과 관계없는 교정부호 : ∽, ⭘

**03** 다음 중 서로 상반되는 의미를 지닌 교정부호로 짝지어진 것은?

① _ㄱ, ㄷ
② ㄷ, ⊂
③ ∨, ⌒
④ ⊂, ◡

③은 사이 띄우기, 붙이기 교정부호이다.

**04** 다음 중 문서의 수정을 위한 교정부호의 표기법으로 옳지 않은 것은?

① 문서의 내용과 혼돈되지 않도록 글자 색과 동일한 색으로 표기하도록 한다.
② 한 번 교정된 부분도 다시 교정할 수 있다.
③ 교정하고자 하는 글자를 명확하게 지적해야 한다.
④ 여러 교정부호를 동일한 행에 사용할 때 교정부호가 겹치지 않도록 한다.

글자 색과 다른 눈에 잘 띄는 빨간색이나 파란색을 사용한다.

**05** 다음과 같이 문장이 수정되었을 때 사용된 교정부호의 순서를 올바르게 나열한 것은?

〈수정 전〉

국가와 국가 간의 제반 무역 장벽을 완화하고
철폐하여무역자유화를 실현
하기 위해 양국 간 또는 지역 간에 체결한다.

〈수정 후〉

국가 간의 제반 무역 장벽을 완화하고
철폐하여 무역자유화를 실현하기 위해 양국 간 또는 지역 간에 체결한다.

① ♂, ◡, _ㄱ
② ㄷ, ⊃, ⌒
③ ◯, ∨, ⊂
④ ㄷ, ∨, ⊂

국가와 국가 간의 제반 무역 장벽을 완화하고
철폐하여무역자유화를 실현
하기 위해 양국 간 또는 지역 간에 체결한다.

정답 01 ③ 02 ④ 03 ③ 04 ① 05 ③

# 문서 관리하기

학습 방향

문서관리의 기능과 기본 원칙을 숙지하고 문서관리 절차를 확실히 정리하세요. 또한 문서 파일링과 문서 분류법에 대해 자세하게 학습하도록 합니다. 공문서의 효력 발생 시기와 항목 구분은 매년 출제되므로 반드시 기억하세요.

출제빈도

| | | |
|---|---|---|
| SECTION 01 | 중 | 22% |
| SECTION 02 | 중 | 22% |
| SECTION 03 | 중 | 17% |
| SECTION 04 | 상 | 39% |

SECTION 01

# 문서관리 일반

출제빈도 상 중 하
반복학습 1 2 3

빈출 태그 문서관리의 기본 원칙 • 문서관리의 표준화 • 문서관리 절차

## 01 문서관리의 기능 20년 7월/2월, 19년 8월

- 문서관리란 문서 업무의 절차와 방법을 합리화시킴으로써 모든 문서가 효율적으로 운영될 수 있도록 하는 일련의 활동이다.
- 효율적인 문서 관리란 문서의 작성, 유통, 활용, 축적, 폐기에 이르기까지 일련의 체계적인 문서 정리 체제를 구축하여 활용하는 것이다.
- 문서관리 기능에는 의사 전달 기능과 의사 보존 기능이 있다.

## 02 문서관리의 기본 원칙 24년 상시, 23년 상시, 22년 상시, 21년 상시, 19년 3월, 18년 9월/3월, 17년 3월, …

① 신속성 · 정확성

- 문서가 이동되고 경유되는 곳을 줄이고 지체 시간을 줄여준다.
- 문서 사무에서 오류를 계획적 · 제도적으로 방지하여야 한다.
- 문서를 착오 없이 올바르게 처리하기 위해 직접 적거나 수정하지 않고, 복사하여 사용하거나 자동화된 사무기기를 이용하여 처리한다.

② 표준화 · 간소화

- 문서 사무 처리에 적용할 수 있는 여러 가지 수단이나 방법 중에서 가장 합리적인 것을 선정하여 항상 적용하는 것이다.
- 문서 처리의 절차나 방법 중에서 중복되는 것이나 불필요한 것을 없애고, 동일 종류의 문서 사무 처리를 하나로 묶어서 통합하여 처리한다.
- 문서 사무 처리의 절차나 방법 등을 간결하게 하여 시간 절약과 문서 업무 능률을 증진시킨다.

③ 전문화

문서의 작성, 배포, 접수, 보관 등의 업무에 전담자를 두어 전문성을 높여 능률을 증대시킨다.

④ 기계화 · 자동화

워드프로세서로 작성하고 전자 메일 등으로 배포하고 하드 디스크나 CD-ROM 등을 활용하여 보관한다.

⑤ 경제성

- 소모품을 절감하고 사무기기의 관리를 효율화하여 유지 및 보수비용을 줄인다.
- OA 기기를 사용하여 문서 작성과 유통비를 절감시킨다.

⑥ 용이성

- 문서 사무의 절차와 방법을 간단하고 쉽게 하고 사무실 환경을 개선한다.
- 사무 기계화를 추진하여 쉽고 간단하게 처리한다.

⑦ 일일 처리

효율적인 문서 사무를 위해 문서는 그날 중에 처리한다.

## 03 문서관리의 표준화 23년 상시, 22년 상시, 18년 3월, 16년 10월

① 문서 양식의 표준화

용지 규격 통일, 장부와 전표의 표준화, 일반 문서 양식의 표준화이다.

② 문서 처리의 표준화

일정 기준으로 분류하기 위한 문서 분류 방법과 분류 번호, 분류 체계, 관리 방법의 표준화이다.

③ 문서 취급의 표준화

문서의 발송, 접수의 수발 사무에 대한 방법과 절차에 관한 표준화이다.

④ 문서 보존 관리의 표준화

문서의 보존, 이관, 폐기 등에 관한 표준화이다.

## 04 문서관리 절차 24년 상시, 23년 상시, 22년 상시, 21년 상시, 19년 8월, 18년 3월, 17년 9월, 15년 10월/6월/3월

| | |
|---|---|
| ① 문서의 분류 | 명칭별이나 주제별 등 일정한 기준에 따라 체계적으로 문서를 분류함 |
| ② 문서의 편철 | 문서의 내용이 처리가 끝나면 참고 자료 등 불필요한 문서를 제거한 후 보존, 활용할 문서를 묶어 편철함 |
| ③ 문서의 보관 | 문서 편철이 끝난 날이 속하는 연도의 말일까지 처리과의 서류 보관함에 보관함 |
| ④ 문서의 이관 | 계속 보관이 필요한 문서를 보존 기간에 맞춰 보존하기 위해 해당 부서로 옮김 |
| ⑤ 문서의 보존 | 보관이 끝난 문서는 보존문서 기록대장에 등록하고 처리과에서 3년간 보존함. 문서 보존 기간은 일반적으로 1년, 3년, 5년, 10년, 30년, 준영구, 영구의 7종으로 구분됨. 보존 기간 계산의 기산일은 기록물 생산년도 다음 해 1월 1일로 함 (기산일: 계산하기 시작하는 날) |
| ⑥ 문서의 인계 | 처리과의 보존이 끝난 문서는 보존문서 인계를 작성하여 문서과에 인계함 |
| ⑦ 문서의 폐기 | 문서의 보존 기간이 만료된 문서는 즉시 폐기함. 폐기하고자 하는 문서는 과거의 사례와 재차 필요하게 되는 경향의 유무를 검토한 후 폐기 처분함 |

**문서보관 방법**

- 집중식 관리 : 문서를 전담하는 부서에서 모든 문서를 보관하고 관리
- 분산식 관리 : 각 부서에서 문서를 직접 정리
- 절충식 관리 : 일정 한도의 문서는 각 부서별로 분산 관리하고 중요 문서는 주관 부서에서 집중 관리

기적의 TIP

구분이란, 문서 처리가 완결되지 못한 미결문서와 문서 처리가 완결된 완결문서를 분류하여 문서관리 절차에 따라 문서를 지정하는 것을 말합니다.

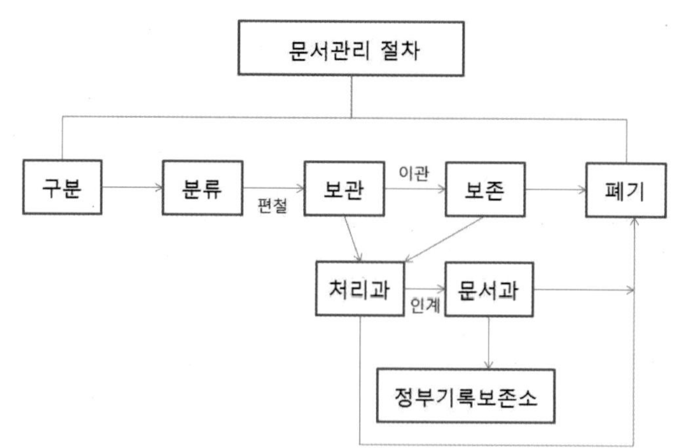


## 이론을 확인하는 기출문제

**01 다음 중 문서관리 시 확보해야 할 원칙에 대한 설명으로 옳지 않은 것은?**

① 문서관리를 담당하는 전문 인력을 배치하여 전문성을 높인다.
② 문서 처리 절차나 방법 중에서 반복되는 것이나 불필요한 것은 없애고 간결하게 처리한다.
③ 가능한 한 문서를 옮겨 적거나 세밀하게 기재하고 문서의 경유처는 최대한 모두 경유하게 한다.
④ 문서관리 시 발생하는 여러 가지 수단이나 방법 중에서 가장 합리적인 것을 선정하여 적용한다.

문서가 이동되고 경유되는 곳을 줄이고 지체 시간을 줄여 신속성을 가져야 한다.

**02 다음 중 문서관리에 대한 설명으로 옳지 않은 것은?**

① 문서는 명칭이나 주제별 등 문서 분류법에 따라 분류한다.
② 문서의 보관이란 편철이 끝난 모든 문서를 폐기하기 전까지 관리하는 것이다.
③ 이관이란 보존 기간에 맞춰 보존하기 위하여 해당 부서로 옮기는 것이다.
④ 문서는 분류 후 바로 편철한다.

- 문서의 보관 : 문서의 편철이 끝난 날이 속하는 연도의 말일까지 처리과에서 보관
- 문서의 보존 : 보관이 끝난 문서를 폐기하기 전까지 처리과에서 보존

**03 다음 중 문서의 보존 기간에 포함되기 시작하는 날은?**

① 문서 완결한 날의 다음 해 1월 1일
② 문서 기안한 해의 1월 1일
③ 문서 시행일
④ 문서 기안일

보존 기간 계산의 기산일은 기록물 생산연도 다음 해 1월 1일로 한다.

정답 01 ③ 02 ② 03 ①

SECTION 02

# 문서 파일링 시스템

출제빈도 상 중 하
반복학습 1 2 3

빈출 태그 문서 파일링 • 파일링 시스템의 기본 원칙 • 명칭별 분류법 • 주제별 분류법 • 지역별 분류법

## 01 문서 파일링(Filing) 24년 상시, 23년 상시, 22년 상시, 21년 상시, 20년 7월, 16년 3월

• 문서관리에 있어 원하는 문서를 언제든지 쉽게 찾아볼 수 있고 필요 없는 문서는 적시에 폐기할 수 있도록 문서를 유형별로 정리, 보관, 폐기하는 일련의 제도를 파일링 시스템이라고 한다.

• 문서관리의 목적은 신속한 검색, 개방화, 원활한 정보 전달, 정확한 의사 결정, 시간과 공간의 절약, 사무환경의 정리와 기록물의 효과적인 활용을 목적으로 한다.

### 1) 문서 파일링 육하 원칙

| | |
|---|---|
| 왜(why) – 필요성 | 무슨 이유로 파일링할 것인가? |
| 무엇을(what) – 문서의 대상 | 어떤 문서를 파일링하는가? |
| 누가(who) – 담당 기관 | 누가 파일링하는가? |
| 언제(when) – 기간 | 언제부터 언제까지 파일링하는가? |
| 어디에(where) – 보관 장소 | 어디에 파일을 보관하는가? |
| 어떻게(how) – 방법 | 어떤 방법으로 파일링하는가? |

### 2) 파일링 시스템의 기본 원칙 24년 상시, 23년 상시, 22년 상시, 21년 상시, 19년 3월, 18년 9월, 16년 10월, 15년 10월

① 개인별 점유 · 보관의 금지

문서 담당자가 개인의 서랍 속이나 다른 문서에 끼워보관하면 안 된다.

② 문서의 소재 명시

문서가 보관된 서류함의 위치를 누구나 쉽게 알 수 있도록 한다.

③ 문서 검색의 용이화 및 신속성

필요한 문서를 쉽게, 신속하게 찾을 수 있도록 정리한다.

④ 문서의 적시 폐기

불필요한 문서는 지체 없이 폐기하도록 한다.

⑤ 파일링 방법의 표준화

파일링 방법 전반에 대해 내부규정을 정하여 표준화한다.

## 02 문서 정리의 대상

① 일반 문서

수신 문서와 발신 문서의 비본, 품의서, 보고서, 조사서, 의사록, 증서 등이다.

② 장표

기재가 끝난 장부, 전표 등이다.

③ 도먼

설계도면, 청사진 등이다.

④ 자료

정기 간행물, 스크랩, 카탈로그, 팸플릿 등이다.

⑤ 도서

사전, 육법전서, 참고 도서 등이다.

⑥ 기타

그 밖에 중요한 자료나 문서가 마이크로필름화되거나 광디스크에 저장된 경우가 파일링의 대상이 된다.

## 03 문서 분류(정리)법 24년 상시, 23년 상시, 22년 상시, 21년 상시, 20년 2월, 19년 8월, 18년 9월/3월, 17년 9월, …

- 문서 분류란 미결 문서나 유통 문서의 보관, 완결 문서의 보존에 의하여 문서가 지니는 의사 전달과 의사 보존의 기능을 원활히 발휘할 수 있도록 일정한 기준에 따라서 문서를 체계적으로 구분하는 것이다.
- 문서 파일링을 문서의 분류 기준에 따라 배열하면 관리의 합리화를 가질 수 있다.

### 1) 명칭별 분류법(거래처별 정리)

- 거래자나 거래 회사명에 따라 이름의 첫머리 글자를 기준으로 가나다순 혹은 알파벳순으로 분류한다.
- 동일한 개인 혹은 회사에 관한 문서가 한 곳에 집중된다.
- 직접적인 정리와 참조가 가능하며 색인이 불필요하다.
- 가이드나 폴더의 배열 방식이 단순하다.
- 잡건(雜件)★의 처리가 용이하다.
- 비슷한 명칭이 밀집된다는 단점이 있다.
- 명칭, 특히 조직명의 표시 방법에 관련하여 문서가 분산된다.

★ 잡건(雜件)
많이 주요하지 않은 여러 가지 일

## 2) 주제별 분류법

- 문서의 내용으로부터 주제를 결정하고 이 주제를 토대로 문서를 분류한다.
- 주제를 대 · 중 · 소로 분류하는 경우 듀이(John Dewey)의 10진 분류법★을 응용하면 편리하다.
- 같은 내용의 문서를 한 곳에 모아 관리할 수 있다.
- 무한하게 확장이 가능하다.
- 분류하는 것이 어렵다.
- 색인 카드가 필요하다.
- 잡건(雜件)의 취급이 어렵다.

★ 듀이의 10진 분류법
도서 분류법에서 사용되며 한 주제가 10개의 하위 주제를 갖도록 하는 분류법

## 3) 지역별 분류법

- 거래처의 지역이나 범위에 따라 가나다순으로 분류한다.
- 거래처가 전국으로 분산되어 있는 경우에는 단계별로 분류하고, 외국의 경우에는 국가, 지역, 거래처 명칭순으로 분류한다.
- 장소에 따른 문서의 집합이 가능하다.
- 여러 나라나 지역에 사업장을 갖춘 기업에 유용하다.
- 지역별로 분류하고 한글순, 알파벳순으로 구분하므로 착오가 많고 시간과 노력이 많이 소요된다.
- 명칭과 같은 장소를 모르면 조사하기 어렵다.

## 4) 번호별 분류법

- 문서가 처리되어 검사된 문서가 일정량 모이면 개별 폴더★에 넣어 숫자를 지정하여 정리 서랍에 보관하는 방식이다.
- 충분히 축적되기 전 상태의 문서는 한글순 혹은 알파벳순으로 잡(雜)폴더★에 수용한다.
- 개별 폴더에 보관 중인 거래처나 항목의 명칭을 카드(모든 카드는 거래처나 항목의 명칭에 따라 한글순, 혹은 알파벳순)에 기재하고 지정된 숫자를 적는다.
- 번호순으로 이미 지정된 명칭을 기록해둔다. 분류되는 문서는 우선 100단위, 10단위 그리고 마지막에 정확한 번호순으로 분류하여 해당 개별 폴더에 보관한다.
- 문서의 기밀 유지 가능하다.
- 간접적인 정리 방법이며, 잡문서가 별도의 철에 보관된다.
- 인건비 등의 비용이 많이 든다는 단점이 있다.

★ 개별 폴더
내용상 관계있는 문서가 한 곳에 통합된 폴더

★ 잡(雜)폴더
같은 내용의 문서가 몇 장 되지 않을 때, 개별 폴더를 만들기 전 단계에 넣어두는 임시 보관 성격의 폴더

## 5) 혼합형 분류법

문서를 주제별, 명칭별, 형식별 등 다양한 방법으로 혼합하여 분류하는 방법이다.

## 이론을 확인하는 기출문제

**01** 다음 보기의 회사 관련 문서들을 회사명에 따라 명칭별 파일링하여 분류 정리하고자 한다. 순서가 올바르게 나열된 것은?

| | |
|---|---|
| ㉠ 신우무역 | ㉡ 신우상사 |
| ㉢ 상진물산 | ㉣ 선일기업 |
| ㉤ 승리테크 | ㉥ 상지설비 |

① ㉠ → ㉡ → ㉣ → ㉤ → ㉢ → ㉥
② ㉢ → ㉥ → ㉠ → ㉡ → ㉤ → ㉣
③ ㉥ → ㉢ → ㉤ → ㉣ → ㉠ → ㉡
④ ㉥ → ㉢ → ㉣ → ㉤ → ㉠ → ㉡

자음 → 모음 → 받침 순서대로 하고 한글순 또는 알파벳의 오름차순으로 파일링한다.

**02** 다음 중 번호식 문서 정리 방법에 관한 설명으로 가장 옳지 않은 것은?

① 기밀을 유지할 수 있어 보안유지가 필요한 경우에 적합하다.
② 잡문서가 별도의 철에 보관된다.
③ 색인이 필요 없이 직접적인 정리와 참조가 가능하다.
④ 무한하게 확장할 수 있다.

번호식(숫자식) 문서 정리 방법은 반드시 색인이 필요하다.

**03** 다음 중 문서관리를 위한 파일링 시스템(Filing System)의 도입에 따른 효과로 옳지 않은 것은?

① 문서관리 및 보존의 용이성
② 정보 전달의 원활화
③ 사무 공간의 효율적 사용
④ 기록 활용에 대한 제비용 증가

파일링 시스템은 자료를 언제든지 쉽게 찾아볼 수 있고 필요 없는 문서는 적시에 폐기하여 문서를 유형별로 정리, 보관, 폐기하는 일련의 제도로, 파일링으로 비용이 절약된다.

**04** 다음에 설명하는 문서 정리 방법을 나타내는 용어로 가장 적절한 것은?

> – 같은 카테고리의 문서를 한 곳에 모을 수 있다.
> – 문서 내용의 분류가 여러 개인 경우 상호 참조 표시가 필요하다.
> – 문서가 소분류로 구분되어 취급되는 경우에 많이 활용된다.

① 번호식 분류법
② 지역별 분류법
③ 주제별 분류법
④ 수평적 분류법

주제별 문서 정리 방법으로 주제를 정하고 대, 중, 소로 분류하는 경우 듀이의 10진 분류법을 이용하면 편리하다.

**05** 다음 중 파일링 시스템의 기본 원칙으로 옳지 않은 것은?

① 시간과 공간의 극대화
② 문서 검색의 용이성 및 신속한 출납
③ 명확한 분류를 위한 파일링 방법의 표준화
④ 문서의 소재 명시 및 보존의 확실성

시간과 공간의 최소화가 기본 원칙이다.

정답 01 ④ 02 ③ 03 ④ 04 ③ 05 ①

SECTION 03

# 전자문서 관리하기

출제빈도 상 중 하
반복학습 1 2 3

빈출 태그 전자문서 관리 시스템 • 전자문서의 효력 발생 시기 • EDI • 전자서명 • 전자결재 시스템의 특징

## 01 전자문서의 정의 20년 7월, 18년 9월, 16년 6월, 15년 10월

- 전자적인 형태로 작성한 후 저장하고 송 · 수신하는 문서이다.
- 전자문서의 효력은 다른 법률에 특별한 규정이 있는 경우를 제외하고는 전자적 형태로 작성되어 저장된 문서로 부인되지 않는다.
- 전자우편(E-Mail)은 전자문서를 송수신하는 도구의 한 종류이다.
- 전자적인 방법으로 쪽번호 또는 발급번호를 표시할 수 있다.
- 각급 행정기관에서는 전자문서에 사용하기 위하여 전자이미지관인을 가진다.
- 개인별로 자신의 문서를 관리할 수 있는 개인문서함에서 보관한다.

## 02 전자문서 관리 시스템 24년 상시, 23년 상시, 22년 상시, 21년 상시, 18년 9월/3월, 17년 9월

- 문서의 생성, 저장, 승인, 폐기까지 문서의 모든 사이클을 통합 관리한다.
- 종이 없는 사무실을 실현하고 국가와 기업의 생산성을 향상시킨다.
- 표준화된 문서 양식을 사용하여 신속하고 정확한 문서 검색이 가능하다.
- 문서 저장 공간이 줄어들어 쾌적한 사무환경 조성이 가능하다.
- 문서수발의 시간, 인력, 비용이 절감되어 생산성이 향상된다.
- 불필요한 서류의 중복을 피할 수 있다.
- 전자문서 접근 권한에 관한 문제, 보안, 프로그램의 버전 관리 문제 등이 있다.
- 업무 흐름에 따라 결재 경로에 맞게 자동으로 넘겨주어 결재에 필요한 시간을 줄여준다.
- 문서 작성과 유통의 표준화로 업무 생산성을 향상할 수 있다.
- 문서를 재가공하거나 수정할 수 있다.

## 03 전자문서 관리법 24년 상시, 22년 상시, 21년 상시, 20년 2월, 19년 8월/3월, 6년 10월

- 전자문서 등급에 따라 접근자의 범위가 지정되어 있다.
- 검토자, 협조자, 결재권자가 동시에 열람할 수 있다.
- 종이 보관의 이관시기와 동일하게 전자적으로 이관된다.

기적의 TIP

전자문서는 수신자의 컴퓨터 파일에 기록되면 효력이 발생할 수 있음을 기억하세요.

**공인전자문서보관소 (Certified e-Document Authority)**
전자문서의 이용을 활성화하기 위하여 전자문서를 안전하게 보관하고, 전자문서의 내용 및 송수신 여부 등을 증명해 줄 수 있는 제3의 기관(Trusted Third Party)

### 1) 전자문서의 효력 발생 시기

- 전자문서의 효력은 수신자의 컴퓨터 파일에 기록되었을 때부터 발생한다.
- 행정기관에 송신한 전자문서는 당해 전자문서의 송신 시점이 컴퓨터에 의해 전자적으로 기록된 때에 송신자가 발송한 것으로 본다.
- 전자문서는 작성자 외의 자 또는 작성자의 대리인 외의 자가 관리하는 컴퓨터에 입력된 때에 송신된 것으로 본다.
- 전자문서는 컴퓨터 파일로 보존하거나 출력하여 보존할 수 있다. 다만, 보존기간이 20년 이상인 전자문서는 컴퓨터 파일과 장기보존이 가능한 용지에 출력한 출력물을 함께 보존한다.

### 2) 전자문서의 종류

- 사업자등록증명
- 납세증명
- 표준재무제표증명
- 소득금액증명
- 부가가치세과세표준증명
- 폐업 · 휴업사실증명
- 문서 유통 통합관리 시스템 등

### 3) 전자문서의 정리 방법

- 여러 문서를 일괄 등록한 후 문서 목록을 조건별로 조회하도록 정리한다.
- 문서별 상세정보 및 감사정보별로 관리한다.
- 문서별 버전 관리를 최신 문서로 유지한다.
- 전문 검색엔진을 채용하여 문서에 대한 빠르고 정확한 검색을 가능하게 한다.
- 개인별로 자신의 문서를 관리할 수 있는 개인문서함 기능을 제공한다.
- PDF 변환 서비스를 통하여 디지털 문서를 다양하게 관리한다.

### 4) PDF 문서의 특징

- 어도비사의 아크로뱃 제품에서 만든 문서 파일 유형(포맷)이다.
- 원본 문서를 그대로 읽어와 공유할 수 있고 보안성도 높다.
- 단락을 손쉽게 변경하고 오타를 수정한다.
- 사진을 자르거나 교체할 수 있다.
- 문서에 암호를 넣어 비밀을 보장할 수 있다.
- 웹 페이지를 PDF 파일로 저장하고 프린터로 인쇄할 수 있다.
- PDF 파일을 편집이 가능한 MS Office 문서로 변환할 수 있으며, 이때 글꼴과 서식은 그대로 유지된다.

### 5) 전자문서의 자동화와 사용

① 전자 파일링 시스템(Electronic Filing System)

- 전자 파일링 시스템은 전자파일 서상 매체에 수록된 자료들의 데이터베이스에 의해 색인을 작성하고 필요할 때마다 신속하게 데이터의 검색과 편집이 가능하도록 한 시스템이다.
- 전자 파일링 시스템을 구성할 때에는 문서 발생 건수에 따른 문서 처리 능력, 데이터베이스에 수록할 입력 문서의 기준, 색인에 사용될 검색키의 합리적 설정, 보관 자료의 중복성 배제 등을 고려한다.

② EDI(전자 데이터 교환)

- EDI(Electronic Data Interchange)는 조직 내에서 상호 교환되는 문서를 정형화된 양식과 코드체계를 이용하여 컴퓨터에 도입한 하드웨어와 소프트웨어 기술의 집합이다.
- EDI를 이용하면 오류를 감소시킬 수 있고, 송신측의 문서 발송 비용과 수신측의 재입력 비용 절감의 효과 등을 가진다.

③ EDIFACT(행정 · 상업 · 수송을 위한 전자 자료 교환)

- EDIFACT(EDI For Administration, Commerce and Transport)란 전 세계적으로 행정기관, 상업, 운송업체 간에 이용되는 모든 서류를 EDI를 활용하여 전자적 데이터로 교환할 수 있도록 하는 것이다.
- 기존의 종이 서류양식을 전자 파일로 대체하여 경쟁력을 향상하고 거래를 간소화하는 특징이 있다.

④ EDMS(전자문서 관리 시스템)

- EDMS(Electronic Document Management System)란 네트워크상의 여러 서버에 분산되어 있는 텍스트, 그래픽, 이미지, 영상 등 모든 문서 자원을 발생부터 소멸까지 통합 관리해 주는 문서관리 소프트웨어이다.
- 문서의 기안, 검토, 협조, 결재, 등록, 시행, 분류, 편철, 보존, 이관, 접수, 배부, 공람, 검색, 활용 등 문서의 모든 처리 절차가 전자적으로 처리되는 시스템을 말한다.
- 신속한 문서 조회와 검색 활용으로 생산성을 극대화하고 쾌적한 사무환경을 조성할 수 있다는 장점이 있다.

### 6) 전자서명

- '전자문자서명'이란 기안자 · 검토자 · 협조자 · 결재권자 또는 발신명의인이 전자문서상에 자동 생성된 자기의 성명을 전자적인 문자 형태로 표시하는 것을 말한다.
- '전자이미지서명'이란 기안자 · 검토자 · 협조자 · 결재권자 또는 발신명의인이 전자문서상에 전자적인 이미지 형태로 된 자기의 성명을 표시하는 것을 말한다.

- '행정전자서명'이란 기안자 · 검토자 · 협조자 · 결재권자 또는 발신명의인의 신원과 전자문서의 변경 여부를 확인할 수 있도록 그 전자문서에 첨부되거나 결합된 전자적 형태의 정보로서 인증기관으로부터 인증을 받은 것을 말한다.
- '전자이미지관인'이란 관인의 인영(印影)을 컴퓨터 등 정보처리능력을 가진 장치에 전자적인 이미지 형태로 입력하여 사용하는 관인을 말한다.

**기적의 TIP**

행정기관의 전자이미지관인은 문서과의 기안자가 아닌 처리과의 기안자가 찍는다는 것을 기억하세요.

## 04 전자결재 시스템의 특징

23년 상시, 22년 상시, 18년 3월, 17년 9월/3월, 15년 3월

전자결재: 문서의 기록, 보관, 검색 등을 전자적인 방법으로 텍스트, 이미지, 영상 등을 통합하여 관리하고 결재하는 시스템

- 문서 양식을 단순화시킨다.
- 문서 작성과 유통을 표준화시켜 일반 사용자가 간편하게 작성할 수 있다.
- 문서에 작성자의 이름이 자동으로 삽입되어 실명제를 실현한다.
- 실명제를 통해 문서 유통의 투명성을 높여준다.
- 사무처리의 신중성을 제고한다.
- 전자이미지서명 등록, 결재암호 등으로 보안을 유지하는 기능을 갖춘다.
- 결재에 필요한 시간을 줄여주며, 문서 정리 및 관리를 효율적으로 할 수 있다.
- 업무흐름도에 따라 결재파일을 결재 경로에 따라 자동으로 넘겨주므로, 따로 출력하여 보관하지 않아도 된다.
- 이미 작성된 문서를 수정하거나 재가공해서 사용하는 것이 가능하다.

# 이론을 확인하는 기출문제

**01** 다음 중 전자문서에 대한 설명으로 옳지 않은 것은?

① 전자문서는 일반 문서와 동일한 법적 효력을 갖는다.
② 전자문서는 정보처리시스템에 의해 전자적 형태로 작성된다.
③ 전자문서의 효력은 수신자의 컴퓨터에 파일로 등록된 때부터 발생한다.
④ 전자문서의 내용 및 송수신 여부를 증명해 주는 공신력 있는 제3의 기관으로 공인인증센터가 있다.

전자문서의 내용 및 송수신 여부를 증명해 주는 공신력 있는 제3의 기관으로는 공인전자문서보관소가 있다.

**02** 다음 중 전자문서 관리 시스템을 사용하는 경우의 장점이 아닌 것은?

① 신속한 문서 조회 및 검색이 가능하여 생산성을 향상시킬 수 있다.
② 문서 보관에 필요한 장소가 획기적으로 줄어서 사무환경을 쾌적하게 조성할 수 있다.
③ 조건검색을 통해 필요한 문서를 손쉽게 제공받을 수 있어서 노력을 줄일 수 있다.
④ 텍스트 문서를 이미지나 영상과 별개로 관리하여 문서 고유의 특성에 맞춘 관리가 가능하다.

전자문서 관리 시스템은 텍스트, 이미지, 영상을 통합하여 기록, 보관, 관리하는 시스템이다.

정답 01 ④ 02 ④

SECTION 04

출제빈도 상 중 하
반복학습 1 2 3

# 공문서의 작성

합격 강의

빈출 태그 공문서의 성립 및 효력 발생 • 결문 • 공문서의 항목 구분 • 공문서의 '끝' 표시 • 공문서 처리의 원칙

## 01 문서의 종류 13년 10월, 12년 3월

### 1) 작성 주체에 의한 구분

① 공문서

행정기관 내부 또는 상호 간이나 대외적으로 공무상 작성 또는 시행되는 문서(도면 · 사진 · 디스크 · 테이프 · 필름 · 슬라이드 · 전자 문서 등의 특수 매체 기록을 포함) 및 행정기관이 접수한 모든 문서를 말한다.

② 사문서

개인이 사적인 목적을 위하여 작성한 문서를 말한다(안내장, 추천장, 매매 계약서 등).

### 2) 유통 대상에 의한 구분

① 대내 문서

당해 기관 내부에서 지시, 명령 또는 협조를 하거나 보고 또는 통지를 위하여 수발하는 문서를 말한다.

② 대외 문서

국민이나 단체 또는 다른 행정기관 간(소속 기관 포함)에 수발하는 문서를 말한다.

③ 전자 문서

컴퓨터 등 정보 처리 능력을 가진 장치에 의하여 전자적인 형태로 작성, 송 · 수신 또는 저장된 문서를 말한다.

### 3) 문서의 성질에 의한 구분

① 법규 문서

- 법규 사항을 규정하는 문서로 헌법 · 법률 · 대통령령 · 총리령 · 부령 · 조례★ · 규칙★ 등에 관한 문서를 말한다.
- 조문 형식에 의하여 작성하고 누년 일련 번호를 사용한다.

기적의 TIP

문서의 종류 중 지시 문서와 공고 문서가 자주 출제됩니다. 문서의 성립과 효력 발생에 대한 내용도 잘 알아두세요.

**전자 문서 시스템**
문서의 모든 처리 절차를 전자적으로 처리하는 시스템

★ 조례
지방자치단체가 지방 정책을 위해 지방의회에서 작성한 법

★ 규칙
공공기관에서 사무 처리 및 내부 규율 등에 대하여 제정한 규범

- 누년 일련번호 : 연도 구분과 관계없이 누적되어 연속되는 번호(법규 문서, 훈령, 예규)
- 연도별 일련번호 : 연도별로 구분하여 매년 새로 시작되는 번호(일일 명령, 회보)
- 연도 표시 일련번호 : 연도 표시와 연도별 일련번호를 붙임표(-)로 이은 번호(지시, 고시, 공고)

② 지시 문서 09년 7월

행정기관이 그 하급 기관 또는 소속 공무원에 대하여 일정한 사항을 지시 또는 명령하는 문서를 말한다.

| | |
|---|---|
| **훈령** | 상급 기관이 하급 기관에 대하여 장기간에 걸쳐 그 권한의 행사를 일반적으로 지시하기 위하여 발하는 명령 |
| **지시** | 상급 기관이 하급 기관에 대하여 직권 또는 하급 기관의 문의에 대하여 개별적, 구체적으로 발하는 명령 |
| **예규** | 법규 문서 이외의 문서로 행정 사무의 통일을 기하기 위하여 반복적 행정 사무의 처리 기준을 제시하는 문서 |
| **일일 명령** | 당직, 출장, 시간 외 근무, 휴가 등 일일 업무에 관한 명령 |

③ 공고 문서 07년 3월, 04년 8월, 03년 6월

행정기관이 일정한 사항을 일반인에게 알리기 위한 문서를 말한다.

| | |
|---|---|
| **고시** | 법령이 정하는 바에 따라 일정한 사항을 일반인에게 알리는 문서<br>예 민원사무처리기준표 고시 |
| **공고** | 일정한 사항을 일반인에게 알리는 문서로 내용의 효력이 단기적이거나 일시적인 것<br>예 입찰 공고, 시험 시행 공고 |

④ 비치 문서

비치 대장 · 비치 카드 등 행정기관이 일정한 사항을 기록하여 행정기관 내부에 비치하면서 업무에 활용하는 문서를 말한다.

⑤ 민원 문서

민원인이 행정기관에 대하여 허가 · 인가 · 기타 처분 등 특정 행위를 요구하는 문서 및 그에 대한 처리 문서를 말한다.

⑥ 일반 문서 10년 9월

| | |
|---|---|
| **회보** | 행정기관의 장이 소속 공무원 또는 하급 기관에 업무 연락, 통보 등 일정한 사항을 알리기 위한 경우에 사용하는 문서 |
| **보고서** | 특정 사안에 관한 현황 또는 연구 및 검토 결과 등을 보고하거나 건의할 때 사용하는 문서 |

### 4) 형식에 따른 구분

| | |
|---|---|
| **조문** | 법규 문서, 훈령, 예규 |
| **시행문** | 훈령, 지시, 예규, 일일 명령, 민원 문서, 일반 문서 |
| **회보** | 일일 명령, 회보 |
| **기안문** | 보고서 |

## 02 공문서의 성립 및 효력 발생 24년 상시, 23년 상시, 22년 상시, 21년 상시, 20년 2월, 19년 8월/3월, …

### 1) 공문서의 성립

- 당해 문서에 대해 서명(전자문자서명★, 전자이미지서명★ 및 행정전자서명★을 포함)에 의한 결재가 있음으로써 성립한다.
- 공문서는 효율적인 업무 수행을 위하여 당일 또는 즉시 처리가 원칙이다.

### 2) 공문서의 성립 요건

- 법령에 규정된 절차에 따라 형식이 정리되어야 한다.
- 당해 기관의 의사가 명확하게 표시되어야 한다.
- 당해 기관의 권한 내에서 작성되어야 한다.
- 내용적으로 위법, 부당하거나 시행 불가능한 사항이 없어야 한다.

### 3) 공문서의 발신

- 문서는 정보통신망을 이용하여 발신함을 원칙으로 한다.
- 내용이 중요한 문서는 등기우편 또는 발신 사실을 증명할 수 있는 특수한 방법으로 발신해야 한다.
- 행정기관의 장은 문서를 수신 및 발신하는 경우에 문서의 보안 유지와 위조, 변조, 분실, 훼손, 도난 방지를 위한 조치를 마련해야 한다.
- 문서는 팩스나 전자우편 주소를 이용하여 전송할 수 있고, 수신자의 컴퓨터에 파일로 기록된 때 효력이 발생한다.

### 4) 공문서의 효력 발생 시기

- 효력 발생 시기란 문서의 내용이 실제적으로 영향을 미치는 시기를 의미한다.
- 우리나라에서는 문서가 수신자에게 도달된 때 효력이 발생하는 도달주의를 채택하고 있다.

| 일반 문서 | 수신자에게 도달된 때 효력 발생(도달주의) |
|---|---|
| 전자 문서 | 수신자의 컴퓨터에 파일로 기록된 때 효력 발생 |
| 공고 문서 | 고시 또는 공고가 있은 후 5일이 경과한 날부터 효력 발생 |
| 법규 문서 | 공포 후 20일이 경과한 날로부터 효력 발생 |

효력 발생에 대한 견해로는 도달주의 외에도 표백주의, 발신주의, 요지주의가 있음. 표백주의는 문서 작성을 완료한 때, 발신주의는 문서를 발신한 시점, 요지주의는 문서의 내용을 상대방이 알았을 때 각각 효력이 발생

★ 전자문서서명
기안자·검토자·협조자·결재권자 또는 발신명의인이 전자문서상에 자동 생성된 자기의 성명을 전자적인 문자 형태로 표시하는 것

★전자이미지서명
기안자·검토자·협조자·결재권자 또는 발신명의인이 전자문서상에 전자적인 이미지 형태로 된 자기의 성명을 표시하는 것

★행정전자서명
기안자·검토자·협조자·결재권자 또는 발신명의인의 신원과 전자문서의 변경 여부를 확인할 수 있도록 그 전자문서에 첨부되거나 결합된 전자적 형태의 정보로서 인증기관으로부터 인증을 받은 것

**개념 체크**

1 전자 문서는 수신자의 컴퓨터에 파일로 기록된 때 효력이 발생한다. (O, X)

1 O

> **기적의 TIP**
> 공문서의 구성 요소에 대한 문제가 매년 출제되었습니다. 두문, 본문, 결문에 해당하는 요소를 확실히 알아두도록 합니다.

## 03 공문서의 구성

기안문 및 시행문은 두문, 본문, 결문으로 구성된다.

**두문**

# 국민생활체육탁구협회 ——❶

❷— **수신**∨∨○○○장관(○○○과장)
**(경유)**

**본문**

❸— **제목**∨∨전국 국민생활체육 축전

❹
1.∨귀하의 무궁한 발전을 기원하오며 본회 업무에 적극 협조하여 주신데 대하여 깊은 감사를 드립니다.
∨∨가.∨주요 업무
∨∨∨∨1)∨지도자 육성
2.∨다음과 같이 대회를 실시하오니 지도자와 관계자 여러분의 적극적인 참여와 협조를 부탁드립니다. 대회의 자세한 내용은 붙임과 같사오니 참고하시기 바랍니다.

❺
붙임∨∨1.∨대회 요강 1부.
2.∨참가 신청서 1부.∨∨끝.

**결문**

# 국민생활체육탁구협회회장 ——❻

❼
기안자(직위/직급) 홍길동　검토자(직위/직급) 김길동　결재권자(직위/직급) 정길동
협조자(직위/직급) 이길동

❽— 시행　기획과-111(2020. 2. 15.)　❾— 접수　기획과-222(2020. 1. 2.)
❿— 우 05540　서울시 송파구 올림픽로 424 —⓫　⓬— / http://www.sports.or.kr
⓭— 전화번호(02)111-1111　팩스번호(02)111-1112　/ pingpong@abc.com (⓮) / 공개 —⓯

| 구분 | 구성 요소 |
|---|---|
| **두문** | ❶ 행정기관명, ❷ 수신, (경유) |
| **본문** | ❸ 제목, ❹ 내용, ❺ 붙임 |
| **결문** | ❻ 발신명의<br>❼ 기안자, 검토자, 협조자, 결재권자의 직위/직급 및 서명<br>❽ 생산 등록 번호와 시행 일자<br>❾ 접수 등록 번호와 접수 일자<br>❿ 행정기관의 우편번호, ⓫ 도로명주소, ⓬ 홈페이지 주소, ⓭ 전화번호, 팩스번호<br>⓮ 공무원의 전자우편 주소<br>⓯ 공개 구분 |

### 1) 두문 24년 상시, 16년 6월, 07년 7월

① 행정기관명

문서를 기안한 부서가 속한 행정기관명을 가장 윗부분 가운데에 기재한다.

② 수신자

- 수신자명(수신자 기호)을 기재한다.
- 괄호 안에 업무를 처리할 보조 기관 또는 보좌 기관의 직위를 기재한다.
- 수신자가 많을 경우 수신자란에 "수신자 참조"라 쓰고 결문의 발신명의 아래 왼쪽 기본선에 맞추어 수신자란을 설치하여 수신자명(수신자 기호)을 표시한다.

### 2) 본문 23년 상시, 20년 2월, 18년 9월, 13년 10월

① 제목

문서의 내용을 쉽게 알 수 있도록 간단하고 명확하게 기재한다.

② 내용

- 문서로 표현하고자 하는 뜻을 쉬운 말로 간략하게 기재한다.
- 첫째 항목 기호는 왼쪽 처음부터 띄어쓰기 없이 바로 시작한다.
- 둘째 항목부터는 상위 항목 위치에서 오른쪽으로 2타씩 옮겨 시작한다.
- 항목이 한 줄 이상인 경우에는 항목 내용의 첫 글자에 맞추어 정렬한다.★
- 항목 기호와 그 항목의 내용 사이에는 1타를 띄운다.
- 하나의 항목만 있는 경우에는 항목 기호를 부여하지 않는다.
- 2타(∨∨표시)는 한글 1자, 영문 · 숫자 2자에 해당한다.

③ 붙임

문서 외 붙임물이 있을 때 표시하는 란으로, 문서의 내용이 끝난 다음 줄에 표시한다.

### 3) 결문 23년 상시, 22년 상시, 21년 상시, 19년 3월, 17년 3월, 14년 6월/3월, 13년 10월, 10년 5월, 08년 2월, 07년 5월, 06년 11월, …

① 발신명의

- 문서를 발신하는 기관의 장을 기입한다.
- 내부결재문서에는 발신명의를 표시하지 않는다.

② 서명

- 발신명의인은 공문서(전자문서 제외)상에 자필로 자기의 성명을 다른 사람이 알아볼 수 있도록 한글로 표시하는 것을 말한다.
- 전자문서상의 서명은 전자문자서명, 전자이미지서명, 행정전자서명이 있다.

③ 등록 번호 및 일자

- 처리과명(처리과 기관 번호★)과 일련번호로 구성된다.
- 처리과명이 없는 행정기관은 10자 이내의 행정기관의 약칭을 기재한다.
- 생산 문서는 생산 등록 번호를, 접수 문서는 접수 등록 번호를 기입한다.

★ Shift+Tab 사용

★ 기관 번호
행정자치부장관이 정한 행정 전산망 기관별 코드 번호

• 시행 일자와 접수 일자는 연월일 대신 온점(.)을 찍어 숫자로 기재한다.
• 민원 문서는 필요한 경우 시행 일자와 접수 일자에 시, 분까지 기재한다.

④ 공개 구분

공개, 부분 공개, 비공개로 구분하여 표시한다.

## 04 공문서의 용지 규정

① 용지 크기

특별한 사유가 있는 경우를 제외하고는 가로 210mm×세로 297mm(A4)로 한다.

② 용지 색깔

특별한 사유가 있는 경우를 제외하고는 흰색으로 한다.

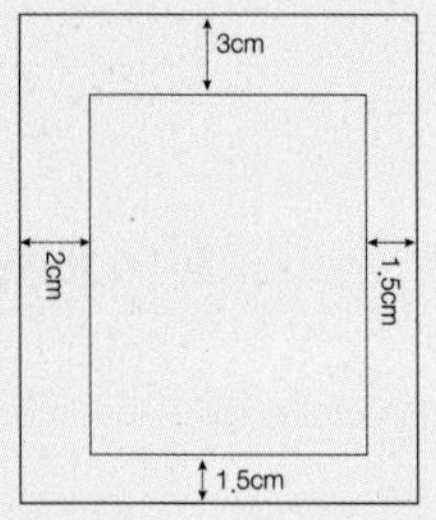


③ 용지 여백 — 문서의 편철 및 관리상의 필요에 의하여 용지에 일정한 여백을 둠

위쪽 30mm, 왼쪽 20mm, 오른쪽 및 아래쪽은 15mm의 여백을 둔다.

④ 글자 색깔

글자의 색깔은 검은색 또는 푸른색으로 한다. 다만, 도표의 작성이나 수정 또는 주의 환기 등 특별한 표시가 필요할 경우 다른 색깔을 사용할 수도 있다.

## 05 공문서의 표기 방법 24년 상시, 23년 상시, 22년 상시, 21년 상시, 17년 9월/3월, 16년 3월, 14년 3월, …

① 글자 표기

어문 규범에 맞게 한글로 작성하되 쉽고 간명하게 표현하고, 뜻을 정확하게 전달하기 위하여 필요한 경우에는 괄호 안에 한자 및 외국어를 쓸 수 있다. 특별한 사유가 있는 경우를 제외하고는 가로로 쓴다.

> **기적의 TIP**
> 만약 수를 한글로 적어야 할 경우에는 만(萬) 단위로 띄어 쓴다.

② 숫자 표기

특별한 사유가 있는 경우를 제외하고는 아라비아 숫자로 한다.

③ 날짜 표기

숫자로 표기하되 연, 월, 일의 글자는 생략하고 그 자리에 마침표(.)를 찍어 표시한다.
예 2018년 5월 28일(X) → 2018. 5. 28.(O)

④ 시각 표기

시 · 분은 24시각제에 따라 숫자로 표기하되, 시 · 분의 글자는 생략하고 그 사이에 쌍점(:)을 찍어 구분한다. 예 오후 5시 27분(X) → 17 : 27(O)

⑤ 금액 표기

금액을 표시할 때에는 아라비아 숫자로 쓰되, 변조의 위험을 막기 위해 숫자 다음에 괄호를 하고 한글로 기재한다. 예 금123,456원(금일십이만삼천사백오십육원)

⑥ 로고 표기

기안문 및 시행문에는 가능한 한 행정기관의 로고, 상징, 마크 또는 홍보 문구 등을 표시하여 행정기관의 이미지를 높일 수 있도록 해야 한다.

⑦ 바코드 표기

- 문서에 시각장애인 등의 편의 도모를 위해 음성정보 또는 영상정보 등이 수록되거나 연계된 바코드 등을 표기할 수 있다.
- 바코드는 문서 상단의 '행정기관명' 표시줄의 오른쪽 끝에 2cm×2cm 범위 내에서 표기한다.

## 06 공문서의 항목 구분 23년 상시, 22년 상시, 17년 9월, 14년 3월, 11년 6월, 10년 9월/3월, 09년 4월

- 문서의 내용을 둘 이상의 항목으로 구분할 때 다음의 구분에 따라 그 항목을 순서대로 표시하되 필요한 경우에는 ㅁ, ㅇ, -, • 등과 같은 특수기호로 표시할 수 있다.
- 둘째, 넷째, 여섯째, 여덟째의 경우 하., 하), (하), ㉻의 순으로 하되 계속될 경우에는 거., 거), (거), ㉠ …, 너., 너), (너), ㉡ …로 이어 표시한다.

| 첫째 항목 | 1., 2., 3., 4. … | 다섯째 항목 | (1), (2), (3), (4) … |
|---|---|---|---|
| 둘째 항목 | 가., 나., 다., 라. … | 여섯째 항목 | (가), (나), (다), (라) … |
| 셋째 항목 | 1), 2), 3), 4) … | 일곱째 항목 | ①, ②, ③, ④ … |
| 넷째 항목 | 가), 나), 다), 라) … | 여덟째 항목 | ㉮, ㉯, ㉰, ㉱ … |

기적의 TIP

공문서의 항목 구분 방법이 자주 출제되므로 확실하게 외워두세요. 공문서의 '끝' 표시 방법도 출제된 적이 있으므로 이 부분도 정확하게 이해하세요.

## 07 공문서의 '끝' 표시 23년 상시, 22년 상시, 20년 7월/2월, 17년 9월, 14년 3월, 11년 3월, 09년 7월, 08년 2월, …

① 첨부물 없이 본문이 끝났을 때★

본문이 끝나는 글자에서 한 글자(2타)를 띄우고 '끝' 표시를 한다.

② 첨부물이 있을 때★

붙임의 표시문 다음에 한 글자(2타)를 띄우고 '끝' 표시를 한다.

③ 본문의 내용이나 붙임의 표시문이 오른쪽 한계선에 닿았을 때★

본문이나 붙임 다음 줄의 왼쪽 기본선에서 한 글자(2타)를 띄우고 '끝' 표시를 한다.

④ 서식의 중간에서 기재 사항이 끝났을 때

기재 사항 마지막 자의 다음 칸에 '이하 빈칸' 표시를 한다.

| 수험번호 | 성명 | 부문 | 부별 |
|---|---|---|---|
| 112345 | 박만규 | 워드프로세서 | 고등학생 |
| 112350 | 강명재 | 워드프로세서 | 초등학생 |
| 112355 | 이승란 | 이하 빈칸 | |

★

.....................
주시기 바랍니다.∨∨끝.

★

.....................
붙임 1. 서식 승인 목록 1부.
2. 승인 서식 2부.∨∨끝.

★

.....................
이상과 같이 시행하기 바랍니다.
∨∨끝.

기적의 TIP

서식의 중간에서 기재 사항이 끝난 경우에만 '이하 빈칸', 나머지는 모두 '끝' 표시를 한다는 것을 기억하세요.

⑤ 기재 사항이 서식의 마지막 칸까지 작성되는 경우

서식의 칸 밖 다음 줄의 왼쪽 기본선에서 한 글자(2타)를 띄우고 '끝' 표시를 한다.

| 학원명 | 워드프로세서 | 컴퓨터활용 | 정보처리 | 정보기기 |
|---|---|---|---|---|
| 성실컴퓨터 | 120 | 100 | 150 | 130 |
| 현지컴퓨터 | 200 | 100 | 100 | 100 |
| 정석컴퓨터 | 150 | 100 | 120 | 100 |
| 문성컴퓨터 | 120 | 150 | 100 | 100 |

∨∨끝.

## 08 공문서의 면 표시 24년 상시, 11년 9월

- 문건별 면 표시는 중앙 하단에, 철 단위 면 표시는 우측 하단에 표시한다.
- 기록물철의 면 표시는 편철 순서대로 맨 윗장부터 아래로 일련번호를 부여하되 표지와 색인 목록은 제외하고 본문부터 면 표시를 한다.
- 양면 기재된 문서는 양면 모두에 순서대로 면 표시를 한다.
- 기록물 철 단위 면 표시는 최초에 연필로 표시한 후 기록물 정리가 끝나면 잉크 또는 넘버링의 기기로 확정 표시한다.

## 09 공문서의 수정 24년 상시, 10년 5월

★ '참가'를 '참석'으로 수정

전원 참가하여 주시기 바랍니다.
참석 ㊞

★ 주민번호 '801010'을 '821010'으로 수정

홍길동(801010–1234567)
821010 6자 수정 ㊞

① 문서의 일부분 삭제 · 수정★

원안의 글자를 알 수 있도록 삭제 또는 수정하는 글자의 중앙에 가로로 두 선을 긋고, 삭제 또는 수정한 자가 그곳에 서명 또는 날인한다.

② 문서의 중요한 내용 삭제 · 수정★

문서의 여백에 삭제 또는 수정한 글자 수를 표시하고 서명 또는 날인한다.

③ 시행문 수정

문서의 여백에 정정한 글자 수를 표시하고 관인으로 날인한다.

④ 전자 문서 수정

수정한 내용대로 재작성하여 시행하되 수정 전의 문서는 기안자, 검토자, 결재권자가 보존할 필요가 있다고 인정하는 경우 이를 보존한다.

✔ 개념 체크

1 공문서는 신중한 업무 수행을 위해 즉시 처리하지 않고 반드시 처리 기간을 둔다. (O, X)

1 X

## 10 공문서의 처리

### 1) 공문서 처리의 원칙 23년 상시, 22년 상시, 21년 상시

① 즉시(일) 처리의 원칙

효율적인 업무 수행을 위해서 문서는 당일 또는 즉시 처리한다.

② 책임 처리의 원칙

문서는 국민의 권리, 의무에 영향을 주는 경우가 많으므로 직무 범위 내에서 책임을 가지고 처리한다.

③ 적법 처리의 원칙

해당 법규에 따라 요건은 갖추고 권한 있는 자에 의해 처리한다.

④ 전자 처리의 원칙

모든 처리 절차가 전자 문서 시스템 또는 업무 관리 시스템상에서 전자적으로 처리되어야 한다.

## 2) 문서의 기안 24년 상시, 20년 2월, 19년 8월, 12년 6월, 08년 7월

- 기관의 의사를 결정하기 위하여 문안을 작성하는 것을 기안이라 한다.
- 문서의 기안은 전자 문서로 함을 원칙으로 한다. 다만, 업무의 성격, 기타 특별한 사정이 있는 경우에는 종이 문서로 기안한다.
- 2 이상의 행정기관 장의 결재를 요하는 문서는 그 문서의 처리를 주관하는 기관에서 기안해야 한다.

| 구분 | 내용 |
|---|---|
| 일반 기안 | 하나의 안건을 처리하기 위하여 정해진 기안 문서에 문안을 작성하는 것 |
| 전자 문서의 일괄 기안 | • 전자 문서의 내용이 서로 관련성이 있는 경우에는 각 안을 동시에 일괄하여 기안할 수 있음<br>• 특별한 사유가 있는 경우를 제외하고는 각각 다른 생산 등록 번호를 사용하여 같은 일시에 시행해야 함 |
| 공동 기안 | • 둘 이상의 행정기관의 장의 결재를 필요로 하는 문서는 그 문서의 처리를 주관하는 기관에서 기안함<br>• 생산 등록 번호는 당해 문서의 처리를 주관하는 행정기관의 생산 등록 번호를 사용함 |
| 수정 기안 | 수신한 문서와 다른 색깔의 글자로 수정 또는 기입하는 방법으로 기안함 |
| 서식에 의한 기안 | 생산 등록 번호란, 접수 등록 번호란, 수신자란 등이 설계된 서식으로 작성한 문서는 기안문을 따로 작성하지 않고 간이 결재인을 찍어 기안에 갈음함 |

**기안문의 구성**
- 행정기관명에는 그 문서를 기안한 부서가 속하는 행정기관명을 표시하되, 다른 행정기관명과 동일한 경우에는 바로 위 상급기관명을 함께 표시할 수 있음
- 수신자가 없는 내부결재문서인 경우에는 "내부결재"로 표시함
- 각종 증명 발급, 회의록, 그 밖의 단순 사실을 기록한 문서에는 발의자와 보고자의 표시를 생략할 수 있음

## 3) 문서의 결재 23년 상시, 21년 상시, 13년 10월, 11년 6월/3월, 08년 10월, 07년 7월, 06년 11월, 03년 11월

① 전결

행정기관의 장으로부터 결재권을 위임받은 자가 행하는 결재이다.

② 대결

결재권자가 휴가, 출장, 기타의 사유로 결재권자의 사정에 의하여 결재할 수 없을 때 그 직무를 대리하는 자가 행하는 결재이다.

③ 사후 보고

대결한 문서 중 내용이 중요한 문서는 결재권자에게 사후에 보고하는 것이다.

**기적의 TIP**

전결과 대결의 의미, 간인이 필요한 경우, 관인 날인, 문서의 발송 등 전반적으로 문제가 출제되었습니다.

**암기 TIP**

결재의 종류에는 정상적인 정규결재와 위임 받아 하는 전결, 사정에 따라 대신하는 대결, 마지막으로 결재 후 확인하는 후결이 있어요.

### 4) 문서의 간인 23년 상시, 22년 상시, 16년 10월, 07년 10월, 05년 8월

① 간인 (앞장과 뒷장을 접어 그 위에 도장을 찍는 것을 간인이라고 하며, '이음 도장'이라고도 함)

2장 이상으로 이루어지는 중요 문서 앞장의 뒷면과 뒷장의 앞면에 걸쳐 찍는 도장 또는 그 행위를 말한다.

② 간인 대상 문서

- 전후 관계를 명백히 할 필요가 있는 문서이다.
- 사실 또는 법률 관계의 증명에 관계되는 문서이다.
- 허가, 인가, 등록 등에 관계되는 문서이다.

### 5) 관인 날인 및 서명 21년 상시, 14년 6월, 11년 3월, 10년 5월, 09년 4월, 07년 7월/3월, 06년 5월, 05년 3월, 04년 5월, 03년 8월/3월

(관인은 행정기관이 발신하는 인증이 필요한 문서에 도장을 찍는 것)

- 관인은 행정기관의 명의로 발송 또는 교부하는 문서에 사용하는 청인과 행정기관의 장 또는 보조 기관의 명의로 발송 또는 교부하는 문서에 사용하는 직인으로 구분한다.
- 다수의 수신자에게 동시에 발신 또는 교부하는 문서에는 관인 날인에 갈음하여 관인의 인영을 인쇄하여 사용할 수 있다.
- 관인은 그 기관 또는 직위의 명칭의 끝 자가 인영의 중앙에 오도록 찍는다.
- 관인 인영의 색깔은 빨간색으로 한다. 다만, 전자 문서를 출력하여 시행하거나 모사 전송기를 통하여 문서를 접수하는 경우 관인 인영의 색깔을 검은색으로 할 수 있다.
- 관인의 글자는 그 기관 또는 직위의 명칭에 '인' 또는 '의인' 글자를 붙인다.
- 관인의 글자는 한글로 사용하며 가로로 새긴다.

**관인의 종류**
- 청인 : 관공서 등의 행정기관의 명의로 발송 또는 교부하는 문서에 사용하는 도장
- 직인 : 직무상 행정기관의 장이나 보조기관의 명의로 발신하거나 교부하는 문서에 사용

**전자 관인**
전자 문서의 작성 기관 및 변경 여부를 확인할 수 있도록 비대칭키 암호화 방식(공개키 암호화 방식)을 이용, 전자 관인 생성키로 생성한 정보로써 당해 전자 문서의 고유한 것

**전자이미지관인**
관인의 인영을 컴퓨터 등 정보 처리 능력을 가진 장치에 전자적인 이미지 형태로 입력하여 사용하는 관인

### 6) 문서의 발송 24년 상시, 23년 상시, 22년 상시, 20년 7월, 15년 6월, 11년 3월, 10년 5월, 09년 4월, 07년 7월/3월, …

- 문서는 처리과에서 발송하되, 정보통신망을 이용하여 발신함을 원칙으로 한다.
- 종이 문서인 경우에는 이를 복사하여 발송한다.
- 전자 문서인 경우에는 전자 문서 시스템상에서 발송한다.
- 업무의 성격, 기타 특별한 사정이 있는 경우에는 우편, 인편, 모사전송, 전신, 전신타자, 전화 등의 방법으로 발신할 수 있다.
- 전자 문서는 행정기관의 홈페이지 또는 공무원의 공식 전자우편 주소를 이용하여 발송할 수 있다.
- 인편 또는 우편으로 발송하는 문서는 문서과의 지원을 받아 발송할 수 있다.
- 전자 문서 중 정보통신망을 이용하여 발송할 수 없는 문서는 출력하여 발송할 수 있다.
- 행정기관의 장은 공문서를 수발함에 있어서 문서의 보안 유지와 분실, 훼손 및 도난 방지를 위한 적절한 조치를 강구해야 한다.
- 결재권자가 전신 또는 정보통신망에 의하여 시행할 문서를 결재함에 있어 그 내용이 비밀 사항이거나 비밀 사항이 아니더라도 누설되는 경우 국가 안전 보장, 질서 유지, 경제 안정, 기타 국가 이익을 해할 우려가 있는 사항은 암호화하여 발송할 수 있다.

**비밀번호**
행정기관의 장은 보유하고 있는 컴퓨터에 대하여 비밀번호를 부여하여야 하며 문서를 작성·처리하고자 하는 자는 비밀번호를 즉시 변경하여 사용해야 함

## 7) 문서의 접수 24년 상시, 23년 상시, 22년 상시, 13년 10월, 12년 3월, 11년 9월

- 문서는 처리과★에서 접수한다.
- 문서과★에서 직접 받은 문서는 지체 없이 처리과에 배부하여 접수한다.
- 접수된 문서는 접수인을 찍고 접수 등록 번호와 접수 일시를 기재한다.
- 전자 문서는 접수 등록 번호와 접수 일시가 자동으로 표시되도록 해야 한다.

★ 처리과
업무 처리를 주관하는 과·담당관 등

★ 문서과
행정기관 내의 공문서를 분류·배부·보존하는 업무를 수행하거나 수신·발신하는 업무를 지원하는 등 문서에 관한 업무를 주관하는 과·담당관 등

기적의 TIP
문서과 또는 처리과에서 받은 문서가 두 기관 이상에 관련된 경우 관련성이 가장 높은 기관으로 이송합니다.

## 8) 보고 사무 08년 10월, 04년 5월/3월

① 행정기관 간 보고

행정기관이 다른 행정기관으로부터 보고를 받으려는 경우에는 충분한 보고 기일을 정하여 필요한 범위에서 보고를 요구하여야 한다.

② 보고 기일

보고 기관의 범위, 보고 내용의 난이도 및 보고 작성에 소요되는 시간 등을 참작하여 정한다.

③ 보고의 촉구

보고 요구 기관의 장은 보고가 기일 내에 도달되지 아니한 경우에는 보고 기관의 장에게 보고를 촉구할 수 있다.

## 9) 업무 편람 24년 상시, 22년 상시, 21년 상시, 18년 3월, 16년 3월, 12년 3월, 10년 5월, 07년 5월, 04년 5월, 03년 6월

행정기관이 상당 기간에 걸쳐 반복적으로 행하는 업무에 대하여 그 업무의 처리가 표준화, 전문화될 수 있도록 업무 편람★을 작성하여 활용함을 원칙으로 한다.

★ 편람
보기에 편리하도록 간명하게 만든 책

| | |
|---|---|
| 행정 편람 | 업무 처리 절차와 기준, 장비 운용 방법, 그 밖의 일상적 근무 규칙 등에 관하여 각 업무 담당자에게 필요한 지침 · 기준 또는 지식을 제공하는 업무 지도서 또는 업무 참고서 |
| 직무 편람 | 단위 업무에 대한 업무 계획, 업무 현황 및 그 밖의 참고 자료 등을 체계적으로 정리한 업무 자료철 등 |

## 10) 업무 협조 06년 11월, 04년 8월, 03년 8월

- 다른 기관의 업무 협조가 필요한 경우에는 당해 업무의 기획 · 확정 · 공표 또는 시행 전에 관계 기관의 업무 협조를 받아야 한다.
- 업무 협조 요청을 받은 기관이 협조 요청 문서에 흠이 있음을 발견한 때에는 보완을 요구할 수 있다.
- 업무 협조 요청 기관은 협조 문서가 처리 기간 내에 도달되지 아니한 때에는 당해 협조 기관에 대하여 업무 협조를 촉구할 수 있다.

# 이론을 확인하는 기출문제

**01 다음 보기에서 설명하는 편람으로 옳은 것은?**

| 단위 업무에 대한 업무 계획, 업무 현황 및 그 밖의 참고 자료 등을 체계적으로 정리한 업무 자료철 |
|---|

① 행정 편람
② 직무 편람
③ 공고 편람
④ 민원 편람

직무 편람은 단위 업무에 대한 업무 계획, 업무 현황 및 그 밖의 참고 자료 등을 체계적으로 정리한 업무 자료철 등을 말한다.

오답 피하기

- 행정 편람 : 업무 처리 절차와 기준, 장비 운용 방법, 그 밖의 일상적 근무 규칙 등에 관하여 각 업무 담당자에게 필요한 지침 · 기준 또는 지식을 제공하는 업무 지도서 또는 업무 참고서
- 민원 편람 : 민원 업무에 편의성을 위하여 보기에 편하도록 간추려 놓은 자료

**02 다음의 내용은 공고 문서에 대하여 설명한 것이다. 괄호 안에 적당한 용어를 순서대로 올바르게 나열한 것은?**

| 법령이 정하는 바에 따라 일정한 사항을 일반에게 알리는 문서로 개정이나 폐지가 없는 한 그 내용의 효력이 계속되는 것은 (　)이고, 그 내용의 효력이 단기적이거나 일시적인 것은 (　)이다. |
|---|

① 지시, 공고
② 공고, 고시
③ 고시, 지시
④ 고시, 공고

- 고시 : 일단 고시된 사항은 개정이나 폐지가 없는 한 효력이 계속됨
- 공고 : 그 내용의 효력이 단기적이거나 일시적인 것

**03 다음 중 공문서에서 관인을 찍는 위치에 관한 설명으로 옳은 것은?**

① 기관 또는 직위 명칭의 첫 자가 인영의 가운데 오도록 찍는다.
② 기관 또는 직위 명칭의 끝 자와 그 바로 앞 글자의 가운데 오도록 인영을 찍는다.
③ 기관 또는 직위 명칭의 끝 자가 인영의 가운데 오도록 찍는다.
④ 기관 또는 직위 명칭이 끝난 후 옆에 인영을 찍는다.

관인은 끝 자가 인영의 가운데(중앙) 오도록 찍는다.

**04 다음 중 공문서의 효력 발생 시기에 관한 설명으로 옳지 <u>않은</u> 것은?**

① 효력 발생 시기란 문서를 실질적으로 영향을 미치는 시기를 의미한다.
② 우리나라는 문서가 수신된 시기에 효력이 발생하는 도달주의를 채택하고 있다.
③ 공고 문서의 경우에는 고시나 공고 즉시 효력이 발생한다.
④ 전자문서의 경우에는 수신자의 컴퓨터 파일로 기록된 시기에 효력이 발생한다.

공고 문서의 경우에는 고시나 공고가 있은 후 5일이 경과한 날부터 효력이 발생한다.

정답 01 ② 02 ④ 03 ③ 04 ③

**05** 문서 작성의 일반 원칙에 해당하지 않는 것은?

① 문서는 쉽고 간명하게 한글로 작성하되, 올바른 뜻의 전달을 위하여 필요한 경우에는 괄호 안에 한자 및 외국어 등을 넣어 쓸 수 있다.
② 문서에 쓰는 숫자는 특별한 사유가 있는 경우를 제외하고는 아라비아 숫자로 쓴다.
③ 문서에 쓰는 시, 분의 표기는 오전, 오후를 명확히 표기하되 시, 분의 글자를 생략하고 그 사이 쌍점을 찍어 구분한다.
④ 문서 작성에 쓰이는 용지의 크기는 특별한 사유가 있는 경우를 제외하고는 A4 규격으로 한다.

시간은 24시각제에 따라 표기하므로 오전, 오후를 표기하지 않는다.

**06** 다음 중 공문서의 내용 표기에 대한 설명으로 옳지 않은 것은?

① 날짜를 표기할 때에는 숫자로 표기하되 연월일의 글자는 생략하고, 그 자리에 온점을 찍어 구분한다.
② 시간을 표기할 때에는 24시각제에 따라 숫자로 표기한다.
③ 금액을 표기할 때에는 한글로 숫자를 표기하고, 괄호 안에 아라비아 숫자로 기재한다.
④ 숫자를 표기할 때에는 특별한 사유가 없으면 아라비아 숫자로 표기한다.

금액은 아라비아 숫자를 사용하되 괄호 안에 한글을 기재한다.

**07** 문서의 효력 발생에 대한 다음 견해 중 우리나라에서 채택한 것은?

① 표백주의
② 발신주의
③ 도달주의
④ 요지주의

도달주의는 문서가 수신자에게 도달한 시점에 효력이 발생한다.

**오답 피하기**

- 표백주의 : 문서 작성을 완료한 때 효력 발생
- 발신주의 : 문서를 발신한 시점에서 효력 발생
- 요지주의 : 문서의 내용을 상대방이 알았을 때 효력 발생

**08** 다음 중 단위 업무에 대한 업무 계획, 업무 현황 및 그 밖의 참고 자료 등을 체계적으로 정리한 업무 자료철을 무엇이라고 하는가?

① 직무 편람
② 기구 편람
③ 행정 편람
④ 업무배분 편람

단위 업무에 대한 업무 계획, 업무 현황 및 그 밖의 참고 자료 등을 체계적으로 정리한 업무 자료철은 직무 편람이다.

**09** 다음 중 공문서 항목 구분 시 넷째 항목의 항목 구분으로 사용할 수 있는 기호는?

① 가, 나, 다, …
② 가), 나), 다), …
③ ㉮, ㉯, ㉰, …
④ (가), (나), (다), …

1. → 가. → 1) → 가) → (1) → (가) → ① → ㉮ 순서로 항목을 구분한다.

정답 05 ③ 06 ③ 07 ③ 08 ① 09 ②

**10** **다음 중 공문서의 처리 원칙에 관한 설명으로 가장 옳지 않은 것은?**

① 문서는 신중한 업무 처리를 위해 당일보다는 기한에 여유를 두고 천천히 처리하도록 한다.
② 문서는 권한이 있는 사람에 의해 작성되고 처리되어야 한다.
③ 사무 분장에 따라 각자의 직무 범위 내에서 책임을 가지고 처리해야 한다.
④ 문서는 일정한 요건과 형식을 갖추어야 한다.

공문서는 효율적인 업무 수행을 위하여 당일 또는 즉시 처리해야 한다(즉시(일) 처리의 원칙).

**11** **결재권자가 휴가, 출장 기타의 사유로 결재할 수 없는 때에는 그 직무를 대리하는 자가 대결할 수 있되, 그 내용이 중요한 문서에 대하여는 결재권자에게 후에 어떻게 조처하여야 하는가?**

① 사후에 보고한다.
② 사후에 반드시 결재를 받는다.
③ 정규 결재 과정을 다시 거친다.
④ 내부 결재 과정을 거친 후 시행한다.

대결 후 내용이 중요한 문서는 결재권자에게 사후에 보고한다.

**12** **다음 중 문서의 간인이 필요하지 않은 경우는?**

① 법률 관계의 결과가 확인된 문서
② 허가, 인가 및 등록 등에 관계되는 문서
③ 전후 관계를 명백히 할 필요가 있는 문서
④ 사실 또는 법률 관계의 증명에 관계되는 문서

간인은 법률 관계의 결과가 이미 확인된 문서에는 사용할 필요 없다.

**13** **다음 중 공문서의 발송에 대하여 설명한 것으로 옳지 않은 것은?**

① 시행문은 처리과에서 발송하되, 종이 문서인 경우에는 이를 복사하여 발송한다.
② 전자 문서는 전자 문서 시스템 또는 업무 관리 시스템상에서 발송하여야 한다.
③ 업무의 성격, 기타 특별한 사정이 있는 경우에는 인편이나 우편으로 발송할 수 있으나, 전화나 전신으로는 발송할 수 없다.
④ 문서는 정보통신망을 이용하여 발신함을 원칙으로 한다.

업무의 성격, 기타 특별한 사정이 있는 경우에는 인편, 우편, 모사전송, 전신, 전신타자, 전화 등으로 발신할 수 있다.

**14** **다음 중 공문서 작성에 관한 설명으로 옳지 않은 것은?**

① 공문서의 항목 순서를 필요한 경우에는 □, ○, –, · 등과 같은 기호로 표시할 수 있다.
② 문서에 금액을 표시할 때에는 금153,530원(금일십오만삼천오백삼십원)과 같이 표시하여야 한다.
③ '업무 실명제'란 주요 정책의 결정 및 집행 과정에 참여하는 관련자의 실명과 의견을 기록 · 관리하는 제도를 말한다.
④ 본문의 내용이 표 형식으로 표의 중간까지만 작성된 경우에는 '끝' 표시를 하지 않고 마지막으로 작성된 칸의 다음 칸에 '이하 빈칸'으로 표시한다.

'정책 실명제'란 정책의 투명성과 책임성을 높이기 위하여 행정기관에서 소관 업무와 관련하여 수립 · 시행하는 주요 정책의 결정 및 집행에 참여하는 관련자의 실명과 의견을 기록 · 관리하는 제도이다.

정답 10 ① 11 ① 12 ① 13 ③ 14 ③

**15** **다음 중 공문서의 종류에 대한 설명으로 옳지 않은 것은?**

① 공고 문서는 행정기관이 일정한 사항을 일반인에게 알리기 위한 문서로, 연도표시 일련번호를 사용한다.
② 법규 문서는 헌법 · 법률 · 대통령령 · 총리령 · 부령 · 조례 · 규칙 등에 대한 문서로, 누년 일련번호를 사용한다.
③ 지시 문서는 행정기관이 그 하급기관이나 소속 공무원에 대하여 일정한 사항을 지시하는 문서를 의미한다.
④ 비치 문서는 민원인이 행정기관에 허가, 인가, 기타 처분 등 특정한 행위를 요구하는 문서나 그에 대한 처리 문서를 의미한다.

- 비치 문서 : 비치대장 · 비치카드 등 행정기관이 일정한 사항을 기록하고 행정기관 내부에 비치하면서 업무에 활용하는 문서
- 민원 문서 : 민원인이 행정기관에 허가, 인가, 기타 처분 등 특정한 행위를 요구하는 문서나 그에 대한 처리 문서를 의미

**16** **공문서에서 관인을 찍는 위치를 올바르게 설명한 것은?**

① 기관 또는 직위 명칭의 끝 자와 그 바로 앞 글자의 가운데 오도록 인영을 찍는다.
② 기관 또는 직위 명칭의 중간에 인영을 찍는다.
③ 기관 또는 직위 명칭의 끝 자가 인영의 가운데 오도록 찍는다.
④ 기관 또는 직위 명칭의 첫 자가 인영의 가운데 오도록 찍는다.

관인은 그 기관 또는 직위의 명칭의 끝 자가 인영의 중앙에 오도록 찍는다.

**17** **공문서 중 기안문 및 시행문은 두문, 본문, 결문으로 구성된다. 다음 중 기안문 및 시행문의 결문에 해당되는 내용으로만 바르게 짝지어진 것은?**

① 기안자, 수신자, 결재권자의 직위/직급
② 우편번호/주소, 시행 및 접수 처리과명-일련번호와 일자, 붙임
③ 행정기관명, 전화번호/전송번호, 검토자/협조자
④ 발신명의, 결재권자의 직위/직급, 전자우편 주소 및 공개 구분

- 두문 : 행정기관명, 수신자
- 본문 : 제목, 내용, 붙임

**18** **다음 중 공문서의 기안에 대한 설명으로 옳지 않은 것은?**

① 기안문서는 전자 문서로 하는 것을 원칙으로 한다.
② 각종 증명 발급이나, 회의록 등은 발의자와 보고자의 표시를 생략할 수 있다.
③ 행정기관명을 표시할 때 다른 행정기관명과 동일한 경우 바로 아래 하급기관명을 함께 표시할 수 있다.
④ 수신자가 없는 내부결재문서인 경우 수신란에 "내부결재"로 표시한다.

기안이란 기관의 의사결정을 위해 문서를 작성하는 것으로, 전자 문서를 원칙으로 한다. 공문서의 행정기관명에는 그 문서를 기안한 부서가 속하는 행정기관명을 표시하되, 다른 행정기관명과 동일한 경우에는 바로 위 상급기관명을 함께 표시할 수 있다.

정답 15 ④ 16 ③ 17 ④ 18 ③

PART

# 02

# PC 운영체제

파트 소개

2과목 PC 운영체제는 사용자에게 가장 친숙한 과목으로, 컴퓨터를 사용할 때 반드시 알아야 하는 기능들이 다각도로 출제되고 있습니다. 새롭게 변경된 Windows 10의 기능과 파일과 폴더의 관리, 시스템 관리, 네트워크 관리 등 컴퓨터 조작에 관한 전반적인 문제가 출제됩니다. 컴퓨터를 이용하여 직접 실습하면 학습에 효과적이고, 더불어 기출문제 풀이를 통해 자신의 부족한 부분을 꼼꼼하게 체크하면서 학습하면 점수를 많이 획득할 수 있는 과목입니다.

CHAPTER 01

# 한글 윈도우의 기본 기능

학습 방향

윈도우 사용의 가장 기초가 되는 장으로 이론과 실습을 병행하여 학습하세요. 한글 Windows 10의 특징, Windows [고급 옵션] 메뉴, Windows 바로 가기 키, 도움말 사용법에 대한 문제가 출제됩니다. 한글 Windows 운영체제 시작에서 종료까지의 환경을 전반적으로 이해하는 학습이 필요합니다.

출제빈도

| 섹션 | 빈도 | 비율 |
|---|---|---|
| SECTION 01 | 상 | 32% |
| SECTION 02 | 중 | 20% |
| SECTION 03 | 중 | 20% |
| SECTION 04 | 하 | 8% |
| SECTION 05 | 중 | 20% |

SECTION 01

# 한글 윈도우 10의 특징

출제빈도 (상) 중 하
반복학습 1 2 3

빈출 태그 선점형 멀티태스킹 • 자동 감지 기능(PnP) • 64비트 운영체제 • 에어로 스냅 • 에어로 피크 • 에어로 쉐이크 • 도움말

## 01 운영체제(Operating System)의 개요

- 컴퓨터 시스템은 하드웨어 장치와 하드웨어를 작동시키는 소프트웨어로 구성된다.
- 소프트웨어는 시스템 소프트웨어와 응용 소프트웨어가 있는데 운영체제는 시스템 소프트웨어로 컴퓨터 하드웨어를 작동시키고 컴퓨터와 사용자 간의 인터페이스 역할을 한다.
- 한글 Windows 10 운영체제는 컴퓨터의 자원을 관리하여 사용자가 편리하고 안정성 있게 컴퓨터 시스템을 사용하도록 도와준다.

사용자
응용 소프트웨어
시스템 소프트웨어
하드웨어

## 02 한글 Windows 10의 특징

24년 상시, 23년 상시, 22년 상시, 21년 상시, 20년 7월/2월, 16년 6월/3월, …

| 기능 | 설명 |
|---|---|
| 선점형 멀티태스킹★<br>(Preemptive Multi-Tasking) | • 한 대의 컴퓨터 시스템에서 둘 이상의 작업을 병행하여 처리하는 멀티태스킹 환경으로 운영체제가 제어권을 행사하여 특정 응용 프로그램이 제어권을 독점하는 것을 방지하는 안정적인 체제<br>• 작업의 중요도와 자원 소모량 등에 따라 우선순위가 매겨져 우선순위가 높은 작업에 기회가 주어짐 |
| 그래픽 사용자 인터페이스★<br>(GUI : Graphical User Interface) | 사용자에게 편리한 사용 환경으로 사용자가 그림으로 된 그래픽 아이콘을 마우스와 키보드를 통해 실행하여 정보를 교환하는 방식의 환경을 제공 |
| 자동 감지 기능<br>(PnP : Plug and Play) | 컴퓨터에 설치된 새로운 하드웨어를 자동으로 감지하여 하드웨어를 구성하고 충돌을 방지하는 기능으로 주변 장치와 하드웨어가 PnP 기능을 지원하는 BIOS가 있어야 PnP 기능을 사용할 수 있음 |

**★ 선점형 멀티태스킹**
선점형은 시스템 제어 권한이 운영체제에 있어 안정적이고 독점을 방지함. 비선점형(Non-Preemptive Multi-Tasking)은 프로그램에 제어권이 있어서 CPU를 독점하므로 하나의 프로그램이 종료되지 않으면 다른 응용 프로그램을 실행할 수 없음

**★ 그래픽 사용자 인터페이스**
한글 Windows 10은 GUI 방식, 한글 Windows 95 이전 버전은 명령어 입력 방식인 CUI(Command User Interface) 방식을 사용

| | |
|---|---|
| 64비트 운영체제<br>(64Bit Operation System) | • RAM 메모리가 4GB 이상이면 완벽한 64비트 CPU를 지원하여 처리 속도가 빠르고 NTFS 파일 시스템★을 사용<br>• NTFS(New Technology File System) : Windows NT 계열에서 사용하는 파일 시스템으로 거의 무제한의 하드 디스크 용량을 지원하며 FAT(File Allocation Table) 계열에서는 구현하기 어려운 파일과 폴더 권한, 암호화, 디스크 할당량, 압축 등의 고급 기능을 제공하고 4GB 이상의 램을 사용할 때에는 NTFS 파일 시스템을 완벽 지원 |
| 빠른 검색 | 검색 방법이 조금 더 지능적이고 사용자와 친숙 모드로 변경되어, 검색어를 입력하면 기본 라이브러리 폴더뿐만 아니라 다른 위치에 있는 관련 문서, 그림, 음악, 이메일 목록이 항목별로 분류되어 검색 |
| 에어로 스냅(Aero Snap) | 창을 화면의 가장자리로 드래그하여 위치에 따라 자동으로 크기가 변경되는 기능 |
| 에어로 피크(Aero Peek) | 작업 표시줄 오른쪽 끝에 마우스 포인터를 위치하여 바탕 화면 미리 보기를 제공 |
| 에어로 쉐이크<br>(Aero Shake) | 창의 제목 표시줄에서 마우스를 흔들면 현재 창을 제외한 모든 창을 최소화하고 다시 흔들면 원래대로 복원하는 기능 |
| 장치 스테이지<br>(Device Stage) | 프린터, 스마트폰, 디지털 카메라 등과 같은 다양한 디지털 기기를 PC에서 간편하게 연결하여 사용할 수 있는 기능으로 [제어판]의 [장치 및 프린터]에서 확인 |
| 원드라이브(OneDrive) | 마이크로소프트사에서 제공하는 클라우드 저장소로 파일 탐색기와 동기화하여 연동할 수 있음 |
| 라이브러리(Library) | 라이브러리에서 문서, 비디오, 사진, 음악 등의 파일을 쉽게 찾고 파일을 저장하는 안전한 위치의 관리 폴더 |
| 새 데스크톱(가상 데스크톱) | 개인용 작업과 업무용 작업을 분리하여 하나의 시스템에서 서로 다른 바탕 화면으로 관리 |
| 마이크로소프트 엣지 | • 최신 웹 환경을 반영한 웹 브라우저로 웹 내용 중 필요한 부분을 저장하고 메모하는 등의 기능이 추가되었으며 스마트폰이나 태블릿 PC와 같은 모바일 기기와도 손쉽게 연동될 수 있도록 기능 향상<br>• 어도비사의 플래시가 기본적으로 포함되어 있는 인터넷 브라우저 |
| 메일 앱과 일정 앱이 서로 연결 | 메일 앱과 일정 앱 간에 서로 전환해서 간단히 사용할 수 있음 |
| 마이크로소프트 앱 스토어 활용하기 | 홈, 게임, 엔터테인먼트, 생산성, 특가 카테고리로 분류되어 무료 또는 유료로 앱을 다운로드하여 설치하고 관리 |

**암기 TIP**

**64Bit**
한글 Windows 10은 64bit 단위로 CPU 처리. 즉, 8byte로 CPU 처리를 한 번의 작업에 8문자 단위로 처리합니다. 8bit는 1byte로 1문자, 16bit는 2byte로 2문자, 64bit는 8byte로 8문자 단위로 처리되어 16bit보다는 32bit가, 32bit보다는 64bit가 당연히 빠른 속도로 처리되겠죠!

**★ NTFS 파일 시스템**
운영체제에서 파일 이름을 지정하고 저장하는 전체 구조로 FAT, FAT16, FAT32, NTFS가 있음
- FAT(File Allocation Table) : FAT는 디스크에 파일이나 폴더를 저장하는 최소 단위인 클러스터의 사용 상황을 기억해 주는 테이블로 FAT16에서는 파일 이름이 8글자, 확장자 3글자로 제한되었고, 2GB 이상의 디스크를 인식하지 못하였으나 FAT32에서는 2GB 이상의 디스크를 인식할 수 있음
- FAT32 : FAT16에 비해 더 작은 클러스터와 더 큰 볼륨을 지원하여 더욱 효율적인 공간을 할당하고, 파일 이름을 최대 255자까지 사용할 수 있음

## 03 한글 Windows 10의 도움말

### 1) 도움말의 실행

| | |
|---|---|
| **방법 1** | [시작]–[도움말]을 클릭 |
| **방법 2** | [시작] 단추 오른쪽의 [검색( )] 상자에서 '도움말'을 입력 |
| **방법 3** | [파일 탐색기] 창에서 F1 |

**개념 체크**

1 선점형 멀티태스킹은 하나의 프로그램이 종료되지 않으면 다른 응용 프로그램을 실행할 수 없다. (O, X)

2 사용자에게 편리한 사용 환경을 뜻하는 것으로, 그림으로 된 그래픽 아이콘을 마우스와 키보드로 실행하여 정보를 교환하는 방식의 환경을 제공하는 것을 그래픽 사용자 인터페이스(GUI)라고 한다. (O, X)

1 X 2 O

기적의 TIP

도움말에 대한 문제는 꾸준히 한 문제 정도 출제되고 있습니다. 도움말 창에서 할 수 있는 기능과 할 수 없는 기능을 구별하세요.

★ 하이퍼텍스트
특정 문자, 그림 등에 마우스를 클릭하여 연관성 있는 페이지로 이동하는 기능

## 2) 도움말 사용법 22년 상시, 20년 7월, 19년 8월, 17년 3월, 15년 10월/6월/3월, 14년 3월, 13년 6월/3월, 12년 9월/6월, …

- 도움말은 새로운 기능이나 문제 해결 등 사용자가 잘 모르는 문제들을 해결하거나 지원 센터에 문의하는 기능이다.
- 피드백 보내기를 사용하면 문제에 대한 보고와 기타 개선 사항을 제안하는 등 멀리 떨어져 있는 사용자가 내 컴퓨터에 연결하여 해결 방법을 얻을 수 있다.
- 도움말은 웹과 같은 하이퍼텍스트(Hypertext)★의 기능을 지원하며 텍스트를 클릭하여 연관성 있는 다른 도움말로 이동할 수 있다.

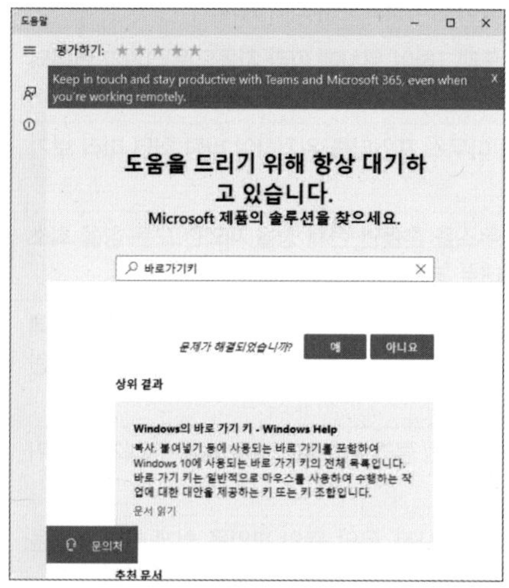


- 도움말의 내용을 확인한 후 복사하거나 인쇄할 수 있다.
- 도움말을 사용자가 추가하거나 이동, 삭제 등의 편집은 할 수 없다.
- 바로 가기 키, 작업 표시줄, Windows 업데이트, 시스템 복원, 디스크 정리와 같은 명령어를 입력하여 실행할 수 있다.
- 도움을 원하는 단어의 검색어를 입력하여 단어가 포함된 도움말 항목을 이용해서 찾아보는 방법이 있어 관련 있는 도움말로 많은 정보를 얻을 수 있다.

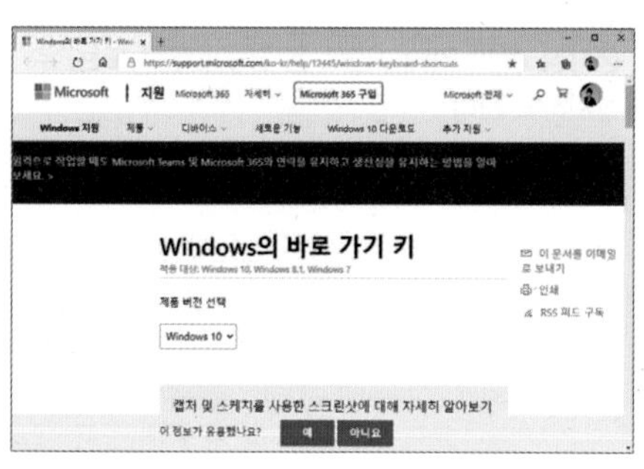


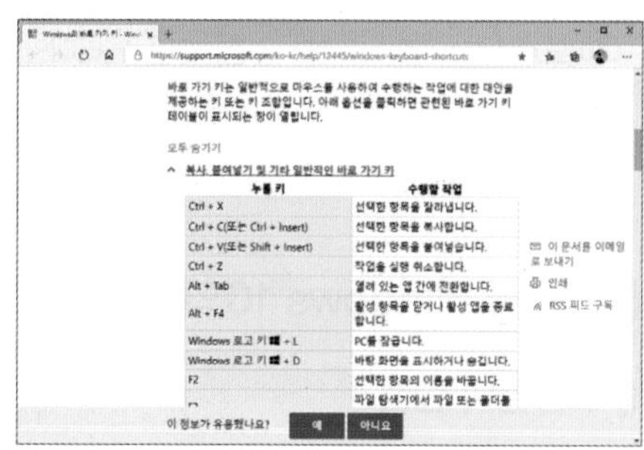

## 이론을 확인하는 기출문제

**01** 다음 보기에서 설명하는 한글 Windows 10 운영체제의 특징으로 옳은 것은?

> 한 대의 컴퓨터 시스템에서 운영체제가 각 작업의 제어권을 행사하며 작업의 중요도와 자원 소모량 등에 따라 우선순위가 높은 작업에 기회가 가도록 우선순위가 낮은 작업에 작동 제한을 걸어 특정 자원 응용 프로그램이 제어권을 독점하는 것을 방지하는 안정적인 체제

① 선점형 멀티태스킹
② 그래픽 사용자 인터페이스
③ 보안이 강화된 방화벽
④ 컴퓨터 시스템과 장치 드라이버의 보호

운영체제가 제어권이 있으면 선점형 멀티태스킹(Preemptive Multi-Tasking), 프로그램에 제어권이 있는 것이 비선점형 멀티태스킹(Non-Preemptive Multi-Tasking)이다.

**오답 피하기**

- 그래픽 사용자 인터페이스(GUI) : 마우스와 키보드로 그림으로 된 그래픽 아이콘을 실행하여 정보를 교환하는 방식으로 사용자가 편리하게 사용 가능
- 보안이 강화된 방화벽 : 해커나 악성 소프트웨어가 네트워크나 인터넷을 통해 컴퓨터를 액세스하는 것을 지능적 또는 사용자 임의로 상황에 따라 보안을 설정하고 관리
- 컴퓨터 시스템과 장치 드라이버의 보호 : 문제가 있는 시스템을 이전의 문제없던 컴퓨터 시스템으로 되돌리는 롤백 기능이 있어 컴퓨터를 마음 놓고 사용할 수 있는 기능을 제공

**02** 다음 중 한글 Windows 10에서 사용할 수 있는 파일 시스템에 관한 설명으로 옳지 않은 것은?

① NTFS와 비교하여 FAT32는 보안 기능이 강화되었으며, 드라이브나 폴더의 압축 기능을 사용할 수 있다.
② NTFS에서 FAT32로 변환하려면 드라이브 또는 파티션을 다시 포맷하여야 한다.
③ NTFS는 플로피 디스크에서 사용할 수 없다.
④ FAT32에서 최대 파일 크기는 4GB이지만, NTFS에서 파일의 크기는 볼륨 크기에 의해서만 제한된다.

NTFS 파일 시스템은 Windows NT 계열에서 사용하는 파일 시스템으로 FAT32에 비교하여 용량이 크고, 압축 기능 추가와 보안 기능 등이 강화되었다.

**03** 다음 중 한글 Windows 10에서 제공하는 기능에 대한 설명으로 옳지 않은 것은?

① 가상 데스크톱 : 점프 목록과 프로그램 단추 고정을 통해 빠르게 프로그램을 실행할 수 있다.
② 에어로 스냅(Aero Snap) : 열려있는 창을 드래그하는 위치에 따라 창의 크기를 조절할 수 있다.
③ 에어로 피크(Aero Peek) : 작업 표시줄 아이콘을 통해 축소판 미리 보기가 가능하며, 열려있는 모든 창을 최소화하지 않고 바탕 화면을 볼 수 있다.
④ 에어로 셰이크(Aero Shake) : 창을 흔들면 다른 열려있는 모든 창을 최소화하거나 다시 원 상태로 나타나게 할 수 있다.

가상 데스크톱(⊞+Tab)은 개인용 작업과 업무용 작업을 분리하여 하나의 시스템에서 서로 다른 바탕 화면으로 관리하는 기능이다.

**04** 다음 중 한글 Windows 10의 도움말 기능에 관한 설명으로 옳지 않은 것은?

① 관련된 항목의 도움말을 쉽게 찾을 수 있는 하이퍼텍스트 기능이 있다.
② 필요한 도움말을 제목별로 검색할 수 있으며, 프린터로 출력할 수 있다.
③ 온라인에서 원격 지원으로 도움을 받거나 전문가에게 문의할 수 있다.
④ 새로운 기술에 대한 내용을 도움말에 추가하거나 수정할 수 있다.

도움말은 추가나 수정, 삭제할 수 없다.

정답 01 ① 02 ① 03 ① 04 ④

SECTION 02

# 컴퓨터 시스템의 부팅과 종료

합격 강의

출제빈도 상 (중) 하
반복학습 1 2 3

빈출 태그 컴퓨터 시스템의 부팅 • 고급 옵션 • 안전 모드 • 시스템 구성 • 시스템 종료

## 01 컴퓨터 시스템의 부팅 24년 상시, 23년 상시, 22년 상시, 16년 6월, 12년 3월, 11년 9월, 08년 7월, …

- 컴퓨터 시스템의 전원 장치를 눌러 한글 Windows 10이 실행된 후 컴퓨터를 사용할 수 있는 상태로 만드는 것을 부팅이라고 한다.
- 컴퓨터 전원이 켜지면 하드웨어가 운영체제의 일부분인 커널을 주기억 장치로 불러들여 사용자가 컴퓨터를 사용할 수 있도록 작업하는 것이 부팅이다.
- 전원을 켜고 롬 바이오스(ROM BIOS)★에서 CMOS★ 내용을 점검 후 POST★(Power On Self Test)를 수행한다.

  부팅 중 시스템의 상태를 점검하고 시스템의 초기화 과정을 수정하는 작업으로, 시스템 버스, RTC, 시스템 비디오 구성 요소, RAM, 키보드, 마우스 등의 드라이브를 검사함
- 마스터 부트 레코드(MBR)★를 읽고 시스템 파티션★을 찾아 부트 섹터를 실행하여 메모리에 로딩한다.
- 하드웨어를 인식하고 레지스트리를 확인한 후 필요한 정보와 각종 드라이버 파일을 읽는다.
- 윈도우로 로그온하여 이용자 정보를 읽은 후 바탕 화면이 표시된다.
- 로그인 옵션에는 Window Hello 얼굴, Window Hello 지문, Window Hello PIN, 보안 키, 비밀번호, 사진 암호가 있다.

★ ROM BIOS(Read Only Memory Basic Input Output System)
롬에 저장되어 있고 부팅에 필요한 가장 기본적인 프로그램이 작동

★ CMOS
하드 디스크의 타입, 주변 기기 장착 상태 등을 보여주는 반도체 메모리로 부팅하면서 설정할 수 있음

★ POST
ROM BIOS가 실행되는 과정으로 부팅의 첫 단계에서 메모리, 디스크, 입력 장치 등을 체크하고 문제가 있다면 Beep 음과 함께 에러 메시지를 나타내고 부팅을 중단

★ MBR(Master Boot Record)
하드 디스크의 파티션 정보를 저장하는 첫 번째 섹터

★ 파티션
하드 디스크를 분할하는 기능으로 도스 모드에서 'FDISK' 명령으로 실행

## 02 한글 Windows 10의 [고급 옵션] 24년 상시, 23년 상시, 22년 상시, 21년 상시, 20년 7월, …

- Windows 시작 설정을 변경하기 위해서 PC 다시 시작을 사용한다.
- [시작]–[설정]–[업데이트 및 보안]–[복구]–[고급 시작 옵션]–[지금 다시 시작]을 선택하거나 Shift+[다시 시작]을 선택한다.
- [옵션 선택] 창에서 [계속]은 종료 후 Windows 10 표준 모드로 재시작한다.
- [장치 사용]은 USB 드라이브, 네트워크 연결 또는 Windows 복구 DVD 사용이다.
- [문제 해결]은 PC 초기화 또는 고급 옵션 표시이다.

1) 이 PC 초기화
2) 고급 옵션
(1) 시동 복구 : Windows 로드 문제 해결
(2) 업데이트 제거 : Windows에서 최근에 설치한 품질 또는 기능 업데이트 제거
(3) 시작 설정 : Windows 시작 동작 변경
(4) UEFI★ 펌웨어 설정 : PC의 UEFI 펌웨어에서 설정 변경
(5) 명령 프롬프트 : 고급 문제 해결을 위해 명령 프롬프트 사용

★ UEFI(Unified Extensible Firmware Interface)
BIOS를 대체하는 펌웨어로 새로운 하드웨어를 더 유연하게 지원하는 통일 확장 펌웨어 인터페이스

(6) 시스템 복원 : PC에 기록된 복원 지점을 사용해 Windows 복원
(7) 시스템 이미지 복구 : 특정 시스템 이미지 파일을 사용해 Windows 복구

[시작 설정]
1) 저해상도 비디오 모드 사용
2) 디버깅 모드 사용
3) 부팅 로깅 사용
4) 안전 모드 사용
5) 드라이브 서명 적용 사용 안 함
6) 안전 모드(명령 프롬프트 사용) 사용
7) 조기 실행 멜웨어 방지 프로그램 보호 사용 안 함
8) 시스템 오류 시 자동 다시 시작 사용 안 함

[다시 시작] : Windows 옵션 변경 시작 설정
1) 디버깅 사용
2) 부팅 로깅 사용
3) 저해상도 비디오 사용
4) 안전 모드 사용
5) 안전 모드(네트워킹 사용) 사용
6) 안전 모드(명령 프롬프트 사용) 사용
7) 드라이버 서명 적용 사용 안 함
8) 멜웨어 방지 보호 조기 실행 사용 안 함
9) 오류 발생 후 자동 다시 시작 사용 안 함

추가 옵션을 보려면 F10키를 누르십시오.
운영체제로 돌아가려면 Enter를 누르십시오.

▶ 고급 시작 옵션

| | |
|---|---|
| **디버깅 사용** | 윈도우 시스템 관리자용으로 커널 디버거를 사용하여 시작 |
| **부팅 로깅 사용** | 오류가 발생하기 전에 마지막으로 로드한 파일을 포함하여 시작하는 동안 로드한 모든 드라이버를 나열하는 ntbtlog.txt 파일에 저장하면서 시작 |
| **저해상도 비디오 사용** | 디스플레이 해상도를 저해상도 디스플레이 모드(1024×768)로 윈도우 시작 |
| **안전 모드★** | • 최소의 핵심 드라이버 및 서비스만으로 Windows를 시작하는 것으로 새 장치나 드라이버를 설치한 후 부팅이 되지 않을 때 사용. Windows 그래픽 사용자 인터페이스(파일 탐색기)를 열고 네트워크는 사용할 수 없음<br>• 안전 모드에서는 최소한의 장치(기본 제어기)만 실행되므로 네트워크, CD-ROM 드라이브, 프린트 등은 사용하지 못함 |
| **안전 모드(네트워킹 사용) 사용** | 핵심 드라이버와 네트워킹 지원으로 윈도우를 시작 |
| **안전 모드(명령 프롬프트 사용) 사용** | 핵심 드라이버와 명령 프롬프트를 사용하여 윈도우를 시작 |
| **드라이버 서명 적용 사용 안 함** | 부적절한 서명이 포함된 드라이버가 로드될 수 있도록 허용 |
| **멜웨어★ 방지 보호 조기 실행 사용 안 함** | 멜웨어 방지 드라이버 조기 실행이 시작되지 않도록 하여 멜웨어가 포함되어 있을 수 있는 드라이버가 설치되도록 함 |
| **오류 발생 후 자동 다시 시작 사용 안 함** | 오류로 인해 윈도우가 실패한 경우 윈도우가 자동으로 다시 시작되지 않도록 함 |

**기적의 TIP**
Windows 고급 옵션 메뉴의 종류, 특히 안전 모드에 대한 문제가 많이 출제되었습니다.

★ 안전 모드
안전 모드에서는 기본적인 제어기만 실행되므로 네트워크, CD-ROM 드라이브, 프린트 등은 사용하지 못함

★ 멜웨어(malware)
악성 소프트웨어. 유해한 소프트웨어로 컴퓨터 시스템이나 네트워크에 악영향을 끼칠 수 있는 모든 소프트웨어

## 03 System Configuration : 시스템 구성 24년 상시, 23년 상시, 21년 상시

**다중부팅(멀티부팅)**
- 하나의 컴퓨터 시스템에서 서로 다른 두 개 이상의 운영체제를 설치하여 사용하는 것
- 하위 버전의 운영체제를 먼저 설치하고 상위를 설치
- 부팅 시에 실행할 윈도우 버전을 선택할 수 있음
- [시작]-[Windows 시스템]-[실행]에서 'msconfig'를 입력하여 표시되는 [시스템 구성] 창의 [부팅] 탭에서 설치된 운영체제 목록을 확인
- [제어판]의 [시스템 속성] 창의 [고급]-[시작 및 복구]의 [설정]에서 '기본 운영 체제'를 표시하고 선택할 수 있음

- [시스템 구성(System Configuration)]을 사용하여 안전 모드로 부팅할 수 있다.
- [시작]-[Windows 관리 도구]-[시스템 구성]을 클릭하거나 [시작]-[Windows 시스템]-[실행]에서 'msconfig'를 입력하여 실행한다.
- [시스템 구성] 창의 [부팅] 탭에서 [부팅 옵션]-[안전 부팅]을 체크한다.

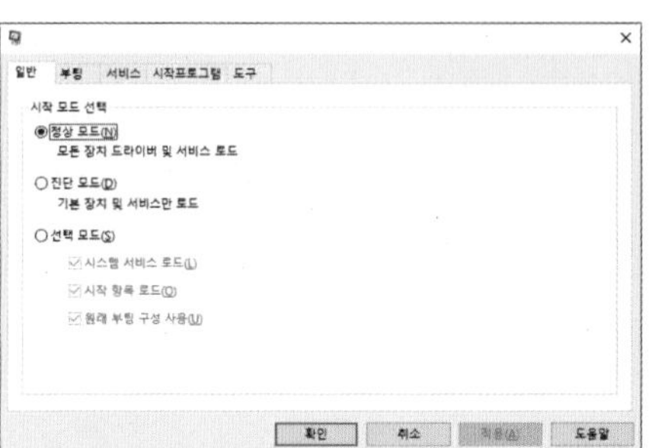

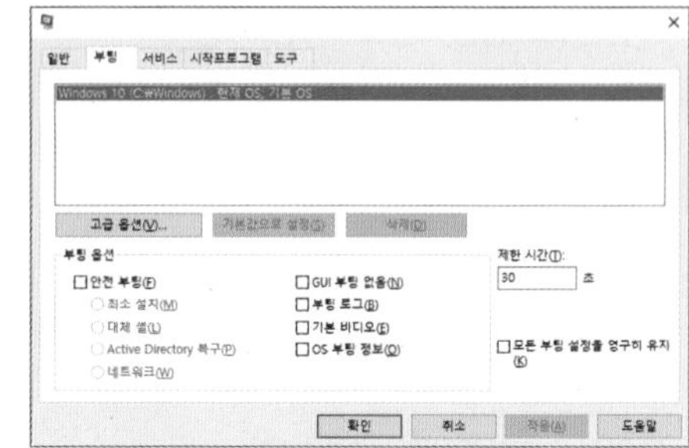

## 04 컴퓨터 시스템의 종료 24년 상시, 23년 상시, 22년 상시, 21년 상시, 19년 8월, 16년 3월

- 컴퓨터 시스템을 사용한 후 종료할 때에는 사용 중인 프로그램을 닫은 후 한글 Windows 10 시스템을 완전히 종료하여 전원을 끄는 것이 안전하다.
- [시작]-[전원]을 눌러 [시스템 종료]를 선택하여 종료한다.

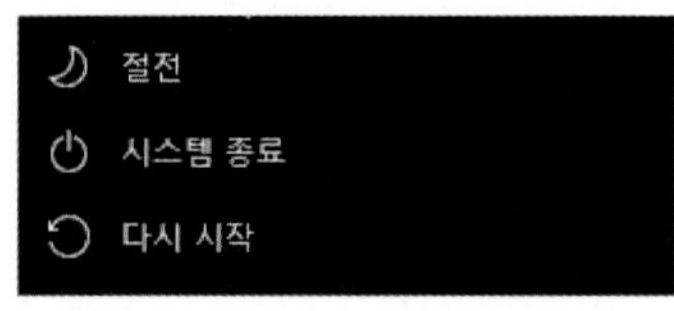


| 항목 | 기능 |
|---|---|
| 절전 | 컴퓨터의 모니터와 하드 디스크를 최소 전력으로 켜놓은 상태로, 키보드나 마우스 등의 사용자 반응에 의해 다시 켤 수 있는 상태 |
| 시스템 종료 | 열려있는 모든 프로그램을 종료하고 컴퓨터 전원을 안전하게 끌 수 있도록 Windows를 종료 |
| 다시 시작★ | 변경된 Windows 설정을 저장하고 메모리에 있는 모든 정보를 하드 디스크에 저장한 후 시스템을 다시 시작 |

★ 다시 시작
Shift+[다시 시작]을 누르면 고급 시작 옵션을 선택할 수 있음

• [시작]-[USER]에서 계정을 변경하거나 로그아웃한 후 다시 로그인할 수 있다.

| 항목 | 기능 |
|---|---|
| 계정 설정 변경 | 사용자 계정 정보 설정을 변경 |
| 잠금 | 사용자 계정에 암호를 두어 컴퓨터를 잠금 상태로 켜놓은 상태로 암호를 넣어 사용 상태로 해제 |
| 로그아웃 | 현재 사용 중인 앱을 종료하고 사용자 계정을 완전히 종료한 후 새로 로그인할 사용자를 선택할 수 있는 상태 |
| 로그인된 사용자 이름 | 현재 로그인된 사용자 이름 표시 |
| 다른 사용자 이름 | 현재 로그인한 사용자 계정 작업 상태를 그대로 두고 다른 사용자 계정으로 전환 |

기적의 TIP

[로그아웃]의 뜻을 묻는 문제가 출제되었습니다. 로그인과 로그아웃의 의미와 항목을 선택할 수 있는 위치를 기억하세요.

## 이론을 확인하는 기출문제

**01 다음 중 한글 Windows 10에서 부팅 시 고급 옵션에서 지원하는 부팅 모드에 대한 설명으로 옳은 것은?**

① 안전 모드 : 기본 드라이버 및 DVD 드라이브, 네트워크 서비스만으로 부팅한다.

② 부팅 로깅 사용 : 화면 모드를 저해상도 디스플레이 모드인 '640×480' 해상도로 설정하여 부팅한다.

③ 디버깅 모드 : 잘못된 서명이 포함된 드라이버를 설치할 수 있도록 설정한다.

④ 시스템 복원 : 부팅에 문제가 있거나 시스템이 정상적으로 동작하지 않을 때 PC에 기록된 복원 지점을 사용해 Windows를 복원시키고자 할 때 사용한다.

오답 피하기

- 안전 모드 : 최소의 핵심 드라이버 및 서비스만으로 Windows를 시작하는 것으로 네트워크는 지원되지 않음
- 부팅 로깅 사용 : 오류가 발생하기 전에 마지막으로 로드한 파일을 포함하여 시작하는 동안 로드한 모든 드라이버를 나열하는 ntbtlog.txt 파일에 저장하면서 시작
- 디버깅 모드 : 윈도우 시스템 관리자용으로 커널 디버거를 사용하여 시작

**02 다음 중 한글 Windows 10의 시작 메뉴에 있는 [전원]과 [user] 단추의 펼침 메뉴에 관한 설명으로 옳지 않은 것은?**

① 절전 : PC가 켜져 있지만 저 전원 상태로 앱이 열려있어 절전 모드가 해제되면 이전 상태로 돌아간다.

② 시스템 종료 : 앱을 모두 닫고 시스템을 종료한다.

③ 잠금 : 사용 중인 사용자 계정에 암호가 설정되어 있는 경우 컴퓨터를 켜놓은 상태로 잠그면 사용자 암호를 입력해야만 잠금을 해제할 수 있다.

④ 다시 시작 : 변경된 Windows 설정을 저장하고 메모리에 있는 모든 정보를 이동식 디스크에 저장한 후에 시스템을 다시 시작한다.

다시 시작은 앱을 모두 닫고 시스템을 다시 시작하는 기능으로, Windows의 설정을 저장하고 메모리의 모든 정보를 하드 디스크에 저장한 후 다시 시작하는 기능이다.

정답 01 ④ 02 ④

SECTION

# 03 마우스와 키보드 사용하기

출제빈도 상 중 하

반복학습 1 2 3

빈출 태그 바로 가기 키 • Windows 로고 키의 바로 가기 키

**기적의 TIP**

쉽게 사용할 수 있는 클릭, 더블클릭의 사용법과 드래그 앤 드롭으로 할 수 있는 일을 기억하세요.

## 01 마우스 사용법 23년 상시, 11년 3월

| | |
|---|---|
| **클릭(Click)** | 마우스의 왼쪽 버튼을 한 번 눌렀다가 떼는 동작으로 아이콘을 선택하거나 취소할 때 사용 |
| **더블클릭 (Double Click)** | 마우스의 왼쪽 버튼을 빠르게 두 번 누르는 동작으로 앱을 실행할 때 사용 |
| **드래그 앤 드롭 (Drag & Drop)** | 마우스의 왼쪽 버튼을 누른 상태에서 움직이는 동작을 드래그라 하고, 드래그 상태를 떼는 동작을 드롭이라고 함. 창의 이동, 창의 크기 조절, 파일의 이동과 복사, 바로 가기 아이콘 만들기 등에 사용 |
| **바로 가기 메뉴** | • 자주 사용하는 Windows 기능을 마우스 오른쪽 버튼을 눌러 빠르게 호출할 때 사용<br>• 마우스 오른쪽 버튼을 눌러 나오는 메뉴를 바로 가기 메뉴라고 하며 팝업 메뉴 또는 단축 메뉴라고 함 |

포인터 유형에서 도움말 선택, 백그라운드에서 작업, 사용 중, 이동, 사용할 수 없음에 대한 포인터 모양이 자주 출제됨

## 02 마우스 포인터

**암기 TIP**

**마우스 포인터 파일**
- 정적인 마우스 포인터의 확장자는 .CUR이므로 커서로 외우세요.
- 움직이는 마우스 포인터의 확장자는 .ANI이므로 애니메이션으로 외우세요.
- 마우스 포인터의 커서 파일이 있는 위치는 'C:₩Windows₩Cursors'입니다.

- 마우스 포인터란 프로그램의 사용 상태에 따라 마우스의 위치와 기능을 알려주는 표시기이다.
- [시작]–[Windows 시스템]–[제어판]–[마우스]–[포인터] 탭에서 마우스 포인터의 모양을 다양하게 변경할 수 있다.

| 포인터 모양 | 기능 | 포인터 모양 | 기능 |
|---|---|---|---|
| | 일반 선택 | | 수직 크기 조절 |
| | 도움말 선택 | | 수평 크기 조절 |
| | 백그라운드에서 작업 | | 대각선 방향 크기 조절 1, 2 |
| | 사용 중 | | 이동 |
| | 정밀도 선택 | | 대체 선택 |
| | 텍스트 선택 | | 연결 선택 |
| | 필기 | | 위치 선택 |
| | 사용할 수 없음 | | 사용자 선택 |

## 03 키보드 사용하기

- 한글과 영문은 키보드의 [한/영]을 눌러 변환하여 입력한다.
- 한자는 한글을 입력한 후 [한자]를 눌러 변환하고, [한자]를 눌러 한글로 다시 변환할 수 있다.
- 특수문자는 윈도우 응용 프로그램에서 한글의 자음(ㄱ, ㄴ, … ㄲ, ㄸ, ㅉ, ㅃ)을 입력한 후 [한자]를 눌러 나오는 문자표에서 선택하여 입력한다.
- [제어판]의 [키보드]에서 문자 재입력 시간, 반복 속도, 커서 깜박임 속도를 설정한다.

| | |
|---|---|
| [Caps Lock] | 영문의 대/소문자 전환 키 |
| [Num Lock] | 숫자 키/커서 이동키로 전환 키 |
| [Scroll Lock] | 화면의 이동 설정/해제 전환 키 |
| [Ctrl], [Shift], [Alt] | 혼자서는 사용하지 못하고 두 개 이상 다른 키와 조합하여 사용하는 키 |

## 04 한글 Windows 10의 바로 가기 키 24년 상시, 23년 상시, 22년 상시, 20년 2월, 18년 3월, …

- 바로 가기 키란 키보드의 키를 하나 또는 두 개 이상을 조합하여 입력하는 키이다.
- 바로 가기 키를 사용하면 시작 메뉴, 바탕 화면, 앱, 대화상자 등의 메뉴를 더욱 빠르게 실행할 수 있다.
- 한글 Windows 10에서 자주 사용하는 바로 가기 키

| 바로 가기 키 | 기능 |
|---|---|
| [F1] | Windows 도움말 브라우저 보기 |
| [F2] | 파일이나 폴더를 선택한 항목의 이름 바꾸기 |
| [F3] | 파일 탐색기에서 파일 또는 폴더 검색 |
| [F4] | 파일 탐색기에서 주소 표시줄 목록 표시 |
| [F5] | 활성 창의 새로 고침 |
| [F6] | 창이나 바탕 화면의 화면 요소를 순환하며 이동 |
| [F10] | 활성 앱의 메뉴 모음 활성화 |
| [F11] | 전체 화면 표시 |
| [Alt]+[F4] | 사용 중인 항목을 닫거나 활성 앱 끝내기 |
| [Alt]+[Esc] | 항목을 열린 순서대로 선택 |
| [Alt]+밑줄 그어진 문자 | 해당 문자에 대한 명령 수행 |
| [Alt]+[Enter] | 선택한 항목의 속성 표시 |
| [Alt]+[Space Bar] | 활성 창의 창 소절 메뉴를 표시 |
| [Alt]+[←] | 활성 창의 뒤로(이전) 이동 |
| [Alt]+[→] | 활성 창의 앞으로(이후) 이동 |
| [Alt]+[Tab] | 열려있는 앱 간 전환 |

**기적의 TIP**

바로 가기 키에 대한 문제는 자주 출제되고 있습니다. 특히 창의 종료, 캡처, 삭제 등에 대한 키를 꼭 기억하세요.

★ 다중 문서 인터페이스(MDI : Multiple Document Interface)
Microsoft Word, Microsoft Excel과 같은 프로그램에서 동시에 여러 개의 창 형태로 문서를 열어두고 작업하는 형태의 인터페이스

| | |
|---|---|
| Ctrl+F4 | 동시에 여러 문서를 열 수 있는 앱(MDI)★에서 활성 문서 닫기 |
| Ctrl+A | 문서나 창에 있는 모든 항목 선택 |
| Ctrl+C (또는 Ctrl+Insert) | 선택한 항목 복사 |
| Ctrl+D (또는 Delete) | 선택한 항목을 삭제하고 휴지통으로 이동 |
| Ctrl+V | 선택한 항목 붙여넣기 |
| Ctrl+X | 선택한 항목 잘라내기 |
| Ctrl+N | 새로운 창의 표시 |
| Ctrl+Y | 작업 다시 실행 |
| Ctrl+Z | 작업 실행 취소 |
| Ctrl+드래그 앤 드롭 | 선택한 파일이나 폴더를 같은 드라이브로 복사 |
| Shift+드래그 앤 드롭 | 선택한 파일이나 폴더를 다른 드라이브로 이동 |
| Ctrl+Shift+드래그 앤 드롭 | 선택한 항목의 바로 가기 아이콘 만들기 |
| Shift+Delete | 선택한 항목을 휴지통으로 이동하지 않고 바로 삭제 |
| Ctrl+Alt+Tab | 화살표 키를 사용하여 열린 모든 앱 간 전환 |
| Ctrl+Esc | 시작 화면 열기 |
| Esc | 현재 작업 중지 또는 끝내기 |
| Ctrl+Shift+Esc | 작업 관리자 창 바로 열기 |
| Print Screen | 화면 전체를 캡처하여 클립보드에 복사 |
| Alt+Print Screen | 활성 창을 캡처하여 클립보드에 복사 |

## 05 한글 Windows 10 로고 키의 바로 가기 키

24년 상시, 23년 상시, 22년 상시, …

| 로고 키 | 기능 |
|---|---|
| ⊞ | 시작 화면 열기 또는 닫기 |
| ⊞+A | 알림 센터 열기 |
| ⊞+B | 알림 영역에 초점 설정 |
| ⊞+D | 바탕 화면 표시 및 숨기기 |
| ⊞+E | 파일 탐색기 열기 |
| ⊞+F | 피드백 허브를 열고 스크린샷을 생성 |
| ⊞+I | Windows 설정 창 열기 |
| ⊞+K | 연결 바로 가기 |
| ⊞+L | PC 잠금 또는 계정 전환 |
| ⊞+M | 모든 창의 최소화 |
| ⊞+Shift+M | 최소화된 창 복원 |
| ⊞+R | 실행 대화상자 열기 |
| ⊞+S | 검색 창 열기 |
| ⊞+T | 작업 표시줄의 앱을 차례로 선택 |

**암기 TIP**

⊞+D의 D는 'Desktop'으로 작업하는 책상. 즉, 바탕 화면으로 외우고, ⊞+F의 F는 'Find'의 찾기로 외우세요.

| | |
|---|---|
| [Win]+[U] | 접근성 열기 |
| [Win]+[V] | 클립보드의 검색 기록 보기 |
| [Win]+[X] | 빠른 연결 메뉴 열기 |
| [Win]+[,] | 일시적으로 바탕 화면 미리 보기 |
| [Win]+[Pause Break] | 시스템 속성 대화상자 표시 |
| [Win]+숫자 | 작업 표시줄에 고정된 앱 중 누른 [숫자] 번째 앱을 실행 또는 전환 |
| [Win]+[Tab] | 가상 데스크톱 작업 보기 열기 |
| [Win]+[+] | 돋보기 창 열기 |

**개념 체크**

1 [Win]+[M]을 누르면 모든 창이 최소화된다. (O, X)

2 [Win]+[L]을 누르면 모든 창이 최대화된다. (O, X)

1 O 2 X

## 이론을 확인하는 기출문제

**01** 다음 중 한글 Windows 10에서 마우스 끌어놓기(Drag & Drop) 기능을 사용하여 할 수 있는 작업으로 옳지 않은 것은?

① 파일이나 폴더를 다른 폴더로 이동하거나 복사할 수 있다.
② 폴더 창의 크기를 조절하거나 이동할 수 있다.
③ 선택된 파일이나 폴더의 이름 바꾸기를 할 수 있다.
④ 파일이나 폴더의 바로 가기 아이콘을 만들 때 사용할 수 있다.

이름 바꾸기는 변경할 파일이나 폴더를 선택한 후 [F2]나 마우스 오른쪽 버튼을 눌러 나오는 바로 가기 메뉴에서 [이름 바꾸기]를 선택하여 변경할 수 있다.

**02** 다음 중 한글 Windows 10에서 Internet Explorer를 효율적으로 사용하기 위한 바로 가기 키에 관한 설명으로 옳지 않은 것은?

① 기본 홈페이지로 이동: [Alt]+[Home]
② 전체 화면 표시: [F11]
③ 새로운 창의 표시: [Shift]+[N]
④ 이전 화면으로 이동: [Alt]+[←]

[Ctrl]+[N]을 눌러 새로운 창을 표시할 수 있다.

**03** 다음 중 한글 Windows 10에서 폴더에 있는 실행 파일을 [Shift]와 [Ctrl]을 동시에 누른 상태로 바탕 화면으로 끌어놓기를 하였을 경우에 결과로 옳은 것은?

① 해당 파일이 바탕 화면에서 실행된다.
② 해당 파일이 바탕 화면에 복사된다.
③ 해당 파일의 속성 대화상자가 나타난다.
④ 바탕 화면에 해당 파일의 바로 가기 아이콘이 만들어진다.

파일을 선택한 후 [Shift]+[Ctrl]을 누른 채 드래그 앤 드롭하면 바로 가기 아이콘을 만들 수 있다.

**04** 다음 중 한글 Windows 10에서 사용하는 바로 가기 키에 대한 설명으로 옳은 것은?

① [Win]+[L] : 컴퓨터 시스템을 잠그거나 사용자를 전환한다.
② [Win]+[U] : 선택된 항목의 속성 대화상자를 화면에 표시한다.
③ [Alt]+[Enter] : 활성 창의 바로 가기 메뉴를 표시한다.
④ [Alt]+[Tab] : 작업 표시줄의 프로그램들을 차례대로 선택한다.

**오답 피하기**

- [Win]+[U] : 접근성 센터 열기
- [Alt]+[Enter] : 선택 항목의 속성 창의 표시
- [Alt]+[Tab] : 실행 중인 두 프로그램 간의 작업 전환
- [Win]+[T] : 작업 표시줄의 앱을 차례로 선택

정답 01 ③ 02 ③ 03 ④ 04 ①

**05** **한글 Windows 10의 [파일 탐색기] 창에서 사용할 수 있는 바로 가기 키에 관한 설명으로 옳지 않은 것은?**

① [Alt]+[Enter] : 선택된 개체에 대한 속성 창을 나타낸다.
② [Alt]+[↑] : 현재 폴더의 상위 폴더로 이동한다.
③ [F3] : 선택된 개체의 이름을 변경한다.
④ Numeric Keypad의 [*] : 폴더 목록 창에서 표시를 가지고 있는 선택된 폴더의 하위 폴더 목록을 펼쳐서 보여준다.

[F3]은 파일 또는 폴더의 검색을 하는 바로 가기 키이다.

오답 피하기

[F2]는 파일 또는 폴더의 이름 바꾸기 키이다.

**06** **한글 Windows 10에서 사용하는 바로 가기 키의 설명으로 옳지 않은 것은?**

① [Alt]+[Tab] : 작업 전환 창을 열고 원하는 창으로 이동
② [Alt]+[F4] : 선택한 프로그램 창의 종료 또는 시스템 종료
③ [Alt]+[F10] : 제목 표시줄의 작업 조절 메뉴 호출
④ [Alt]+[Enter] : 선택한 개체 항목의 속성 창 열기

[Alt]+[Space Bar]는 제목 표시줄의 작업 조절 메뉴를 호출한다.

**07** **한글 Windows 10에서 마우스의 드래그 앤 드롭 기능을 사용하여 수행할 수 있는 작업이 아닌 것은?**

① Windows 창의 크기 조절
② 파일, 폴더 등의 이동과 복사
③ 비연속적인 파일 또는 폴더의 선택
④ 바탕 화면에 실행 프로그램의 바로 가기 아이콘 만들기

비연속적인 파일이나 폴더를 선택할 때에 [Ctrl]을 누른 채 마우스로 클릭한다. 연속적인 파일이나 폴더를 선택할 때에는 마우스로 드래그 앤 드롭하거나 [Shift]와 함께 선택한다.

**08** **한글 Windows 10에서 Windows 호환 키보드를 사용하는 경우에 Windows 로고 키와 추가 키를 함께 사용했을 때 나타나는 현상으로 옳지 않은 것은?**

① [■]+[M] : 열려있는 모든 창을 최소화한다.
② [■]+[R] : 실행 대화상자를 연다.
③ [■]+[F] : 컴퓨터 찾기 대화상자를 연다.
④ [■]+[Break] : 시스템 대화상자를 연다.

- [■]+[F] : 피드백 허브를 열고 스크린샷을 생성
- [Ctrl]+[■]+[F] : 컴퓨터 찾기 창 열기

**09** **한글 Windows 10에서 사용되는 바로 가기 키에 대한 설명으로 옳지 않은 것은?**

① [Ctrl]+[A] : 현재 폴더의 모든 항목을 선택한다.
② [Alt]+[Enter] : 현재 선택된 항목의 속성을 표시한다.
③ [Alt]+[Esc] : 현재 선택된 창을 종료한다.
④ [Ctrl]+[Esc] : 시작 메뉴를 표시한다.

[Alt]+[Esc] : 열린 순서대로 항목 전환

오답 피하기

[Alt]+[F4] : 현재 선택한 창의 종료

정답 05 ③ 06 ③ 07 ③ 08 ③ 09 ③

SECTION

04

출제빈도 상 중 (하)

반복학습 [1] [2] [3]

# 창 구성 요소 및 창 조절 기능

빈출 태그 창의 구성 요소 • 상태 표시줄 • 바로 가기 메뉴

## 01 한글 Windows 10 창의 구성 요소 24년 상시, 22년 상시, 18년 3월, 16년 10월, 05년 8월

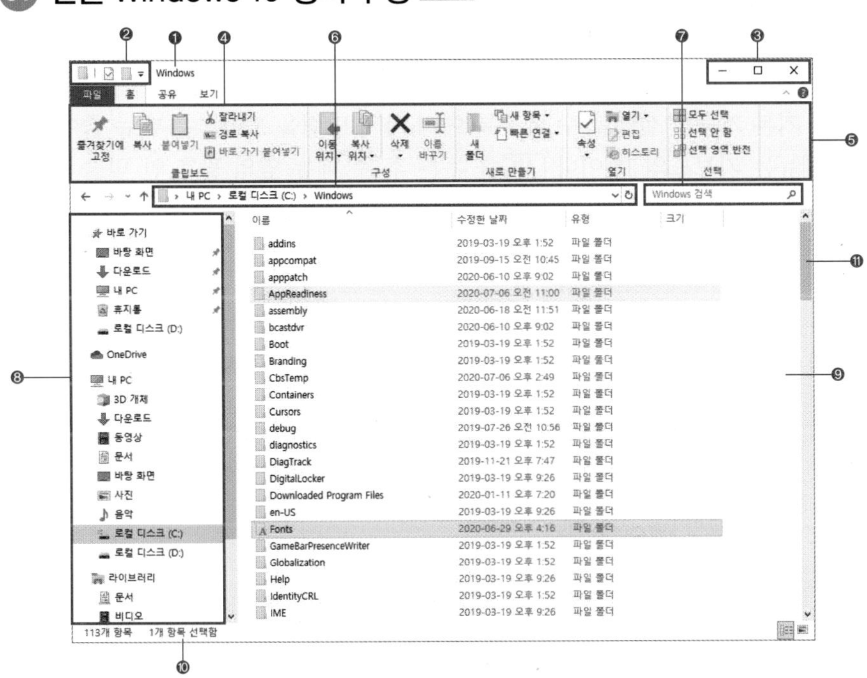

| | |
|---|---|
| ❶ 제목 표시줄 | 현재 선택된 폴더명을 표시 |
| ❷ 빠른 실행 도구 모음 | 실행 취소, 다시 실행, 삭제, 속성, 새 폴더, 이름 바꾸기, 리본 메뉴 아래에 표시, 리본 메뉴 최소화의 메뉴와 도구가 표시되고 사용자가 지정 가능 |
| ❸ 창 조절 단추 | 최소화, 최대화, 닫기 아이콘 표시 |
| ❹ 메뉴 표시줄 | 파일, 홈, 공유, 보기 등의 메뉴 |
| ❺ 리본 메뉴 | 메뉴를 눌렀을 때 표시되는 리본 메뉴 |
| ❻ 주소 표시줄 | 현재 사용하는 드라이브와 폴더의 위치가 표시되어 이동되는 곳 |
| ❼ 검색 상자 | 파일명이나 폴더명으로 원하는 항목 검색 |
| ❽ 탐색 창 | 바탕 화면, 라이브러리, 내 PC 등의 목록을 표시 |
| ❾ 내용 표시 창 | 선택한 폴더의 내용이 표시되며 기본적인 작업이 이루어지는 공간 |
| ❿ 상태 표시줄 | 전체 항목 수와 선택한 항목 수를 표시 |
| ⓫ 스크롤 바 | • 한 화면에 내용을 모두 표시할 수 없을 때 화면을 이동하여 표시하기 위해 가로 또는 세로 스크롤 바가 표시<br>• 스크롤 바의 이동은 스크롤 바를 누르고 드래그하기, 스크롤 바의 공백을 누르기, 스크롤 단추(∧, ∨) 누르기 순으로 빠르게 이동 |

**기적의 TIP**

창의 구성 요소에서는 상태 표시줄에 표시되는 내용과 창 조절 단추의 사용법을 알아두세요.

**암기 TIP**

제목 표시줄은 창의 제일 위에 표시되고, 상태 표시줄은 창의 제일 아래에 표시되어 현재 작업하고 있는 창의 상태를 표시합니다.

**활성 창**
현재 사용 중인 창을 의미하며 창의 제일 앞에 표시

**비활성 창**
두 개 이상의 창이 열려있을 때 사용하지 않고 활성 창 뒤에 있는 창

**제목 표시줄 색 변경**
활성 창과 비활성 창의 제목 표시줄의 색은 [설정]의 [개인 설정]-[색]에서 변경할 수 있음

▶ 창 조절 단추

| 아이콘 모양 | 기능 | 설명 |
|---|---|---|
| – | 최소화 | 현재 실행 중인 창을 작업 표시줄에 표시 |
| □ | 최대화 | 전체 화면으로 표시 |
| ⧉ | 이전 크기로 복원 | 이전의 화면 크기로 되돌리기 |
| × | 닫기 | 실행 중인 앱을 종료 |

## 02 한글 Windows 10의 메뉴 사용법

### 1) 주 메뉴 24년 상시

- 창의 기본 기능을 실행할 수 있도록 여러 가지 명령을 모아놓은 메뉴 줄이다.
- 주 메뉴는 키보드의 F10이나 Alt를 누른 후 주 메뉴 옆의 괄호 안 밑줄 문자를 눌러 호출하거나 마우스로 클릭하여 실행한다.

### 2) 리본 메뉴 16년 10월

- 리본 메뉴는 주 메뉴를 선택했을 때 표시되는 하위 메뉴이다.
- Ctrl+F1를 눌러 리본 메뉴를 확장하여 표시하거나 최소화할 수 있다.

| | |
|---|---|
| 파일 | • 새 창 열기, 새 프로세스로 새 창 열기<br>• Windows PowerShell 열기, 관리자 권한으로 Windows PowerShell 열기<br>• 폴더 및 검색 옵션 변경<br>• 도움말, Windows 정보<br>• 닫기 |
| 홈 | • 클립보드 : 즐겨찾기에 고정, 복사, 붙여넣기, 잘라내기, 바로 가기 붙여넣기<br>• 구성 : 이동 위치, 복사 위치, 삭제, 이름 바꾸기<br>• 새로 만들기 : 새 항목, 빠른 연결<br>• 열기 : 속성, 열기, 편집, 히스토리<br>• 선택 : 모두 선택, 선택 안 함, 선택 영역 반전 |
| 공유 | • 보내기 : 공유, 전자 메일, 압축, 디스크에 굽기, 인쇄, 팩스<br>• 고급대상 : 고급공유, 액세스 제거, 고급 보안 |
| 보기 | • 창 : 탐색 창, 미리 보기 창, 세부 정보 창<br>• 레이아웃 : 아주 큰 아이콘, 큰 아이콘, 작은 아이콘, 보통 아이콘, 작은 아이콘, 목록, 자세히, 타일, 내용<br>• 현재 보기 : 정렬기준, 분류 방법, 열 추가, 모든 열 너비 조정<br>• 표시/숨기기 : 항목 확인란, 파일 확장명, 숨긴 항목, 선택한 항목 숨기기/해제, 옵션 |

**창을 종료하는 여러 가지 방법**
- 창 조절 메뉴 아이콘 더블클릭
- 창 조절 메뉴를 클릭 후 [닫기]를 선택
- Alt+F4 누르기

### 3) 창 조절 메뉴

- 제목 표시줄 왼쪽에 있는 아이콘을 클릭하거나 Alt+Space Bar를 누르면 표시되는 메뉴로 시스템 조절 메뉴라고도 한다.
- 열려있는 창의 크기를 조정하거나 창을 이동, 최대화, 최소화, 닫기할 수 있다.

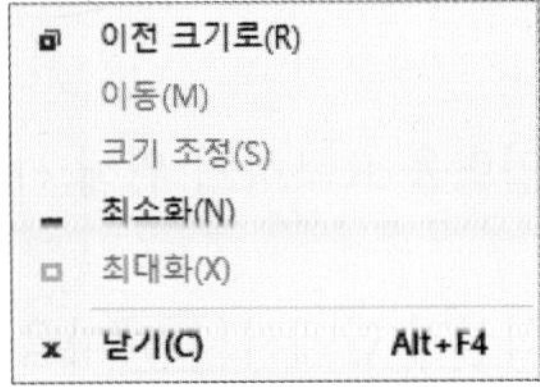


> **기적의 TIP**
>
> [창 조절 메뉴]는 이미 열려있는 창의 크기를 변경하거나 창을 이동하는 메뉴로서 이 메뉴에서 열린 창을 이동할 수는 있어도 창을 복사할 수 없음을 기억하세요.

## 4) 바로 가기 메뉴 22년 상시, 20년 7월, 19년 8월, 17년 3월, 15년 3월, 14년 6월, 13년 10월, 12년 6월, 10년 5월

- 폴더나 시작 단추 등을 선택한 후 마우스 오른쪽 버튼을 클릭하면 나타나는 메뉴이다.
- 팝업 메뉴, 단축 메뉴라고도 하는데 바로 가기 메뉴는 선택된 개체에 따라 메뉴 항목이 다르게 표시된다.

> **암기 TIP**
>
> [창 조절 메뉴]는 제목 표시줄 창의 왼쪽에, [창 조절 단추]는 창의 오른쪽에 있어요. 왼쪽에서 메뉴를 고르고 오른쪽에서 단추를 선택하세요.

▲ 바탕 화면의 바로 가기 메뉴

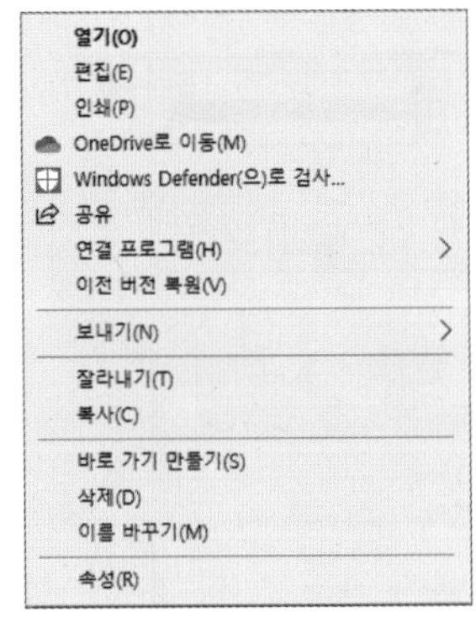


▲ 파일의 바로 가기 메뉴

> **암기 TIP**
>
> **혼돈은 No!**
> - 바로 가기 메뉴는 마우스 오른쪽 버튼을 살짝 눌러 표시되는 메뉴입니다.
> - 바로 가기 키는 단축키라고도 하는데 해당 키보드를 눌러 바로 실행하기 위한 키입니다.
> - 바로 가기 아이콘은 여러 가지 프로그램이나 파일을 아이콘화한 것으로, 아이콘 밑에 화살표가 표시됩니다.

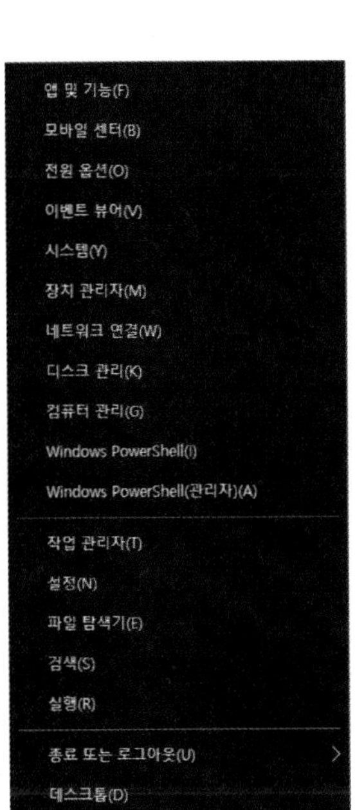


▲ 시작 단추의 바로 가기 메뉴

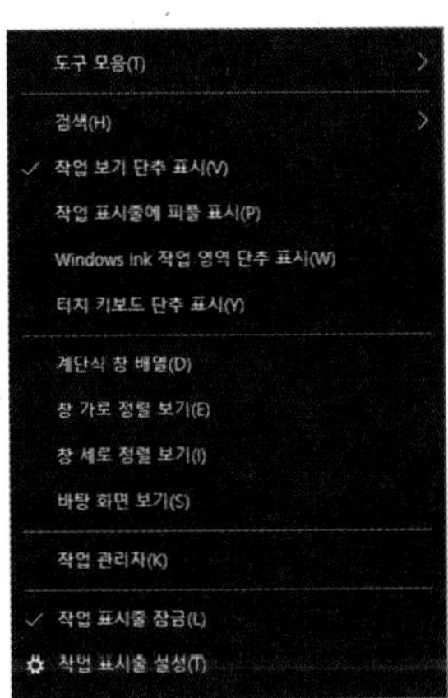


▲ 작업 표시줄의 바로 가기 메뉴

## 03 대화상자 사용하기 05년 9월

- 특정한 작업에 대하여 사용자에게 정보를 제공하거나 입력을 요구하기 위해 사용되는 상자를 대화상자라고 한다.
- 대화상자는 선택하는 항목에 따라 다르게 표시되며 대화상자 안에서 Tab(다음 항목)이나 Shift+Tab(이전 항목)을 이용하여 빠르게 이동할 수 있다.

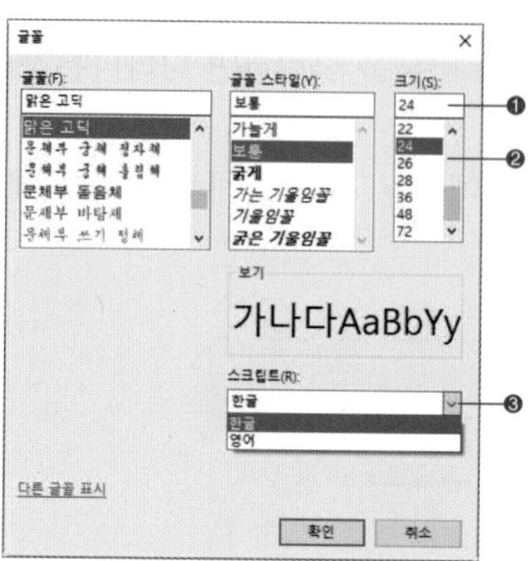

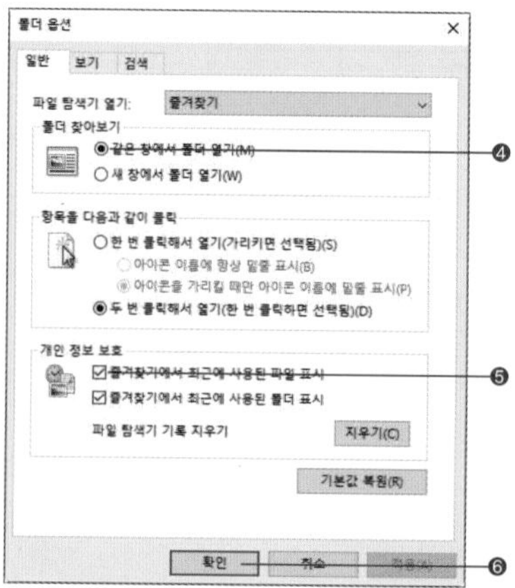

**기적의 TIP**

옵션 단추와 확인란의 기능을 비교하여 공부하세요.

**암기 TIP**

인터넷에서 회원 가입할 때 성별은 남성 또는 여성으로 한 가지만 선택할 수 있어서 옵션 단추를 이용하고, 취미는 게임, 낚시, 등산, 영화감상, 요리 등 여러 개를 선택할 수 있으므로 확인란을 이용하지요.

| 구성 요소 | 기능 |
|---|---|
| ❶ 입력란 | 문자나 수치 등을 직접 입력하는 곳 |
| ❷ 목록 상자(List Box) | 선택할 수 있는 목록들을 나타내며 목록이 많으면 이동줄이 표시 |
| ❸ 늘어진 목록 상자 (Drop Down List Box) | 콤보 박스(Combo Box)라고도 하며 오른쪽에 있는 화살표 단추를 누르면 목록이 아래로 펼쳐짐 |
| ❹ 옵션 단추(Option Button) | 라디오 단추라고도 하며 여러 개의 항목 중에 오직 하나만을 선택할 수 있는 작은 원형의 단추 |
| ❺ 확인란(Check Box) | 항목을 선택하면 '∨' 표시가 보여지고 다시 한 번 누르면 해제되며 필요에 따라 여러 개를 동시에 선택할 수 있음 |
| ❻ 명령 단추 (Command Button) | 명령의 실행이나 취소, 적용과 같이 즉각적인 작업을 하는 단추 |

## 이론을 확인하는 기출문제

**01** 다음 중 한글 Windows 10에서 바탕 화면의 바로 가기 메뉴를 사용하여 할 수 있는 작업으로 옳지 않은 것은?

① 바탕 화면에 새 폴더를 만들 수 있다.
② 바탕 화면에 있는 아이콘의 표시 유무를 지정할 수 있다.
③ 화면 해상도를 변경할 수 있다.
④ 컴퓨터의 전원을 켜거나 끌 수 있다.

컴퓨터 시스템의 전원을 끄는 것은 [시작] 단추의 [전원]–[시스템 종료]에서 실행한다.

**02** 다음 그림은 한글 Windows 10의 [마우스 속성] 창의 대화상자이다. 이 대화상자를 구성하는 구성 요소가 아닌 것은?

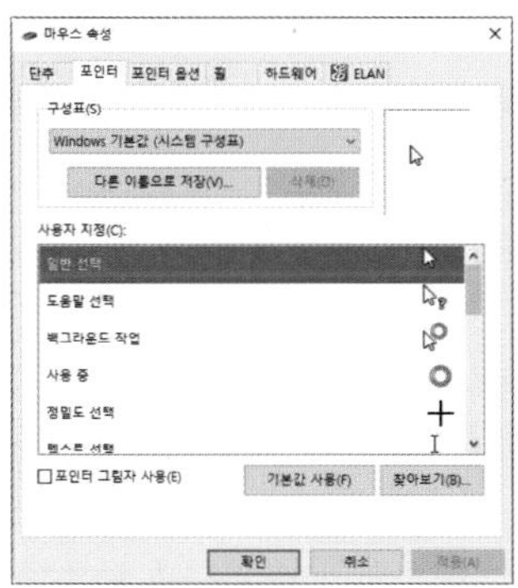


① 옵션 버튼(Option Button)
② 명령 단추(Command Button)
③ 확인란(Check Box)
④ 늘어진 목록 상자(Drop Down Box)

옵션 버튼은 여러 개의 항목 중에 오직 하나만을 선택할 수 있는 작은 원형의 단추( ◉ )가 있다.

**03** 다음 중 한글 Windows 10의 바탕 화면에 있는 폴더 아이콘의 바로 가기 메뉴를 사용하여 할 수 있는 작업으로 옳지 않은 것은?

① 바탕 화면에 해당 폴더의 새로운 바로 가기 아이콘을 만들 수 있다.
② 바로 이전에 삭제한 폴더를 복원할 수 있다.
③ 공유 대상 폴더를 설정할 수 있으며, 동기화할 수 있다.
④ 해당 폴더의 속성을 수정할 수 있다.

삭제된 폴더의 복원은 휴지통에서 가능하다.

**04** 다음 중 한글 Windows 10에서 마우스의 오른쪽 버튼을 눌렀을 때 나타나는 바로 가기 메뉴에 관한 설명으로 옳은 것은?

① 작업 표시줄에서는 바로 가기 메뉴가 나타나지 않는다.
② 바로 가기 메뉴의 내용은 절대로 변경할 수 없다.
③ 바로 가기 메뉴에는 부 메뉴가 존재할 수 없다.
④ 마우스 포인터가 위치한 영역에 따라서 바로 가기 메뉴의 항목이 달라진다.

바로 가기 메뉴는 자주 사용하는 메뉴를 모아놓은 것으로 마우스 포인터의 위치에 따라, 선택한 항목에 따라 다르게 표시된다.

**오답 피하기**

- ① : 작업 표시줄의 바로 가기 메뉴에는 도구 모음, 검색, 바탕 화면 보기, 작업 관리자, 작업 표시줄 설정 등이 있음
- ② : 바로 가기 메뉴의 내용은 프로그램 추가/제거에 따라 변경됨
- ③ : 바로 가기 메뉴에 '>' 표시가 있으면 부 메뉴(하위 메뉴)가 있다는 표시

정답 01 ④ 02 ① 03 ② 04 ④

SECTION 05

# 앱의 실행과 종료

합격 강의

출제빈도 상 (중) 하

반복학습 1 2 3

빈출 태그 응답하지 않는 앱의 종료 • 작업 관리자

## 01 한글 Windows 10의 앱의 실행

| | |
|---|---|
| **방법 1** | [시작]–[앱] 목록에서 항목을 클릭 |
| **방법 2** | [시작] 단추 오른쪽의 [검색(🔍)] 창에서 앱 이름을 검색하여 실행 |
| **방법 3** | [파일 탐색기] 창에서 실행할 프로그램을 더블클릭 |
| **방법 4** | [시작] 단추의 바로 가기 메뉴인 [실행]에서 프로그램 이름을 직접 입력하여 실행 |
| **방법 5** | 빠른 실행 아이콘의 바로 가기 메뉴에서 표시되는 최근 문서(점프목록)를 클릭 |

## 02 한글 Windows 10의 앱의 종료 24년 상시

| | |
|---|---|
| **방법 1** | [앱]에서 [파일] 메뉴의 [닫기] 또는 [종료] |
| **방법 2** | 창 조절 메뉴에서 [닫기]를 클릭 |
| **방법 3** | 창 조절 단추에서 [×]를 클릭 |
| **방법 4** | 바로 가기 키 [Alt]+[F4]를 누르기 |
| **방법 5** | 작업 표시줄에서 실행 앱의 바로 가기 메뉴에서 [창 닫기]를 클릭 |

## 03 연결 프로그램 14년 6월, 11년 9월/3월, 10년 9월/5월/3월, 09년 10월, 05년 11월

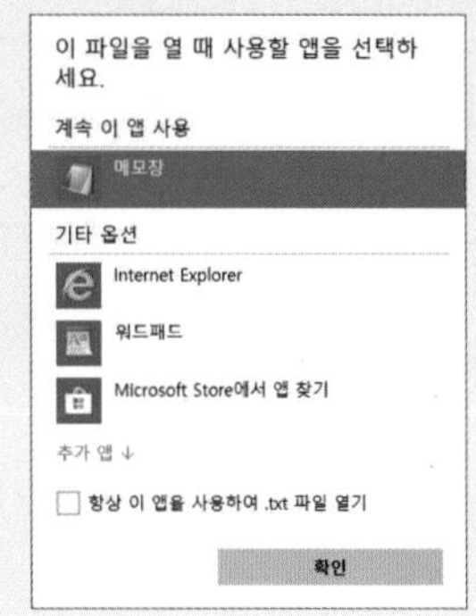


- 연결 프로그램이란 바탕 화면 등에서 특정한 파일을 더블클릭했을 때 실행되는 프로그램을 말한다.
- 응용 프로그램을 설치하면 파일은 확장자에 따라서 연결 프로그램이 자동으로 설정된다.
- 연결 프로그램을 변경할 때에는 파일에서 마우스 오른쪽 버튼의 바로 가기 메뉴에서 [연결 프로그램]을 클릭하여 앱을 선택한다. 연결할 앱이 없을 때는 [이 PC에서 다른 앱 찾기]를 눌러 앱을 추가할 수 있다.
- 파일의 속성 창에서 연결 프로그램의 [변경]을 선택하여 연결 프로그램을 변경할 수 있다.
- 다른 확장자를 가진 파일에 대해 같은 연결 프로그램을 지정할 수 있으나, 같은 확장자를 가진 파일에 대해 다른 연결 프로그램을 지정할 수 없다.
- 연결 프로그램이 삭제되더라도 실제 프로그램이 삭제되는 것은 아니다.

## 04 응답하지 않는 앱의 종료(작업 관리자) 24년 상시, 23년 상시, 22년 상시, 21년 상시, …

- 사용 중 응답하지 않는 앱을 강제로 종료하거나 프로세스를 끝낼 때 Ctrl+Shift+Esc를 누르거나 Ctrl+Alt+Delete를 눌러 나오는 [작업 관리자] 창에서 해당 앱을 선택하여 [작업 끝내기]를 한다.
- [작업 관리자] 창은 Esc나 창 조절 단추인 ×를 눌러 종료한다.

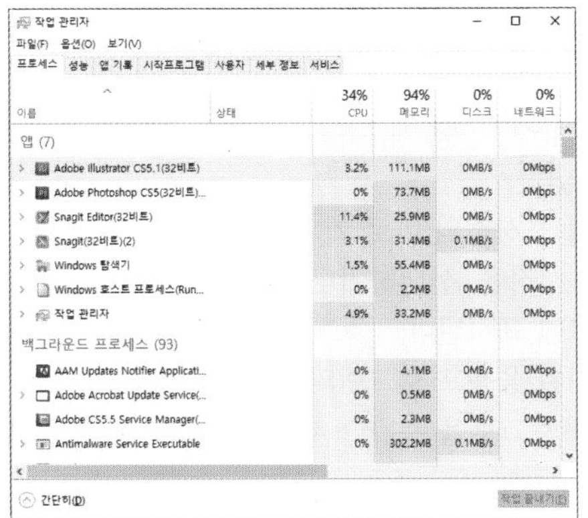

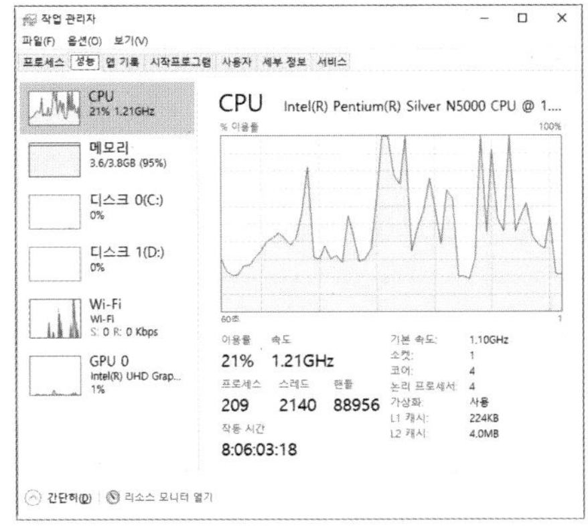

| | |
|---|---|
| [프로세스] 탭 | 실행 중인 앱 목록과 백그라운드 프로세스가 표시되며, 특정 작업에 대해 [작업 끝내기]를 할 수 있음 |
| [성능] 탭 | CPU 이용률과 속도, 작동 시간, 메모리, 디스크, Wi-Fi 속도, GPU 사용률 등을 표시 |
| [앱 기록] 탭 | 사용 중인 앱의 CPU 시간, 네트워크, 데이터 통신 연결을 통한 네트워크 활동, 타일 업데이트를 표시 |
| [시작프로그램] 탭 | 시작프로그램 이름, 게시자, 상태, 시작 시 영향을 표시 |
| [사용자] 탭 | 현재 로그인 사용자 이름, 연결 끊기 등을 표시 |
| [세부 정보] 탭 | 실행 중인 프로그램 이름, 사용자 이름, CPU 이용률, 실제 메모리 사용 등을 표시 |
| [서비스] 탭 | 서비스의 이름, 서비스 프로세스 ID, 서비스에 대한 설명 등을 표시 |

**개념 체크**

1 작업 관리자의 [프로세스] 탭에서 사용 중인 CPU의 시간, 네트워크 활동 등을 확인할 수 있다. (O, X)

2 작업 관리자에서 CPU 이용률과 속도, 작동 시간, 메모리, 디스크 등을 알 수 있다. (O, X)

1 X 2 O

# 이론을 확인하는 기출문제

**01** 다음 중 한글 Windows 10에서 프로그램이 응답하지 않는 경우에 문제 해결 방법으로 가장 옳은 것은?

① 사용자의 컴퓨터를 보호하기 위해 Windows 방화벽을 실정한다.
② [장치 관리자] 창에서 중복 설치된 경우 해당 장치를 제거한다.
③ Windows [작업 관리자] 대화상자의 [프로세스] 탭에서 응답하지 않는 프로그램의 작업을 종료한다.
④ [시스템 파일 검사기]를 이용하여 손상된 파일을 찾아 복구한다.

[시작]-[Windows 시스템]-[작업 관리자] 또는 Ctrl+Alt+Delete를 눌러 나오는 [작업 관리자]-[프로세스] 탭에서 응답이 없는 앱을 선택한 후 [작업 끝내기]를 선택할 수 있다.

**02** 다음 중 한글 Windows 10의 Windows [작업 관리자] 창에서 확인할 수 있는 사항으로 옳지 않은 것은?

① 실행 중인 응용 앱 목록
② CPU와 메모리의 사용 현황
③ 네트워크 이용률과 연결 속도
④ 프린터 등의 주변 기기 사용 목록

[작업 관리자] 창이 아니라 [제어판]의 [장치 관리자]에서 사용자 컴퓨터에 설치된 하드웨어 장치의 목록을 표시한다.

**03** 다음 중 한글 Windows 10에서 Windows [작업 관리자] 창에 관한 설명으로 옳지 않은 것은?

① 기본적으로 운영체제에서 실행되는 프로그램들과 응용 프로그램 프로세스 정보를 제공한다.
② 실행 중인 프로세스의 작업을 평가하고 CPU 및 메모리 사용에 대한 그래프와 데이터를 볼 수 있다.
③ 작업 표시줄의 바로 가기 메뉴에서 [작업 관리자] 시작을 선택하거나 Ctrl+Shift+Esc를 누르면 표시된다.
④ 설치된 응용 프로그램의 실행뿐만 아니라 새로운 프로그램을 추가나 제거할 수 있다.

[제어판]-[프로그램 및 기능]에서 새로운 프로그램의 제거 또는 변경을 할 수 있다.

**04** 다음 중 한글 Windows 10에서 Windows [작업 관리자] 창의 각 탭에서 표시하고 있는 작업으로 옳은 것은?

① [성능] 탭은 실행 중인 프로그램의 목록이 표시된다.
② [사용자] 탭은 실행 중인 이미지 이름과 CPU 사용량 등을 표시한다.
③ [앱 기록] 탭은 사용 중인 앱의 CPU 시간, 네트워크, 네트워크 활동, 타일 업데이트를 표시한다.
④ [응용 프로그램] 탭은 CPU와 메모리 사용량을 수치와 백분율, 그래프로 각각 표시한다.

**오답 피하기**

- [성능] 탭 : CPU 사용 현황, 실제 메모리 사용 현황을 그래프와 크기로 표시
- [사용자] 탭 : 현재 사용 중인 사용자의 이름과 상태를 표시하고 연결 끊기를 실행
- [프로세스] 탭 : 실행 중인 응용 프로그램의 목록이 표시되며 특정 작업을 선택하여 작업 끝내기 등을 실행

정답 01 ③ 02 ④ 03 ④ 04 ③

CHAPTER 02

# 한글 윈도우의 활용

학습 방향

출제 비율이 가장 높은 챕터로 한글 Windows 10의 사용에 대한 기능이 다양하게 포함되어 있습니다. 컴퓨터를 이용한 실습을 통해 직접 따라하면서 익히면 기억하는 데 도움이 될 것입니다. 작업 표시줄의 이해, 시작 메뉴의 항목, Windows 탐색기 창에서 파일의 선택, 이동, 복사, 삭제, 휴지통 등에 대한 기능이 골고루 출제됩니다.

출제빈도

| SECTION | 빈도 | 비율 |
|---|---|---|
| SECTION 01 | 상 | 35% |
| SECTION 02 | 중 | 20% |
| SECTION 03 | 상 | 45% |

SECTION 01

# 바탕 화면 활용하기

출제빈도 (상) 중 하
반복학습 1 2 3

빈출 태그 바탕 화면 • 바로 가기 아이콘 • 시작 메뉴 • 작업 표시줄

## 01 한글 Windows 10의 바탕 화면 구성 요소

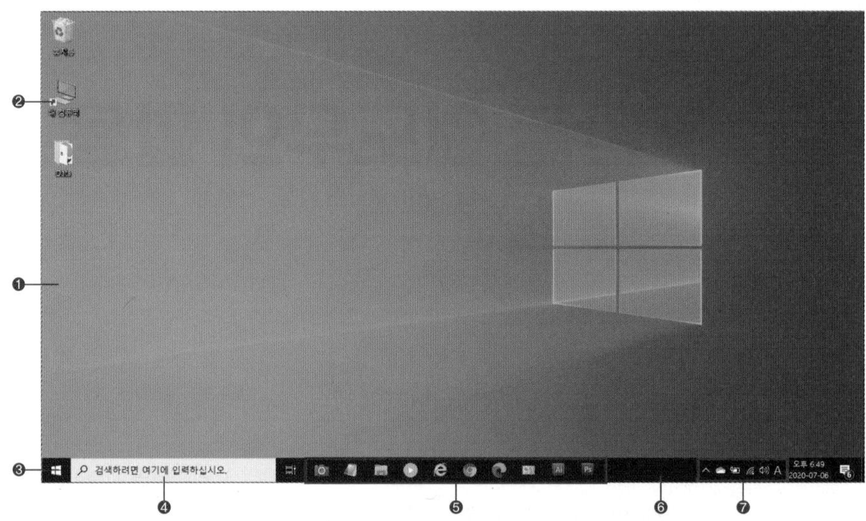


- 한글 Windows의 바탕 화면은 작업을 하는 책상과 같은 것으로 자주 사용하는 앱을 바탕 화면에 바로 가기 아이콘으로 만들어 두었다가 사용하면 편리하다.
- 바탕 화면에 앱 아이콘이 많으면 메모리를 많이 차지하므로 부팅 속도나 프로그램의 실행 속도에도 영향을 줄 수 있다.
- 한글 Windows 10 화면의 [시작] 단추를 눌러 나오는 등록된 앱 항목을 클릭하여 프로그램을 시작한다.
- 한글 Windows 10에서 앱(프로그램)의 실행은 [시작] 메뉴, 바탕 화면, 점프 목록★, 파일 탐색기, 바로 가기 아이콘 등 여러 가지 방법으로 실행한다.

**프로그램 열기**
- 아이콘 밑에 밑줄이 표시되어 있을 때는 마우스 클릭으로 프로그램을 실행
- [파일 탐색기]의 [폴더옵션]–[일반] 탭에서 '한 번 클릭해서 열기' 또는 '두 번 클릭해서 열기' 중에서 선택하여 변경할 수 있음

★ 점프 목록
자주 사용하는 목록을 빠르고 간편하게 실행하도록 [시작] 메뉴나 작업 표시줄 등의 바로 가기 메뉴에 표시되어 클릭으로 실행

| 항목 | 기능 |
| --- | --- |
| ❶ 바탕 화면(Desktop) | 창, 앱, 메뉴, 대화상자 등이 표시되는 화면상의 작업 영역으로 바탕 화면에 자주 사용하는 프로그램이나 파일 및 폴더의 바로 가기 아이콘을 추가하여 사용 |
| ❷ 앱(Application) | 자주 사용하는 프로그램 항목을 작은 그림으로 묶어 두었다가 더블클릭으로 실행 |
| ❸ [시작] 단추 | 설치된 각종 앱을 실행하는 단추로 Windows 10의 다양한 기능을 수행 |

기적의 TIP

**바탕 화면의 아이콘 숨기기**
바탕 화면의 바로 가기 메뉴에서 [보기]–[바탕 화면 아이콘 표시]를 해제하면 아이콘이 표시되지 않아요.

| | |
|---|---|
| ❹ [검색(🔍)] 상자 | 검색어를 입력하여 사용자가 설치한 앱을 찾아 실행하거나 문서, 웹, 사진 등을 검색하여 실행 |
| ❺ 빠른 실행 앱★ | 자주 사용하는 프로그램을 작업 표시줄에 고정하여 한 번의 클릭으로 빠르게 실행하기 위한 아이콘(큰 아이콘이나 작은 아이콘으로 표시) |
| ❻ 작업 표시줄 | 실행 중인 앱이나 고정된 앱 항목을 표시하는 곳 |
| ❼ 알림 영역 | 시계, 스피커, 프린터 등 사용자의 시스템 상태를 표시하는 곳 |

★ **빠른 실행 앱**
- 사용자가 실행할 앱을 빠른 실행 아이콘 위치로 드래그 앤 드롭하여 추가할 수 있고, 빠른 실행 앱의 바로 가기 메뉴에서 [작업 표시줄에서 제거]로 제거할 수 있음
- 빠른 실행 앱은 한글 윈도우 10을 설치하면 기본적으로 인터넷 익스플로러, 파일 탐색기 앱 등이 표시됨

## 02 바탕 화면 바로 가기 메뉴 및 바로 가기 아이콘 24년 상시, 23년 상시, 22년 상시, …

### 1) 바탕 화면의 바로 가기 메뉴

- 바탕 화면의 바로 가기 메뉴는 한글 Windows 10에서 자주 사용하는 메뉴로 구성되었으며, 바탕 화면에서 마우스 오른쪽 버튼을 클릭하면 표시된다.
- 아이콘 보기 형식, 정렬 기준, 새로 고침 등으로 아이콘 형식을 변경한다.
- 디스플레이 설정, 개인 설정에서 여러 가지 바탕 화면의 환경을 설정한다.
- 바탕 화면 바로 가기 메뉴의 [새로 만들기]에서 폴더, 바로 가기, 각종 응용 프로그램 등을 작성할 수 있다.

**바탕 화면에 새 폴더 만드는 방법**
- 파일 탐색기에서 바탕 화면을 선택하고 홈 메뉴에서 [새 폴더]를 선택
- 바탕 화면의 바로 가기 메뉴에서 [새로 만들기]-[폴더]를 선택
- Ctrl+Shift+N : 바탕 화면에서 새 폴더를 만들기 위한 바로 가기 키

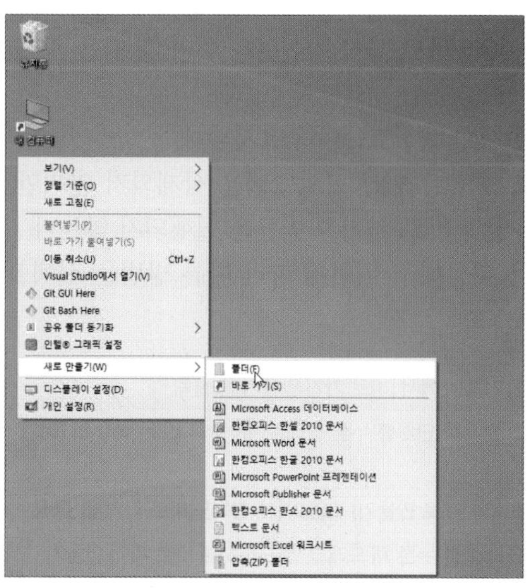


### 2) 아이콘(ICON)의 종류와 기능

- 앱 아이콘은 실제로 하드 디스크에 저장된 프로그램을 실행하는 아이콘으로 이 아이콘을 삭제하면 프로그램이 실행되지 않는다.
- 폴더 아이콘은 파일이나 또 다른 폴더를 보관한다.
- 폴더 아이콘의 모양은 변경할 수 있으나 아이콘을 변경하면 폴더 내용은 더 이상 미리 보기가 안된다.

**기적의 TIP**

아이콘의 모양과 기능을 연결하여 알아두세요. 아이콘의 기능을 묻는 문제가 출제되었습니다.

| 모양 | 기능 | 모양 | 기능 |
|---|---|---|---|
| 로컬 디스크 (C:) | 로컬 디스크 드라이브 | | 폴더 아이콘 |
| | 텍스트 파일 | | 바로 가기 아이콘 |
| | 네트워크 드라이브 | | 내 PC(내 컴퓨터) |
| | 구성 설정 파일 | | 기본 프린터 아이콘 |
| | 공유 폴더 | | 네트워크 드라이브 |

### 3) 바로 가기 아이콘(Shortcut Icon) 24년 상시, 23년 상시, 22년 상시, 20년 2월, 19년 8월/3월, 17년 9월, …

- 바로 가기 아이콘은 프로그램을 빠르게 실행하기 위해 만들어 사용하는 것으로 모든 파일, 폴더, 프린터, 디스크 드라이브 등에 대해 바로 가기 아이콘을 만들 수 있다.
- 바로 가기 아이콘(Shortcut Icon)은 원본 프로그램의 경로를 지정한 1KB 크기 정도의 작은 파일로 .LNK 확장자를 가진다.
- 바로 가기 아이콘은 이름을 바꾸어 하나의 프로그램 아이콘에 대해 여러 개를 만들 수 있다. 다른 폴더에 같은 이름의 바로 가기 아이콘을 여러 개 만들 수 있으나 하나의 폴더에 같은 이름의 바로 가기를 만들 수는 없다.
- 바로 가기 아이콘에는 왼쪽 아래에 꺾인 화살표( )가 표시된다.
- 바로 가기 아이콘을 삭제하더라도 연결된 원본 프로그램은 삭제되지 않지만, 원본 프로그램을 삭제하면 해당 파일의 바로 가기 아이콘은 실행되지 않는다.
- 바로 가기 아이콘을 만드는 방법은 다양하고 위치에 따라 다른 방법을 선택할 수 있다.

| | |
|---|---|
| **방법 1** | 파일이나 폴더를 선택한 후 바로 가기 메뉴에서 [바로 가기 만들기]를 클릭 |
| **방법 2** | 파일이나 폴더를 선택한 후 마우스 오른쪽 단추를 누른 상태로 끌어서 나오는 메뉴의 [여기에 바로 가기 만들기]를 클릭 |
| **방법 3** | 파일이나 폴더를 선택한 후 [홈] 메뉴의 [새로 만들기] 그룹의 [새 항목]-[바로 가기]를 클릭 |
| **방법 4** | 파일이나 폴더를 선택한 후 Ctrl+Shift를 누른 채 드래그 앤 드롭하여 바로 가기 만들기 |
| **방법 5** | 항목을 복사한 후 바로 가기 메뉴에서 [바로 가기 붙여넣기]를 클릭 |

## 03 가상 데스크톱(Virtual Desktop) 24년 상시, 22년 상시, 21년 상시

- 하나의 컴퓨터 시스템에서 바탕 화면을 동시에 여러 개 만들 수 있는 기능이다.
- 작업 그룹별로 화면을 전환하여 사용할 수 있어서 여러 대의 모니터를 사용하는 효과를 가진다.
- 현재 작업 중인 가상 데스크톱을 삭제해도 현재 작업 중인 창은 다른 데스크톱 화면으로 옮겨진다.

• 작업 표시줄의 [작업 보기(⧉)]를 클릭하여 가상 데스크톱을 실행한다.
• 가상 데스크톱 만들기 바로 가기 키

| 모든 가상 데스크톱 보기 | ⊞+Tab |
|---|---|
| 새 가상 데스크톱 만들기 | ⊞+Ctrl+D |
| 가상 데스크톱 지우기 | ⊞+Ctrl+F4 |
| 가상 데스크톱 화면에서 다른 데스크톱 전환키 | ⊞+Ctrl+←, → |

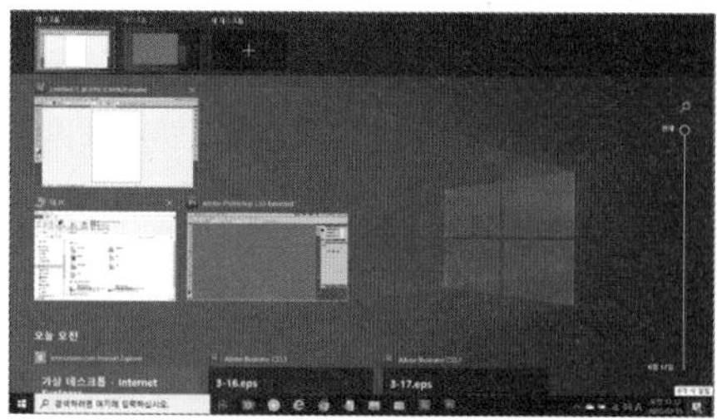
▲ 가상 데스크톱 보기

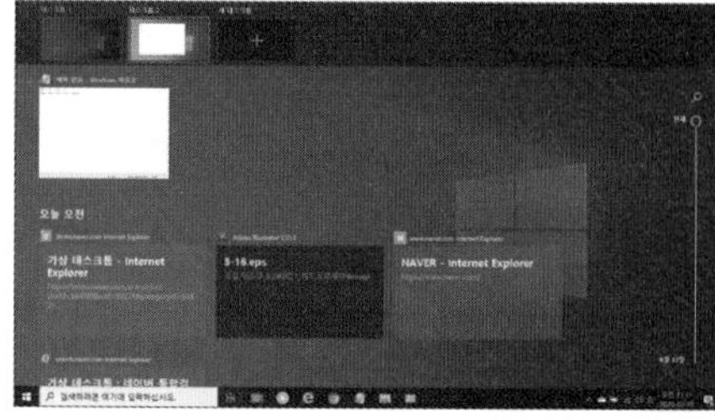
▲ 가상 데스크톱 전환

## 04 [시작] 메뉴 24년 상시, 23년 상시, 22년 상시, 21년 상시, 20년 2월, 17년 9월/3월, 13년 3월, 12년 3월, 11년 9월, …

• 작업 표시줄 가장 왼쪽에 있는 시작(⊞) 단추를 눌러 한글 Windows 10의 여러 가지 기능을 실행하는 곳이다.
• [시작] 메뉴의 앱 목록은 사용자가 원하는 대로 추가하거나 제거하여 사용할 수 있다.

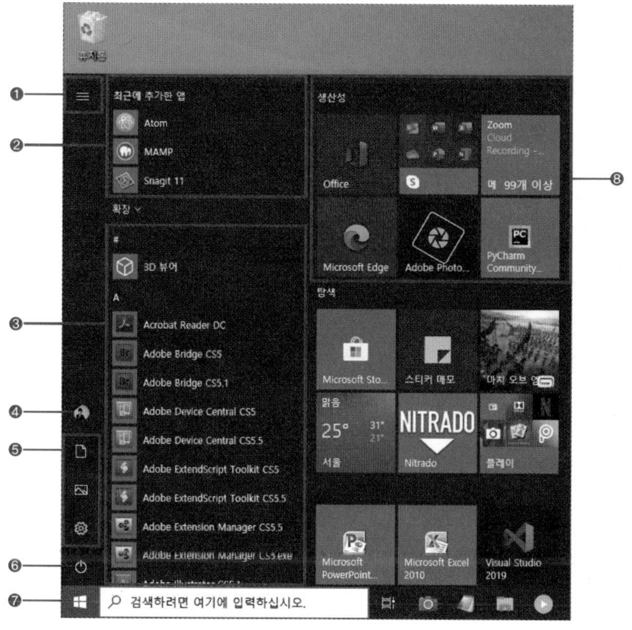


> **개념 체크**
> 1 바로 가기 아이콘은 하나의 아이콘에 이름을 바꾸어 여러 개를 만들 수 있다. (O, X)
> 2 바로 가기 아이콘을 삭제하면 연결한 원본 프로그램도 삭제된다. (O, X)
>
> 1 O 2 X

| ❶ 확장 | 확장되어 모든 앱 목록이 표시됨 |
|---|---|
| ❷ 최근에 추가된 앱 | 최근에 설치한 앱 목록이 표시됨 |
| ❸ 앱 목록 | • 내 컴퓨터에 추가된 앱 목록이 표시됨<br>• #, A, B, C… ㄱ, ㄴ, ㄷ… 순으로 나열된 앱 목록 |
| ❹ 로그인된 사용자 계정 | 사용자 로고를 클릭하면 계정 설정 변경, 잠금, 로그아웃, 다른 사용자의 로그인 등을 실행 |
| ❺ [시작] 메뉴에 표시한 폴더 | 문서, 사진, 설정 등 폴더가 표시 |
| ❻ [전원] | 절전, 시스템 종료, 다시 시작 |
| ❼ [시작] 단추 | 앱을 선택하기 위한 단추 |
| ❽ 그룹별로 표시된 타일 형식의 앱 목록 | 그룹 이름을 만들어 자주 사용하는 앱 목록을 그룹별 타일 형식으로 표시 |

**[시작] 메뉴에 표시할 폴더의 선택**
[시작]–[설정]–[개인 설정]–[시작]에서 [시작 메뉴에 표시할 폴더 선택]에서 선택할 수 있음

## 1) [시작] 메뉴의 실행

| 방법 1 | (시작)아이콘 누르기 |
|---|---|
| 방법 2 | Ctrl+Esc를 누르기 |
| 방법 3 | 키 누르기 |

## 2) [시작] 메뉴에 앱 고정 및 제거

• [시작] 메뉴에 최근에 추가한 앱 목록과 이전에 추가된 앱 목록이 표시된다. 이 목록은 아이콘의 바로 가기 메뉴에서 [시작 화면에 고정]하거나 [시작 화면에서 제거]할 수 있다.

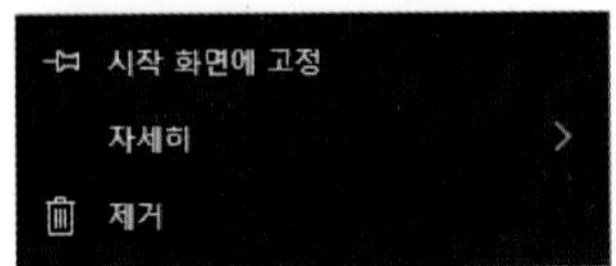


• 타일 형식 아이콘의 바로 가기 메뉴에서는 [크기 조정]에서 아이콘의 크기를 작게, 보통, 넓게, 크게 중에서 설정할 수 있다.

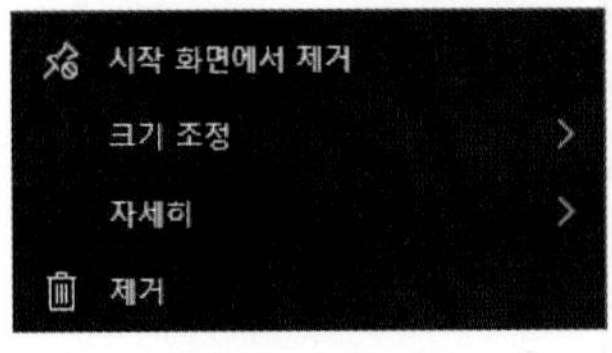


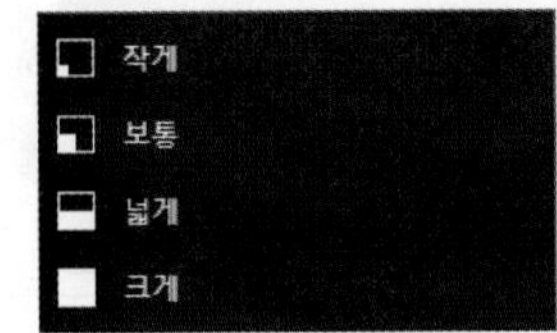


• [자세히]를 눌러 [작업 표시줄에 고정/제거], [관리자 권한으로 실행], [파일 위치 열기]를 선택할 수 있다. [파일 위치 열기]를 눌러 나오는 파일 탐색기 창에서 파일을 복사, 이동, 이름 바꾸기 등으로 관리한다.

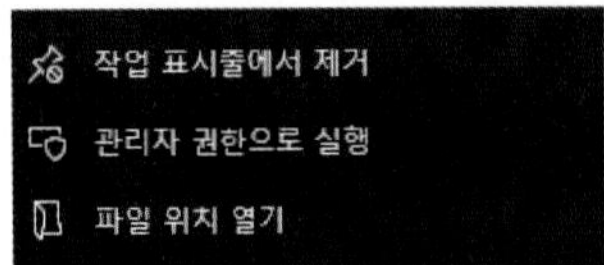

### 3) 라이브 타일

- 라이브 타일은 날씨, 뉴스, 일정, 메일 앱 등을 실시간으로 정보를 표시해 주는 기능이다.
- 라이브 타일은 타일 형식 날씨 아이콘의 바로 가기 메뉴에서 [자세히]-[라이브 타일 끄기/켜기]를 선택한다.

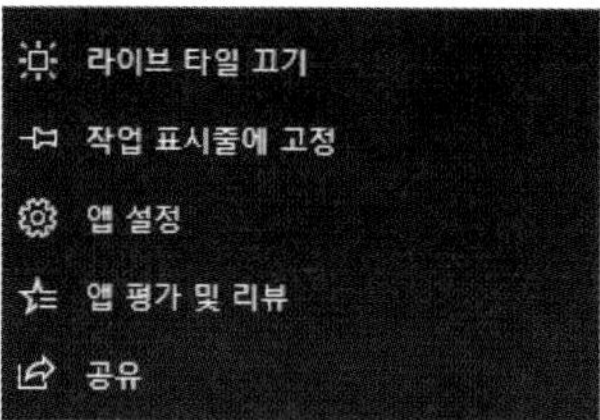


### 4) 새 그룹 생성과 이름 바꾸기

- [시작] 메뉴의 타일 형식에서 [그룹 이름 지정]을 클릭하여 새로운 그룹 이름을 입력한다.
- 새 그룹으로 추가할 앱 목록을 드래그 앤 드롭하여 추가한다.

### 5) [시작] 메뉴의 설정

- [시작] 단추의 바로 가기 메뉴에서 [설정]-[개인 설정]-[시작]을 클릭하거나 [작업 표시줄]의 바로 가기 메뉴에서 [작업 표시줄 설정]-[시작]을 클릭하며 설정한다.
- 시작 메뉴에 표시할 항목을 설정하는 곳으로 '켬'과 '끔'으로 변경할 수 있다.

**개념 체크**

1 [시작] 메뉴에 앱을 고정하거나 제거할 수 있다. (O, X)

2 [시작] 메뉴에 최근에 추가한 앱 목록과 이전에 추가한 앱 목록도 표시된다. (O, X)

1 O 2 O

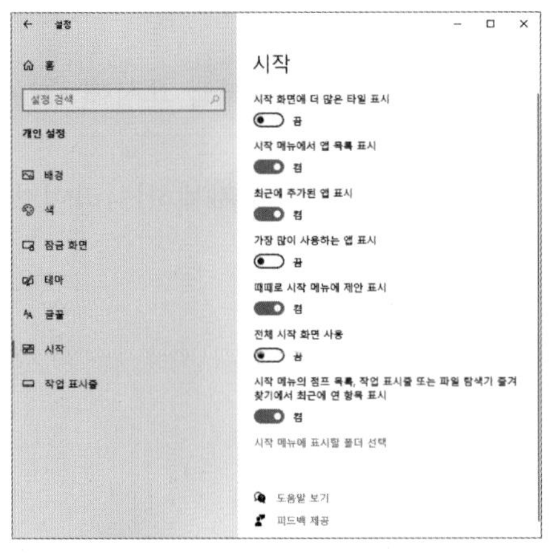


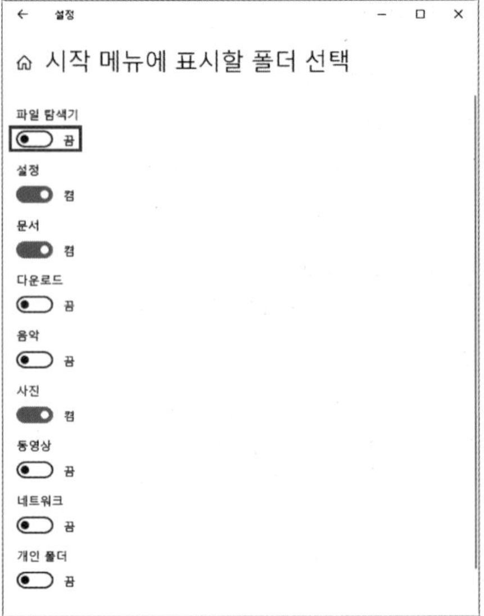


| 시작 화면에 더 많은 타일 표시 | '켬'이면 시작 화면에 더 많은 타일을 표시 |
|---|---|
| **시작 메뉴에서 앱 목록 표시** | '끔'이면 시작 화면에 앱 목록이 표시되지 않고 [고정된 타일( )]과 [모든 앱( )]에서 선택하여 표시 |
| **최근에 추가된 앱 표시** | '끔'이면 최근에 추가된 앱이 표시되지 않음 |
| **가장 많이 사용하는 앱 표시** | '켬'이면 자주 사용되는 앱이 우선 표시 |
| **때때로 시작 메뉴에 제안 표시** | '끔'이면 제안 메뉴를 표시하지 않음 |
| **전체 시작 화면 사용** | • '켬'이면 모니터 화면 전체에 시작 메뉴 화면으로 표시<br>• [고정된 타일( )]과 [모든 앱( )]에서 선택하여 표시 |
| **시작 메뉴의 점프 목록, 작업 표시줄 또는 파일 탐색기 즐겨찾기에서 최근에 연 항목 표시** | '끔'이면 시작 메뉴의 점프 목록, 최근 연 항목이 표시되지 않음 |
| **시작 메뉴에 표시할 폴더 선택** | 시작 메뉴에 표시할 파일 탐색기, 설정, 문서, 다운로드, 음악, 사진, 동영상, 네트워크, 개인 폴더를 '끔'과 '켬'으로 선택할 수 있음 |

## 6) 최근 항목 21년 상시, 12년 3월, 10년 3월, 06년 5월, 05년 11월, 04년 8월, 03년 8월

- 최근에 사용한 항목의 점프 목록을 클릭하여 빠르게 실행할 수 있다.
- 앱 목록의 바로 가기 메뉴에서 최근 항목을 클릭하여 실행하고 [이 목록에 고정( )]을 눌러 즐겨찾기에 등록시킬 수 있다.
- 최근 항목 목록의 바로 가기 메뉴에서 [이 목록에서 제거( )]는 목록만 제거되는 것이므로 원본이 지워지는 것은 아니다.
- 점프 목록의 표시 개수는 최대 12~13개 표시되고 레지스트리에서 그 개수를 변경할 수 있다.

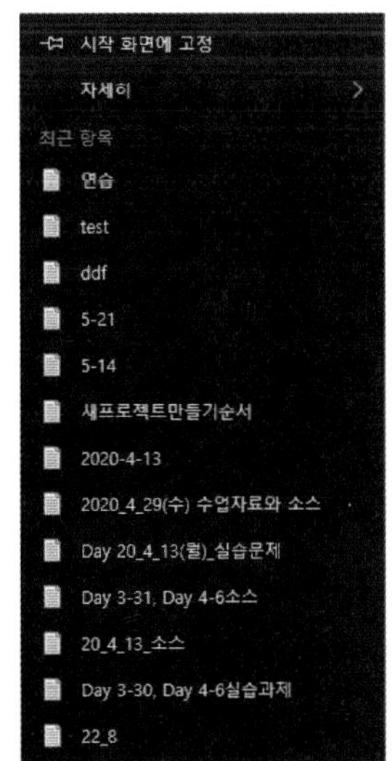


**한글 Windows 10에서 기본으로 제공하는 폴더**

- C:₩Windows : 한글 Windows 10이 설치되는 폴더
- C:₩Program Files : 각종 응용 프로그램이 기본으로 설치되는 폴더
- C:₩Users₩계정명₩공용 : 공용 다운로드, 공용 문서, 공용 비디오, 공용 사진, 공용 음악 파일이 저장되는 폴더

## 7) 실행

- 실행할 앱 명령어를 직접 입력하여 실행한다.

| 방법 1 | [시작]-[Windows 시스템]-[실행]을 클릭 |
|---|---|
| 방법 2 | [시작] 단추의 마우스 오른쪽 버튼을 눌러 나오는 바로 가기 메뉴에서 [실행]을 선택 |

- 실행 창의 [찾아보기]를 눌러 파일명을 찾아서 실행할 수 있다.

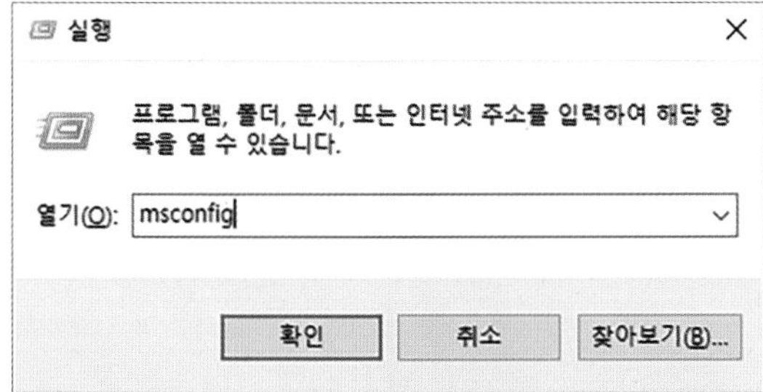


## 05 작업 표시줄(Task Bar)

24년 상시, 23년 상시, 22년 상시, 20년 7월, 19년 8월/3월, 18년 3월, 16년 3월, …

- 작업 표시줄은 현재 실행되고 있는 프로그램 단추와 프로그램을 빠르게 실행하기 위해 등록한 고정 프로그램 단추 등이 표시되는 곳이다.
- 작업 표시줄에서 실행 중인 앱 목록을 클릭하여 화면을 전환한다.
- 작업 표시줄의 위치는 상 · 하 · 좌 · 우로 드래그 앤 드롭하여 이동할 수 있고 화면의 1/2 정도(50%)까지 크기를 조절할 수 있다. 단, 작업 표시줄 잠금이 해제되어 있어야 한다.

**기적의 TIP**

작업 표시줄은 출제빈도가 높은 부분으로, 작업 표시줄에 표시되는 항목과 속성에 대한 문제가 출제되었습니다.

| | |
|---|---|
| ❶ [시작] 단추 | • 시작 메뉴를 표시하여 앱을 실행하는 단추<br>• [시작] 단추의 바로 가기 메뉴에는 [앱 및 기능], [모바일 센터], [전원 옵션], [이벤트 뷰어], [시스템], [장치 관리자], [네트워크 연결], [디스크 관리], [컴퓨터 관리], [Windows PowerShell], [Windows PowerShell(관리자)], [작업 관리자], [설정], [파일 탐색기], [검색], [실행], [종료 또는 로그아웃], [데스크톱]으로 구성<br>• [종료 또는 로그아웃]에는 [로그아웃], [절전], [시스템 종료], [다시 시작]으로 구성 |
| ❷ [검색( )] 상자 | 검색어를 입력한 후 앱을 실행 |
| ❸ 작업 보기 | 새 데스크톱 보기로 모든 앱이 표시되거나 현재 작업 보기 |
| ❹ 빠른 실행 앱 목록 | 클릭만으로 실행할 수 있는 앱 목록 |
| ❺ 알림 영역 | 스피커, 메신저, 인쇄 상황 등의 알림이 표시되는 아이콘 |
| ❻ 한/영 변환 입력 표시기 | 한글과 영문 전환 |
| ❼ 날짜와 시계 | 달력 날짜와 시간을 표시 |
| ❽ 새 알림 | 앱 및 다른 보낸 사람의 알림 관리 표시 |
| ❾ 바탕 화면 보기 | 에어로 피크 기능으로 바탕 화면 미리 보기 |

## 1) 작업 표시줄 설정

작업 표시줄에 대한 여러 가지 항목을 '켬'과 '끔'으로 변경하여 사용한다.

| | |
|---|---|
| 방법 1 | [시작]-[설정]-[개인 설정]-[작업 표시줄]을 클릭 |
| 방법 2 | 작업 표시줄에서 마우스 오른쪽 버튼을 클릭하여 나오는 바로 가기 메뉴의 [작업 표시줄 설정]을 선택 |

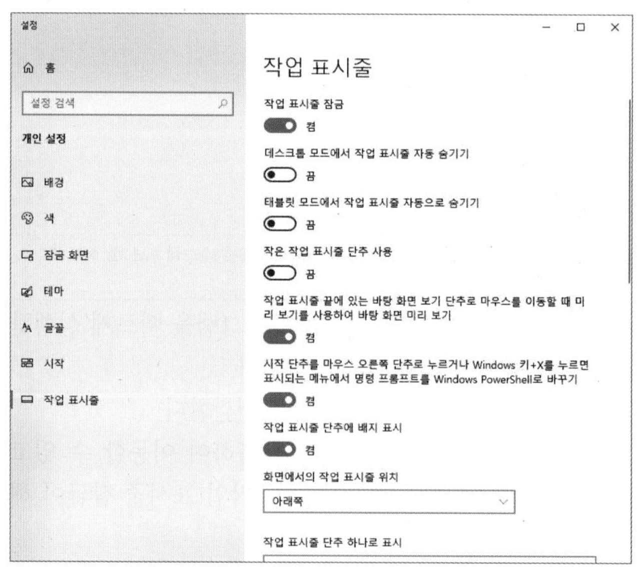

| | |
|---|---|
| 작업 표시줄 잠금 | '켬'이면 작업 표시줄의 이동이나 크기 변경을 할 수 없도록 잠그는 기능 |
| 데스크톱 모드에서 작업 표시줄 자동 숨기기 | '켬'이면 작업 표시줄이 숨기기되어 마우스를 작업 표시줄에 위치시키면 표시 |
| 태블릿 모드에서 작업 표시줄 자동으로 숨기기 | '켬'이면 태블릿 모드에서 작업 표시줄이 숨기기되어 마우스를 위치시키면 표시되는 기능 |
| 작은 작업 표시줄 단추 사용 | '켬'이면 작업 표시줄의 단추를 작게 표시되고, '끔'이면 단추를 크게 표시 |
| 작업 표시줄 끝에 있는 바탕 화면 보기 단추로 마우스를 이동할 때 미리 보기를 사용하여 바탕 화면 미리 보기 | '켬'이면 바탕 화면 미리 보기 실행 |
| [시작] 단추를 마우스 오른쪽 단추로 누르거나 ⊞+X를 누르면 표시되는 메뉴에서 명령 프롬프트를 Windows PowerShell로 바꾸기 | '켬'이면 Windows PowerShell로 표시되고 '끔'이면 명령 프롬프트로 변경되어 표시 |
| 작업 표시줄 단추에 배지 표시 | '켬'이면 특정 작업이 발생해야 함을 알려주는 기능 |
| 화면에서의 작업 표시줄 위치 | 작업 표시줄의 위치를 '왼쪽', '위쪽', '오른쪽', '아래쪽' 중에서 설정 |
| 작업 표시줄 단추 하나로 표시 | '항상, 레이블 숨기기', '작업 표시줄이 꽉 찼을 때', '안 함' 중에서 설정 |
| 여러 디스플레이 | '켬'이면 여러 디스플레이 장치를 사용할 때 모든 디스플레이에 작업 표시줄 위치와 단추 표시를 설정 |
| 피플 | '켬'이면 작업 표시줄에 표시할 연락처 수와 피플 알림 표시 등을 설정 |

## 2) 작업 표시줄에 도구 모음 추가하기

작업 표시줄의 바로 가기 메뉴에서 [도구 모음]을 선택한다.

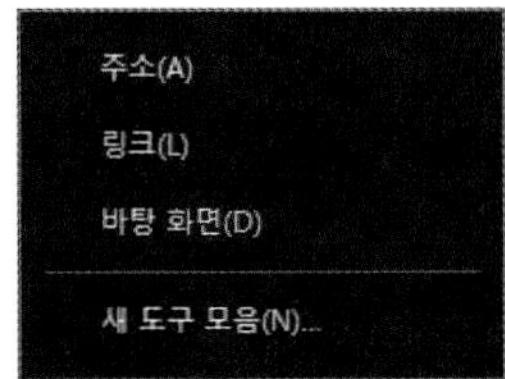


| | |
|---|---|
| 주소 | 작업 표시줄의 [주소]란을 표시하여 웹 페이지의 주소를 입력하여 웹 브라우저가 실행되면서 해당 사이트로 이동 |
| 링크 | 저장된 북마크를 사용하여 웹 페이지에 빠르게 접속 가능 |
| 바탕 화면 | 작업 표시줄에서 바탕 화면에 있는 내 PC, 라이브러리, 네트워크, 휴지통, 파일, 폴더를 선택하여 실행 |
| 새 도구 모음 | 자주 사용하는 폴더를 작업 표시줄에 추가 |

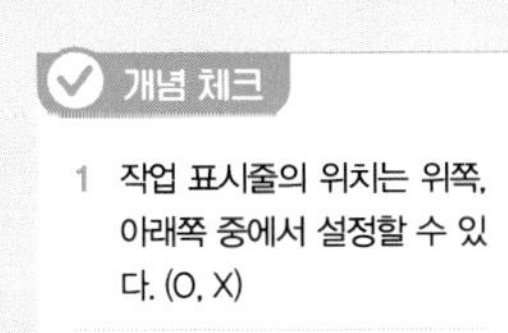


1 작업 표시줄의 위치는 위쪽, 아래쪽 중에서 설정할 수 있다. (O, X)

1 X

### 3) [작업 표시줄에 표시할 아이콘 선택]과 [시스템 아이콘 켜기/끄기]

- [시작]-[설정]-[개인 설정]-[작업 표시줄] 창의 [알림 영역]에서 [작업 표시줄에 표시할 아이콘 선택]을 클릭한다.
- 작업 표시줄에 표시할 아이콘에는 Microsoft OneDrive, 전원, 네트워크, 볼륨 등을 켜거나 끄기 설정할 수 있다.
- [알림 영역]의 [시스템 아이콘 켜기 또는 끄기]에서는 시계, 네트워크, 입력 표시기, 마이크, 위치, 알림 센터 등을 켜거나 끄기 설정할 수 있다.

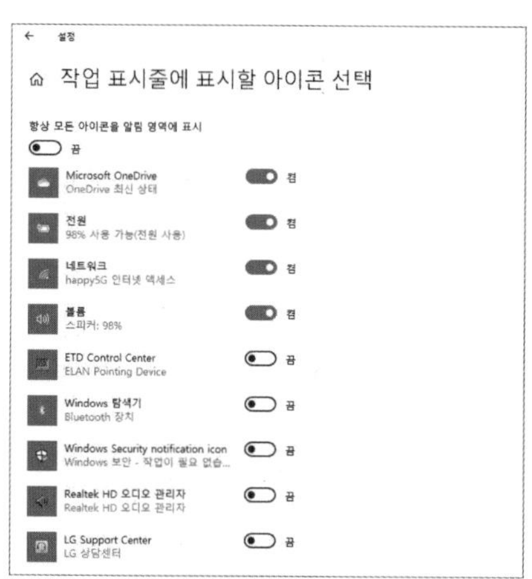

### 4) 작업 표시줄의 바로 가기 메뉴

- 작업 표시줄에서 마우스 오른쪽 단추를 눌러 나오는 바로 가기 메뉴에는 도구 모음, 검색, 작업 관리자, 작업 표시줄 설정 등의 다양한 기능을 제공한다.
- 여러 열린 창을 배열하는 방법에는 계단식 창 배열, 창 가로 정렬 보기, 창 세로 정렬 보기, 바탕 화면 보기가 있다.

> **기적의 TIP**
> 작업 표시줄의 빈 영역을 선택한 후 Alt+Enter를 누르면 [작업 표시줄] 설정 창을 볼 수 있습니다.

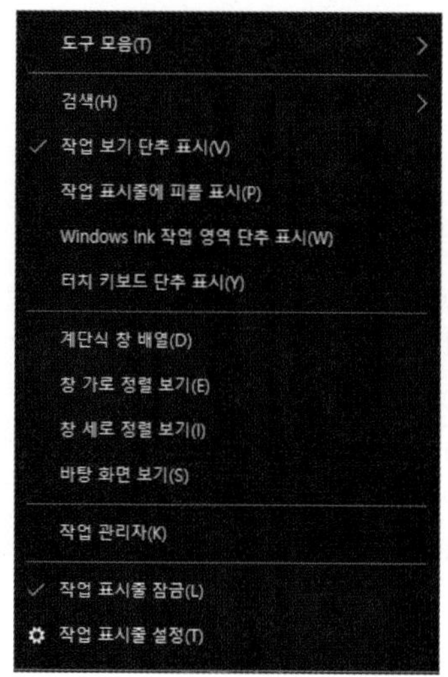

## 이론을 확인하는 기출문제

**01** 다음 중 한글 Windows 10의 작업 표시줄에 대한 설명으로 옳지 않은 것은?

① 작업 표시줄은 현재 실행되고 있는 프로그램 단추와 프로그램을 빠르게 실행하기 위해 등록한 고정 프로그램 단추 등이 표시되는 곳이다.
② 작업 표시줄은 위치를 변경하거나 크기를 조절할 수 있으며, 크기는 화면의 1/4까지만 늘릴 수 있다.
③ '작업 표시줄 잠금'이 지정된 상태에서는 작업 표시줄의 크기나 위치 등을 변경할 수 없다.
④ 작업 표시줄은 기본적으로 바탕 화면의 맨 아래쪽에 있다.

작업 표시줄의 크기는 화면의 1/2까지 늘려 사용할 수 있다.

**02** 다음 중 한글 Windows 10에서 시작 메뉴에 대한 설명으로 옳지 않은 것은?

① [시작] 단추를 누르면 현재 로그온한 사용자의 로고가 표시된다.
② [시작] 단추를 누르면 내 컴퓨터에 설치된 응용 프로그램 목록이 나타난다.
③ [시작] 메뉴의 프로그램 목록은 사용자가 원하는 대로 추가하거나 삭제할 수 있다.
④ [시작] 메뉴의 링크, 아이콘 및 메뉴의 모양과 동작을 사용자가 변경할 수 없다.

[시작] 메뉴의 링크, 아이콘 및 메뉴의 모양과 동작은 사용자가 변경할 수 있다.

**03** 다음 중 한글 Windows 10에서 바로 가기 아이콘에 대한 설명으로 옳지 않은 것은?

① 하나의 원본 파일에 대해 바로 가기 아이콘은 여러 개 만들 수 있으며 여러 폴더에 저장할 수 있다.
② 특정 폴더의 바로 가기 아이콘을 바탕 화면에 만들면 해당 폴더의 위치가 바탕 화면으로 옮겨진다.
③ 파일의 바로 가기 아이콘을 삭제해도 원본 파일은 삭제되지 않는다.
④ 네트워크상의 다른 컴퓨터에 있는 디스크 드라이브, 프린터에 대해서도 바로 가기 아이콘을 만들 수 있다.

바로 가기 아이콘은 해당 폴더나 파일을 빠르게 실행하기 위한 복사본 아이콘으로, 바탕 화면에 만들면 아이콘이 만들어지고 해당 폴더의 위치는 원래 위치에 그대로 있다.

**04** 다음 중 한글 Windows 10에서 [작업 표시줄] 창을 이용하여 할 수 있는 작업으로 옳지 않은 것은?

① 작업 표시줄 잠금을 설정할 수 있다.
② 작업 표시줄 자동 숨기기를 설정할 수 있다.
③ 앱을 작업 표시줄에 고정할 수 있다.
④ 시작 메뉴의 표시 위치를 위쪽이나 아래쪽으로만 변경할 수 있다.

시작 메뉴의 표시 위치는 왼쪽, 위쪽, 오른쪽, 아래쪽으로 작업 표시줄과 함께 이동할 수 있다.

정답 01 ② 02 ④ 03 ② 04 ④

SECTION 02

# 내 PC와 파일 탐색기

출제빈도 상 중 하
반복학습 1 2 3

빈출 태그 내 PC • 파일 탐색기 • 숫자 키패드 • 아이콘 보기 형식 • 폴더 옵션

## 01 내 PC(내 컴퓨터) 24년 상시, 22년 상시, 21년 상시, 19년 8월/3월, 13년 10월, 12년 3월, 09년 10월, 08년 5월, …

- 사용자의 컴퓨터 정보를 보여주는 곳으로 드라이브, 파일, 폴더 등에 대한 정보를 나타낸다.
- 내 PC(내 컴퓨터)의 [속성] 창은 [제어판]의 [시스템]과 같은 기능이다.
- 내 컴퓨터의 위치에서 로컬 디스크 열기, 포맷, 복사, 바로 가기 만들기, 이름 바꾸기, 속성 등을 할 수 있다.

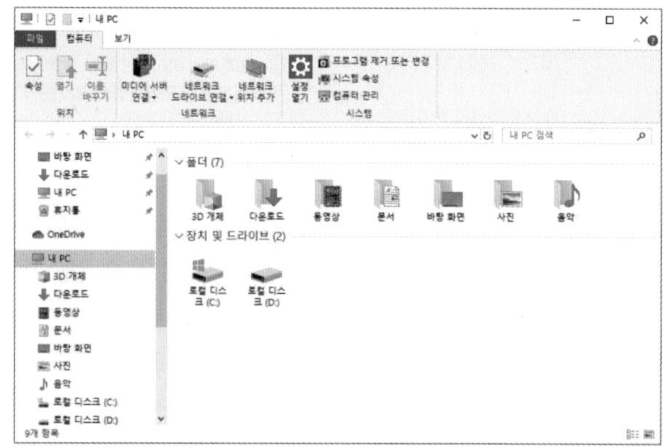

▶ 로컬 디스크 드라이브의 속성

| | |
|---|---|
| **[일반] 탭** | 디스크의 종류, 파일 시스템 유형, 사용 중인 공간, 여유 공간을 확인하고 디스크 정리를 실행 |
| **[도구] 탭** | 오류 검사, 드라이브 최적화 및 조각 모음 |
| **[하드웨어] 탭** | 모든 디스크 드라이브 장치의 속성을 확인 및 장치 설정을 변경 |
| **[공유] 탭** | 네트워크 파일 및 폴더 공유와 고급 공유에서 사용자 수를 제한 |
| **[보안] 탭** | 개체 이름 확인과 그룹 또는 사용자 이름을 편집하고 사용 권한 설정 |
| **[이전 버전] 탭** | 파일 히스토리 또는 복원 지점에서 가져오기 |
| **[할당량] 탭** | 하드 디스크는 각 사용자에 대해 디스크 공간 제한을 지정하여 한 명의 사용자가 모든 공간을 사용하지 않도록 예방하기 위해 할당량★ 제한을 설정하고 변경 |

파일 탐색기는 Windows 기능을 가장 많이 수행하는 곳이지만, 시스템을 종료하거나 사용자를 변경하는 사용자 전환 기능은 없음

## 02 파일 탐색기

24년 상시, 23년 상시, 22년 상시, 21년 상시, 20년 2월, 14년 6월/3월, 13년 10월/3월, 12년 6월, …

- 파일 탐색기는 디스크와 폴더의 구조를 표시하는 탐색 창이 있어 파일과 폴더의 구조를 확인하고 프로그램을 실행한다.
- 파일 탐색기의 탐색 창을 통해 간편하게 파일을 이동, 복사, 삭제할 수 있다.
- 즐겨찾기에 고정은 자주 사용하는 개체를 등록하여 해당 개체로 빠르게 이동하기 위하여 사용하는 기능이다.
- 라이브러리는 컴퓨터의 여러 장소에 저장된 자료를 한 곳에 보고 정리할 수 있는 가상폴더로 문서, 비디오, 사진, 음악으로 분류한다.
- OneDrive는 파일과 사진을 저장하고 어떤 디바이스에서든지 액세스할 수 있는 개인 클라우드 저장소이다.
- 내 PC는 내 컴퓨터에 설치된 모든 구성 요소를 표시하며, 각 구성 요소를 관리할 수 있는 여러 가지 기능을 제공한다.
- 네트워크는 개인 네트워크에서 폴더 및 프린터에 공유된 네트워크 인프라와 폴더를 표시한다.

### 1) 파일 탐색기를 실행하는 방법

| | |
|---|---|
| **방법 1** | [시작] 단추의 바로 가기 메뉴에서 [파일 탐색기]를 클릭 |
| **방법 2** | [시작]-[Windows 시스템]-[파일 탐색기]를 클릭 |
| **방법 3** | [시작]-[Windows 시스템]-[실행]에서 'explorer'을 입력 |
| **방법 4** | 시작 메뉴나 작업 표시줄에 고정★된 [파일 탐색기( )] 아이콘을 클릭 |
| **방법 5** | [⊞]+[E] 누르기 |

**기적의 TIP**

디스크 드라이브의 속성에서 [일반] 탭과 [도구] 탭의 기능을 구별하세요.

**암기 TIP**

기차의 일반실([일반] 탭)은 청소(디스크 정리)만 해주고, 특실([도구] 탭)은 검사와 기능 향상(디스크 오류 검사, 디스크 조각모음 및 최적화)을 도와줍니다.

**★ 할당량**

로컬 디스크의 [속성]-[할당량] 탭은 새 사용자에 대한 할당량 한도를 설정하는 곳으로, 디스크 공간 할당의 최대 크기는 KB, MB, GB, TB, PB, EB 단위로 설정

**기적의 TIP**

파일 탐색기의 기능과 바로 가기 키, 숫자 키패드를 이용한 폴더 목록 표시, 폴더 옵션을 묻는 문제가 자주 출제되고 있습니다.

**Windows 파일 탐색기와 웹 브라우저인 인터넷 익스플로러의 실행 파일명**

- 파일 탐색기의 실행 파일명 : explorer.exe
- 인터넷 익스플로러의 실행 파일명 : iexplore.exe

**★ 작업 표시줄에 고정**

파일 탐색기 폴더의 바로 가기 메뉴에서 [시작 화면에 고정] 또는 [작업 표시줄에 고정]을 선택

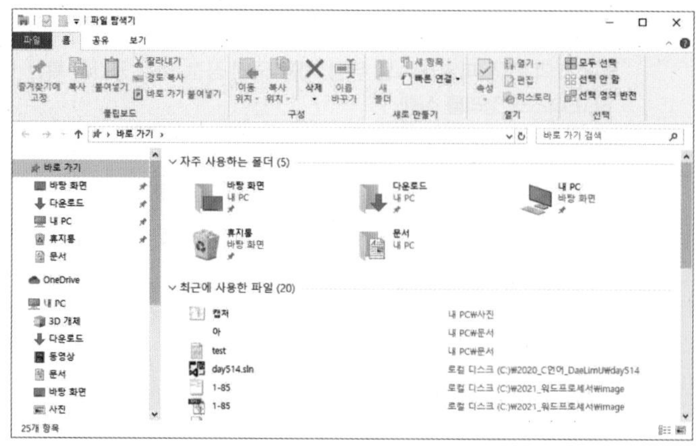

### 2) 파일 탐색기의 메뉴

- 파일 탐색기의 왼쪽 폴더 탐색 창은 폴더 구조를 트리 형태로 보여준다.
- 파일 탐색기의 메뉴는 기본적으로 파일, 홈, 공유, 보기 메뉴로 구성되어 있고 선택된 항목에 따라 [관리] 메뉴에서 드라이브 도구, 사진 도구, [재생] 메뉴에서 음악 도구 등이 표시된다.
- 메뉴를 선택하면 그룹별로 하위 리본 메뉴가 표시된다. 리본 메뉴는 표시 또는 감추기할 수 있다.

| 메뉴 | 그룹명 | 항목 |
|---|---|---|
| [파일] | 하위 메뉴 | 새 창 열기, Windows PowerShell 열기, 폴더 및 검색 옵션 변경, 도움말, 닫기 |
| [홈] | 클립보드 | 즐겨찾기에 고정, 복사, 붙여넣기, 잘라내기, 경로 복사, 바로 가기 붙여넣기 |
| | 구성 | 이동 위치, 복사 위치, 삭제(휴지통으로 이동, 완전히 삭제, 휴지통으로 삭제 전 확인), 이름 바꾸기 등 |
| | 새로 만들기 | 새 폴더, 새 항목, 빠른 연결 등 |
| | 열기 | 속성, 열기, 편집, 히스토리 등 |
| | 선택 | 모두 선택, 선택 안 함, 선택 영역 반전 |
| [공유] | 보내기 | 공유, 전자 메일, 압축, 디스크에 굽기, 인쇄, 팩스 |
| | 공유 대상 | 고급 공유, 액세스 제거, 고급 보안 |
| [보기] | 창 | 탐색 창, 미리 보기 창, 세부 정보 창 |
| | 레이아웃 | 아주 큰 아이콘, 큰 아이콘, 보통 아이콘 등 |
| | 현재 보기 | 정렬 기준, 분류 방법, 열 추가, 모든 열 너비 조정 |
| | 표시/숨기기 | 항목 확인란, 파일 확장명 등 |
| | 옵션 | 폴더 및 검색 옵션 변경 |

### 3) 숫자 키패드를 이용한 폴더 목록 보기 24년 상시, 22년 상시, 21년 상시, 10년 9월/5월, 09년 7월, …

| | |
|---|---|
| * | 현재 폴더 하위의 모든 폴더 구조를 표시 |
| + | 현재 폴더에 하위 폴더가 있음을 알려주고 +를 누르면 [ ⌄ ]로 표시되어 확장 |
| - | 현재 폴더가 확장되었음을 보여주고 -를 누르면 [ › ]로 표시되어 축소 |
| Back Space | 현재 폴더의 상위 폴더로 이동 |
| 키보드의 방향키 ← | 탐색기에서 선택한 폴더의 하위 폴더가 보이면 닫고, 하위 폴더가 닫힌 상태이면 상위 폴더를 선택 |
| 키보드의 방향키 → | 탐색기에서 선택한 폴더의 하위 폴더를 열고, 하위 폴더가 열려있는 상태이면 하위 폴더를 선택 |

### 4) 아이콘 보기 형식 23년 상시, 22년 상시, 21년 상시, 17년 3월, 15년 6월, 07년 5월, 04년 11월/8월

- 파일 탐색기의 [보기] 메뉴에서 레이아웃을 지정하고 [미리 보기 창]을 선택하면 파일에 관한 내용의 미리 보기를 보여준다.

| | |
|---|---|
| **아주 큰 아이콘** | 아주 큰 아이콘 모양으로 표시 |
| **큰 아이콘** | 큰 아이콘 모양으로 표시 |
| **보통 아이콘** | 중간 크기의 아이콘으로 표시되고 폴더나 파일명이 아이콘 밑에 표시 |
| **작은 아이콘** | 작은 크기의 아이콘으로 표시되고 폴더나 파일명이 아이콘 옆에 표시 |
| **목록** | 작은 아이콘 크기의 목록이 세로로 표시되어 작은 아이콘 레이아웃보다 더 많은 자료를 표시할 수 있음 |
| **자세히** | 이름, 수정한 날짜, 유형, 크기, 디스크인 경우 전체 크기, 사용 가능한 공간 등을 표시 |
| **타일** | 타일 모양으로 폴더명 장치와 드라이브명별 표시 |
| **내용** | 파일, 폴더명, 유형, 크기, 만든이 등을 자세히 표시 |

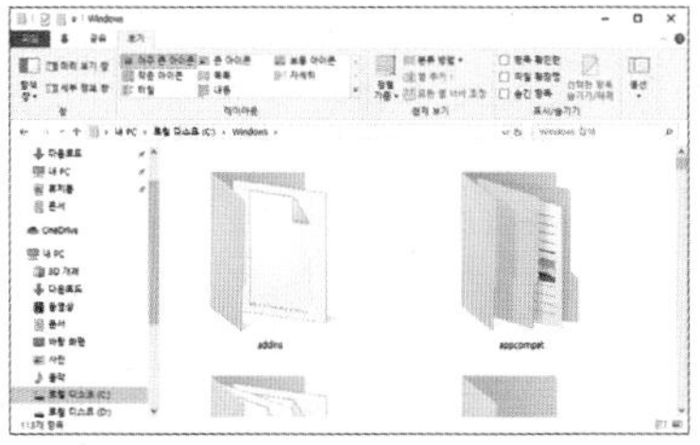

▲ 아주 큰 아이콘

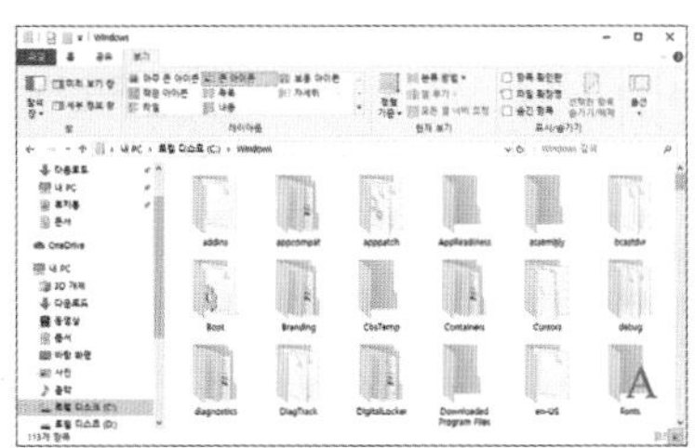

▲ 큰 아이콘

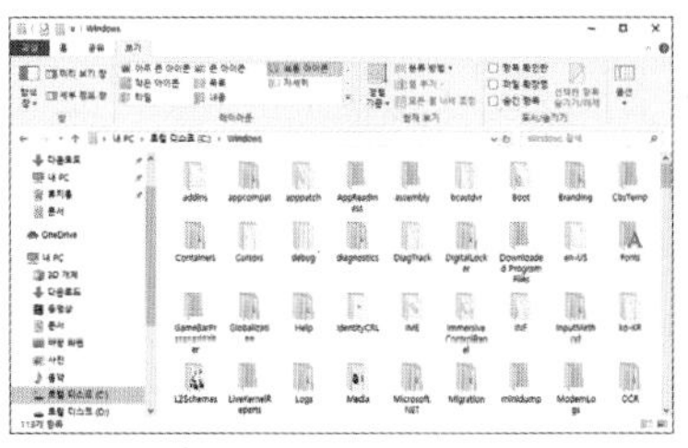

▲ 보통 아이콘

▲ 작은 아이콘

**기적의 TIP**

파일 탐색기 내에서 사용하는 바로 가기 키인 *, +, -, Back Space, ←, →의 사용법을 기억하세요.

**암기 TIP**

- * : 별처럼 많이 보기
- + : 더하여 펼쳐 보기
- - : 빼서 적게 보기
- Back Space : 이전 폴더로 이동하기

**기적의 TIP**

아이콘 보기 형식에 대한 문제가 많이 출제되었습니다. 특히 [자세히]에 표시되는 항목을 꼭 기억하세요.

**개념 체크**

1 아이콘 보기 형식은 아주 큰 아이콘, 큰 아이콘, 보통 아이콘, 작은 아이콘, 목록, 자세히, 타일, 내용 중에서 고를 수 있다. (O, X)

2 파일 탐색기 내에서 키보드 방향키 ←를 누르면 전에 열었던 폴더로 넘어간다. (O, X)

1 O 2 X

▲ 목록

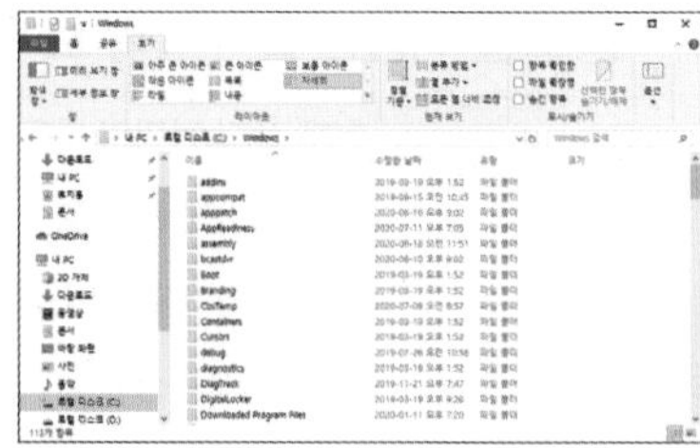
▲ 자세히

▲ 타일

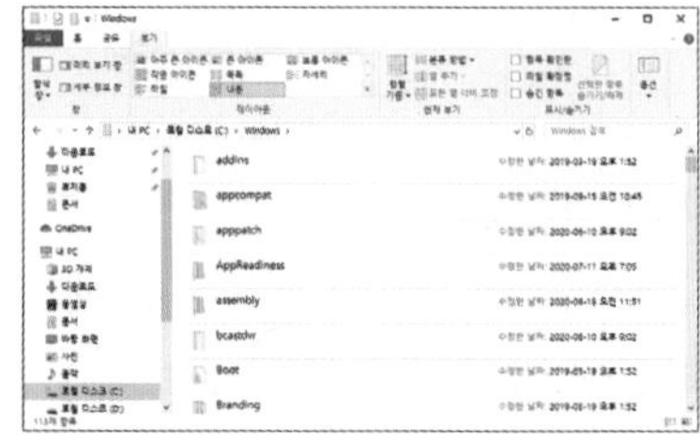
▲ 내용

- [세부 정보 창]을 선택하면 파일의 수정한 날짜, 만든이, 태그, 크기, 제목, 페이지 등을 화면 오른쪽에 함께 표시한다.
- 세부 정보에 표시될 내용을 선택하려면 파일 탐색기의 [보기] 메뉴의 [현재 보기]–[분류 방법]–[열 선택]을 클릭하여 표시할 항목을 선택한다.

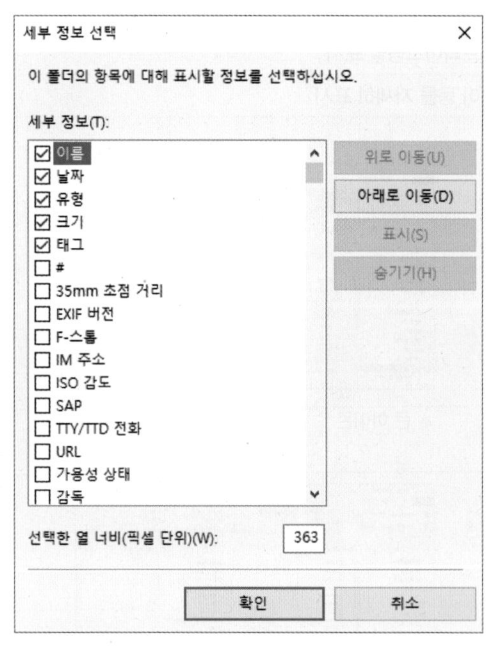

## 5) 아이콘 정렬 기준 16년 6월

파일 탐색기의 [보기] 메뉴 [현재 보기]–[정렬 기준]에서 선택한다.

| 이름 | 한글은 '가나다'순, 영문은 'ABC'순으로 아이콘을 정렬 |
|---|---|
| 수정한 날짜 | 파일이나 폴더명이 최종 수정된 날짜별로 정렬 |
| 유형 | 파일 종류별(파일 형식)로 정렬 |
| 크기 | 아이콘의 크기별로 정렬 |
| 만든 날짜 | 아이콘을 작성한 최초 만든 날짜별로 정렬 |
| 만든 이 | 만든 사용자별로 정렬 |
| 태그 | 태그별로 정렬 |
| 제목 | 만든 제목별로 정렬 |
| 오름차순 | '가나다'순으로 정렬 |
| 내림차순 | '가나다'의 역순으로 정렬 |

**기적의 TIP**

**아이콘 정렬(Sort)**
새로운 친구를 사귈 때 성(형식)과 이름(이름), 키(크기), 나이(날짜) 등을 물어보지요. 아이콘 정렬 형식도 이처럼 다양하게 분류합니다.

## 6) 폴더 옵션 23년 상시, 22년 상시, 21년 상시, 20년 7월, 17년 9월, 12년 9월/6월/3월, 11년 9월/6월/3월, 08년 10월/2월, …

- 파일이나 폴더에 대한 각종 옵션을 설정한다.
- 파일 탐색기에서 [파일] 메뉴의 [폴더 및 검색 옵션 변경]을 클릭하거나 [보기] 메뉴의 [옵션]–[폴더 및 검색 옵션 변경]을 선택한다.

### ① [일반] 탭

같은 창에서 폴더 열기, 새 창에서 폴더 열기, 한 번 클릭해서 열기, 두 번 클릭해서 열기, 파일 탐색기 기록 지우기 등을 설정한다.

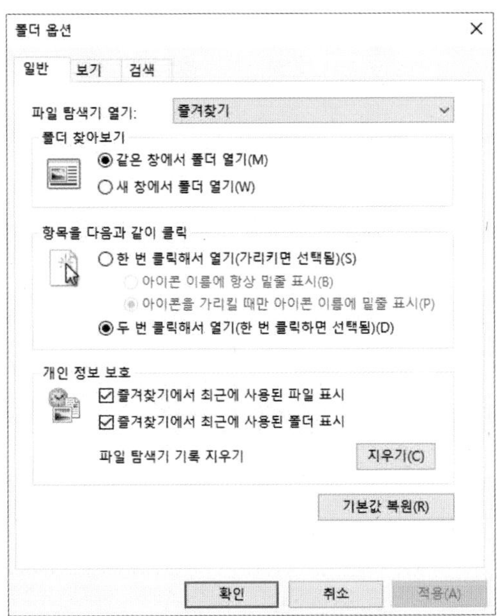

**파일 표시/숨기기**
[항목 확인란], [파일 확장명], [숨긴 항목]의 3가지는 [파일 탐색기]의 [보기]-[표시/숨기기]에서 자주 사용할 수 있도록 선택 항목이 있음

② [보기] 탭

폴더의 보기 형식을 모든 폴더에 적용, 모든 폴더를 원래대로, 탐색 창 표시 항목, 파일 및 폴더에 표시할 항목, 숨김 파일 및 폴더 표시, 제목 표시줄에 전체 경로 표시, 알려진 파일 형식의 파일 확장명 숨기기 등의 여부를 설정한다.

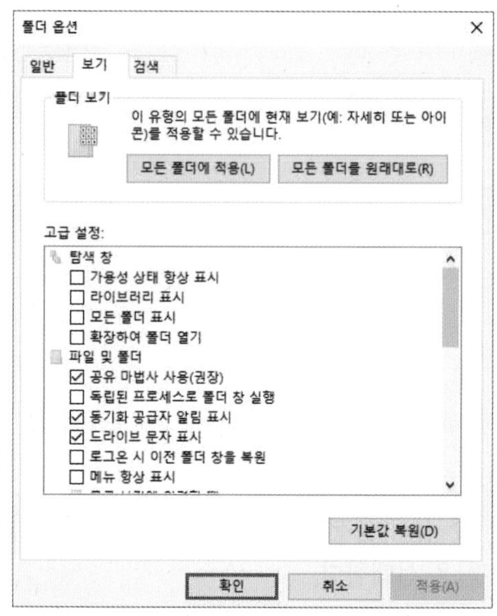


③ [검색] 탭

폴더에서 시스템 파일을 검색할 때 색인 사용 여부, 색인되지 않은 위치 검색 시 시스템 디렉터리 포함 등을 설정한다.

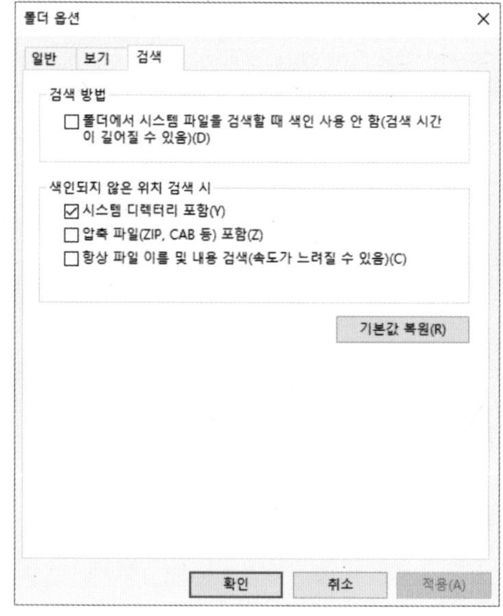


**개념 체크**

1 한글 Windows 10의 [폴더 옵션]의 '보기' 탭에서 제목 표시줄에 현재 선택된 위치에 대한 전체 경로를 표시할 수 있다. (O, X)

2 한글 Windows 10의 [폴더 옵션]의 '보기' 탭에서 제목 표시줄에 현재 선택된 위치에 대한 일부분 경로 표시 여부를 지정할 수 있다. (O, X)

1 O 2 X

## 이론을 확인하는 기출문제

**01** **다음 중 한글 Windows 10에서 파일 탐색기 창의 구성 요소에 관한 설명으로 옳지 않은 것은?**

① '즐겨찾기에 고정'은 자주 사용하는 개체를 등록하여 해당 개체로 빠르게 이동하기 위하여 사용하는 기능이다.
② '라이브러리'는 컴퓨터의 여러 장소에 저장된 자료를 한 곳에 보고 정리할 수 있는 가상폴더이다.
③ '네트워크'는 윈도우 사용자들을 그룹화하여 권한 등의 사용자 관리를 용이하도록 하는 기능이다.
④ '내 PC'는 컴퓨터에 설치된 모든 구성 요소를 표시하며, 각 구성 요소를 관리할 수 있는 여러 가지 기능을 제공한다.

'네트워크'는 홈 네트워크에서 폴더 및 프린터의 공유된 네트워크 인프라와 폴더를 표시하는 기능이다.

**02** **다음 중 한글 Windows 10이 설치된 C: 디스크 드라이브의 [로컬 디스크(C:) 속성] 창에서 작업할 수 있는 내용으로 옳지 않은 것은?**

① 드라이브를 압축하여 디스크 공간을 절약할 수 있다.
② 디스크 검사 및 조각 모음을 할 수 있다.
③ 네트워크 파일 및 폴더 공유를 할 수 있도록 설정할 수 있다.
④ 디스크 정리 및 디스크 포맷을 할 수 있다.

속성 창에서 디스크 정리를 할 수 있으나 포맷은 할 수 없으며, 디스크 포맷은 디스크 드라이브의 바로 가기 메뉴에서 [포맷]으로 할 수 있다.

**03** **다음 중 한글 Windows 10의 [파일 탐색기] 창에 대한 설명으로 옳지 않은 것은?**

① 파일 탐색기 창에서 특정 폴더를 선택하고 숫자 키패드의 [*]를 누르면 선택된 폴더의 모든 하위 폴더를 표시해 준다.
② 세부 정보 창에는 현재의 위치를 알려주는 경로가 표시된다.
③ 파일 영역(폴더 창)에서 키보드의 영문자 키를 누르면 해당 영문자로 시작하는 폴더나 파일 중 첫 번째 개체가 선택된다.
④ 리본 도구 모음은 현재 선택한 개체에서 가장 많이 사용하는 기능을 표시하는 곳이다.

현재의 위치를 알려주는 경로가 표시되는 곳은 주소 표시줄이다. 세부 정보 창에는 폴더의 하위 목록의 개수와 파일의 수정한 날짜, 크기, 만든 날짜를 표시한다.

**04** **다음 중 한글 Windows 10의 [폴더 옵션]의 '보기' 탭에서 할 수 없는 기능은?**

① 메뉴 모음의 항상 표시 여부를 지정한다.
② 숨김 파일이나 폴더의 표시 여부를 지정한다.
③ 폴더나 파일을 가리키면 해당 항목의 정보를 표시하는 팝업 설명의 표시 여부를 지정한다.
④ 제목 표시줄에 현재 선택된 위치에 대한 일부분 경로 표시 여부를 지정한다.

제목 표시줄에 전체 경로를 표시할 수 있으나, 일부분에 대한 경로 표시 여부를 지정할 수는 없다.

정답 01 ③ 02 ④ 03 ② 04 ④

SECTION 03

# 파일과 폴더의 관리

출제빈도 상 중 하
반복학습 1 2 3

빈출 태그 파일과 폴더의 복사/이동/이름 바꾸기/삭제/검색 • 압축 폴더 • 휴지통 • 라이브러리

> 기적의 TIP
> 파일과 폴더의 이름 변경과 속성에 대한 문제가 출제되었습니다.

## 01 파일과 폴더 24년 상시, 23년 상시, 22년 상시, 19년 3월, 17년 3월, 16년 6월, 14년 3월, 11년 6월/3월, 09년 10월, …

### 1) 파일과 폴더의 정의

- 파일이란 서로 관련성 있는 정보의 집합으로 디스크에 저장되는 기본 단위이다.
- 파일은 텍스트 문서, 사진, 음악, 동영상 프로그램 등이 될 수 있다.
- 폴더란 서로 관련 있는 파일들을 체계적으로 관리할 수 있는 저장 장소로, DOS에서의 디렉터리와 같은 개념이다.

> 기적의 TIP
> 사람의 이름은 변경할 수 있지만 성은 함부로 변경하면 안 되겠죠? 파일명은 자유롭게 변경할 수 있지만, 속성을 나타내는 확장자(파일 형식)를 함부로 바꾸면 앱 기능이 실행되지 않아요.

### 2) 파일과 폴더 만들기

- 파일 이름은 .(Dot)을 기준으로 왼쪽은 파일명, 오른쪽은 확장자(파일 형식)로 구성되어 있다.
- 같은 폴더에서는 파일명과 확장자가 같은 이름이 두 개 이상 존재할 수 없다.
- 바탕 화면, 파일 탐색기 창 등에서 [홈] 메뉴나 바로 가기 메뉴의 [새로 만들기]를 이용하여 파일이나 폴더를 만든다.
- 한글 Windows 10에서는 약 260자 이내의 긴 파일명을 지원하며, 폴더나 파일명에 영문, 숫자, 한글, 공백, 특수문자 등을 사용할 수는 있지만 CON, PRV, AUX, NUL과 같은 예약어와 ₩ / : * ? " 〈 〉 | 과 같은 9개 특수문자는 사용할 수 없다.
- 파일이나 폴더를 선택한 후 바로 가기 메뉴의 [속성]에서 파일 형식, 연결 프로그램, 파일의 종류, 위치, 크기, 디스크 할당 크기, 내용, 만든 날짜, 수정한 날짜, 액세스한 날짜, 특성 등을 표시한다. 특성에는 읽기 전용과 숨김 특성이 있다.

| 읽기 전용(폴더의 파일에만 적용) | 읽을 수만 있고 지울 수 없는 특성 |
|---|---|
| 숨김 | 파일 탐색기 목록에 표시되지 않는 특성 |

**폴더의 속성 창에서 가능한 작업**

- [일반] 탭 : 해당 폴더의 위치나 크기, 디스크 할당 크기, 만든 날짜 등을 확인할 수 있음
- [공유] 탭 : 네트워크상에서 공유 또는 고급 공유 옵션을 설정할 수 있음
- [자세히] 탭 : 폴더의 이름, 유형, 크기를 확인할 수 있음
- [사용자 지정] 탭 : 해당 폴더에 대한 유형, 폴더 사진, 폴더 아이콘을 설정할 수 있음

- 폴더의 바로 가기 메뉴에서 [속성]–[사용자 지정] 탭을 통해 폴더에 표시할 사진이나 폴더 아이콘의 모양을 변경할 수 있다.

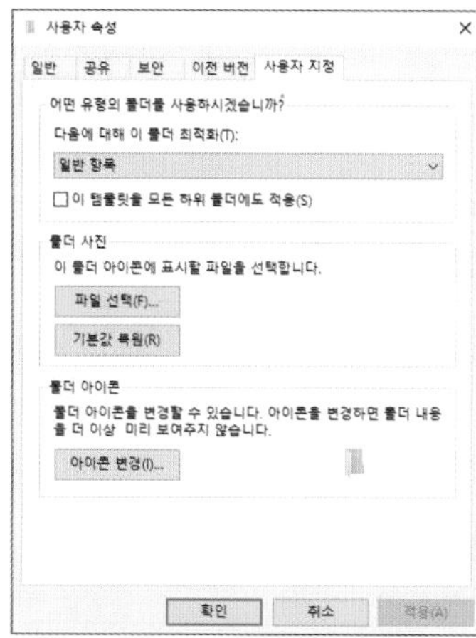


## 02 파일과 폴더의 관리 23년 상시, 22년 상시, 20년 2월, 19년 8월, 16년 10월, 11년 3월, 09년 7월, 08년 10월, …

파일이나 폴더를 선택하여 복사, 이동, 이름 바꾸기, 삭제뿐만 아니라 공유, 전자 메일 보내기, 압축, 인쇄, 팩스 등의 작업을 할 수 있다.

### 1) 파일이나 폴더의 선택 13년 6월, 11년 9월, 10년 3월, 09년 2월, 08년 5월, 05년 8월

| | |
|---|---|
| **클릭** | 클릭하여 하나의 파일이나 폴더를 선택 |
| **Shift+클릭** | 연속적인 파일이나 폴더의 선택 |
| **Ctrl+클릭** | 비연속적인 파일이나 폴더의 선택 |
| **마우스로 드래그** | 특정 영역에 사각형을 이루면서 마우스로 드래그하여 선택 |
| **Ctrl+A** | 모두 선택 |

파일이나 폴더를 선택한 상태에서 Ctrl을 누른 채 다시 선택하면 선택이 취소됨

**여러 개의 파일을 한 번에 열기**

같은 종류의 여러 개의 파일을 선택한 후 바로 가기 메뉴의 [열기]를 누르면 여러 개의 파일을 한꺼번에 열기할 수 있음

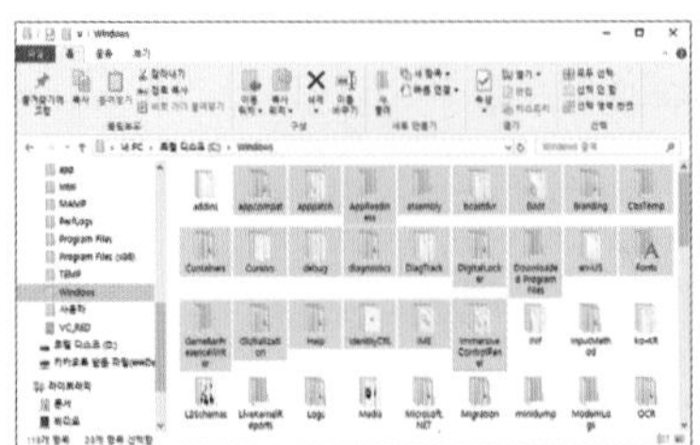
▲ 연속적인 파일 선택

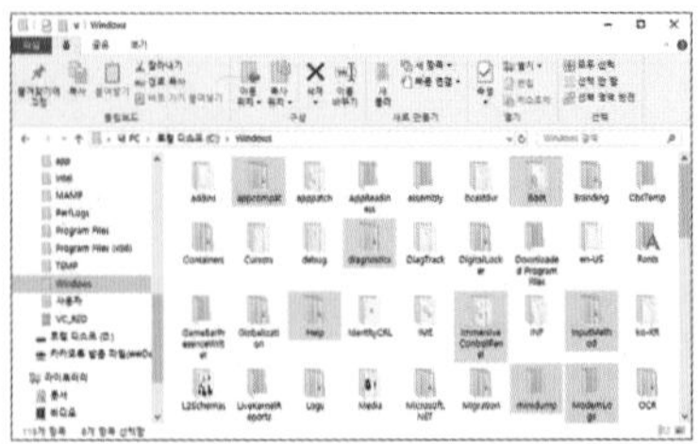
▲ 비연속적인 파일 선택

### 2) 파일이나 폴더의 실행

| | |
|---|---|
| 방법 1 | 응용 앱이나 폴더를 더블클릭 |
| 방법 2 | 파일이나 폴더의 바로 가기 메뉴의 [열기]를 선택 |
| 방법 3 | 파일이나 폴더를 선택한 후 [홈]-[열기] 그룹에서 [열기]를 선택 |
| 방법 4 | [시작]-[Windows 시스템]-[실행]에서 파일명을 입력하여 열기 |

### 3) 파일이나 폴더의 복사와 이동 23년 상시, 22년 상시, 21년 상시, 17년 9월, 14년 3월, 13년 10월/3월, 12년 3월, …

- 한글 Windows 10에서 복사나 이동, 붙여넣기를 사용하면 정보가 클립보드에 기억된다.
- 복사나 이동을 선택한 후에는 붙여넣기를 실행해야 한다.
- 복사는 원본이 그대로 있고, 이동은 원본이 새로운 장소로 옮겨진다.
- 마우스로 드래그 앤 드롭하여 복사할 때에는 마우스 포인터 옆에 [+]가 표시되고 이동할 때에는 [→]표시가 나타난다.

**기적의 TIP**

복사와 이동에 대한 문제는 꾸준히 출제되는 부분이므로, 복사와 이동하는 방법에 대해 비교해서 학습하세요.

**암기 TIP**

**파일이나 폴더의 복사와 이동**

- 복사는 베끼기(Copy–[C]) 한 후 붙이고, 이동은 자르기(Cut–[X])한 후 붙입니다(Paste–[V]). 그러므로 복사한 후에도 원본은 그대로 있고, 이동은 원본이 새로운 곳으로 이사갑니다.
- 같은 드라이브에서 파일이나 폴더를 드래그 앤 드롭하면 이동, 다른 드라이브로 드래그 앤 드롭하면 복사가 됩니다.
- 파일이나 폴더를 선택한 후 마우스 오른쪽 버튼의 [보내기]에서 이동식 디스크를 선택하면 복사가 됩니다.

#### ① 파일이나 폴더를 복사하는 방법

| | |
|---|---|
| 방법 1 | 항목을 선택한 후 파일 탐색기의 [홈]-[클립보드] 그룹의 [복사] 후 원하는 위치를 선택하고 [홈]-[클립보드] 그룹의 [붙여넣기] |
| 방법 2 | 항목을 선택한 후 [Ctrl]+[C]하고 원하는 위치를 선택한 후 [Ctrl]+[V] |
| 방법 3 | 항목을 선택한 후 바로 가기 메뉴의 [복사] 후 원하는 위치를 선택하고 바로 가기 메뉴의 [붙여넣기] |
| 방법 4 | 같은 드라이브일 경우에는 항목을 [Ctrl]을 누른 상태로 드래그 앤 드롭 |
| 방법 5 | 다른 드라이브일 경우에는 항목을 드래그 앤 드롭 |

#### ② 파일이나 폴더를 이동하는 방법

| | |
|---|---|
| 방법 1 | 항목을 선택한 후 파일 탐색기의 [홈]-[클립보드] 그룹의 [잘라내기] 후 원하는 위치를 선택하고 [홈]-[클립보드] 그룹의 [붙여넣기] |
| 방법 2 | 항목을 선택한 후 [Ctrl]+[X]를 누르고 원하는 위치를 선택한 후 [Ctrl]+[V] |
| 방법 3 | 항목을 선택한 후 바로 가기 메뉴의 [잘라내기] 후 원하는 위치를 선택하고 바로 가기 메뉴의 [붙여넣기] |
| 방법 4 | 같은 드라이브일 경우에는 항목을 드래그 앤 드롭 |
| 방법 5 | 다른 드라이브일 경우에는 항목을 [Shift]를 누른 상태로 드래그 앤 드롭 |

### ③ 보내기 08년 2월, 06년 11월

- [파일 탐색기]에서 보내기 할 파일이나 폴더를 마우스 오른쪽 버튼을 클릭한 후 [보내기]를 선택하면 선택한 위치로 [복사]된다.
- [보내기] 메뉴에 다른 대상을 추가하려면 [SendTo] 폴더에 보낼 대상의 바로 가기를 만들면 된다.

## 4) 파일이나 폴더의 이름 바꾸기 24년 상시, 22년 상시, 16년 10월, 15년 3월, 14년 6월

- 이름을 변경할 파일이나 폴더를 선택한 후 ₩ / : * ? " 〈 〉 | 의 9개 특수문자를 제외한 긴 파일명으로 변경할 수 있다.
- 이름을 바꾸는 도중에 Esc 를 누르면 이름 바꾸기가 취소된다.

| | |
|---|---|
| **방법 1** | 항목을 선택한 후 [홈]-[구성] 그룹에서 [이름 바꾸기] |
| **방법 2** | 항목을 선택한 후 바로 가기 메뉴에서 [이름 바꾸기] |
| **방법 3** | 항목을 선택한 후 F2를 눌러 새이름을 입력 |
| **방법 4** | 항목을 선택한 후 이름 부분을 다시 한 번 클릭하여 새이름을 입력 |

**파일 이름 바꾸기**
- 파일 탐색기 창 : [홈] 메뉴-[구성] 그룹-[이름 바꾸기]
- F2 : 새로운 이름 입력한 후 Enter
- 바로 가기 메뉴 : [이름 바꾸기]

## 5) 파일이나 폴더의 삭제 24년 상시, 21년 상시, 17년 3월, 09년 7월, 06년 3월

- 저장된 파일이나 폴더 중 필요 없는 파일이나 폴더는 삭제한다.
- 삭제한 파일이나 폴더는 [휴지통]에 임시 보관된다.

| | |
|---|---|
| **방법 1** | 삭제할 항목을 선택한 후 [홈]-[구성] 그룹에서 [삭제] |
| **방법 2** | 삭제할 항목을 선택한 후 바로 가기 메뉴에서 [삭제] |
| **방법 3** | 삭제할 항목을 선택한 후 Delete 를 누르기 |
| **방법 4** | 삭제할 항목을 선택한 후 휴지통으로 드래그 앤 드롭 |

**파일이나 폴더를 삭제할 수 없는 경우**
현재 편집 중인 문서 파일이나 편집 중인 파일이 포함된 폴더를 선택한 후 Delete 를 눌러 삭제할 경우

## 6) 압축(ZIP) 폴더 24년 상시, 23년 상시, 22년 상시, 21년 상시, 20년 7월, 18년 3월, 17년 9월, 11년 9월, 07년 10월/5월

- 한글 Windows 10의 압축 폴더 기능을 사용하면 폴더를 압축하여 디스크 공간을 절약하고 다른 컴퓨터로 빠르게 전송할 수 있다.
- 압축 폴더와 그 안에 포함된 폴더나 프로그램 파일은 일반 폴더에서 사용하는 것과 똑같이 사용할 수 있다.
- 압축하려는 파일과 폴더들을 선택한 후 바로 가기 메뉴의 [보내기]-[압축(ZIP) 폴더]를 선택하거나, 파일 탐색기 창의 [공유] 메뉴에서 [보내기]-[압축(ZIP)]을 선택한다.
- 압축을 해제하려면 압축된 파일을 더블클릭하고 [압축 풀기 도구] 메뉴의 [압축 풀기]를 눌러 해제한다.
- 압축 해제를 하지 않고 파일을 선택하여 읽기 전용으로 열기는 할 수 있으나, 편집하여 같은 위치에 저장할 수는 없다. 편집했을 때에는 다른 이름으로 저장하여 사용한다.

**압축 프로그램**
- 텍스트뿐만 아니라 음악, 사진, 동영상 파일 등도 압축 가능
- 압축할 때 암호를 지정하거나 분할하여 압축 가능
- 암호화된 압축 파일을 전송할 경우에 시간 및 비용 감소

> **기적의 TIP**
>
> **압축한 파일 편집**
> 압축을 해제하지 않고 파일을 실행하면 읽기 전용으로 열리므로 편집할 수 없고, 다른 이름으로 저장한 후 편집할 수 있습니다. 압축 해제를 하지 않고도 파일을 선택하여 열기, 잘라내기, 복사, 삭제와 속성을 확인할 수 있습니다.

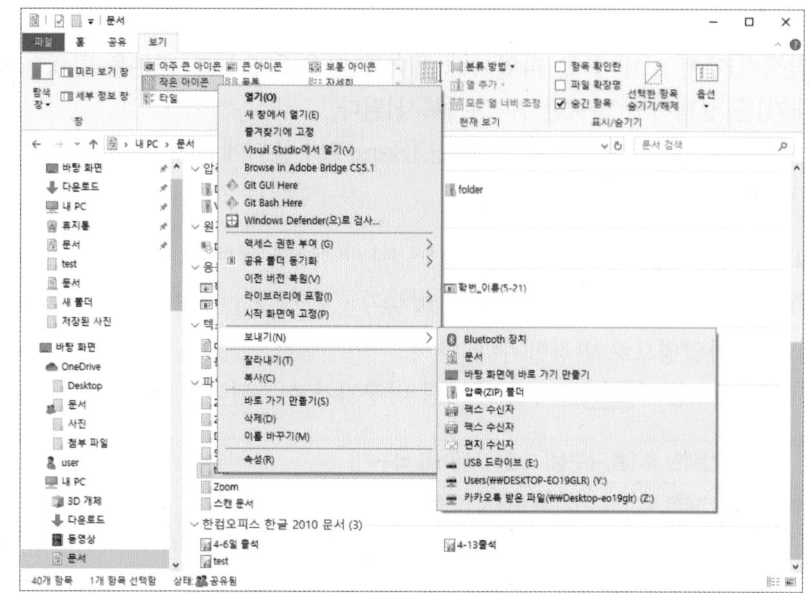


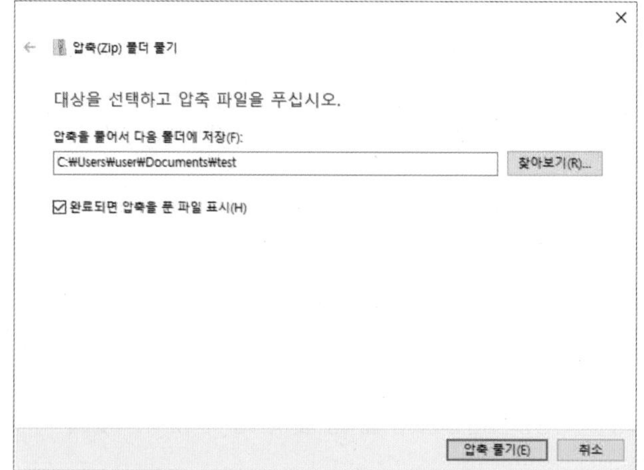


### 7) 클립보드(Clipboard) 24년 상시, 23년 상시, 22년 상시, 21년 상시, 19년 3월

- 복사, 이동(잘라내기), 캡처 등의 작업을 저장하는 임시 기억장소이다.
- 윈도우에서 항목을 선택한 후 [복사] 또는 [잘라내기]를 실행하면 클립보드에 임시로 보관되었다가 [붙여넣기]를 실행하면 클립보드의 내용이 붙여진다.
- 클립보드의 내용을 보려면 ⊞+V를 눌러 붙여넣기한다.
- 클립보드의 내용은 최대 25개까지 저장할 수 있고 삭제하거나 고정, 모두 지우기할 수 있다.
- [시작]-[설정]-[시스템]-[클립보드]에서 설정한다.

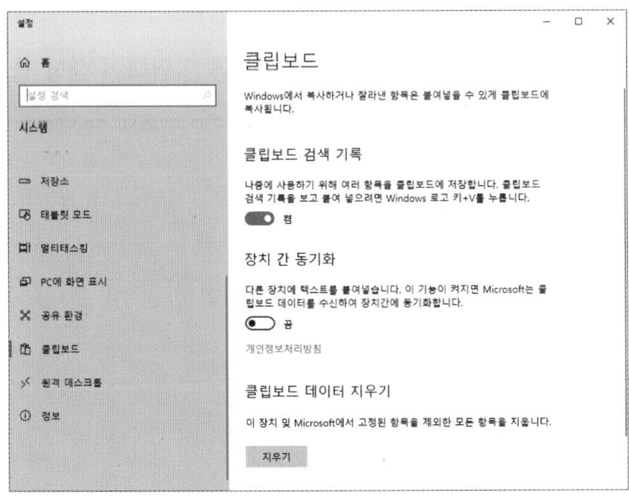


## 03 파일이나 폴더의 검색 24년 상시, 23년 상시, 22년 상시, 21년 상시, 20년 7월, 19년 3월, 15년 3월, …

- 컴퓨터에 저장된 파일 이름, 폴더, 프로그램 및 일정, 연락처, 문서, 전자 메일, 사진, 비디오 등의 종류를 찾는 기능이다.
- 단어나 단어의 일부인 파일이나 폴더 이름, 파일 내용, 태그 및 다른 파일 속성(수정한 날짜, 크기)을 기준으로 검색한다.

> **기적의 TIP**
> 검색에 대한 문제는 많이 출제되고 있습니다. 검색을 실행하는 방법, 검색 필터를 추가하는 방법 등 다양하게 공부하세요.

### 1) 검색 실행 방법

① [시작] 단추 오른쪽의 [검색(🔍)] 창을 이용하여 찾기

검색어를 입력하여 컴퓨터에 저장된 앱, 문서, 웹, 동영상, 사람, 사진, 설정, 음악, 전자 메일, 폴더 등의 범주별로 그룹화하여 찾을 수 있다.

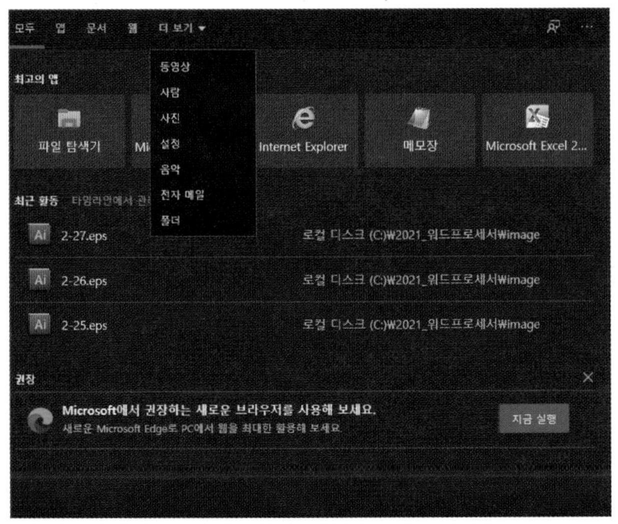

> **암기 TIP**
>
> 파일 탐색기에서 검색 창의 바로 가기 키는 Ctrl+F입니다. F는 Find(찾아내다)에서 F로 기억하세요. 또는 F3을 눌러도 됩니다.

② 검색 도구를 이용하여 찾기

파일 탐색기 창의 검색 상자를 이용하여 단어나 단어의 일부를 입력하여 해당 폴더나 라이브러리 내용을 검색한다.

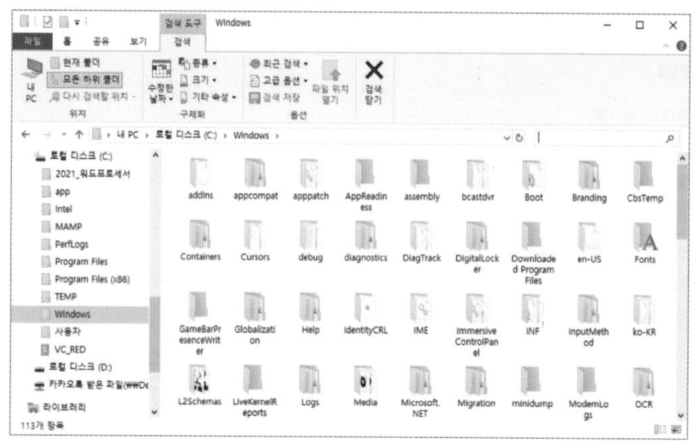

③ [고급 검색]의 와일드카드 사용

- '＊' : 모든 문자에 대응한다. 예 ＊.hwpx → 확장자가 hwpx인 모든 파일
- '?' : 단일 문자에 대응한다. 예 ????.hwpx → 파일명이 4글자 이내이고 확장자가 hwpx인 파일

### 2) [검색 도구]의 [검색] 메뉴

| 위치 | 내 PC, 현재 폴더, 모든 하위 폴더, 다시 검색할 위치 |
|---|---|
| 구체화 | 수정한 날짜, 종류, 크기, 기타 속성(유형, 이름, 폴더 경로, 태그) |
| 옵션 | 최근 검색, 고급 옵션, 검색 저장, 파일 위치 열기 |
| 검색 닫기 | 검색 결과 창 닫기 |

- 검색할 위치를 컴퓨터 내의 드라이브, 모든 폴더, 현재 폴더 등으로 검색한다.
- 수정한 날짜는 오늘, 어제, 이번 주, 지난 주, 이번 달, 지난 달, 올해, 작년 중 선택한 후 검색한다.
- 종류는 일정, 통신, 연락처, 문서, 전자 메일, 피드, 폴더, 게임 등으로 설정한다.
- 크기는 비어 있음, 매우 작음, 작음, 중간, 큼, 매우 큼, 굉장히 큼과 같이 크기를 직접 입력하여 검색한다.
- 최근 검색에서는 크기, 종류 등 최근 검색어를 선택하고 검색 기록 지우기도 사용할 수 있다.
- 고급 옵션에서는 색인 위치 변경 및 색인되지 않은 위치의 항목을 제외하거나 선택하여 검색한다.

> **색인**
>
> 색인은 사용자 컴퓨터 파일에 대한 상세 정보 모음으로 색인을 사용하여 파일을 빠르게 검색할 수 있음. [제어판]의 [색인 옵션]에서 색인할 위치를 확인하고 변경

| 오늘 |
| --- |
| 어제 |
| 이번 주 |
| 지난 주 |
| 이번 달 |
| 지난 달 |
| 올해 |
| 작년 |

▲ 수정한 날짜

| 일정 |
| --- |
| 통신 |
| 연락처 |
| 문서 |
| 전자 메일 |
| 피드 |
| 폴더 |
| 게임 |
| 인스턴트 메시지 |
| 업무 일지 |
| 링크 |
| 동영상 |
| 음악 |
| 메모 |
| 사진 |
| 재생 목록 |
| 프로그램 |
| 녹화된 TV |
| 저장된 검색 |
| 작업 |
| 비디오 |
| 웹 기록 |
| 알 수 없음 |

▲ 종류

| 비어 있음(0KB) |
| --- |
| 매우 작음 (0 - 16 KB) |
| 작음 (16 KB - 1 MB) |
| 보통 (1 - 128 MB) |
| 큼 (128 MB - 1 GB) |
| 매우 큼(1 - 4 GB) |
| 굉장히 큼 (>4GB) |

▲ 크기

## 04 휴지통(RECYCLER) 24년 상시, 23년 상시, 22년 상시, 21년 상시, 20년 7월/2월, 19년 3월, 18년 3월, …

- 한글 Windows에서 필요 없는 파일을 삭제하면 Windows의 휴지통에 우선 보관된다.
- 휴지통에서는 파일을 실행할 수 없고, 그림이나 사진 파일의 미리 보기도 할 수 없다.
- 휴지통에 있는 특정 폴더를 더블클릭하면 해당 폴더의 속성 창이 나타난다.
- 휴지통의 파일은 필요할 때 삭제한 위치로 복원하여 사용할 수 있다.
- 휴지통이 가득 차면 가장 최근에 삭제된 파일이나 폴더가 들어갈 수 있는 공간을 확보하기 위해 휴지통을 자동으로 정리한다.

**기적의 TIP**

휴지통에 대한 문제는 꾸준히 많이 출제되고 있습니다.

### 1) 휴지통의 속성

- 휴지통의 크기는 드라이브마다 동일하게 또는 다르게 설정할 수 있다.
- 휴지통의 크기는 휴지통의 속성에서 MB 단위로 사용자가 크기를 지정할 수 있다.
- [파일을 휴지통에 버리지 않고 삭제할 때 바로 제거]를 선택하면 삭제한 파일이 휴지통으로 들어오지 않고 즉시 제거된다.
- 파일이나 폴더가 삭제될 때마다 삭제 확인 대화상자가 표시되도록 설정할 수 있다.

**휴지통에 들어가지 않는 경우**
- Shift+Delete로 삭제한 경우
- USB 드라이브나 플로피 디스크 드라이브에서 삭제한 경우
- 네트워크 드라이브에서 삭제한 경우
- 명령 프롬프트 창에서 삭제한 경우
- 휴지통의 속성에서 [파일을 휴지통에 버리지 않고 삭제할 때 바로 제거]가 선택된 경우

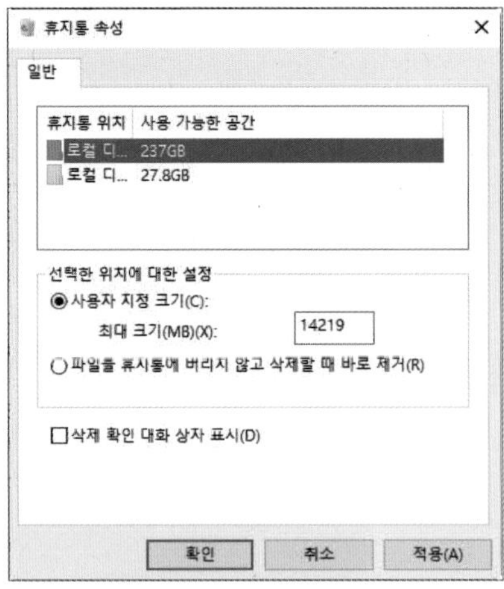


## 2) 휴지통의 실행

- 바탕 화면의 [휴지통] 아이콘을 더블클릭하거나 휴지통의 바로 가기 메뉴에서 [열기]를 선택하면 휴지통이 실행된다.

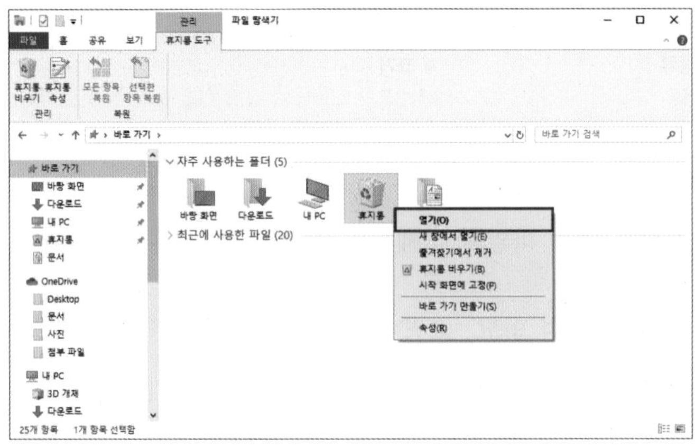


- 휴지통에 삭제한 파일이나 폴더가 들어가면 휴지통의 모양이 변경된다.

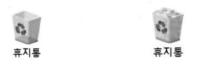


▲ 비워진 휴지통 ▲ 채워진 휴지통

- 휴지통 아이콘은 바로 가기 메뉴에서 [이름 바꾸기]는 할 수 있으나 휴지통을 [삭제]하여 없앨 수 없다.

### 3) 휴지통에서의 복원

- 휴지통을 실행한 후 복원할 파일이나 폴더를 선택하고 [관리]–[휴지통 도구] 메뉴의 [선택한 항목 복원]을 클릭하거나 바로 가기 메뉴의 [복원]을 선택한다.
- 복원한 파일이나 폴더는 삭제한 원래 위치로 복원되고 다른 위치로 이동하여 사용할 수 있다.

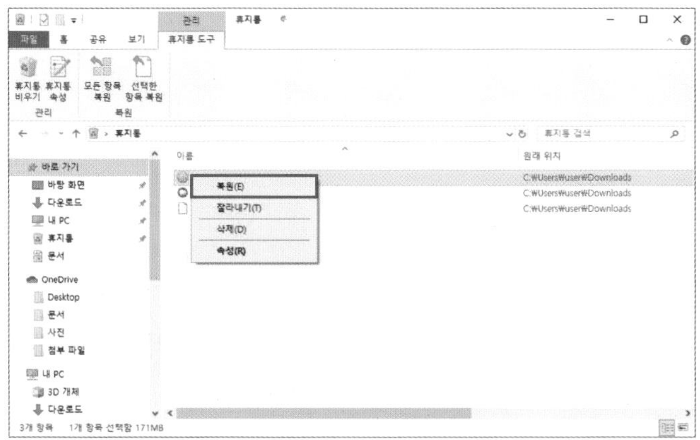

### 4) 휴지통 비우기

- 휴지통을 실행한 후 영구히 삭제할 파일을 선택하고 바로 가기 메뉴의 [삭제]를 선택한다.
- 바탕 화면의 휴지통을 선택한 후 바로 가기 메뉴의 [휴지통 비우기]를 하거나 휴지통을 열기한 후 [휴지통 도구]의 [휴지통 비우기]를 선택하면 휴지통의 모든 파일과 폴더가 한꺼번에 삭제된다.
- 휴지통을 비우거나 삭제한 후에는 복원할 수 없다.
- [시작]–[Windows 관리 도구]–[디스크 정리]에서도 휴지통 비우기를 할 수 있다.

## 05 라이브러리(Library) 23년 상시, 22년 상시, 21년 상시

- 라이브러리의 사전적인 의미는 '도서관'으로 여러 종류의 자료를 분야별로 그룹화하여 저장하고 쉽게 찾을 수 있도록 관리하는 기능이다.
- 각종 문서, 비디오, 사진, 음악, 카메라 앨범 등의 분야별 파일을 라이브러리 폴더에 보관하여 관리할 수 있다.
- 파일 탐색기에서 [보기] 메뉴 [창] 그룹의 [탐색 창]–[라이브러리 표시]를 선택하면 라이브러리가 표시된다.

**기적의 TIP**

휴지통도 디스크의 일부분으로 명령 프롬프트 창이나 플로피 디스크, USB 드라이브에는 휴지통이 없습니다. 임시 저장소인 휴지통이 없는 곳은 복원할 수 없으므로 휴지통에서 복원할 수 없는 경우는 무엇인지 알아두세요.

**휴지통 파일 복원 위치 변경**
마우스로 복원할 위치에 끌어 놓기 하거나, [잘라내기]한 후 [붙여넣기]하면 원래의 위치가 아닌 다른 위치로 복원할 수 있음

**암기 TIP**

'RECYCLER'란 '재생하여 이용하다'라는 뜻으로 휴지통 폴더의 이름입니다. 휴지통에 넣은 물건은 완전히 비우기 전까지는 언제든지 꺼내서 사용할 수 있듯이 휴지통의 파일이나 폴더는 복원하여 사용할 수 있습니다.

**기적의 TIP**

Delete는 일시적인 삭제이고, Shift+Delete는 영구적인 삭제입니다.

**개념 체크**

1 휴지통을 비우거나 삭제한 후에도 복원할 수 있다. (O, X)

2 휴지통에서 복원한 파일이나 폴더는 삭제한 원래 위치로 복원되고, 다른 위치로 이동하여 사용할 수 없다. (O, X)

1 X 2 X

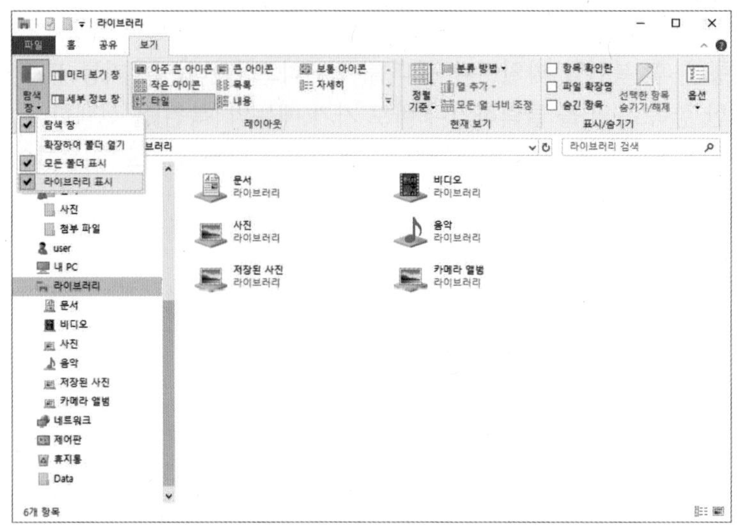

- 기본 라이브러리 이외에 다른 새 라이브러리를 만들려면 라이브러리 위치에서 바로 가기 메뉴의 [새로 만들기]-[라이브러리]를 클릭한다.
- 작성된 라이브러리를 선택한 후 파일 탐색기의 [라이브러리 관리] 메뉴 [관리] 그룹의 [라이브러리 관리]에서 폴더를 추가할 수 있다.
- CD, DVD 등의 이동식 미디어는 라이브러리에 포함할 수 없으나 USB 플래시 드라이브의 파일이나 폴더는 포함할 수 있다.
- 라이브러리 폴더의 위치는 'C:₩사용자₩USER'이다. 즉, '문서' 라이브러리의 위치는 'C:₩Users₩USER₩Documents'이고, '사진' 라이브러리의 위치는 'C:₩Users₩USER₩Pictures'이다.
- 새로 만든 라이브러리를 삭제하려면 라이브러리 폴더를 선택한 후 바로 가기 메뉴의 [삭제]를 클릭한다. 라이브러리를 삭제하면 라이브러리에 포함된 폴더나 파일도 삭제되어 휴지통에 들어가므로 필요할 때 복원이 가능하다.

## 이론을 확인하는 기출문제

**01** 다음 중 한글 Windows 10에서 사용하는 [휴지통]에 대한 설명으로 옳은 것은?

① USB 메모리에 있는 파일을 선택한 후 Delete 를 눌러 삭제하면 휴지통으로 가지 않고 완전히 지워진다.
② 지정된 휴지통의 용량을 초과하면 가장 최근에 삭제된 파일부터 자동으로 지워진다.
③ 삭제할 파일을 선택하고 Shift+Delete를 누르면 해당 파일이 휴지통으로 이동한다.
④ 휴지통의 크기는 사용자가 원하는 크기를 KB 단위로 지정할 수 있다.

오답 피하기
- ② : 휴지통의 용량을 초과하면 가장 오래전에 삭제된 파일 삭제
- ③ : Shift+Delete를 눌러 삭제하면 휴지통에 들어가지 않고 완전 삭제
- ④ : 휴지통의 크기는 MB 단위로 지정 가능

**02** 다음 중 한글 Windows 10에서 파일이나 폴더를 삭제할 수 없는 경우에 대한 설명으로 옳은 것은?

① 다운로드한 프로그램 파일을 디스크 정리로 삭제할 경우
② 휴지통에 있는 특정 파일을 선택한 후에 Delete를 눌러 삭제할 경우
③ 현재 편집 중인 문서 파일이 포함된 폴더를 선택한 후에 Delete를 눌러 삭제할 경우
④ 모든 권한이 설정된 특정 폴더의 바로 가기 메뉴에서 [삭제]를 선택하여 삭제하는 경우

현재 편집 중인 파일은 삭제할 수 없고 닫기를 한 후에 Delete를 눌러 삭제할 수 있다.

**03** 다음 중 한글 Windows 10의 파일과 폴더의 특징으로 옳지 않은 것은?

① 파일의 효율적인 관리를 위해 서로 관련 있는 파일들을 한 폴더에 저장한다.
② CON, PRN, AUX, NUL은 시스템에 예약된 단어이므로, 파일 이름과 확장자명으로 사용할 수 없다.
③ 하나의 폴더 내에는 동일한 이름의 파일이나 폴더가 존재할 수 없다.
④ 파일과 폴더의 이름은 기본적으로 260자 이내로 작성하며, 공백을 포함할 수 있다.

CON, PRN, AUX, NUL은 시스템에 예약된 단어로 파일명으로는 사용할 수 없고 확장자로는 사용할 수 있다.

**04** 다음 중 한글 Windows 10에서 파일이나 폴더의 복사, 이동, 삭제에 대한 설명으로 옳은 것은?

① 임의의 폴더를 다른 드라이브로 이동시키려면 해당 폴더를 드래그 앤 드롭하면 된다.
② 폴더 창에서 방금 전 삭제한 파일은 Ctrl+Z 를 누르면 복원할 수 있다.
③ 삭제할 폴더에 하위 폴더가 여러 개 존재하는 경우 Delete를 눌러 삭제할 수 없다.
④ USB 메모리에 있는 파일을 Shift를 누른 상태로 하드 디스크 드라이브로 드래그 앤 드롭하면 그대로 복사된다.

Ctrl+Z로 삭제한 파일을 복원할 수 있다.

오답 피하기
- ① : 다른 드라이브에서 폴더를 이동하려면 Shift를 누른 채 드래그 앤 드롭
- ③ : Delete를 눌러 하위 폴더를 함께 삭제 가능
- ④ : USB 메모리의 파일은 하드 디스크 드라이브로 드래그 앤 드롭하여 복사 가능. Shift를 누른 상태로 하드 디스크 드라이브로 드래그 앤 드롭하면 이동

정답 01 ① 02 ③ 03 ② 04 ②

**05** **다음 중 한글 Windows 10에서 파일이나 폴더의 압축 프로그램을 사용할 때 장점으로 옳지 않은 것은?**

① 디스크 공간을 효율적으로 활용할 수 있다.
② 파일을 전송할 때 시간 및 비용 절감 효과가 있다.
③ 파일이나 폴더를 압축하면 보안이 향상된다.
④ 분할 압축이 가능하다.

압축하면 전송 속도가 향상되나 보안이 향상되지는 않다.

**06** **다음 중 폴더 창에서 파일이나 폴더를 선택하는 방법으로 옳지 않은 것은?**

① 연속적인 파일이나 폴더를 선택하고자 할 때는 Shift와 함께 클릭한다.
② 비연속적인 파일이나 폴더를 선택하고자 할 때에는 Ctrl과 함께 클릭한다.
③ 모든 파일과 하위 폴더를 한꺼번에 선택하려면 메뉴의 [파일]–[모두 선택]을 선택한다.
④ 여러 개의 파일을 한꺼번에 선택할 경우에는 마우스를 사용하여 사각형 모양으로 드래그한다.

모든 파일을 선택하려면 [홈]-[모두 선택]을 클릭하거나 Ctrl+A를 이용한다.

**07** **다음 중 한글 Windows 10에서 사용하는 폴더의 속성 창에서 할 수 있는 작업으로 옳지 않은 것은?**

① [일반] 탭에서는 해당 폴더의 위치나 크기, 디스크 할당 크기, 만든 날짜 등을 확인할 수 있다.
② [공유] 탭에서는 네트워크상에서 공유 또는 고급 공유를 설정할 수 있다.
③ [자세히] 탭에서는 해당 폴더에 대한 사용자별 사용 권한을 설정할 수 있다.
④ [사용자 지정] 탭에서는 해당 폴더에 대한 유형, 폴더 사진, 폴더 아이콘을 설정할 수 있다.

[보안] 탭에서 사용자별 사용 권한을 변경하여 설정할 수 있다.

**08** **한글 Windows 10에서 [휴지통]에 있는 삭제한 폴더나 파일을 원래 상태로 복원하는 방법은?**

① [휴지통] 창에서 해당 폴더나 파일을 선택한 후에 바로 가기 메뉴의 [보내기]를 선택한다.
② [휴지통] 창에서 해당 폴더나 파일을 선택한 후에 [파일] 메뉴의 [속성]을 선택한다.
③ [휴지통] 창에서 해당 폴더나 파일을 선택한 후에 [휴지통 도구] 메뉴의 [선택한 항목 복원]을 선택한다.
④ [휴지통] 창에서 해당 폴더나 파일을 선택한 후에 [편집] 메뉴의 [복사하기]를 선택한 후에 해당 폴더에서 바로 가기 메뉴의 [붙여넣기]를 선택한다.

[휴지통] 창의 [휴지통 도구] 메뉴의 [선택한 항목 복원]이나 바로 가기 메뉴의 [복원]을 선택하여 원래 위치로 복원할 수 있다.

**09** **한글 Windows 10에서 폴더 창에 있는 파일의 이름을 변경하려고 할 경우에 대한 설명으로 옳지 않은 것은?**

① 해당 파일을 선택한 후에 F2를 누르고 새 이름을 입력한 후 Enter를 누른다.
② 해당 파일을 선택한 후에 폴더 창 [홈] 메뉴의 [이름 바꾸기]를 선택하고 새 이름을 입력한 후 Enter를 누른다.
③ 해당 파일을 선택한 후에 바로 가기 메뉴에서 [이름 바꾸기]를 선택하고 새 이름을 입력한 후 Enter를 누른다.
④ 해당 파일의 속성 창에서 [이름 바꾸기] 탭을 선택하고 새 이름을 입력한 후 F2를 누른다.

파일의 속성 창에는 [이름 바꾸기] 탭이 없다.

정답 05 ③ 06 ③ 07 ③ 08 ③ 09 ④

CHAPTER 03

# 보조프로그램과 앱 활용

학습 방향

Windows 보조프로그램은 비교적 학습하기 수월한 챕터로 메모장과 그림판 문제가 다수 출제되고 있습니다. 기출문제 유형에서 크게 벗어나지 않으므로 기출문제를 꼭 풀어보세요. 새롭게 출제되는 유니버설 앱에서는 계산기, Windows Media Player 등을 기억하고, 인쇄는 기본 프린터의 추가와 스풀에 대해 집중하여 학습하세요.

출제빈도

| 섹션 | 빈도 | 비율 |
|---|---|---|
| SECTION 01 | 상 | 52% |
| SECTION 02 | 하 | 15% |
| SECTION 03 | 중 | 33% |

SECTION 01

# 보조프로그램 활용하기

합격 강의

출제빈도 (상) 중 하
반복학습 1 2 3

빈출 태그 메모장 • 그림판 • 캡처 도구

- 보조프로그램이란 Windows에서 제공하는 부가적인 프로그램으로, 컴퓨터 사용자에게 여러 가지 편리한 기능을 제공한다.
- [시작]–[Windows 보조프로그램]에서 선택한다.

## 01 메모장 24년 상시, 23년 상시, 22년 상시, 19년 8월, 12년 9월/6월, 11년 6월, 10년 9월/5월/3월, 09년 7월/4월/2월, …

**메모장**
읽고 쓰는 속도가 빨라 문서 작성이 급할 때 가장 먼저 찾게 되는 프로그램으로 홈페이지를 작성하는 HTML 문서를 작성하는 데도 많이 이용

- 크기가 작은 간단한 문서를 만들 수 있는 기본적인 텍스트 편집기이다.

▶ **메모장 실행 방법**

| | |
|---|---|
| **방법 1** | [시작]–[Windows 보조프로그램]–[메모장]을 클릭 |
| **방법 2** | [시작]–[Windows 시스템]–[실행]에서 'notepad'를 입력 후 Enter |
| **방법 3** | 바로 가기 메뉴의 [새로 만들기]–[텍스트 문서]를 클릭 |
| **방법 4** | [시작] 단추 오른쪽의 [검색( )] 상자에서 '메모장'을 입력 후 Enter |

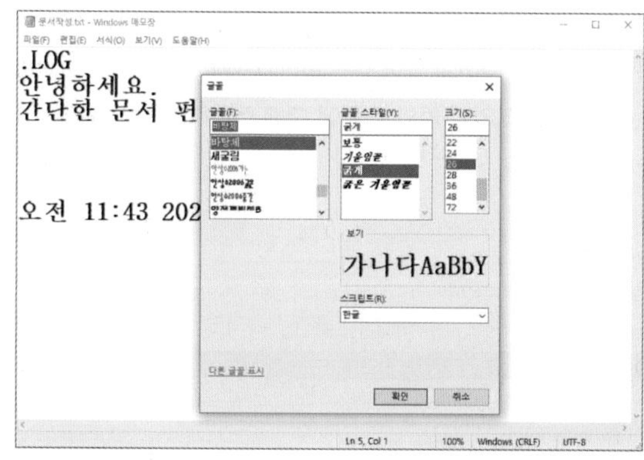


- 메모장에서 작성된 파일은 별도로 지정하지 않으면 확장자는 '.TXT'로 저장된다.
- 메모장 파일의 인코딩 방식에는 ANSI, UTF–16, UTF–8 방식 등이 있다.
- 글꼴 설정은 문서 전체에 대해 글꼴, 글꼴 스타일, 크기를 한꺼번에 변경할 수 있고 부분 변경은 되지 않는다.
- 글꼴 색은 검은색으로 변경할 수 없으며, 단 나누기의 기능은 없다.
- 자동 맞춤법이나 특수한 서식이 있거나 다른 문서와의 개체 연결 및 포함(OLE★) 기능, 그래픽 기능은 지원하지 않는다.

★ 개체 연결 및 포함(OLE : Object Linking & Embedding)
- 개체 연결 및 포함 기능으로 현재의 문서에 다른 응용 프로그램에서 작성한 개체를 가져오는 기능
- 개체 연결(Linking) : 연결된 내용을 더블클릭하면 원본 프로그램이 실행되며, 원본 내용을 변경하면 그 내용이 자동으로 현재의 문서 창에 업데이트 됨. 즉, 원본 파일이 바뀌면 바뀐 내용이 연결된 파일에 적용됨
- 개체 포함(Embedding) : 삽입된 개체를 더블클릭하여 내용을 변경하면 원본에 연결되지 않았으므로 원본 파일에 적용되지 않음

• 문서의 첫 행 왼쪽에 대문자로 '.LOG'를 입력하면 문서를 열 때마다 현재의 시간과 날짜가 맨 마지막 줄에 자동으로 입력된다.

• [보기]–[상태 표시줄]을 선택하면 메모장 오른쪽 아래에 현재 커서가 위치하는 라인과 컬럼 번호가 표시된다.

| [파일] 메뉴 | 새로 만들기, 새 창, 열기, 저장, 다른 이름으로 저장, 페이지 설정★, 인쇄, 끝내기 |
|---|---|
| [편집] 메뉴 | 실행 취소, 잘라내기, 복사, 붙여넣기, 삭제, 찾기(대/소문자 구분), 바꾸기, 이동, 모두 선택, 시간/날짜(F5) |
| [서식] 메뉴 | 자동 줄 바꿈, 글꼴 |
| [보기] 메뉴 | 확대하기/축소하기, 상태 표시줄 |
| [도움말] 메뉴 | 도움말 보기, 피드백 보내기, 메모장 정보 |

★ 페이지 설정
'&' 기호의 사용 : [파일]–[페이지 설정]에서 머리글이나 바닥글에 &f(파일명 삽입), &d(날짜 삽입), &t(시간 삽입), &p(페이지 삽입), &l(왼쪽 정렬), &c(가운데 정렬), &r(오른쪽 정렬), &&(&기호표시)의 기호를 삽입하여 인쇄하면 해당 기호의 내용이 인쇄됨

## 02 워드패드 18년 3월

기적의 TIP
메모장과 워드패드를 비교하여 공부하세요.

• 워드패드는 서식 있는 텍스트(RTF ; Rich Text Format) 편집 문서 작성기이다.

▶ 워드패드 실행 방법

| 방법 1 | [시작]–[Windows 보조프로그램]–[워드패드]를 클릭 |
|---|---|
| 방법 2 | [시작]–[Windows 시스템]–[실행]에서 'wordpad'를 입력 후 Enter |
| 방법 3 | [시작] 단추 오른쪽의 [검색( )] 상자에서 '워드패드'를 입력 후 Enter |

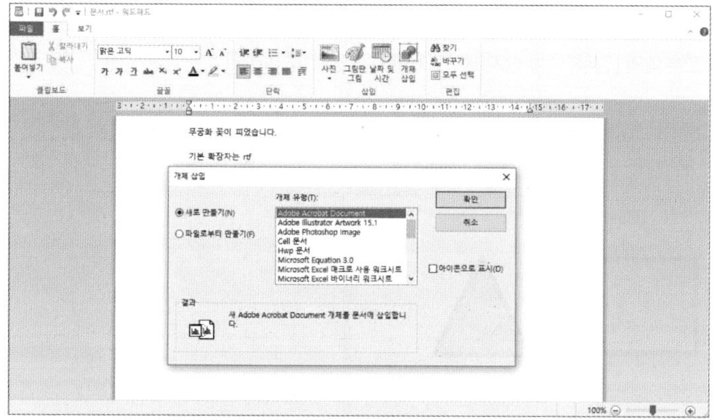

• Office Open XML 문서(*.docx), 텍스트 문서(*.txt), 유니코드 텍스트 문서(*.txt) 형식으로 저장할 수 있다.

• 작성된 문서는 다른 이름으로 저장, 인쇄, 전자 메일로 보내기를 할 수 있다.

• 문서 전체나 일정 부분에 대해 글꼴의 크기, 글꼴의 종류, 문단 설정을 지정할 수 있다.

• 복사, 잘라내기, 글머리 기호, 단락, 들여쓰기, 내어쓰기, 탭 기능, 찾기, 바꾸기 기능을 설정한다.

개념 체크

1 메모장에서 글꼴 색을 변경할 수 있다. (O, X)

2 메모장의 글꼴 설정은 문서 전체에 대해 글꼴, 글꼴 스타일, 크기를 한꺼번에 변경할 수 있으며 부분 변경은 불가하다. (O, X)

1 X 2 O

• 워드패드 문서에는 다양한 서식과 사진, 그림판 파일과 같은 그래픽을 포함할 수 있으며 사진 또는 기타 문서 등의 개체를 연결하거나 포함(OLE) 기능이 있다.

▶ **워드패드의 바로 가기 키**

| | |
|---|---|
| Ctrl+← | 이전 단어의 시작 부분으로 커서 이동 |
| Ctrl+→ | 다음 단어의 시작 부분으로 커서 이동 |
| Ctrl+↑ | 이전 단락의 시작 부분으로 커서 이동 |
| Ctrl+↓ | 다음 단락의 시작 부분으로 커서 이동 |
| Ctrl+Home | 문서의 시작 부분으로 이동 |
| Ctrl+End | 문서의 끝으로 이동 |
| Ctrl+Page Up | 한 페이지 위로 이동 |
| Ctrl+Page Down | 한 페이지 아래로 이동 |
| Alt+F4 | 워드패드 끝내기 |

## 03 그림판

24년 상시, 23년 상시, 22년 상시, 21년 상시, 19년 8월, 16년 6월, 15년 10월, 14년 6월/3월, 13년 10월/6월, …

• 간단한 그림에서 정교한 그림까지 그릴 수 있고, 저장된 그림을 불러와서 편집하는 데 사용한다.

▶ **그림판 실행 방법**

| | |
|---|---|
| **방법 1** | [시작]-[Windows 보조프로그램]-[그림판]을 클릭 |
| **방법 2** | [시작]-[Windows 시스템]-[실행]에서 'pbrush'를 입력 후 Enter |
| **방법 3** | [시작] 단추 오른쪽의 [검색( )] 상자에서 '그림판'을 입력 후 Enter |

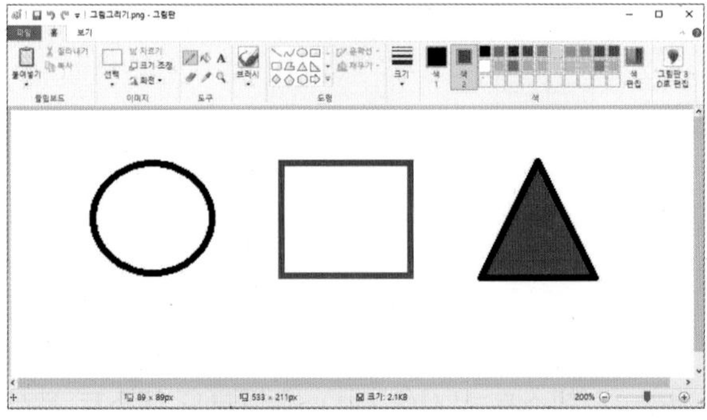

• 이미지 속성에서 화면의 단위는 인치, 센티미터, 픽셀 단위 중 선택하여 너비와 높이를 사용한다.
• 저장 파일 형식은 PNG, BMP, GIF, JPEG, TIFF, HEIC 등의 이미지 형식을 모두 지원한다.
• 색 1(전경색)은 마우스 왼쪽 단추로 드래그 앤 드롭하면 표시되는 색으로 선, 도형의 테두리 및 텍스트에 윤곽선 색으로 사용된다.

• 색 2(배경색)는 마우스 오른쪽 단추로 드래그 앤 드롭하면 표시되는 색으로 도형의 내부를 채우는 색이나 지우개의 채우기 색으로 사용된다.
• 선이나 원, 사각형 등을 그릴 때 Shift를 누른 채 드래그하면 수직선, 수평선, 45° 대각선, 정원, 정사각형을 그릴 수 있다.
• 디지털카메라나 스캐너와 같은 장치가 컴퓨터에 연결되어 있으면 이러한 장치에서 이미지를 가져와 그림판에서 이미지 작업을 할 수 있다.
• 개체 연결 및 포함(OLE) 기능으로 그림판의 그림을 다른 문서에 삽입할 수 있다.

| | |
|---|---|
| **[파일] 메뉴** | 새로 만들기, 열기, 저장, 다른 이름으로 저장, 인쇄, 전자 메일로 보내기, 바탕 화면 배경으로 설정(채우기, 바둑판식, 가운데), 그림판 정보, 끝내기 |
| **[홈] 메뉴** | • 클립보드 : 붙여넣기, 잘라내기, 복사<br>• 이미지 : 선택, 자르기, 크기조정, 회전<br>• 도구 : 연필, 색 채우기, 텍스트, 지우개, 색 선택, 돋보기<br>• 도형 : 브러시, 선, 원 등의 각종 도형, 윤곽선, 채우기<br>• 색 : 크기, 색 1(전경색), 색 2(배경색), 검정색 등의 다양한 색, 색 편집<br>• 그림판 3D로 편집 : 고급 편집 도구를 사용하거나 이미지를 3D로 작성 |
| **[보기] 메뉴** | • 확대/축소 : 확대(최대 800%), 축소(최소 12.50%), 100%<br>• 표시 또는 숨기기 : 눈금자, 격자, 상태 표시줄<br>• 표시 : 전체 화면, 미리 보기 |

## 04 캡처 도구 24년 상시, 22년 상시, 21년 상시, 20년 7월, 16년 10월/3월

• 내 컴퓨터의 전체 화면이나 특정 부분을 그림 형식으로 캡처하여 저장한다.

▶ **캡처 도구 실행 방법**

| | |
|---|---|
| **방법 1** | [시작]-[Windows 보조프로그램]-[캡처 도구]를 클릭 |
| **방법 2** | [시작]-[Windows 시스템]-[실행]에서 'snippingtool'을 입력 후 Enter |
| **방법 3** | [시작] 단추 오른쪽의 [검색( )] 상자에서 '캡처 도구'를 입력 후 Enter |

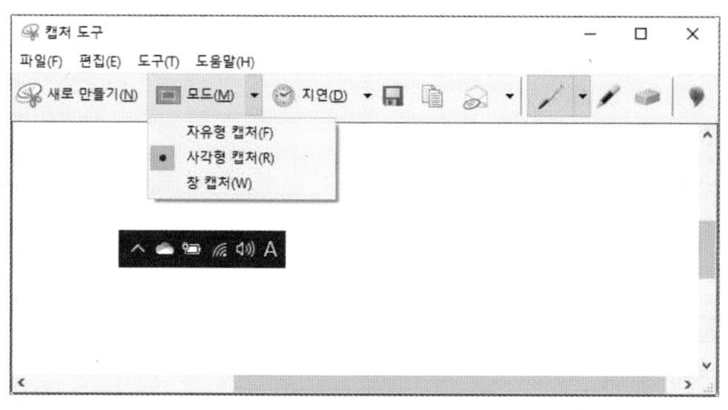


**개념 체크**

1 그림판에서 색 1(전경색)은 채우기 색으로, 색 2(배경색)는 윤곽선 색으로 사용된다. (O, X)

2 그림판에서 개체 연결 및 포함(OLE) 기능으로 그림판의 그림을 다른 문서에 삽입할 수 있다. (O, X)

1 X 2 O

- 캡처 모드는 자유형 캡처, 사각형 캡처, 창 캡처, 전체 화면 캡처 중에서 선택하여 캡처한다.
- 캡처하면 자동으로 클립보드에 복사되므로 캡처를 문서, 전자 메일 또는 프레젠테이션에 붙여넣기할 수 있다.
- 파일은 PNG, GIF, JPG, HTML의 형식으로 저장하고 전자 메일로 보내기할 수 있다.
- 캡처된 화면에서 펜의 색을 변경하여 펜으로 수정하고, 노린색의 형광펜이나 지우개 도구로 수정이 가능하고 그림판 3D로 편집할 수 있다.

## 05 문자표

- 한글 Windows 10에서 각종 Windows용 프로그램을 사용할 때 특수문자를 입력한다.

▶ **문자표 실행 방법**

| | |
|---|---|
| **방법 1** | [시작]-[Windows 보조프로그램]-[문자표]를 클릭 |
| **방법 2** | [시작]-[Windows 시스템]-[실행]에서 'charmap'를 입력 후 Enter |
| **방법 3** | [시작] 단추 오른쪽의 [검색( )] 상자에서 '문자표'를 입력 후 Enter |

- 글꼴의 종류에 따라 다양한 모양의 특수문자를 표시한다.
- 키보드에 없는 특수 수학 연산자, 상표 기호, 과학적 표기법, 통화 기호 및 다른 언어 문자 집합의 문자와 같은 특수문자를 [선택]하여 클립보드에 [복사]한 후 문서에 붙여넣기로 사용한다.

## 06 원격 데스크톱 연결과 원격 지원 21년 상시, 18년 3월, 15년 3월, 11년 3월, 07년 7월

- 원격 데스크톱이란 현재의 컴퓨터 앞에서 원격 위치의 데스크톱 컴퓨터에 연결하여 각종 응용 프로그램, 네트워크 리소스를 액세스하고 제어하는 기능이다.

▶ **원격 데스크톱 연결 실행 방법**

| | |
|---|---|
| **방법 1** | [시작]-[Windows 보조 프로그램]-[원격 데스크톱 연결]을 클릭 |
| **방법 2** | [시작]-[Windows 시스템]-[실행]에서 'mstsc'를 입력 후 Enter |
| **방법 3** | [시작] 단추 오른쪽의 [검색( )] 상자에서 '원격 데스크톱 연결'을 입력 후 Enter |

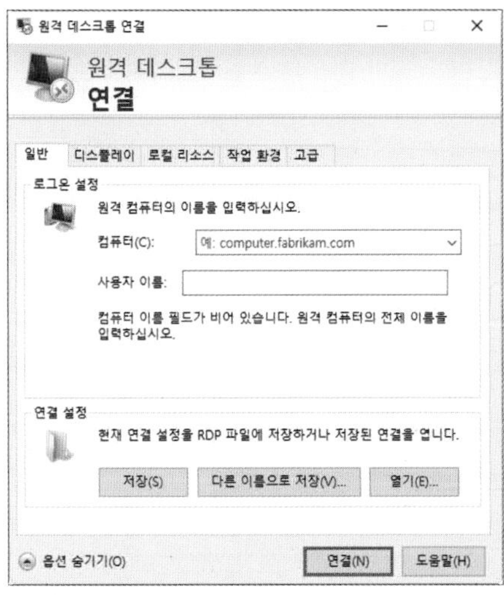


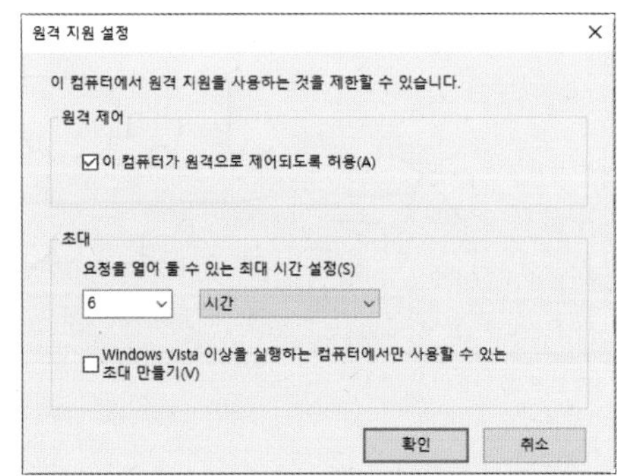


- 원격 지원은 친구나 원격 지원 담당자가 내 컴퓨터에 연결하여 문제를 해결하거나 특정 작업 방법을 보여주는 기능이다.
- 사용자의 컴퓨터 화면을 볼 수 있고, 상대방이 허락하면 사용자의 컴퓨터도 작업할 수 있는 기능이다.
- 원격에 있는 컴퓨터의 음악 또는 기타 소리를 사용자의 컴퓨터에서 재생하거나 녹음할 수 있다.
- 연결을 통해 최적화할 수 있는 연결 속도를 다양하게 지정할 수 있다.
- 연결 시 원격 데스크톱의 화면 크기를 선택할 수 있으며, 연결이 끊어지면 자동으로 다시 연결을 시도할 수 있도록 설정할 수 있다.
- 연결할 컴퓨터의 이름 또는 IP 주소, 사용자 이름을 입력하여 연결한다.
- 현재 연결 설정은 RDP(Remote Desktop Protocol) 파일로 저장하거나 저장된 파일로 연결한다.
- 원격 지원 작업을 하려면 네트워크에 연결되어 있는 컴퓨터와 제2의 원격 컴퓨터가 있어야 한다.
- Windows 10을 사용하고 인터넷을 연결하여 신뢰할 수 있는 상대방과 Windows 메신저로 채팅하고 전자 메일을 이용할 수 있다.
- 상대방의 컴퓨터에 방화벽이 설정되어 있으면 연결이 안 될 수도 있다.

**개념 체크**

1 원격 데스크톱 연결 시 화면 크기를 선택할 수 있지만, 연결이 끊어지면 다시 수동으로 연결해야 한다. (O, X)

2 원격 데스크톱 연결을 하면 사용자의 컴퓨터 화면을 볼 수는 있으나 사용자의 컴퓨터 작업까지 할 수는 없다. (O, X)

1 X 2 X

• 원격 지원을 허용하려면 [시작]-[Windows 시스템]-[제어판]-[시스템] 왼쪽 창의 [원격 설정]에서 [고급]을 선택하여 원격으로 제어하도록 허용과 초대 시간 등을 설정한다.

## 07 수학 식 입력판(Math Input Panel)

숫자, 문자, 산술식, 미적분학, 함수, 집합, 확률, 통계 등의 수학 식을 입력한다.

| 방법 1 | [시작]-[Windows 보조프로그램]-[Math Input Panel]을 클릭 |
|---|---|
| 방법 2 | [시작] 단추 오른쪽의 [검색( )] 상자에서 '수학 식 입력판'을 입력 후 Enter |

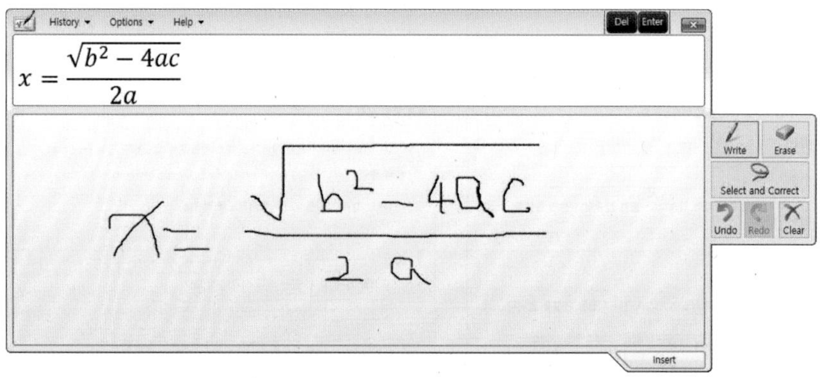


## 08 단계 레코드

• 문제가 발생했을 때 수행한 정확한 단계를 녹화하여 디바이스에 문제를 해결하는 데 도움을 주는 프로그램이다.
• 문제를 진단하는 데 도움이 되도록 녹화 내용을 지원 전문가에게 보낼 수 있다.

| 방법 1 | [시작]-[Windows 보조프로그램]-[단계 레코드]를 클릭 |
|---|---|
| 방법 2 | [시작] 단추 오른쪽의 [검색( )] 상자에서 '단계 레코드'를 입력 후 Enter |

## 이론을 확인하는 기출문제

**01 다음 중 한글 Windows 10의 [Windows 보조 프로그램] 중에서 [메모장]에 관한 설명으로 옳은 것은?**

① 그림이나 차트 등의 OLE 개체를 삽입할 수 있다.
② 편집하는 문서의 특정 영역(블록)에 대한 글꼴의 종류나 속성, 크기를 변경할 수 있다.
③ 자동 맞춤법과 같은 고급 기능을 제공한다.
④ 서식이 없는 텍스트 형식의 문서만 열거나 저장할 수 있다.

메모장은 서식이 없는 텍스트 형식(*.txt, html 등)의 문서를 작성하거나 열기하는 텍스트 편집기로 서식이 있거나 다른 문서와 OLE, 그래픽 기능은 지원되지 않는다.

**오답 피하기**

- ① : 메모장은 OLE(개체 연결 및 포함)를 지원하지 않음
- ② : 메모장은 문서 전체에 대해 글꼴 종류나 속성, 크기를 변경 가능
- ③ : 메모장은 자동 맞춤법과 같은 고급 기능을 제공하지 않음

**02 다음 중 한글 Windows 10의 [Windows 보조 프로그램]에 있는 [그림판]에 대한 설명으로 옳지 않은 것은?**

① 스마트폰으로 촬영한 jpg 파일을 불러와 편집한 후 png 파일 형식으로 저장할 수 있다.
② 편집 중인 이미지의 일부분을 선택한 후 삭제하면 삭제된 빈 공간은 '색 1'(전경색)로 채워진다.
③ 그림판에서 편집한 그림은 Windows 바탕 화면의 배경으로 사용할 수 있다.
④ 오른쪽 버튼으로 그림을 그릴 경우에는 모두 '색 2'(배경색)로 그려진다.

이미지의 일부분을 삭제하면 빈 공간은 '색 2'(배경색)으로 채워진다.

**03 다음 중 한글 Windows 10의 캡처 도구에 대한 설명으로 옳지 않은 것은?**

① [시작] → [Windows 보조프로그램] → [캡처 도구]를 선택하여 실행할 수 있다.
② 캡처한 화면은 JPG, PNG, GIF, BMP, HTML 파일 중 하나를 선택하여 저장할 수 있다.
③ 자유형 캡처, 사각형 캡처, 창 캡처, 전체 화면 캡처 중 하나를 선택하여 캡처할 수 있다.
④ 캡처 후 주석을 달 때 사용할 펜은 색, 두께, 모양 변경이 가능하지만, 형광펜은 색 변경이 불가능하다.

캡처한 화면은 PNG, GIF, JPG, HTML 중 선택하여 저장할 수 있다.

**04 한글 Windows 10의 [그림판] 프로그램에서 할 수 없는 작업은?**

① 투명도와 마스크(Mask) 기능을 사용한 다중 레이어 작업을 할 수 있다.
② 전자 메일을 사용하여 편집한 이미지를 보낼 수 있다.
③ 작성한 이미지를 바탕 화면의 배경으로 설정할 수 있다.
④ 다른 그래픽 프로그램에서 편집한 이미지의 일부를 복사해서 붙여넣기할 수 있다.

그림판 프로그램은 레이어 작업을 할 수 없다.

정답 01 ④ 02 ② 03 ② 04 ①

SECTION 02

# 유니버설 앱 활용하기

출제빈도 상 중 (하)

반복학습 1 2 3

빈출 태그 계산기 • 그림판 3D • Windows Media Player • 비디오 편집기

• 윈도우를 실행하여 일반적으로 다양하게 사용하는 앱이다.
• 기본적으로 윈도우에서 제공하는 앱과 앱 스토어에서 검색하고 설치하여 실행하는 앱이 있다.

## 01 다양한 유니버설 앱

### 1) 계산기 24년 상시, 23년 상시, 22년 상시, 21년 상시, 19년 3월, 17년 3월, 15년 3월, 14년 6월/3월, 13년 10월/3월, 09년 10월

• 한글 Windows 10용 소형 계산기로, 간단한 계산에서 복잡한 계산까지 작업한다.

▶ **계산기 실행 방법**

| | |
|---|---|
| **방법 1** | [시작]-[계산기]를 클릭 |
| **방법 2** | [시작]-[Windows 시스템]-[실행]에서 'calc'를 입력 후 Enter |
| **방법 3** | [시작] 단추 오른쪽의 [검색( )] 상자에서 '계산기'를 입력 후 Enter |

• MC : 메모리에 있는 값 지우기
• MR : 메모리에 있는 값 불러오기
• MS : 현재 입력된 값을 저장하기
• M+ : 현재 메모리에 있는 값에 더하기
• M− : 현재 메모리에 있는 값에 빼기

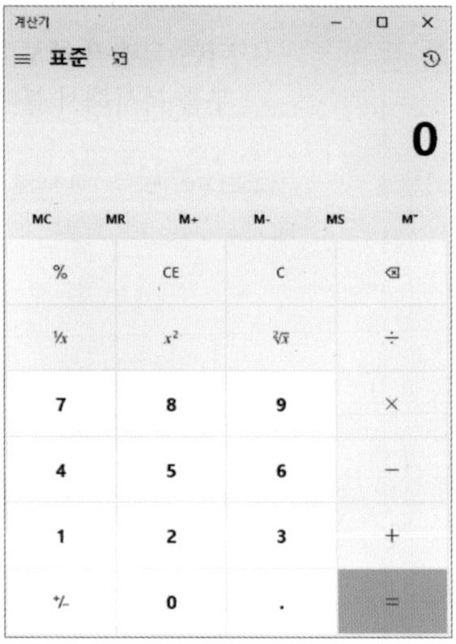

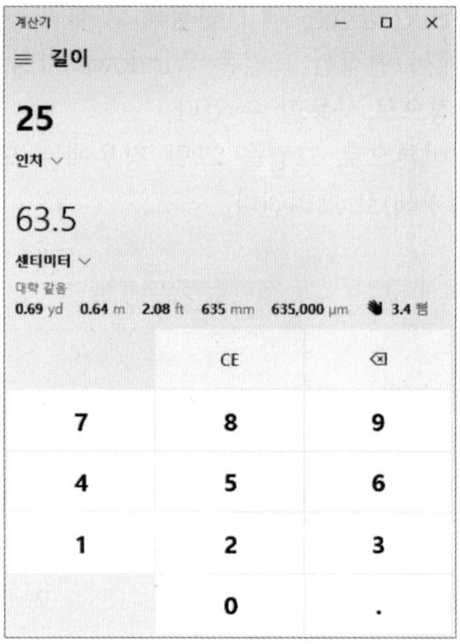

• 계산기의 결과는 복사한 후 다른 응용 프로그램에 붙여넣기하여 사용할 수 있다.

▶ 계산기 모드

| | |
|---|---|
| 표준 | 더하기, 빼기, 곱하기, 나누기의 사칙 연산에 이용 |
| 공학용 | • 삼각법, 함수, 지수, 로그 등의 복합적인 수식에 유효자리 32자리까지 정확히 계산<br>• 삼각 함수 입력은 디그리스(Degrees), 라디안(Radians), 그라드(Grad) 중 설정할 수 있음<br>• 지수 표기법으로 표현 가능 예 1000 → 1.e+3 |
| 프로그래머 | • 2, 8, 10, 16진수 계산법과, 연산자 우선순위에 따라 정수를 계산하며 유효자리 64자리까지 계산<br>• AND, OR 등의 비트나 산술 시프트, 논리적 시프트 등의 비트 시프트 계산 가능 |
| 날짜 계산 | 두 날짜 간 차이, 추가 또는 뺀 날 계산 |
| 변환기 | 통화 환율, 부피, 길이, 무게 및 질량, 온도, 에너지, 면적, 속도, 시간, 일률, 데이터, 압력, 각도 |

## 2) 그림판 3D 23년 상시, 22년 상시

• 한글 윈도우 10에서 기본 설치된 3D 모델링, 시각화를 할 수 있는 앱이다.

▶ 그림판 3D 실행 방법

| | |
|---|---|
| 방법 1 | [시작]–[그림판 3D]를 클릭 |
| 방법 2 | [시작] 단추 오른쪽의 [검색( )] 상자에서 '그림판 3D'를 입력 후 Enter |

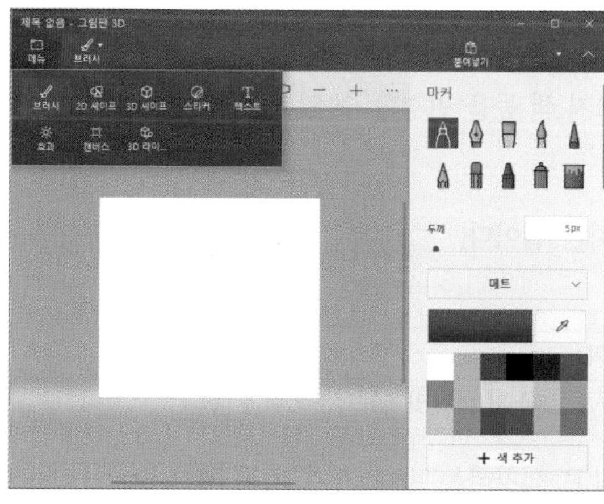


• 3D 모델을 간단하게 생성하여 볼 수 있고 저장할 수 있다.
• 그림판에서 작성한 그림을 [그림판 3D 편집] 기능으로 그림판 3D로 보내서 수정할 수 있다.
• 매트, 광택, 무딘 금속, 윤이 나는 금속 형태의 두께를 지정한 브러시로 그릴 수 있다.
• 도구에는 브러시, 2D 셰이프, 3D 셰이프, 스티커, 텍스트, 효과, 캔버스, 3D 라이브러리에서 불러와 편집할 수 있다.
• 기타 회전 및 대칭 이동, 3D 만들기 등의 기능이 있다.

### 3) 스티커 메모 24년 상시

- 스티커 메모는 종이에 쓰듯이 할 일 모음을 쓰거나 전화번호를 적어 두는 등의 작업을 수행한다.

▶ **스티커 메모 실행 방법**

| | |
|---|---|
| **방법 1** | [시작]-[스티커 메모]를 클릭 |
| **방법 2** | [시작] 단추 오른쪽의 [검색(🔍)] 상자에서 '스티커 메모'를 입력 후 Enter |

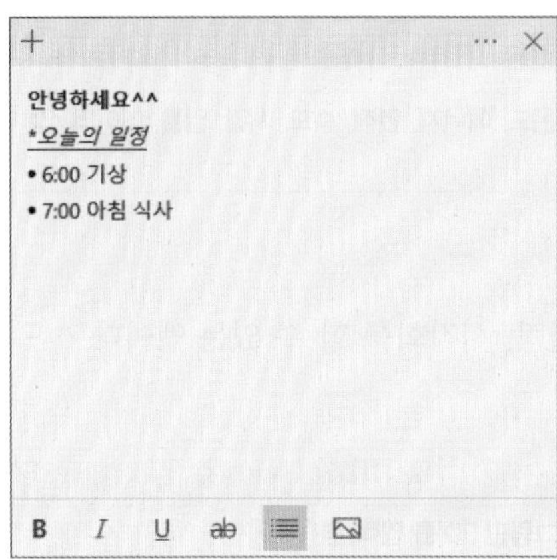


- 태블릿 펜 또는 표준 키보드로 쓸 수 있다.
- 굵은 텍스트, 기울임 꼴, 밑줄, 취소선, 글머리 기호, 이미지 추가를 할 수 있다.
- 새로운 노트를 추가, 삭제, 메모지 색 등을 변경할 수 있다.

### 4) 캡처 및 스케치

- 현재 화면이나 전체 창을 캡처하는 앱이다.

▶ **캡처 및 스케치 실행 방법**

| | |
|---|---|
| **방법 1** | [시작]-[캡처 및 스케치]를 클릭 |
| **방법 2** | [시작] 단추 오른쪽의 [검색(🔍)] 상자에서 '캡처 및 스케치'를 입력 후 Enter |

- '캡처 및 스케치'를 실행하지 않고 캡처하는 바로 가기 키는 ⊞+Shift+S를 눌러 캡처하여 붙여넣기한다.
- 지금 캡처(사각형 캡처, 자유형 캡처, 창 캡처, 전체 화면 캡처), 3초 후 캡처, 10초 후 캡처를 할 수 있다.
- 터치 쓰기, 색을 변경하여 볼펜, 연필, 형광펜으로 수정하고, 지우개로 편집하여 사용하고 저장과 인쇄가 가능하다.

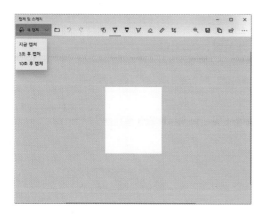

## 5) 사진 18년 3월, 17년 3월

• 사진은 다양한 그림 형식을 보여주는 앱이다.

▶ **사진 실행 방법**

| 방법 1 | [시작]-[사진]을 클릭 |
|---|---|
| 방법 2 | [시작] 단추 오른쪽의 [검색( 🔍 )] 상자에서 '사진'을 입력 후 Enter |

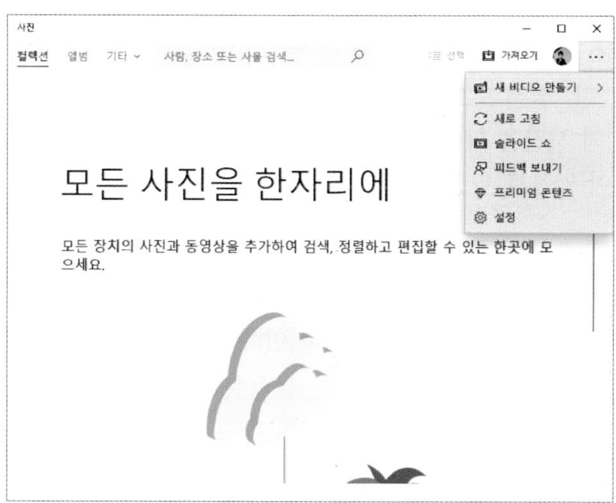


• 그림 파일을 열기하여 확대/축소, 삭제, 90도씩 회전, 즐겨찾기에 추가, 자르기, 그리기, 3D 효과주기, 애니메이션 텍스트 추가, 음악이 있는 비디오 만들기, 그림판 3D로 편집 등의 기능이 있다.
• 사진을 연락처에 있는 사람에게 공유하거나 주변 디바이스에 공유할 수 있다.
• 현재 폴더에 있는 사진을 슬라이드 쇼 형식으로 재생하고 다른 이름으로 저장, 복사, 연결 프로그램의 기능을 할 수 있다.

**개념 체크**

1 스티커 메모는 종이에 메모하듯이 일정이나 전화번호 등을 입력할 때 사용하는 앱이다. (O, X)

2 캡처 기능을 사용하면 창 캡처, 전체 화면 캡처 등 사각형으로만 캡처할 수 있다. (O, X)

1 O 2 X

## 6) 알람 및 시계

- 알람이나 시계, 타이머, 스톱워치를 표시하는 앱이다.

▶ **알람 및 시계 실행 방법**

| 방법 1 | [시작]-[알람 및 시계]를 클릭 |
|---|---|
| 방법 2 | [시작] 단추 오른쪽의 [검색( )] 상자에서 '알람 및 시계'를 입력 후 Enter |

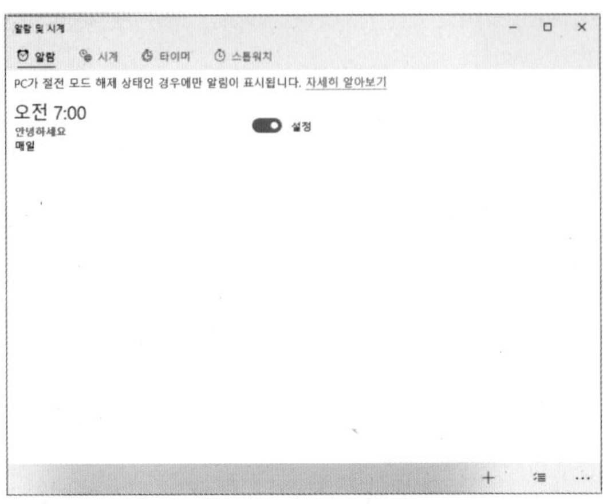


- 알람의 이름, 반복횟수, 소리, 다시 알림 시간을 설정하여 매일 같은 시간에 알림을 설정하여 사용한다. 단, 절전 모드 해제 상태에서만 알림이 표시된다.
- 나라를 입력하여 전 세계의 시간을 확인한다.
- 타이머에 시간을 설정하여 카운트 다운하여 알람을 표시하고 스톱워치 기능을 실행한다.

**명령 프롬프트**
- MS-DOS 운영체제용 명령어와 프로그램(앱)의 입력하여 실행할 수 있음
- 사용자의 ID가 'wp'이면 [명령 프롬프트] 창의 초기 설정 디렉터리는 'C:₩Users₩wp'
- [편집] 창에는 표시, 복사, 붙여넣기, 모두 선택, 스크롤, 찾기 기능을 수행하는 곳으로 텍스트를 복사할 수는 있으나 그림, 동영상을 복사하여 다른 응용 프로그램에 붙여넣을 수는 없음

## 7) 명령 프롬프트 15년 6월, 08년 5월

- 키보드로 MS-DOS형 명령어를 입력하여 실행할 수 있다.

▶ **명령 프롬프트 실행 방법**

| 방법 1 | [시작]-[Windows 시스템]-[명령 프롬프트]를 클릭 |
|---|---|
| 방법 2 | [시작]-[Windows 시스템]-[실행]에서 'cmd'를 입력 후 Enter |
| 방법 3 | [시작] 단추 오른쪽의 [검색( )] 상자에서 '명령 프롬프트'를 입력 후 Enter |

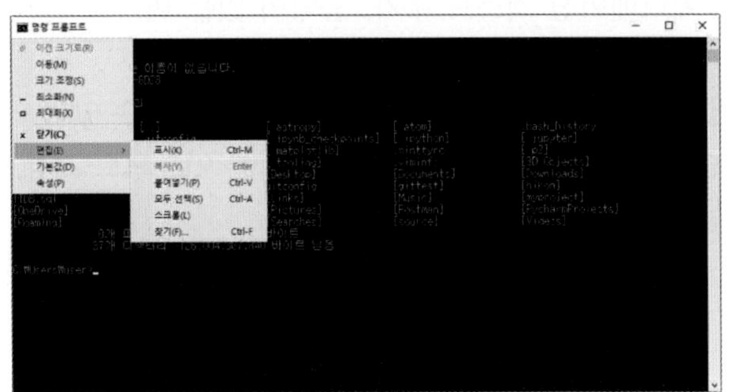

• 창 왼쪽 위에 있는 창 조절 메뉴의 [속성]에서 커서 크기, 창의 배경색, 텍스트 색과 글꼴, 크기, 터미널 색상 등을 설정한다.
• 명령어를 복사하여 붙여넣기할 수 있다.
• 명령 프롬프트 창에서 'exit'를 입력하거나 창 조절 단추인 [×]를 클릭하여 Windows로 복귀한다.

### 8) Windows PowerShell

• 새로운 크로스 플랫폼으로 개체를 처리하도록 디자인되어 기존의 MS-DOS 특정 명령어와 개체를 조작하는 명령어를 입력하여 실행한다.

▶ **Windows PowerShell 실행 방법**

| | |
|---|---|
| **방법 1** | [시작]-[Windows PowerShell]-[Windows PowerShell]을 클릭 |
| **방법 2** | [시작] 단추에서 마우스 오른쪽 단추를 눌러 나오는 바로 가기 메뉴에서 'Windows PowerShell'을 클릭 |
| **방법 3** | [시작] 단추 오른쪽의 [검색(🔍)] 상자에서 'Windows PowerShell'을 입력 후 [Enter] |

• 창 조절 메뉴의 [속성]을 눌러 나오는 [Windows PowerShell 속성] 창에서 커서 크기 등의 옵션, 글꼴, 레이아웃, 색, 터미널 색상 등을 변경할 수 있다.
• Windows PowerShell 창에서 'exit'를 입력하거나 창 조절 단추의 [×]를 클릭하면 Windows로 복귀된다.

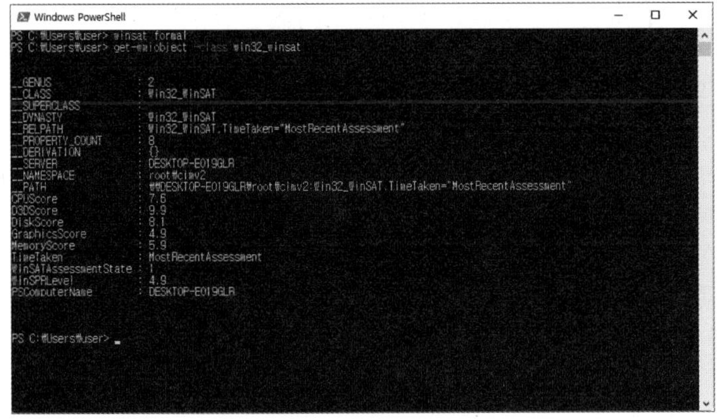


### 9) 사용자 정의 문자 편집기 13년 3월, 09년 4월, 07년 10월

• 글꼴 라이브러리에 사용할 특수문자나 로고와 같은 독특한 문자를 사용자가 직접 만들어서 문자표로 문서에 삽입하여 사용하는 기능이다.

▶ **사용자 정의 문자 편집기 실행 방법**

| | |
|---|---|
| **방법 1** | [시작]-[Windows 시스템]-[실행]에서 'eudcedit'를 입력 |
| **방법 2** | [시작] 단추 오른쪽의 [검색(🔍)] 상자에서 '사용자 정의 문자 편집기'를 입력 후 [Enter] |

• 문자 집합은 완성형이나 유니코드를 사용하여 작성한다.

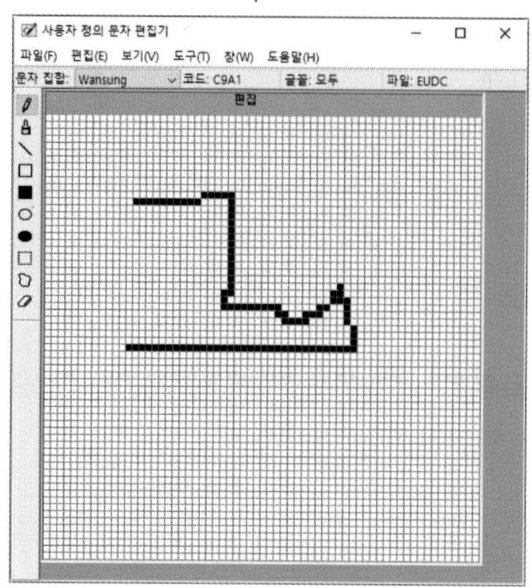


**유틸리티 앱의 종류**
- 이미지 뷰어 앱 : 사진, 포토뷰어, 알씨 등
- 압축 관련 앱 : PKZIP, 알집, WinZip 등
- 바이러스 백신 관련 앱 : 알약, 바이 로봇, V3 등

## 02 엔터테인먼트 앱

### 1) 음성 녹음기 11년 3월, 10년 3월

- 사운드 카드와 마이크, 스피커를 준비해 사용자의 목소리를 녹음할 수 있다.

▶ **음성 녹음기 실행 방법**

| | |
|---|---|
| **방법 1** | [시작]-[음성 녹음기]를 클릭 |
| **방법 2** | [시작] 단추 오른쪽의 [검색( )] 상자에서 '음성 녹음기'를 입력 후 Enter |

- 컴퓨터에 오디오 파일로 사용자의 소리 녹음 폴더에 저장(*.m4a)한다.
- 녹음 파일은 공유, 자르기, 삭제, 이름 바꾸기 기능을 할 수 있다.

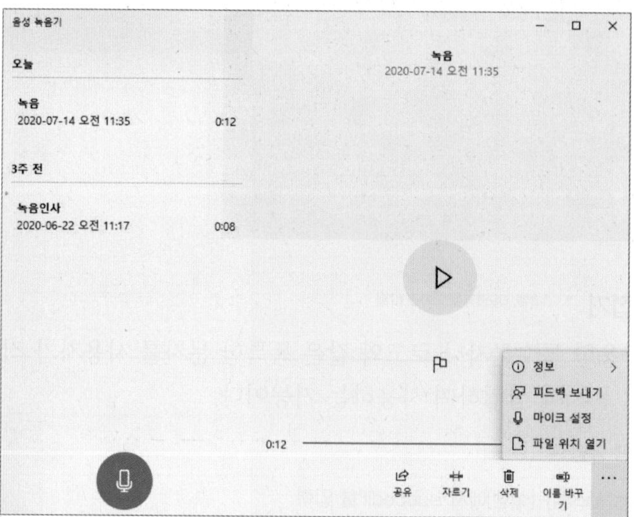

## 2) 볼륨 조정 12년 3월, 09년 7월, 07년 3월, 06년 11월

- [시작] 단추 오른쪽의 [검색( )] 상자에 '볼륨 조정'을 입력하여 실행한다.
- '오디오' 설정 창에서 [장치 볼륨 변경]에서 장치 볼륨을 변경한다.

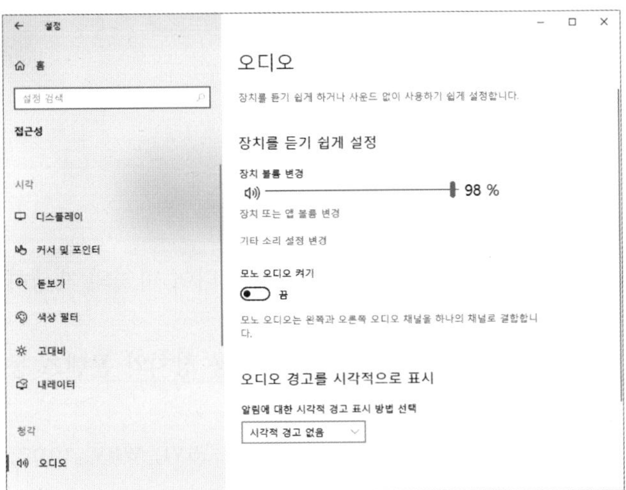

- 작업 표시줄의 [알림 영역]에서 [스피커( )]를 클릭해서 변경할 수 있다.
- 볼륨 아이콘이 보이지 않으면 Windows [설정] 창의 [개인 설정]–[작업 표시줄]–[시스템 아이콘 켜기 또는 끄기]에서 [볼륨]을 '켬'으로 설정한다.
- [스피커( )] 아이콘의 바로 가기 메뉴에서 [볼륨 믹서 열기]를 클릭하면 스피커, 응용 프로그램의 시스템 사운드 등 다양한 장치의 볼륨이나 밸런스를 조절하거나 음소거를 할 수 있다.

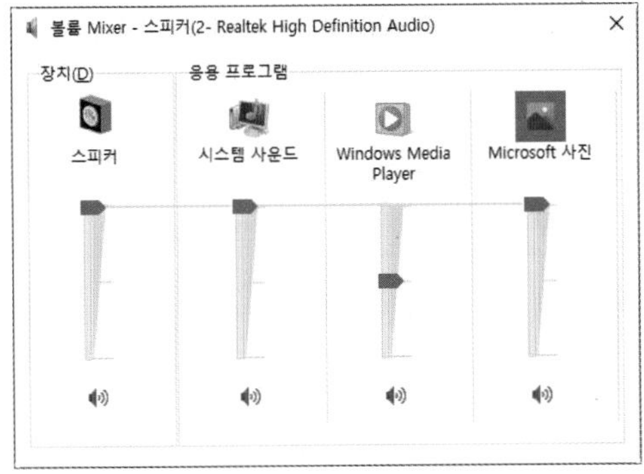

**간단한 볼륨 조절**
볼륨 조절을 하려면 작업 표시줄에 알림 영역의 아이콘( )을 클릭하여 조절

## 3) Windows Media Player 24년 상시, 23년 상시, 22년 상시, 19년 8월, 15년 3월, 13년 6월, 10년 5월, 06년 8월, …

- 컴퓨터와 CD, 인터넷에 있는 디지털 미디어 파일을 재생하고 설정한다.

▶ **Windows Media Player 실행 방법**

| | |
|---|---|
| **방법 1** | [시작]–[Windows 보조프로그램]–[Windows Media Player]를 클릭 |
| **방법 2** | [시작] 단추 오른쪽의 [검색( )] 상자에서 'Windows Media Player'를 입력 후 Enter |

**스트리밍**
오디오나 비디오 파일을 재생하기 전에 전체 파일을 다운로드하지 않고도 네트워크 또는 인터넷에 실시간으로 전송할 수 있는 방법

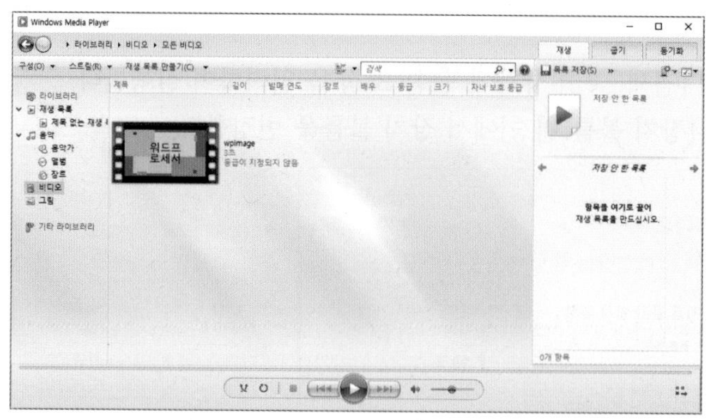

- 미디어, 비디오, 오디오, 동영상, CD 오디오 트랙 등의 미디어 파일의 재생하고, 그림 파일을 재생하여 보여준다.
- 실행할 목록을 만들어 재생, 파일을 디스크에 굽기, 휴대용 장치와 콘텐츠 동기화 기능이 있다.
- 지원되는 파일 형식에는 cda, aif, asf, asx, wm, wmv, avi, wav, mpg, mpeg, midi, au, mp3, vod 등이 있다.
- 다른 위치의 컴퓨터나 미디어 장치의 멀티미디어 파일을 홈 네트워크를 사용하여 재생할 수 있다.
- 오디오 CD에 있는 음악 파일을 내 컴퓨터에 mp3, wma, wav 등의 형식으로 복사할 수 있다.

## 4) 비디오 편집기 24년 상시, 22년 상시, 21년 상시

- 사진 앱에서 동영상 편집기를 사용하여 사진과 동영상을 음악, 동작, 텍스트 등과 결합한 동영상 슬라이드 쇼를 작성할 수 있다.

▶ **비디오 편집기 실행 방법**

| | |
|---|---|
| **방법 1** | [시작]-[비디오 편집기]를 클릭 |
| **방법 2** | [시작] 단추 오른쪽의 [검색( )] 상자에서 '비디오 편집기'를 입력 후 Enter |

- 반짝거림 또는 불꽃놀이와 같은 애니메이션 3D 효과도 추가할 수 있다.

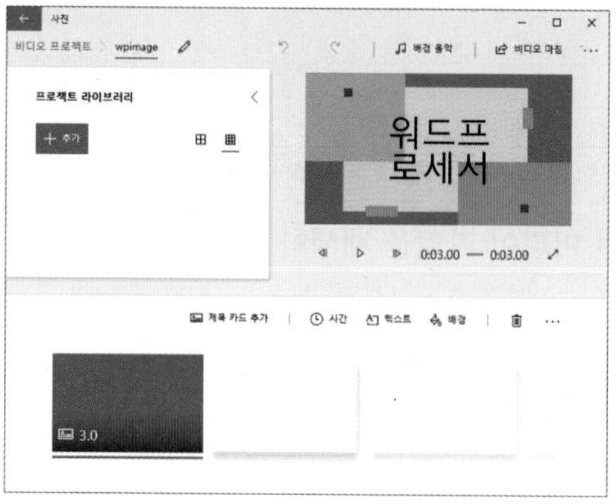

## 이론을 확인하는 기출문제

**01 다음 중 한글 Windows 10의 [계산기] 프로그램에 대한 설명으로 옳은 것은?**

① 표시된 숫자를 저장할 때는 〈MS〉 단추를, 저장된 숫자를 불러와 입력할 때는 〈MR〉 단추를 누른다.
② 공학용은 삼각함수나 로그 등을 최대 64자리까지 계산할 수 있다.
③ 프로그래머용은 값의 평균/합계, 제곱의 평균/합계, 표준 편차 등을 계산할 수 있다.
④ 날짜 계산용은 두 시간 간의 차이를 계산할 수 있다.

오답 피하기

- 공학용 : 삼각함수, 로그 통계 등의 수식에 유효자리 32자리까지 계산
- 프로그래머 : 2, 8, 10, 16진수 계산과 유효자리 64자리까지 계산
- 날짜 계산 : 두 날짜 간의 차이를 계산하거나 날짜에 일수를 추가하거나 빼기

**02 다음 중 한글 Windows 10에서 [계산기] 프로그램의 사용 방법으로 옳지 않은 것은?**

① [공학용]에서는 32자리 유효 숫자까지 정확하게 계산할 수 있다.
② [일반용]에서는 10진수인 경우 디그리스(Degrees), 라디안(Radians), 그라드(Grads) 등 3가지 표시 크기를 사용할 수 있다.
③ 입력된 숫자에 대해 천 단위마다 콤마(,)로 자릿수 구분이 된다.
④ 숫자 키패드를 사용하여 숫자와 연산자를 입력하려면 Num Lock을 누르고 사용한다.

[공학용]은 디그리스(Degrees), 라디안(Radians), 그라드(Grads)의 3가지 표시 크기를 사용할 수 있다.

**03 다음 중 한글 Windows 10의 Windows Media Player에 대한 설명으로 옳지 않은 것은?**

① 비디오 목록을 자녀 보호 등급별로 분류하여 표시할 수 있다.
② xlsx, hwp, doc 등과 같은 파일 형식의 문서 파일을 열 수 있다.
③ mp3 파일을 재생할 수 있다.
④ 재생 목록에 있는 파일을 비어 있는 CD 또는 DVD로 복사할 수 있다.

Windows Media Player는 미디어 파일을 재생하고 설정하는 기능으로 mp3, midi, avi 등의 파일을 지원하고, xlsx, hwp, doc 등의 문서 파일 형식은 열기할 수 없다.

**04 다음 중 한글 Windows 10의 엔터테인먼트 프로그램에 관한 설명으로 옳지 않은 것은?**

① [음성 녹음기]를 이용하면 사운드를 녹음하여 '.m4a' 확장자를 갖는 파일로 저장할 수 있다.
② [볼륨 조정]을 이용하면 소리가 나지 않도록 음소거 기능을 설정할 수 있다.
③ [Windows Media Player]는 AVI, MPG 등의 동영상 파일을 재생할 수 있다.
④ [Windows 보조프로그램]의 [멀티미디어]를 이용하면 프로그램에서 나오는 음성이나 소리를 화면에 자막으로 표시할 수 있다.

프로그램에서 나오는 음성이나 소리를 화면에 자막으로 표시하려면 [시작]-[설정]-[접근성]-[내레이터]에서 '켬'으로 설정해야 한다.

정답 01 ① 02 ② 03 ② 04 ④

**05** **다음 중 한글 Windows 10의 [사용자 정의 문자 편집기]에 대한 설명으로 옳지 않은 것은?**

① 글꼴 라이브러리에 사용할 특수문자나 로고와 같은 독특한 문자를 6,400개까지 만들 수 있다.
② 문자를 만들고 편집하는 기본 도구와 많은 고급 옵션이 포함되어 있다.
③ 기본적으로 ASCII 코드의 문자 집합을 사용하여 문자를 만든다.
④ 사용자 정의 문자를 글꼴 라이브러리의 모든 글꼴에 연결할 수 있으므로 모든 글꼴에서 사용자 정의 문자를 표시할 수 있다.

사용자 정의 문자 편집기는 기본적으로 완성형이나 유니코드의 문자 집합을 사용하여 문자를 작성한다.

**06** **다음 중 한글 Windows 10의 계산기 기능에 대한 설명으로 옳지 않은 것은?**

① 표준모드는 더하기, 빼기, 곱하기, 나누기 등의 사칙 연산을 한다.
② 공학용은 함수, 지수, 로그 등의 복합적인 수식에 유효자리 32자리까지 계산한다.
③ 프로그래머용은 2, 8, 10, 16진수 계산으로 유효 자리 64자리까지 계산한다.
④ 날짜 계산은 두 날짜 간 차이, 일정 관리, 알람 관리를 할 수 있다.

날짜 계산에는 일정 관리, 알람 관리 기능은 없다.

**07** **다음 중 한글 Windows 10의 [계산기] 기능으로 옳은 것은?**

① 표준에서는 별도의 변환 없이 통화 환율, 길이, 부피, 무게 및 질량을 사용한다.
② 공학용은 사칙 연산뿐만 아니라 산술 시프트, 논리 시프트 계산이 가능하다.
③ 날짜 계산은 일정 관리과 알람 관리를 할 수 있다.
④ 프로그래머용은 2, 8, 10, 16진수 계산과 비트, 비트 시프트를 계산한다.

**오답 피하기**

- ① : 표준에서는 일반적인 사칙 연산이 가능하고 변환기를 사용하여 통화 환율, 길이, 부피 등의 계산 가능
- ② : 산술 시프트, 논리 시프트 계산은 공학용이 아니라, 프로그래머용 계산기의 기능
- ③ : 날짜 계산은 두 날짜 간의 차이, 추가 또는 뺀 날을 계산하는 기능이며 일정 관리, 알람 관리 기능은 없음

**08** **다음 중 한글 Windows 10의 그림판 3D 기능에 대한 설명으로 옳지 않은 것은?**

① 한글 Windows 10에서 기본적으로 설치된 3D 모델링 앱이다.
② 그림판에서 작성한 2D 그림을 그림판 3D로 보내서 수정할 수 있다.
③ 열기할 때에는 jpg, gif, png, mp3, mp4 등의 형식을 지정하여 열 수 있다.
④ 기록하여 비디오로 내보내기할 수 있다.

그림판 프로그램에서 jpg, gif, png, bmp 등의 그림 형식은 열기할 수 있으나, mp3, mp4의 미디어 형식은 열 수 없다.

정답 05 ③ 06 ④ 07 ④ 08 ③

SECTION 03

# 인쇄

출제빈도 상 (중) 하

반복학습 1 2 3

빈출 태그 프린터 추가 • 기본 프린터 설정 • 스풀 • 문서 인쇄

## 01 프린터 추가 및 제거

24년 상시, 23년 상시, 22년 상시, 18년 3월, 14년 3월, 12년 9월, 10년 5월, 09년 7월, …

- 각종 응용 프로그램에서 작성한 파일이나 인터넷 문서를 출력하려면 프린터가 설치되어 있어야 한다.
- 한글 Windows 10에서는 대부분의 프린터에 대한 드라이버를 제공하나 인식하지 못하는 프린터를 설치할 때는 프린터 제조업체에서 제공하는 드라이버를 추가하여 설치한다.

**하드웨어 장치**
[제어판]–[장치 및 프린터]에서 추가되는 하드웨어에는 시스템의 외부에 설치된 외장 USB, 플래시 드라이브, 휴대용 장치 등의 목록은 표시되나, 시스템 내부에 설치된 사운드 카드, 그래픽 카드, 메모리 등의 목록은 표시되지 않음

### 1) 프린터를 추가 설치하는 방법

| | |
|---|---|
| 방법 1 | [시작]–[설정]–[장치]–[프린터 및 스캐너]에서 [프린터 또는 스캐너 추가]를 클릭 |
| 방법 2 | [시작] 단추 오른쪽의 [검색( 🔍 )] 상자에서 '프린터 및 스캐너'를 입력하여 실행한 후 [프린터 또는 스캐너 추가]를 클릭 |
| 방법 3 | [제어판]의 [장치 및 프린터]에서 [프린터 추가] |

### 2) 프린터 추가

21년 상시, 19년 8월, 10년 5월, 09년 7월/2월, 08년 7월/3월, 06년 11월, 05년 11월/8월, 04년 8월/3월

① 프린터 추가를 클릭하면 [장치 추가] 창이 표시되면서 [이 PC에 추가할 장치 또는 프린터 선택]에서 검색된 프린터를 선택한 후 [다음]을 클릭한다. 이때 원하는 프린터가 목록에 없으면 다른 옵션으로 프린터 찾기를 할 수 있다.

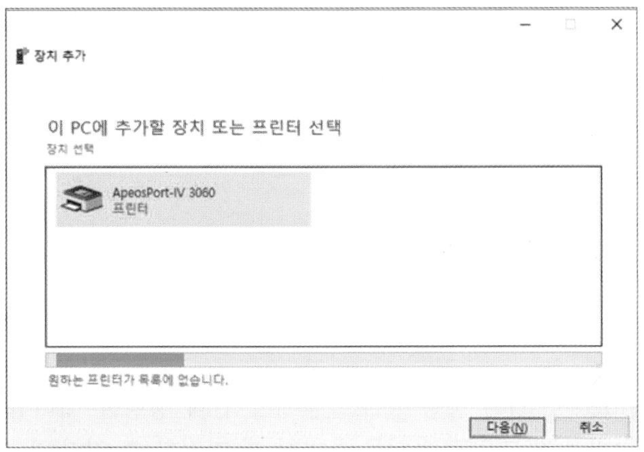


**다른 옵션으로 프린터 찾기 종류**
- 이름으로 공유 프린터 선택
- TCP/IP 주소 또는 호스트 이름으로 프린터 추가
- Bluetooth, 무선 또는 네트워크 검색 가능 프린터 추가
- 수동 설정으로 로컬 프린터 또는 네트워크 프린터 추가

**수동으로 로컬 프린터 설치**

① 프린터 추가에서 프린터 목록이 없으면 [원하는 프린터가 목록에 없습니다.]를 클릭하고 [다음]을 클릭
② 다른 옵션으로 프린터 찾기에서 '수동 설정으로 로컬 프린터★ 또는 네트워크 프린터★ 추가'를 선택한 후 [다음]을 클릭
③ 프린터 포트를 지정한 후 [다음]을 클릭
④ 제조업체와 프린터를 직접 선택한 후 [다음]을 클릭
⑤ 프린터 이름을 입력하고 [다음]을 클릭
⑥ [기본 프린터로 설정]을 선택하고 [테스트 페이지 인쇄]를 하고 [마침]을 클릭

★ 로컬 프린터
자신의 컴퓨터에 직접 연결된 프린터

★ 네트워크 프린터
다른 컴퓨터에 설치되어 있으며 네트워크에서 사용할 수 있는 공유 프린터

**암기 TIP**

가정에서 혼자 사용하는 프린터는 로컬 프린터, 사무실에서 여러 사람이 함께 사용하는 프린터는 네트워크 프린터입니다. 가정이든 사무실이든 인쇄할 때 프린터를 특별히 지정하지 않아도 인쇄되는 프린터가 기본 프린터입니다. 기본 프린터가 여러 대라면 같은 용지가 여러 곳에서 출력되어 낭비가 심하겠죠? 때문에 기본 프린터는 한 대만 가능하며 네트워크 프린터도 기본 프린터가 될 수 있어요.

② 프린터 드라이버를 설치한 후 [닫기]를 클릭한다.

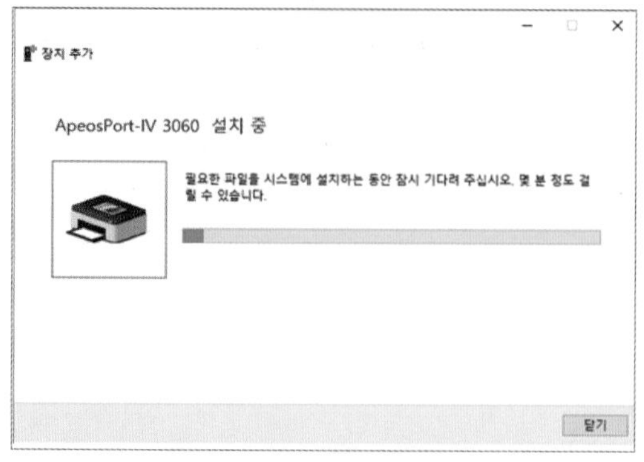


③ 프린터가 추가되고 [테스트 페이지 인쇄]를 할 수 있고 [마침]을 클릭한다.

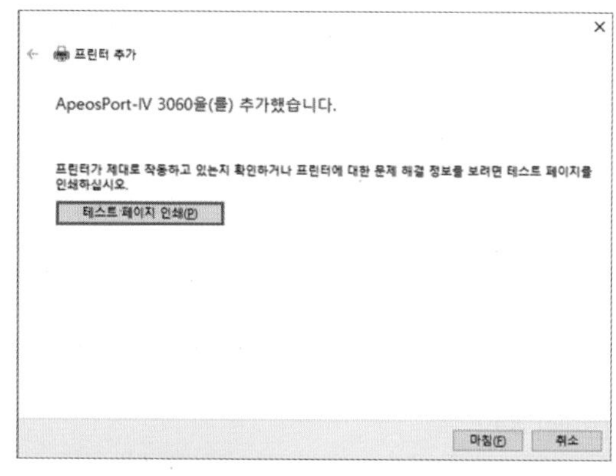


### 3) 프린터 제거

- 제거할 프린터를 선택한 후 [제어판]의 [장치 및 프린터] 창에서 [장치 제거]를 클릭한다.
- 장치 제거 창에서 [예]를 클릭하면 프린터 장치가 제거된다.

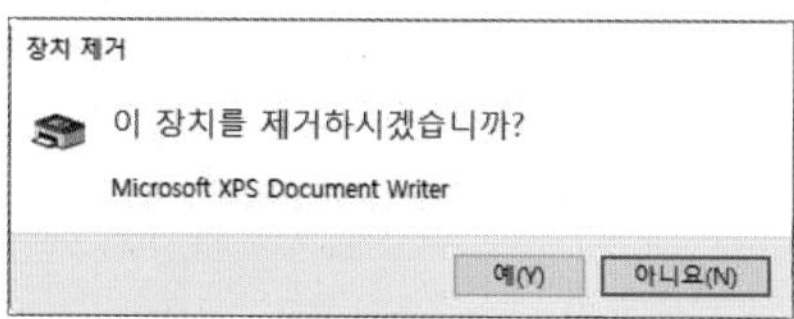


## 02 기본 프린터 설정

24년 상시, 23년 상시, 22년 상시, 17년 9월, 16년 10월/6월, 13년 6월, 12년 3월, 11년 9월, …

### 1) 기본 프린터

기본 프린터는 반드시 1대만 설치할 수 있고, 일반 프린터의 설치 대수에는 제한이 없음

- 기본 프린터는 한글 Windows 10의 응용 프로그램에서 인쇄 명령을 내리면 기본적으로 인쇄되는 프린터로 새로운 프린터를 추가할 때 지정할 수 있다.
- 기본 프린터는 반드시 한 대만 지정할 수 있고, 아이콘 모양에 ✔ 표시가 있다.

- 설치된 프린터의 바로 가기 메뉴에서 기본 프린터를 변경할 수 있다.
- 기본 프린터는 삭제한 후 다시 설정할 수 있다.

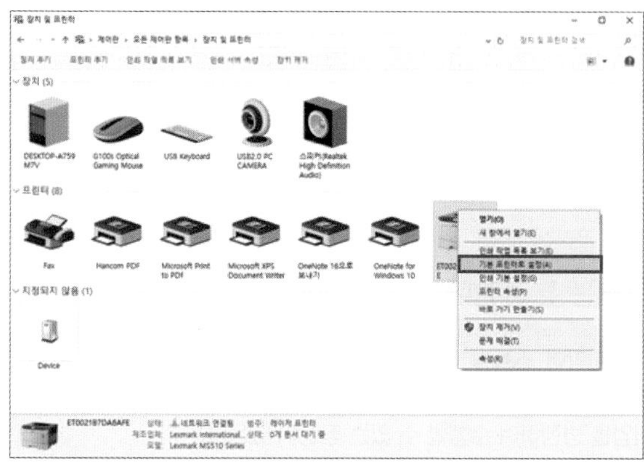

### 2) 프린터의 속성 23년 상시, 22년 상시, 20년 7월, 19년 3월, 17년 9월

- 프린터 아이콘을 선택한 후 마우스 오른쪽 버튼을 눌러 나오는 바로 가기 메뉴의 [프린터 속성]을 선택하여 각종 정보를 확인하고 설정할 수 있다.
- 각 프린터마다 [속성] 탭이 다르게 표시되며 색 관리, 보안, 장치 설정, 하드웨어, 웹 서비스 탭 등이 있다.

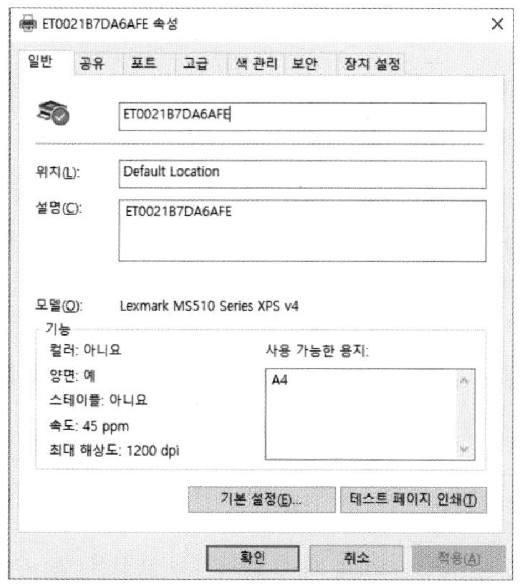


| | |
|---|---|
| [일반] 탭 | 프린터 모델명과 위치, 설명이 표시. 기본 설정(해상도 옵션, 인쇄 급지, 형식, 크기, 방향 등)과 테스트 페이지 인쇄를 할 수 있음 |
| [공유] 탭 | 이 프린터를 네트워크의 다른 사용자와 공유하도록 설정, 추가 드라이버 설치 |
| [포트★] 탭 | 프린터 포트를 선택하고 새로운 포트를 추가하거나 제거 |
| [고급] 탭 | 프린터 시간제한 설정, 프린터 우선순위, 드라이버 확인 및 새 드라이버, 문서의 스풀 설정 |

기적의 TIP

기본 프린터의 설치와 삭제, 스풀 설정에 대한 문제가 많이 출제되고 있습니다.

**포트 종류**

- COM1, COM2 : 직렬 포트로 마우스나 모뎀을 연결
- LPT1 : 병렬 포트로 프린터에 연결
- USB(Universal Serial Bus) 포트 : 직렬, 병렬, PS2를 통합한 포트로, 별도의 전원이나 컨트롤러 없이 컴퓨터에 최대 127개까지 직렬 장치를 연결하여 사용 가능
- IEEE 1394 : 컴퓨터의 주변 기기와 컴퓨터를 연결하는 직렬 인터페이스 규격

★ 포트(Port)
성벽에서 포문의 역할을 하며, 주변 기기(마우스, 모뎀, 프린터)를 컴퓨터(성벽)와 연결하려면 포트가 있어야 함

> **기적의 TIP**
> 스풀링의 뜻, 스풀링의 특징, 스풀 설정 방법 등 스풀에 대한 문제가 여러 가지 형태로 출제되고 있습니다.

> **암기 TIP**
> 맛으로 소문난 음식점에서 자리가 꽉 차서 대기자 번호를 받았습니다. 이 대기자들이 앉아 있는 곳이 스풀이라는 대기 공간입니다.

## 03 스풀 23년 상시, 22년 상시, 20년 2월, 17년 3월, 12년 6월/3월, 10년 9월, 09년 10월/4월, 07년 10월/5월, 03년 8월/3월

- 스풀이란 프린터와 같은 저속의 입 · 출력 장치를 상대적으로 빠른 중앙 처리 장치와 병행하여 작동시켜 컴퓨터 전체의 처리 효율을 높이는 기능이다.
- 프린터에서 인쇄하기 전에 인쇄 내용을 하드 디스크에 임시로 보관하고 출력할 파일을 백그라운드 작업의 프린터로 보내준다.
- 스풀 기능을 사용하려면 스풀에 사용될 디스크의 추가 용량이 필요하다.
- 프린터 속성의 [고급] 탭에서 스풀 여부를 설정하면 인쇄를 하면서 다른 작업을 할 수 있으나, 인쇄 처리 속도는 느려진다.

| | |
|---|---|
| **마지막 페이지까지 스풀한 후 인쇄 시작** | • 문서의 마지막이 스풀될 때까지 기다린 후 인쇄하므로 인쇄하는 동안 전체 인쇄 작업을 할 수 있는 충분한 디스크 공간이 필요<br>• 다른 작업을 병행하여 수행할 수 있는 장점이 있음 |
| **바로 인쇄 시작** | • 첫 쪽이 스풀되면 바로 인쇄되어 인쇄 프로그램을 더 빨리 사용하고 디스크 공간을 적게 사용<br>• 전체 인쇄 시간은 길어짐 |
| **스풀 기능을 사용하지 않고 인쇄** | • 인쇄할 문서를 스풀링하지 않고 인쇄하는 것<br>• 인쇄 자체에 걸리는 시간은 짧아짐 |

> **기적의 TIP**
> [인쇄 관리자] 창에서 표시되어 할 수 있는 일과 [프린터 속성]에서 표시되는 것을 비교하여 기억하세요.

## 04 문서 인쇄 24년 상시, 23년 상시, 22년 상시, 18년 3월, 16년 3월, 15년 10월, 14년 6월, 13년 10월, 11년 6월/3월, …

- 앱(프로그램)에서 문서를 인쇄하면 작업 표시줄의 알림 영역에 프린터 아이콘( )이 표시된다.
- 프린터 아이콘을 더블클릭하면 인쇄 중인 문서의 이름, 상태(스풀링, 일시 중지, 인쇄 중), 소유자, 페이지 수, 크기, 제출, 포트가 표시된다.
- [프린터 및 스캐너] 창에서 [대기열 열기]를 클릭하여 인쇄 관리자 창을 열기할 수 있다.
- 인쇄 관리자 창에서 필요에 따라 드래그 앤 드롭하여 인쇄할 문서의 인쇄 순서를 변경한다.
- 문서 이름을 선택하여 바로 가기 메뉴에서 인쇄를 취소하거나 일시 중지, 다시 시작을 할 수 있다.
- 대기 중인 문서에 대해 용지 방향, 용지 공급, 인쇄 매수와 같은 설정은 볼 수 있으나, 문서 내용을 변경할 수는 없다.
- [프린터] 메뉴 중 [모든 문서 취소]는 스풀러에 저장된 모든 문서의 인쇄를 취소한다.

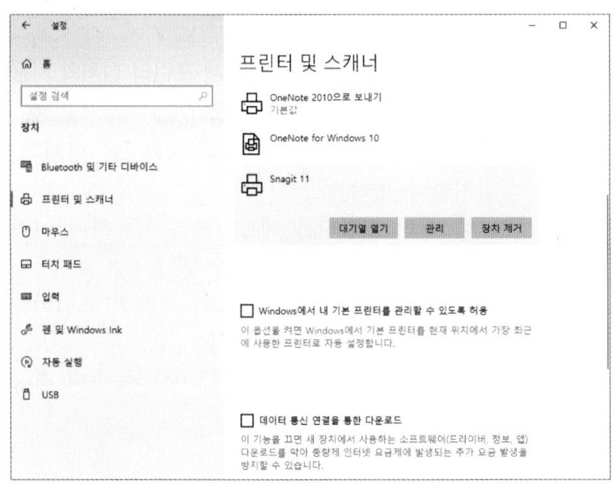


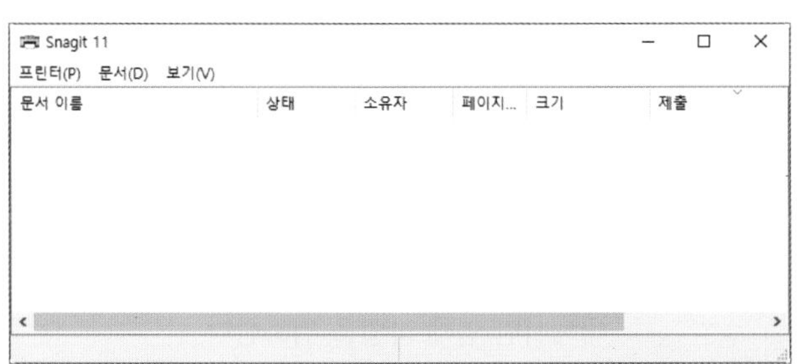


> ✔ 개념 체크
>
> 1 프린터 속성의 [고급] 탭에서 스풀 여부를 설정하면 인쇄를 하면서 다른 작업을 할 수 있고, 인쇄 처리 속도도 빨라진다. (O, X)
>
> 2 기본 프린터는 삭제한 후 다시 설정할 수 있다. (O, X)
>
> 1 X 2 O

## 이론을 확인하는 기출문제

**01** **다음 중 한글 Windows 10에서 프린터의 스풀(Spool) 기능에 대한 설명으로 옳지 않은 것은?**

① 고속의 CPU 처리 속도와 저속의 출력 장치의 문제를 해결하므로 컴퓨터 시스템의 효율성을 증가시킬 수 있다.

② 프린터에 인쇄하기 전에 인쇄 내용을 하드 디스크에 임시로 보관한다.

③ 스풀 기능을 사용하려면 스풀에 사용될 디스크의 추가 용량이 필요하다.

④ 인쇄의 효율성을 위하여 인쇄가 끝날 때까지 CPU가 다른 데이터를 처리하지 못하도록 독점하는 기능이다.

스풀이란 프린터와 같은 저속의 입 · 출력 장치를 상대적으로 빠른 중앙 처리 장치와 병행하여 작동시켜 컴퓨터 전체의 처리 효율을 높이는 기능이다.

**02** **다음 중 한글 Windows 10에서 설치된 프린터의 바로 가기 메뉴에 있는 [프린터 속성]을 선택하여 표시되는 프린터 속성 상자에 대한 설명으로 옳지 않은 것은?**

① [일반] 탭 : 프린터 모델명 확인과 인쇄 기본 설정

② [공유] 탭 : 프린터를 네트워크상의 다른 컴퓨터와 공유할 것인지를 결정하고 추가 드라이버를 설치

③ [포트] 탭 : 프린터 포트를 선택하고 새로운 포트를 추가하거나 삭제

④ [고급] 탭 : 프린터 시간을 제어하고 인쇄 해상도를 설정하며, 테스트 페이지 인쇄 등을 지정

인쇄 해상도 설정과 테스트 페이지 인쇄는 [일반] 탭에서 실행해야 한다.

정답 01 ④ 02 ④

**03** **다음 중 한글 Windows 10에서 프린터 설치에 대한 설명으로 옳지 않은 것은?**

① 10대 이상의 프린터도 설치할 수 있으며 기본 프린터는 하나의 프린터만 설정할 수 있다.
② 공유된 프린터를 네트워크 프린터로 설정하여 설치할 수 있다.
③ LAN 카드가 설치되어 IP 주소가 부여된 프린터를 로컬 프린터로 설치할 수 있다.
④ 공유된 프린터는 기본 프린터로 설정할 수 없다.

공유 프린터도 기본 프린터로 설정할 수 있다.

**04** **다음 중 한글 Windows 10에서 네트워크상에 있는 다른 컴퓨터에 연결된 프린터를 공유하고자 할 때 작업 순서로 옳은 것은?**

ⓐ 프린터 이름 입력 확인
ⓑ [네트워크, 무선 또는 Bluetooth 프린터 추가] 선택
ⓒ [장치 및 프린터] 창에서 [프린터 추가] 클릭
ⓓ 프린터 선택

① ㉠ → ㉡ → ㉢ → ㉣
② ㉢ → ㉡ → ㉣ → ㉠
③ ㉢ → ㉠ → ㉣ → ㉡
④ ㉣ → ㉠ → ㉡ → ㉢

프린터 설치 순서는 [프린터 추가]를 실행 → 시스템에 연결된 방법에 따라 로컬 프린터와 네트워크 프린터를 검색 → 프린터를 선택 → 프린터 이름 표시되고 [테스트 페이지 인쇄]와 [마침]을 선택하면 완료된다.

**05** **다음 중 한글 Windows 10에서 기본 프린터에 관한 설명으로 옳지 않은 것은?**

① 사용할 프린터를 마우스 오른쪽 단추로 클릭한 다음 [기본 프린터로 설정]을 클릭한다.
② 현재 기본 프린터를 해제하려면 다른 프린터를 기본 프린터로 설정하면 된다.
③ 인쇄 시 특정 프린터를 지정하지 않으면 자동으로 기본 프린터로 인쇄 작업이 전달된다.
④ 기본 프린터만 바탕 화면에 바로 가기 아이콘을 만들 수 있다.

기본 프린터와 일반 프린터 모두 바로 가기 아이콘을 만들 수 있다.

**06** **다음 중 한글 Windows 10에서 프린터 설치와 사용에 관한 설명으로 옳지 않은 것은?**

① 이미 설치된 프린터도 다른 이름으로 다시 설치할 수 있다.
② 한 대의 프린터를 네트워크로 공유하여 여러 대의 컴퓨터에서 사용할 수 있다.
③ 스풀 기능은 저속의 CPU와 고속의 프린터를 병행 사용할 때 효율적이다.
④ 기본 프린터는 한 대만 설정이 가능하며 변경도 가능하다.

스풀 기능은 저속의 프린터와 고속의 CPU 장치를 병행 사용할 때 속도 차이를 극복하기 효율적인 기능이다.

**07** **다음 중 한글 Windows 10에서 문서 인쇄에 대한 설명으로 옳지 않은 것은?**

① [프린터] 메뉴 중 [모든 문서 취소]는 스풀러에 저장되어 있는 문서 중 오류가 발생한 문서에 대해서만 인쇄 작업을 취소한다.
② 일단 프린터에서 인쇄 작업이 시작된 경우라도 잠시 중지시켰다가 다시 인쇄할 수 있다.
③ 인쇄 대기 중인 문서를 삭제하거나 출력 대기 순서를 임의로 조정할 수 있다.
④ 인쇄 중 문제가 발생한 인쇄 목록을 확인할 수 있다.

[모든 문서 취소]를 선택하면 스풀러에 저장된 모든 문서에 대해 인쇄 작업을 취소할 수 있다.

정답 03 ④ 04 ② 05 ④ 06 ③ 07 ①

CHAPTER 04

# 한글 윈도우의 고급 사용법

학습 방향

출제 비율이 매우 높은 챕터로 한글 윈도우 10의 각종 사용 환경을 설정하는 곳입니다. 제어판의 구성 항목과 각 탭마다 항목의 기능까지 자세히 학습해야 합니다. 특히 개인 설정, 접근성 센터, 장치 관리자, 시스템, 프로그램 및 기능 등에 대한 문제는 매회 출제되고 있습니다.

출제빈도

| | | |
|---|---|---|
| SECTION 01 | 상 | 45% |
| SECTION 02 | 중 | 25% |
| SECTION 03 | 중 | 30% |

SECTION 01

# 한글 윈도우 환경 설정하기

합격 강의

출제빈도 (상) 중 하
반복학습 1 2 3

빈출 태그 개인 설정 • 화면 보호기 • 디스플레이 • 접근성 설정 • 사용자 계정 관리

## 01 제어판 및 Windows 설정

- 한글 윈도우 10을 효율적으로 사용하기 위해 환경을 설정한다.
- 환경 설정은 [제어판]이나 Windows [설정]을 활용해야 한다.
- 디스플레이, 사용자 계정 만들기 등 윈도우 10 시스템의 설정 및 사용 환경을 변경하기 위한 곳이다.

### 1) [제어판]의 실행

- Windows 운영체제의 작업 환경에 도움이 되는 여러 가지 환경을 설정한다.
- 제어판의 항목은 사용자가 변경할 수 없고 보기 기준은 그룹별로 묶어놓은 '범주', '큰 아이콘', '작은 아이콘' 보기로 변경할 수 있다.

| 방법 1 | [시작]-[Windows 시스템]-[제어판]을 클릭 |
|---|---|
| 방법 2 | [시작]-[Windows 시스템]-[실행]에서 'control'을 입력 |
| 방법 3 | [시작] 단추 오른쪽의 [검색( )] 상자에서 '제어판'을 입력 |

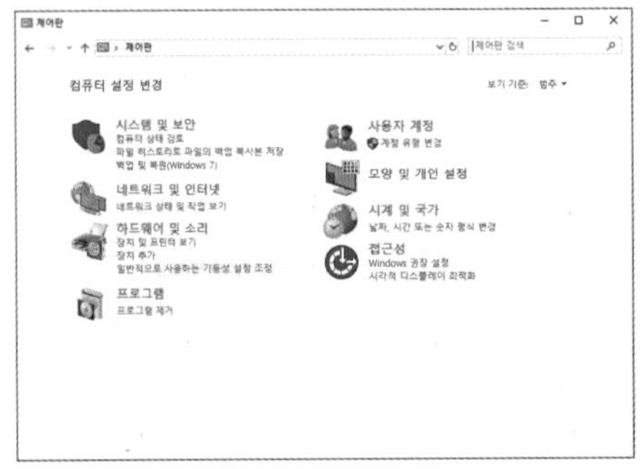
▲ 범주별 보기

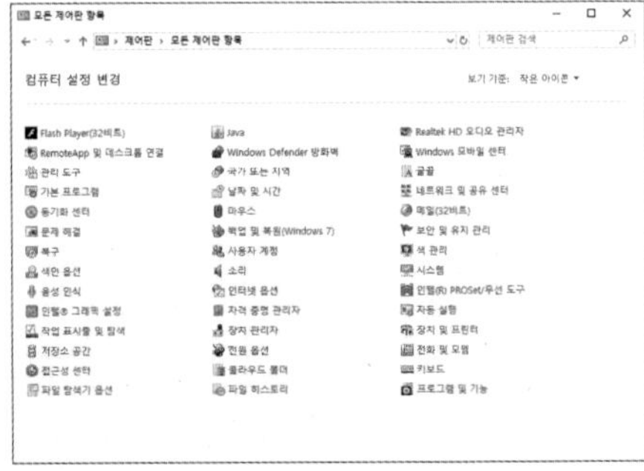
▲ 작은 아이콘 보기

### 2) Windows [설정] 실행

- 제어판의 기능 중 자주 사용하는 기능에 대해 그룹별로 사용하기 쉽게 구성하였다.
- PC나 태블릿이나 터치 환경에 쉽게 사용할 수 있도록 하였다.

| 방법 1 | [시작]-[설정]을 클릭 |
|---|---|
| 방법 2 | [시작]단추의 바로 가기 메뉴에서 [설정]을 클릭 |
| 방법 3 | [시작] 단추 오른쪽의 [검색( )] 상자에서 '설정'을 입력 |

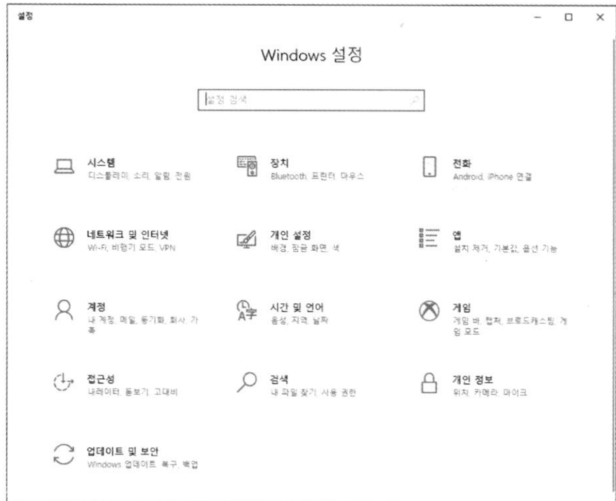


## 02 개인 설정 24년 상시, 23년 상시, 22년 상시, 21년 상시, 20년 2월, 19년 8월, 18년 3월, 12년 6월, 09년 7월/4월, …

바탕 화면의 배경, 잠금 화면, 색, 테마 등에 대한 설정을 할 수 있다.

| 방법 1 | [시작]-[설정]-[개인 설정]을 클릭 |
|---|---|
| 방법 2 | 바탕 화면의 바로 가기 메뉴에서 [개인 설정]을 클릭 |
| 방법 3 | [시작]-[Windows 시스템]-[제어판]-[모양 및 개인 설정] 범주를 클릭 |

### 1) 배경

- Windows 바탕 화면으로 사용할 배경 사진을 선택한다. 배경 화면으로 슬라이드 쇼를 만들려면 사진을 두 개 이상 선택하여 바탕 화면의 배경 무늬를 지정한다.
- 사진의 맞춤 선택은 채우기, 맞춤, 확대, 바둑판식 배열, 가운데, 스팬 중 선택한다.
- 바탕 화면에 배경 무늬를 지정하는 형식으로 .BMP, .JPG, .GIF, .PNG, TIF 등의 이미지 파일 형식을 배경 화면으로 선택할 수 있다.

1 개인 설정에서 바탕 화면의 배경, 잠금 화면, 색, 테마, 소리에 대한 설정을 조정할 수 있다. (O, X)

1 X

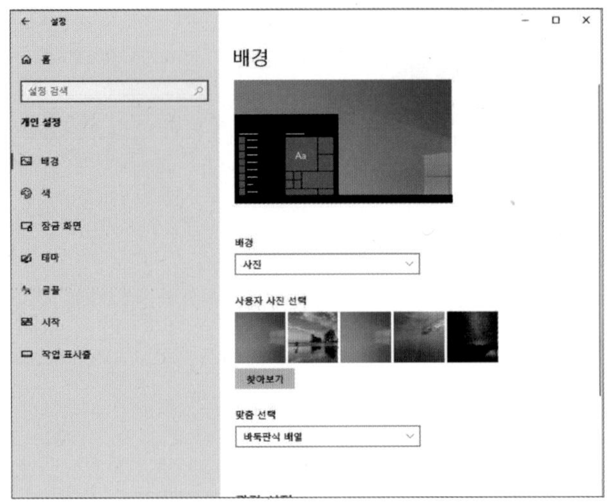

### 2) 색

- 기본 Windows 모드 선택, 기본 앱 모드 선택, 투명 효과를 설정한다.
- 제목 표시줄 및 창 테두리, 시작 메뉴, 작업 표시줄 및 알림 센터 등의 색을 밝게, 어둡게, 사용자 지정으로 변경한다.
- 자동으로 내 배경 화면에서 테마 컬러를 선택하여 색을 지정할 수 있다.

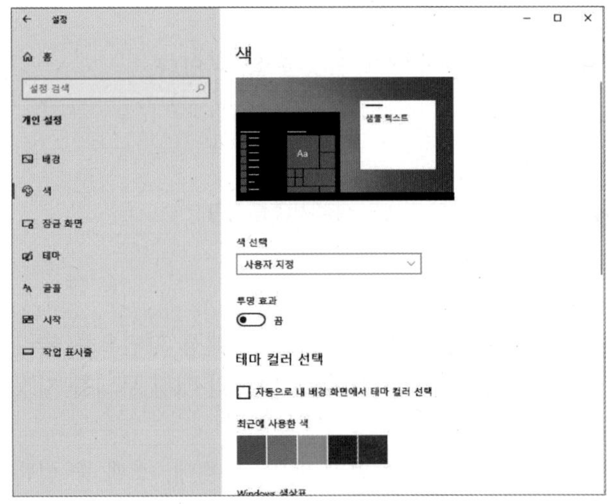

### 3) 잠금 화면(화면 보호기) 24년 상시, 23년 상시

- Windows 추천, 사진, 슬라이드 쇼, 사용자 사진 선택으로 잠금 화면을 설정한다.
- [화면 시간 제한 설정]을 하여 화면이나 전원 사용 시 지정 시간이 경과하면 끄기와 절전 모드 시간을 설정한다.

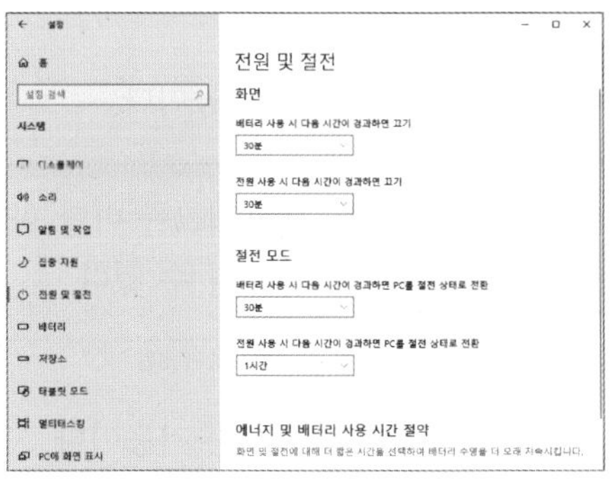


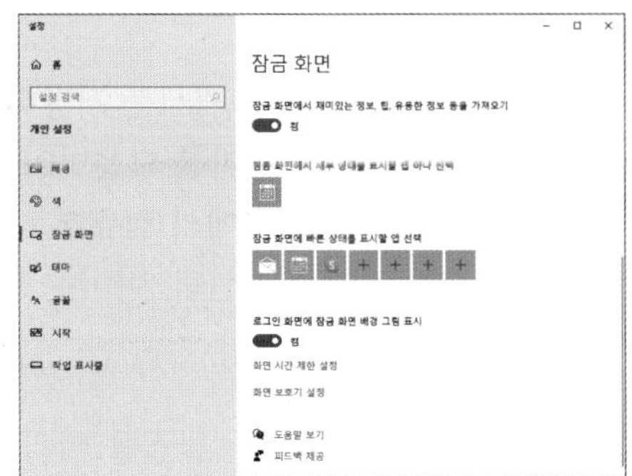


- 화면 보호기 설정은 모니터를 보호하기 위해 화면 보호 프로그램★을 지정하는 것으로 모니터를 장시간 켜두면 모니터의 수명이 단축되기 때문에 일정한 시간(1분~9999분)이 지나면 자동으로 화면에 움직이는 그림 등을 표시하여 모니터를 보호하는 화면 보호 프로그램을 지정한다.
- 화면 보호기를 사용하다가 마우스나 키보드를 살짝 누르면 원래의 화면으로 되돌아온다.
- 한글 Windows 10은 화면 보호기에 별도로 암호를 설정할 수 없고 [다시 시작할 때 로그온 화면 표시]를 선택하면 보호기 실행 중 컴퓨터를 다시 시작할 때 로그온 창을 표시한다.

★ **화면 보호 프로그램**
일정 시간 키보드와 마우스를 움직이지 않았을 때 움직이는 이미지나 텍스트 등을 표시하여 모니터 화면에 손상이 가지 않게 하기 위한 프로그램

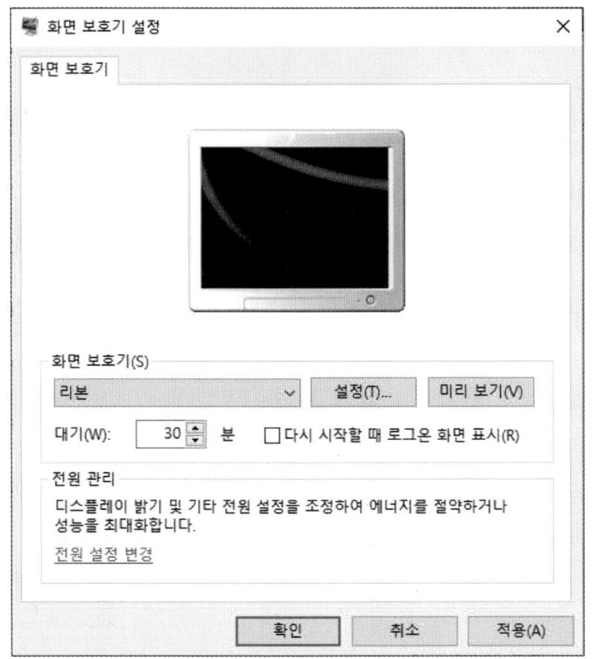


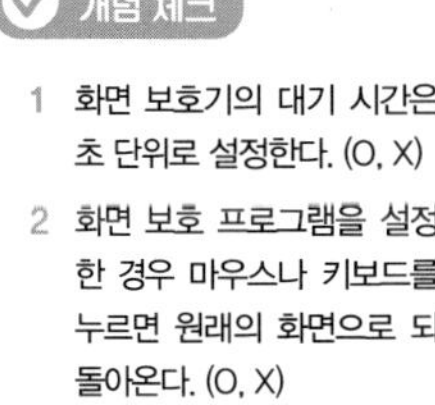
개념 체크

1 화면 보호기의 대기 시간은 초 단위로 설정한다. (O, X)

2 화면 보호 프로그램을 설정한 경우 마우스나 키보드를 누르면 원래의 화면으로 되돌아온다. (O, X)

1X 2O

### 4) 테마

- 배경, 색, 소리, 마우스 커서를 저장하여 한꺼번에 변경시키는 기능이다.
- 앱 스토어에서 많은 테마를 다운받아 사용할 수 있다.
- 바탕 화면 아이콘 설정에서 컴퓨터, 휴지통, 문서, 제어판, 네트워크를 바탕 화면에 표시할 아이콘의 선택, 아이콘 모양 변경과 기본값 복원을 할 수 있다.

### 5) 글꼴 24년 상시, 23년 상시, 22년 상시, 21년 상시, 12년 9월, 11년 9월, 10년 5월/3월, 09년 7월, 08년 2월, 07년 10월, …

- 컴퓨터에 설치되어 있는 글꼴을 미리 보기하여 표시, 삭제, 숨기는 기능이다.

- 설치할 글꼴을 [제어판]의 [글꼴] 폴더로 끌어서 설치할 수 있다.
- 글꼴은 'C:₩Windows₩Fonts' 폴더를 사용하며 이곳에 파일을 복사하면 각종 윈도우용 응용 프로그램에서 사용할 수 있다.
- 글꼴 아이콘을 더블클릭하면 글꼴 이름, 버전, 글꼴 크기(12~72포인트)를 확인하고 인쇄도 할 수 있다.
- 폰트 파일★의 확장자는 TTF, TTC, FON 등으로 표시되고, 인터넷에서 다운받아 추가할 수 있다.
- 글꼴의 바로 가기를 사용하여 글꼴 설치를 허용할 수 있다.
- 글꼴의 종류로 윤곽선 글꼴(트루타입★, 오픈타입★, 벡터★ 글꼴, 래스터★ 글꼴, 포스트스크립트★)을 제공한다.
- 설치된 글꼴은 바로 가기 메뉴의 [삭제]를 통해 삭제할 수 있다.

**★ 폰트 파일**
포토샵이나 나모웹에디터 등의 응용 프로그램을 설치하면 C:₩Windows₩Fonts 폴더에 새로운 다양한 글꼴이 추가되고 이 글꼴은 메모장과 같은 응용 프로그램에서 사용할 수 있음

**★ 트루타입**
선과 곡선으로 구성된 글꼴로, Windows에서 기본적으로 사용되며 글꼴 크기와 관계없이 선명하고 읽기 쉽게 표시

**★ 오픈타입**
트루타입의 확장된 글꼴로 작은 대문자 표시, 이전 스타일 숫자 형식 지원, 보다 세밀한 모양을 표현 가능

**★ 벡터**
점과 점 사이에서 이어지는 선의 집합으로 정의된 글꼴

**★ 래스터**
점으로 만든 비트맵 글꼴

**★ 포스트스크립트**
매끄럽고 정밀하고 고품질의 글꼴로, 전문가 수준의 인쇄 작업에 자주 사용됨

## 03 디스플레이 23년 상시, 22년 상시, 21년 상시, 15년 6월, 12년 6월

• 컴퓨터의 모니터 화면에 대한 설정을 한다.

| 방법 1 | [시작]-[설정]-[시스템]-[디스플레이]를 클릭 |
|---|---|
| 방법 2 | 바탕 화면의 바로 가기 메뉴에서 [디스플레이 설정]을 클릭 |

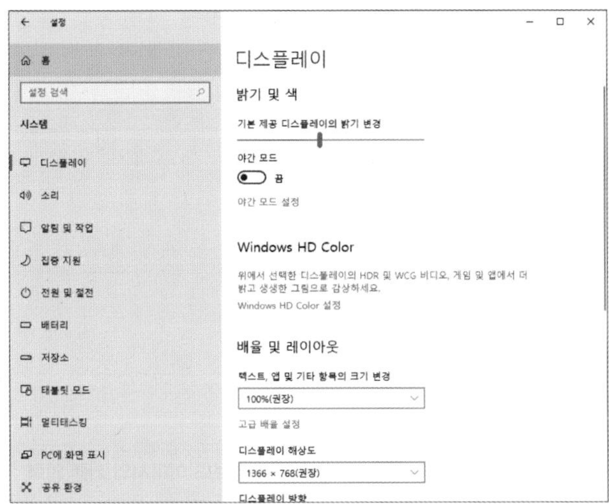


• 기본 제공되는 디스플레이의 밝기를 변경하고 야간 모드를 설정한다.
• 야간 모드에서 시간을 설정하면 밤에 사용자의 숙면을 방해하는 청색광을 차단하여 숙면을 도와준다.
• 배율 및 레이아웃에서 화면에 표시되는 텍스트, 앱 및 기타 항목의 크기를 읽기 쉽게 100%(권장), 125%로 설정한다.
• 디스플레이 모니터의 종류에 따라 해상도를 설정하고 디스플레이 방향(가로, 세로)을 지정한다.
• 고급 디스플레이 설정에서 해상도와 색 형식, 색 공간 등의 정보를 표시하고, 어댑터의 속성을 표시하여 드라이버 업데이트를 할 수 있다.

**해상도와 화면의 크기**
화면의 해상도를 증가시키면 텍스트, 아이콘 등이 작게 보여지고, 해상도를 감소시키면 한꺼번에 볼 수 있는 내용은 줄어들지만 아이콘 등의 항목이 크게 표시됨

## 04 접근성 설정 24년 상시, 23년 상시, 22년 상시, 21년 상시, 20년 7월/2월, 16년 6월, 15년 6월/3월, 13년 6월, …

컴퓨터 시스템 사용자의 시각이나 청각적인 설정을 위해 다양한 옵션을 제공하여 컴퓨터를 사용하기 쉽게 만든다.

| 방법 1 | [시작]-[설정]-[접근성]을 클릭 |
|---|---|
| 방법 2 | [시작]-[Windows 시스템]-[제어판]-[접근성 센터]를 클릭 |

**개념 체크**

1 디스플레이에서 야간 모드 시간을 설정하면 사용자의 숙면을 방해하는 청색광을 차단하여 숙면을 도와준다. (O, X)

2 디스플레이 배율 및 레이아웃에서 화면에 표시되는 텍스트, 앱, 및 기타 항목의 크기를 100%, 125% 등으로 설정할 수 있다. (O, X)

1 O 2 O

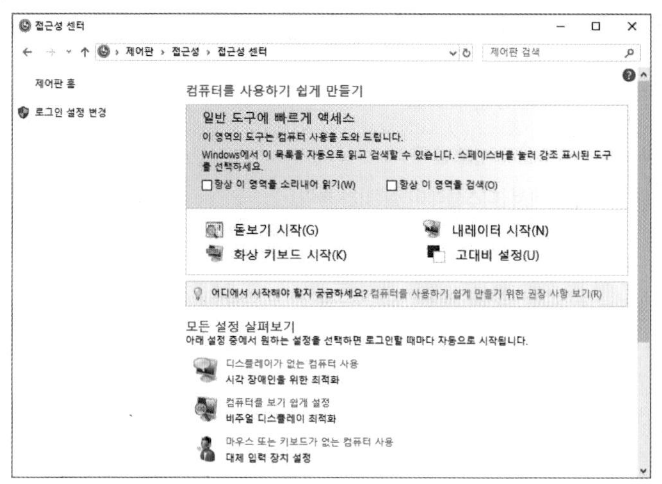


| 돋보기 시작 | • 돋보기를 사용하여 화면의 일부를 확대하여 표시<br>• [⊞]+[+] : 돋보기 켜기<br>• [⊞]+[Esc] : 돋보기 끄기 |
|---|---|
| **내레이터 시작** | • 화면의 내용을 소리내어 읽기<br>• [⊞]+[Ctrl]+[Enter] : 내레이터 켜기/끄기 |
| **화상 키보드 시작** | 화상 키보드를 표시하여 마우스나 다른 포인팅 장치로 키보드 이미지의 키를 입력하는 기능 |
| **고대비 설정** | • 고유 색을 사용하여 텍스트와 앱을 보기 쉽게 설정<br>• 왼쪽 [Alt]+왼쪽 [Shift]+[Print Screen] |

① [디스플레이가 없는 컴퓨터 사용]

- 내레이터 켜기 : 스피커를 켜고 내레이터가 화면의 모든 텍스트를 읽어준다.
- 오디오 설명 켜기 : 비디오에서 발생하는 상황에 대한 설명을 듣는다.
- 시간 제한 및 깜빡이는 시각 신호 조정 : 필요 없는 애니메이션을 모두 끄는 기능이다.

② [컴퓨터를 보기 쉽게 설정]

- 고대비 테마 선택 : 특수 색 구성표를 사용하여 모니터를 잘 보이게 하기 위해 왼쪽 [Alt]+왼쪽 [Shift]+[Print Screen]을 누르면 고대비 켜짐/꺼짐을 선택한다.
- 텍스트 및 설명 소리내어 읽기 : 내레이터 켜기와 오디오 설명 켜기를 설정한다.
- 돋보기 켜기 : 화면의 항목을 더 크게 하기 위해 돋보기 켜기 기능을 설정한다.
- 화면의 항목을 읽기 쉽도록 표시 : 포커스 영역을 더 두껍게 만들기, 필요 없는 애니메이션 모두 끄기, 배경 이미지 제거를 설정한다.

③ [마우스 또는 키보드가 없는 컴퓨터 사용]

• 화상 키보드 사용 : 화상 키보드로 입력 포인트 장치를 사용한다.
• 음성 인식 사용 : 음성 명령을 사용하여 Windows 작업을 수행한다(한국어는 지원 안됨).

④ [마우스를 사용하기 쉽게 설정]

• 마우스 포인터의 색과 크기를 변경한다.
• 마우스키 켜기 : 숫자 키패드를 사용하여 화면에서 마우스를 이동한다.
• 창을 쉽게 관리하기 : 마우스로 가리키면 창 활성화, 화면 가장자리로 이동할 때 창이 자동으로 배열되지 않도록 방지하는 기능이다.

⑤ [키보드를 사용하기 쉽게 설정]

| 마우스키 켜기 | 숫자 키패드로 화면에서 마우스를 이동 |
|---|---|
| 고정키 켜기 | • Ctrl+Alt+Delete와 같은 바로 가기 키를 한 번에 하나씩 입력하여 실행하기 위한 키<br>• 동시에 두 개의 키를 누르기 힘든 경우 키가 눌려 있는 상태로 고정하여 여러 키를 누르는 효과 |
| 토글키 켜기 | Caps Lock, Num Lock, Scroll Lock과 같이 두 가지 기능을 하는 키를 누를 때 신호음이 발생하도록 켜기 |
| 필터키 켜기 | 짧게 입력한 키나 반복되게 입력한 키를 무시하거나 늦추고 키보드의 반복 속도를 조정 |

⑥ [소리 대신 텍스트나 시각적 표시 방법 사용]

• 소리에 대한 시각적 알림 켜기와 시각적 경고를 선택한다.
• 음성 대화에 텍스트 자막 사용을 선택한다.

⑦ [보다 쉽게 작업에 집중할 수 있도록 설정]

• 보다 쉽게 작업에 집중할 수 있도록 설정하기 위해 로그인할 때마다 자동으로 내레이터 켜기, 배경 이미지 제거를 설정한다.
• 고정키, 토글키, 필터키 켜기, 필요 없는 애니메이션 모두 끄기, 창을 쉽게 관리하기 등을 설정한다.

⑧ [터치 및 태블릿을 사용하기 쉽게 설정]

• 터치 및 태블릿을 사용하기 쉽게 설정하기 위해 로그인할 때마다 자동으로 시작되도록 설정한다.
• 태블릿에서 Windows 단추와 볼륨 크게 단추를 함께 누르면 접근성 도구를 시작하도록 설정한다.

**기적의 TIP**

마우스키, 고정키, 필터키, 토글키의 기능을 구별해 두세요. 키의 사용법이 자주 출제되었습니다.

**개념 체크**

1 컴퓨터 시스템 사용자의 시각이나 청각의 설정을 위해 다양한 옵션을 제공하여 사용하기 쉽게 만드는 것은 '(　　) 설정'이다.

2 접근성 설정에서 '(　　) 시작' 기능으로 화면의 내용을 소리내어 읽도록 설정할 수 있다.

1 접근성 2 내레이터

## 05 사용자 계정 관리

24년 상시, 23년 상시, 21년 상시, 20년 7월, 19년 3월, 17년 3월, 16년 6월/3월, 14년 6월, …

• 한글 Windows 10에서는 사용자 계정을 통해 시스템의 사용 권한을 제한하고 설정한다.

| 방법 1 | [시작]-[설정]-[계정]을 클릭 |
|---|---|
| 방법 2 | [시작]-[Windows 시스템]-[제어판]-[사용자 계정]을 클릭 |

• [PC 설정에서 내 계정 변경]은 내 마이크로소프트 계정 관리와 사용자 계정에 사용할 사진을 변경한다.
• [계정 이름 변경]은 계정에 사용할 이름을 변경하여 시작 화면에 표시한다.
• [계정 유형 변경]에는 표준과 관리자 계정이 있다.

| | |
|---|---|
| **표준 계정** | • 내 컴퓨터에 설치된 대부분의 소프트웨어를 사용할 수 있음<br>• 다른 사용자나 이 PC의 보안에 영향을 주지 않는 시스템 설정을 변경할 수 있음 |
| **관리자 계정** | • 내 컴퓨터를 안전하게 제어하는 계정(유해한 프로그램 차단)<br>• 모든 설정을 변경하고 내 컴퓨터에 저장된 모든 파일 및 프로그램에 액세스하여 사용할 수 있음 |

• [다른 계정 관리]는 변경할 다른 계정을 선택할 수 있다.
• [사용자 계정 컨트롤 설정 변경]에서 사용자 계정 컨트롤은 유해한 프로그램이 컴퓨터를 변경하는 것을 방지하는 데 도움을 준다. 4가지 조건 중 선택하여 사용한다.

| | |
|---|---|
| 다음의 경우 항상 알림 | 앱에서 사용자 모르게 소프트웨어를 설치하거나 컴퓨터를 변경하려는 경우 알림 |
| 앱에서 사용자 모르게 컴퓨터를 변경하려는 경우에만 알림(기본값) | 사용자가 직접 Windows 설정을 변경하는 경우 미리 알리지 않음 |
| 앱에서 사용자 모르게 컴퓨터를 변경하려는 경우에만 알림(바탕 화면을 흐리게 표시하지 않음) | 컴퓨터의 바탕 화면을 흐리게 표시하는 데 시간이 오래 걸리는 경우에는 이 옵션을 사용 |
| 다음의 경우 항상 알리지 않음<br>(사용자 계정 컨트롤 끄기) | • 앱에서 사용자 모르게 소프트웨어를 설치하거나 컴퓨터를 변경하려는 경우<br>• 사용자가 직접 Windows 설정을 변경하는 경우 |

## 06 시간 및 언어 설정

| | |
|---|---|
| 방법 1 | [시작]-[설정]-[시간 및 언어]를 클릭 |
| 방법 2 | [시작]-[Windows 시스템]-[제어판]-[날짜 및 시간]/[국가 또는 지역]을 클릭 |

### 1) 날짜 및 시간

| | |
|---|---|
| [날짜 및 시간] 탭 | • 날짜와 시간을 확인하고 변경<br>• 표준 시간대 변경 |
| [추가 시계] 탭 | • 시계를 추가하여 다른 표준 시간대의 시간을 표시<br>• 작업 표시줄의 시계를 클릭하거나 가리키면 추가된 시계를 보여줌 |
| [인터넷 시간] 탭 | • 예약된 일정에 따라 자동으로 동기화되도록 설정<br>• 인터넷 시간 서버와 동기화 시 서버 선택과 업데이트 |

### 2) 국가 또는 지역

| | |
|---|---|
| [형식] 탭 | 나라별 기본 설정 변경(날짜, 시간, 요일 형식) |
| [관리자 옵션] 탭 | • 현재 사용자의 국가/언어 설정을 확인하고 시작 화면 및 새 사용자 계정으로 복사<br>• 유니코드를 지원하지 않는 프로그램용 언어를 제어 |

### 3) 음성

- 사용자가 말하는 기본 언어를 선택하고 장치 및 앱에 사용할 음성을 관리한다.
- 음성 인식을 위해 마이크를 설정한다.

**개념 체크**

1 관리자 계정은 유해한 프로그램이 컴퓨터를 변경하는 것을 방지하도록 사용자 계정 컨트롤 설정을 변경할 수 있다. (O, X)

2 관리자 계정은 다른 관리자 계정을 포함하여 모든 계정의 암호를 변경할 수는 없다. (O, X)

1 O 2 X

## 07 집중 지원

• 보거나 듣고 싶은 알림을 선택하여 집중력을 유지한다.
• [시작]–[설정]–[시스템]–[집중 지원]을 클릭한다.

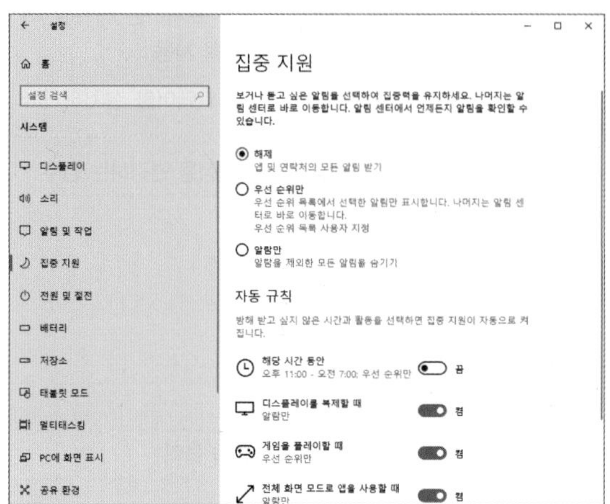

• 자동 규칙을 활용하여 해당 시간 동안, 디스플레이를 복제할 때, 게임을 플레이할 때, 전체 화면 모드로 앱을 사용할 때를 설정한다.

## 08 전원 설정 23년 상시, 22년 상시, 21년 상시

| | |
|---|---|
| **방법 1** | [시작]–[설정]–[시스템]–[전원 및 절전]을 클릭 |
| **방법 2** | [시작]–[Windows 시스템]–[제어판]–[전원 옵션]을 클릭 |

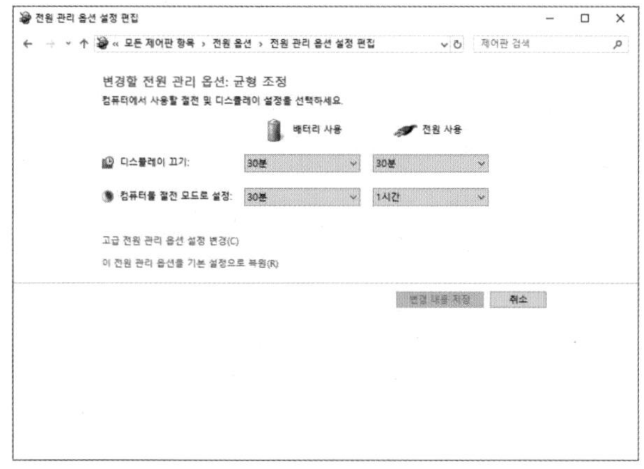

| | |
|---|---|
| **디스플레이 끄기** | • 배터리 사용시 지정한 시간이 경과하면 끄기 설정<br>• 전원 사용 시 지정한 시간이 경과하면 끄기 설정 |
| **절전 모드★** | • 배터리 사용 시 지정한 시간이 경과하면 PC를 절전 상태로 전환<br>• 전원 사용 시 지정한 시간이 경과하면 PC를 절전 상태로 전환 |

최대 절전 모드에서는 속도가 느려질 수 있음

★ 절전 모드
전력 소모가 거의 없고 PC 시작 속도가 빨라서 마지막으로 종료한 부분에서 즉시 이어서 작업할 수 있는 모드. 배터리 잔량이 부족할 경우 사용

## 이론을 확인하는 기출문제

**01** 한글 Windows 10의 사용자 계정 유형 중 다음과 같은 권한을 갖는 것은?

> 프로그램, 하드웨어 등을 설치하거나 중요한 파일을 삭제할 수 없고, 자신의 계정 이름 및 계정 유형을 변경할 수 없지만, 이미 설치된 프로그램을 실행하거나 테마, 바탕 화면 설정, 관리자 암호를 입력하여 자신의 계정에 대한 암호 등을 설정할 수 있다.

① 관리자 계정
② 표준 사용자 계정
③ Guest 계정
④ 임시 사용자 계정

오답 피하기

- 표준 계정 : 내 컴퓨터에 설치된 대부분의 소프트웨어를 사용할 수 있고 다른 사용자나 이 PC의 보안에 영향을 주지 않는 시스템 설정을 변경할 수 있음
- 관리자 계정 : 내 컴퓨터를 안전하게 제어하는 계정으로 모든 설정을 변경하고 내 컴퓨터에 저장된 모든 파일 및 프로그램에 액세스하여 사용할 수 있음

**02** 다음 중 한글 Windows 10의 화면 보호기에 대한 설명으로 옳지 <u>않은</u> 것은?

① 사용자 계정에 암호가 설정되어 있지 않아도 화면 보호기의 암호를 사용할 수 있다.
② 일정 시간 모니터에 전달되는 정보에 변화가 없을 때 화면 보호기가 작동되게 설정한다.
③ 화면 보호기는 마우스를 움직이거나 키보드에서 임의의 키를 누르면 해제된다.
④ 대기 시간, 다시 시작할 때 로그온 화면 표시를 지정할 수 있다.

사용자 계정에 암호를 설정한 후 [다시 시작할 때 로그온 화면 표시]를 체크하여 화면 보호기 암호를 사용할 수 있다.

**03** 다음 중 한글 Windows 10의 [접근성 센터] 창에서 수행 가능한 작업에 대한 설명으로 옳지 <u>않은</u> 것은?

① 돋보기 기능을 사용하면 화면에서 원하는 영역을 확대할 수 있다.
② 내레이터 시작 기능을 사용하면 화면의 텍스트를 소리 내어 읽어 줄 수 있다.
③ 청각 장애가 있는 사용자를 위해 경고음 등의 시스템 소리를 화면 깜박임과 같은 시각적 신호로 표시되도록 지정할 수 있다.
④ 화상 키보드 기능을 사용하여 마우스 포인터의 모양을 변경하거나 포인터의 이동 속도를 변경할 수 있다.

화상 키보드는 마우스나 다른 포인팅 장치로 키보드 이미지의 키를 입력하는 기능이다.

**04** 한글 Windows 10의 [제어판]에 있는 [글꼴]에 대한 설명으로 옳지 <u>않은</u> 것은?

① [제어판]의 [글꼴] 아이콘을 실행하여 표시되는 [글꼴] 창에서 글꼴을 복사 또는 삭제할 수 있다.
② Windows 10 환경에서는 윤곽선 트루타입 글꼴, 포스트스크립 글꼴, 오픈타입 글꼴을 사용한다.
③ Windows 10 환경에서 사용되는 글꼴 파일은 C:₩Windows₩Fonts 폴더에 설치되어 있다.
④ Fonts 폴더에 설치된 글꼴은 [Windows 보조 프로그램]의 [그림판]에서는 사용할 수 없다.

Fonts 폴더의 글꼴은 윈도우용 프로그램에서 모두 사용할 수 있다.

정답 01 ② 02 ① 03 ④ 04 ④

**05** 다음 중 한글 Windows 10의 [개인 설정] 창에서 할 수 있는 작업으로 옳지 않은 것은?

① 바탕 화면에 새로운 테마를 지정하여 적용할 수 있다.
② 화면 보호기 설정을 사용하여 화면의 해상도를 변경할 수 있다.
③ 사용 가능한 글꼴을 추가하거나 확인할 수 있다.
④ 창 테두리, 시작 메뉴, 작업 표시줄의 색을 변경할 수 있다.

화면의 해상도 설정은 [설정]-[시스템]-[디스플레이]에서 변경한다.

**06** 다음 중 한글 Windows 10의 시작 메뉴에 있는 [전원]과 [USER] 단추의 펼침 메뉴에 관한 설명으로 옳지 않은 것은?

① 계정 설정 변경 : 현재 로그온한 사용자 계정 작업 상태를 그대로 두고 다른 사용자의 계정으로 전환하여 컴퓨터에 손쉽게 로그온할 수 있다.
② 로그아웃 : 사용하던 프로그램은 모두 닫히지만 컴퓨터는 꺼지지 않는다.
③ 잠금 : 사용 중인 사용자 계정에 암호가 설정된 경우 컴퓨터를 켜놓은 상태로 잠그면 사용자 암호를 입력해야만 잠금을 해제할 수 있다.
④ 다시 시작 : 변경된 Windows 설정을 저장하고 메모리에 있는 모든 정보를 이동식 디스크에 저장한 후에 시스템을 다시 시작한다.

다시 시작은 변경된 Windows 설정을 저장하고 메모리에 있는 모든 정보를 하드디스크에 저장한 후에 시스템을 재부팅하는 기능이다.

**07** 다음 중 한글 Windows 10의 잠금 화면에 대한 설명으로 옳지 않은 것은?

① Windows 추천, 사진, 슬라이드 쇼, 사용자 사진으로 잠금 화면을 설정한다.
② 화면 시간제한 설정을 하여 화면이나 전원 사용 시 지정 시간이 경과하면 끄기를 설정한다.
③ 화면 보호기 설정은 일정 시간이 지나면 자동으로 화면에 움직이는 그림 등을 표시하여 화면을 보호한다.
④ 화면 보호기에 별도로 암호를 설정할 수 있어 암호를 입력하여 시스템을 재시작할 수 있다.

한글 Windows 10은 화면 보호기 설정에서 [다시 시작할 때 로그온 화면 표시]를 선택하면 보호기 실행 중 컴퓨터를 다시 시작할 때 사용자 계정에서 설정한 암호를 입력해야 한다.

**08** 한글 Windows 10의 화면 보호기에 대한 설명으로 옳지 않은 것은?

① 화면 보호 프로그램을 설정하면 마우스나 키보드를 누르면 원래의 화면으로 되돌아온다.
② 화면 보호기에서 사진, 슬라이드 쇼 등으로 선택하여 잠금 설정을 한다.
③ 화면 보호기의 대기 시간은 초 단위로 설정한다.
④ 화면 보호기에 별도로 암호를 설정할 수 없고 [다시 시작할 때 로그온 화면 표시]를 선택하면 보호기 실행 중 컴퓨터를 다시 시작할 때 로그온하여 실행한다.

화면 보호기는 초 단위가 아니라 1~9999의 분 단위로 설정할 수 있다.

정답 05 ② 06 ④ 07 ④ 08 ③

SECTION 02

# 장치 관리하기

합격 강의

출제빈도 상 (중) 하
반복학습 1 2 3

빈출 태그 시스템 • 장치 관리자 • 마우스 • 키보드

## 01 시스템 24년 상시, 21년 상시, 19년 3월, 17년 9월, 15년 6월/3월, 12년 9월, 11년 6월/3월, 10년 9월, 09년 4월/2월, …

• 컴퓨터에 대한 기본 정보 보기를 확인하고 여러 가지 시스템 설정을 할 수 있다.

| | |
|---|---|
| **방법 1** | [시작]-[설정]-[시스템]-[정보]를 클릭 |
| **방법 2** | [시작]-[Windows 시스템]-[제어판]-[시스템]을 클릭 |
| **방법 3** | 내 PC(내 컴퓨터)의 바로 가기 메뉴의 [속성]을 선택 |

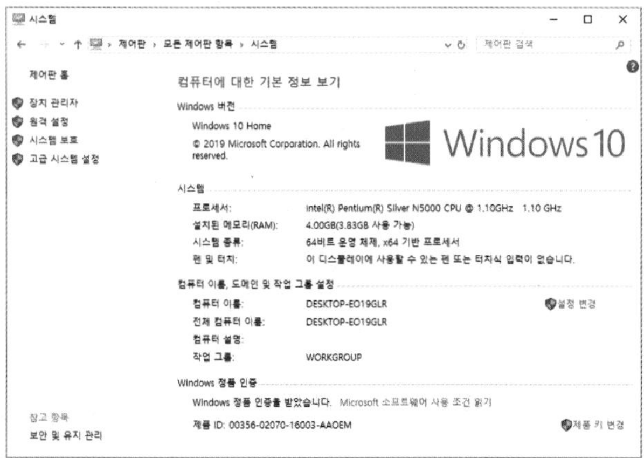


• 윈도우 운영체제 버전, 시스템 프로세서, 설치된 메모리 용량, 시스템 종류를 확인한다.

• 컴퓨터 이름과 전체 컴퓨터 이름, 작업 그룹에 대한 정보를 표시한다.

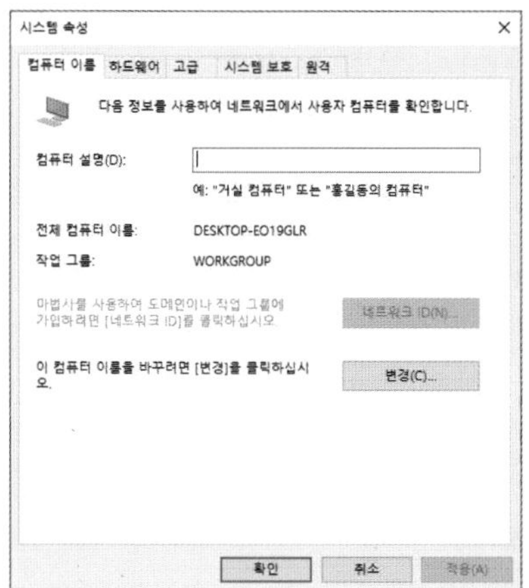

| [컴퓨터 이름] 탭 | 컴퓨터 설명, 컴퓨터 이름 변경, 작업 그룹 이름 표시와 변경 |
|---|---|
| [하드웨어] 탭 | • 컴퓨터에 설치된 하드웨어 장치 관리자 속성 변경<br>• 각 장치에 대해 제조업체 앱과 사용자 지정 아이콘 다운로드 여부 |
| [고급] 탭 | • 성능 : 시각 효과, 프로세서 일정, 메모리 사용 및 가상 메모리 설정<br>• 사용자 프로필 : 사용자 로그온에 관련된 바탕 화면 설정<br>• 시작 및 복구 : 시스템 시작, 시스템 오류 및 디버깅 정보<br>• 환경 변수 : 현재 로그온 사용자와 시스템 변수 작성과 삭제와 편집 |
| [시스템 보호] 탭 | 시스템 복원과 보호 설정 |
| [원격] 탭 | 원격 지원 연결에 대한 허용 설정 |

## 02 장치 관리자 24년 상시, 23년 상시, 22년 상시, 21년 상시, 19년 8월, 15년 3월, 14년 6월, 13년 3월, 12년 9월, …

**장치 관리자**
- 노란색의 '?' 표시는 알 수 없는 장치를 의미
- 빨간색 '×' 표시는 장치가 사용되지 않음을 의미

• 컴퓨터에 설치된 하드웨어 목록과 드라이버를 검색하여 설치한다.

| 방법 1 | [시작]-[Windows 시스템]-[제어판]-[장치 관리자]를 클릭 |
|---|---|
| 방법 2 | 내 PC(내 컴퓨터)의 바로 가기 메뉴의 [속성]-[장치 관리자] |

• [보기] 메뉴에서 종류별, 연결별, 컨테이너별 디바이스와 리소스 보기를 설정할 수 있다.
• 한글 Windows 10에서 대부분의 하드웨어는 PnP(자동 감지 기능)로 자동으로 인식하여 드라이버를 설치한다. 설치된 목록은 장치 관리자 창에서 표시된다.
• PnP(Plug and Play)를 지원하지 않는 장치를 설치할 때는 [장치 관리자] 창의 [동작]-[레거시 하드웨어 추가] 메뉴를 선택하여 나타나는 [하드웨어 추가] 마법사를 사용한다.
• 각 장치의 속성에서 드라이버 정보를 표시하고 드라이버 업데이트 등의 작업을 할 수 있다.

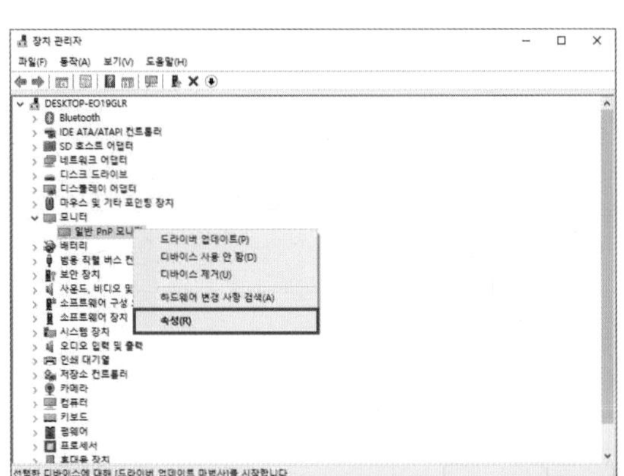


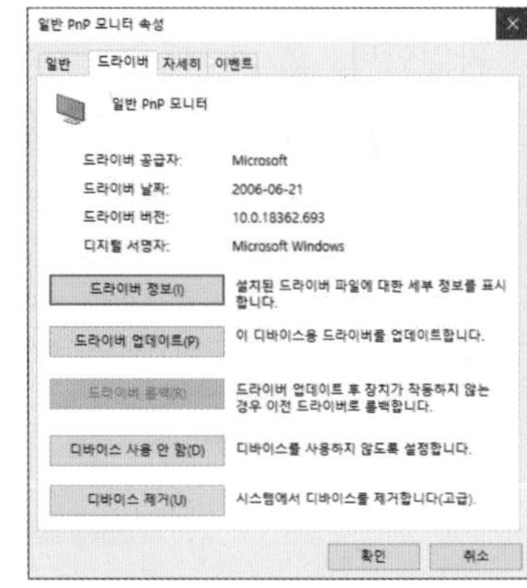

## 03 마우스 24년 상시, 23년 상시, 22년 상시, 17년 9월, 16년 3월, 15년 10월, 14년 3월, 13년 3월, 10년 9월, 08년 7월/5월, …

| 방법 1 | [시작]-[설정]-[장치]-[마우스]를 클릭 |
|---|---|
| 방법 2 | [시작]-[Windows 시스템]-[제어판]-[마우스]를 클릭 |

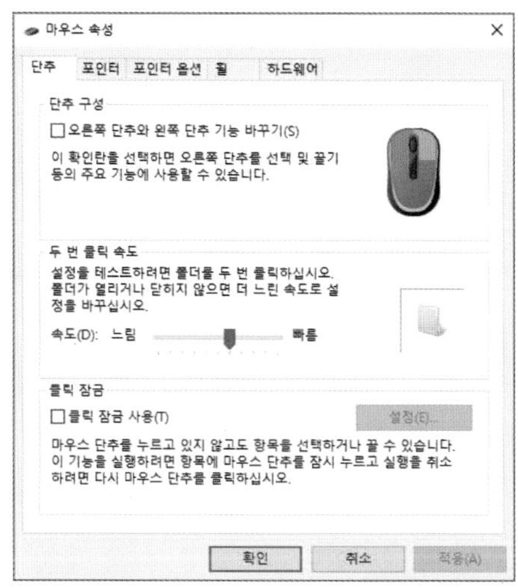


| [단추] 탭 | 왼손잡이 사용자를 위해 오른손과 왼손 단추의 기능을 바꾸거나, 두 번 클릭 속도 조절, 클릭 잠금 사용의 설정 |
|---|---|
| [포인터] 탭 | 마우스 포인터의 모양을 변경, 포인터 그림자 사용 |
| [포인터 옵션] 탭 | 포인터의 동작 속도, 대화 상자의 기본 단추로 포인터 자동 이동, 포인터 자국 표시의 유형을 설정 |
| [휠] 탭 | • 세로 스크롤에서 휠을 한 번 돌렸을 때 스크롤되는 양(1~100줄) 설정<br>• 가로 스크롤에서 휠을 상하로 이동할 때 스크롤할 문자의 수(1~100글자) 설정 |
| [하드웨어] 탭 | • 마우스 장치의 이름과 제조업체, 위치, 장치 상태와 속성을 설정<br>• 속성에서는 드라이버 정보와 드라이버 업데이트 등을 할 수 있음 |

## 04 키보드 14년 6월, 13년 3월, 09년 10월/2월, 07년 3월, 06년 8월/3월, 05년 11월/8월/3월, 04년 5월, 03년 6월

| 방법 1 | [시작]-[설정]-[장치]-[입력]을 클릭 |
|---|---|
| 방법 2 | [시작]-[Windows 시스템]-[제어판]-[키보드]를 클릭 |
| [속도] 탭 | 문자 재입력 시간, 반복 속도, 키 반복 속도 테스트, 커서 깜박임 속도를 변경 |
| [하드웨어] 탭 | 키보드 장치명과 상태 등을 표시하고 드라이버를 제거하거나 업데이트 |

1 한글 Windows 10에서는 대부분의 하드웨어가 PnP 기능으로 드라이버가 자동 설치된다. (O, X)

1 O

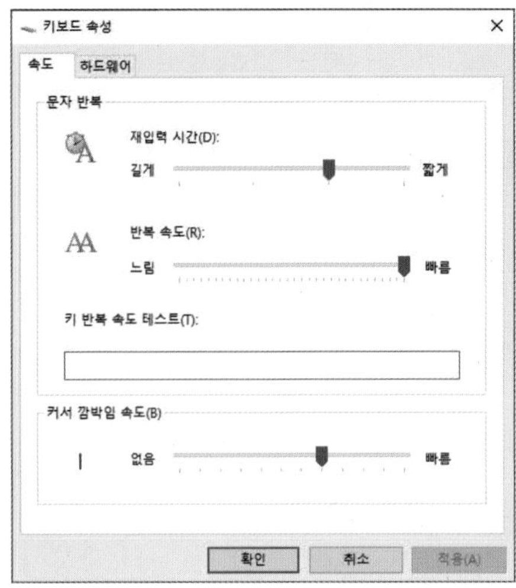


## 05 소리

- [시작]-[Windows 시스템]-[제어판]-[소리]를 클릭한다.
- 시스템에서 재생되는 장치를 설정하고 선택할 수 있다.

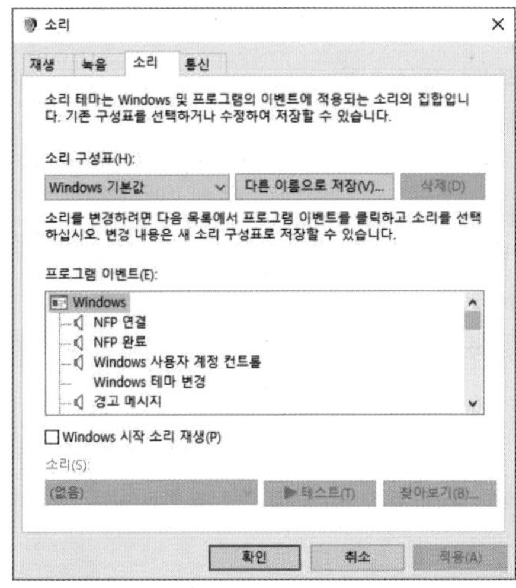


| | |
|---|---|
| **[재생] 탭** | 시스템에 설치된 스피커 등의 재생 장치를 설정 |
| **[녹음] 탭** | 마이크와 같은 녹음 장치를 설정 |
| **[소리] 탭** | Windows 및 프로그램의 이벤트★에 적용되는 소리를 선택하거나 저장 |
| **[통신] 탭** | Windows에서 전화를 받거나 걸 때 실행할 볼륨 작업을 설정 |

★ 이벤트(Event)
사용자가 키보드나 마우스의 반응에 의해 수행하는 동작

## 이론을 확인하는 기출문제

**01** 다음 중 한글 Windows 10에서 [시스템] 속성 창에 관한 설명으로 옳지 않은 것은?

① 윈도우의 버전을 확인할 수 있다.
② 프로세서의 종류, 메모리, 시스템의 종류를 확인할 수 있다.
③ 컴퓨터의 이름과 작업 그룹을 변경할 수 있다.
④ [제어판]의 [개인 설정]을 실행한다.

[시스템] 속성 창은 [제어판]의 [시스템]을 실행하여 열 수 있다.

**02** 다음 중 한글 Windows 10에서 하드웨어 추가 또는 제거에 관한 설명으로 옳지 않은 것은?

① 설치된 하드웨어는 [제어판]의 [장치 관리자]에서 확인할 수 있다.
② 플러그 앤 플레이를 지원하는 장치를 설치하고 Windows 10을 재시작하면 자동으로 인식하여 설치된다.
③ 플러그 앤 플레이를 지원하지 않는 장치를 설치할 때는 [장치 관리자] 창의 [동작]–[레거시 하드웨어 추가] 메뉴를 선택하여 나타나는 [하드웨어 추가] 마법사를 사용한다.
④ 설치된 하드웨어의 제거는 [프로그램 및 기능] 창에서 해당 하드웨어의 드라이버를 제거하면 된다.

[제어판]의 [프로그램 및 기능]은 컴퓨터에 설치된 프로그램 목록을 확인하고 제거하는 기능이지 하드웨어를 제거하는 기능은 없다.

**03** 다음 중 한글 Windows 10의 [키보드 속성] 창에서 수행할 수 있는 설정 항목으로 옳지 않은 것은?

① 키보드의 제조업체, 연결된 포트 위치, 장치 상태 등의 장치 속성을 확인할 수 있다.
② 키보드의 하드웨어 드라이버 정보를 확인하고 드라이버를 업데이트하거나 제거할 수 있다.
③ 키보드를 이용하여 입력 작업을 수행할 때 커서의 모양과 이동 속도 등을 변경할 수 있다.
④ 키 재입력 시간을 조절하여 문자를 연속적으로 입력할 때의 반복 속도를 변경할 수 있다.

[키보드 속성] 창에서는 커서의 깜박임 속도를 변경할 수 있으나, 커서의 모양과 이동 속도는 변경할 수 없다.

**04** 다음 중 한글 Windows 10의 제어판에 있는 [마우스 속성] 창의 기능에 대한 설명으로 옳지 않은 것은?

① 포인터 자국을 표시할 수 있게 설정할 수 있다.
② 마우스의 두 번 클릭 속도를 변경할 수 있다.
③ 클릭 잠금을 설정하여 마우스 단추를 누르고 있지 않고도 항목을 선택할 수 있다.
④ 한 번에 스크롤할 줄의 수는 최대 3줄로 설정할 수 있다.

[마우스 속성]–[휠] 탭에서 한 번에 스크롤할 줄의 수를 최대 100줄로 설정할 수 있다.

**오답 피하기**

- ① : [마우스 속성]–[포인터 옵션] 탭에서 설정
- ②, ③ : [마우스 속성]–[단추] 탭에서 설정

정답 01 ④ 02 ④ 03 ③ 04 ④

SECTION 03

# 앱 관리하기

출제빈도 상 중 하
반복학습 1 2 3

빈출 태그 앱(프로그램) 및 기능 • 앱 제거/변경 • 기본 프로그램 설정 • 시작프로그램 • Windows 업데이트

- 내 컴퓨터에 설치된 앱을 드라이브별로 검색, 정렬, 필터할 수 있다.
- 메일, 지도, 음악 플레이어, 사진 뷰어, 비디오 플레이어, 웹 브라우저의 기본 앱을 확인하고 변경한다.
- 비디오 재생에서 Windows에서 기본 제공하는 비디오 재생 플랫폼을 사용하는 앱의 비디오 설정을 변경한다.
- [시작]–[설정]–[앱]을 클릭한다.

## 01 앱(프로그램) 및 기능

24년 상시, 23년 상시, 22년 상시, 21년 상시, 20년 7월/2월, 19년 3월, 18년 3월, …

- 내 컴퓨터에 설치되어 있는 앱 목록을 확인하고 관리한다.

| | |
|---|---|
| 방법 1 | [시작]–[설정]–[앱]–[앱 및 기능]을 클릭 |
| 방법 2 | [시작]–[Windows 시스템]–[제어판]–[프로그램 및 기능]을 클릭 |

- [프로그램 및 기능] 창에는 현재 앱(프로그램) 이름이 표시되며 설치된 항목을 선택하여 앱(프로그램)을 제거하거나 변경할 수 있다. 단, 새로운 앱(프로그램)을 설치할 수는 없다.
- 보기 형식을 아주 큰 아이콘, 큰 아이콘, 보통 아이콘, 작은 아이콘, 자세히, 목록, 타일, 내용으로 표시할 수 있다.

• 자세히 보기에서 표시되는 이름, 게시자, 설치 날짜, 크기, 버전을 각각 클릭하여 오름차순이나 내림차순으로 정렬할 수 있다.

| | |
|---|---|
| **프로그램 제거 또는 변경** | • 사용하지 않는 앱(프로그램)의 이름을 클릭하여 [제거]를 눌러 삭제할 수 있음<br>• [변경] 또는 [복구]는 앱(프로그램)의 오류 시 변경하거나 레지스트리의 복구를 수행 |
| **설치된 업데이트 보기** | 설치된 앱(프로그램)의 업데이트를 제거 또는 변경 |
| **Windows 기능 켜기/끄기** | 인터넷 익스플로러 등의 Windows 기능을 사용하려면 해당 확인란을 선택하고 사용하지 않으려면 확인란을 취소 |

## 02 기본 앱 설정의 기본 프로그램 24년 상시, 23년 상시, 22년 상시, 21년 상시, 19년 8월/3월, …

Windows에서 기본적으로 사용할 앱(프로그램)을 선택한다.

| | |
|---|---|
| **방법 1** | [시작]-[설정]-[앱]-[앱 및 기능] 또는 [기본 앱]을 클릭 |
| **방법 2** | [시작]-[Windows 시스템]-[제어판]-[기본 프로그램]을 클릭 |

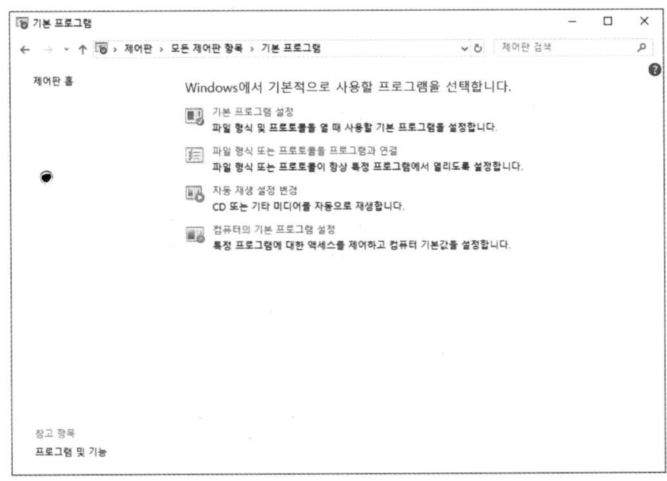


| | |
|---|---|
| **기본 프로그램 설정** | 파일 형식 및 프로토콜을 열 때 사용할 기본 프로그램을 설정 |
| **파일 형식 또는 프로토콜을 프로그램과 연결** | 파일 형식 또는 프로토콜이 항상 특정 프로그램에서 열리도록 설정 |
| **자동 재생 설정 변경** | • CD 또는 기타 미디어를 자동으로 재생하도록 설정<br>• 즉, 오디오 CD를 넣으면 Windows Media Player가 자동으로 재생되도록 설정할 수 있음 |
| **컴퓨터의 기본 프로그램 설정** | • 특정 프로그램에 대한 액세스를 제어하고 컴퓨터 기본값을 설정<br>• 웹 브라우저나 전자 메일 작업 등에 사용할 기본 프로그램을 선택 |

1 프로그램 및 기능 창에서 프로그램(앱)을 제거하거나 변경할 수 있다. (O, X)

2 프로그램 및 기능 창에서 새로운 프로그램(앱)을 설치할 수 있다. (O, X)

1 O 2 X

## 03 시작프로그램 23년 상시, 22년 상시, 21년 상시

- Windows가 시작될 때 자동으로 실행할 앱(프로그램) 목록을 등록시켜 사용한다.

| 방법 1 | [시작]-[Windows 시스템]-[실행]에서 'shell:startup'을 입력 |
|---|---|
| 방법 2 | [시작]-[Windows 시스템]-[파일 탐색기]에서 주소 표시줄에서 '시작프로그램'을 입력 |

**시작프로그램 등록 위치**
사용자 계정이 'wp'이면 'C:₩Users₩wp' 아래에 Start Menu 폴더의 Programs₩Startup 폴더에 시작프로그램을 등록

- 시작프로그램 폴더의 위치는 'C:₩Users₩USER₩AppData₩Roaming₩Microsoft₩Windows₩Start Menu₩Programs₩Startup' 폴더로 윈도우 시작 시 자동으로 실행될 앱을 이 위치로 복사하여 넣는다.

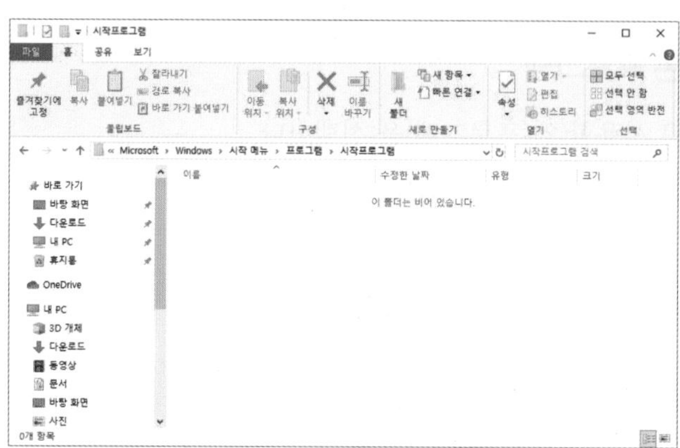

- Ctrl+Shift+Esc를 눌러 나오는 [작업 관리자]-[시작프로그램] 탭에서 앱 이름을 선택한 후 [사용 안 함]을 눌러 자동 실행을 해제할 수 있다.

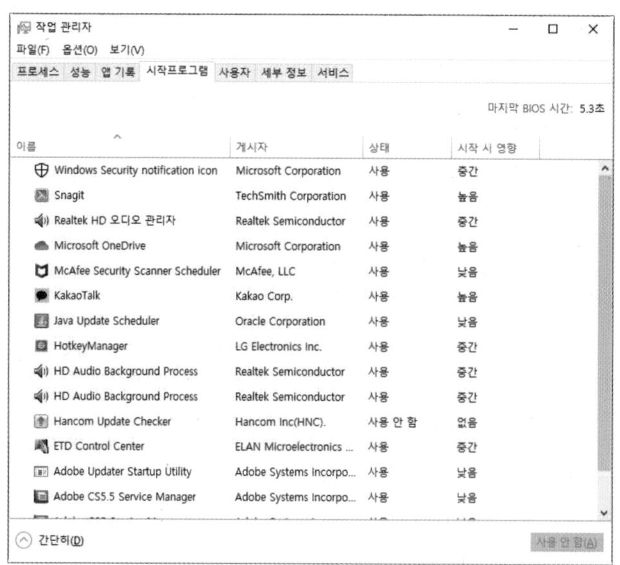

• [시작]–[설정]–[앱]–[시작프로그램]에서 로그인할 때 앱이 시작되도록 설정할 수 있다. 대부분의 경우 최소화된 상태로 시작되거나 백그라운드 작업이 실행될 때만 시작될 수 있다.

## 04 Windows 업데이트

• [시작]–[설정]–[업데이트 및 보안]–[Windows 업데이트]를 선택한다.

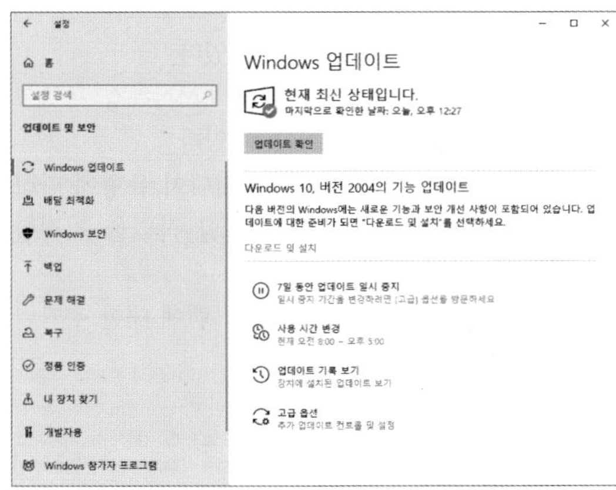


• Windows 10이 출시된 후 나오는 버그, 개선 사항 등을 정리한 가장 최신의 하드웨어 드라이버 파일이나 시스템 파일을 다운로드하여 인터넷을 통해 설치한다.

• 중요 업데이트가 제공될 때 Windows에서 해당 업데이트를 설정하면 자동으로 중요 업데이트되어 보안 강화 및 안정성 향상과 같은 기능을 갖는다.

• 단순한 문제를 해결하고 컴퓨터 작업 환경을 향상시키는 데 도움을 줄 수 있는 권장 업데이트를 자동으로 설정하면 선택적 업데이트는 자동으로 다운로드되거나 설치되지 않는다.

• 업데이트 장치를 사용하려면 시스템을 다시 시작해야 한다.

1 시작프로그램에서 Windows가 시작될 때 앱이 자동으로 실행되도록 등록할 수 있다. (O, X)

1 O

## 이론을 확인하는 기출문제

**01** **다음 중 한글 Windows 10에서 프로그램 설치 및 제거에 대한 설명으로 옳지 않은 것은?**

① 파일 탐색기에서 설치 파일(Setup.exe)을 찾아 더블클릭하면 설치할 수 있다.
② 설치된 프로그램을 완전히 제거하려면 설치된 프로그램 파일들이 들어있는 폴더를 모두 삭제하면 된다.
③ 인터넷을 통해 설치하려면 해당 프로그램에 대한 링크를 클릭한 후 '열기' 또는 '실행'을 클릭한다.
④ [프로그램 및 기능]에서 해당 프로그램을 선택한 후 '제거/변경'을 클릭하면 설치된 프로그램을 삭제할 수 있다.

설치된 프로그램을 완전히 제거하려면 프로그램 제거 또는 변경에서 이름을 선택하거나 'uninstall' 앱 명령어를 이용한다.

**02** **다음 중 한글 Windows 10에서 [프로그램 및 기능] 창에 대한 설명으로 옳지 않은 것은?**

① [프로그램 및 기능] 창에서 새로운 프로그램을 설치하거나 현재 설치된 프로그램을 제거 또는 변경할 수 있다.
② [제어판]-[프로그램 및 기능]을 선택하거나, [검색(🔍)] 상자에서 '프로그램 추가/제거'를 입력한다.
③ 보기 형식을 아주 큰 아이콘, 큰 아이콘, 보통 아이콘, 작은 아이콘, 자세히 등으로 표시할 수 있다.
④ 자세히 보기에서 표시되는 이름, 게시자, 설치 날짜, 크기, 버전을 각각 클릭하여 오름차순이나 내림차순으로 정렬할 수 있다.

[프로그램 및 기능] 창에서 프로그램을 제거하거나 변경할 수 있으나, 새로운 프로그램을 설치하는 기능은 없다.

**03** **다음 중 한글 Windows 10의 [프로그램 및 기능] 창에서 할 수 있는 작업으로 옳지 않은 것은?**

① 새로운 Windows 업데이트를 수행하거나 설치된 업데이트 내용을 제거, 변경할 수 있다.
② 시스템에 설치된 프로그램의 목록을 확인하거나 제거 또는 변경할 수 있다.
③ 설치된 Windows의 기능을 사용하거나 사용 안 함을 지정할 수 있다.
④ 새로운 응용 프로그램을 설치할 수 있다.

[프로그램 및 기능]은 이미 설치된 앱을 확인하고 제거하거나 변경, 복구하는 창이다. 새로운 응용 프로그램의 설치는 'install'이나 'setup' 앱(프로그램) 명령어로 해야 한다.

**04** **다음 중 한글 Windows 10의 제어판에 있는 [기본 프로그램]을 이용하여 설정할 수 있는 내용으로 옳지 않은 것은?**

① 같은 유형의 파일 형식 또는 프로토콜별로 연결된 프로그램을 설정할 수 있다.
② 파일 형식 또는 프로토콜이 항상 특정 프로그램에서 열리도록 설정할 수 있다.
③ 컴퓨터에 삽입된 CD 또는 미디어 유형에 따라 각각에 맞게 자동으로 수행할 작업을 지정할 수 있다.
④ 컴퓨터에 설치된 특정 프로그램에 대한 추가나 제거를 할 수 있다.

기본 프로그램은 윈도우에서 기본적으로 사용할 프로그램을 선택하는 기능이고, 컴퓨터에 설치된 특정 프로그램에 대한 추가나 제거는 [제어판]의 [프로그램 및 기능]을 사용해야 한다.

정답 01 ② 02 ① 03 ④ 04 ④

# CHAPTER 05

# 컴퓨터 시스템 관리

학습 방향

컴퓨터 시스템을 효과적이고 안정적으로 사용하기 위해 꼭 필요한 챕터로 시스템을 최상의 상태로 만들기 위한 기능들이 있습니다. 포맷, 레지스트리 사용, 오류 검사, 디스크 정리, 디스크 조각 모음 및 최적화에 대한 문제는 꾸준히 출제되고 있고, 윈도우 사용 시 오류에 대처하는 방법에 대한 문제도 1문제 정도 출제되고 있습니다.

출제빈도

| | | |
|---|---|---|
| SECTION 01 | 중 | 38% |
| SECTION 02 | 상 | 47% |
| SECTION 03 | 하 | 15% |

SECTION 01

# 시스템 관리하기

합격 강의

출제빈도 상 (중) 하
반복학습 1 2 3

빈출 태그 디스크 포맷 • 레지스트리 • Windows 보안 • 시스템 복원 • 시스템 정보 • 관리 도구

주요 저장 장치인 하드 디스크에는 한글 Windows 10을 비롯하여 많은 응용 프로그램과 데이터가 저장되기 때문에 디스크를 잘 관리해야 하고 시스템을 효과적으로 관리해야 컴퓨터를 안정적으로 빠르게 사용할 수 있다.

## 01 디스크 포맷

24년 상시, 23년 상시, 22년 상시, 21년 상시, 19년 8월/3월, 16년 10월, 15년 6월, 11년 6월, 09년 7월, …

- [파일 탐색기] 창에서 포맷하려는 드라이브를 선택한 후 바로 가기 메뉴의 [포맷]을 선택한다.
  - 현재 윈도우를 사용 중인 디스크 드라이브는 포맷할 수 없음
- 사용 중인 디스크의 파일은 모두 종료한 후 포맷을 시작한다.

**디스크 파티션(Partition)**
- 파티션이란 하나의 물리적인 하드 디스크를 여러 개의 논리적인 디스크 드라이브로 나누는 작업
- 한글 Windows 10 운영체제를 처음 설치하기 전에 파티션을 나눌 수 있음
- 파티션을 나누면 하나의 컴퓨터에 두 개 이상의 운영체제를 설치할 수 있음
- [제어판]의 [관리 도구]–[컴퓨터 관리]에서 [저장소]–[디스크 관리]에서 파티션된 디스크 드라이브를 확인
- [디스크 관리] 창의 바로 가기 메뉴에서 할당되지 않는 드라이브의 파티션을 설정, 삭제하고 병합하기, 포맷할 수 있음

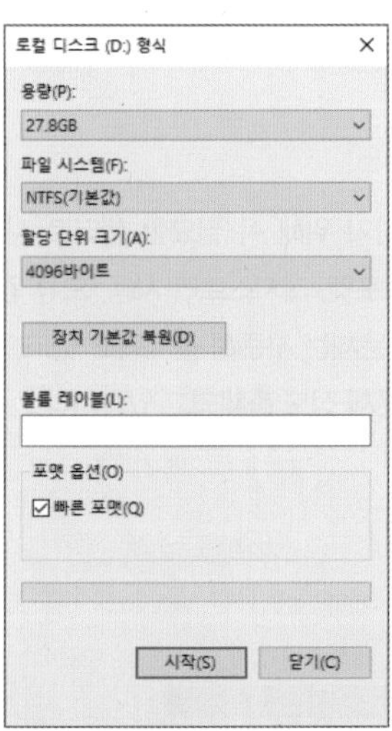

▲ 로컬 디스크 포맷

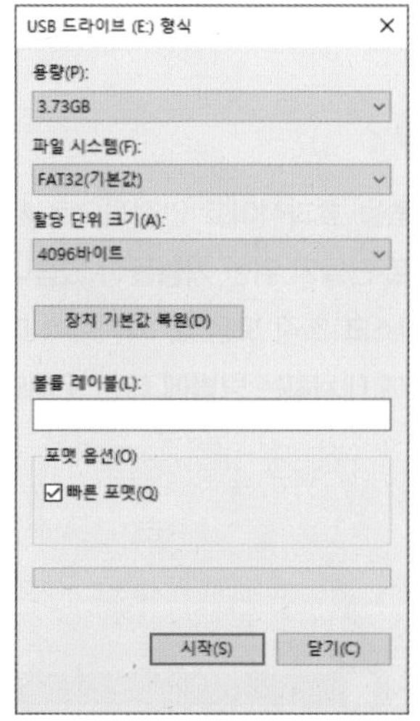

▲ USB 이동식 디스크 포맷

| 용량 | 포맷할 디스크의 용량을 선택 |
|---|---|
| 파일 시스템 | 디스크의 파일 시스템(NTFS, FAT, FAT32, exFAT) 종류를 선택 |
| 할당 단위 크기 | 섹터 당 할당 크기 또는 클러스터의 크기를 기본 할당 크기, 바이트, KB 단위로 선택 |
| 장치 기본값 복원 | 장치가 가지고 있는 기본값으로 복원 |
| 볼륨 레이블 | • 디스크를 구별할 수 있는 이름을 입력<br>• NTFS 파일 시스템에서는 최대 32자까지 입력(폴더와 파일을 압축할 수 있도록 포맷 가능) |
| 빠른 포맷 | 이미 포맷한 디스크에 대해 불량 섹터를 검색하지 않고 빠르게 포맷하는 형식 |

**암기 TIP**

서울에서 부산으로 갈 때 고속으로 가면 속도는 빠르지만, 풍경을 구경할 수 없고, 느리게 가면 여러 가지 풍경을 구경할 수 있지요? 이와 마찬가지로 빠른 포맷을 선택하면 빠르지만, 불량 섹터는 검색하지 않고 포맷합니다.

## 02 레지스트리

24년 상시, 23년 상시, 22년 상시, 21년 상시, 20년 2월, 16년 3월, 11년 9월, 09년 2월, 08년 7월, …

- 레지스트리란 Windows 사용자의 정보, 응용 프로그램의 정보, 설정 사항 등 Windows 실행 설정에 대한 정보를 담은 데이터베이스이다.

| | |
|---|---|
| **방법 1** | [시작]–[Windows 관리 도구]–[레지스트리 편집기]를 클릭 |
| **방법 2** | [시작]–[Windows 시스템]–[실행]에 'regedit'를 입력 |
| **방법 3** | [시작] 단추 오른쪽의 [검색( )] 상자에서 '레지스트리 편집기'를 입력 |
| **방법 4** | [시스템 구성(msconfig)] 창의 [도구]–[레지스트리 편집기]를 선택한 후 [시작] |

- 응용 프로그램 실행에 영향을 주는 각종 INI 파일(SYSTEM.INI, WIN.INI 등)에 대한 정보를 관리한다.
- 레지스트리가 손상되면 Windows에 치명적인 손상을 줄 수 있으므로 주의하여 사용해야 한다.
- 레지스트리를 편집하거나 수정하다가 실수할 경우 레지스트리가 손상될 수 있다. 따라서 레지스트리를 수정하기 전에 반드시 백업을 해 주어야 한다.
- 백업 도구로 [레지스트리 편집기]를 이용하여 레지스트리 등록 항목에 대해 [파일] 메뉴의 [내보내기]에서 저장(.reg 파일 형식)할 수 있다.

▶ **레지스트리의 구성**

| | |
|---|---|
| HKEY_CLASSES_ROOT | 응용 프로그램에서 사용하는 파일의 확장자에 관한 설정을 저장하는 부분 |
| HKEY_CURRENT_USER | 현재 로그온한 사용자의 응용 프로그램 등에 대한 설정 사항을 저장하는 부분 |
| HKEY_LOCAL_MACHINE | 하드웨어와 소프트웨어에 관련된 정보를 저장하는 부분 |
| HKEY_USERS | Windows의 여러 사용자 계정에 대한 개별적인 설정 사항을 저장하는 부분 |
| HKEY_CURRENT_CONFIG | Windows가 시작될 때 사용되는 소프트웨어 설정을 저장하는 부분 |

**시스템 복구 디스크 만들기**

- 시스템의 이상에 대비하여 복구 디스크를 작성하였다가 컴퓨터를 부팅
- 복구 디스크는 심각한 오류 발생 시 윈도우를 복구하거나 시스템 이미지에서 컴퓨터를 복원하는 데 사용
- [제어판]–[파일 히스토리]에서 [시스템 이미지 백업]–[시스템 복구 디스크 만들기]를 선택
- CD/DVD 드라이브를 선택하고 드라이브에 빈 디스크를 넣고 [디스크 만들기]를 선택

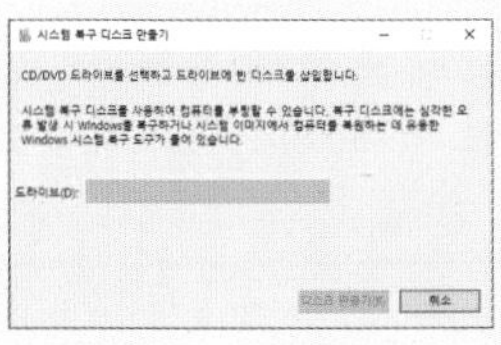

**기적의 TIP**

레지스트리를 잘못 수정하면 부팅이 안 되므로, 초보자는 특히 주의해서 변경해야 합니다. 레지스트리에 대한 출제 비중이 늘어나고 있습니다.

**개념 체크**

1 사용 중인 디스크 드라이브는 포맷할 수 없다. (O, X)

2 레지스트리와 부팅은 서로 상관이 없으므로, 백업을 할 필요는 없다. (O, X)

1 O 2 X

## 03 Windows 보안 23년 상시, 22년 상시, 21년 상시, 17년 3월, 15년 10월/6월, 13년 10월/3월, 10년 9월, …

- Windows 보안은 장치의 보안과 상태를 보고하고 관리하는 곳이다.
- [시작]-[설정]-[업데이트 및 보안]-[Windows 보안]을 선택한다.

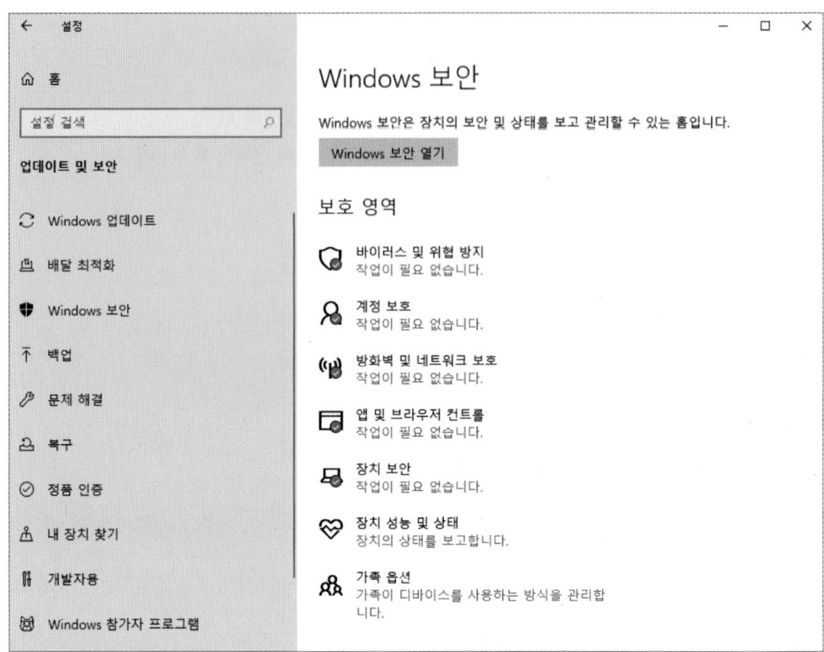


▶ **보호 영역**

| | |
|---|---|
| **바이러스 및 위협 방지** | 바이러스 검사의 빠른 검사, 전체 검사, 사용자 지정 검사 옵션이 있음 |
| **계정 보호** | 계정 및 로그온에 대한 보안 설정 |
| **방화벽 및 네트워크 보호** | 네트워크에 액세스할 수 있는 사용자 및 대상에 대해 도메인, 개인, 공용 네트워크 설정 |
| **앱 및 브라우저 컨트롤** | 앱 및 파일 검사로 디바이스를 보호 |
| **장치 보안** | 코어, 보안 프로세서, 보안 부팅 등 장치에 기본 제공되는 보안 설정 |
| **장치 성능 및 상태** | 장치의 상태를 보고 |
| **가족 옵션** | 자녀 보호에 관한 확인과 가족 디바이스 보기 등 설정 |

## 04 시스템 복원 23년 상시, 22년 상시, 16년 10월, 12년 9월/6월, 09년 4월, 07년 3월

| 방법 1 | [제어판]의 [복구]-[시스템 복원 열기]를 클릭 |
|---|---|
| 방법 2 | 내 PC [시스템 속성] 창의 [시스템 보호] 탭에서 [시스템 복원] |

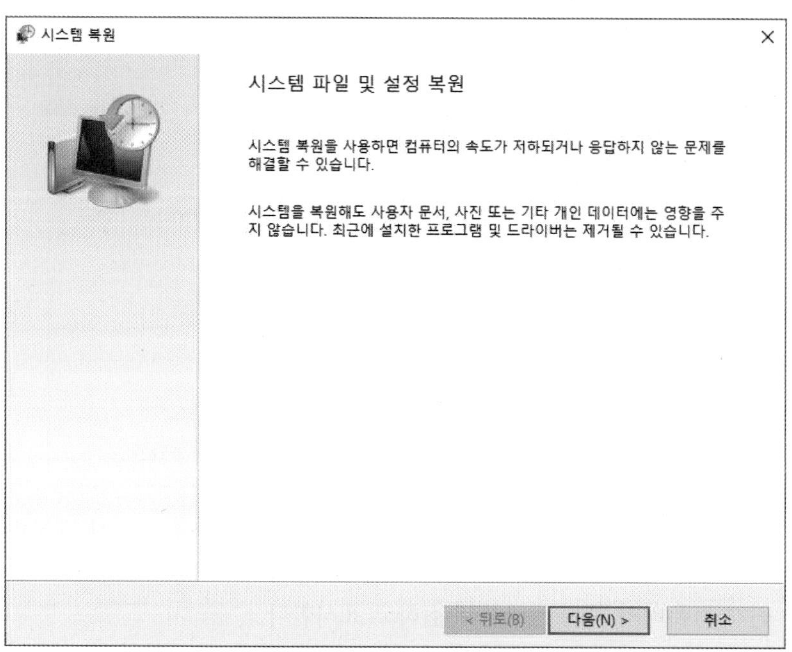


- [시스템 복원]은 컴퓨터의 시스템 파일을 이전 시점으로 복원하는 데 도움을 준다. 전자 메일, 문서 또는 사진, 열어본 페이지 목록, 즐겨찾기 목록과 같은 개인 파일에 손상을 주지 않고 컴퓨터에 대한 시스템 변경 내용을 실행 취소한다. 즉, 개인 데이터 파일에는 영향을 주지 않는다.
- 시스템에 문제가 발생할 때 시스템을 이전 상태로 되돌리는 기능으로, 한글 Windows 10에서는 정기적으로 시스템을 체크하여 수시로 복원 시점을 만들어 저장하기 때문에 이전 시스템으로 복구가 가능하다. 단, 시스템 복원 후에도 문제가 해결되지 않으면 복원 이전 시점으로 시스템 복원 취소를 할 수 있다.
- [제어판]-[시스템]의 [시스템 보호] 탭에서 사용자가 수동으로 복원 지점을 만들어 복원할 수도 있다. 현시점을 복원 지점으로 설정하려면 [시스템 속성] 창의 [시스템 보호]-[보호 설정]-[만들기]를 클릭한다.
- [시스템 복원]을 하기 전에 디스크 검사나 조각 모음, 디스크 정리 등의 작업을 하는 것이 좋다.

**백업 및 복원(Windows 7)**
- 디스크 백업은 디스크의 특정 내용을 하드 디스크 또는 USB, CD, DVD 등에 보관하는 기능
- 이전 시스템의 도구를 사용하여 시스템 이미지 만들기, 시스템 복구 디스크 만들기를 사용
- [시스템 이미지 만들기]는 Windows를 실행하는 데 필요한 드라이브의 복사본으로 다른 드라이브 또는 네트워크의 위치에 백업
- [시스템 복구 디스크 만들기]는 CD/DVD를 드라이브에 작성하며, 시스템에 문제가 발생하여 정상적으로 부팅이 되지 않을 때 사용하기 위한 것으로 디스크로 오류 발생 시 윈도우를 복구하거나 시스템 이미지를 복원하는 데 사용

**개념 체크**

1 Windows 보안의 ( ) 옵션은 자녀 보호에 관한 확인과 가족 디바이스 보기 등을 설정할 수 있다.

2 [시스템 복원]는 개인 데이터 파일에는 영향을 주지 않는다. (O, X)

1 가족 2 O

## 05 시스템 정보 17년 9월, 12년 3월, 11년 9월/3월, 09년 10월/7월/4월, 08년 10월, 07년 5월/3월, 05년 5월

- 내 컴퓨터 시스템의 하드웨어와 소프트웨어 등 여러 가지 정보를 알 수 있다.
- [시작]–[Windows 관리 도구]–[시스템 정보]를 선택한다.

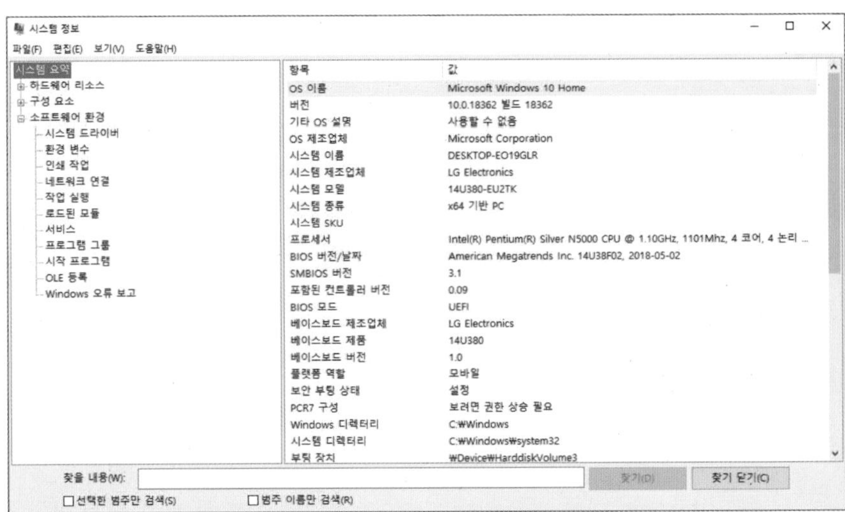

- 운영체제의 이름과 버전, 시스템의 이름, 제조업체, 모델, 종류, RAM 메모리 용량 등을 표시한다.
- 로컬 및 원격 컴퓨터의 구성 정보를 수집하고 표시한다.
- [파일] 메뉴의 [내보내기]를 이용하여 시스템 정보를 텍스트 파일(.TXT)로 저장할 수 있다.

▶ **시스템 정보 항목**

| | |
|---|---|
| **하드웨어 리소스** | 충돌/공유, DMA★, 강제로 설정된 하드웨어, I/O★, IRQ★, 메모리 등 하드웨어와 관련된 정보를 표시 |
| **구성 요소** | 시스템을 구성하고 있는 멀티미디어, 입력, 네트워크, 인쇄, USB 장치 등의 정보를 표시 |
| **소프트웨어 환경** | 시스템 드라이버, 환경 변수 등 소프트웨어의 파일명, 상태 등을 확인 |

★ DMA(Direct Memory Access)
하드 디스크 또는 CD, DVD와 같은 주변 장치가 컴퓨터의 프로세서를 사용하지 않고 컴퓨터 메모리와 직접 정보를 전송할 수 있는 기술

★ I/O 주소
주변 장치가 사용하는 입출력 메모리 리소스 주소

★ IRQ(Interrupt ReQuest)
주변 장치가 CPU에 보내는 인터럽트 요구 신호

## 06 관리 도구 24년 상시, 23년 상시, 22년 상시

- 관리 도구는 Windows 관리를 위한 도구로 시스템 구성 및 정보 고급 사용자용 도구가 포함되어 있다.
- [시작]-[Windows 시스템]-[제어판]-[관리 도구]를 클릭한다.

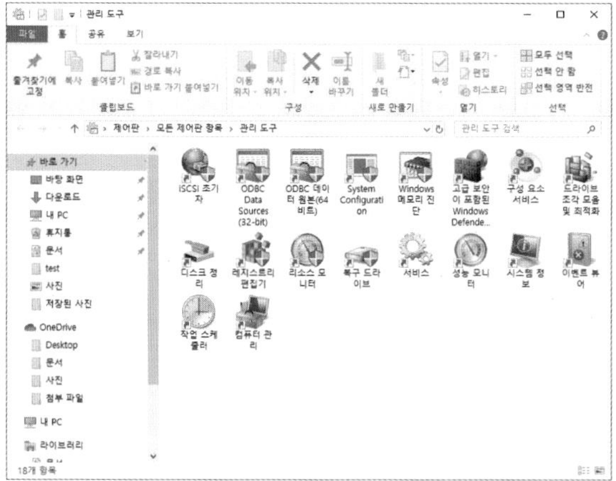

▶ 관리 도구 항목

| | |
|---|---|
| **구성 요소 서비스** | 컴퓨터, 이벤트 뷰어(로컬), 서비스(로컬) 및 기타 시스템 구성 요소를 관리 |
| **이벤트 뷰어** | 관리 이벤트, Windows 로그 등에 대한 정보를 표시 |
| **컴퓨터 관리** | 시스템 도구와 디스크 관리 등을 할 수 있으며, 디스크 관리에서는 포맷, 파티션, 논리 드라이브 삭제와 같은 기능을 함 |
| **ODBC 데이터 원본(64비트)** | ODBC(Open DataBase Connectivity) 데이터 원본 및 드라이버 추가, 제거 또는 구성을 함 |
| **성능 모니터** | 시스템 성능 그래프를 표시하고 데이터 로그 및 보고서로 구성 |
| **서비스** | 로컬 컴퓨터의 서비스를 관리(이름, 실행 상태, 시작 유형 등) |

## 07 개인정보 관리

- [시작]-[설정]-[개인정보]를 선택한다.
- Windows 사용 권한과 앱 사용 권한에 대한 개인정보를 '켬'과 '끔', 변경으로 설정한다.
- [Windows 사용 권한]에는 맞춤형 광고를 표시하도록 허용 등에 관한 일반 설정과 음성 명령, 수동 명령 및 키 입력 개인 설정, 피드백 및 진단 활동 기록에 대한 권한을 설정한다.
- [앱 사용 권한]에는 위치, 카메라, 마이크, 라디오, 연락처, 일정, 전화 통화 기록 등의 허용을 변경할 수 있다.

# 이론을 확인하는 기출문제

**01** **다음 중 한글 Windows 10의 디스크 포맷에 대한 설명으로 옳지 않은 것은?**

① 디스크 포맷은 디스크를 초기화하여 사용 가능한 상태로 만들어주는 작업을 말한다.
② '빠른 포맷'을 선택하면 디스크의 불량 섹터는 검출하지 않고, 디스크의 모든 파일을 삭제한다.
③ 볼륨 레이블에서 FAT32 볼륨은 최대 11문자, NTFS 볼륨은 최대 32문자까지 사용할 수 있다.
④ 포맷하려는 디스크의 데이터를 사용하는 중이라도 경고 없이 포맷할 수 있다.

디스크의 데이터를 사용 중일 때에는 지워진다는 경고 창이 표시되고 [예]를 눌러야 포맷할 수 있다.

**02** **다음 중 한글 Windows 10에서 레지스트리에 대한 설명으로 옳지 않은 것은?**

① 레지스트리를 편집하려면 시작 메뉴의 검색 상자에서 'regedit'을 입력하여 실행한다.
② 레지스트리란 Windows 사용자의 정보, 응용 프로그램의 정보, 설정 사항 등 Windows 실행 설정에 대한 정보를 담은 데이터베이스이다.
③ 레지스트리가 손상되면 Windows에 치명적인 손상을 줄 수 있으므로 주의하여 사용해야 한다.
④ 레지스트리는 백업을 받을 수 없으므로 함부로 삭제하거나 실수하는 일이 없도록 신중하게 편집하여야 한다.

레지스트 편집기 창에서 [파일]-[내보내기] 기능으로 백업할 수 있으나 함부로 삭제하거나 편집하면 Windows에 치명적인 손상을 줄 수 있다.

**03** **한글 Windows 10의 [Windows 관리 도구]에 있는 [시스템 정보]에 대한 설명으로 옳지 않은 것은?**

① [시스템 정보]는 로컬 및 원격 컴퓨터의 구성 정보를 수집하고 표시한다.
② 내 시스템의 하드웨어 리소스와 소프트웨어 환경 등을 보여준다.
③ [파일] 메뉴의 [내보내기]를 이용하여 시스템 정보를 텍스트 파일로 저장할 수 있다.
④ 구성 요소 항목에는 시스템 드라이버 등 소프트웨어의 파일명, 상태 등이 표시된다.

구성 요소 항목에는 시스템을 구성하는 멀티미디어, 네트워크, 인쇄 장치 등의 정보가 표시된다.

**오답 피하기**

- [소프트웨어 환경] 항목에는 시스템 드라이버 등 소프트웨어의 파일명, 상태 등이 표시
- [파일] 메뉴의 [내보내기]를 이용하여 시스템 정보를 .TXT 파일로 저장할 수 있음

**04** **다음 중 한글 Windows 10의 백업 및 시스템 복원에서 할 수 있는 작업이 아닌 것은?**

① 시스템 복원을 하면 가장 최근에 설치한 프로그램과 드라이버를 포함하여 모든 파일을 손실 없이 그대로 복원한다.
② [시스템 이미지 만들기]를 실행하여 하드 디스크나 DVD, 네트워크상의 다른 위치에 Windows를 실행하는데 필요한 파일들의 복사본을 만들 수 있다.
③ [시스템 복구 디스크 만들기]로 CD 또는 DVD를 복구 디스크로 만들면 복구 디스크로 컴퓨터를 부팅할 수 있다.
④ 특정 시간에 백업이 시작되도록 백업 주기를 미리 예약할 수 있다.

시스템 복원은 컴퓨터를 이전 복원 시점으로 되돌리는 기능으로 복원 시점과 파일의 종류에 따라 손실이 발생할 수 있다.

정답 01 ④ 02 ④ 03 ④ 04 ①

SECTION

# 02 시스템 최적화

▶ 합격 강의

출제빈도 (상) 중 하

반복학습 1 2 3

빈출 태그 디스크 정리 • 디스크 조각 모음 및 최적화 • 디스크 오류 검사

## 01 디스크 정리 23년 상시, 22년 상시, 21년 상시, 15년 6월, 11년 6월, 08년 7월, 06년 3월, 05년 11월/3월, 04년 5월, …

• 컴퓨터를 오래 사용하면 불필요한 파일 때문에 속도가 느려지므로 필요할 때마다 디스크를 정리(삭제)하여 디스크의 공간을 확보한다. (디스크 정리 창의 [디스크 정리] 탭과 [기타 옵션] 탭의 항목 구별하기)

| | |
|---|---|
| **방법 1** | [시작]-[Windows 관리 도구]-[디스크 정리] |
| **방법 2** | [파일 탐색기]에서 디스크 드라이브의 바로 가기 메뉴에서 [속성]-[일반] 탭의 [디스크 정리] |
| **방법 3** | [시작] 단추 오른쪽의 [검색( )] 상자에서 '디스크 정리'를 입력 |
| **방법 4** | [시작]-[Windows 시스템]-[실행]에서 'cleanmgr'을 입력 |

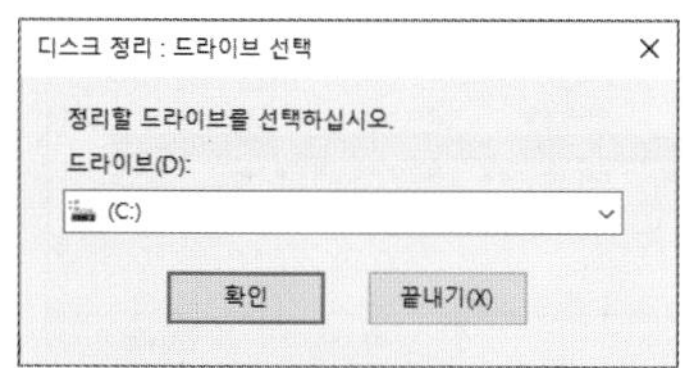


### 1) [디스크 정리] 탭

다운로드한 프로그램 파일, 임시 인터넷 파일, Windows 오류 보고서 및 피드백 진단, DirectX 셰이더 캐시, 배달 최적화 파일, 다운로드, 휴지통, 임시 파일, 미리 보기 사진에서 선택하여 삭제한다.

### 2) [기타 옵션] 탭

• 프로그램 및 기능에서 사용하지 않는 프로그램을 제거하여 디스크 공간을 확보할 수 있다.
• 시스템 복원 및 섀도 복사본에서 가장 최근의 복원 지점을 제외한 이전 복원 정보를 모두 제거하여 디스크 공간을 확보할 수 있다.

**암기 TIP**

**로컬 디스크 드라이브의 [속성]** [일반] 탭에는 [디스크 정리]가 있고, [도구] 탭에는 [검사], [최적화]가 있습니다. '오늘은 일학년 [일반]이 뒷[정리]하고 청소[도구]함에 쓰레기 [조각]이 있는지 [검사] 맡으세요.'라고 외워 보세요.

**개념 체크**

1 디스크 정리를 하면 디스크 공간이 넓어질 수 있다. (O, X)

2 디스크 검사를 해도 디스크 공간이 넓어지지 않는다. (O, X)

1 O 2 O

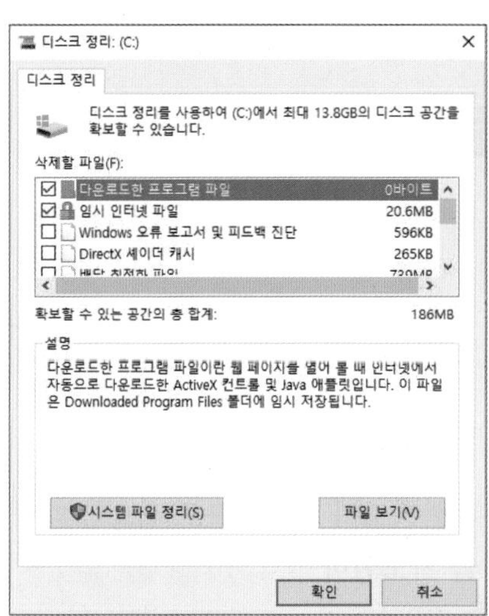

## 02 드라이브 조각 모음 및 최적화

24년 상시, 23년 상시, 22년 상시, 21년 상시, 19년 8월, 18년 3월, …

**디스크 조각 모음의 수행 시간 결정 항목**
- 디스크 볼륨의 크기
- 디스크 볼륨의 파일 수
- 볼륨의 조각된 비율
- 디스크 볼륨의 조각난 양 등

**암기 TIP**
- 도서관에서 책을 찾을 때 종류별로 정리가 잘 되어있으면 책을 빨리 찾을 수 있는 것처럼 조각 모음을 한 후에는 디스크를 액세스하는 속도가 빨라집니다. 그러나 디스크의 공간이 확장되는 것은 아닙니다.
- 디스크 조각 모음을 처음 실행하면 디스크의 크기에 따라 많은 시간이 소요되며 이후부터는 빨리 진행됩니다. 디스크 조각 모음을 너무 자주 하면 디스크에 무리를 주므로 한 달에 한 번 정도 하면 좋아요.

★ 단편화(Fragmentation)
여러 섹터에 파일이 흩어져 디스크에 조각이 되어 있는 상태

- 디스크 조각 모음 및 최적화를 통해 디스크의 액세스 속도를 향상시킨다.

| | |
|---|---|
| **방법 1** | [시작]-[Windows 관리 도구]-[드라이브 조각 모음 및 최적화] |
| **방법 2** | [파일 탐색기]에서 디스크 드라이브의 바로 가기 메뉴에서 [속성]-[도구] 탭의 [최적화] |
| **방법 3** | [시작] 단추 오른쪽의 [검색(🔍)] 상자에서 '드라이브 조각 모음 및 최적화'를 입력 |
| **방법 4** | [시작]-[Windows 시스템]-[실행]에서 'defrag'를 입력 |

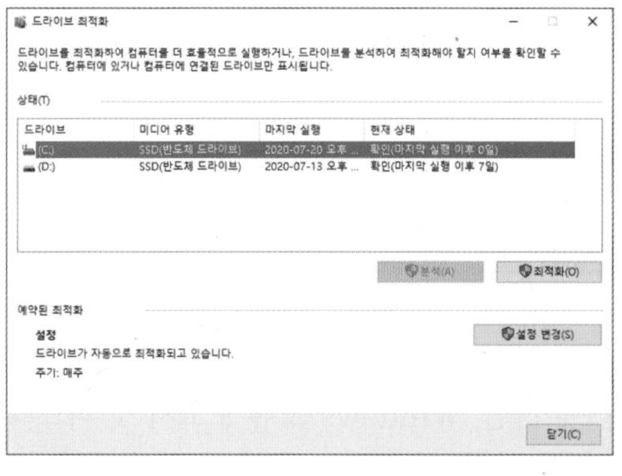


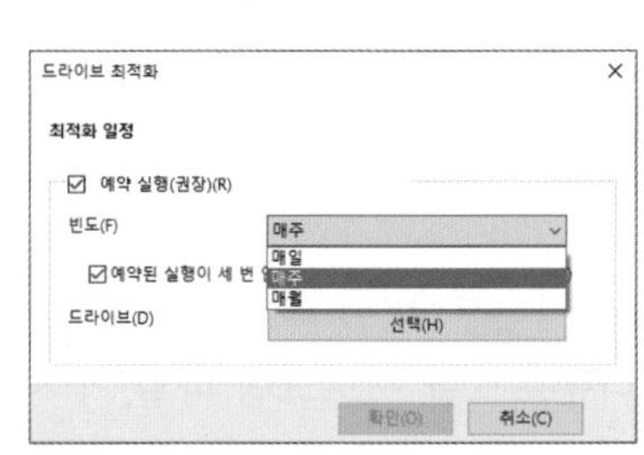


- 파일의 복사, 이동, 설치 등을 자주 하게 되면 물리적인 블록 사이가 넓어진다. 이때 디스크 내에 흩어져 단편화★되어 있는 파일이나 폴더의 조각들을 합쳐서 디스크의 처리 속도를 향상시켜 주는 도구가 디스크 조각 모음이다.
- 디스크 조각 모음 도중에는 되도록 컴퓨터의 사용을 멈추고 기다리는 것이 좋다. 조각 모음 도중 디스크를 액세스하거나 파일의 내용을 변경하면 다시 디스크 정보를 수집하기 때문에 시간이 오래 걸린다.

- 매일, 매주, 매월 일정한 요일, 일정한 시간, 실행할 디스크를 선택하여 진행할 수 있다.
- 디스크 조각 모음을 실행할 수 있는 경우 : 하드 디스크, USB 플래시 드라이브는 조각 모음을 실행할 수 있다.
- 디스크 조각 모음을 실행할 수 없는 경우 : CD-ROM 드라이브, DVD 드라이브, 네트워크 드라이브, Windows가 지원하지 않는 프로그램으로 압축된 드라이브, NTFS, FAT, FAT32 이외의 다른 파일 시스템으로 포맷된 경우는 조각 모음을 할 수 없다.

**기적의 TIP**

디스크의 오류 검사를 실행하는 곳을 기억하세요. 오류 검사와 디스크 조각 모음을 할 수 있는 드라이브와 할 수 없는 드라이브를 구별해 주세요.

## 03 디스크 오류 검사

24년 상시, 19년 8/3월, 17년 9월, 16년 3월, 15년 3월, 14년 3월, 11년 3월, 10년 5월/3월, …

- 디스크 내의 불량 섹터★를 검사하고 복구하는 기능이다.
- [파일 탐색기]에서 디스크 드라이브의 바로 가기 메뉴에서 [속성]-[도구] 탭의 [검사]를 클릭한다.

★ 불량 섹터(Bad Sector)
디스크의 표면이 긁히거나 손상되어 데이터를 저장시킬 수 없는 섹터

오류 검사(로컬 디스크 (C:))
이 드라이브를 검사할 필요가 없습니다.
이 드라이브에서 오류가 발견되지 않았습니다. 원하는 경우 드라이브에서 오류를 계속 검사할 수 있습니다.
→ 드라이브 검사
검사하는 동안 드라이브를 계속 사용할 수 있습니다. 오류가 발견되면 수정 여부를 결정할 수 있습니다.
취소

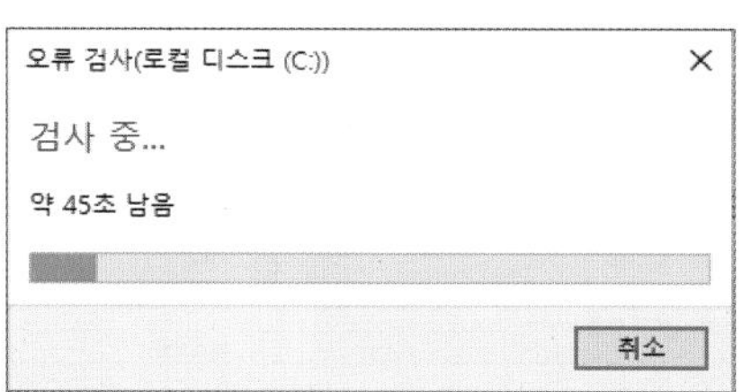


- 물리적인 충격, 반복된 프로그램의 실행과 삭제 등으로 생긴 파일 시스템 오류를 검사하여 자동 수정할 수 있다.
- 디스크 검사(Chkdsk)는 손상된 부분을 복구할 때 교차 연결된 파일이 발견되면 제거하거나 백업한다.
- 디스크 검사 동안 드라이브를 계속 사용할 수 있고, 오류가 발견되면 수정 여부를 결정할 수 있다.
- 디스크 검사가 완료되면 전체 디스크 공간, 각 할당 단위, 전체, 할당 단위 개수, 남아있는 공간 등을 확인할 수 있다.
- 오류를 수정할 수 있는 드라이브 : 플로피 디스크 드라이브, 하드 디스크 드라이브, 램 드라이브, 압축된 드라이브, 메모리 카드, USB 드라이브이다.
- 오류를 수정할 수 없는 드라이브 : CD-ROM 드라이브, 네트워크 드라이브이다.

오류를 수정하려면 읽기/쓰기가 가능해야 하는데 CD-ROM과 같은 드라이브는 읽기 전용이므로 오류를 수정할 수 없는 드라이브임

**암기 TIP**

- 디스크 검사 : 아파서 병원에 가면 검사를 한 후 치료를 받지요. 디스크 검사는 디스크의 오류를 검사한 후 오류를 고쳐 줍니다.
- 디스크 정리 : 쓰레기를 버리고 나면 방이 깨끗해지고 방도 넓게 쓸 수 있는 것처럼 디스크 정리를 하면 디스크의 공간이 넓어집니다.

## 04 저장소 관리

- 디스크 드라이브의 문서, 앱 및 기능, 임시 파일, 기타, 데스크톱 등이 차지하는 공간과 여유 공간을 표시한다.

| 방법 1 | [시작]-[설정]-[시스템]-[저장소]를 클릭 |
|---|---|
| 방법 2 | [제어판]의 [저장소 공간]을 클릭 |

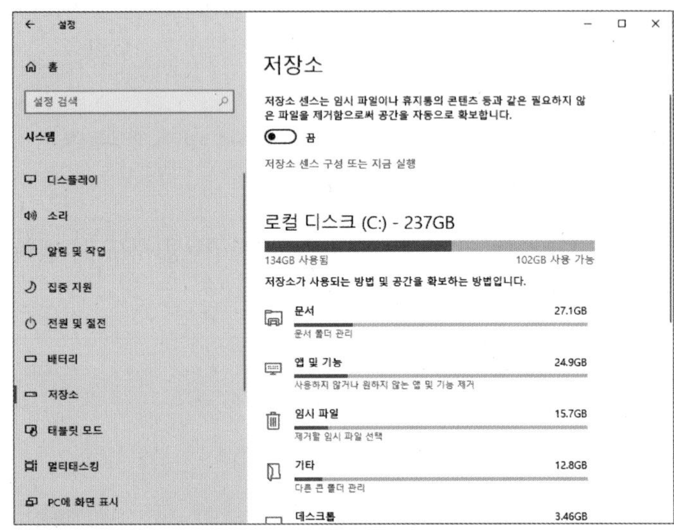


- 저장 공간 센스가 켜지면 PC에 공간이 부족할 때에만 디스크 정리를 실행하여 여유 공간을 확보할 수 있다.
- 임시 파일이나 휴지통의 콘텐츠 등과 같은 불필요한 파일을 제거하여 공간을 자동으로 확보한다.
- 저장소 공간 관리에서 두 개 이상의 드라이브에 파일을 저장하여 드라이브 오류로부터 파일을 보호할 수 있도록 저장소 풀을 만들 드라이브를 선택할 수 있다.

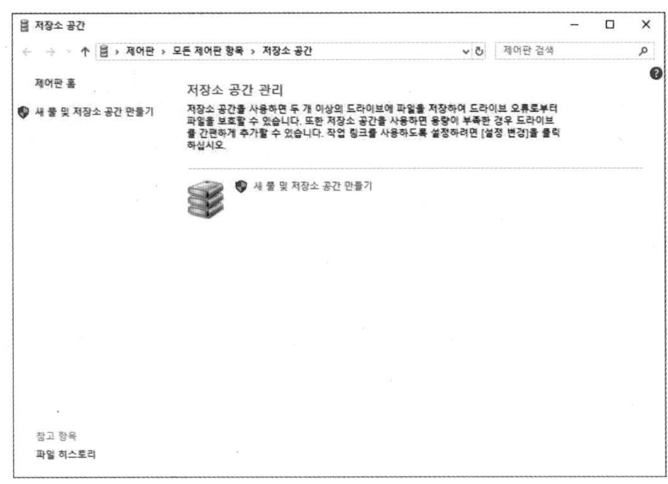

## 05 작업 스케줄러

- 시스템의 성능을 예약해 놓아 최적의 상태로 유지해 주는 도구이다.
- [시작]-[Windows 관리 도구]-[작업 스케줄러]를 선택한다.

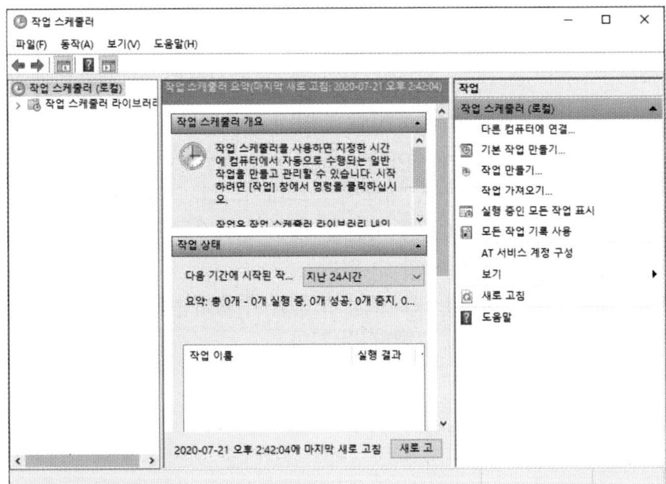


- 지정한 시간에 컴퓨터에서 자동으로 수행되는 일반 작업을 만들고 관리하는 기능이다.
- 다른 컴퓨터의 이름과 위치를 지정하여 관리할 수 있다.
- 예약 작업은 한 번, 매일, 매주, 매월, 로그온할 때, 시작할 때, 유휴 상태, 이벤트 상태 일정으로 작업을 예약하도록 선택할 수 있다.
- 트리거를 지정하면 작업이 동작될 때 프로그램 실행, 전자 메일 보내기 등의 작업을 지정한다.

## 이론을 확인하는 기출문제

**01** **다음 중 한글 Windows 10에서 [오류 검사]에 대한 설명으로 옳지 않은 것은?**

① 디스크 검사는 폴더와 파일의 오류를 검사하여 발견된 오류를 복구한다.
② 디스크 검사는 손상된 부분을 복구할 때 교차 연결된 파일이 발견되면 제거하거나 백업한다.
③ 오류 검사는 해당 폴더 단위로 검사할 수 있다.
④ 파일과 폴더의 오류뿐만 아니라 디스크 표면을 검사하여 디스크에 생긴 물리적인 오류도 찾아 준다.

오류 검사는 폴더 단위로 할 수 없고, 디스크 드라이브 단위로 검사할 수 있다. 오류를 검사하려면 디스크 드라이브 바로 가기 메뉴의 [속성]-[도구] 탭에서 [검사]를 클릭해야 한다.

**02** **다음 중 한글 [Windows 관리 도구] 프로그램에 대한 설명으로 옳지 않은 것은?**

① [시스템 정보]를 수행하면 DMA, IRQ, I/O 주소 및 메모리 주소를 확인할 수 있다.
② [디스크 조각 모음 및 최적화]를 수행하면 디스크 공간의 최적화를 이루어 접근 속도가 향상된다.
③ [디스크 검사]를 수행하면 불필요한 파일을 검색하여 삭제한다.
④ [시스템 복원]을 수행하면 복원에 사용할 디스크 공간의 비율을 조절할 수 있다.

• 디스크 검사 : 디스크 내의 불량 섹터를 검사하고 복구하는 기능
• 디스크 정리 : 불필요한 파일을 삭제하는 기능

**03** **다음 중 한글 Windows 10의 디스크 조각 모음에 관한 설명으로 옳지 않은 것은?**

① 디스크의 접근 속도 향상뿐만 아니라 디스크 용량 증가를 위하여 사용한다.
② Windows가 지원하지 않는 형식의 압축 파일이나, 네트워크 드라이브를 수행할 수 없다.
③ 요일과 시간을 지정하여 자동으로 수행되도록 예약할 수 있다.
④ 디스크 조각 모음을 수행하는 동안 다른 작업을 수행할 수 있다.

디스크 조각 모음은 디스크 처리 속도를 향상시켜 주는 기능으로 디스크 용량을 증가시키지는 않는다.

**04** **다음 중 한글 Windows 10의 디스크 검사에 관한 설명으로 옳지 않은 것은?**

① 검사에서 발견된 파일 및 폴더의 문제를 수정할 수 있다.
② 불필요한 파일을 검색하여 삭제를 도와준다.
③ 디스크 검사는 정기적으로 수행하는 것이 좋다.
④ 디스크에 생긴 물리적인 오류도 찾을 수 있다.

[디스크 정리]가 불필요한 파일을 검색하여 삭제를 도와주는 기능이다.

정답 01 ③ 02 ③ 03 ① 04 ②

SECTION 03

# 문제 해결 방법

합격 강의

출제빈도 상 중 (하)

반복학습 1 2 3

빈출 태그 한글 Windows 10 사용 문제 • 디스크 공간 부족 문제 • 메모리 부족 문제 • 네트워크 문제

- 마이크로소프트는 장치 등에서 발생하는 중요한 문제를 자동으로 해결하여 장치가 원활하게 실행되도록 유지된다.
- [시작]–[설정]–[업데이트 및 보안]–[문제 해결]을 선택한다.
- 항목을 선택한 후 [문제 해결사 실행]으로 문제가 발생한 항목에 대해 문제 해결을 시도한다.
- '중요한 문제 해결'은 중요한 서비스가 실행되지 않는 것과 같은 문제를 자동으로 수정하고 하드웨어와 작동하도록 조정하거나 Windows가 하드웨어, 앱 및 선택한 설정으로 작동하는 데 필요한 기타 특정 변경을 실행한다. 중요한 문제 해결은 자동으로 수행되며 끌 수 없다.
- '권장 문제 해결'은 Windows 버전 정보, 사용자 피드백, 오류 정보, 장치 설정, 하드웨어 구성 및 설치된 앱 및 드라이버와 같은 장치 기능을 기반으로 문제가 영향을 미치고 있다고 판단하는 문제이다. 권장되는 문제 해결을 사용하려면 인터넷에 연결되어 있어야 한다.

## 01 한글 Windows 10 사용 문제

> 기적의 TIP
>
> 디스크 공간 부족 문제, 인쇄 문제, 메모리 부족 문제, 네트워크 관련 문제가 주로 출제되고 있으므로 문제와 해결 방법을 연관 지어 학습하세요.

### 1) 윈도우 시스템의 부팅이 안된다. 23년 상시, 22년 상시, 21년 상시

- CMOS에서 하드 디스크의 정보가 제대로 입력되어 있는지 확인하고 잘못되었으면 하드 디스크의 타입을 재설정한다.
- 바이러스에 감염될 염려가 있으므로 바이러스를 검사한 후 바이러스가 있으면 치료한다.
- 정상적으로 부팅이 되지 않을 경우 Shift+[다시 시작]을 눌러 표시되는 [고급 옵션] 메뉴의 안전 모드(Safe Mode)로 부팅하여 문제를 해결한다.

### 2) 사용 중인 앱이 갑자기 작동되지 않는다. 24년 상시, 23년 상시, 22년 상시, 17년 9월, 16년 10월, …

작업 표시줄에서 바로 가기 메뉴의 [작업 관리자] 또는 Ctrl+Shift+Esc를 눌러 나오는 [작업 관리자] 창에서 응답이 없는 앱을 [작업 끝내기]하여 종료한다.

## 02 디스크 공간 부족 문제 24년 상시, 23년 상시, 22년 상시, 16년 3월, 15년 3월, 14년 3월, 13년 10월, …

- 휴지통을 비우고 휴지통의 속성에서 휴지통의 크기를 줄인다.
- 디스크 정리를 통해 임시 파일이나 불필요한 파일을 삭제한다.
- 사용하지 않는 Windows 구성 요소나 사용하지 않는 응용 프로그램을 제거한다.
- 새로운 하드 디스크를 추가하여 설치한다.

## 03 메모리 부족 문제 24년 상시, 09년 7월, 04년 11월

- Windows를 시작할 때 메모리에 불러와서 사용하지 않는 응용 프로그램을 종료한다.
- 시스템의 램을 업그레이드한다.
- [작업 관리자] 창의 [시작프로그램] 탭에 있는 불필요한 램 상주 앱을 삭제한다.
- [제어판]의 [시스템 속성]–[고급] 탭에서 가상 메모리 크기를 적절하게 늘려준다.

## 04 인쇄 문제 22년 상시, 21년 상시, 17년 3월

### 1) 인쇄가 전혀 되지 않는다.

- 프린터 전원이나 프린터 케이블이 제대로 연결되어 있는지 확인한다.
- 프린터의 이름이 변경되었거나 삭제되지 않았는지 확인한다.
- 설정된 프린터의 드라이버가 제대로 설치되었는지 확인한다.
- [제어판]의 [장치 및 프린터]에서 인쇄할 프린터의 테스트 페이지 인쇄를 해본다.

### 2) 인쇄 속도가 느리다.

- 인쇄할 프린터의 속성에서 [스풀 설정]을 확인한다. [마지막 페이지까지 스풀한 후 인쇄 시작]이 선택되어 있으면 [바로 인쇄 시작]을 선택한다. 하드 디스크 여유 공간이 부족해 스풀 공간을 확보하지 못한다면 [스풀 기능을 사용하지 않고 인쇄]를 선택한다.
- 프린터 드라이버를 제거한 후 새로 설치한다.

## 05 네트워크 문제 24년 상시, 23년 상시, 22년 상시, 20년 2월, 19년 8월, 10년 3월, 06년 11월, 04년 3월

### 1) 네트워크 어댑터가 동작하지 않는다.

- [시작]–[Windows 시스템]–[제어판]–[장치 관리자]에서 네트워크 어댑터와 충돌이 일어나는 장치가 있는지 확인한 후 충돌이 일어나는 장치를 제거한다.
- 네트워크 어댑터의 드라이버가 제대로 된 드라이버인지 확인하고 잘못 설치되었으면 다시 설치한다.

### 2) 네트워크 또는 인터넷의 연결이 안된다.

- 네트워크 케이블이 제대로 연결되었는지, 네트워크 어댑터가 제대로 동작하는지, Windows 또는 웹 브라우저가 정상적으로 설치되어 있는지 확인한다.
- [시작]–[Windows 시스템]–[제어판]–[네트워크 및 공유 센터]에서 네트워크 도메인 환경이 제대로 되었는지 확인한다.
- 명령 프롬프트 상태에서 네트워크에 연결되어 있는 시스템의 IP 주소를 'ping IP 주소★'로 입력하여 응답이 오는지 확인한다.

★ ping IP 주소
[시작]–[Windows 시스템]–[실행]에서 'ping IP 주소'를 입력하면 입력한 IP 주소가 네트워크에 잘 연결되어 있는지를 확인하는 명령어

### 3) 네트워크에 연결된 다른 시스템이 표시되지 않거나 다른 시스템에 접속할 수 없다.

- 네트워크 케이블이 제대로 연결되었는지, 네트워크 어댑터가 제대로 동작하는지 확인한다.
- 접속하려는 시스템에 네트워크의 연결 설정이 잘 되었는지 확인한다.
- 작업 그룹 이름이 동일한지 확인하고 다른 컴퓨터에서 공유 설정이 되어있는지 확인한다.

**컴퓨터 이름 변경**
[시스템 속성] 창의 [컴퓨터 이름] 탭에서 [변경]을 클릭하여 컴퓨터의 이름과 작업 그룹을 변경

**시스템 파일 검사기(SFC.EXE 파일)**
- [시작] 단추의 바로 가기 메뉴에서 [Windows PowerShell(관리자)]를 실행한 후 'SFC.EXE' 명령어를 입력(단, 관리자 권한으로 실행해야 함)
- 보호된 모든 시스템 파일의 무결성을 검사하여 문제가 있는 파일을 복구

### 4) 파일 및 프린터가 공유되지 않는다.

- [시작]–[Windows 시스템]–[제어판]–[네트워크 및 공유 센터]–[이더넷] 연결을 클릭하고 [속성]을 선택하여 [Microsoft 네트워크용 파일 및 프린터 공유]가 설치되었는지 확인한다.
- 공유하려는 폴더나 프린터가 공유되어 있는지 확인한다.

## 06 하드웨어 장치 문제

### 1) 하드웨어가 충돌을 일으킨다.

[시작]–[Windows 시스템]–[제어판]–[장치 관리자]에서 충돌한 하드웨어를 제거한다.

### 2) 장치 관리자에 오류가 나타난다.

오류가 있는 장치 관리자를 제거한 후 PnP(자동 감지 기능) 인식의 하드웨어를 새로 추가한다.

## 07 기타 문제 해결 24년 상시

### 1) 모뎀이 작동되지 않을 경우

- 모뎀이 호환되지 않았을 때 나타나므로 인터넷을 이용할 수 있으면 호환 모뎀 목록을 확인한다.
- 모뎀이 제대로 연결되어 있는지, 꺼져 있지는 않은지 확인한다.

### 2) 디스크의 속도가 느려진 경우

[시작]–[Windows 관리 도구]의 [드라이브 조각 모음 및 최적화]를 수행하여 단편화된 디스크 조각을 제거한 후 처리 속도를 향상시킨다.

### 3) 모니터 화면이 깜박이거나 떨리는 경우

[시작]–[설정]–[시스템]–[디스플레이]–[고급 디스플레이 설정]을 클릭하여 표시되는 디스플레이 어댑터 속성 창에서 모니터의 화면 재생 빈도를 높여준다.

### 4) 마우스나 키보드가 작동되지 않을 경우

- 해당 제조업체의 소프트웨어가 설치되었는지 확인한다.
- [제어판]의 [장치 관리자]를 선택하여 장치 드라이버를 제거한 후 다시 업데이트한다.
- 포트에 올바르게 연결되었는지 확인한다.

## 이론을 확인하는 기출문제

**01** 다음 중 한글 Windows 10에서 문제 해결 방법에 관한 설명으로 옳지 않은 것은?

① 디스크 공간이 부족할 경우에는 불필요한 응용 프로그램들의 실행을 종료한다.
② 메모리가 부족할 경우에는 가상 메모리를 충분히 확보할 수 있도록 휴지통, 임시 파일, 사용하지 않는 프로그램 등을 삭제한다.
③ 정상적인 부팅이 안되는 경우에는 안전 모드로 부팅하여 문제를 해결한 후에 정상 모드로 재부팅한다.
④ 시스템 속도가 저하되는 경우에는 디스크 조각 모음을 실행하여 하드 디스크의 단편화를 제거한다.

메모리 공간이 부족할 경우에는 불필요한 응용 프로그램을 종료해야 하며, 디스크 공간이 부족할 경우에는 [디스크 정리] 등으로 불필요한 파일을 제거해야 한다.

**02** 다음 중 디스크 공간 부족을 해결하기 위한 방법으로 올바르지 않은 것은?

① 불필요한 파일과 사용하지 않는 Windows 구성 요소를 제거한다.
② [작업 관리자] 창의 [시작프로그램] 탭에 설정된 불필요한 프로그램을 삭제한 후 시스템을 재시작한다.
③ 휴지통에 있는 파일을 삭제한다.
④ 디스크 정리를 통해 오래된 압축 파일이나 임시 인터넷 파일 등을 삭제한다.

[시작프로그램]에서 앱의 [사용 안 함]은 메모리 부족 문제를 해결하기 위한 방법이다.

정답 01 ① 02 ②

CHAPTER 06

# 네트워크 관리

학습 방향

네트워크의 사용 목적인 자원 공유를 위해 인터넷 연결 설정과 TCP/IP에 대한 문제가 증가하는 추세입니다. 네트워크 관련 명령어는 명령 프롬프트 창에서 직접 실습을 통해 연습하면 기억하기 쉽습니다. 웹 브라우저의 종류와 개인정보에 대한 문제도 기억해 주세요.

출제빈도

| | | |
|---|---|---|
| SECTION 01 | 상 | 45% |
| SECTION 02 | 중 | 25% |
| SECTION 03 | 중 | 30% |

SECTION 01

# 네트워크 환경 설정하기

출제빈도 (상) 중 하
반복학습 1 2 3

빈출 태그 네트워크 연결 설정 • 네트워크 어댑터 • 소프트웨어적인 환경 • 인터넷 프로토콜 TCP/IP • 네트워크 관련 명령어

## 01 네트워크의 정의

- 네트워크(Network)란 두 대 이상의 컴퓨터 시스템을 통신 회선으로 연결해 놓은 통신망이다.
- 네트워크는 컴퓨터 사용자와 인터넷, 네트워크, 다른 컴퓨터 사이를 연결해 놓는다.
- 네트워크를 연결하는 방법에는 LAN★, 전화 접속 모뎀★, 케이블 모뎀★, ISDN★, xDSL★ 등을 사용하여 연결한다.
- 네트워크 연결 설정을 하고 나면 웹서비스(WWW)★, 전자우편(E-Mail)★, 파일 송수신(FTP)★, 텔넷(TELNET)★, 뉴스그룹(USENET)★, 채팅(IRC)★, 온라인 게임(Game) 등의 인터넷 서비스를 사용할 수 있다.
- 네트워크 사용의 목적은 자료의 공유, 주변 장치의 공유, 전자 메일 교환 등이 있다.

★ LAN(Local Area Network)
같은 건물이나 약 10km 이내를 연결하는 근거리 통신망

★ 전화 접속 모뎀
전화를 걸어 모뎀(56Kbps)에 접속하는 인터넷 연결 방식

★ 케이블 모뎀(Cable MODEM)
PC를 케이블 TV에 연결하여 10Mbps 정도의 속도로 인터넷을 할 수 있는 광대역 통신망

★ ISDN(Integrated Services Digital Network)
음성, 그래프 등의 아날로그 데이터와 숫자, 부호 등의 디지털 데이터를 디지털로 통합하여 전송하는 종합정보통신망

★ xDSL(Digital Subscriber Line)
ADSL, HDSL, VDSL 등 광대역 연결로 표준 전화선을 사용하는 고속네트워크 연결의 한 종류

★ WWW(World Wide Web)
웹 페이지들이 서로 거미줄처럼 연결되어 거대한 네트워크를 형성

★ E-Mail
통신회선으로 연결된 네트워크상에서 편지나 문서를 주고받는 서비스

★ FTP(File Transfer Protocol)
대량의 파일을 네트워크를 통해 업로드하거나 다운로드하는 서비스

★ TELNET
멀리 떨어져 있는 원격 컴퓨터를 연결하여 사용하는 인터넷 서비스

★ USENET
뉴스그룹으로 전 세계 사람들과 공통의 관심사를 토론할 수 있는 서비스

★ IRC(Internet Relay Chat)
전 세계 사람들과 실시간으로 대화를 나눌 수 있도록 만들어진 채팅 프로그램

## 02 네트워크 연결 방식 22년 상시, 21년 상시

### 1) 서버와 클라이언트(Server/Client) 방식

하나의 서버★가 여러 대의 클라이언트★ 컴퓨터와 연동해서 작업하는 방식으로, 구축 비용은 많이 들지만, 관리가 쉬워 대규모 네트워크에서 사용된다.

### 2) 피어 투 피어(Peer To Peer) 방식

서버와 클라이언트를 구별하지 않고 모든 컴퓨터가 서버와 클라이언트가 되어 동등하게 데이터를 교환하는 방식으로, 서버가 없어서 속도가 느리다.

## 03 네트워크 연결 설정 24년 상시, 21년 상시, 20년 7월, 17년 3월, 13년 6월, 12년 6월, 11년 3월, 10년 9월, …

### 1) 활성 네트워크 보기

- 케이블 또는 xDSL 등의 초고속 인터넷 접속 서비스를 사용하는 한글 Windows 10에서는 네트워크 어댑터가 있으면 별도의 설치 없이 자동으로 네트워크 연결이 실행된다.

- [새 연결 또는 네트워크 설정]에서 광대역, 전화 접속 또는 VPN으로 연결을 설정하거나 새 라우터 또는 액세스 지점(AP)을 설정할 수 있다.
- 네트워크 설정 변경은 관리자 계정으로 로그온한 후 [시작]-[Windows 시스템]-[제어판]-[네트워크 및 공유 센터]에서 활성 네트워크의 액세스 형식과 연결을 확인한다.

## 2) 네트워크 설정 변경

- [제어판]의 [네트워크 및 공유 센터]에서 네트워크 설정 변경을 할 수 있다.

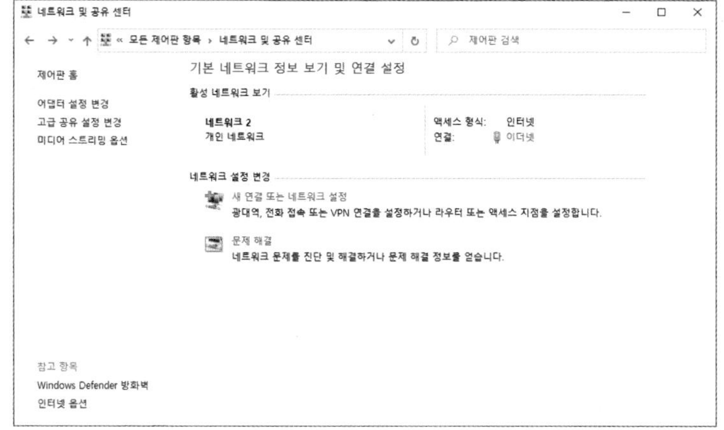


- [네트워크 설정 변경]에서 [새 연결 또는 네트워크 설정]을 클릭한다.

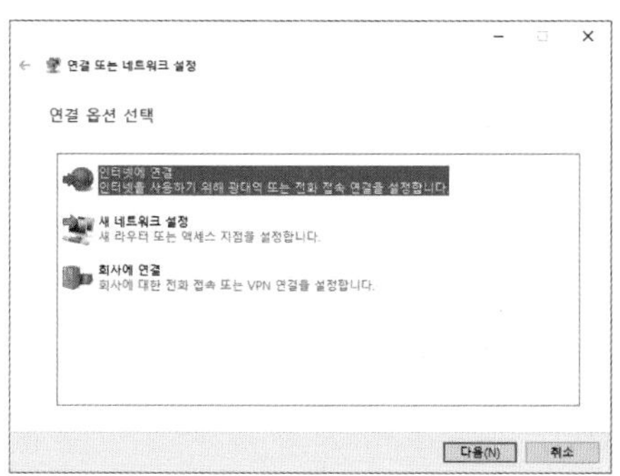


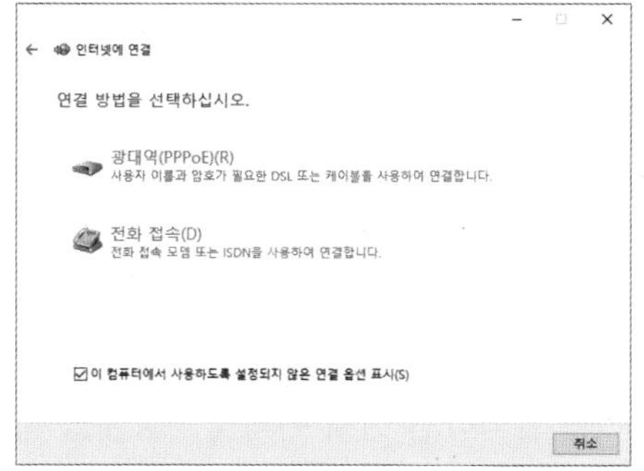


▶ **네트워크 설정 변경 연결 옵션 선택**

| | |
|---|---|
| **인터넷에 연결** | • 인터넷을 사용하기 위해 광대역★ 또는 전화 접속★ 모뎀 또는 ISDN을 사용하여 연결을 설정<br>• 인터넷 서비스 공급자(ISP)★의 사용자 이름과 암호를 이용하여 연결 |
| **새 네트워크 설정** | 새 라우터★ 또는 액세스 지점★을 설정 |
| **무선 네트워크에 수동으로 연결** | 무선 단말기를 사용할 때 네트워크 이름, 보안 종류, 암호화 유형, 보안 키 등의 무선 네트워크 정보를 이용하여 숨겨진 네트워크에 연결하거나 무선 프로토콜을 새로 만들기 하여 연결 설정 |
| **회사에 연결** | 회사에 대한 전화 접속 또는 VPN★ 연결하거나 직접 전화 걸기로 연결을 설정 |

★ 서버(Server)
클라이언트의 요구에 따라 네트워크상에서 자원을 제공하는 컴퓨터

★ 클라이언트(Client)
사용자가 서버에게 자원을 요구하는 컴퓨터

**ICS(인터넷 연결 공유)**
- 네트워크의 컴퓨터가 단일 인터넷 연결을 통해 온라인 서비스를 사용할 수 있도록 하는 윈도우 기술로 한 대의 컴퓨터(호스트)에 연결된 인터넷 선을 이용하여 네트워크의 모든 컴퓨터(게스트)가 인터넷을 사용할 수 있는 것을 의미
- 다른 네트워크 사용자가 이 컴퓨터의 인터넷 연결을 통해 연결할 수 있도록 설정한 후 사용

★ 광대역(PPPoE)
사용자 이름과 암호가 필요한 xDSL 또는 케이블을 사용하여 연결

★ 전화 접속
전화 접속 모뎀 또는 ISDN을 사용하여 연결

★ 인터넷 서비스 공급자(ISP : Internet Service Provider)
인터넷 통신망을 보유하여 인터넷 회선과 IP할당 등을 해주는 회사로 KT, SK텔레콤, LG유플러스 등의 사업자

★ 라우터(Router)
패킷의 최적 경로를 찾아 다른 망으로 전달해 주는 역할

★ 액세스 지점(AP : Access Point)
기존 유선 네트워크와 무선 네트워크 사이에서 중계기 역할을 담당하는 기기로 전파의 송수신을 위한 내장 안테나가 있어 확장 안테나로 사용할 수 있음

★ VPN(Virtual Private Network)
인터넷을 사용하여 회사 네트워크 같은 대규모 네트워크에 한 대 이상의 컴퓨터를 연결하는 네트워크로 VPN은 암호화되어 있어 허가된 사용자만 액세스할 수 있음

## 04 네트워크 연결을 위한 환경 설정

### 1) 네트워크 어댑터 24년 상시, 22년 상시, 21년 상시, 13년 3월, 12년 3월, 08년 10월, 07년 10월/3월, 06년 11월, 04년 11월

- 사용자의 컴퓨터를 물리적으로 네트워크에 연결하기 위한 하드웨어 장치이다.
- 한글 Windows 10에서는 부팅하면서 자동으로 어댑터(LAN 카드)를 인식하여 적절한 드라이버를 설치한다.
- [제어판]의 [장치 관리자]–[네트워크 어댑터]의 항목에서 바로 가기 메뉴의 [속성]을 선택하면 설치된 장치 유형과 제조업체, 위치 등을 확인하고 드라이버 업데이트, 드라이버 제거 등을 할 수 있다.
- 네트워크 어댑터를 설치하면 활성 네트워크 연결이 자동으로 이루어진다.
- [제어판]의 [네트워크 및 공유 센터] 창의 [어댑터 설정 변경]에서 네트워크 장치 연결을 변경할 수 있다.

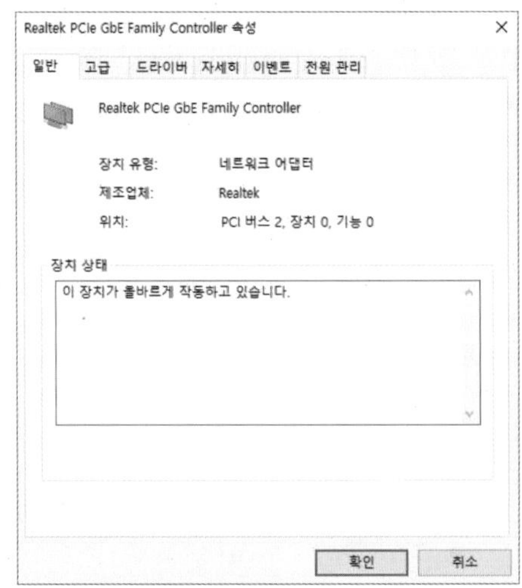


### 2) 소프트웨어적인 환경 24년 상시, 23년 상시, 22년 상시, 21년 상시, 20년 2월, 17년 9월, 16년 10월, 15년 6월, 14년 6월, …

- [제어판]의 [네트워크 및 공유 센터]에서 인터넷 액세스 형식인 [이더넷] 연결을 클릭하면 현재 이더넷★ 상태를 확인한다.
- IP 연결 상태와 미디어 상태, 시간, 속도 등을 확인할 수 있다.
- 무선 인터넷 접속이 가능한 상태라면 무선 네트워크 이름(SSID)★을 선택하여 인터넷에 연결된다.
- 무선 네트워크일 경우에는 Wi–Fi 상태로 IP 연결 상태, 미디어 상태, SSID, 시간, 속도 등을 확인할 수 있다.

윈도우 7에서는 [로컬 영역 연결]이었으며 네트워크 연결 상태에 따라 이더넷 연결로 표시되거나 무선 네트워크일 경우 Wi–Fi(와이파이명)로 표시됨

★ 이더넷(Ethernet)
네트워크 연결을 위한 국제전기전자기술자협회인 IEEE802.3 표준으로 CSMA/CD 기술을 사용하고 초당 10MBPS, 100MBPS, 1000MBPS 등의 속도를 지원하는 LAN 연결 기술

★ SSID(Service Set IDentifier)
무선 라우터에서 지정한 무선 네트워크 이름으로 무선 네트워크를 식별하는 고유 문자나 숫자의 집합으로 최대 32자까지 입력

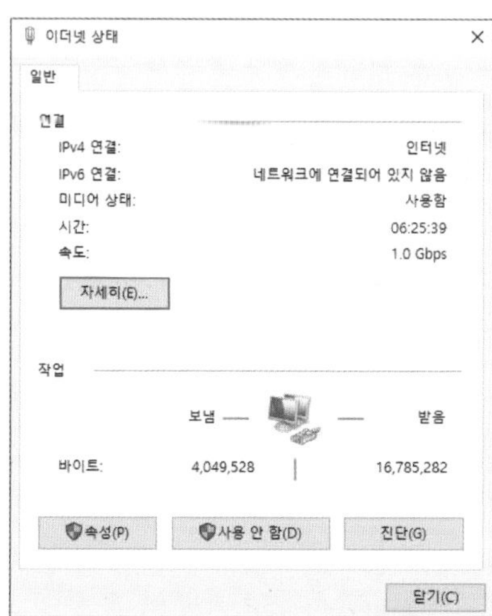


• 이더넷 상태 창의 [속성]을 클릭하여 네트워킹을 위한 구성 항목을 확인하며 [설치]를 눌러 [네트워크 기능 유형 선택]에서 유형을 추가하여 설치할 수 있다.

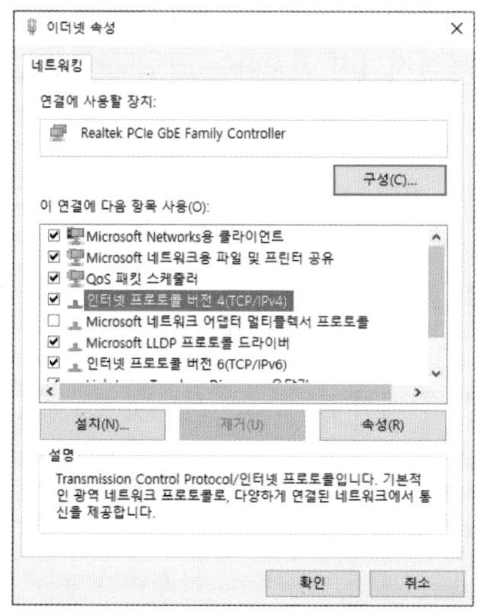


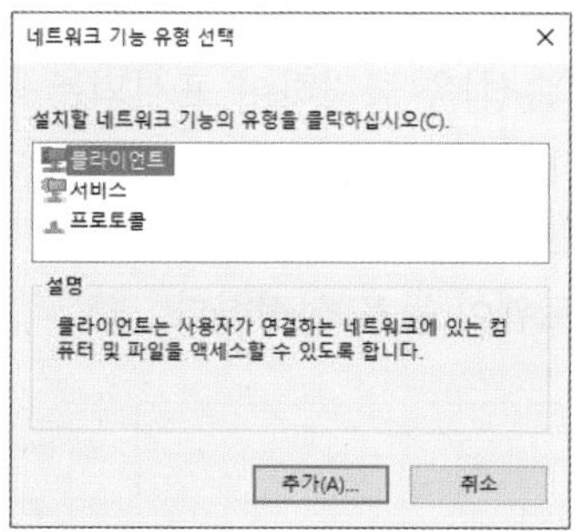


| | |
|---|---|
| **클라이언트(Client)** | • 사용자가 연결하려는 네트워크에 있는 컴퓨터 및 파일을 액세스하기 위해 설치하여 사용<br>• 클라이언트는 네트워크의 다른 컴퓨터나 서버에 연결하여 파일이나 프린터 등의 공유 자원을 사용할 수 있도록 한 소프트웨어 |
| **서비스(Service)** | • 네트워크상에 있는 파일 및 프린터 공유, 백업, 레지스트리 등의 추가 기능을 제공하기 위해 설치<br>• 서비스는 내 컴퓨터에 설치된 파일, 프린터 등의 자원을 다른 컴퓨터에서 공유할 수 있도록 하는 소프트웨어 |
| **프로토콜(Protocol)** | 사용자 컴퓨터와 다른 컴퓨터 간에 통신을 할 때 사용하는 통신 규약으로, 네트워크상에서 통신할 때는 같은 프로토콜을 사용 |

▶ 기타 네트워크 구성 요소의 항목

| | |
|---|---|
| Micorsoft Networks용 클라이언트 | 컴퓨터에서 Microsoft 네트워크에 있는 리소스를 액세스할 수 있도록 함 |
| Micorsoft 네트워크용 파일 및 프린터 공유 | 다른 컴퓨터에서 Microsoft 네트워크를 사용하여 사용자 컴퓨터의 리소스에 액세스하도록 허용 |
| QoS 패킷 스케줄러 | Quality of Service 패킷 스케줄러로 흐름 속도 및 우선순위 서비스를 포함하여 네트워크 트래픽 제어를 제공 |

## 05 인터넷 프로토콜 TCP/IP

24년 상시, 23년 상시, 22년 상시, 21년 상시, 20년 2월, 19년 3월, 16년 6월, …

### 1) TCP/IP의 기능

- 한글 Windows 10은 TCP/IP(Transmission Control Protocol/Internet Protocol)라는 프로토콜 기반의 네트워크를 사용한다.
- TCP는 두 사용자 시스템 간의 통신(에러 제어, 흐름 제어, 데이터 순서 보장, 데이터 손실 및 중복 해결)을 담당하는 프로토콜이다.
- IP는 네트워크와 네트워크를 통한 데이터를 목적지까지 전송하는 프로토콜이다.

### 2) TCP/IP의 속성

- [시작]–[Windows 관리 도구]–[제어판]–[네트워크 및 공유 센터]에서 [이더넷]을 클릭한다.
- 이더넷의 [속성]을 클릭하여 표시되는 [이더넷 속성] 창에서 [인터넷 프로토콜 버전 4(TCP/IPv4)]의 [속성]을 선택한다.
- [인터넷 프로토콜 버전 4(TCP/IPv4)] 속성] 창에서 IP 주소, 서브넷 마스크, 기본 게이트웨이 등을 설정한다.

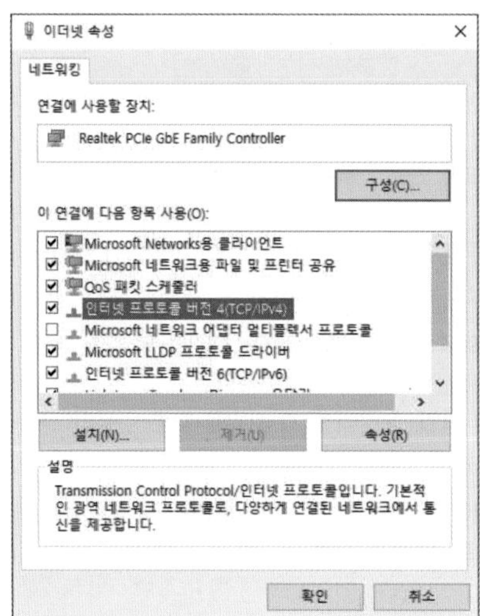


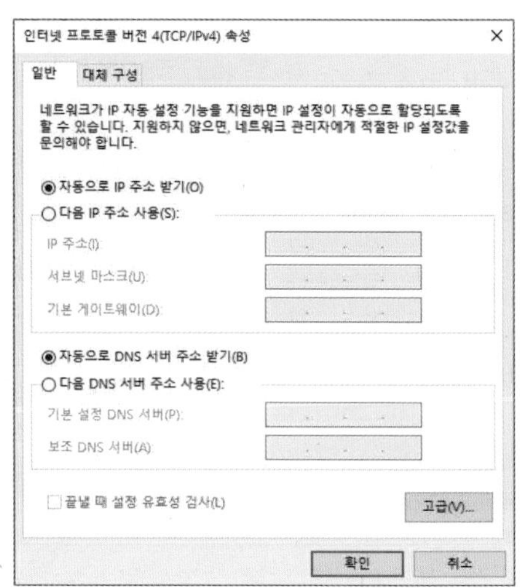

<table>
<tr><td rowspan="3">IP 주소</td><td colspan="2">• 인터넷상에서 구별되는 자신만의 고유한 숫자로 된 주소<br>• 인터넷 서비스 업체(ISP)에서 자동으로 IP 주소를 부여받거나 직접 할당된 주소를 입력하여 설정</td></tr>
<tr><td>IPv4</td><td>• IPv4는 32비트 체계의 IP 주소<br>• 10진수 4자리로 도트(.)로 구분됨<br>• 네트워크 규모에 따라 A, B, C, D, E 클래스로 나뉨<br>예 192.12.0.125</td></tr>
<tr><td>IPv6</td><td>• IPv6는 128비트 체계의 IP 주소<br>• 16진수 8자리로 콜론(:)으로 구분됨<br>• IPv4와의 뛰어난 호환성<br>• 인증성, 기밀성, 데이터 무결성의 지원으로 보안 문제 해결, 빠른 속도, 실시간 흐름 제어를 지원<br>• 128비트의 주소 사용으로 주소 부족 문제 해결<br>예 12ef:78bc:ffff:ffff:ffff:ab47:0000:fe80</td></tr>
<tr><td>서브넷 마스크</td><td colspan="2">• 1개의 IP 네트워크 물리적 주소를 여러 개의 논리적 주소로 나누는 것<br>• 컴퓨터의 규모를 알리는 정보가 됨<br>• IP 주소와 결합하여 네트워크 주소와 호스트 주소를 구분하기 위하여 사용<br>• 호스트 이름으로부터의 IP 주소지에 대한 네트워크의 이름을 규정하는 것<br>• 32비트의 크기로 네트워크와 호스트를 나누는 데 사용됨<br>• 일반적으로 클래스 C인 경우 '255.255.255.0'을 사용함</td></tr>
<tr><td>기본 게이트웨이</td><td colspan="2">• 게이트웨이란 네트워크로 들어가는 입구 역할로 두 개의 서로 다른 LAN을 연결하는 장치<br>• 일반적으로 라우터라는 연결 장치에서 지정된 게이트웨이의 주소를 입력</td></tr>
</table>

**서브넷(Subnet)**
하나의 논리적인 네트워크를 말하며 여러 서브넷이 거대한 인터넷을 구성

## 3) 고급 TCP/IP 설정

[이더넷] 창의 [인터넷 프로토콜 버전 4(TCP/IPv4) 속성] 대화상자에서 [고급]을 선택하여 표시되는 [고급 TCP/IP 설정]에서 설정한다.

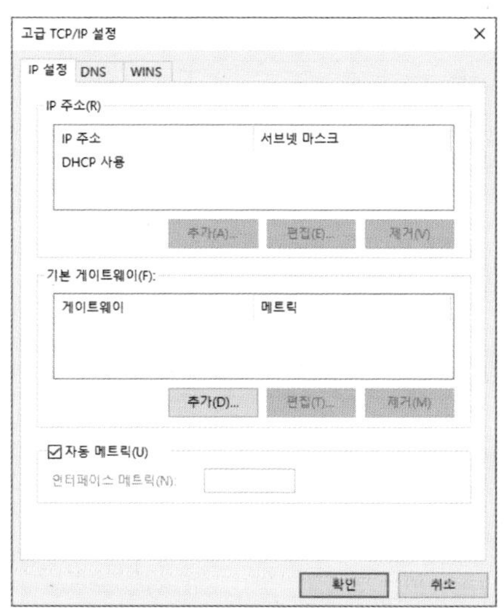


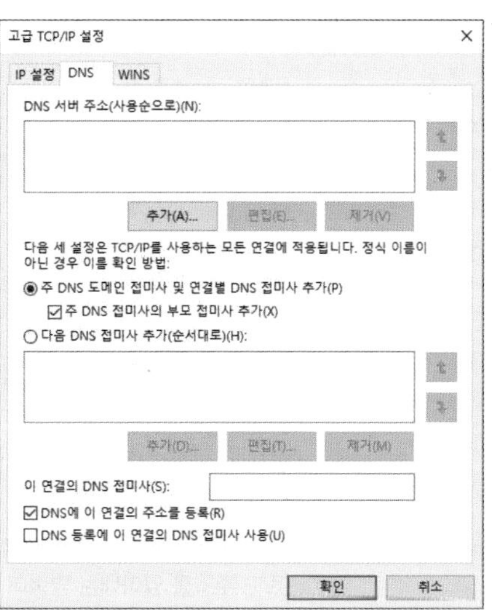


**SLIP/PPP**
전용선, 전화망, ISDN 회선 사용자를 위한 인터넷 접속 프로토콜

**ARP(Address Resolution Protocol)**
동일한 LAN에 연결된 컴퓨터의 네트워크 어댑터의 물리적인 IP 주소를 얻는 데 사용하는 프로토콜

**SNMP(Simple Network Management Protocol)**
TCP/IP의 간이망 관리 프로토콜로 라우터나 허브 등 망 기기의 망 관리 정보를 보내는 데 사용되는 표준 통신 규약

① DHCP(Dynamic Host Configuration Protocol)

- 중앙에서 유동 IP를 할당해 주는 서버로 컴퓨터가 다른 네트워크에 접속했을 때 자동으로 새로운 IP 주소를 할당한다.
- Windows NT 계열의 운영체제에는 DHCP가 내장되어 있으므로 [자동으로 IP 주소 받기]를 선택한다.

② DNS(Domain Name System or Server)

- 사람이 기억하기 쉬운 문자로 된 도메인명을 컴퓨터가 이해할 수 있는 IP 주소로 바꿔 주는 시스템이다.
- 자동으로 DNS 서버 주소를 사용하도록 설정할 수 있다.
- 여러 개의 DNS 서버 주소를 등록할 수 있다.
- DNS 서버 주소는 변경이 가능하다.

암기 TIP

**DNS(도메인 네임 시스템)**
사람은 숫자보다는 문자를 기억하기 쉽습니다. 그래서 인터넷의 특정 사이트로 이동할 때 'http://www.youngjin.com'과 같이 문자로 된 주소를 쓰면 컴퓨터 내부에서는 이 문자를 다시 숫자로 변환합니다. 이 역할을 DNS가 하는 것입니다.

## 06 네트워크 관련 명령어 24년 상시, 23년 상시, 22년 상시, 21년 상시, 20년 2월, 16년 10월, 15년 6월

- 네트워크 명령어는 [시작]-[Windows 시스템]-[명령 프롬프트] 또는 [시작] 단추의 바로 가기 메뉴인 [실행]에서 'cmd'를 눌러 나오는 명령 프롬프트 창에서 실행한다.
- 예 [명령 프롬프트] 창에서 'c:₩>ipconfig'를 입력한 후 Enter를 누르면 된다.

| | |
|---|---|
| ipconfig | • c:₩>ipconfig 입력<br>• 자신의 컴퓨터 어댑터의 상태, 할당된 IP 주소, 서브넷 마스크의 주소, 게이트웨이에 대한 정보를 확인 |
| ping | • c:₩>ping ip 주소 입력<br>• 입력한 IP 주소가 네트워크에 잘 연결되어 있는지 확인하는 명령어<br>• 패킷 보냄 수와 왕복 시간, TTL 등을 확인 |
| tracert | • c:₩>tracert 입력<br>• 연결하려는 IP 라우터들이 제대로 패킷을 전송하는지 확인하는 명령어<br>• 라우터의 경로와 경로에서의 지연 시간을 추적할 때 사용 |
| netstat | • c:₩>netstat 입력<br>• TCP/UDP 프로토콜 네트워크 연결 상황을 표시하는 명령어<br>• 프로토콜, 로컬 영역 주소, 외부 주소와 포트, 연결 상태로 충돌 지점을 알아낼 때 사용 |
| net | • c:₩>net 입력<br>• 네트워크에 연결된 모든 시스템의 상태를 나타내는 명령어 |
| finger | • c:₩>finger 입력<br>• 현재 시스템의 사용자에 대한 정보를 표시 |
| nslookup | • c:₩>nslookup ip 주소 입력<br>• DNS에 접속하여 특정한 IP 주소를 가진 컴퓨터의 도메인을 찾거나 도메인 이름으로 IP 주소를 알아내는 명령어 |

암기 TIP

**ping ip 주소**
인터넷이 잘 연결되었는지 명령 프롬프트 창에서 핑(ping)하고 쏘아 보세요. 핑핑하고 되돌아오면 연결이 잘 된 것이고, 대답이 없으면 연결이 안 된 것입니다.

## 이론을 확인하는 기출문제

**01 다음 중 한글 Windows 10에서 인터넷 IP 주소 체계를 위해 사용하는 IPv6에 대한 설명으로 옳지 않은 것은?**

① IPv4와의 호환성이 뛰어나며, IPv4와 비교하여 자료 전송 속도가 빠르다.
② 숫자로 8비트씩 4부분으로 구분하며, 총 32비트로 구성된다.
③ 인증성, 기밀성, 데이터 무결성의 지원으로 보안 문제를 해결할 수 있다.
④ 실시간 흐름 제어로 향상된 멀티미디어 기능을 제공한다.

IPv6는 128비트로, 16진수 8자리로 구성된다.

**02 다음 중 한글 Windows 10에서 네트워크 연결을 위한 [이더넷 속성] 연결 창에 관한 설명으로 옳지 않은 것은?**

① 네트워크 연결에 사용할 네트워크 어댑터의 유형과 장치가 장착된 위치 등을 알 수 있다.
② 네트워크 기능의 유형에는 라우터, 게이트웨이, 리피터 등이 있다.
③ 네트워크가 IP 자동 설정 기능을 지원하지 않는 경우에는 해당 IP 주소, 서브넷 마스크, 기본 게이트웨이, DNS 서버 주소를 수동으로 설정하여야 한다.
④ 기본 게이트웨이와 DNS 서버 주소는 2개 이상 여러 개를 설정할 수 있다.

네트워크 기능 유형에는 클라이언트, 서비스, 프로토콜이 있다.

**03 한글 Windows 10의 [네트워크 및 공유 센터]에서 '네트워크 설정 변경'과 가장 관련이 없는 항목은?**

① 어댑터 설정 변경
② 인터넷에 연결
③ 새 네트워크에 연결
④ 회사에 연결

[네트워크 및 공유 센터]-[네트워크 설정 변경]의 연결 옵션은 '인터넷에 연결', '새 네트워크 연결', '회사에 연결'로 구성되어 있다.

**04 한글 Windows 10에서 네트워크 구성 요소에 대한 설명으로 옳지 않은 것은?**

① 네트워크에 있는 서로 다른 컴퓨터 간에 정보를 공유하려면 동일한 프로토콜을 사용하여야 한다.
② 어댑터는 컴퓨터가 네트워크에 있는 자원을 액세스할 수 있게 해주는 통신 규약이다.
③ 서비스는 내 컴퓨터에 설치된 파일, 프린터 등의 자원을 다른 컴퓨터에서 공유할 수 있도록 하는 소프트웨어이다.
④ 클라이언트는 네트워크의 다른 컴퓨터나 서버에 연결하여 파일이나 프린터 등의 공유 자원을 사용할 수 있도록 한 소프트웨어이다.

어댑터는 컴퓨터를 네트워크에 물리적으로 연결하는 하드웨어 장치이다.

오답 피하기

프로토콜은 컴퓨터가 네트워크에 있는 자원을 액세스할 수 있게 하는 통신 규약이다.

정답 01 ② 02 ② 03 ① 04 ②

SECTION 02

# 네트워크 사용하기

출제빈도 상 (중) 하
반복학습 1 2 3

빈출 태그 네트워크 드라이브 연결 • 네트워크 프린터 설치 • 프린터 공유 • 방화벽

**기적의 TIP**

네트워크를 사용하는 목적 중의 하나인 자원의 공유에 대한 문제가 많이 출제되고 있습니다. 자원 공유 대상이 무엇인지 기억하세요.

**파일 공유**
파일을 선택한 후 바로 가기 메뉴에서 [공유]를 선택하면 메일을 보내거나 연락처나 블루투스를 사용하여 주변 디바이스에 공유할 수 있음

**암기 TIP**

학년 주임 선생님이 만든 학습 자료를 다른 반 선생님들이 함께 사용하는 것을 공유라고 합니다. 이렇게 네트워크가 설정되면 다른 컴퓨터의 자료를 가지고 와서 사용할 수 있습니다.

**네트워크 드라이브로 연결된 아이콘**

## 01 자원의 공유

- 컴퓨터에 저장된 파일 및 폴더, 디스크 드라이브, 프린터, CD-ROM 드라이브, 모뎀 등을 네트워크와 웹에서 공유하여 사용할 수 있다.
- 공유하는 방법은 공유하려는 사용자와 액세스할 컴퓨터에 따라 다르다.
- [파일 탐색기] 창에서 [네트워크]를 클릭하면 네트워크에 연결된 컴퓨터의 이름과 공유된 자원의 목록을 확인할 수 있다.

## 02 네트워크 드라이브 연결 22년 상시, 12년 9월, 11년 9월/6월, 10년 5월, 09년 10월/7월, 07년 10월, …

- 특정한 폴더나 드라이브를 마치 내 컴퓨터의 디스크 드라이브처럼 사용하기 위해 네트워크 드라이브를 연결한다.
- [파일 탐색기] 창의 [홈]-[새로 만들기] 그룹의 [빠른 연결]-[네트워크 드라이브 연결]에서 선택한다.
- 내 PC(내 컴퓨터)의 위치일 때에는 [컴퓨터]-[네트워크] 그룹의 [네트워크 드라이브 연결]을 선택한다.
- [네트워크 드라이브 연결]은 연결할 공유 폴더의 드라이브와 경로를 지정하는 것으로 네트워크 드라이브 연결에 사용할 드라이브 문자와 공유 네트워크 폴더를 선택한 후 [마침]을 클릭한다. 드라이브 문자는 로컬 디스크나 USB 드라이브와 같이 사용하는 드라이브를 제외한 Z:드라이브에서 A:드라이브까지 네트워크에 연결하여 사용할 수 있다.
- [로그인할 때 다시 연결]을 선택하면 로그인할 때마다 자동으로 연결된 드라이브에 다시 연결되어 사용한다.

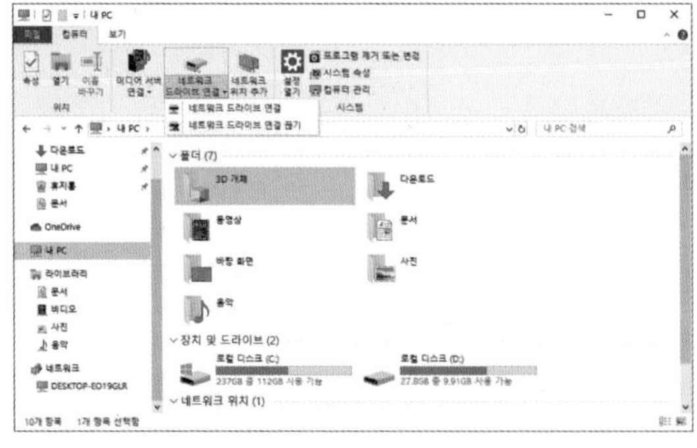

- [네트워크 드라이브 연결 끊기]는 네트워크 드라이브의 연결을 해제하여 연결된 드라이브를 끊고 새 드라이브 문자로 다시 지정하여 사용한다. 연결된 네트워크 드라이브의 바로 가기 메뉴의 [연결 끊기]를 선택한다.

## 03 드라이브나 폴더의 공유 24년 상시, 20년 7월

- 컴퓨터의 파일이나 폴더를 [공용] 폴더로 이동하거나 복사하면 내 컴퓨터에 사용자 계정이 있는 모든 사람과 공유할 수 있다.
- 공유하는 방법은 공유하는 파일과 컴퓨터에 연결된 네트워크 유형에 따라 달라진다.

### 1) 공유 폴더를 사용하기 위한 설정

① [제어판]의 [네트워크 및 공유 센터]–[고급 공유 설정 변경]을 선택한다.

② 각 개인 사용자 게스트 또는 공용, 모든 네트워크마다 별도의 네트워크 프로필을 만들고 각 프로필에 특정 옵션을 선택할 수 있다.

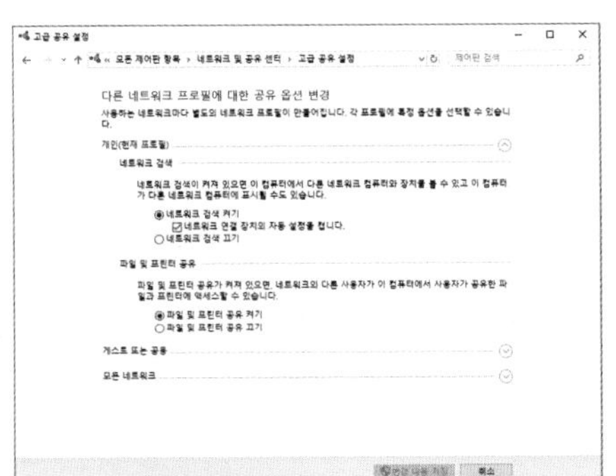

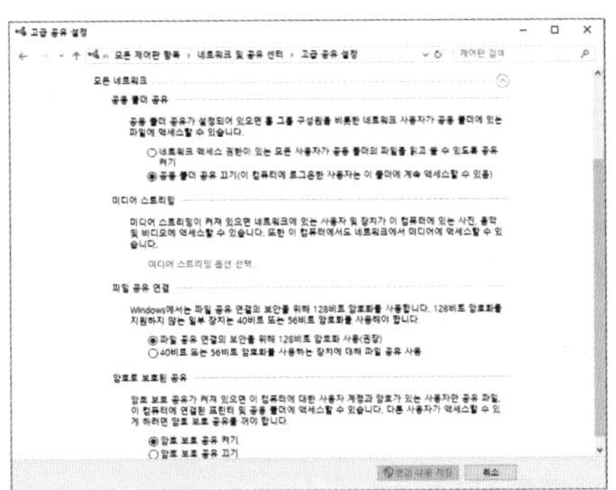

**③ 네트워크 검색**

검색 켜기이면 이 컴퓨터에서 다른 네트워크 컴퓨터와 장치를 볼 수 있고 이 컴퓨터가 다른 네트워크의 컴퓨터에 표시될 수도 있다.

**④ 파일 및 프린터 공유**

공유 켜기이면 네트워크의 다른 사용자가 이 컴퓨터에서 사용자가 공유한 파일과 프린터에 액세스할 수 있다.

**⑤ 공용 폴더 공유**

공유 켜기이면 홈 그룹 구성원을 비롯한 네트워크에 연결된 다른 컴퓨터 사용자가 공용 폴더에 저장된 파일을 액세스할 수 있도록 권한을 지정한다.

**⑥ 미디어 스트리밍**

[미디어 스트리밍 옵션 선택]을 클릭해서 다른 네트워크에서 이 컴퓨터에 있는 오디오, 비디오, 사진 등을 재생할 수 있는 미디어 스트리밍 기능을 켤 수 있도록 설정한다.

**공용 폴더**
- 현재 사용 중인 컴퓨터의 모든 사용자가 접근할 수 있는 폴더
- 기본적으로 라이브러리에 포함되고 실제 위치는 'C:₩Users₩공용'. 즉, 'C:₩Users₩Public' 폴더에 있음
- 파일 단위로는 공유가 되지 않으며, 폴더나 드라이브 단위로 공유시켜야 함
- 공용 폴더의 종류는 공용 다운로드, 공용 문서, 공용 비디오, 공용 사진, 공용 음악 등

⑦ 파일 공유 연결

Windows에서는 파일 공유 연결의 보안을 위해 128비트 암호를 사용하지만 이를 지원하지 않는 일부 네트워크 장치에서는 40비트 또는 56비트 암호화를 사용하도록 설정한다.

⑧ 암호로 보호된 공유

공유 켜기일 때 이 컴퓨터에 대한 사용자 계정과 암호를 알아야만 공유 파일, 프린터를 액세스하도록 설정한다.

### 2) 폴더의 액세스 권한에서 공유와 제거

폴더를 선택한 후 바로 가기 메뉴의 [액세스 권한 부여]를 선택한다.

| | |
|---|---|
| **액세스 제거** | • 공유를 허용한 사용자에 대한 권한을 제거<br>• 사용자를 추가 또는 제거, 권한 변경 |
| **홈 그룹(보기)** | 선택한 항목을 전체 홈 그룹과 공유하지만 읽기만 가능 |
| **홈 그룹(보기 및 편집)** | 선택한 항목을 전체 홈 그룹과 공유하여 읽기와 수정 및 삭제를 할 수 있음 |
| **특정 사용자** | • 공유할 개별 사용자를 선택하여 공유를 설정<br>• [특정 사용자]를 이용하여 폴더를 공유할 수 있음 |

### 3) [작업 그룹]에서 폴더의 공유

- 폴더를 선택한 후 바로 가기 메뉴의 [속성]–[공유] 탭에서 [공유]를 선택한다.
- 공유할 사람은 누구나 사용할 수 있는 'Everyone'을 [추가]하고 사용 권한 수준(읽기, 읽기/쓰기, 제거)을 선택하고 [공유]를 클릭한다.

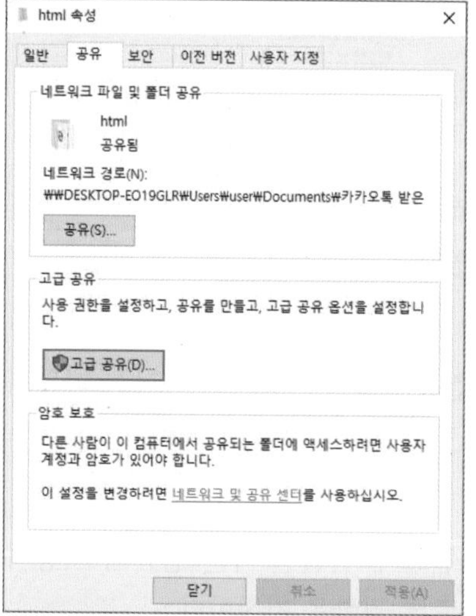


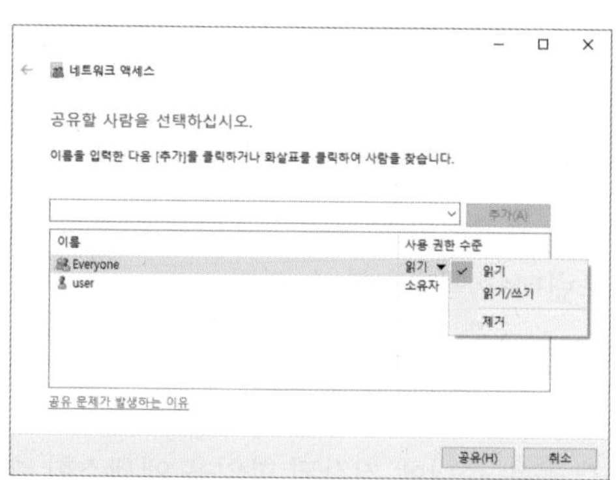


- [고급 공유]를 선택하면 선택한 폴더 공유에서 공유 이름★과 동시 사용자의 수★를 지정할 수 있다.
- [권한]을 클릭하여 [그룹 또는 사용자 이름]을 추가하고 사용 권한(모든 권한, 변경, 읽기)을 설정할 수 있다.

**공유할 사람 선택**
- Everyone : 누구나 사용할 수 있음
- User : 현재 사용하고 있는 실제 계정(Administrators) 그룹
- Guest : 게스트(손님) 사용자 그룹
- 특정 사용자명(이메일주소) : 사용자명(이메일주소)인 특정 사용자가 사용할 수 있는 권한으로 컴퓨터가 대기 모드일때는 공유 항목에 액세스가 불가능

**공유 폴더 제거**

고급 공유에서 [선택한 폴더 공유]가 되어있으면 액세스 제거가 되지 않으므로 고급 공유에서 선택한 폴더 공유를 해제한 후 액세스 제거하여 공유 폴더를 제거할 수 있음

**공유 폴더 아이콘**

★ 공유 이름

다른 사람이 공유 여부를 모르게 설정하려면 공유 이름 뒤에 '$'를 입력

★ 동시 사용자의 수

공유에 동시 사용자의 수는 1~20명으로 제한하여 설정

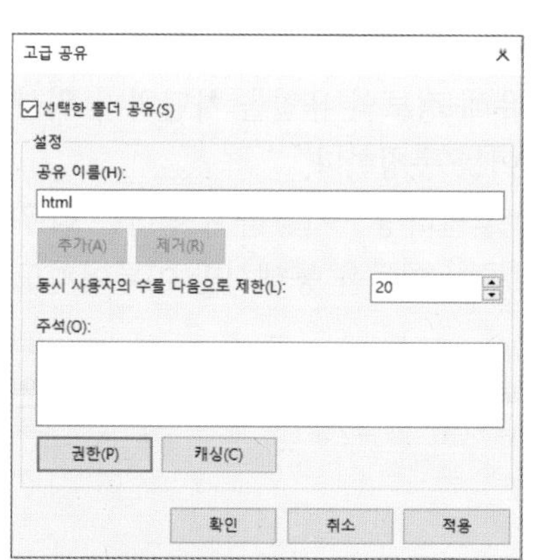


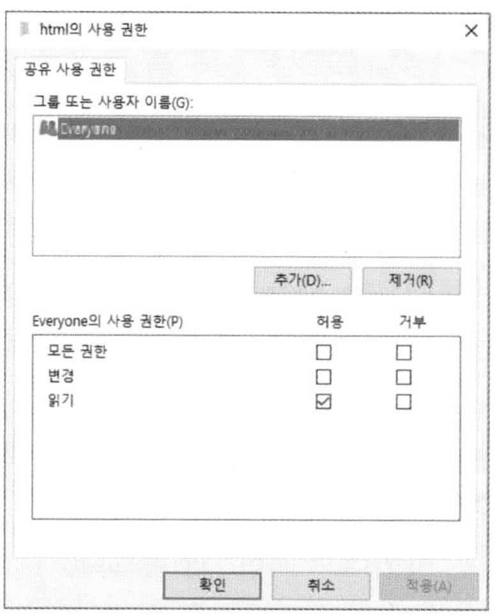


## 04 네트워크 프린터 설치와 프린터의 공유 24년 상시, 23년 상시, 22년 상시, 21년 상시

- 프린터가 없는 컴퓨터에서 네트워크상의 다른 컴퓨터에 연결된 프린터를 공유하여 사용할 수 있다.
- 공유할 프린터 이름을 직접 입력할 때는 경로를 '₩₩컴퓨터 이름₩프린터 이름'으로 입력한다.
- [인터넷이나 홈 또는 회사 네트워크에 있는 프린터에 연결]을 실행하려면 'http://computername/Printers/printername/.printer'와 같은 형식으로 입력한다.
- 공유는 [제어판]의 [장치 및 프린터]에서 설치된 프린터의 바로 가기 메뉴에서 [속성]–[공유] 탭에서 설정한다.
- [이 프린터 공유]에 체크를 하고 [공유 이름]을 입력한다.
- 공유할 프린터의 이름은 한글, 영문, 숫자, 공백과 특수문자를 사용할 수 있으나 '/', '₩', ',' 와 같은 특수문자는 사용할 수 없다.

**네트워크 공유 프린터의 추가 설치 순서**

① [제어판]의 [장치 및 프린터] 창에서 [프린터 추가] 클릭
② 이름으로 선택이나 수동으로 네트워크 프린터 추가를 선택
③ 프린터에 사용할 포트를 결정
④ 프린터 제조업체와 모델을 선택
⑤ 프린터 이름 입력
⑥ 기본 프린터 설정 여부와 테스트 페이지를 선택하고 완료

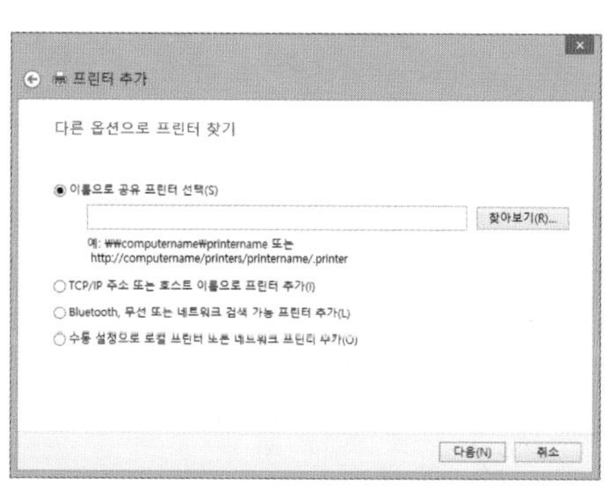


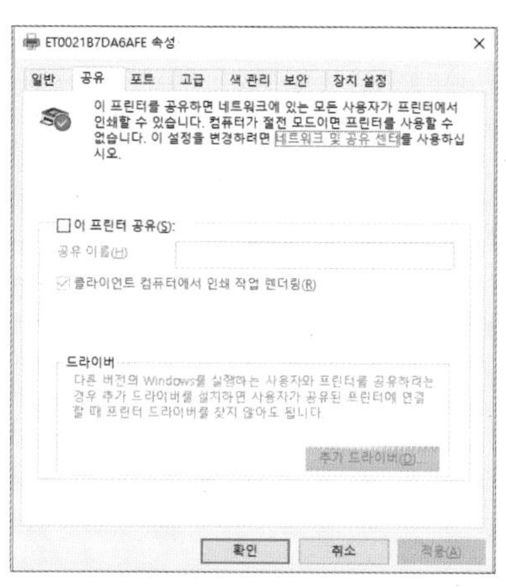

## 05 방화벽 및 네트워크 보호 24년 상시, 23년 상시, 22년 상시, 21년 상시, 20년 7월, 19년 8월, 08년 2월, …

**기적의 TIP**

Windows 방화벽으로 할 수 있는 일과 할 수 없는 일을 구별하여 공부하세요.

### 1) 방화벽(Firewall)

- 방화벽이란 외부로부터 내부망을 보호하고 유해 정보의 유입을 차단하기 위한 정책과 이를 지원하는 하드웨어 및 소프트웨어를 총칭한다.
- 외부 네트워크와 사설 네트워크의 경계에 패킷 필터링★ 기능을 수행하는 라우터나 응용 게이트웨이를 두어 모든 정보의 흐름이 이들을 통해서만 이루어지도록 한다.
- 방화벽은 외부로부터의 공격을 막는 역할을 하지만 내부에서 일어나는 해킹은 막을 수 없다는 단점이 있다.
- 방화벽은 바이러스 백신★과 다르다.

★ 패킷 필터링(Packet Filtering)
특정 송신 측 주소나 발신 측 주소 등을 가진 패킷의 통과를 제한하는 것

★ 바이러스 백신
컴퓨터의 사용을 방해하는 유해한 앱으로부터 예방하기 위한 유용한 앱(프로그램)

### 2) Windows Defender 방화벽

- [제어판]의 [Windows Defender 방화벽]은 권한이 없는 사용자가 인터넷 또는 네트워크를 통해 컴퓨터에 접근하는 것이나 바이러스 침입을 막아주는 방어막이다. 사용자 컴퓨터에서 다른 컴퓨터로 악성 소프트웨어를 보내지 못하도록 방지할 수도 있다.
- Windows Defender가 설정되면 스파이웨어★ 및 기타 사용자의 동의 없이 설치되는 소프트웨어가 컴퓨터에 자체적으로 설치 또는 실행될 때 알림이 표시된다.

★ 스파이웨어(Spyware)
사용자의 동의 없이 설치되어 컴퓨터에 정보를 수집하고 전송하는 악성 소프트웨어

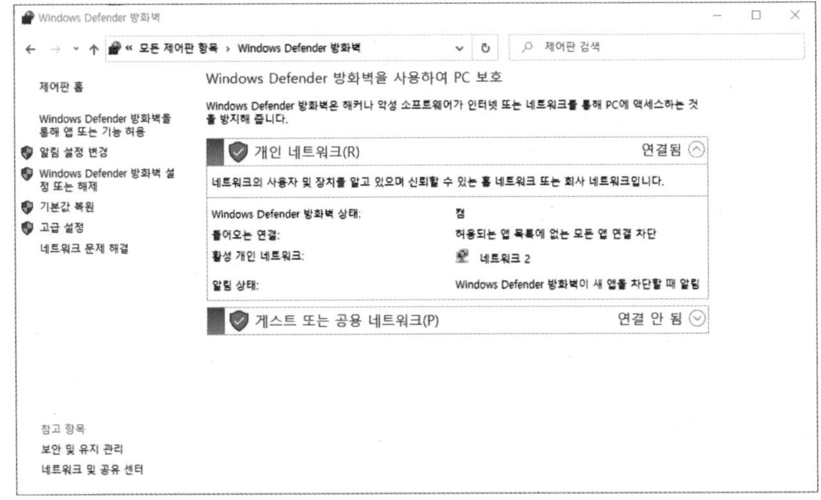

| | |
|---|---|
| **Windows Defender 방화벽을 통해 앱 또는 기능 허용** | • 앱이 Windows Defender 방화벽을 통해 통신하도록 허용<br>• 앱을 추가하거나 포트를 추가, 변경 또는 제거 |
| **알림 설정 변경** | 개인 네트워크나 공용 네트워크에 대해 연결 차단이나 허용에 대해 알림을 설정 |
| **Windows Defender 방화벽 설정 또는 해제** | • Windows Defender 방화벽 사용을 설정하거나 해제<br>• 네트워크 유형 설정의 사용자 지정 |
| **기본값 복원** | 기본 설정으로 복원하면 모든 네트워크에 대해 구성한 Windows Defender 방화벽 설정을 모두 제거할 수 있음 |
| **고급 설정** | 인바운드 규칙★과 아웃바운드 규칙★, 연결 보안 규칙★, 모니터링을 설정 |
| **네트워크 문제 해결** | 네트워크 장치에 문제에 대한 해결에 대한 도움말 |

**★ 인바운드 규칙**
외부에서 사용자 컴퓨터로 들어오는 접속을 차단 설정

**★ 아웃바운드 규칙**
내부에서 사용자 컴퓨터로 나가는 접속을 차단 설정

**★ 연결 보안 규칙**
특정 프로그램이나 포트에 대한 연결을 허용하거나 차단하는 방화벽 규칙으로 연결 보안 규칙의 종류에는 격리, 인증 예외, 서버 간, 터널, 사용자 지정 등이 있음

- 개인 네트워크 설정이나 공용 네트워크 중 유형 설정을 한다.
- [허용되는 프로그램 목록에 있는 연결을 포함하여 모든 들어오는 연결 차단] 설정은 사용자의 컴퓨터에 무단으로 연결하려는 모든 시도를 차단하는 것으로 호텔이나 공항과 같은 공공 네트워크에 연결하려 하거나 컴퓨터를 최대로 보호해야 할 때 이 설정을 사용한다. 이 설정을 사용하면 사용자에게 알리지 않고 Windows 방화벽이 차단할 수 있는 프로그램 목록이 무시된다. 들어오는 모든 연결을 차단해도 여전히 대부분의 웹 페이지를 보고, 전자 메일을 주고받고, 인스턴트 메시지를 주고받을 수 있다.

## 06 네트워크 연결 문제 해결

- [시작]–[설정]–[네트워크 및 인터넷]–[상태]에서 네트워크 상태와 설정 변경을 확인할 수 있다.
- 인터넷에 연결이 안되는 등의 문제가 발생하면 [네트워크 문제 해결사]를 사용한다.

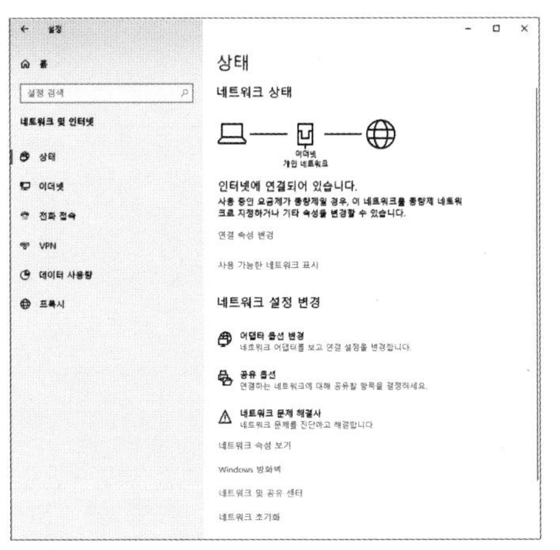


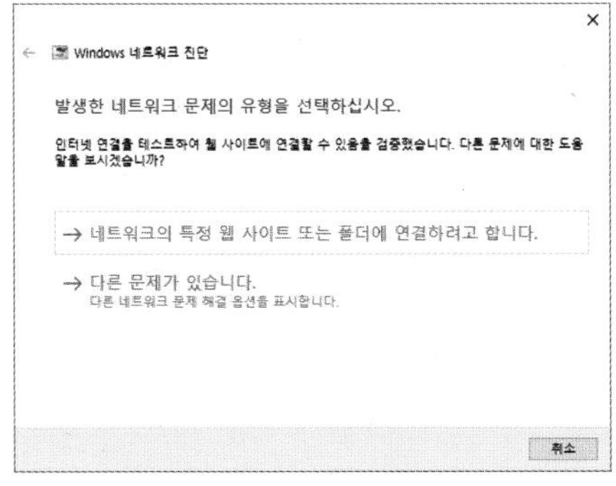


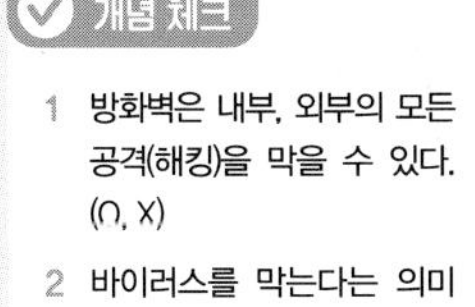

**개념 체크**

1 방화벽은 내부, 외부의 모든 공격(해킹)을 막을 수 있다. (O, X)

2 바이러스를 막는다는 의미에서 방화벽과 백신은 같은 것으로 볼 수 있다. (O, X)

1 X 2 X

## 이론을 확인하는 기출문제

**01** 다음 중 한글 Windows 10의 [고급 공유 설정]에 관한 설명으로 옳지 않은 것은?

① 한글 Windows 10이 설치된 두 대 이상의 컴퓨터를 네트워크로 연결하여 파일 및 프린터를 쉽게 공유할 수 있도록 하는 기능이다.
② 네트워크 검색에서 [네트워크 검색 켜기]로 설정되어야 한다.
③ 공용 폴더 공유가 설정되어 있으면 홈 그룹 구성원을 비롯한 네트워크 사용자가 공용 폴더에 있는 파일에 액세스할 수 있다.
④ 공용 폴더 공유 끄기가 되어있으면 이 컴퓨터에 로그온하지 않은 사용자도 이 폴더에 계속 액세스할 수 있다.

공용 폴더 공유 끄기가 되어있으면 이 컴퓨터에 로그온한 사용자는 이 폴더에 계속 액세스할 수 없다.

**02** 다음 중 한글 Windows 10에서 제공하는 [Windows 방화벽]에 대한 설명으로 옳지 않은 것은?

① 해커나 악성 소프트웨어가 네트워크나 인터넷을 통해 사용자 컴퓨터에 액세스하지 못하도록 방지하는 기능이다.
② [인바운드 규칙] 사용을 설정하면 방화벽은 사용자의 네트워크에서 외부로 나가는 연결을 제어할 수 있다.
③ Windows 방화벽이 새 프로그램을 차단할 때 알림을 표시할 수 있도록 설정할 수 있다.
④ 연결 보안 규칙의 종류에는 격리, 인증 예외, 서버 간, 터널, 사용자 지정 등이 있다.

[시작]-[제어판]-[Windows Defender 방화벽]-[고급 설정]에서 [Windows Defender 방화벽]을 설정할 수 있다. [인바운드 규칙]은 외부에서 사용자 컴퓨터로 들어오는 접속을 차단 설정하는 것이다. [아웃바운드 규칙]은 내부에서 사용자 컴퓨터로 나가는 접속을 차단 설정하는 것이다.

**03** 다음 중 한글 Windows 10에서 사용 중인 프린터의 공유 설정을 하려고 할 때 해당 프린터의 팝업 메뉴에서 선택해야 하는 메뉴 항목으로 옳은 것은?

① 인쇄 기본 설정
② 프린터 속성
③ 속성
④ 기본 프린터로 설정

프린터의 속성은 일반, 공유, 포트, 고급 탭으로 구성되어 있고, [공유] 탭에서 [이 프린터의 공유]를 설정할 수 있다.

**04** 다음 중 한글 Windows 10에서 공유에 대한 설명으로 옳지 않은 것은?

① 프린터, 프로그램, 문서, 비디오, 소리, 그림 등의 데이터를 모두 공유할 수 있다.
② 공유된 폴더는 여러 사람이 사용하므로, 바이러스 감염에 주의하여야 한다.
③ 공유된 자원의 아이콘을 클릭하면 파일 탐색기 세부 정보 창에 공유 여부가 아이콘 모양이 표시된다.
④ 폴더명 뒤에 '$'가 붙어있는 폴더를 공유하거나 공유 이름 뒤에 '$'를 붙이면 네트워크의 다른 사용자가 공유 여부를 알 수 있다.

다른 사람이 공유 여부를 모르게 하려면 폴더나 드라이브의 공유 이름 뒤에 '$' 기호를 표시해야 한다.

정답 01 ④ 02 ② 03 ② 04 ④

SECTION 03

# 웹 브라우저 사용하기

출제빈도 상 중 하

반복학습 1 2 3

빈출 태그 웹 브라우저 • 마이크로소프트 엣지 • 크롬 • 웹 브라우저 환경 설정 • 개인정보 및 보안 설정

## 01 웹 브라우저(Web Browser) 24년 상시, 22년 상시, 21년 상시, 20년 2월, 19년 8월

- 웹 브라우저란 HTTP 프로토콜을 기반으로 월드와이드웹(WWW)에서 하이퍼텍스트★로 정보를 찾고 웹 문서를 교환하는 응용 소프트웨어이다.
- 웹 문서 열기, 웹 문서 즐겨찾기, 자주 방문하는 URL 등을 설정할 수 있다.
- 전자우편을 보내거나 웹 페이지인 HTML 문서를 보거나 편집할 수 있다.
- 웹 브라우저의 종류에는 초창기의 모자이크, 넷스케이프, 마이크로소프트사의 인터넷 익스플로러, 마이크로소프트 엣지, 구글의 크롬, 파이어폭스, 사파리, 오페라 등이 있다.

★ 하이퍼텍스트
하이퍼링크를 통해 하나의 문서에서 연관성 있는 다른 문서로의 이동

### 1) Internet Explorer(인터넷 익스플로러)

- 한글 윈도우 95 운영체제에서 기본적으로 제공되어 웹 브라우저로 널리 사용되었다.
- 한글 윈도우 10에서는 인터넷 익스플로러 11버전이 제공되고 있다.
- [시작]–[Windows 보조프로그램]–[Internet Explorer]를 클릭하여 실행한다.
- 주소 표시줄에는 뒤로, 앞으로, 새로고침, 홈, 즐겨찾기, 도구로 구성되어 있다.

**인터넷 익스플로러에서 자주 사용하는 바로 가기 키**
- 새 창 : Ctrl+N
- 즐겨찾기 : Ctrl+Shift+I
- 뒤로 : Alt+←
- 앞으로 : Alt+→
- 기본 홈페이지로 이동 : Alt+Home
- 새로 고침 : F5
- 전체 화면 : F11
- 개발자 도구 : F12

▶ 메뉴 표시줄 항목

| | |
|---|---|
| [파일] 메뉴 | 새 탭, 새 창, 열기, 저장, 인쇄, 보내기, 가져오기, 속성, 끝내기 등 |
| [편집] 메뉴 | 잘라내기, 복사, 붙여넣기, 모두 선택, 찾기 |
| [보기] 메뉴 | 도구 모음, 탐색기 표시줄, 뒤로/앞으로/홈페이지로 이동, 중지, 새로 고침, 확대/축소, 텍스트 크기, 인코딩, 스타일, 소스, 전체 화면 등 |
| [즐겨찾기] 메뉴 | 자주 가는 웹 페이지의 주소를 추가 및 관리 |
| [도구] 메뉴 | 검색 기록 삭제, 추적 방지 켜기, 팝업 차단, 호환성 보기 설정★, 추가 기능 관리★, 인터넷 옵션 등을 설정 |
| [도움말] 메뉴 | Internet Explorer 도움말, 온라인 지원, 정보 |

★ [도구]–[호환성 보기 설정]
윈도우나 익스플로러를 최신 버전으로 업그레이드한 후 특정 웹 페이지를 열었을 때 아래와 같은 오류가 발생하면 호환성 보기 설정에 웹 사이트를 추가하여 표시
- 정상적으로 접속할 수 있던 페이지가 접속 불가
- 이미지뿐만 아니라 페이지 전체가 깨져 보이는 현상
- 특정 페이지 편집이 안 되는 오류
- 버튼을 눌러도 작동이 안 되는 경우
- 액티브 X를 계속 묻는 현상 등

★ 추가 기능 관리
추가 기능 관리의 검색 공급자에서 기본값으로 실행할 이름과 상태를 확인하고 추가 가능

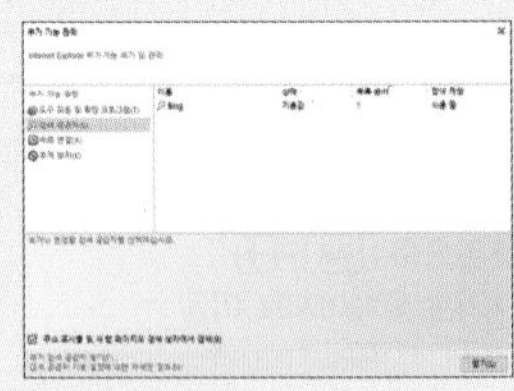

### 2) Microsoft Edge(마이크로소프트 엣지)

- 마이크로소프트사에서 최신 웹 환경을 반영한 우수한 성능을 가진 웹 브라우저를 출시하였다.
- 웹 내용 중 필요한 부분을 저장하고 메모하는 기능이 있고 철저한 개인정보보호 및 데이터 제어의 기능과 탐색 환경을 가졌다.
- 스마트폰이나 태블릿 PC와 같은 모바일 기기와도 손쉽게 연동이 가능하다.

### 3) Chrome(크롬)

- 구글에서 만든 그래픽 사용자 인터페이스 웹 브라우저이다.
- 안정성과 보안, 속도 면에서 효율적으로 널리 사용되고 있다.

### 4) Firefox(파이어폭스)

- 모질라 파이어폭스 웹 브라우저로 윈도우, 리눅스, 안드로이드 등에서 실행할 수 있다.
- 탭 브라우징, 맞춤법 검사, 통합 검색, 라이브 북마크 등의 기능이 있다.

## 02 웹 브라우저 환경 설정하기 21년 상시, 20년 7월, 19년 3월, 18년 3월, 17년 9월, 16년 6월, 14년 3월, …

- 웹 브라우저를 효율적으로 사용하기 위한 각종 환경을 설정한다.
- [시작]-[Windows 시스템]-[제어판]-[인터넷 옵션]을 선택하거나, 인터넷 익스플로러 창에서 [도구] 메뉴의 [인터넷 옵션]을 선택하여 인터넷 속성을 설정한다.

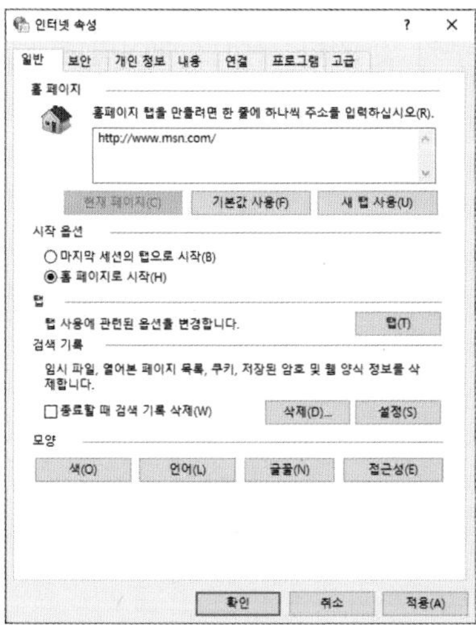

▶ [인터넷 속성] 창의 항목

| | |
|---|---|
| **[일반] 탭** | • 홈페이지 : 홈페이지 시작할 주소 설정<br>• 검색 기록 : 임시 파일, 열어본 페이지 목록, 쿠키, 저장된 암호 및 웹 양식 정보의 삭제<br>• 모양 : 웹 페이지의 색, 언어, 글꼴, 접근성 설정 |
| **[보안] 탭** | • 보안 설정을 보거나 변경할 영역을 선택하여 보안 수준 지정<br>• 영역 : 인터넷, 로컬 인트라넷, 신뢰할 수 있는 사이트, 제한된 사이트 |
| **[개인정보] 탭** | • 웹 사이트가 쿠키를 사용할 수 있도록 허용 또는 차단할지를 설정<br>• 팝업 차단을 사용할지를 설정 |
| **[내용] 탭** | • 인증서 : SSL 캐시 지우기, 인증서 가져오기<br>• 자동 완성 : 주소 표시줄(검색 기록, 즐겨찾기, 피드 등), 양식에 사용할 사용자 이름과 암호 등의 관리와 삭제<br>• 피드 및 웹 조각 : 피드 및 웹 조각 설정 |
| **[연결] 탭** | 인터넷 연결 설정, 전화(광대역) 연결 및 가상 사설망(VPN) 설정, LAN 설정, 프록시 서버 설정 |
| **[프로그램] 탭** | 기본 웹 브라우저 열기 설정, HTML 편집기 설정, 인터넷 서비스에 자동으로 연결할 프로그램 설정 |
| **[고급] 탭** | • HTTP 설정, 가속 그래픽, 사진 표시, 멀티미디어, 검색, 보안 표시, 접근성 등을 설정<br>• 인터넷 익스플로러 기본 설정 복원 |

## 03 개인정보 및 보안 설정

- 개인정보 보호 설정을 통해 탐색 환경을 개선할 수 있다.
- 인터넷 익스플로러에서는 [도구] 메뉴의 [인터넷 옵션]에서 설정한다.
- 크롬 웹 브라우저에서는 [설정]에서 방문 기록, 쿠키, 저장된 비밀번호와 같이 탐색 활동으로 인해 생성된 정보를 삭제하려면 [인터넷 사용 기록 삭제]를 클릭한다.
- 쿠키 및 기타 사이트 데이터를 처리하려면 [쿠키 및 기타 사이트 데이터]를 클릭한다.

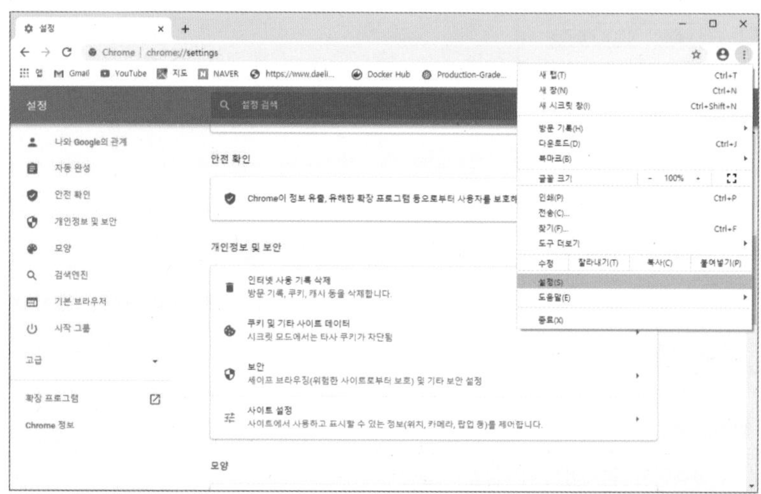

- 마이크로소프트 엣지에서는 [설정 및 기타]–[설정]의 [개인정보, 검색 및 서비스]의 '검색 데이터 지금 지우기' 등에서 개인정보에 대한 추적 설정을 할 수 있다.

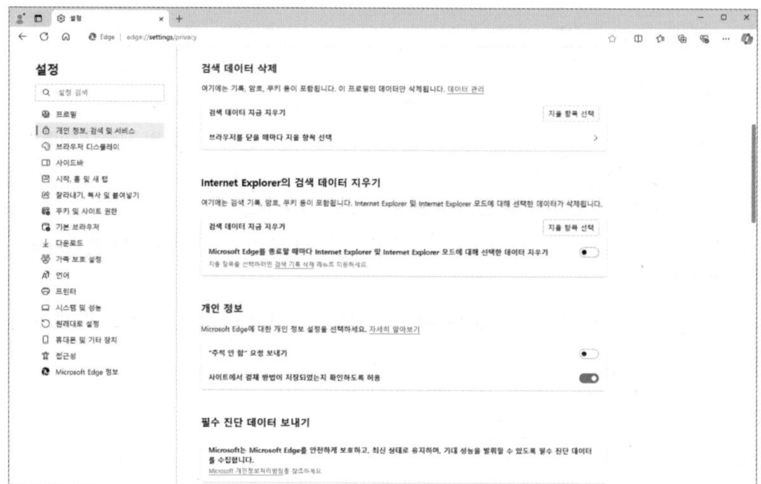

## 이론을 확인하는 기출문제

**01** 다음 중 한글 Windows 10에서 사용하는 웹 브라우저의 기능에 대한 설명으로 옳지 않은 것은?

① 플러그인 프로그램을 설치하여 다양한 멀티미디어 데이터를 처리할 수 있다.
② 접속된 웹 페이지를 사용자 컴퓨터에 저장하거나 인쇄할 수 있다.
③ 전자우편을 보내거나 HTML 문서를 편집할 수 있다.
④ 네트워크 환경 설정을 할 수 있다.

네트워크 환경 설정은 웹 브라우저가 아니라, [제어판]의 [네트워크 및 공유 센터]에서 설정할 수 있다.

**02** 다음 중 한글 Windows 10의 Internet Explorer에서 [보기] 메뉴의 하위 항목을 선택하여 할 수 있는 작업으로 옳지 않은 것은?

① 메뉴 모음, 즐겨찾기 모음, 상태 표시줄 등을 표시하도록 도구 모음을 설정할 수 있다.
② 뒤로, 앞으로 화면 또는 기본 홈페이지로 이동을 실행할 수 있다.
③ 표시되는 텍스트의 크기를 설정할 수 있다.
④ 즐겨 찾는 웹 페이지의 목록을 표시하여 볼 수 있다.

즐겨 찾는 웹 페이지의 목록은 [즐겨찾기] 메뉴에서 웹 페이지 목록을 추가하여 표시할 수 있다.

**03** 다음 중 한글 Windows 10에서 Internet Explorer를 효율적으로 사용하기 위한 바로 가기 키에 관한 설명으로 옳지 않은 것은?

① 기본 홈페이지로 이동 : Alt+Home
② 전체 화면 표시 : F11
③ 새로운 창의 표시 : Shift+N
④ 이전 화면으로 이동 : Alt+←

새로운 창의 표시 바로 가기 키는 Ctrl+N이다.

**04** 다음 중 한글 Windows 10에서 사용할 수 있는 웹 브라우저의 기능에 관한 설명으로 옳지 않은 것은?

① 웹 서버에 있는 홈페이지를 HTTP 프로토콜을 사용하여 편집 또는 재구성할 수 있다.
② 플러그인 프로그램을 설치하여 동영상이나 소리 등의 다양한 멀티미디어 데이터를 처리할 수 있다.
③ 자주 방문하는 웹 사이트 주소를 관리할 수 있다.
④ 전자우편을 보내거나 HTML 문서를 편집할 수 있다.

웹 서버의 홈페이지는 일반 사용자가 편집할 수 없다.

**05** 다음 중 웹 브라우저인 크롬(Chrome)에 대한 설명으로 옳지 않은 것은?

① 구글사에서 만든 텍스트 기반 인터페이스 웹 브라우저이다.
② 안정성과 보안, 속도 면에서 효율적이다.
③ 인터넷 사용기록, 쿠키 및 캐시된 파일을 삭제하여 개인정보를 보호한다.
④ 세이프 브라우징의 사용으로 위험한 이벤트가 발생하면 감지하여 알리는 기능이 있다.

크롬(Chrome)은 구글사에서 만든 그래픽 사용자 인터페이스 웹 브라우저이다.

정답 01 ④ 02 ④ 03 ③ 04 ① 05 ①

PART

# 03

# PC 기본상식

파트 소개

3과목은 다른 과목에 비해 내용도 많고 암기할 부분도 많아 세 과목 중에서 가장 점수를 얻기 어려운 과목입니다. 하드웨어와 소프트웨어 부분은 기출문제의 빈도율이 높은 것을 우선적으로 학습합니다. 기출공략집의 대표 기출을 통해 유형을 분석한 후 본문을 익히는 것도 방법입니다. ICT 부분은 너무 어렵지 않은 수준의 용어 문제가 출제되고, 전자우편과 개인정보 관리에서는 아웃룩 익스프레스의 간단한 기능 정도를 묻는 문제가 자주 출제됩니다.

# CHAPTER 01

# 컴퓨터 시스템의 개요

학습 방향

컴퓨터에 대한 기본적인 개념과 특징을 이해하는 챕터입니다. 부동 소수점 표현, 3초과 코드, 프로그램 내장 방식을 꼭 알아두고, 컴퓨터의 세대별 특징, 디지털 컴퓨터와 아날로그 컴퓨터의 특징을 분류할 수 있도록 학습하세요.

출제빈도

| | | |
|---|---|---|
| SECTION 01 | 상 | 92% |
| SECTION 02 | 하 | 8% |

SECTION 01

# 컴퓨터의 원리 및 개념

출제빈도 상 중 하
반복학습 1 2 3

빈출 태그 펌웨어 • 부동 소수점 표현 • 문자 표현 • 3초과 코드 • 패리티 코드 • 전자식 계산기 • 컴퓨터의 세대별 분류

## 01 컴퓨터의 기본 개념

### 1) 컴퓨터의 개념과 특성 17년 3월, 10년 3월, 07년 3월, 06년 11월

- 컴퓨터란 자료를 입력받아 프로그램에 의해 자동으로 처리하여 그 결과인 정보를 출력하는 장치이다.
- 컴퓨터는 입력(Input), 연산(Operation), 기억(Storage), 제어(Control), 출력(Output) 기능이 있다.
- 특성으로는 신속성, 정확성, 자동성, 범용성, 대용량성, 호환성, 수동성 등이 있다.

'올바른 결과를 얻기 위해서는 올바른 자료를 입력해야 한다(GIGO(Garbage In Garbage Out)'는 수동적인 표현

### 2) 컴퓨터의 구성 23년 상시, 22년 상시, 21년 상시, 17년 9월, 09년 2월, …

- 컴퓨터는 하드웨어와 소프트웨어로 구성된다.
- 하드웨어(Hardware)는 컴퓨터를 구성하는 물리적인 기계 장치이다.
- 소프트웨어(Software)는 컴퓨터와 관련된 장치들을 작동시키는 데 필요한 각종 프로그램으로 시스템 소프트웨어와 응용 소프트웨어가 있다.

| 펌웨어 (Firmware) | • 하드웨어와 소프트웨어의 중간적 성격을 가진 장치<br>예 하드웨어(ROM)에 소프트웨어(BIOS) 프로그램을 저장한 형태인 ROM-BIOS<br>• 기존에는 소프트웨어나 하드웨어에서 그 내용을 쉽게 바꿀 수 없었으나 최근에는 플래시 롬(Flash ROM)★에 저장되어 내용을 간단하게 변경 가능 |
|---|---|

**기적의 TIP**

펌웨어, 부동 소수점, 3초과 코드가 자주 출제되고 있습니다. 컴퓨터의 개념을 잘 이해하고 나머지는 가볍게 읽고 넘어가세요.

**자료(Data)와 정보(Information)**
- 자료 : 가공하지 않은 수치 값이나 사실
- 정보 : 자료를 특정하게 처리하여 유용한 형태로 가공한 것

★ 플래시 롬(Flash ROM)
전원이 끊겨도 저장된 데이터를 보존하는 비휘성 메모리의 장점과 정보의 입출력이 자유로운 램(RAM)의 장점을 모두 가진 ROM
예 MP3, 디지털 캠코더, 디지털 카메라

## 02 데이터 표현 방식

### 1) 숫자 표현 24년 상시, 23년 상시, 22년 상시, 21년 상시, 20년 2월, 16년 6월/3월, 11년 3월, 10년 11월, 09년 4월, 08년 7월, …

#### ① 부동 소수점 표현

| 부호 | 지수부 | 가수(소수)부 |
|---|---|---|

0 1 8 31

소수부에서 실제 값이 되도록 이동시켜야 할 소수점 자리 / 데이터 값을 소수점 이하로 표현하여 계산된 값

- 부호, 지수부, 가수(소수)부로 구성되며 부호의 양수 값은 0, 음수 값은 1로 표현한다.
- 양수, 음수 및 소수점이 포함된 실수 데이터 표현과 연산에 사용되는 방식이다.
- 고정 소수점에 비해 큰 수나 작은 수를 표현하기 때문에 컴퓨터 내부에서 처리 시간이 많이 걸린다.

**암기 TIP**

숫자의 표현 형식

| 구분 | 부동 | 고정 |
|---|---|---|
| 구조 | 복잡 | 단순 |
| 연산 속도 | 느림 | 빠름 |
| 연산 시간 | 많음 | 적음 |
| 표현 범위 | 넓음 | 좁음 |

② 고정 소수점 표현

- 정수 표현 형식으로 구조가 단순하고, 표현 범위가 적다.
- 연산 속도가 빠르므로 부동 소수점 형식보다 연산 시간은 짧다.
- 부호와 절대치 방식, 부호와 1의 보수 방식, 부호와 2의 보수 방식이 있다.

**고정 소수점 표현 방식**
- 부호와 절대치 방식 : 첫 비트를 부호 비트로 표현하고 나머지는 절대값으로 구성하는 방식
- 부호와 1의 보수 방식 : 부호 비트를 제외한 데이터를 0은 1로, 1은 0으로 변환하는 방식
- 부호와 2의 보수 방식 : 1의 보수를 구한 다음 1을 더해주는 방식

## 2) 문자 표현

| 코드 | 크기 | 표현 문자 |
|---|---|---|
| BCD 코드(2진화 10진 코드) | 6비트 | • 64($2^6$) 문자 표현<br>• 8421 코드라고도 함 |
| ASCII 코드(국제 표준 코드) | 7비트 | • 128($2^7$) 문자 표현<br>• 자료 처리나 통신 시스템에 사용 |
| EBCDIC 코드<br>(확장된 2진화 10진 코드) | 8비트 | • 256($2^8$) 문자 표현<br>• 입출력 장치와 범용 컴퓨터에서 주로 사용 |

미국 규격 협회(ANSI)가 1962년에 제정한 정보 교환용 표준 코드

## 3) 가중치(Weighted) 코드와 비가중치(Unweighted) 코드 24년 상시, 23년 상시, 22년 상시, …

① 가중치★ 코드

- 각 자리 수에 고유한 값을 부여한 코드이다.
- 8421 코드(BCD), 2421 코드, 5421 코드, 7421 코드, 비퀴너리 코드(2-5진 코드) 등이 있다.

★ 가중치
각 자리마다 특정 값을 곱해 유용한 실제 값을 만드는 값
예 $286_{10}$
= (2×100)+(8×10)+(6×1)
100, 10, 1은 각 자리의 가중치

② 비가중치 코드

- 각 자리 수에 가중치가 부여되지 않은 코드이다.
- 3초과 코드, 그레이(Gray) 코드, 2 Out-of 5 코드, Shift Counter 코드 등이 있다.

| | |
|---|---|
| **3초과(Excess-3) 코드** | • BCD(8421) 코드에 3을 더한 코드<br>• 보수를 간단히 얻을 수 있음 |
| **그레이(Gray) 코드** | • 인접 비트 사이에 1비트만이 변화하여 연속된 아날로그 자료에서 오류를 쉽게 알 수 있음<br>• 첫 번째 값은 그대로 내려오고 나머지 값은 인접한 값 두 개를 합하여 내려 값을 구함<br>• 입출력 장치 코드와 A/D, D/A 변환기, 다른 주변 장치에 많이 사용 |

| 가중치 | $2^3$=8 | $2^2$=4 | $2^1$=2 | $2^0$=1 |
|---|---|---|---|---|
| 값 | 1 | 0 | 0 | 0 |

```
  1 0 0 0
+ 0 0 1 1(3₁₀)
---------
  1 0 1 1
```

예 8(10진수) ➡ 2진수 : 1000 ➡ 3초과 코드

**2진수**
컴퓨터 내부는 많은 회로로 구성되어 있으며 2개의 값(0, 1)으로 안정되게 표현할 수 있는 2진법을 사용

**2진수$(11101)_2$**
= 1×($2^4$=16)+1×($2^3$=8)+1×($2^2$=4)+0×($2^1$=2)+1×($2^0$=1)
= 16+8+4+0+1 = 29

**2진수를 그레이(Gray) 코드로 변환**

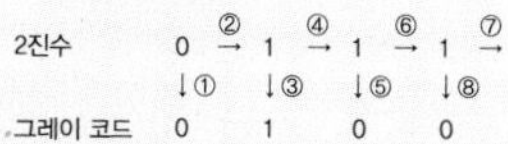


**그레이(Gray) 코드를 2진수로 변환**

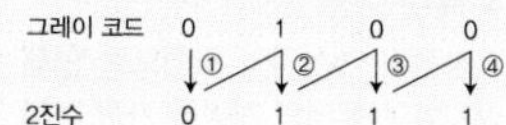

### 4) 에러 검출 및 교정 코드 24년 상시, 15년 6월, 12년 6월, 06년 5월, 04년 5월, 03년 11월

코드 값에 여분의 비트 1비트(패리티 비트)를 추가하여 1의 개수에 따라 오류 발생 여부를 검사하는 패리티 코드와 잘못된 정보를 검출하여 정정할 수 있는 해밍 코드가 있다.

- 패리티 코드 : 오류 검출
- 해밍 코드 : 오류 검출 + 교정

| | | |
|---|---|---|
| **검출 코드** | 패리티 코드 (Parity Code) | 전송 도중에 발생할 수 있는 오류(외부 잡음, 전압의 불안정 등)를 탐지하기 위해 비트 하나를 추가하여 송신하는 코드 |
| **교정 코드** | 해밍 코드 (Hamming Code) | 데이터 통신이나 정보 교환에서 전송 오류를 검출하고 오류 검출 비트를 추가하여 오류 비트를 찾아 에러를 교정하는 코드 |

## 03 데이터 구성 단위 23년 상시, 22년 상시, 21년 상시, 20년 7월, 19년 3월, 14년 6월, 07년 5월, 06년 5월

**데이터 단위**
비트 〈 니블 〈 바이트 〈 워드 〈 필드 〈 레코드 〈 파일 〈 데이터베이스

**기억 용량 단위의 크기**
Bit〈Byte〈KB〈MB〈GB〈TB
- KB($2^{10}$=1024Byte, 킬로)
- MB($2^{20}$, 메가)
- GB($2^{30}$, 기가)
- TB($2^{40}$, 테라)
- PB($2^{50}$, 페타)
- EB($2^{60}$, 엑사)
- ZB($2^{70}$, 제타)
- YB($2^{80}$, 요타)

| | | |
|---|---|---|
| **비트** | Binary Digit | 정보 표현의 최소 단위로 2진수인 0과 1로 표현 |
| **니블** | Nibble | 4개의 비트를 모은 단위 |
| **바이트** | Byte | • 주소 표현의 최소 단위<br>• 영문자나 숫자는 1Byte, 한글과 한자는 2Byte로 표현 |
| **워드** | Word | • 연산을 수행하거나 주기억 장치에 주소를 할당하는 기본 단위<br>• 반워드(Half–Word : 2Byte), 전워드(Full–Word : 4Byte), 더블워드(Double–Word : 8Byte) |
| **필드** | Field | • 파일 구성의 최소 단위<br>• 데이터 레코드를 구성하는 항목 |
| **레코드** | Record | • 여러 개의 필드가 모인 단위<br>• 논리 레코드, 물리 레코드 |
| **파일** | File | 관련된 여러 레코드가 모인 단위로 프로그램 구성의 기본 단위 |
| **데이터베이스** | Database | 상호 관련된 파일의 집합 |

물리 레코드 : 하나 이상의 논리적 레코드를 모은 블록 단위로 데이터가 저장되는 기본 단위

논리 레코드 : 자료를 처리하는 단위로 자료나 정보의 특성에 따라 결정하는 필드의 집합

## 04 컴퓨터 역사

**기적의 TIP**

프로그램 내장 방식의 특징과 ENIAC, 세대별 기억 소자와 컴퓨터 특징이 자주 출제되고 있습니다. 정확히 꼭 짚고 넘어가야 합니다.

### 1) 기계식 계산기

| 파스칼 계산기 | → | 라이프니츠의 계산기 | → | 차분 기관 | → | 해석 기관 | → | 천공 카드 시스템 |
|---|---|---|---|---|---|---|---|---|
| +, – 연산만 가능 | | 사칙연산 가능 | | 삼각함수 계산 | | 현재 컴퓨터와 유사 | | 인구 조사, 국세 조사 |

### 2) 전기 기계식 12년 3월, 09년 7월, 06년 11월

| 튜링 기계★ | MARK–I |
|---|---|
| • 컴퓨터의 논리적 모델<br>• 오늘날 디지털 컴퓨터의 모형 | • 최초의 전기 기계식<br>• 과학 기술 계산을 목적으로 개발, 해석 기관의 원리를 실현 |

★ 튜링 기계
추상적인 계산기의 모형으로 현재 디지털 컴퓨터의 개념을 가진 논리적 모델

### 3) 전자식 계산기 23년 상시, 22년 상시, 15년 3월, 11년 3월, 09년 4월/2월, 08년 10월, 06년 11월/3월, 05년 11월

| ENIAC | EDSAC | UNIVAC-I | EDVAC |
|---|---|---|---|
| 프로그램 외장 방식 | ← 프로그램 내장 방식 → | | |
| | | | |
| 모클리&에커트 | 윌키스 | 모클리&에커트 | 폰 노이만 |
| • 최초의 전자식 계산기<br>• 18,000개의 진공관을 사용 | 세계 최초의 프로그램 내장 방식 계산기 | • 최초의 상업용 전자 계산기<br>• 국세 조사 및 대통령 선거에 사용 | 폰 노이만의 프로그램 내장 방식을 채택 |

최초로 프로그램 내장 방식이 도입된 시기와
폰 노이만의 프로그램 내장 방식이 완성된 시기는 다름

## 05 프로그램 내장 방식(Stored Program Concept) 23년 상시, 22년 상시, …

- 모든 프로그램과 명령들이 실행되기 전에 주기억 장치에 저장되었다가 명령을 순서대로 꺼내어 해독하고 실행하는 방식이다.
- 세계 최초의 프로그램 내장 방식의 계산기는 EDSAC이다.
- 폰 노이만(J. Von Neumann)에 의해서 제안된 프로그램 내장 방식은 EDVAC이다.

## 06 컴퓨터의 세대별 분류 24년 상시, 23년 상시, 22년 상시, 21년 상시, 19년 8월, 18년 3월, 15년 10월/3월, …

| 세대 | 기억 소자 | 연산 속도 | | 특징 |
|---|---|---|---|---|
| 1세대 | 진공관★ | ms($10^{-3}$) | 밀리 | • 하드웨어 개발에 중점<br>• 부피와 전력 소모가 큼<br>• 속도가 느리고 신뢰도가 낮음 |
| 2세대 | 트랜지스터 | μs($10^{-6}$) | 마이크로 | • 고급 언어와 운영체제 개발<br>• 온라인 실시간 처리 시스템 실용화<br>• 다중 프로그램 도입 |
| 3세대 | 집적 회로(IC) | ns($10^{-9}$) | 나노 | • 시분할 처리, 다중 처리 시스템 개발<br>• OMR, OCR, MICR 등의 입력 장치 개발<br>• 경영 정보 시스템★ 도입 |
| 4세대 | 고밀도 집적 회로(LSI) | ps($10^{-12}$) | 피코 | • 가상 기억 장치 도입, 개인용 컴퓨터 등장<br>• 최초의 슈퍼 컴퓨터 개발<br>• 네트워크가 크게 발달 |
| 5세대 | 초고밀도 집적 회로(VLSI) | fs($10^{-15}$) | 펨토 | • 인공 지능★, 전문가 시스템 도입<br>• 패턴 인식, 퍼지 이론 등장<br>• 신기술 개발 도입 |

**암기 TIP**

전자식 계산기에서 컴퓨터 순서는 끝 자가 '~악~삭~박'으로 기억하세요.

**기억 소자의 발전 과정**

진공관 → 트랜지스터 → 집적 회로(IC) → 고밀도 집적 회로(LSI) → 초고밀도 집적 회로(VLSI)

★ **진공관**

잔류 가스 또는 증기 전류에 의해 실질적인 영향을 받지 않을 정도로 배기되어 있는 전자관

★ **경영 정보 시스템(MIS : Management Information System)**

컴퓨터 자동 처리에 의해 기업의 경영 전반에 관한 정보를 종합적으로 처리하여 제공하는 시스템

★ **인공 지능(AI : Artificial Intelligence)**

미국 매카시(J. MaCarthy)가 최초로 인공 지능 언어를 이용해 LISP 프로그램을 발표하면서 인간의 지적 기능의 일부를 컴퓨터로 구현한 방법

**개념 체크**

1 최초의 전기 기계식 컴퓨터는?
2 최초의 전자 계산기는?
3 최초의 내장 방식 계산기는?
4 최초의 상업용 계산기는?

1 MARK-I 2 ENIAC 3 EDSAC 4 UNIVAC-I

## 이론을 확인하는 기출문제

**01** 다음 중 프로그램 내장 방식에 대한 설명으로 옳지 않은 것은?

① 폰 노이만에 의해서 제안되었다.
② 프로그램과 데이터를 주기억 장치에 저장하여 수행한다.
③ 서브루틴의 사용이 가능하며 사용 빈도에 제한이 없다.
④ UNIVAC은 프로그램 내장 방식을 채택한 최초의 컴퓨터이다.

프로그램 내장 방식을 채택한 최초는 EDSAC 컴퓨터이다.

**02** 다음 중 자료 처리의 단위에 대한 설명으로 가장 옳은 것은?

① 바이트는 하나 이상의 워드가 모여서 이루어지는 단위로, 의미를 부여할 수 있는 논리적인 단위이다. 파일을 구성하는 최소 단위이며, 데이터베이스 구성의 기본 항목이다.
② 레코드는 관련된 하나 이상의 워드가 모여 구성되며, 프로그램 안에서 자료를 처리하거나 삭제하고 추가하는 기본 단위이다.
③ 파일은 같은 성질을 갖는 여러 개의 레코드를 합한 것으로, 자료 표현의 가장 큰 단위이며 업무 처리를 위한 기본 단위이다.
④ 데이터베이스는 여러 개의 관련 행과 열이 모여 구성되어, 특정 체계에 의해 데이터를 분류하여 정해 놓은 것이다.

오답 피하기
- 바이트 : 비트의 모임
- 레코드 : 하나 이상의 필드의 모임
- 데이터베이스 : 파일의 집합

**03** 다음 중 부동 소수점 데이터 표현 방법에 대한 설명으로 옳지 않은 것은?

① 부동 소수점 표현은 양수만을 표현하며, 고정 소수섬 표현에 비해 아주 큰 수나 작은 수를 표현할 수 있다.
② 부동 소수점 표현은 실수 데이터 표현과 연산에 사용한다.
③ 부동 소수점 표현은 부호, 지수부, 가수부로 구성된다.
④ 고정 소수점 연산에 비해 부동 소수점 연산은 컴퓨터 내부의 처리 시간이 오래 걸린다.

부동 소수점 표현 방식은 실수를 표현하며 양수, 음수 모두 가능하다.

**04** 다음 중 컴퓨터의 발전에 대한 세대별 특징을 연결한 것으로 옳지 않은 것은?

① 1세대 – 일괄 처리 시스템, 분산 처리
② 2세대 – 운영체제 도입, 고급 언어 개발
③ 3세대 – 시분할 처리, MIS 도입
④ 4세대 – 개인용 컴퓨터 개발, 마이크로프로세서 개발

여러 대의 컴퓨터를 네트워크로 연결하여 사용하는 분산 처리 시스템은 네트워크가 크게 발달된 4세대의 특징이다.

**05** 다음은 무엇에 대한 설명인가?

- 7비트의 크기 → 128개의 문자 표현 가능
- 자료 처리나 통신 시스템에 사용

① BCD 코드　② ASCII 코드
③ EBCDIC 코드　④ GRAY 코드

오답 피하기
- BCD 코드 : 6비트의 크기
- EBCDIC 코드 : 8비트의 크기
- GRAY 코드 : 입출력 장치 코드와 A/D(Analog/Digital) 변환기에 많이 사용

정답 01 ④ 02 ③ 03 ① 04 ① 05 ②

SECTION 02

출제빈도 상 중 하
반복학습 1 2 3

# 컴퓨터의 분류

빈출 태그 컴퓨터 분류 • 디지털 컴퓨터 • 아날로그 컴퓨터 • 컴퓨터 규모에 의한 분류 • PDA

## 01 컴퓨터의 분류 18년 3월, 07년 7월

컴퓨터는 사용 목적, 데이터 형태, 컴퓨터 규모에 따라 분류한다.

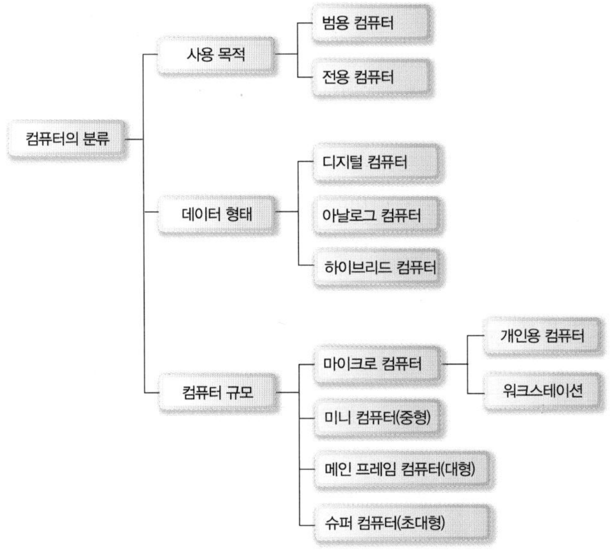


기적의 TIP

전체적인 컴퓨터의 분류가 중요하며 디지털 컴퓨터와 아날로그 컴퓨터를 비교하는 문제가 자주 출제되고 있습니다.

## 02 사용 목적에 의한 분류 24년 상시, 16년 10월

### 1) 범용 컴퓨터(General Purpose Computer)

- 여러 분야에서 광범위하게 사용할 수 있도록 제작된 컴퓨터이다.
- 사무 처리, 통계 처리, 과학 계산 등 다양한 데이터를 처리하는 데 사용한다.

### 2) 전용 컴퓨터(Special Purpose Computer)

- 특정한 분야에서 사용되기 위해 제작된 컴퓨터이다.
- 미사일 유도 체제, 핵반응 시설의 제어, 항공기 자동 조정 장치 등 제한된 범위의 특정 업무에만 사용한다.

## 03 데이터 형태에 의한 분류 23년 상시, 22년 상시, 12년 3월, 05년 3월

| | |
|---|---|
| **디지털 컴퓨터** (Digital Computer) | • 코드화된 숫자나 문자를 자료의 형태로 받아 이산적인 자료로 결과를 얻는 컴퓨터<br>• 일반 사무용이나 계산용의 범용성 컴퓨터 |
| **아날로그 컴퓨터** (Analog Computer) | • 길이, 각도, 온도, 습도 등의 연속되는 자료를 물리적인 양 그대로 입력하고 결과를 곡선, 그래프 등으로 나타내어 출력하는 컴퓨터<br>• 특수 목적용 컴퓨터 |
| **하이브리드 컴퓨터** (Hybrid Computer) | 디지털 컴퓨터와 아날로그 컴퓨터의 장점만을 혼합한 특수 목적용 컴퓨터 |

**암기 TIP**

**디지털 컴퓨터의 특징**
범용이가 논술을 보기 위해 [범용성] [논리 회로]
필사적으로 노력해 보지만 [프로그램 필요]
너무 늦었나봐요! [속도가 느림]

▶ **디지털 컴퓨터와 아날로그 컴퓨터의 비교** 24년 상시, 23년 상시, 22년 상시, 21년 상시, 20년 7월, 19년 8월, 17년 9월, …

| 구분 | 디지털 컴퓨터 | 아날로그 컴퓨터 |
|---|---|---|
| 구성 회로 | 논리 회로 | 증폭 회로 |
| 입력 형식 | 코드화된 숫자나 문자 | 전류, 전압, 온도, 길이 등 연속되는 물리량 |
| 출력 형식 | • 이산적인 데이터<br>• 숫자, 문자, 부호 등으로 표시 | • 연속적인 데이터<br>• 그래프, 곡선으로 표시 |
| 연산 형식 | 사칙 연산(+, −, ×, ÷) | 미적분(병렬 연산) |
| 연산 속도 | 느림 | 빠름 |
| 프로그래밍 | 필요 | 불필요 |
| 기억 능력 | 기억이 용이하고 반영구적 | 기억이 제한적 |
| 적용성 | 범용성 | 특수 목적용 |
| 정밀도 | 필요한 한도까지 | 정도가 제한됨(0.01%) |

▲ 디지털

▲ 아날로그

## 04 컴퓨터 규모에 의한 분류 24년 상시, 23년 상시, 22년 상시, 21년 상시, 20년 2월, 19년 8월, 11년 9월, …

| | | 데스크톱 (Desktop) | 랩톱 (Laptop) | 노트북 (Notebook) | 팜톱 (Palmtop) |
|---|---|---|---|---|---|
| **마이크로 컴퓨터** (Micro Computer) | 개인용 컴퓨터 | | | | |
| | | 책상 위에 올려 놓고 사용하는 형태 | 무릎 위에 올려 놓고 사용할 정도로 간편한 컴퓨터 | 노트 크기만 한 컴퓨터 | 손바닥 위에 올려 놓고 사용할 수 있는 초소형 컴퓨터 |
| | 워크 스테이션 | • 개인용 컴퓨터와 미니 컴퓨터의 중간 사양인 컴퓨터로, 네트워크에 연결하여 주로 서버(Server)로 사용<br>• 대부분 RISC 마이크로프로세서를 사용 | | | |

**개인용 컴퓨터의 크기 순서**
데스크톱 〉 랩톱 〉 노트북 〉 팜톱

**처리 능력에 따른 분류**
마이크로 컴퓨터(개인용 컴퓨터) 〈 워크스테이션 〈 미니 컴퓨터 〈 메인 프레임 컴퓨터 〈 슈퍼 컴퓨터

**네트워크 컴퓨터 (Network Computer)**
최소한의 처리 성능, 저장 장치만을 갖추고 있어서 데이터의 처리와 저장이 네트워크에 연결된 서버를 통해 이루어지는 컴퓨터

**개념 체크**

1 디지털 컴퓨터는 논리 회로를 사용한다. (O, X)
2 아날로그 컴퓨터는 연산 속도가 빠르다. (O, X)

1 O 2 O

| | |
|---|---|
| **미니 컴퓨터 (Mini Computer) = 중형 컴퓨터** | • 단말기를 연결하여 여러 사람이 사용할 수 있는 컴퓨터<br>• 마이크로 컴퓨터보다 처리 용량과 속도가 빠르며, 연구소나 학교 등에서 주로 서버용으로 사용 |
| **메인 프레임 컴퓨터 (Main Frame Computer) = 대형 컴퓨터** | • 미니 컴퓨터보다 기억 용량이 크고 처리 속도가 빠른 컴퓨터<br>• 온도, 습도, 먼지 등에 대비한 설치 환경이 필요<br>• 여러 사람이 동시에 이용할 수 있으며 은행, 병원, 정부 기관 등 업무량이 많은 곳에서 사용 |
| **슈퍼 컴퓨터 (Super Computer) = 초대형 컴퓨터** | • 초고속 처리와 정밀 계산이 필요한 분야에서 사용<br>• 우주 및 항공, 원자력, 기상 예측, 지형 분석, 3차원 시뮬레이션 등에 사용 |

### 1) PDA(Personal Digital Assistants) 09년 10월, 02년 9월

- 애플사에서 개발한 개인용 정보 단말기이다.
- 팜톱의 일종으로 펜이나 터치스크린으로 직접 입력할 수 있는 휴대용 컴퓨터이다.
- 운영체제로는 Palm OS, Window CE, Cellvic OS, PPC 2002 등 GUI 방식의 운영체제를 사용한다.

(Cellvic: 우리나라의 제이텔사에서 자체 개발한 한글 운영체제)

| 종류 | 기능 |
|---|---|
| 무선 인터넷 | 어디에서나 이동 중에도 인터넷에 접속할 수 있는 기능 |
| 전자책(e-book) | 여러 권의 전자책을 넣어두고 시간이 날 때 볼 수 있는 기능 |
| 개인정보 관리(PIMS) | 주소록, 일정 관리, 메모장 기능 |
| 게임 및 MP3 | PDA용 게임 프로그램, MP3 플레이어 기능 |

▲ PDA

**넷북(Netbook)**
컴퓨터의 기본적인 기능(인터넷, 문서 작업, 이메일 등)을 이용할 수 있는 휴대형 미니 노트북

**태블릿 PC**
키보드 없이 손가락 또는 전자펜을 이용해 직접 액정 화면에 글씨를 써서 문자를 인식하게 하는 터치스크린 방식을 주 입력 방식으로 하여 프로그램을 실행할 수 있는 모바일 인터넷 기기

## 이론을 확인하는 기출문제

**01** 다음 중 컴퓨터 분류에서 워크스테이션(Workstation)에 관한 설명으로 옳지 않은 것은?

① 대부분 RISC 프로세서를 사용한다.
② 네트워크에서 클라이언트(Client) 역할을 주로 담당한다.
③ 고성능 그래픽 처리나 공학용 시뮬레이션에 주로 사용한다.
④ 주로 다중 사용자 시스템에서 사용되기도 한다.

워크스테이션은 네트워크에서 주로 서버 역할을 담당한다.

**02** 다음 중 아날로그 컴퓨터와 비교하여 디지털 컴퓨터의 특징으로 옳은 것은?

① 입력 형태로 전류, 전압, 온도, 속도 등이 가능하다.
② 논리 회로를 사용하며, 프로그래밍이 필요하다.
③ 미분이나 적분에 관한 연산 속도가 빠르다.
④ 특수 목적용으로 기억 기능이 적다.

디지털 컴퓨터 특징으로는 논리 회로, 코드화된 문자나 숫자 입력 형식, 연산 속도 느림, 프로그래밍 필요, 범용성 등이 있다.

오답 피하기

아날로그 컴퓨터 특징으로는 증폭 회로, 전류, 전압, 온도 등의 연속적인 물리량 입력 형식, 연산 속도 빠름, 프로그래밍 불필요, 특수 목적용 등이 있다.

정답 01 ② 02 ②

**03** 다음 중 정밀 과학기술 연구를 위해 속도나 온도와 같은 연속 데이터를 처리하는 용도로 특수 목적 컴퓨터를 사용한다고 했을 때, 이 컴퓨터에 대한 컴퓨터 규모와 데이터 형태, 그리고 하드웨어 용도의 분류로 옳은 것은?

① 미니 컴퓨터–아날로그 컴퓨터–범용 컴퓨터
② 슈퍼 컴퓨터–아날로그 컴퓨터–전용 컴퓨터
③ 메인프레임 컴퓨터–디지털 컴퓨터–전용 컴퓨터
④ 메인프레임 컴퓨터–하이브리드 컴퓨터–범용 컴퓨터

- 컴퓨터의 규모 : 마이크로 컴퓨터, 미니 컴퓨터(중형), 메인 프레임 컴퓨터(대형), 슈퍼 컴퓨터(초대형)
- 데이터의 형태 : 디지털 컴퓨터, 아날로그 컴퓨터, 하이브리드 컴퓨터
- 하드웨어의 용도 : 범용 컴퓨터, 전용 컴퓨터

**04** 다음에서 설명하는 컴퓨터는 무엇인가?

> 특수한 목적에만 사용하기 위해 제작된 컴퓨터로 자동 제어 시스템, 항공 기술 등 산업용 제어 분야 등에 사용되며, 아날로그 컴퓨터가 여기에 해당된다.

① 디지털 컴퓨터
② 하이브리드 컴퓨터
③ 전용 컴퓨터
④ 범용 컴퓨터

전용 컴퓨터는 미사일 유도, 항공기 조정 등 특정한 분야에서 사용되기 위해 제작된 컴퓨터이다.

**오답 피하기**

- 디지털 컴퓨터 : 코드화된 숫자나 문자를 자료의 형태로 받아 이산적인 자료로 결과를 얻는 컴퓨터로 일반 사무용이나 계산용의 범용 컴퓨터
- 하이브리드 컴퓨터 : 디지털 컴퓨터나 아날로그 컴퓨터의 장점만을 혼합한 특수 목적용 컴퓨터
- 범용 컴퓨터 : 사무 처리, 통계 처리, 과학 계산 등 여러 분야에서 광범위하게 사용할 수 있도록 제작된 컴퓨터

**05** 다음 중 보기에서 디지털 컴퓨터의 특징으로만 나열된 것은?

> ⓐ 논리 회로 사용
> ⓑ 수치, 문자 데이터 사용
> ⓒ 프로그램의 불필요
> ⓓ 특수 목적용
> ⓔ 기억이 용이함
> ⓕ 정밀도가 제한적임
> ⓖ 연속적인 데이터 계산
> ⓗ 사칙 연산

① ⓐ, ⓑ, ⓔ, ⓗ
② ⓑ, ⓓ, ⓕ, ⓗ
③ ⓐ, ⓒ, ⓓ, ⓕ
④ ⓑ, ⓒ, ⓔ, ⓕ

| 구분 | 디지털 컴퓨터 | 아날로그 컴퓨터 |
|---|---|---|
| 구성 회로 | 논리 회로 | 증폭 회로 |
| 입력 형식 | 코드화 된 숫자나 문자 | 연속되는 물리량 |
| 출력 형식 | 이산적 데이터 | 연속적 데이터 |
| 연산 형식 | 사칙 연산 | 미적분 |
| 연산 속도 | 느림 | 빠름 |
| 프로그래밍 | 필요 | 불필요 |
| 기억 능력 | 용이하고 반영구적 | 제한적 |
| 적용성 | 범용성 | 특수 목적용 |
| 정밀도 | 필요한 한도까지 | 정도가 제한됨 |

**06** 다음 중 사용하는 데이터 형태에 따라 컴퓨터를 분류하고자 할 때, 아래의 설명과 같은 특징을 가지는 컴퓨터로 옳은 것은?

> 길이, 전류, 온도, 속도 등과 같이 연속적으로 변화하는 자료를 물리적인 양 그대로 입력하고 결과를 곡선, 그래프 등의 형태로 나타내어 출력하는 컴퓨터

① 하이브리드 컴퓨터
② 디지털 컴퓨터
③ 아날로그 컴퓨터
④ 범용 컴퓨터

아날로그 컴퓨터는 증폭 회로로 구성되고 특수 목적용으로 사용한다.

정답 03 ② 04 ③ 05 ① 06 ③

# 컴퓨터의 하드웨어와 소프트웨어

**학습 방향**

컴퓨터의 하드웨어와 소프트웨어 부분을 구체적으로 살펴보는 챕터입니다. 출제 비율이 가장 높은 내용이므로 액세스 시간, RAID, 캐시 메모리 등의 용어를 확실히 암기해 두고 기억 장치들을 서로 비교할 수 있도록 학습하세요.

**출제빈도**

| | | |
|---|---|---|
| SECTION 01 | 상 | 35% |
| SECTION 02 | 상 | 38% |
| SECTION 03 | 중 | 27% |

SECTION 01

# 하드웨어

출제빈도 (상) 중 하
반복학습 1 2 3

빈출 태그 레지스터 • 제어 장치 • 연산 장치 • CISC • RISC • 명령어 처리 상태 • 입출력 장치의 종류 • DMA • 채널

**기적의 TIP**

중앙 처리 장치의 구성과 명령어 실행 과정과 상태를 묻는 문제가 자주 출제되었습니다. 컴퓨터의 내부 구조에 대한 내용이 딱딱할 수도 있지만 꼼꼼히 읽고 넘어가면 뒷부분에서 이해가 쉽습니다.

## 01 중앙 처리 장치

### 1) 중앙 처리 장치의 기본 구조 18년 9월, 10년 9월, 09년 2월, 08년 10월, 07년 7월/5월

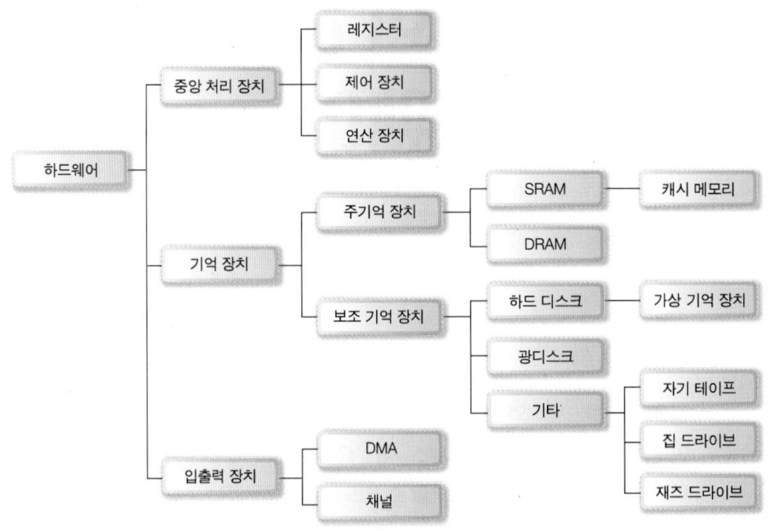


**액세스 속도(빠른 순 → 느린 순)**
CPU 내부 레지스터 → 캐시 메모리 → 주기억 장치 → HDD(하드 디스크) → FDD(플로피디스크)

- 인간의 두뇌에 해당되므로 컴퓨터 시스템의 모든 장치를 제어하고 명령을 실행하는 역할을 한다.
- 중앙 처리 장치는 레지스터, 제어 장치, 연산 장치로 구성된다.

**레지스터**
플립플롭(Flip-Flop)이나 래치(Latch)가 직렬 또는 병렬로 연결하여 구성된 회로

#### (1) 레지스터 24년 상시, 23년 상시, 22년 상시, 21년 상시, 19년 8월, 12년 6월, 08년 7월, 07년 5월/3월, 03년 11월

CPU가 데이터를 처리하는 동안 사용한 값이나 연산의 중간 결과를 일시적으로 저장해 두기 위해 사용되는 CPU 내의 고속 저장 장치이다.

**제어 장치**
주기억 장치에 있는 프로그램을 해독하며 컴퓨터의 모든 장치를 작동시키고 감독, 통제하는 장치

#### (2) 제어 장치(Control Unit) 24년 상시, 23년 상시, 22년 상시, 21년 상시, 20년 2월, 19년 3월, 17년 9월, 15년 6월/3월, …

| 레지스터 | 기능 |
|---|---|
| 프로그램 카운터<br>(PC : Program Counter) | 다음에 수행할 명령어의 주소를 기억하는 레지스터 |
| 명령어 레지스터<br>(Instruction Register) | 현재 수행 중인 명령의 내용을 기억하는 레지스터 |
| 명령 해독기<br>(Instruction Decoder) | 현재 수행해야 할 명령을 해독한 후 수행 가능한 여러 가지 제어 신호를 발생시킴 |

**암기 TIP**

**다음에는 어디 갈까? PC방!**
PC는 다음에 수행할 명령어의 번지를 기억합니다.

**레지스터의 크기**
컴퓨터가 한 번에 처리할 수 있는 데이터의 크기

| | |
|---|---|
| 번지 해독기<br>(Address Decoder) | 명령어 레지스터가 보내온 주소를 해독한 후 저장되어 있던 데이터를 메모리로 보냄 |
| 부호기(Encoder) | 명령 해독기로 해독한 내용을 신호로 변환하여 각 장치에 전달 |
| 메모리 주소 레지스터<br>(MAR : Memory Address Register) | 실행에 필요한 프로그램이나 데이터가 저장되어 있는 주기억장치의 주소를 기억 |
| 메모리 버퍼 레지스터<br>(MBR : Memory Buffer Register) | 메모리 주소 레지스터(MAR)의 내용을 기억 |

### (3) 연산 장치(ALU : Arithmetic and Logic Unit) 24년 상시, 23년 상시, 22년 상시, 21년 상시, 20년 7월, …

| 레지스터 | 기능 |
|---|---|
| 누산기(ACC : Accumulator) | 산술 연산 및 논리 연산의 결과를 일시적으로 기억하는 레지스터 |
| 가산기(Adder) | 2개 이상의 수를 입력하여 이들의 합을 출력하는 논리 회로 또는 장치 |
| 보수기(Complementary) | 뺄셈을 할 때 사용되는 보수를 만들어 주는 논리 회로 |
| 인덱스 레지스터<br>(Index Register) | • 색인 주소 지정에 사용되는 레지스터<br>• 기억되어 있는 내용에 대한 주소를 변경하기 위해 유효 주소를 구하는 레지스터 |
| 데이터 레지스터<br>(Data Register) | 연산에 사용할 데이터를 일시적으로 기억하는 레지스터 |
| 상태 레지스터<br>(Status Register) | 연산 실행 결과의 양수와 음수, 자리 올림(Carry)과 오버플로(Overflow)★, 인터럽트 금지와 해제 상황 등의 상태를 기억 |

**연산 장치**
덧셈, 뺄셈, 곱셈, 나눗셈 등의 산술 연산 및 두 수의 크기를 비교, 판단하는 논리 연산을 수행하는 장치

★ 오버플로(Overflow)
연산의 결과 값이 기억 용량을 초과하여 넘어가는 상태

## 2) CISC와 RISC 컴퓨터 24년 상시, 23년 상시, 22년 상시, 21년 상시, 20년 7월, 16년 10월, 14년 6월, 12년 3월, …

마이크로프로세서는 설계 방식에 따라 CISC와 RISC 방식으로 구분된다.

| 구분 | CISC | RISC |
|---|---|---|
| **회로 구성** | 복잡 | 간단 |
| **명령어 개수** | 많은 명령어 | 최소 명령어 |
| **명령어 길이** | 다양한 길이 | 고정된 길이 |
| **레지스터** | 작음 | 많음 |
| **속도/가격** | 느리고 고가 | 빠르고 저가 |
| **용도** | 386, 486, 펜티엄 | 네트워크 서버, 워크스테이션 프로세서<br>예 SPARC, Alpha |

SPARC(Scalable Processor ARChitecture)
RISC 기반의 단일 명령 사이클, 파이프 라인 제어 등의 기능을 갖는 선 마이크로시스템즈에서 개발한 32비트 마이크로프로세서

**개념 체크**

1 메모리 버퍼 레지스터와 부호기는 제어 장치에 속한다. (O, X)

2 누산기와 가산기, 보수기는 연산 장치에 속한다. (O, X)

1 O 2 O

**암기 TIP**

**CPU의 성능 단위 암기법**
즐겨 듣는 라디오 방송은? FM 99.1MHz예요. FM(FLOPS, MIPS)의 첫 자로 기억하면 어떨까요.

### 3) CPU의 성능 단위 22년 상시, 12년 3월, 03년 8월

| | |
|---|---|
| Hz(Hertz) | CPU를 작동시키는 클록의 속도를 표시<br>• 1,000Hz = 1KHz<br>• 1,000KHz = 1MHz<br>예 1MHz란 1초 동안 백만 번의 주기가 반복되는 것 |
| FLOPS(FLoating-point Operations Per Second) | 1초 동안 실행 가능한 부동 소수점 연산의 횟수를 표시<br>예 3MFLOPS : 부동 소수점 연산이 1초 동안에 300만 회 실행 |
| MIPS(Million Instructions Per Second) | 컴퓨터가 1초 동안 실행할 수 있는 명령의 개수를 100만 단위로 표시 |
| 클록(Clock) | 1초 동안 발생하는 클록 펄스의 주파수 |

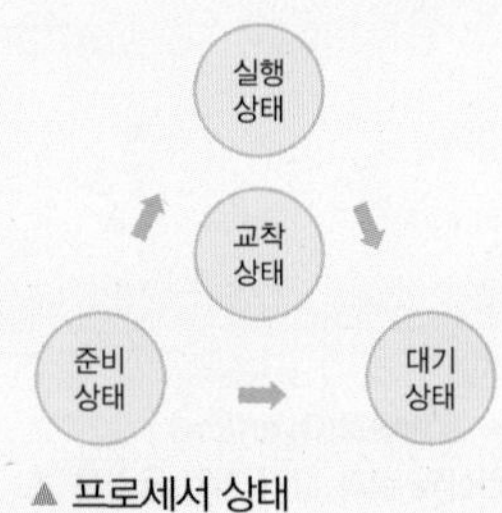

▲ 프로세서 상태

### 4) CPU의 상태 및 특징 22년 상시, 21년 상시, 10년 5월, 06년 3월, 03년 11월

| 상태 | 특성 |
|---|---|
| 준비 상태(Ready State) | 프로세스가 필요한 모든 자원을 할당 받고, 프로세서를 할당받기 위해 기다리는 상태 |
| 실행 상태(Run State) | 프로세스가 원하는 모든 자원을 소유한 상태로 프로세서에 의해 실행되는 상태 |
| 대기 상태(Wait State) | 프로세스가 프로세서 외의 특정 자원을 요청하고 이를 할당받을 때까지 기다리는 상태 |
| 교착 상태(Dead Lock State) | 전혀 발생할 가능성이 없는 사건을 한없이 기다리는 상태 |

### 5) 명령어 18년 3월, 16년 10월, 08년 2월

명령어는 데이터를 처리하기 위한 프로그램의 기본이 되는 것으로, 컴퓨터에게 특정한 동작을 수행할 것을 알리는 비트의 집합

#### (1) 명령어의 형식

명령어는 오퍼레이터(연산자 부분)와 오퍼랜드(피연산자 부분)로 구성되어 있다.

| 주소 형식 | 주소 형태 | 내용 |
|---|---|---|
| 0-주소 형식 | OP-Code | • 스택★ 구조에서 사용<br>• 연산자 부분만 존재 |
| 1-주소 형식 | OP-Code \| 주소-1 | 단일 누산기(Accumulator)에서 사용 |
| 2-주소 형식 | OP-Code \| 주소-1 \| 주소-2 | • 범용 레지스터에서 사용<br>• 메모리나 프로세서 내의 레지스터에 기억 |
| 3-주소 형식 | OP-Code \| 주소-1 \| 주소-2 \| 주소-3 | • 범용 레지스터에서 사용<br>• 주소-1과 주소-2의 연산 결과를 주소-3에 기억시킴 |

★ 스택(Stack)
자료의 삽입과 삭제가 Top이라는 부분에서 이루어지는 구조로, 가장 나중에 들어온 자료가 가장 먼저 꺼내지는 LIFO(Last-In First-Out) 형태임

### (2) 명령어 실행 과정

① [1단계]

프로그램 계수기(PC)에 저장된 명령어의 주소를 읽는다.

② [2단계] 인출(Fetch)

명령어를 기억 장치에서 가져온다.

③ [3단계] 해독(Decode)

명령어의 해독과 실행을 위해 명령어 레지스터로 보낸다.

④ [4단계] 실행(Execute)

제어 장치에 의해 해독 과정을 거친 후 실행을 한다.

### (3) 명령어 처리 상태 24년 상시, 23년 상시, 22년 상시, 21년 상시, 19년 3월, 11년 3월, 09년 10월/7월, 08년 5월, 03년 3월

① 인출 상태(Fetch Cycle)

하나의 데이터를 기억 장치로부터 읽어들여 명령어 레지스터(IR)에 저장한다.

② 간접 상태(Indirect Cycle)

번지 부분의 주소가 간접 주소일 경우 기억 장치의 주소가 지정하는 곳으로, 유효 번지를 읽기 위해 기억 장치에 한 번 더 접근한다.

③ 실행 상태(Execute cycle)

구한 유효 번지에서 자료를 읽어들여 해당 명령을 수행한다.

④ 인터럽트 상태(Interrupt Cycle)

- 프로그램 실행 중 예기치 못한 일이 발생했을 경우 현재 실행 중인 프로그램을 일시 중단하고 미리 정해진 인터럽트 처리 루틴에 의해 일을 처리한 후 복귀하여 원래의 프로그램을 계속 수행하는 것이다.
- 인터럽트에는 외부 인터럽트와 내부 인터럽트, 소프트웨어 인터럽트 등이 있으며 우선순위가 다르다.
  - 외부 인터럽트: 외부적으로 발생되는 인터럽트이며 CPU와 비동기적으로 발생하는 것
  - 내부 인터럽트: 불법적인 명령의 사용으로 발생하는 인터럽트이며 CPU와 동기적으로 발생하는 것
  - 소프트웨어 인터럽트: 프로그램 내에서 특정한 요구에 대한 명령으로 인터럽트 발생, SVC(Supervisor Call) 명령 수행 시 발생하는 것
- 소프트웨어 인터럽트는 내부 인터럽트라고도 하며 대표적으로 트랩(Trap)이 있다.

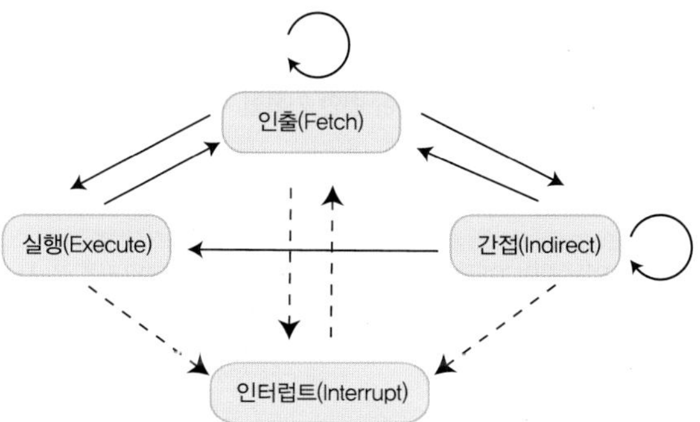


▲ 명령어 사이클

**명령을 실행하는 단계**
명령어 인출 → 명령어 해독 → 명령어 실행

**외부 인터럽트**
- 전원 오류로 정전 발생
- 입출력 요구, 완료

**내부 인터럽트**
- 명령어에서 불법 연산자 사용
- 0으로 나누기를 실행
- 조작원이나 기기의 조작
- 패리티 오류로 하드웨어 고장
- 금지된 자원에 접근 시도
- 입출력, 키보드 데이터 이동

★ 유효 주소
오퍼랜드에 실제 주소가 저장되어 있는 것

#### (4) 명령어 주소 지정 방식의 종류 15년 6월, 07년 10월

| | |
|---|---|
| 직접 주소 지정 방식 (Direct Addressing Mode) | 오퍼랜드에 유효 주소★가 있는 방식 |
| 간접 주소 지정 방식 (Indirect Addressing Mode) | 오퍼랜드에 유효 주소가 저장되어 있는 주소를 가리키는 방식 |
| 즉시 주소 지정 방식 (Immediate Addressing Mode) | 오퍼랜드에 실제 데이터를 가지고 있는 방식 |
| 묵시적(암시적) 주소 지정 방식 (Implied Addressing Mode) | 0번지 명령어 형식에서 주소 부분이 없지만 오퍼랜드를 암시하여 사용하는 방식 |
| 레지스터 (직접/간접)주소 지정 방식 (Register Addressing Mode) | 명령의 수행에 필요한 데이터가 오퍼랜드 부분의 레지스터에 저장되어 있는 방식 |
| 상대 주소 지정 방식 (Relative Addressing Mode) | 명령어의 주소 부분 + PC |
| 기본 레지스터 지정 방식 (Base Register Mode) | 명령어의 주소 부분 + Base Register |
| 인덱스 레지스터 지정 방식 (Index Register Mode) | 명령어의 주소 부분 + Index Register |

기적의 TIP

기억 장치는 매회 1문제 정도 출제됩니다. RAID, 액세스 시간, 기타 보조 기억 장치까지 골고루 출제됩니다.

## 02 기억 장치

### 1) 주기억 장치 24년 상시, 23년 상시, 22년 상시, 19년 3월, 15년 10월/3월, 14년 6월, 13년 10월, 12년 6월, 11년 6월, 10년 5월, …

중앙 처리 장치에 의해 제어되며 입력 장치를 통해 자료를 입력받거나 보조 기억 장치의 자료를 옮겨 받아 기억하는 장치이다.

#### (1) ROM(Read Only Memory) 23년 상시, 22년 상시, 21년 상시, 17년 3월, 15년 6월

- 읽는 것만 가능하며 전원의 공급이 중단되어도 지워지지 않는 비휘발성 메모리이다.
- 입출력 시스템(BIOS)★이나 글꼴(Font) 등을 저장하는 데 쓰인다.

| 종류 | 특징 |
|---|---|
| Mask ROM | 제조 회사에서 내용을 미리 입력하여 제조하므로 내용을 고칠 수 없으며 대량 생산에 적합 |
| PROM (Programmable ROM) | 내용이 저장되지 않고, 사용자가 처음 한 번만 기록할 수 있음 |
| EPROM (Erasable PROM) | 자외선(UV)을 이용하여 여러 번 변경 가능 |
| EEPROM (Electrically EPROM) | 전기적인 방법을 이용하여 여러 번 변경 가능하며, 플래시 메모리★로 사용됨. BIOS, 글꼴, POST 등이 저장된 대표적인 펌웨어(Firmware)임 |

★ BIOS(Basic Input Output System)
입출력 장치를 포함한 시스템의 기본적인 설정을 저장하는 곳으로 요즘에는 변경이 가능한 플래시 메모리를 사용하기 때문에 전용 유틸리티를 통해 업그레이드 가능

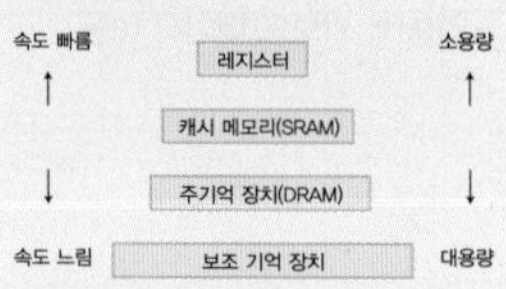


★ 플래시 메모리(Flash Memory)
EEPROM의 일종으로, 이전의 내용을 지우거나 변경하는 것이 가능하며 BIOS, PC 카드, MP3 플레이어, 개인용 정보 단말기, 휴대 전화, 디지털 카메라 등에 사용

### (2) RAM(Random Access Memory)

- 읽기와 쓰기가 모두 가능하며, 전원 공급이 중단되면 내용이 지워지는 소멸성 메모리이다.
- 실행 중인 프로그램과 데이터를 저장한다.

| 종류 | 특징 |
|---|---|
| SRAM<br>(Static RAM) | • 정적인 RAM으로, 플립 플롭으로 구성<br>• 전원이 계속 공급되면 내용이 유지되므로 재충전★이 필요 없음 |
| DRAM<br>(Dynamic RAM) | • 동적인 램으로 콘덴서의 전하 충전 기능을 이용하여 데이터를 기록<br>• 전원을 끄지 않아도 전하가 방전되어 내용이 지워지므로 주기적인 재충전이 필요<br>• DRAM의 속도를 개선한 SDRAM, RDRAM, DDR SDRAM 등 사용 |

★ 재충전(Refresh)
DRAM은 시간이 흐르면 축적된 전하가 방전되어 저장된 정보가 상실되므로 이를 방지하기 위해 일정한 주기마다 전류를 흐르게 하여 정전기를 유지하는 동작

▶ SRAM과 DRAM의 비교

| 구분 | 전력 소모 | 집적도 | 구조 | 가격 | 속도 | 용도 |
|---|---|---|---|---|---|---|
| SRAM | 많음 | 낮음 | 복잡 | 고가 | 빠름 | 캐시 메모리 |
| DRAM | 적음 | 높음 | 단순 | 낮음 | 느림 | 일반 메모리 |

기적의 TIP

SRAM과 DRAM의 특징에 대해서 정리하세요.

## 2) 보조 기억 장치 23년 상시, 22년 상시, 21년 상시, 19년 3월, 18년 9월, 08년 10월, 06년 5월

- 컴퓨터가 처리한 대량의 데이터를 영구히 저장할 수 있는 주기억 장치의 보조 역할을 하는 장치이다.
- 주기억 장치에 비해 속도는 느리며 접근 방식에 따라 순차 접근 방식★과 직접 접근 방식★이 있다.

**보조 기억 장치의 속도**
하드 디스크 〉 집 디스크 〉 광디스크 〉 플로피 디스크 〉 자기 테이프

★ 순차 접근 방식
데이터를 찾거나 기록할 때 차례에 따라 순차적으로 하는 방식
예 자기 테이프

★ 직접 접근 방식
데이터가 저장된 위치에 관계없이 임의로 접근이 가능한 방식
예 자기 디스크, 자기 드럼, 광디스크 등

### (1) 자기 디스크(Magnetic Disk)

- 금속 원판에 자성 물질을 입혀 자료를 기록할 수 있도록 만든 장치이다.
- 순차 접근과 직접 접근이 모두 가능하다.

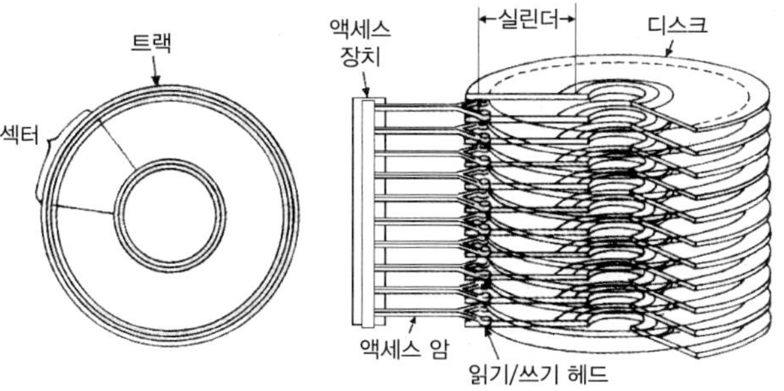


▲ 자기 디스크의 구조

▶ **관련 용어** 24년 상시, 21년 상시, 16년 3월, 15년 10월, 12년 3월, 11년 3월, 08년 7월/5월, 05년 11월/8월

| 용어 | 의미 |
|---|---|
| 트랙(Track) | 디스크 표면의 동심원 |
| 섹터(Sector) | 한 개의 동심원을 같은 길이로 분할한 구역으로 데이터를 기록하는 단위 |
| 실린더(Cylinder) | 디스크의 중심축으로부터 동일한 거리에 위치하는 트랙들의 모임 |
| 액세스 암(Access Arm) | 읽기, 쓰기 헤드를 움직이는 막대 |
| 헤드(Head) | 데이터를 읽어내거나 쓸 수 있는 장치 |
| 디스크 팩(Disk Pack) | 여러 장의 디스크를 하나의 축에 고정시켜 사용 |
| 액세스 시간 (Access Time) | 위치 설정 시간(Seek Time)★ + 회전 대기 시간(Latency Time)★ + 데이터 전송 시간(Data Transfer Time)★ |

★ 위치 설정 시간(Seek Time)
자기 디스크의 헤드가 원하는 자료가 있는 트랙까지 이동하는 시간

★ 회전 대기 시간(Latency Time)
데이터의 접근을 요구한 뒤 원하는 섹터가 헤드 아래로 올 때까지 소요되는 시간

★ 데이터 전송 시간(Data Transfer Time)
데이터의 전송이 완료될 때까지 소요되는 시간

① 하드 디스크(Hard Disk)

- 현재 가장 많이 사용되고 있는 보조 기억 장치로 컴퓨터 내에 고정되어 있다.
- 여러 장의 디스크가 하나로 묶여 있으며 저장 용량이 크고 자료의 입출력 속도가 빠르다.

② 플로피 디스크(Floppy Disk)

- 디스켓(Diskette)이라고 부르는 플로피 디스크는 휴대가 가능하고 가격이 저렴한 자기 디스크이다.
- 저용량의 데이터를 보관할 때 사용하고 하드 디스크에 비해 속도가 느린 장치이다.

③ RAID(Redundant Arrays of Inexpensive Disk) 23년 상시, 22년 상시, 20년 7월, 15년 3월, …

- 여러 대의 하드 디스크를 모아 하나의 디스크처럼 작동하게 만들어 주는 장비로 중요한 데이터를 가지고 있는 서버에 주로 사용된다.
- 스트리핑★ 기술을 채용하여 각 드라이브의 저장 공간을 1섹터(512바이트)의 크기에서 수 MB에 이르는 공간까지 다양한 범위로 파티션한다.
- 모든 디스크는 서로 연결되어 있으며, 차례대로 접근 가능하다.
- 미러링★ 기술은 고용량의 데이터를 저장할 수 있고, 하나의 데이터를 백업하여 안정성을 높였으며, 데이터를 분리하여 읽고 쓰기 때문에 속도가 빠르다.

**기적의 TIP**

데이터 123456789를 입력하여 RAID를 세 개로 구성한다면 다음과 같이 데이터가 기록됩니다.
- Disk1 : 1 4 7
- Disk2 : 2 5 8
- Disk3 : 3 6 9

★ 스트리핑(Stripping)
논리적으로 연속된 데이터 세그먼트가 물리적으로 여러 개의 장치에 라운드 로빈 방식으로 나뉘어 기록될 수 있는 것

★ 미러링(Mirroring)
장비가 고장나는 사고가 발생했을 때 데이터가 손실되는 것을 막기 위하여 모든 데이터를 다른 장치에 중복 저장하는 것

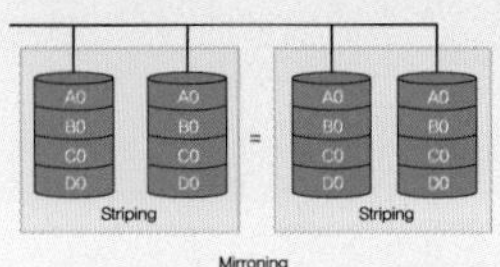


④ 광자기 디스크(MO : Magneto-Optical)

- 차세대 광자기 디스크로 640MB~2.3GB 정도의 용량을 저장할 수 있는 장치이다.
- 별도의 광자기 디스크 드라이브를 필요로 한다.
- 크기는 3.5인치와 5인치가 있다.

### (2) 광디스크(Optical Disk) 22년 상시, 21년 상시, 10년 3월, 09년 4월, 08년 2월, 07년 10월/5월/3월, 06년 11월, 03년 11월

- 레이저 빔을 이용하여 데이터를 기록하고 읽어내는 장치이다.
- 대용량의 정보를 저렴하고 안전하게, 반영구적으로 보관할 수 있다.
- 광디스크의 속도(배속) : 1초당 150KB의 데이터를 CD-ROM으로 전송하는 단위

예 24배속 = 24 × 150KB= 3600KB = 3.6MB

▶ CD의 특징 12년 3월, 06년 8월/3월, 05년 3월, 04년 3월, 03년 6월

| | | |
|---|---|---|
| CD-ROM(Compact Disk Read Only Memory) | 650～800MB | • 주로 멀티미디어 저장 매체로 사용되고 있는 보조 기억 장치로, 내용을 읽을 수만 있음<br>• 저가에 대량 생산 제작이 가능하고 무게가 가볍고 반영구적 |
| CD-R(Compact Disk Recordable) | | • 데이터를 한 번 기록할 수 있으며 많은 양의 데이터를 백업할 때 사용<br>• WORM(Write Once Read Memory) CD라고도 함 |
| CD-RW(Compact Disk ReWritable) | | • 읽기와 쓰기가 모두 가능한 광디스크<br>• 패킷 단위로 기록하는 Packet Writing★ 방식으로 데이터를 기록<br>• 여러번 기록하고 삭제 가능 |
| DVD(Digital Video Disk, Digital Versatile Disk) | 4.7～17GB | • 뛰어난 화질과 완벽한 입체 음향의 구현이 가능하고 동영상을 약 135분 정도 기록할 수 있음<br>• DVD 드라이브는 DVD는 물론 기존의 CD-ROM도 재생할 수 있음 |

**피트(PIT)와 랜드(LAND)**
CD-ROM은 뒷 표면에 파여 있는 홈과 평평한 부분에 레이저 빔을 반사하여 빛의 반사량 차이에 의해 정보를 기록하고 읽어 들이는 장치로 빛이 반사시키는 부분을 피트, 반사시키지 못하는 부분을 랜드라고 부름

★ Packet Writing
CD-R이나 CD-RW에 데이터를 기록할 때 데이터를 패킷 형태로 나누어 저장하는 것으로 미디어에 남은 용량이 있는 한 하드 디스크처럼 언제든지 데이터를 쓸 수 있다는 장점이 있음

**저장 디스크의 저장 공간**
CD-RW(약 700MB) < DVD(약 4.7GB) < DVD-R(약 8.54GB) < Blue-Ray(약 23GB)

### (3) 기타 보조 기억 장치 09년 4월

| | |
|---|---|
| 자기 테이프(Magnetic Tape) | • 테이프의 표면에 자성 물질을 입혀서 대량의 자료를 반영구적으로 보관할 수 있는 보조 기억 장치<br>• 가격이 저렴하고 대량의 자료를 저장할 수 있어 백업용으로 사용<br>• 순차 접근(SASD)만 가능하므로 데이터의 추가, 삭제, 검색이 불편함 |
| 집 드라이브(Zip Drive) | 크기는 플로피 디스크와 비슷하지만 한 장에 100MB, 250MB, 750MB의 데이터를 저장할 수 있음 |
| 재즈 드라이브(Jaz Drive) | 한 장에 2GB의 데이터를 저장할 수 있으며 속도가 빠름 |

## 3) 고성능 기억 장치

### (1) 캐시 메모리(Cache Memory) 24년 상시, 23년 상시, 22년 상시, 21년 상시, 20년 7월, 17년 9월, 16년 6월, …

- 고속의 중앙 처리 장치(CPU)와 상대적으로 느린 주기억 장치의 속도 차이를 극복하여 컴퓨터의 처리 속도를 향상시키기 위한 고속 버퍼★ 메모리(Buffer Memory)이다.
- 캐시 메모리는 처리 속도가 빠른 SRAM을 사용하며, 주기억 장치의 크기와 비례하여 적당한 크기를 사용해야 최상의 성능을 발휘한다.
- 캐시 메모리의 성능은 적중의 수를 CPU에 의한 메모리 참조의 총 수로 나눈 비율인 히트율(Hit Ratio)로 측정한다.

★ 버퍼(Buffer)

컴퓨터의 처리 과정에서 프로그램이나 데이터의 일부를 저장하는 데 사용되는 임시 기억 영역

▶ 사상 함수(Mapping Function)

| | |
|---|---|
| 직접 사상<br>(Direct Mapping) | 주기억 장치의 블록을 캐시에 기억시킬 때 하나의 지정된 캐시 블록에만 기억시킬 수 있는 방법 |
| 연관 사상(Associative Mapping) | 모든 캐시 블록에 기억시킬 수 있는 방법 |
| 집합 연관 사상<br>(Set Associative Mapping) | 캐시의 블록들을 몇 개의 세트로 나누어서 주기억 장치의 블록을 캐시에 기억시킬 때 하나의 세트 내에서만 기억시킬 수 있는 방법 |

### (2) 가상 기억 장치(Virtual Memory) 24년 상시, 23년 상시, 22년 상시, 19년 3월, 16년 3월, 15년 6월, 14년 3월, …

- 실제로 존재하지 않는 기억 공간을 존재하는 것처럼 보이게 하는 것으로 프로그램을 페이지라고 불리는 작은 단위로 분할해서 외부 기억 장치로부터 읽어들인다.
- 소프트웨어적인 방법으로 보조 기억 장치의 일부를 주기억 장치처럼 사용하는 것으로, 주기억 장치의 용량을 확대하여 사용할 수 있다.
- 주프로그램은 보조 기억 장치에 저장시키고 사용할 부분만 주기억 장치에 적재시키는 방법을 사용하며 하드 디스크가 가장 많이 사용된다.
- 대표적으로 페이징 기법과 세그먼테이션 기법이 있다.
  - 페이징 기법 : 블록을 고정(같은) 크기로 분할하는 방식이다.
  - 세그먼테이션 기법 : 블록을 가변(서로 다른) 크기로 분할하는 방식이다.

**페이징 기법과 세그먼테이션 기법 (50K)**

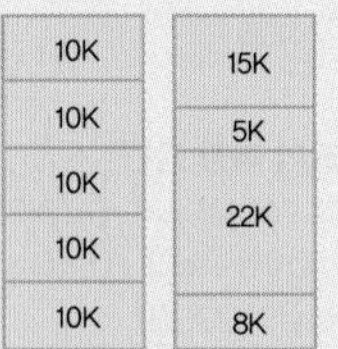


내용 번지 기억 장치(CAM : Contents Addressable Memory)라고도 함

### (3) 연상 기억 장치(Associative Memory) 24년 상시, 23년 상시, 22년 상시, 21년 상시, 20년 2월, 07년 7월, 03년 6월

- 기억 장치에 기억된 내용을 찾을 때 주소를 사용하지 않고 기억된 데이터의 내용을 이용하여 원하는 정보에 접근하는 방식을 사용한다.
- 주기억 장치에 비해 빠른 시간 내에 정보를 검색할 수 있다.

## 03 입출력 장치

**기적의 TIP**

출제율이 낮긴 하지만 DMA와 채널이 무엇인지 파악하는 것이 중요합니다. 스캐너의 특징과 LED와 PDP를 묻는 문제도 출제된 바 있습니다.

### 1) 입출력 장치의 종류 24년 상시, 23년 상시, 22년 상시, 21년 상시, 20년 2월, 19년 3월, 18년 3월, 15년 10월, 11년 3월, …

| | | |
|---|---|---|
| 입력 장치 | 마우스 | GUI 방식의 입력 장치 |
| | 스캐너(Scanner) | • 그림이나 사진과 같은 영상 정보를 입력하는 장치<br>• DPI 값이 클수록 해상도가 높아지는 장치 |
| | 광학 문자 판독기(OCR : Optical Character Reader) | 기록된 문자를 광학적인 방법으로 읽어 들이는 장치<br>예 공공요금 청구서에서 사용 |
| | 광학 마크 판독기(OMR : Optical Mark Reader) | 특수한 연필이나 사인펜으로 마크한 카드를 판독하는 장치<br>예 객관식 답안지 |
| | 자기 잉크 문자 판독기(MICR : Magnetic Ink Character Reader) | 자성을 띤 특수한 잉크로 쓴 숫자나 기호를 감지하여 판독하는 장치로 수표 등에서 이용<br>예 수표 |
| | 트랙볼(Track Ball) | 볼이 위쪽에 달려 있는 마우스 |
| | 디지타이저(Digitizer) | 아날로그 데이터인 좌표를 판독하여 컴퓨터에 디지털 형식의 설계도면이나 도형을 입력하는 데 사용하는 장치 |
| | 광전 펜(Light Pen) | 펜의 모양을 한 장치 |

**CCD(Charge-Coupled Device)**
- 빛을 전기적 신호로 변환하는 센서를 사용한 것
- 스캐너, 디지털 카메라 등에서 사용

| 출력 장치 | 플로터(Plotter) | • 컴퓨터의 출력 데이터에 따라 펜이 X축과 Y축을 움직여서 그래프를 출력하는 장치<br>• 도형, 설계도면 등을 출력하는 장치 |
|---|---|---|
| | 마이크로필름 출력 장치 (COM : Computer Output Microfilm) | 컴퓨터의 출력 데이터를 사람이 알아볼 수 있는 문자나 그림으로 변환하여 마이크로필름에 출력하는 장치 |
| | 음극선관(CRT : Cathode Ray Tube) | 전자총에서 나오는 전자빔이 스크린에 코팅된 형광 물질을 발광시켜 색상을 보여 주는 출력 장치 |
| | 액정 디스플레이(LCD : Liquid Crystal Display) | 두 장의 유리판 사이에 액정 결정 물질이 있고, 전압을 가하여 색상이 변하는 원리를 보여주는 출력 장치<br>예 노트북 |
| | 플라스마 디스플레이(PDP : Plasma Display Panel) | 두 장의 유리판 사이에 네온 및 아르곤 가스를 넣고, 전압을 가해 빛을 발생시켜 화면을 보여주는 출력 장치 |
| | 발광다이오드(LED : Light Emitting Diode) | 반도체에 전압을 가해 생기는 발광을 통해 출력하는 장치로 광에너지로 직접 변환되므로 전력소모가 적고 효율적인 장치 |

## 2) 입출력 제어 장치

입출력 방법은 CPU를 경유하는 방법과 경유하지 않는 방법으로 분류할 수 있다.

### (1) DMA(Direct Memory Access) 24년 상시, 23년 상시, 22년 상시, 21년 상시, 15년 10월, 10년 3월, 08년 2월, …

- 주변 장치가 직접 메모리 버스를 관리하여 CPU의 부담을 줄이고 전송 속도를 향상시킨 것이다.
- 입출력할 데이터가 주기억 장치에 접근을 요청하는 기능이 있다.
- 입력과 출력 중 어느 동작을 수행할 것인지를 나타내는 기능이 있다.
- 어디의 데이터를 얼마만큼 입출력할 것인지를 나타내는 기능이 있다.
- 데이터의 입출력이 완료되었을 때 그 사실을 CPU에 보고하는 기능이 있다.
- DMA는 사이클 스틸(Cycle Steal)★ 방식을 이용하여 데이터를 전송한다.
- DMA 방식을 이용하면 CPU는 입출력 작업에 참여하지 않고 다음 명령을 계속 처리하므로, 시스템의 안정성과 효율성이 증가되고 전반적으로 속도가 향상된다.

### (2) 채널(Channel) 23년 상시, 22년 상시, 21년 상시, 11년 6월, 04년 8월, 03년 6월

- 중앙 처리 장치 대신 입출력 조작의 역할을 담당하는 입출력 전용 프로세서이다.
- 중앙 처리 장치와 입출력 장치 사이의 속도 차를 줄일 수 있으므로 시스템 처리 속도가 향상된다.
- 여러 주변 장치와 메모리 사이의 데이터 전송을 위한 통로를 제공한다.
- CPU로부터 명령을 받으면 CPU와는 독립적으로 입출력 동작을 한다.
- CPU에 비해 입출력 장치의 속도가 느리므로 속도를 조절하여 CPU로부터 메모리 사이클 스틸을 이용하여 입출력한다.

**스풀링(Spooling)**
속도가 빠른 CPU와 저속의 입출력 장치 사이의 속도 차이를 보완하기 위한 방법으로 하나의 입출력 장치를 여러 컴퓨터가 공용으로 사용하여 효율성을 높임

**폴링(Polling)**
다른 프로그램이나 장치들이 어떤 상태인지 신호를 주기적으로 보내 확인하는 방식

**화면 주사율**
모니터가 가진 수직 주파수로, 1초에 화면이 깜빡이는 정도

**해상도**
모니터 등의 출력 장치가 내용을 얼마나 선명하게 표현할 수 있느냐를 나타내는 단위

**주파수 대역폭**
신호 전류에 포함된 성분 주파수의 최댓값에서 최솟값을 뺀 수

**픽셀**
모니터 화면에 나타나는 각각의 점으로 화면을 구성하는 단위

**HDMI**
- 영상이나 음성을 하나의 케이블로 전송하는 디지털 포트
- 셋톱박스, DVD 플레이어 등의 기기와 리시버, 모니터, HDTV 등의 출력 장치를 연결하는 데 사용

**★ 사이클 스틸**
DMA 제어기가 CPU에서 데이터 채널 요청을 하여 다음 사이클을 DMA 인터페이스가 사용하는 것으로, CPU는 동작 지연이 거의 없고 한 번에 하나의 메모리 사이클을 DMA에게 빼앗기게 되는 것

## 이론을 확인하는 기출문제

**01 다음 중 컴퓨터 중앙 처리 장치의 제어 장치에 있는 레지스터의 설명으로 옳은 것은?**

① 프로그램 카운터(PC)는 다음번에 실행할 명령어의 번지를 기억하는 레지스터이다.
② 명령 레지스터(IR)는 현재 실행 중인 명령어를 해독하는 레지스터이다.
③ 부호기(Encoder)는 연산된 결과의 음수와 양수를 결정하는 회로이다.
④ 메모리 버퍼 레지스터(MBR)는 기억 장치에 입출력 되는 데이터의 주소 번지를 기억한다.

오답 피하기

- 명령 레지스터(IR) : 현재 수행 중인 명령의 내용을 기억하는 레지스터
- 부호기(Encoder) : 명령 해독기로 해독한 내용을 신호로 변환하여 각 장치에 전달
- 메모리 버퍼 레지스터(MBR) : 메모리 주소 레지스터(MAR)의 내용을 기억

**02 다음 중 기억 장치에 대한 설명으로 옳지 않은 것은?**

① 주기억 장치는 컴퓨터 내부에 위치한 기억 장치로 현재 사용 중인 데이터나 프로그램이 저장된다.
② ROM은 내장 메모리를 체크하거나 주변 장치의 초기화를 수행하기 위한 자료 등을 저장한다.
③ 캐시 메모리는 주기억 장치와 CPU의 속도 차이를 보완하며, 주기억 장치의 정보를 일시적으로 저장한다.
④ 가상 메모리는 주기억 장치의 일부를 보조 기억 장치인 것처럼 사용한다.

가상 메모리는 보조 기억 장치의 일부를 주기억 장치처럼 사용하는 것으로 주기억 장치보다 큰 프로그램을 불러와 실행해야 할 때 사용한다.

**03 다음 중 연산 장치의 구성 요소에 대한 설명으로 옳은 것은?**

① 보수기 : 2진수의 덧셈을 수행하는 회로
② 누산기 : 연산된 결과를 일시적으로 저장하는 레지스터
③ 데이터 레지스터 : 연산 중에 발생하는 여러 가지 상태 값을 기억하는 레지스터
④ 인덱스 레지스터 : 연산에 사용될 데이터를 기억하는 레지스터

오답 피하기

- 보수기 : 뺄셈을 할 때 사용되는 보수를 만들어 주는 논리 회로
- 데이터 레지스터 : 연산에 사용할 데이터를 일시적으로 기억하는 레지스터
- 인덱스 레지스터 : 기억되어 있는 내용에 대한 주소를 변경하기 위해 유효 주소를 구하는 레지스터

**04 다음 중 컴퓨터의 기본 장치인 주기억 장치에 대한 설명으로 옳지 않은 것은?**

① 자료가 있는 주소에 새로운 자료가 들어오면 기존의 자료는 그 다음 주소로 저장된다.
② 주기억 장치에 사용되는 기억 매체는 주로 RAM을 사용한다.
③ 주기억 장치의 각 위치는 주소(Address)에 의해 표시된다.
④ 주기억 장치는 처리 중인 프로그램과 데이터 그리고 중간 처리 결과를 보관한다.

자료가 있는 주소에 새로운 자료가 들어가는 경우 기존 자료는 삭제되고 새로운 자료가 저장된다.

정답 01 ① 02 ④ 03 ② 04 ①

**05** 다음의 설명에 해당하는 기억 장치는 어느 것인가?

> • 대용량의 데이터를 저장할 수 있다.
> • 비휘발성(Non-volatile) 기억 장치이다.
> • 데이터를 찾기 위해서는 블록들을 순차적인 순서로만 접근해야 한다.

① 메인 메모리(Main Memory)
② 자기 테이프(Magnetic Tape)
③ 자기 디스크(Magnetic Disk)
④ 캐시 메모리(Cache Memory)

자기 테이프는 테이프의 표면에 자성 물질을 입혀서 대량의 자료를 반영구적으로 보관할 수 있는 대용량 저장 장치로, 순차 접근만 가능하여 데이터 추가 및 삭제가 어렵다.

**06** 다음 중 RAM(Random Access Memory)에 대한 설명으로 옳은 것은?

① 전원이 꺼져도 기억된 내용이 사라지지 않는 비휘발성 메모리로 읽기만 가능하다.
② 주로 펌웨어(Firmware)를 저장한다.
③ 컴퓨터의 기본적인 입출력 프로그램, 자가 진단 프로그램, 한글, 한자 코드 등이 수록되어 있다.
④ 주기적으로 재충전(Refresh)하는 DRAM은 주기억 장치로 사용된다.

오답 피하기

①, ②, ③은 ROM에 대한 설명이다.

**07** 다음 중 중앙 처리 장치의 연산 장치에 해당되는 구성 요소로만 바르게 연결된 것은?

① 누산기, 부호기, 프로그램 카운터
② 명령 해독기, 인덱스 레지스터, 보수기
③ 부호기, 상태 레지스터, 명령 레지스터
④ 누산기, 가산기, 상태 레지스터

• 연산 장치 : 누산기, 가산기, 보수기, 인덱스 레지스터, 데이터 레지스터, 상태 레지스터
• 제어 장치 : 프로그램 카운터, 명령 레지스터, 명령 해독기, 번지 해독기, 부호기, MAR, MBR

**08** 다음 중 중앙 처리 장치와 주기억 장치의 속도 차이를 줄이기 위해 사용되는 메모리는 어느 것인가?

① 플래시 메모리
② 가상 기억 장치
③ 연관 기억 장치
④ 캐시 메모리

오답 피하기

• 플래시 메모리 : 전원 공급이 중단되어도 내용은 사라지지 않고 내용 변경이 가능한 EEPROM으로 최근에는 BIOS를 저장하는 용도로 많이 사용
• 가상 기억 장치 : 보조 기억 장치의 일부를 주기억 장치처럼 사용하여 주기억 장치의 용량을 확대하여 사용하는 메모리
• 연관 기억 장치 : 기억된 데이터의 내용을 이용하여 정보에 접근하는 메모리

**09** 다음 중 RISC 마이크로프로세서에 대한 설명으로 옳지 않은 것은?

① CISC 방식에 비해 다양한 명령어들을 지원한다.
② 속도가 빠른 그래픽 응용분야에 적합하다.
③ 복잡한 프로그램이 요구될 수 있다.
④ 향상된 속도를 제공한다.

RISC 마이크로프로세서는 CISC 방식에 비해 적은 수의 명령어를 사용한다.

오답 피하기

RISC 프로세서의 특징은 단순한 구조, 적은 수의 명령어, 고정된 길이의 명령어, 많은 수의 레지스터, 빠른 속도, 저가, 전력소모 적음이 있다.

**10** 다음 중 자기 디스크 장치에서 읽기/쓰기 헤드를 접근하려는 트랙(실린더)에 위치시키는 데 걸리는 시간을 무엇이라고 하는가?

① 액세스 시간(Access Time)
② 회전 지연 시간(Rotational Latency Time)
③ 탐색 시간(Seek Time)
④ 전송 시간(Transfer Time)

오답 피하기

• 액세스 시간 : 회전 지연 시간+탐색 시간+전송 시간
• 회전 지연 시간 : 데이터의 접근을 요구한 뒤 원하는 섹터가 헤드 아래로 올 때까지 소요되는 시간
• 전송 시간 : 데이터의 전송이 완료될 때까지 걸리는 시간

정답 05 ② 06 ④ 07 ④ 08 ④ 09 ① 10 ③

**11** 다음 중 DMA(Direct Memory Access)에 관한 설명으로 거리가 먼 것은?

① CPU로부터 입 · 출력 장치의 제어를 넘겨받아 대신 처리하는 입 · 출력 전용 프로세서이다.
② 작업이 끝나면 CPU에게 인터럽트 신호를 보내 작업이 종료되었음을 알린다.
③ DMA 방식을 채택하면 CPU의 효율성이 증가되고 속도가 향상된다.
④ DMA를 사용하려면 메인보드와 하드 디스크 같은 주변장치가 DMA를 지원해야 한다.

채널(Channel)이란 CPU 대신 입 · 출력 조작의 역할을 담당하는 입 · 출력 전용 프로세서이다.

**12** 다음 중 컴퓨터에서 사용하는 하드 디스크에 관한 설명으로 옳지 않은 것은?

① 트랙은 하드 디스크 표면의 동심원을 말한다.
② 섹터는 트랙의 일부분으로 데이터가 저장되는 기본단위이다.
③ 클러스터는 하드 디스크의 중심축으로부터 같은 거리에 있는 트랙들의 집합을 말한다.
④ 헤드는 데이터를 읽어 내거나 쓰는 장치를 말한다.

디스크의 중심축으로부터 동일한 거리에 위치하는 트랙들의 모임은 실린더이다.

오답 피하기

하드 디스크의 중심축으로부터 같은 거리에 있는 섹터들의 집합이 클러스터이다.

**13** 다음 중 컴퓨터의 입력 장치에 해당하지 않는 것은?

① 디지타이저(Digitizer)
② 플로터(Plotter)
③ 스캐너(Scanner)
④ 광학 문자 판독기(OCR)

- 입력 장치 : 디지타이저, 스캐너, 광학 문자 판독기, 라이트 펜
- 출력 장치 : 컬러 플로터, 프린터, 모니터, 마이크로필름 등

**14** 다음 저장 디스크 중 가장 많은 데이터를 저장할 수 있는 것은?

① CD-RW 디스크
② DVD-R 디스크
③ DVD-R(Dual Layer) 디스크
④ Blue-Ray 디스크

CD-RW(약 700MB) 〈 DVD(약 4.7GB) 〈 DVD-R(약 8.54GB) 〈 Blue-Ray(약 23GB) 순서로 공간을 저장한다.

**15** 다음 중 주기억 장치에 대한 설명으로 옳은 것은?

① 현재 가장 많이 사용하는 주기억 장치는 SSD (Solid State Drive)이다.
② EEPROM은 BIOS, 글꼴, POST 등이 저장된 대표적인 펌웨어(Firmware) 장치이다.
③ SDRAM은 전원이 공급되지 않아도 지워지지 않는 비휘발성 메모리이다.
④ RDRAM은 가장 속도가 빠른 기억 장치이다.

오답 피하기

- ① : SSD는 하드 디스크를 대신하는 보조 기억 장치
- ③ : SDRAM은 휘발성 메모리
- ④ : RDRAM보다 SDRAM이 더 빠른 기억 장치

**16** 다음 중 컴퓨터에서 사용 가능한 가상 기억 장치에 관한 설명으로 옳지 않은 것은?

① 저장된 내용을 찾을 때 주소를 사용하지 않고 기억된 데이터의 내용을 이용하여 원하는 정보에 접근한다.
② 보조 기억 장치의 일부를 주기억 장치처럼 이용하여 주기억 장치의 용량이 확대된 것처럼 사용한다.
③ 페이징 기법이나 세그멘테이션 기법을 이용한다.
④ 주프로그램은 보조 기억 장치에 저장시키고 CPU에 의해 실제로 사용할 부분만 주기억 장치에 적재시키는 방법을 이용한다.

- 가상 기억 장치 : 소프트웨어적인 방법으로 실제로 존재하지 않는 기억 공간을 존재하는 것처럼 보이게 하여 사용하는 장치
- 연관(연상) 기억 장치 : 기억 장치에 기억된 내용을 찾을 때 주소를 사용하지 않고 기억된 데이터의 내용을 이용하여 원하는 정보에 접근하는 방식

정답 11 ① 12 ③ 13 ② 14 ④ 15 ② 16 ①

SECTION 02

# 소프트웨어

합격 강의

출제빈도 (상) 중 하
반복학습 1 2 3

빈출 태그 운영체제 • CPU 스케줄링 • 데이터베이스 관리 시스템 • 컴파일러 • 인터프리터 • 링커 • 로더

## 01 시스템 소프트웨어

### 1) 소프트웨어의 분류

- 소프트웨어는 시스템 소프트웨어와 응용 소프트웨어로 분류된다.
- 시스템 소프트웨어(System Software)는 컴퓨터를 효율적으로 운영하는 데 필요한 프로그램이다. 예 운영체제, 데이터베이스 관리 시스템, 통신 제어 시스템 등
- 응용 소프트웨어(Application Software)는 특정한 업무를 위해 개발된 프로그램이다. 예 워드프로세서, 데이터베이스, 스프레드시트, 프레젠테이션, 그래픽 소프트웨어 등

### 2) 운영체제 23년 상시, 22년 상시, 21년 상시, 15년 6월, 14년 3월, 10년 3월, 08년 10월

#### (1) 운영체제(Operating System)

- 시스템 소프트웨어의 대표적인 프로그램으로, 컴퓨터를 작동시키기 위해 반드시 필요한 소프트웨어이다.
- 사용자가 컴퓨터를 편리하게 사용하도록 사용자 인터페이스(User Interface)를 담당하며, 시스템 내의 자원을 관리(Resource Management)한다.
- 종류 : DOS, Windows 98/ME/NT/2000/XP, OS/2, UNIX★, LINUX★ XENIX★ 등

#### (2) 운영체제의 목적 24년 상시, 23년 상시, 22년 상시, 21년 상시, 17년 3월, 11년 6월, 10년 9월, 09년 4월/2월, 08년 5월, …

| | |
|---|---|
| 처리 능력(Throughput)의 향상 | 일정한 시간 내에 시스템이 처리하는 일의 양을 향상시킴 |
| 응답 시간(Turnaround Time)의 단축 | 사용자가 일을 컴퓨터에 지시하고 나서 그 결과를 얻을 때까지 소요되는 시간을 단축시킴 |
| 사용 가능도(Availability)의 향상 | 사용자가 컴퓨터를 사용하고자 할 때 신속하게 사용할 수 있는 정도를 향상시킴 |
| 신뢰도(Reliability)의 향상 | 주어진 문제를 정확하게 해결하고 작동하는 정도를 향상시킴 |

#### (3) 운영체제의 기능 22년 상시, 21년 상시, 12년 3월, 09년 7월, 08년 10월/7월, 06년 8월, 05년 8월, 03년 6월

- 사용자와 컴퓨터 간의 인터페이스(Interface)★ 기능을 제공한다.
- 프로세스(Process)★를 관리한다.
- 사용자 간의 자원(프로세서, 메모리, 입출력 장치 등) 사용을 관리한다.
- 입출력을 지원한다.
- 오류 발생을 탐지하고 처리한다.

**기적의 TIP**

운영 체제의 여러 가지 분류에 대한 특징을 묻는 문제가 많이 출제되고 있습니다. 다중 처리 시스템, 임베디드 시스템, 듀플렉스 시스템에 대해 잘 알아두세요.

**커널(Kernel)**
- 컴퓨터 전원이 켜짐과 동시에 하드웨어가 주기억 장치로 불러들여 사용자가 컴퓨터를 사용할 수 있도록 하는 운영체제의 일부
- 운영체제의 핵심 부분으로 부팅 후 메모리에 상주하며 하드웨어를 보호하고 프로그램과 하드웨어 간의 인터페이스 역할을 담당
- 프로세스 관리, 기억 장치 관리, 파일 관리, 입출력 관리, 프로세스 간 통신, 데이터 전송 및 변환

★ UNIX
C 언어로 쓴 최초의 개방형 표준 운영체제

★ LINUX
UNIX의 일종으로 리누스 토발즈에 의해 최초로 개발되었으며, 프로그램 소스 코드가 공개된 운영체제

★ XENIX(제닉스)
유닉스(UNIX) 시스템에 근거를 둔 16비트 마이크로 컴퓨터용으로 설계된 운영체제

★ 인터페이스(Interface)
서로 다른 두 장치를 이어주는 접속 장치

★ 프로세스(Process)
일반적으로 수행 중인 프로그램을 의미

### (4) 운영체제의 분류 24년 상시, 23년 상시, 22년 상시, 21년 상시, 18년 3월, 16년 10월/6월, 15년 6월, 14년 3월, 13년 10월, …

| 분류 | 특징 |
|---|---|
| 일괄 처리 시스템<br>(Batch Processing System) | • 처리할 데이터를 일정한 분량이 될 때까지 모아서 한꺼번에 처리하는 방식<br>• 장점 : 처리 능력(Throughput) 향상<br>• 단점 : 응답 시간(Turnaround Time) 느림 |
| 실시간 처리 시스템<br>(Real Time Processing System) | • 자료가 들어오는 즉시 처리하는 방식<br>• 장점 : 응답 시간(Turnaround Time) 단축 |
| 시분할 시스템<br>(TSS : Time-Sharing System) | • 속도가 빠른 CPU의 처리 시간을 분할하여 여러 개의 작업을 연속으로 처리하는 방식<br>• 사용자가 컴퓨터 시스템과 직접 대화형으로 작업을 처리 |
| 다중 프로그래밍 시스템<br>(Multi-programming System) | 동시에 두 개 이상의 프로그램을 주기억 장치에 기억시켜 놓고 하나의 프로세서가 고속으로 처리하는 방식 |
| 다중 처리 시스템<br>(Multi-processing System) | 하나의 컴퓨터에 두 개 이상의 CPU가 메모리와 입출력 장치를 공유하여 프로그램을 처리하는 방식 |
| 분산 처리 시스템<br>(Distributed Processing System) | • 네트워크로 연결된 컴퓨터에 의해 작업과 자원을 분산하여 처리하는 방식<br>• 자원 공유, 신속한 처리, 높은 신뢰성을 제공 |
| 병렬 처리 시스템<br>(Parallel Processing System) | 서로 연결된 두 개 이상의 처리기에서 두 개 이상의 프로세스를 동시에 병렬 수행하여 연산 속도를 높이는 방식 |
| 임베디드 시스템<br>(Embedded System) | • 마이크로프로세서가 내장되어 동작하는 제어 시스템으로, 공장 자동화나 가전 제품에 필수적인 요소로 사용<br>• 수행하고자 하는 프로그램과 데이터를 모두 주기억 장치에 기억시켜 놓고, 처리 순서대로 하나씩 꺼내어 중앙 처리 장치에서 수행하게 하는 것<br>• 임베디드 시스템은 실시간이 요구되는 시스템이므로 반드시 실시간 운영체제(RTOS : Real Time Operating System)가 필요 |
| 듀얼 시스템 | 두 대의 컴퓨터를 설치하여 모두 작동하다가 하나의 컴퓨터에 장애가 발생하면 다른 컴퓨터로 운용하는 시스템 |
| 듀플렉스 시스템 | 한 쪽의 CPU가 가동 중일 때 다른 CPU가 대기하며, 가동 중인 CPU가 고장나면 대기 중인 다른 CPU가 가동되는 시스템 |

보통 하드웨어에 내장되어 있는 운영체제로 전자제품, PDA, 휴대전화, 디지털 카메라 등 소형 정보기기와 자동차에 주로 사용됨

### (5) 운영체제의 구성

① 제어 프로그램(Control Program) 21년 상시, 20년 7월, 11년 9월/3월, 03년 11월/8월

시스템 전체의 동작을 제어, 운영, 감시하는 기능을 수행하고 작업의 우선순위를 결정하는 프로그램이다.

| 종류 | 기능 |
|---|---|
| 감시 프로그램<br>(Supervisor Program) | 제어 프로그램의 중추적인 역할을 하는 프로그램으로, 처리 프로그램의 실행과 시스템 전체의 동작 상태를 감시 |
| 작업 관리 프로그램<br>(Job Control Program) | 작업의 연속적인 처리를 관리하고 입출력 장치의 할당을 담당 |
| 자료 관리 프로그램<br>(Data Management Program) | 컴퓨터가 처리하는 각종 데이터나 파일을 표준적으로 관리 |

② 처리 프로그램(Processing Program)

제어 프로그램의 관리하에서 특정한 문제를 해결하고 데이터를 처리하는 프로그램이다.

| 종류 | 기능 |
|---|---|
| 언어 번역 프로그램<br>(Language Translator) | 사용자가 작성한 원시 프로그램(Source Program)을 번역하여 기계어 형태의 목적 프로그램(Object Program)을 생성하는 프로그램 |
| 서비스 프로그램<br>(Service Program) | 사용자의 편의를 위해 제작사에서 제공하는 프로그램으로 링커(Linker), 로더(Loader), 정렬/병합(Sort/Merge), 유틸리티(Utility) 등을 포함 |

### (6) CPU 스케줄링 07년 10월, 06년 3월, 05년 5월, 03년 6월

모든 자원의 성능을 높이기 위해 시스템 내의 프로세스 실행 순서를 결정하기 위한 정책이다.

컴퓨터 시스템을 구성하고 있는 주기억 장치, 입출력 장치, 처리 시간 등의 시스템 자원을 언제 배분하는가를 결정하는 프로그램 기능을 가리킴

① 선점 기법(Preemptive)

하나의 프로세스가 프로세서를 점유하고 있을 때 다른 프로세스가 프로세서를 빼앗을 수 있는 방식이다.

| | |
|---|---|
| **라운드 로빈<br>(Round-Robin)<br>스케줄링** | • FIFO 스케줄링처럼 프로세서들이 도착한 순으로 처리되지만 CPU에서 제어하는 타임 슬라이스, 즉 시간 할당량에 의해 제한을 받음<br>• RR 스케줄링은 대화식 사용자에게 적절한 응답 시간을 보장해 주어야 하는 시분할 시스템에 적합 |
| **SRT(Shortest Remaining Time first) 스케줄링** | 짧게 남아 있는 시간에 먼저 제어권을 주는 스케줄링 기법 |
| **MFQ 스케줄링** | 다양한 작업이 혼합된 경우에 쓰이는 스케줄링 기법 |

② 비선점 기법(Non-preemptive)

프로세스에게 이미 할당된 프로세서를 빼앗을 수 없는 방식이다.

| | |
|---|---|
| FIFO(First In First Out)<br>스케줄링 | • 가장 간단한 비선점 스케줄링 방법으로 먼저 대기 큐에 들어온 작업에 CPU를 할당함<br>• 응답 시간 차가 적어 예측이 쉽다는 장점이 있으나, 짧은 작업이 긴 작업을 기다리기 때문에 대화식 시스템에는 부적합 |
| SJF(Shortest Job First)<br>스케줄링 | 짧은 작업을 먼저 실행하는 스케줄링 기법 |
| HRN 스케줄링 | • SJF의 단점을 극복한 스케줄링 기법으로 우선순위를 구하여 순위가 높은 것을 먼저 처리하는 스케줄링 기법<br>• 우선순위 $= \frac{\text{대기 시간} + \text{서비스에 걸리는 시간}}{\text{서비스에 걸리는 시간}}$ |

**관계형 데이터베이스 관리 시스템(R-DBMS)**

- 데이터를 상하관계로 표현하는 것이 아니라 다:다 관계로 표현하는 데 적합한 시스템
- 릴레이션은 관계형 데이터베이스 모델의 가장 중요한 요소로 데이터베이스 내의 전체 데이터가 저장되는 곳
- 표 형태를 사용하기 때문에 구조를 이해하기 쉽고 표들 간의 연계를 통해 필요한 데이터를 쉽게 표현 가능
- 데이터의 구조가 변경되더라도 이미 개발된 프로그램을 변경할 필요 없음

★ 무결성(Integrity)

정보가 임의로 수정될 수 없다는 개념으로, 데이터베이스 관리 시스템에서뿐만 아니라 네트워크 환경에서도 데이터가 허가된 사람들에게만 개방되고 수정될 수 있음을 보장하는 것. 무결성을 보장하기 위한 방법으로는 물리적 환경에 대한 통제나 데이터 액세스 제한, 인증 절차에 따른 접속 등이 있음

### 3) 데이터베이스 관리 시스템 24년 상시, 23년 상시, 22년 상시, 21년 상시, 18년 3월, 12년 3월, 10년 5월/3월, …

#### (1) 데이터베이스 관리 시스템이란?

- 데이터베이스 관리 시스템(DBMS : DataBase Management System)이란 사용자가 데이터를 효과적으로 이용할 수 있도록 데이터베이스를 정의하고 관리하는 역할을 하는 소프트웨어 시스템이다.
- 필수 기능으로 정의 기능(Definition Facility), 조작 기능(Manipulation Facility), 제어 기능(Control Facility)이 있다.

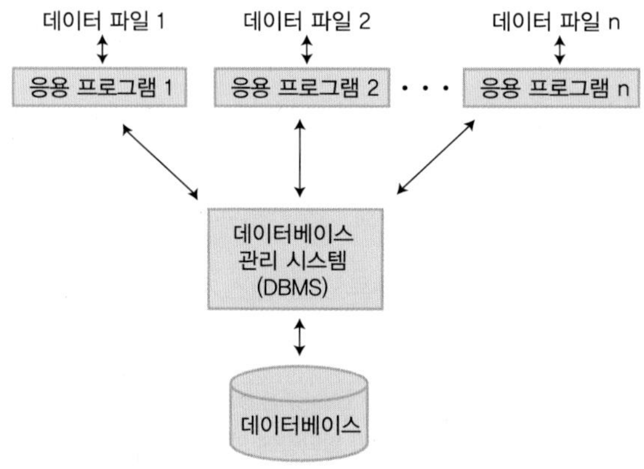


▲ 데이터베이스 시스템

#### (2) 장점

- 데이터 중복(Redundancy)을 최소화한다.
- 데이터의 공유(Sharing)가 가능하다.
- 데이터의 일관성(Consistency)을 유지한다.
- 데이터의 무결성(Integrity)★을 유지한다.
- 데이터의 보안(Security)이 보장된다.
- 표준화(Standardization)가 가능하다.
- 데이터의 독립성(Independence)을 유지한다.

#### (3) 단점

- 운영비가 증가된다.
- 자료 처리가 복잡해진다.
- 백업(Backup) 및 회복(Recovery)이 복잡해진다.
- 시스템의 취약성이 존재한다.

## 4) 프로그래밍 언어

### (1) 프로그래밍 언어의 종류 21년 상시

① 저급 언어(Low-level Language)

- 기계 중심의 언어로 처리 속도가 빠르다.
- 기계어★와 어셈블리어★가 이에 속한다.

② 고급 언어(High-level Language)

- 인간 중심의 언어로, 번역기에 의해 기계어로 번역되어 처리된다.
- 포트란(FORTRAN), 코볼(COBOL), 파스칼(PASCAL), C 등이 있다.

### (2) 언어 번역 프로그램 23년 상시, 22년 상시, 20년 2월, 17년 9월, 12년 3월, 11년 9월, 08년 2월, 07년 7월/3월, …

① 어셈블러(Assembler)

어셈블리어로 작성된 원시 프로그램을 기계어로 번역하여 목적 프로그램을 생성하는 프로그램이다.

② 컴파일러(Compiler)

FORTRAN, COBOL, C 등의 고급 언어로 작성된 프로그램을 기계어로 번역하여 목적 프로그램을 생성하는 프로그램이다.

③ 인터프리터(Interpreter)

BASIC, LISP 등의 고급 언어로 작성된 프로그램을 즉시 번역하여 바로 실행하는 프로그램이다.

▶ **컴파일러와 인터프리터의 비교**

| | |
|---|---|
| **컴파일러** | • 전체를 한꺼번에 번역<br>• 목적 프로그램을 생성<br>• 기억 장소가 많이 소요되나 실행이 빠름 |
| **인터프리터** | • 한 줄씩 대화식으로 수행<br>• 목적 프로그램을 생성하지 않음<br>• 기억 장소가 절약되나 실행이 느림 |

### (3) 프로그램의 번역과 실행 24년 상시, 23년 상시, 22년 상시, 16년 3월, 14년 3월, 13년 10월, 11년 6월/3월, 10년 3월, …

① 원시 프로그램(Source Program)

사용자가 문법에 따라 작성한 프로그램이다.

② 목적 프로그램(Object Program)

원시 프로그램을 기계어로 번역한 프로그램이다.

③ 링커(Linker)

목적 프로그램을 실행 가능한 형태로 만드는 프로그램이다.

④ 로드 모듈(Load Module)

실행 가능한 형태의 프로그램이다.

★ 기계어
기계에 가까운 언어이므로 프로그래머가 작성하기에 어려우나 수행 속도는 빠르고 언어의 호환성이 필요 없음

★ 어셈블리어
- 0과 1로 이루어진 기계어와 1:1로 대응하는 기호로 이루어진 언어
- 기계어에 가까워 실행 속도가 빠른 반면 어셈블러에 의해 기계어로 번역되어야 함
- 고급 언어에 비해 프로그래밍하기가 어려우며, 주로 하드웨어 시스템 프로그램을 작성하는 데 이용

**버그(Bug)**
프로그래머의 실수로 발생하는 오류나 결함

**디버깅(Debugging)**
원시 프로그램의 오류를 찾아 수정하는 것

**덤프(Dump)**
프로그램의 오류를 체크하기 위해 필요한 데이터 내용을 그대로 출력하는 것

**컴퓨터를 이용한 데이터 처리**
시스템 분석 → 시스템 설계 → 프로그래밍 → 데이터 작성 → 실행

**프로그래밍 순서**
문제 분석 → 입출력 설계 → 순서도 작성 → 코딩 → 번역과 오류 수정 → 테스트 → 프로그램 실행 → 문서화

**로더의 기능**
할당(Allocation), 링킹(Linking), 재배치(Relocation), 적재(Loading)

⑤ 로더(Loader)

목적 프로그램을 주기억 장치에 적재하여 실행 가능하도록 해주는 프로그램이다.

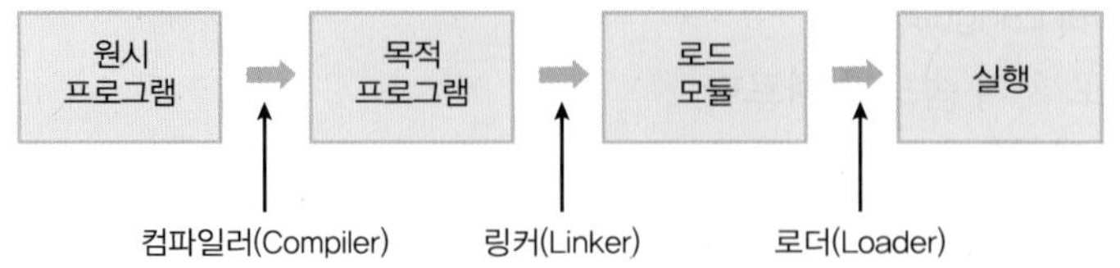


기적의 TIP

압축과 소프트웨어 관련 용어 중심으로 공부하세요.

## 02 응용 소프트웨어

### 1) 응용 소프트웨어의 종류 24년 상시, 23년 상시, 22년 상시, 21년 상시, 17년 3월, 11년 3월, 10년 9월, 09년 7월, …

| 소프트웨어 | 종류 | 특징 |
| --- | --- | --- |
| OA (Office Automatic) | 워드프로세서 (Word–processor) | 문서의 입력, 편집, 저장, 인쇄 기능 등을 제공하는 프로그램<br>예 한글, MS 워드, 훈민정음, 하나워드, 일사천리 등 |
| | 데이터베이스 (Database) | 대량의 정보를 관리하고 내용을 구조화하여 검색이나 갱신 작업을 효율적으로 실행할 수 있도록 하는 프로그램<br>예 dBASE, 액세스(Access), 클리퍼(Clipper), 폭스프로(Foxpro) 등 |
| | 스프레드시트 (Spreadsheet) | 수치 계산, 데이터베이스, 차트 작성 등의 수치 처리 기능을 제공하는 프로그램<br>예 엑셀(Excel), 로터스(Lotus 1–2–3), 쿼트로 프로(Quttro Pro) 등 |
| | 프레젠테이션 (Presentation) | 도표, 도형, 동영상, 애니메이션 효과 등을 이용한 슬라이드를 쉽게 작성할 수 있게 하여 기업의 회의나 판촉 활동 등에서 자신의 의견이나 판매 정보를 효율적으로 설명할 수 있도록 도와주는 프로그램<br>예 파워포인트(PowerPoint), 프리랜스(Freelance) 등 |
| 그래픽 (Graphic) | 그래픽 프로그램 (Graphic Program) | 그림을 그리거나 작성된 그림을 재편집하는 기능의 프로그램<br>예 포토샵(Photoshop), 페인트샵 프로(Paint Shop Pro), 코렐드로(Coreldraw), 3D MAX 등 |
| | DTP 프로그램 (DeskTop Publishing) | • 컴퓨터를 이용하여 출판물을 만들기 위해 사용되는 프로그램<br>• 그림을 확대 · 축소하여 삽입하고 조판된 페이지는 고품질 프린터로 인쇄하거나 필름으로 옮겨 인쇄 원판으로 사용<br>예 인디자인, 페이지 메이커(Page Maker), 문방사우, Quark XPress 등 |
| | 기타 | OMR 소프트웨어★, 이미지 편집 소프트웨어★, OCR 소프트웨어★, Retouching 소프트웨어★ 등 |

★ OMR 소프트웨어
특수한 연필이나 사인펜으로 마크된 자료를 읽어 들여 문자 형태로 바꾸어 주는 소프트웨어

★ 이미지 편집 소프트웨어
원본 이미지를 편집할 수 있는 기능을 가진 소프트웨어

★ OCR 소프트웨어
기록된 문자를 광학적인 방법으로 읽어 들여 문자 형태로 바꾸어 주는 소프트웨어

★ Retouching 소프트웨어
원본 이미지를 다시 수정·편집할 수 있는 기능을 가진 소프트웨어

개념 체크

1 목적 프로그램을 실행 가능한 형태로 만드는 프로그램은 (        )다.

2 목적 프로그램을 주기억 장치에 적재하여 실행 가능하도록 하는 프로그램은 (        )다.

1 링커 2 로더

## 2) 압축 프로그램 24년 상시, 19년 8월

- 압축이란 파일의 크기를 줄이는 것으로 통신할 때 업로드와 다운로드의 속도를 절약한다.
- 파일을 압축하여 보관하면 디스크의 공간을 효율적으로 사용할 수 있다.
- 압축 프로그램에는 WinZip, WinRar, PKZIP, 알집, 밤톨이 등이 있다.
- 이미 압축된 파일을 다시 압축하여도 압축률이 증가하지는 않는다.
- 텍스트뿐만 아니라 음악, 사진, 동영상 파일 등도 압축할 수 있다.
- 압축할 때 암호를 지정하거나 분할 압축을 할 수 있다.

## 3) 소프트웨어 관련 용어 24년 상시, 23년 상시, 22년 상시, 21년 상시, 20년 7월/2월, 19년 8월, 17년 9월, 16년 10월, …

### (1) 사용권에 따른 소프트웨어의 분류

① 상용(Commercial) 소프트웨어

정해진 금액을 지불하고 정식으로 사용하는 프로그램으로, 프로그램의 완전한 기능을 이용할 수 있다.

② 셰어웨어(Shareware)

일정 기간 동안 무료로 사용하다가 마음에 들면 금액을 지불해야 정식으로 사용할 수 있는 제품으로, 일부 기능을 제한한 프로그램이다.

③ 프리웨어(Freeware)

공개 소프트웨어라고 하며 누구나 무료로 사용하는 것이 허가된 프로그램으로, 인터넷의 공개 자료실이나 FTP 서버에서 다운로드해 자유로이 사용할 수 있는 프로그램이다.

④ 미들웨어(Middleware)

복잡한 여러 기종의 컴퓨팅 환경에서 응용 프로그램과 운영체제의 차이를 보완해 주고, 서버와 클라이언트들을 중간에서 연결해 주는 소프트웨어이다.

⑤ 내그웨어(Nagware)

무료로 사용할 수 있는 소프트웨어지만 사용자 등록을 하지 않으면 반복적으로 경고 메시지를 띄워 사용자 등록을 요구하는 소프트웨어이다.

⑥ 번들(Bundle) 프로그램

컴퓨터나 소프트웨어를 구입할 때 서비스로 제공하는 부수적인 프로그램이다.

⑦ 데모 버전(Demo Version)

소프트웨어의 홍보를 위해 어떤 기능을 가졌는지 소개하는 프로그램이다.

**오픈소스(Open Source)**
개발자가 소스를 공개한 소프트웨어로 누구나 수정 및 배포할 수 있음

**암기 TIP**

프리웨어 ↔ 셰어웨어
(공짜 자료) (유료 자료)

### (2) 소프트웨어 테스트

① 알파 버전(Alpha Version)

베타테스트 하기 전에 새로운 제품을 개발했을 때 다른 부서의 직원이 사용하여 성능을 시험하는 검사를 말한다.

② 베타 버전(Beta Version)

제품을 공식적으로 발표하기 전에 일부 관계자와 사용자에게 제공하여 성능을 테스트하는 것을 말한다.

③ 벤치마크 테스트(Benchmark Test)

하드웨어나 소프트웨어의 성능을 검사하기 위해 실제로 사용되는 조건에서 처리 능력을 테스트하는 것을 말한다.

④ 버그 테스트

프로그램에 오류가 있는지 체크하는 테스트이다.

⑤ 메모리 테스트

컴퓨터 메모리의 사용량이나 상태를 알 수 있도록 처리하는 것이다.

### (3) 소프트웨어 수정

패치 프로그램(Patch Program)은 프로그램 가운데 오류가 있는 부분의 모듈을 수정하거나 기능 향상을 위하여 프로그램의 일부를 변경하는 프로그램이다.

### (4) 기타 소프트웨어

그룹웨어(Groupware)는 그룹 작업의 지원을 가능하게 하는 소프트웨어로, 전자우편, 전자 게시판, 화상 회의 시스템 등을 지원한다. 예 Microsoft Outlook

# 이론을 확인하는 기출문제

**01** 다음 중 언어 번역 프로그램에 해당되지 않는 것은?

① 컴파일러(Compiler)
② 디버거(Debugger)
③ 어셈블러(Assembler)
④ 인터프리터(Interpreter)

디버거(Debugger)는 컴퓨터 프로그램에서 오류를 찾아내기 위한 프로그램이다.

**오답 피하기**

- 컴파일러(Compiler) : FORTRAN, COBOL, C 등의 고급 언어로 작성된 프로그램을 기계어로 번역하는 프로그램
- 어셈블러(Assembler) : 어셈블리어로 작성된 프로그램을 기계어로 번역하는 프로그램
- 인터프리터(Interpreter) : BASIC, LISP 등의 원시 프로그램을 줄 단위로 즉시 번역하여 실행해 주는 프로그램

**02** 다음 보기의 괄호 안에 들어갈 용어를 순서대로 올바르게 나열한 것은?

> 컴퓨터 시스템의 전원이 켜짐과 동시에 하드웨어는 운영체제의 일부분인 ( )을 ( )로 읽어 들여 사용자가 컴퓨터를 사용할 수 있도록 한다. 이러한 작업 과정을 ( )이라고 한다.

① 커널(Kernel), 주기억 장치, 로딩(Loading)
② 서비스 프로그램, 보조 기억 장치, 부팅(Booting)
③ 커널(Kernel), 주기억 장치, 부팅(Booting)
④ 서비스 프로그램, 주기억 장치, 로딩(Loading)

운영체제에서 가장 핵심이 되는 부분으로 부팅할 때 메모리에 상주하여 시스템 장치나 입출력, 메모리, 프로세서 관리 기능을 담당하는 것은 커널이다.

**03** 다음 중 로더(Loader)의 기능에 해당하지 않는 것은?

① 재배치(Relocation)
② 할당(Allocation)
③ 링킹(Linking)
④ 번역(Compile)

로더의 종류에는 할당, 링킹, 재배치, 적재가 있다.

**04** 다음 중 아래에서 운영체제에 대한 옳은 설명으로만 짝지어진 것은?

> (가) 듀얼 시스템은 하나의 컴퓨터에 2개의 CPU가 있는 것으로 하나의 CPU가 고장나면 다른 CPU가 가동되는 시스템이다.
> (나) 운영체제는 프로세스와 프로세서, 메모리, 입출력 장치 등을 관리한다.
> (다) 일정한 시간동안 시스템이 처리하는 일의 양이 CPU의 사용 가능도이다.
> (라) 임베디드 운영체제로는 윈도CE, 팜OS, iOS, 안드로이드 등이 있다.

① (가), (나)
② (나), (다)
③ (가), (다)
④ (나), (라)

**오답 피하기**

- 듀얼 시스템 : 두 대의 컴퓨터를 설치하여 하나의 컴퓨터에 장애가 발생하면 다른 컴퓨터로 운용하는 시스템
- 다중 처리 시스템 : 하나의 컴퓨터에 두 개 이상의 CPU가 공유하여 처리하는 시스템
- 운영체제의 사용 가능도 : 사용자가 컴퓨터를 사용하고자 할 때 신속하게 사용할 수 있는 정도
- 운영체제의 처리 능력의 향상 : 일정 시간 내에 시스템이 처리하는 일의 양을 향상시키는 것

**05** 다음 중 일반 PC 형태가 아니며 주로 보드(회로 기판) 형태의 반도체 기억 소자에 응용 프로그램을 탑재하여 컴퓨터의 기능을 수행하는 시스템을 무엇이라고 하는가?

① 임베디드 시스템
② 분산 처리 시스템
③ 병렬 처리 시스템
④ 시분할 처리 시스템

임베디드 시스템은 기계, 전자 장치의 두뇌 역할을 하는 마이크로프로세서를 장착하여 설계함으로써 효과적인 제어와 더욱 편리한 구동을 꾀하는 것이다.

정답 01 ② 02 ③ 03 ④ 04 ④ 05 ①

**06** **기존의 파일 시스템에 비해 데이터베이스 시스템이 갖는 장점으로 옳지 않은 것은?**

① 데이터의 공유
② 데이터 중복의 최대화
③ 데이터의 일관성
④ 데이터의 무결성 증대

데이터베이스 관리 시스템의 특징은 중복의 최소화, 공유 기능, 일관성 유지, 무결성 증대, 보안이 보장, 표준화 기능, 독립성 유지가 있다.

**07** **다음 중 컴퓨터 용어의 설명으로 옳지 않은 것은?**

① 링커(Linker) : 원시 프로그램의 오류를 찾아 수정하는 것
② 덤프(Dump) : 프로그램의 오류를 체크하기 위해 필요한 데이터 내용을 그대로 출력하는 것
③ 로더(Loader) : 목적 프로그램을 주기억 장치에 적재하여 실행 가능하도록 해주는 프로그램
④ 버그(Bug) : 소프트웨어나 하드웨어의 오류나 결함

링커는 시스템 라이브러리를 결합하여 만든 목적 프로그램을 실행 가능한 모듈로 만드는 것이고, 디버거는 원시 프로그램의 오류를 찾아 수정하는 것이다.

**08** **다음 용어 중 하드웨어나 소프트웨어의 성능을 검사하기 위해 실제로 사용되는 조건에서 처리 능력을 테스트하는 것을 무엇이라 하는가?**

① 버그 테스트
② 베타 테스트
③ 메모리 테스트
④ 벤치마크 테스트

벤치마크 테스트는 하드웨어나 소프트웨어의 성능을 검사하기 위해 실제로 사용되는 조건에서 처리 능력을 알아내는 테스트이다.

**오답 피하기**

- 버그 테스트 : 프로그램의 오류를 검증하고 버그 추적 프로그램을 통해 버그를 미리 찾아내는 테스트
- 베타 테스트 : 제품 공식 발표 전에 프로그램의 문제점과 기능 향상 등의 의견을 듣기 위해 일반인에게 성능을 테스트하는 것
- 메모리 테스트 : CMOS에서 Power on Self Test 항목을 통해 자체 메모리를 테스트하는 과정

**09** **다음 중 압축 프로그램에 대한 설명으로 가장 거리가 먼 것은?**

① 디스크 저장 공간을 효율적으로 사용할 수 있게 해준다.
② 데이터의 이동과 전송 시에 시간과 비용을 절감할 수 있다.
③ 이미 압축된 파일을 다시 압축하면 압축률을 더욱 증가시킬 수 있다.
④ 한글 Windows에는 Zip 파일로의 압축 기능을 기본으로 제공하고 있다.

이미 압축된 파일은 압축해도 압축률이 거의 변동이 없다.

**10** **다음 중 복잡한 여러 기종의 컴퓨팅 환경에서 응용 프로그램과 운영체제의 차이를 보완해 주고, 서버와 클라이언트들을 중간에서 연결해 주는 소프트웨어로 옳은 것은?**

① 프리웨어　　② 미들웨어
③ 셰어웨어　　④ 내그웨어

**오답 피하기**

- 프리웨어 : 공개 소프트웨어로 누구나 무료로 사용하는 프로그램
- 셰어웨어 : 일정기간 동안 무료로 사용하다가 마음에 들면 금액을 지불하고 사용하는 프로그램
- 내그웨어 : 무료로 사용할 수 있지만 사용자 등록을 하지 않으면 반복적으로 경고 메시지를 띄워 사용자 등록을 요구하는 소프트웨어

**11** **다음 중 컴퓨터에서 사용하는 프로그램에 관한 설명으로 옳지 않은 것은?**

① 상용 소프트웨어는 정식으로 대가를 지불하고 사용해야 한다.
② 셰어웨어는 기능이나 사용기간 등에 제한을 두어 배포한 것으로 무료이다.
③ 프리웨어는 개발자가 소스를 공개한 소프트웨어로 누구나 수정 및 배포할 수 있다.
④ 알파 버전은 개발사 내에서 테스트를 목적으로 제작한 프로그램이다.

프리웨어는 공개 소프트웨어로 누구나 무료로 사용하는 것이며, 허가된 프로그램으로 소스를 수정하는 것은 아니다. 오픈소스 소프트웨어는 개발자가 소스를 공개한 소프트웨어로 누구나 수정 및 배포가 가능하다.

정답 06 ② 07 ① 08 ④ 09 ③ 10 ② 11 ③

SECTION 03

# PC의 유지보수

합격 강의

출제빈도 상 (중) 하
반복학습 1 2 3

빈출 태그 메모리 • 칩셋 • 직렬 포트 • USB • IEEE 1394 • BIOS • CMOS • PC 응급 처치 • 바이러스

## 01 PC의 관리 15년 10월, 09년 7월, 06년 8월

### 1) PC 관리를 위한 기본 지식

#### (1) PC의 관리

- 컴퓨터를 이동하거나 부품을 교체할 때는 반드시 전원을 끄고 하며 시스템을 종료할 때에는 정상적인 방법으로 종료하도록 한다.
- 컴퓨터 내부에 쌓이는 먼지는 시스템의 수명을 단축시키므로 주기적으로 먼지를 제거한다.
- 치명적인 손상을 입힐 수 있으므로 하드 디스크에 충격을 주지 않도록 주의한다.
- 컴퓨터 사용 시에는 흡연을 하거나 음료수를 마시는 일을 삼간다.
- 정기적으로 디스크 검사와 디스크 조각 모음을 실행한다.
- 백신 프로그램과 운영체제는 자주 업데이트를 한다.
- 운영체제의 오류에 대비해서 하드 디스크를 분할하여 데이터를 백업해 둔다.

#### (2) PC의 안전 운영 장치

| AVR | 자동 전압 조절기 | • 항상 일정한 전압을 유지시켜 주는 장치<br>• Automatic Voltage Regulator |
|---|---|---|
| UPS | 전원 공급 장치 | • 정전 시 일정 시간 동안 전원을 공급해 주는 전원 장치<br>• Uninterruptible Power Supply |
| CVCF | 정전압 정주파 장치 | • 항상 일정한 전압과 주파수를 유지하게 하는 장치<br>• Constant Voltage Constant Frequence |
| Surge Protector | 서지★ 보호기 | 전압과 전류의 증가로 손상되지 않도록 보호하는 장치 |
| 항온 항습기 | 일정한 온도와 일정한 습도를 유지시키는 장치 | |

### 2) PC의 기본 구성 요소

#### (1) CPU

- CPU는 PC의 성능을 좌우하는 가장 중요한 부품 중 하나이다.
- PC의 CPU로는 인텔, AMD, VIA의 제품이 있으며, 인텔 CPU가 가장 많이 사용되고 있다.
- 인텔의 CPU는 성능에 따라 펜티엄, 펜티엄 프로, 펜티엄 MMX, 펜티엄 II, 펜티엄 III, 펜티엄 4 등으로 나누어진다.

MMX(Multi Media eXtention)
멀티미디어 데이터를 신속하게 처리해 주는 기술로 멀티미디어와 통신 속도를 획기적으로 향상시켜 2D 및 3D와 음성 인식, 데이터 압축 등에서 탁월한 성능을 발휘함

기적의 TIP

여러 장치들의 특성과 기능을 살펴보세요. 하드 디스크 장착 순서가 자주 출제되고 있습니다.

◀ AVR

◀ UPS

◀ CVCF

◀ Surge Protector

◀ 항온 항습기

★ 서지(Surge)
전기 회로에서 갑작스런 전압이나 전류의 증가를 의미하는 말로 서지 보호기는 서지로부터 시스템을 보호해 주는 장치

★ 모듈 램(Module RAM)
여러 개의 딥(DIP) 램을 납땜한 기판을 메인보드에 간단히 끼울 수 있는 형태의 램

**CMOS RAM**
다른 메모리에 비해 상대적으로 소비전력이 적어 배터리로도 동작하며 컴퓨터 설정 정보를 담고 있는 메모리

★ DIP RAM
초창기에 사용되던 것으로 램 소켓에 직접 꽂아서 사용하던 형태

★ SIMM
컴퓨터 마더보드와 연결하는 작은 회로기판에 하나 또는 그 이상의 램이 장착되어 있는 형태

▲ 메인보드

**오버 클로킹(Overclocking)**
메인보드의 점퍼 세팅을 현재 장착된 CPU의 클록보다 높게 설정하여 원래의 성능을 초과하여 사용하는 것. 무리한 오버 클로킹은 메인보드나 CPU에 충격을 줄 수 있으므로 바람직하지 않음

★ 슬롯
CPU와 외부 장치를 연결하는 버스 중간의 커넥터

**PCI-Express**
기존의 PCI, AGP 방식을 대체하는 그래픽 카드로 SATA, EIDE보다 월등한 속도를 가짐. 핫 플러그 인(Hot Plug In)을 지원

### (2) 메모리(Memory) 19년 3월, 10년 5월, 06년 8월, 05년 11월, 04년 11월

- CPU가 처리한 프로그램이나 데이터를 기억하는 장치로, 메모리는 PC의 처리 속도와 성능에 큰 영향을 미친다.
- 현재는 메모리 단위 칩을 하나의 판 위에 여러 개 붙여 놓은 형태의 메모리인 모듈 램(Module RAM)★을 사용한다.
- 처리 속도에 따라 SDRAM, RDRAM, DDR SDRAM 등으로 구분된다.

| | |
|---|---|
| SDRAM(Synchronous Dynamic Random Access Memory) | CPU가 사용하는 주 클록을 직접 받아서 작동하는 기억 장치로 한 번의 클록에 한 개의 데이터를 전송하는 메모리 |
| RDRAM(Rambus DRAM) | 미국의 램버스 사에서 개발한 제품으로 기존 DRAM보다 최고 10배까지 빠른 속도의 고속 메모리 |
| DDR SDRAM(Double Data Rate SDRAM) | 기존의 SDRAM을 개선한 제품으로 한 번의 클록에 두 번의 데이터를 보내므로 SDRAM보다 두 배 이상의 빠른 속도를 지원함 |

- 장착 방식에 따라 DIP★, SIMM(Single In-line Memory Module)★, DIMM(Double In-line Memory Module), RIMM(Rambus In-line Memory Module)으로 구분된다.

### (3) 메인보드(Mainboard) 19년 3월, 14년 3월

- 마더보드(Motherboard)라고도 불리며 PC의 중심이 되는 CPU와 메모리, 그래픽 카드, 사운드 카드 등이 탑재된 기판이다.
- 각종 주변 기기를 연결하고 데이터를 전송하는 역할을 하므로 메인보드는 시스템의 안정성과 호환성을 결정하는 중요한 부품이다.

#### ① CPU 소켓/슬롯

CPU를 장착하기 위한 곳으로, 형태에 따라 소켓형과 슬롯형으로 구분된다.

#### ② 메모리 소켓

메인 메모리를 설치하기 위한 곳으로, 램의 형태에 따라 30핀, 72핀, 168핀, 184핀으로 구분된다.

#### ③ 확장 슬롯★

그래픽 카드, 사운드 카드, 모뎀 등의 주변 기기를 장착하기 위한 슬롯이다.

| 종류 | 특징 |
|---|---|
| ISA 방식 | • IBM PC의 초기부터 사용되기 시작했으며 호환성이 뛰어나고 가격이 저렴<br>• 속도가 느려 거의 사용되지 않음 |
| VESA 방식 | 486 시스템에서 사용하기 시작했으며 데이터 전송 속도를 개선 |
| PCI 방식 | • ISA 슬롯보다 크기가 작고 데이터 전송 속도가 빠름<br>• CPU와 외부 버스 사이에 브리지 회로를 넣는 방식<br>• IRQ(인터럽트) 공유를 구현하고, 핫 플러그 인(Hot Plug In)을 지원 |
| AGP 방식 | • 3차원 그래픽 카드 전용<br>• PCI보다 전송 속도가 빠르고, 대용량의 데이터를 전송하도록 설계 |

IRQ(Interrupt ReQuest)
주변 장치가 CPU로 인터럽트를 요구하는 신호로써 주변 기기마다 IRQ 고유 번호가 있어 같은 IRQ를 가지면 시스템에서 충돌이 일어남

④ **칩셋** 13년 10월, 11년 9월, 07년 7월, 06년 8월/3월

- 메인보드의 주요 기능이 내장되어 있으며 메인보드의 성능을 좌우한다.
- CPU의 명령을 받아 버스, 메모리, 캐시 등을 제어한다.

버스: 컴퓨터 내부에서 CPU와 메모리 사이의 정보 전송에 사용되는 통로

▲ 칩셋

⑤ **연결 포트** 24년 상시, 23년 상시, 22년 상시, 21년 상시, 17년 9월, 12년 6월, 10년 5월/3월, 09년 10월/7월, 07년 10월, …

컴퓨터의 각종 주변 장치를 접속하기 위해 사용되는 연결 부분을 말한다.

| 종류 | 그림 | 특징 |
|---|---|---|
| 직렬 포트<br>(Serial Port) | | • 데이터를 직렬로 전송하기 위한 포트<br>• COM1, COM2, COM3, COM4 등이 있음<br>• 모뎀과 마우스를 연결하는 데 사용 |
| 병렬 포트<br>(Parallel Port) | | 주로 프린터를 연결 |
| PS/2 포트 | | 마우스나 키보드를 연결 |
| USB<br>(Universal<br>Serial Bus) | | • 직렬 포트의 일종으로 12Mbps 이상의 속도를 지원<br>• 허브(Hub)를 사용하면 최대 127개의 주변 기기 연결 가능<br>• 플러그 앤 플레이★와 핫 플러그 인을 지원 |
| IEEE 1394 | | • 애플사가 개발한 고속 직렬 인터페이스의 규격<br>• 멀티미디어 데이터의 고속 전송에 활용<br>• 핫 플러그 인을 지원하며, 최대 63개까지 주변 장치 연결 가능 |
| IrDA<br>(Infrared Data<br>Association) | | 적외선을 이용하여 데이터를 전송하는 포트로써 케이블 없이 기기 간의 데이터 전송을 가능하게 함 |

핫 플러그 인(Hot Plug In)
시스템을 끄지 않고도 인터페이스 카드를 설치하거나 제거하는 기능

**최대 전송 속도**
- USB 3.0 : 5Gbps
- IEEE 1394 : 400Mbps
- IrDA : 115Kbps
- Bluetooth 3.0 : 24Mbps

★ **플러그 앤 플레이(PnP : Plug and Play)**
새로운 하드웨어를 설치할 때 자동으로 설치 및 설정을 처리하여 하드웨어 구성 및 충돌을 방지하는 기능

### (4) 그래픽 카드(Graphic Card)

- CPU에서 처리한 그래픽 정보를 아날로그 신호로 변환하여 모니터에 표시하는 장치이다.
- 그래픽 카드의 성능은 비디오 램과 그래픽 칩셋에 따라 좌우된다.
- 최근에 생산되는 그래픽 칩셋은 대부분 3D 가속 기능을 내장하고 있다.

▲ 그래픽 카드

### (5) 사운드 카드(Sound Card)

- 사운드 카드는 오디오 파일의 음을 재생하고 소리의 녹음, 편집 등을 할 수 있는 장치이다.
- 초창기에는 단순한 비프음만을 출력했으나 요즘은 3D 입체 사운드까지 표현한다.
- 인터페이스에 따라 ISA 방식과 PCI 방식으로 나뉘며, 최근에는 대용량의 사운드 데이터를 처리할 수 있는 PCI 방식을 사용한다.

▲ 사운드 카드

**PCMCIA 카드**
휴대용 PC를 위한 접속 장치로 주로 노트북에 내장된 확장 인터페이스 슬롯

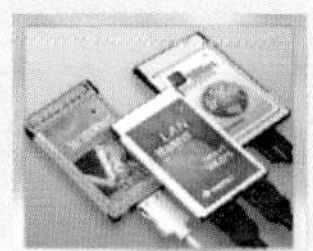

▲ PCMCIA 카드

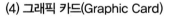

**롬바이오스(ROM-BIOS)의 동작**

| Start Up | |
|---|---|
| POST (Power On Self Test) | 초기화 |
| 디스크 부팅 | |

컴퓨터가 켜지면(Start Up) 컴퓨터의 상태가 정상적인가를 검사하는 POST 체크를 하고 컴퓨터의 주변 장치들을 초기화하는 일과 운영체제를 적재하는 과정을 담당함

## 3) 바이오스와 CMOS

### (1) 바이오스(BIOS) 24년 상시, 15년 3월, 14년 3월, 04년 8월

- 바이오스(BIOS : Basic Input Output System)는 입출력 장치를 포함한 시스템의 기본적인 설정을 저장하고 있는 부분이다.
- PC의 전원을 켜면 POST(Power On Self Test)라는 자체 진단 프로그램으로, 시스템을 점검하고 구성하며 주변 장치들을 초기화한다.
- 컴퓨터에 연결된 주변 장치를 관리하는 인터럽트(Interrupt) 처리 부분이 있다.
- 예전에는 ROM 방식의 바이오스를 사용하여 변경이 불가능했지만 요즘은 변경이 가능한 플래시 메모리를 사용하기 때문에 전용 유틸리티를 이용하여 업그레이드가 가능하다.

POST에 의해 자체 검사되는 순서
① 주기억 장치(RAM)
② 하드 디스크(HDD)
③ CD-ROM, FDD

### (2) CMOS 설정 21년 상시, 19년 3월, 16년 6월, 14년 6월, 11년 3월, 09년 7월, 07년 10월

- CMOS(Complementary Metal-Oxide Semiconductor)는 바이오스에 내장된 램의 일종으로 쓰기가 가능하다.
- CMOS SETUP은 바이오스의 각 사항을 설정하며, 메인보드의 내장 기능 설정과 주변 장치에 대한 사항을 기록한다.
- 시스템의 날짜/시간, 디스크 드라이브의 종류, 부팅 우선순위, 그래픽 카드의 종류, 램에 대한 사항, Anti-Virus, 전원 관리, 사용자 암호(Password) 등을 설정한다.
- CMOS SETUP에서 변경된 내용은 CMOS에 저장되며 이 정보는 시스템의 전원이 공급되지 않는 상태에서도 계속 저장되어 부팅할 때 사용한다.
- CMOS SETUP의 항목을 잘못 변경하면 부팅이 되지 않거나 사용 중에 에러가 발생하므로 주의한다.

## 4) 하드 디스크 분할과 포맷

### (1) 하드 디스크의 인터페이스 방식 21년 상시, 07년 5월, 05년 8월, 04년 3월

CD-ROM 인터페이스 방식에는 IDE, SCSI, AT-BUS가 있다.

**암기 TIP**

IDE는 DE(2)이므로, 하드 디스크를 2개 연결 가능하고 EIDE는 E(2)IDE(2)이므로, 4개까지 연결 가능하죠.

① IDE(Integrated Drive Electronics) 방식

- 486PC까지 주로 사용되던 인터페이스 방식이다.
- 하드 디스크를 2개까지 연결할 수 있으며, 528MB의 용량을 지원한다.

② EIDE(Enhanced IDE) 방식

- 펜티엄 이후부터 지원하는 인터페이스 방식이다.
- 4개까지 주변 기기 장착이 가능하며, 별도의 추가 장비 없이 EIDE 장치만 구입하면 사용할 수 있다.

③ SCSI(Small Computer System Interface) 방식 14년 6월, 05년 11월/3월

- 내외장 주변 기기를 7개 이상 연결할 수 있으며, 속도가 빠르고 호환성이 좋다.
- SCSI 인터페이스를 지원하는 주변 기기는 하드 디스크, CD-ROM, CD-R, 스캐너, 저장 매체 등으로 종류가 다양하다.
- SCSI 방식으로 하드 디스크를 추가하려면 별도의 SCSI 인터페이스 카드를 구입해야 한다.
- SCSI 주변 기기는 모두 ID 번호를 설정하며, 하드 디스크와 같이 빠른 장치는 낮은 번호를 지정한다.

**SATA(Serial ATA) 방식**
하드 디스크 드라이브나 CD-ROM을 연결하는 방식으로, 6개의 전선으로 데이터 전송 속도를 최고 1.5Gbps까지 높인 연결 방법. 직렬 ATA 하드 디스크 인터페이스로 대역폭이 크고 전송 속도가 빠름

**PATA(Parallel ATA) 방식**
하드 디스크 드라이브나 CD-ROM을 연결하는 방식으로, 40개의 전선으로 이루어짐

▶ EIDE와 SCSI의 비교

| 구분 | EIDE | SCSI |
|---|---|---|
| 주변 기기 | 4개까지 장착 | 7~15개 장착 가능 |
| 주변 기기의 형태 | 내장형만 장착 가능 | 내장형, 외장형의 제한 없음 |
| 장점 | • 장치 가격이 저가임<br>• 점퍼 세팅이 쉬움 | • 주변 장치가 다양<br>• 다양한 운영체제 지원 |
| 단점 | • 최대 4개까지만 장치 연결<br>• 디스크 드라이브 계열 장비만 지원 | • 어댑터를 추가로 구입해야 함<br>• 장치 가격이 고가임<br>• 터미네이션★과 ID 설정★ 필요 |

★ **터미네이션**
SCSI와 SCSI 장치를 연결할 때 양쪽 끝을 막아서 끝을 설정하는 것

★ **ID 설정**
두 개 이상의 SCSI 장치가 동시에 데이터 전송을 요구했을 경우 버스 이용의 우선순위를 결정하기 위해 ID 설정이 필요함

④ AT-BUS 방식

CD-ROM Drive 연결 방식으로, 2배속에서 연결하는 데 많이 쓰이는 인터페이스이다.

하드 디스크 장착 순서
① 하드 디스크 점퍼 설정 및 케이블 연결
② CMOS SETUP
③ FDISK(분할)
④ FORMAT

### (2) 하드 디스크의 장착 순서 07년 5월, 05년 5월, 04년 5월

① 하드 디스크의 점퍼 설정과 케이블 연결 위치 확인

- EIDE 방식에는 프라이머리(Primary)와 세컨더리(Secondary) 두 개의 커넥터가 제공된다.
- 각 커넥터에 각각 두 개의 장치를 연결할 수 있으며, 각 케이블의 첫 번째 하드 디스크는 마스터(Master)★로, 두 번째 하드 디스크는 슬레이브(Slave)로 점퍼를 설정한다.
- 메인보드의 EIDE 커넥터와 하드 디스크의 커넥터가 모두 일치하도록 꽂는다.

★ **마스터와 슬레이브**
하드 디스크를 보드에 2개 연결하면 컴퓨터에서 첫 번째로 인식하는 하드 디스크를 마스터, 두 번째 인식하는 하드 디스크를 슬레이브라고 함

| | | |
|---|---|---|
| 프라이머리 | 마스터 | 하드 디스크(부팅용) |
| | 슬레이브 | • 하드 디스크<br>• CD-ROM |
| 세컨더리 | 마스터 | |
| | 슬레이브 | |

② CMOS SETUP 07년 10월

CMOS SETUP의 'IDE AUTO DETECTION'을 선택하여 하드 디스크를 인식시킨다.

**CMOS SETUP의 설정값을 변경해야 하는 경우**
- 램을 추가하거나 변경
- 디스플레이 어댑터 정보를 변경
- HDD나 FDD의 시스템 사양을 변경
- 확장 슬롯의 IRQ가 충돌되는 경우
- 시스템 정보가 손상된 경우
- POST 경고음이 울리거나 에러 메시지가 나타날 때

**암기 TIP**

CD도 포맷(F)하나?
CMOS SETUP, FDISK, FORMAT으로 외워봐요.

**기적의 TIP**

PC에서 다뤄지는 응급 처치들은 굉장히 많습니다. 모든 방법을 다 숙지하기는 어렵지만 문제를 풀 때 알고 있는 지식은 큰 도움을 줍니다. 가볍게 이해하면서 읽어 가세요.

★ 디스크 공간 늘림
- 하드 디스크의 전체 파일을 압축하는 방법
- 운영체제와 같은 중요한 파일도 압축되기 때문에 속도와 안정성, 융통성이 떨어짐
- 하드 디스크의 최대 15% 안에서 줄어듦

**CMOS Checksum error**
CMOS Checksum error 메시지가 표시되면 CMOS의 배터리를 교환

③ FDISK 11년 3월, 06년 11월, 04년 11월, 03년 6월

- 파티션(Partition)이란 하드 디스크를 여러 개의 논리적인 영역으로 나누는 작업을 말하며, 도스의 FDISK 프로그램을 이용하여 파티션한다.
- 파티션을 재설정하려면 먼저 기존의 파티션을 삭제해야 한다.
- 파티션을 삭제하면 모든 데이터가 삭제되고 복구할 수 없으므로 미리 백업해야 한다.
- 각 파티션마다 다른 운영체제를 사용하는 것이 가능하다.
- Windows 2000이나 XP에서는 설치 과정에서 파티션을 나누고 포맷할 수 있다.

④ FORMAT

도스의 FORMAT 프로그램을 이용하여 하드 디스크를 초기화한다.

## 02 PC의 응급 처치와 업그레이드

### 1) PC의 응급 처치 23년 상시, 22년 상시, 20년 7월, 18년 9월, 17년 9월, 11년 6월, 10년 9월, 09년 10월/2월, 08년 10월, …

| 구분 | 증상 | 해결 방법 |
|---|---|---|
| 하드 디스크의 문제 | 하드 디스크를 인식하지 못하는 경우 | • CMOS SETUP에서 Auto Detection 기능을 이용하여 자동으로 설정<br>• 하드 디스크 케이블 연결과 점퍼 설정 확인<br>• 부팅 디스켓으로 부팅한 후 백신 프로그램을 이용하여 바이러스를 검사하고 치료 |
| | 하드 디스크의 공간이 부족한 경우 | • [디스크 정리]를 사용하여 필요 없는 파일을 삭제(임시 인터넷 파일, 다운로드한 프로그램 파일, 휴지통, 임시 파일 등)<br>• [디스크 공간 늘림]★을 실행하여 데이터 압축을 통해 공간 확보<br>• [디스크 조각 모음]을 실행하여 디스크에 흩어져 있는 조각을 모아줄 것 |
| 부팅의 문제 | 전원을 넣어도 반응이 없는 경우 | • 전원 연결과 적정 전압 확인<br>• 파워 서플라이의 고장 여부 확인 |
| 플로피 디스크 문제 | Non-System disk or disk error | • A 드라이브에 시스템 파일이 없는 디스크가 들어 있는 경우에는 디스크를 제거<br>• 디스크에 시스템 파일이 없는 경우이므로 [제어판]-[프로그램 추가/제거]를 이용하여 시동 디스크 작성 |
| 모니터의 문제 | 모니터 화면에 아무것도 표시되지 않는 경우 | • 모니터의 전원을 확인<br>• 컴퓨터와 모니터 사이의 케이블 연결 상태 확인<br>• 모니터의 밝기나 Contrast 조절<br>• 스크린 세이버나 절전 모드가 작동 중인지 확인 |
| 인쇄 문제 | 인쇄가 전혀 되지 않거나 부분적으로 인쇄되는 경우 | • 프린터 기종의 설정이 맞는지 확인<br>• 해당 프린터의 [등록 정보]에서 설정이 제대로 되었는지 확인<br>• 프린터 케이블의 연결 상태 확인 |

## 2) 소프트웨어 업그레이드 16년 3월

사용 중인 소프트웨어에 새로운 기능이 추가되거나 디버깅을 한 새로운 버전★으로 바꾸어 사용하는 것을 말한다(Version Up).

예 Windows 7 → Windows 10, 훈글 2020 → 훈글 2022

## 3) 하드웨어 업그레이드 24년 상시, 16년 10월/3월, 13년 10월, 10년 3월, 05년 8월, 04년 8월

| | |
|---|---|
| CPU | 시스템 성능을 가장 효과적으로 향상시키는 방법으로 먼저 메인보드의 지원 유무를 확인해야 함 |
| 메모리 | 램의 용량이 크면 프로그램의 실행 속도가 빨라짐. 램의 속도 단위는 ns($10^{-9}$)로 수치가 작을수록 빠른 속도를 나타냄. 메인보드에 확장하려는 램 뱅크★가 있는지 확인하고, 램의 속도와 핀 수 등을 확인해야 함 |
| 그래픽 카드 | 해상도와 그래픽 데이터 처리 속도를 향상시키는 것으로 그래픽 카드의 메모리가 크면 표현 가능한 해상도와 색상 수도 많아지므로 메인 메모리 용량도 고려해야 함 |
| 하드 디스크 | 부족한 공간을 확보하기 위한 것으로 SCSI 방식으로 하드 디스크를 추가하려면 별도의 SCSI 인터페이스 카드를 구입해야 함 |
| 모뎀 | 전용선, 케이블 모뎀, ADSL, VDSL, 위성 인터넷 등의 초고속 인터넷 서비스를 이용하면 고속 모뎀보다 빠른 속도로 통신할 수 있음 |

★ 버전(Version)
소프트웨어가 개발된 이후 몇 번이나 개선되었는지 나타내는 번호

**PC 업그레이드**
- 하드웨어를 업그레이드할 때는 컴퓨터 전원을 끄고 작업
- RAM을 업그레이드할 때는 메인보드와 운영체제의 지원 사항을 먼저 확인
- 하드 디스크를 업그레이드할 때는 용량과 RPM(1분당 회전수), 전송 속도를 고려

★ 램 뱅크
램을 장착하는 소켓

**드라이버(장치 제어기) 업그레이드**
특정 하드웨어가 제대로 작동하지 않는 경우 하드웨어의 기능과 성능을 제어할 수 있도록 운영체제의 내부 구조에 알맞은 최신 드라이버를 설정하는 것으로 시스템의 안정성을 높이는 기능, 하드웨어를 교체하지 않아도 향상된 기능의 하드웨어 사용 가능, 하드웨어의 부분적 이상 현상 또는 버그 등을 해결 가능

# 03 바이러스

## 1) 바이러스의 종류 및 특징

### (1) 바이러스의 감염 증상 24년 상시, 23년 상시, 22년 상시, 21년 상시, 18년 3월, 16년 3월, 03년 3월

- 컴퓨터가 부팅되지 않거나 부팅 시간이 지연된다.
- 프로그램이 실행되지 않거나 실행 속도가 저하된다.
- 파일 목록이 화면에 나타나는 시간이 오래 걸린다.
- 화면에 이상한 글자가 나타난다.
- 파일 크기에 변화가 생긴다.
- 파일의 작성일과 시간이 변경된다.
- 윈도우 시스템 파일을 공격하여 정보를 유출한다.
- 컴퓨터 시스템이 이유 없이 자주 다운되고 재부팅된다.
- 사용 가능한 메모리 공간이 줄어드는 등 시스템 성능이 저하된다.
- 임시 Temporary 파일 등의 용량이 비정상적으로 커지는 현상이 발생한다.
- 레지스트리 정보를 수정하거나 시스템 리소스를 차지하여 성능을 저하시키고, 디스크의 용량을 차지하여 실제 프로그램을 사용할 수 없게 한다.
- 백신 관련 프로그램을 삭제 또는 그 기능을 중지하여 바이러스를 탐지하지 못하도록 한다.

**개념 체크**

1 부팅 속도가 느려지거나 부팅되지 않는 것도 바이러스 감염 증상 중에 하나다. (O, X)

2 하드 디스크 공간이 부족한 경우, [디스크 검사]를 진행하여 응급처치한다. (O, X)

1 O 2 X

> **기적의 TIP**
> 바이러스의 유형들이 자주 출제됩니다. 바이러스 이름과 특징을 알아두세요.

### (2) 바이러스의 유형 17년 3월, 15년 6월, 10년 5월, 09년 4월, 08년 2월, 05년 3월, 04년 3월

| | |
|---|---|
| 부트 바이러스 (Boot Virus) | 컴퓨터를 부팅했을 때 먼저 실행되는 부분인 부트 섹터에 감염되는 바이러스<br>예 브레인(Brain), 미켈란젤로(Michelangelo) 등 |
| 파일 바이러스 (File Virus) | 주로 COM, EXE 등의 실행 파일, 오버레이 파일, 주변 기기 구동 프로그램에 감염되는 바이러스<br>예 예루살렘(Jerusalem), 어둠의 복수자(Dark Avenger), CIH 등 |
| 부트 파일 바이러스 (Boot File Virus) | 부트 섹터와 파일 모두에 감염되는 바이러스<br>예 침입자(Invader), 안락사(Euthanasia), 에볼라(Ebola) 등 |
| 매크로 바이러스 (Macro Virus) | 파일 바이러스의 일종으로, 마이크로소프트사의 엑셀과 워드 프로그램의 파일에 감염되는 바이러스<br>예 라룩스(Laroux) 등 |

### (3) 바이러스의 종류 23년 상시, 22년 상시, 21년 상시, 13년 10월, 11년 6월, 10년 9월, 06년 3월

| | |
|---|---|
| 은닉 바이러스 (Stealth Virus) | 메모리에 상주하고 있으며 다른 파일을 변형한 사실을 숨기고 있어 운영체제로부터 피해 사실을 숨기는 바이러스 |
| 클러스터 바이러스 (Cluster Virus) | 감염된 디스크에서 프로그램이 실행되면 동시에 감염시키는 바이러스 |
| 논리 폭탄 (Logic Bomb) | 프로그램 속에 오류를 발생시키는 서브루틴이 들어 있어 특정한 날짜와 시간, 파일의 변경, 사용자나 프로그램의 특정한 행동 등 조건이 만족되면 실행되는 바이러스 |

> **웜(Worm)**
> 컴퓨터의 메모리에 들어가 자신을 복제하여 기억 장치를 소모하거나 저장되어 있는 데이터를 파괴하는 프로그램의 의미에서 시작되었으나 네트워크에서 자신을 복제하는 프로그램의 의미로 확대되었음

### (4) 바이러스 예방 방법 24년 상시, 23년 상시, 22년 상시, 21년 상시, 15년 10월/3월, 12년 3월

- 데이터를 정기적으로 백업하고 복구 디스켓을 작성한다.
- 백신 프로그램은 항상 최신의 버전으로 업데이트한다.
- 반드시 정품 소프트웨어를 사용한다.
- 자료를 다운로드한 경우 반드시 바이러스 감염 여부를 검사한 후 사용한다.
- 출처가 불분명한 전자우편은 열어 보지 않고 삭제한다.
- 네트워크의 공유 폴더는 '읽기' 권한으로 공유하며, '쓰기' 권한으로 공유하는 경우에는 반드시 암호를 설정한다.
- 트로이 목마의 방지를 위해 PC를 함께 사용하는 곳에서는 사이버 뱅킹이나 주식 거래, 온라인 쇼핑 등을 이용하지 않는다.
- 해킹을 막기 위해 PC 방화벽을 설치한다.

(바이러스: 컴퓨터의 데이터를 파괴할 목적으로 작성된 악성 프로그램으로, 사용자 모르게 감염되며 복제되어 다른 파일까지 전염시킴)

(트로이 목마: 자기 복제 능력이 없는 악성 프로그램으로 최근에는 백 오리피스와 같이 시스템이나 사용자 정보를 몰래 빼오는 형태가 증가)

### (5) 바이러스 치료 방법 22년 상시, 21년 상시, 11년 9월, 09년 10월

① 바이러스 피해 복구 시 필요한 준비물

부팅 디스크, 백신 프로그램, 시스템 관련 유틸리티, 하드 디스크의 백업 디스크 등

② 백신 프로그램의 종류

V3 Pro 시리즈, 노턴 안티바이러스, 피시시린, 유니큐어, 바이러스 체이서, 바이로봇, PC-실린, VirusScan 등

# 이론을 확인하는 기출문제

**01** 다음 보기의 내용은 무엇에 대한 설명인가?

> • CPU, Memory 그리고 System Bus 사이의 데이터 흐름을 제어한다.
> • Memory ECC(Error Correction Code) 지원 여부와 설치할 수 있는 최대 크기를 결정하기도 한다.
> • Ultra DMA 33/66/100, SATA 방식 등의 지원 여부를 결정한다.

① 칩셋(Chip Set)
② SCSI 카드
③ PCMCIA 카드
④ AGP

칩셋(Chip Set)은 컴퓨터 메인보드에 설치된 대규모 집적 회로군의 집합이다.

**오답 피하기**

- SCSI : 주변 기기를 컴퓨터에 연결할 때 직렬 방식으로 연결하기 위한 표준
- PCMCIA : 휴대용 컴퓨터에 사용되는 확장 카드의 표준을 확립하는 방식
- AGP : 메인보드에 그래픽 카드를 장착하는 버스 슬롯

**02** 다음 중 메인보드에 대한 설명으로 옳지 않은 것은?

① 칩셋에는 메인보드 내의 여러 장치를 통합 제어하기 위한 정보가 들어 있다.
② AGP는 모듈 램을 장착하는 소켓이다.
③ USB 포트는 최대 127개의 주변 장치를 연결할 수 있다.
④ 시스템 버스에는 제어 버스, 데이터 버스, 주소 버스가 있다.

AGP는 3차원 그래픽 카드 주변 기기를 장착하는 소켓의 종류로 PCI 방식보다 전송 속도가 빠르고 대용량으로 설계된 확장 슬롯이다.

**03** 다음 중 컴퓨터의 시스템 관리에 관한 설명으로 옳지 않은 것은?

① 전원을 끌 경우에는 반드시 사용 중인 응용 프로그램을 먼저 종료한다.
② 컴퓨터를 이동하거나 부품을 교체할 경우에는 반드시 전원을 끄고 작업한다.
③ 시스템에 이상이 발생하면 먼저 HDD를 포맷하고 시스템을 재설치한다.
④ 최신 바이러스 백신 프로그램을 사용하여 주기적으로 점검한다.

시스템에 이상이 발생하면 안전 모드로 부팅하여 시스템을 우선 점검해야 한다.

**04** 다음 중 컴퓨터와 주변 장치를 연결하기 위한 각종 장치에 대한 설명으로 적당하지 않은 것은?

① 직렬 포트는 컴퓨터에 내장된 입출력 포트로 주로 통신용으로 사용하며 병렬 포트는 본체 뒷면에 있는 25핀 포트로 프린터 연결에 사용되어 프린터 포트라 부르기도 한다.
② PCI-Express는 성능과 확장성이 향상된 개인용 컴퓨터용 고속 직렬 버스 규격으로, 그래픽 카드가 주로 이 버스를 사용하고 있다.
③ SCSI는 개인용 컴퓨터에서 주로 사용되는 대용량 저장 장치의 표준 전자 인터페이스로 하드디스크 용량은 256MB 이상 1000GB 이하까지 다룰 수 있다.
④ SATA는 하드 디스크 및 DVD-ROM 등의 연결을 위한 인터페이스이다.

SCSI는 컴퓨터에서 주변 기기를 접속하기 위한 직렬 표준 인터페이스 방식이다.

정답 01 ① 02 ② 03 ③ 04 ③

**05** **다음 중 PC에 문제가 발생하였을 경우 응급 처치를 하는 방법으로 올바르지 않은 것은?**

① '삑' 하는 신호음이 나며 부팅에 문제가 있는 경우 신호음이 세 번 울리는 것은 램에 이상이 있는 것이므로 램을 확인하거나 교체한다.
② 암호를 잊어버린 경우 CMOS SETUP을 리셋시켜서 암호를 해제시켜야 한다.
③ 프린터 스풀 에러가 발생된 경우 스풀 공간이 부족하므로 하드 디스크의 공간을 확보한다.
④ 마우스의 감도가 좋지 않은 경우 마우스 포트와 다른 주변 기기가 충돌한 경우이므로 충돌된 포트를 변경한다.

마우스에서 발생되는 문제를 처리하기 위해서는 먼저 마우스 포트에 마우스가 잘 연결되어 있는지 확인한다. 무리한 포트 변경은 좋지 않은 응급 처치이다.

**06** **다음 중 메모리가 정상적으로 인식되지 않은 경우, 그 대책으로 옳지 않은 것은?**

① CMOS 셋업에서 캐시 항목이 Enable로 설정되어 있는지 확인한다.
② CMOS 셋업에서 RAM의 속도를 임의로 변경하지 않았는지 확인한다.
③ 메인보드에서 지원하는 RAM을 사용했는지 확인한다.
④ RAM 소켓에 RAM이 올바르게 꽂혀있는지 확인한다.

캐시 항목은 CPU의 처리 속도를 향상시키는 것으로 메모리 인식과 관계없다.

**07** **하드 디스크로 부팅이 되지 않을 경우 취해야 할 조치로 가장 옳지 않은 것은?**

① 일단 부팅 가능한 CD-ROM이나 플로피 디스크로 부팅해 본다.
② CMOS 설정에서 하드 디스크가 정상적으로 설정되었는지 확인한다.
③ 메모리 부족 현상이므로 메모리를 증설한다.
④ 부팅 디스크를 이용하여 디스크 검사를 한다.

메모리 부족 현상은 하드 디스크로 부팅이 되지 않은 경우와 직접적인 관계가 없다.

**08** **다음 바이러스의 유형 중 사용자 디스크에 숨어 있다가 날짜와 시간, 파일의 변경, 사용자나 프로그램의 특정한 행동 등의 일정 조건을 만족하면 실행되는 것은?**

① 폭탄(Bomb) 바이러스
② 은닉(Stealth) 바이러스
③ 부트(Boot) 바이러스
④ 클러스터(Cluster) 바이러스

폭탄 바이러스는 정해진 시간이나 특정 행동에 반응되도록 설계된 바이러스이다.

**오답 피하기**
- 은닉 바이러스 : 메모리에 상주하여 다른 파일을 변형한 사실을 숨기고 있는 바이러스
- 부트 바이러스 : 부트 섹터에 감염되는 바이러스
- 클러스터 바이러스 : 감염된 디스크에서 프로그램이 실행되면 동시에 감염시키는 바이러스

**09** **다음 중 바이러스 예방법으로 가장 거리가 먼 것은?**

① 새로운 디스크는 우선 바이러스 검사를 한다.
② 바이러스 예방 기능을 가진 백신 프로그램을 설치한다.
③ 주기적으로 백신 프로그램을 업데이트하여 신종 바이러스 전염을 예방한다.
④ 네트워크 메일을 통한 바이러스를 예방하기 위하여 수신된 모든 메일은 열어보지 않는다.

네트워크 메일을 통한 바이러스 예방법은 메일을 열어 볼 때 바이러스 검사를 하고 보거나 스팸 메일 등은 열어 보지 않는 것이 좋지만, 모든 메일을 열지 않는 방법은 올바른 예방법이 아니다.

**10** **다음 중 PC 관리 방법으로 잘못된 것은?**

① 백신 프로그램과 운영 체제는 자주 업데이트를 해 준다.
② 하드 디스크를 새로 장착할 때는 전원을 끄고 작업한다.
③ 운영체제의 오류에 대비해서 하드 디스크를 분할하여 D드라이브에 데이터를 백업해 놓는다.
④ 먼지가 쌓이면 오류가 발생할 수 있으므로 본체 전체에 덮개를 씌워 밀봉한다.

PC에 먼지가 쌓이면 오류가 발생할 수 있으나, 본체 전체에 덮개를 씌워 밀봉하면 열 배출이 어려워져서 더 많은 오류가 발생할 수 있다.

정답 05 ④ 06 ① 07 ③ 08 ① 09 ④ 10 ④

CHAPTER 03

# 멀티미디어 활용하기

학습 방향

다양한 미디어들로 구성된 시스템과 그 시스템에서 처리되는 데이터를 배우는 챕터입니다. 특히 동영상 파일과 이미지 파일은 매회 출제되고 있습니다. 파일들의 특성과 관련 용어를 정확하게 암기해 두고, 파일 형식들은 종류별로 구분할 수 있도록 학습하세요.

출제빈도

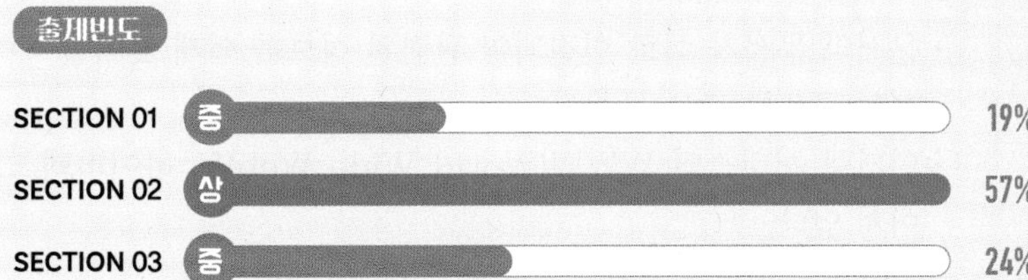

SECTION 01

# 멀티미디어 개요

▶ 합격 강의

출제빈도 상 (중) 하
반복학습 1 2 3

빈출 태그 멀티미디어의 특징 • 하이퍼텍스트 • 하이퍼미디어 • VCS • 키오스크 • VR

기적의 TIP

멀티미디어 응용 분야와 하이퍼텍스트, 하이퍼미디어에 대한 개념을 확실히 알고 넘어가세요.

## 01 멀티미디어 06년 3월, 04년 8월, 03년 6월

### 1) 멀티미디어의 정의

- 다양한 형태의 미디어를 하나로 통합한 정보로 표현, 저장, 전달하는 기술이다.
- 텍스트, 그래픽/이미지, 동영상, 애니메이션, 사운드 등의 여러 가지 정보를 동시에 표현할 수 있다.
- 디지털 정보를 제공하며 상호 작용을 할 수 있는 기능이 있다.
- 멀티미디어의 데이터는 정보의 양이 많기 때문에 용량을 줄일 수 있는 압축 기술이 필요하다.

### 2) 멀티미디어의 특징 24년 상시, 19년 3월, 15년 3월

| 디지털화(Digitalization) | 멀티미디어 정보를 컴퓨터로 처리하기 위해서 디지털 방식으로 변환 |
|---|---|
| 쌍방향성(Interactive) | 사용자 간에 서로 연결되어 정보 전달을 극대화하는 효과 |
| 비선형성(Non-linear) | 사용자의 선택에 따라 다양한 데이터로 처리하는 비선형 구조 |
| 통합성(Integration) | 텍스트, 그래픽/이미지, 오디오, 비디오, 애니메이션 등 여러 매체를 광범위하게 통합 |

### 3) 하이퍼텍스트와 하이퍼미디어 20년 7월, 12년 6월, 09년 2월, 06년 8월/5월, 04년 5월, 03년 3월

① 하이퍼텍스트(Hypertext)

- 문서와 문서가 서로 연결되어 관련된 정보를 쉽게 찾아볼 수 있도록 연결된 비선형 구조를 갖는 문서이다.
- 인터넷 서비스인 WWW(World Wide Web)도 하이퍼텍스트 방식으로 이루어져 있다.

② 하이퍼미디어(Hypermedia)

하이퍼텍스트에 각 멀티미디어 데이터를 서로 연결시킨 형태이다.



▲ 하이퍼텍스트 문서의 구조

**노드**
각 문서에 연결된 페이지

**앵커**
다른 노드로 넘어가게 하는 키워드

**링크**
앵커에 의해 두 개의 노드가 연결된 상태

## 02 멀티미디어의 활용 분야 22년 상시, 21년 상시, 18년 9월, 14년 3월, 13년 10월, 12년 3월, 11년 6월/3월, …

| 구분 | 항목 | | 설명 |
|---|---|---|---|
| 교육 분야 | CAI | 원격 교육 | 학습 능력에 따라 학습 내용을 통신망을 이용하여 교육하는 시스템 |
| | CBT | 컴퓨터 기반 교육 및 훈련 | 컴퓨터를 이용한 교육과 훈련을 통틀어 이르는 말 |
| 통신 분야 | VOD | 주문형 비디오 서비스 | 사용자가 원하는 시간에 원하는 뉴스, 드라마, 영화, 게임 등의 영상 정보를 볼 수 있는 주문형 서비스 |
| | VCS | 화상 회의 시스템 | 통신 회선을 이용하여 원거리에서도 모니터 화면을 통해 회의를 진행할 수 있는 서비스 |
| | VDT | 화상 전화 서비스 | 기존의 전화선을 이용하여 영상 정보를 가정에 제공하는 서비스 |
| | PACS | 의료 영상 저장 전송 시스템 | X선 사진, CT, MRI 사진 등 각종 의료 영상 자료를 저장, 전송, 검색하는데 필요한 기능을 통합적으로 처리하여 원격 진료가 가능한 시스템 |
| | CCTV | | 특정 수신자를 대상으로 화상을 전송하는 목적으로 만든 미디어 |
| | HDTV | | 기존의 TV보다 화질이나 음색이 뛰어난 고선명 텔레비전 |
| | 텔레텍스트(Teletext) | | 일기 예보, 교통 안내 등 방송국에서 제공하는 정보를 일방적으로 수신하는 문자정보서비스 |
| | 비디오텍스(Videotex) | | 교육, 학습, 뉴스 등 각종 정보를 데이터베이스화하여 쌍방향 서비스로 제공 |
| 기타 분야 | 키오스크(Kiosk) | | 공공장소에 설치된 정보 검색 및 처리 단말기<br>예 백화점, 서점 등에서 사용하는 무인 안내 시스템 |
| | 하이퍼미디어 응용 | | 디지털 백과사전, 가상 박물관 등 |
| | CD-ROM 타이틀 제작 | | • CD-ROM에 기록된 대용량의 프로그램<br>• 교육용 학습자료, 외국어 학습 등 |
| | VR(Virtual Reality) | | 고도의 컴퓨터 그래픽과 시뮬레이션 기술을 이용하여 실제로 존재하지 않는 가상의 세계를 만들어 내는 기술<br>예 HMD★, 데이터 글러브★, 크리스털 아이★ |
| | 정보 서비스 | | 홈쇼핑, 홈뱅킹 |

**IBT(Internet Based Testing)**
인터넷을 이용한 평가

**HMCIS(Health Medical Center Information System)**
보건원 종합 관리 시스템으로 환자 접수, 수납, 처방, 관리 업무를 네트워크로 전산 처리하는 시스템

★ HMD(Head Mounted Display)
안경처럼 머리에 쓰고 사용하는 모니터들을 총칭하며, 최근에는 FMD(Face Mounted Display)라고도 함

★ 데이터 글러브(Data Glove)
광파이버 센서가 달린 가상의 손으로, 신체의 움직임을 데이터화하여 컴퓨터에 전달하는 장치

★ 크리스털 아이
스크린상의 이미지를 3차원 입체 영상으로 보여주는 입체 안경

# 이론을 확인하는 기출문제

**01** 다음 중 컴퓨터에서 사용하는 멀티미디어의 특징에 대한 설명으로 옳지 않은 것은?

① 디지털 데이터로 통합하여 처리한다.
② 정보 제공자와 사용자 간의 쌍방향성으로 데이터가 전달된다.
③ 데이터가 일정한 방향으로 순차적 처리된다.
④ 텍스트나 동영상 등의 여러 미디어를 통합하여 처리한다.

멀티미디어는 사용자의 선택에 따라 한 방향뿐만이 아니라 여러 방향으로 데이터를 처리하는 비선형성의 구조를 가진다.

**02** 다음 중 원격 간에 서로 영상을 보면서 회의를 가능하게 하는 시스템은?

① VOD(Video On Demand)
② VR(Virtual Reality)
③ VCS(Video Conferencing System)
④ CAI(Computer Aided Instruction)

VCS(Video Conferencing System)는 화상 회의 시스템으로 모니터 화면을 통해 회의를 진행할 수 있는 서비스이다.

오답 피하기

- VOD(Video On Demand) : 주문형 비디오 서비스
- VR(Virtual Reality) : 가상 세계를 만들어 내는 기술
- CAI(Computer Aided Instruction) : 원격 교육 시스템

**03** 다음 중 하이퍼텍스트(Hypertext)에 대한 설명으로 옳지 않은 것은?

① 하이퍼텍스트는 사용자의 선택에 따라 관련 있는 쪽으로 옮겨갈 수 있도록 조직화된 정보를 말한다.
② 월드와이드웹의 발명을 이끈 주요 개념이 되었다.
③ 여러 명의 사용자가 서로 다른 경로를 통해 접근할 수 있다.
④ 하이퍼텍스트는 선형 구조를 가진다.

하이퍼텍스트는 비선형 구조이다.

**04** 다음 중 멀티미디어 활용 분야에 대한 설명으로 옳지 않은 것은?

① VCS : 전화, TV를 컴퓨터와 연결해 각종 정보를 얻는 뉴 미디어
② Kiosk : 백화점, 서점 등에서 사용하는 무인 안내 시스템
③ VOD : 사용자가 원하는 영상 정보를 원하는 시간에 볼 수 있도록 전송
④ VR : 컴퓨터 그래픽과 시뮬레이션 기능을 이용해 가상 세계 체험

VCS(Video Conference System)는 화상 회의 시스템으로 원격지의 서로 다른 장소에서 화상으로 회의를 하는 커뮤니케이션 기술이다.

정답 01 ③ 02 ③ 03 ④ 04 ①

SECTION 02

# 멀티미디어 데이터의 종류 및 특성

합격 강의

출제빈도 상 중 하
반복학습 1 2 3

빈출 태그 비트맵 • 벡터 • JPG • 메조틴트 • 디더링 • 동영상 • MPEG • 애니메이션 • MIDI

## 01 그래픽(Graphics)/이미지(Image)

### 1) 비트맵 방식과 벡터 방식 24년 상시, 23년 상시, 22년 상시, 19년 3월, 16년 10월, 14년 6월, 10년 5월, 08년 2월, …

- 텍스트 정보보다 데이터의 시각적 효과가 뛰어나 많이 활용되고 있다.
- 그래픽은 선, 원, 사각형 등의 도형을 이용하여 그려진 벡터 방식과 가로, 세로 동일한 간격의 그리드로 세분하여 여러 개의 픽셀로 표시하는 비트맵 방식이 있다.

| 구분 | 비트맵(Bitmap) 방식 | 벡터(Vector) 방식 |
|---|---|---|
| 표현 | 픽셀의 단위 (모니터 화면에 나타나는 각각의 점) | 선이나 면 단위 |
| 기억 공간 | 많이 차지함 | 적게 차지함 |
| 손상 여부 | 확대하거나 축소하면 이미지 손상 ○ | 확대하거나 축소해도 이미지 손상 × |
| 표시 속도 | 화면에 표시되는 속도 빠름 | 화면에 표시되는 속도 느림 |
| 계단 현상 | ○ | × |
| 파일 형식 | BMP, GIF, JPG, PCX, TIFF, PNG | WMF, AI, CDR, DXF |
| 기타 | • 래스터 방식 사용<br>• 부드러운 톤의 이미지를 나타내는 데 사용<br>• 다양한 질감과 사실적인 효과가 가능 | • 이동과 회전 등의 변형이 쉬움<br>• 좌표 개념을 도입 |

래스터: 컴퓨터나 텔레비전 모니터에 영상이 재생되는 직사각형 모양의 영역

### 2) 파일 형식

#### ① 비트맵 파일 24년 상시, 23년 상시, 22년 상시, 21년 상시, 20년 2월, 18년 9월, 17년 9월/3월, 16년 6월/3월, 14년 6월, …

| | |
|---|---|
| BMP | • Windows 표준 비트맵 파일 형식(웹에 사용 가능한 그래픽 표준 방식은 아님)<br>• 데이터의 압축이 지원되지 않아 그림의 입출력 속도가 빠르나 파일의 크기가 큼 |
| GIF | • 인터넷 표준 형식으로 색상은 최대 256가지의 색 표현<br>• 애니메이션 기능 제공<br>• 높은 파일 압축률과 빠른 실행 속도 |
| JPG | • 정지 영상을 표현하는 국제 표준 파일 형식<br>• 프레임 단위로 중복된 정보를 삭제하여 압축하는 JPEG 방식 사용<br>• 사용자의 요구에 따라 압축 정도를 지정할 수 있는 방식<br>• 24비트 컬러를 사용하여 1,670만 컬러까지 나타낼 수 있으며 압축률이 높은 편이고 일반적으로 손실 압축 방법이 많이 사용됨 |
| PCX | 페인트 브러쉬에서 사용하는 이미지 파일 형식 |
| TIFF | DTP에서 사용하는 파일 교환을 목적으로 개발한 형식 |
| PNG | • 다양한 컬러 모드 지원<br>• 알파 채널을 지원하여 투명한 배경의 이미지를 만들 수 있고 고해상도 이미지 표현 형식 |

기적의 TIP

다양한 파일 형식을 묻는 문제가 반드시 출제됩니다. 파일 형식만 보고 어떤 종류의 파일인지 구분하여 알아두세요.

**텍스트 파일 형식**

TXT(텍스트 파일), DOC(마이크로소프트 워드 파일), HWP(한글 문서), RTF(서식이 있는 문자열 파일), PDF(Adobe Acrobat), TEX(레이텍 문서), PS(포스트스크립트) 등

| 비트 수 | 사용 가능 컬러 수 | 방식 |
|---|---|---|
| 8 | 256 | 팔레트 방식 |
| 16 | 65,536 | 하이컬러 (R:G:B=5:6:5) |
| 24 | 16,777,216 | 트루컬러 (R:G:B=8:8:8) |

- JPG : 24Bit($2^{24}$가지 색상 표현)
- GIF : 8Bit($2^{8}$가지 색상 표현)

**RGB 모드**

- 색을 구성하는 3가지 기본색으로 적색(Red), 녹색(Green), 청색(Blue)이 각각 1바이트 크기로 표현되는 경우 3색의 크기로 특정한 색상을 표현
- TV, 컴퓨터 모니터와 같이 빛을 이용하는 표시 장치에서 이용
- 나타낼 수 있는 색상의 가짓수는 256 × 256 × 256의 = 16,777,216가지
- 빛의 삼원색인 RED, GREEN, BLUE를 최대의 비율로 혼합하면 흰색이 됨
- 섞을수록 명도가 '0'이 되며 밝아지는 가산혼합

▲ 안티에일리어싱(Antialiasing)

▲ 인터레이싱(Interacing)

▲ 메조틴트(Mezzotint)

▲ 솔러리제이션(Solarization)

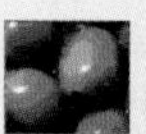

디더링 0% 디더링 100%

▲ 디더링(Dithering)

② 벡터 파일

| | |
|---|---|
| WMF | 벡터와 비트맵 정보를 함께 표시 |
| AI | 일러스트레이터에서 사용하는 그래픽 형식 |
| CDR | 코렐드로에서 사용하는 형식 |
| DXF | 서로 다른 컴퓨터 지원 설계(CAD) 프로그램 간에 설계 도면 파일을 교환하는 데 업계 표준으로 사용되는 파일 형식 |

### 3) 관련 용어 24년 상시, 23년 상시, 22년 상시, 21년 상시, 11년 9월, 10년 9월, 07년 7월/3월, 04년 3월, 03년 3월

| | |
|---|---|
| **안티에일리어싱 (Antialiasing)** | 이미지 외곽의 경계를 부드럽게 처리하기 위해 가장자리의 픽셀들을 주변 색상과 혼합한 중간 색상을 넣어 경계선을 완만하게 만드는 기법 |
| **인터레이싱 (Interacing)** | 이미지가 처음에는 거친 모자이크 형식으로 나타나다가 서서히 선명해지는 기법 |
| **메조틴트 (Mezzotint)** | 이미지에 무수히 많은 점을 찍은 듯한 효과로 부드러운 명암을 다양하게 표현하는 기법 |
| **솔러리제이션 (Solarization)** | 사진의 현상 과정 중에 빛을 쪼여 주면 색채가 반전되는 효과 |
| **디더링 (Dithering)** | 인접하는 색상이나 흑백의 점들을 혼합하여 중간 색조를 만들어 윤곽이 부드러운 이미지를 얻는 방법 |

## 02 동영상(Video) 24년 상시, 23년 상시, 22년 상시, 21년 상시, 17년 9월, 16년 10월, 14년 6월/3월, 13년 10월, …

### 1) 동영상의 특징

- 동영상을 구성하는 이미지를 프레임★이라고 하며 비디오를 재생하는 화면의 크기와 초당 프레임 수에 따라 구분한다.
- 데이터 양의 크기가 매우 크므로 저장과 전송을 위해 압축 기술이 필요하다.

**비디오 파일 크기(Byte) = (화면 해상도 × 픽셀당 비트 수 × 초당 프레임 수)/8**

### 2) 파일 형식

| | | |
|---|---|---|
| MPEG | • 국제 표준 규격의 동영상 재생 파일 형식<br>• 프레임 간의 연관성을 이용하여 압축률을 높이는 방식으로, 인접한 프레임 간의 중복된 정보를 제거 | |
| | MPEG-1 | 비디오와 오디오 압축에 대한 표준 |
| | MPEG-2 | • 압축 효율이 향상되고 용도가 넓게 쓰임<br>• 방송망이나 고속망 환경에 적합 |
| | MPEG-4 | • 객체 지향 멀티미디어 통신을 위한 표준<br>• 양방향 멀티미디어 구현 가능 |
| | MPEG-7 | 콘텐츠 검색 기술을 제공하기 위한 표준 |
| | MPEG-21 | 전자 상거래를 위한 콘텐츠 제작부터 서비스 방식, 소비자 보호 방안까지 포괄적으로 표준을 정하는 규격 |

★ 프레임(Frame)
동영상을 이루는 한 화면 분량의 화상 정보로 초당 30프레임까지 표현 가능

**비디오 파일 크기**
화면 해상도는 16비트 하이컬러의 1,024*768, 초당 24프레임 30분 분량, 100:1로 압축할 때
= 1,024×768×16×24
= 301,989,888Bit/8
= 37,748,736Byte = 37MB
30분(1,800초) 분량이므로
(0.037*1,800)/100 = 0.66GByte

**압축 방식**
- JPEG : 정지 이미지 데이터 → 손실 또는 무손실 압축 방식
- MPEG : 동영상 데이터 → 손실 압축 방식

**손실(Lossy) 기법**
압축 후 복원 시 정보의 손실이 발생하는 기법

**무손실(Lossless) 기법**
압축 후 복원 시 원래의 데이터가 정보의 손실이 없이 완전히 재생되는 기법

| AVI | 마이크로소프트사의 동영상 파일 형식 |
|---|---|
| DVI | • 인텔사의 동영상 파일 형식<br>• 이미지를 압축 · 복원하는 칩과 디스플레이 표시용 칩으로 구성 |
| DivX (Digital video eXpress) | • 동영상을 압축하기 위해 사용하는 고화질, 비표준 동영상 파일 형식<br>• 기존의 MPEG-3와 MPEG-4를 재조합한 방식으로, 이 형식의 동영상을 보려면 특정한 소프트웨어나 코덱이 필요한 파일 |
| ASF | 마이크로소프트사의 스트리밍 파일 형식 |
| MOV (QuickTime) | • 애플사에서 매킨토시용으로 만든 동영상 파일 형식<br>• JPEG를 기본으로 한 압축 방식으로 MP3 음악을 지원<br>• 특별한 하드웨어의 추가 없이 동영상 재생 가능 |

**동영상 파일 확장자**
- MPEG : mpg
- AVI : avi
- DVI : dvi
- DivX : divx
- QuickTime : mov, qt, moov

### 3) 관련 용어

① 스트리밍(Streaming)

대용량의 비디오 또는 오디오 데이터를 전체 다운로드하지 않고 받는 즉시 연속적으로 재생시키는 기술이다.

② 크로마키(Chroma Key)

움직이는 피사체에 인물 등을 합성할 때 사용하는 기술이다.

③ 워터마킹(Watermarking)

오디오, 비디오, 이미지 등의 디지털 콘텐츠에 사람의 육안으로는 구별할 수 없도록 저작원의 정보를 삽입하여 불법 복제를 막는 기술이다.

## 03 애니메이션(Animation) 23년 상시, 22년 상시, 21년 상시, 10년 3월, 09년 7월, 08년 10월/7월, 07년 7월/5월

### 1) 애니메이션의 특징

- 'Anima'에서 유래된 말로 생명이 없는 물체에 생명을 불어넣거나, 활기를 띠게 한다는 의미이다.
- 이미지 프레임을 연속적으로 보여주어 움직이는 것처럼 보이는 데이터를 말한다.

### 2) 파일 형식

| GIF | Animated GIF로 인터넷 웹 페이지 제작에 사용되는 파일 형식 |
|---|---|
| ANI | 마이크로소프트에서 만든 움직이는 마우스 포인터를 만드는 파일 형식 |
| MMM | 마이크로미디어사의 디렉터(Director) 파일 형식 |
| FLI/FLC | 오토데스크사의 애니메이션 프로(Animator Pro) 2D 파일 형식 |
| PICS | 슈퍼 카드, 디렉터, Super3D의 파일 형식 |
| FLX | 애니메이션 에디터의 파일 형식 |
| DIR | 디렉터(Director) 파일 형식 |
| DCR | 쇽웨이브(Shockwave)로 압축한 파일 형식 |
| 3DS | 오토데스크사의 3차원 그래픽 모델링 파일 형식 |

**인코딩(encoding)**
신호를 특정한 부호들의 나열로 그 형태를 바꾸는 처리 방식으로 파일 용량을 줄이거나 화면 크기를 변경하는 등으로 활용

**디코딩(decoding)**
인코딩된 데이터를 부호화되기 전으로 되돌리는 처리 혹은 그 처리 방식

암기 TIP

모델링, 렌더링(3글자)은 3차원으로 물체를 만들거나 사실감을 주는 기법이고, 모핑이나 와핑처럼 '~핑'자로 끝나는 것은 이미지를 변형시키는 기법이에요.

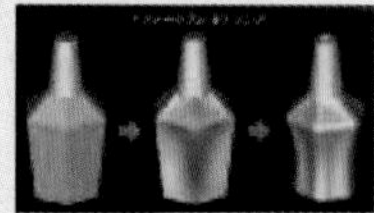
▲ 모델링

▲ 렌더링

▲ 모핑

▲ 와핑

▲ 필터링

▲ 리터칭

▲ 로토스코핑

▲ 클레이메이션

### 3) 관련 용어 24년 상시, 23년 상시, 22년 상시, 21년 상시, 18년 9월, 16년 6월, 14년 3월

| | |
|---|---|
| **모델링(Modeling)** | 시각적인 3차원 물체를 만드는 작업 |
| **렌더링 (Rendering)** | 3차원 컴퓨터 그래픽에서 화면에 그려지는 3차원 물체의 각 면에 색깔이나 음영 효과를 넣어 화상의 입체감과 사실감을 나타내는 기법 |
| **모핑(Morphing)** | 어떤 이미지를 서서히 다른 모습으로 변화시키는 기법 |
| **와핑(Warping)** | 어떤 이미지를 유사 형태로 변형하는 것으로 이미지 왜곡에 주로 사용하는 기법 |
| **필터링(Filtering)** | 이미지에 필터 기능을 이용하여 새로운 이미지로 바꾸어 주는 기법 |
| **리터칭 (Retouching)** | 이미지에 다양한 특수 효과를 줄 수 있는 기법 |
| **포깅(Fogging)** | 먼 거리를 어색하지 않게 안개효과처럼 흐리게 처리하는 기법 |
| **로토스코핑 (Rotoscoping)** | 촬영한 영상을 애니메이션 키 프레임으로 바꿔 그 위에 덧붙여 그리는 기법 |
| **클레이메이션 (Claymation)** | 점토, 찰흙 등의 점성이 있는 소재를 이용하여 인형을 만들고, 소재의 점성을 이용하여 조금씩 변형된 형태를 만들어서 촬영하는 형식의 애니메이션 기법 |

## 04 사운드(Sound)

### 1) 사운드의 특징

- 음악과 음성 등의 물리적인 진동을 나타내는 하나의 파형이다.
- 파장의 높이를 진폭이라고 하고 1초 동안에 발생하는 파장의 수를 주파수라고 한다.
- 진동이 빠를수록 많은 주기와 높은 소리의 주파수를 만든다.
- 사운드(Sound) 기록 용량 계산식

**파일의 크기** = 샘플링 주파수(Hz)×샘플 크기(Bit)/8×재생 방식(1(모노) or 2(스테레오))×시간(s)

### 2) 파일 형식 24년 상시, 23년 상시, 22년 상시, 21년 상시, 20년 7월, 19년 8월, 18년 3월, 15년 6월/3월, 14년 3월, 11년 6월, …

| | |
|---|---|
| WAVE | • PC 오디오 표준 형식<br>• 아날로그 형태의 소리를 디지털 형태로 변형하는 샘플링 과정을 통해 작성된 데이터를 말함<br>• 음성, 음악, 각종 효과음 등 모든 형태의 소리를 저장 가능함<br>• 소리의 원음이 저장되어 있으므로 재생이 쉽지만 용량이 큼 |
| MIDI (Musical Instrument Digital Interface) | • 음악에서 사용되는 음의 특색을 기호로 정의하여 코드로 나타내는 전자 악기 간 디지털 신호 전달의 통신 인터페이스 규격<br>• MIDI 악기와 MIDI 사운드 카드와 같은 MIDI 디바이스가 음악을 연주하는 방법을 알려주는 명령어, 음표, 음악의 빠르기 및 음악의 특성들을 나타내는 명령어로 저장함<br>• 장점 : 파일 크기가 작고 여러 가지 악기로 동시에 연주가 가능한 파일 형식<br>• 단점 : 음성이나 효과음의 저장이 어려움 |

| WMA | • 마이크로소프트사의 파일 포맷<br>• Window Media Technologies에서 음악 데이터만 압축하는 기술 |
|---|---|
| MP3<br>(MPEG-1 layer3) | • 고음질 오디오 압축의 표준 형식<br>• MPEG에서 규정한 MPEG-1의 압축 기술을 이용한 방식<br>• 음질의 저하 없이 1/12 정도로 압축하여 CD 수준의 음질(16Bit, 44.1kHz)을 유지하는 파일 포맷 |
| MP4 | • MPEG에서 규정한 MPEG-2의 압축 기술에서 파생됨<br>• 장점 : MP3에 비해 음질이 우수하고 압축률이 높음<br>• 단점 : 호환성이 부족함 |

▶ WAVE와 MIDI의 비교

| 구분 | WAVE | MIDI |
|---|---|---|
| **재생 장치** | 재생 장치와 관계없이 같은 소리를 냄 | 재생 장치에 따라 음의 품질이 결정됨 |
| **음성 표현** | 가능 | 불가능 |
| **자료 크기** | 큼 | 작음 |

## 3) 관련 용어 22년 상시, 21년 상시, 20년 2월, 11년 9월, 09년 2월

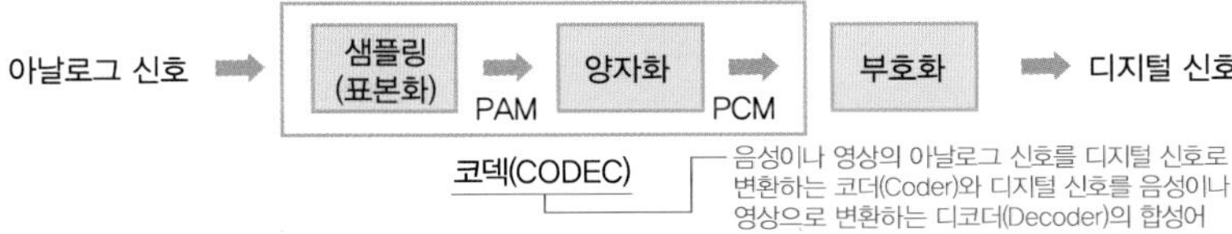


① 샘플링(Sampling)

아날로그 파형을 디지털 파형으로 변환하기 위해 연속적인 아날로그 신호를 일정한 간격으로 소리의 높이를 추출하고 각 표본의 진폭을 매우 좁은 펄스인 PAM 신호로 변환하는 과정이다. 샘플링할 때 디지털 오디오 데이터 파일의 크기에 영향을 미치는 요소에는 샘플링 비율(헤르츠), 양자화 크기(비트), 지속시간(초) 등이 있다.

② 샘플링 율(Sampling Rate)

소리가 기록되는 동안 초당 음이 측정되는 횟수로 샘플링 율이 높으면 높을수록 원음에 보다 가깝다.

③ PCM(Pulse Code Modulation)

아날로그 신호를 샘플링하여 양자화 과정을 거쳐 2진 디지털 부호값으로 출력하는 과정이다.

④ 양자화

입력 신호를 유한한 개수의 값으로 표현한 것으로 양자화 비트가 작으면 사운드의 질이 떨어진다. 녹음과 재생을 위해서는 16비트 샘플링이 필요하다.

**멀티미디어 데이터의 특징**
- 디지털 방식을 사용하여 한 번 정해진 값을 영구히 보존
- 컴퓨터의 프로그램 기능을 이용하여 복잡한 처리 가능
- 대화 기능(interactive)을 프로그램으로 부여 가능
- 텍스트, 그래픽, 오디오, 비디오, 애니메이션 등의 여러 매체를 광범위하게 통합
- 다양한 형태의 미디어를 하나로 통합한 정보
- 정보를 컴퓨터로 처리하기 위한 디지털 방식 제공
- 사용자의 선택에 따라 데이터를 처리하는 비선형 구조
- 멀티미디어 데이터는 용량이 크기 때문에 압축 기술이 필요

# 이론을 확인하는 기출문제

## 01 다음 중 아래에서 설명하는 멀티미디어 파일 형식으로만 짝지은 것은?

> • 픽셀로 화면을 표시하는 방식으로 래스터(Raster) 이미지라고도 한다.
> • 확대하면 테두리가 계단 모양으로 거칠게 나타나며 사진과 같은 사실적인 이미지를 표현할 수 있다.

① DOC, PDF, DXF
② WMF, AI, CDR
③ GIF, JPG, PNG
④ MP3, PCX, BMP

픽셀 단위로 표현하는 비트맵 방식의 파일 형식에는 GIF, BMP, JPG, PCX, TIFF, PNG 등이 있다.

## 02 다음에서 설명하는 오디오 데이터 파일 형식으로 가장 적합한 것은?

> • 전자 악기 디지털 인터페이스를 의미하며, 컴퓨터 사이에서 음정과 같은 연주 정보를 교환하기 위한 데이터 전송 규격이다.
> • 음성이나 효과음 저장이 불가능하고, 연주 정보만 저장되어 있으므로 크기가 작다.

① WAVE
② RA/RM
③ MP3
④ MIDI

MIDI 파일 형식은 파일 크기가 작고 여러 가지 악기로 동시에 연주가 가능하지만, 음성이나 효과음의 저장이 어렵다.

**오답 피하기**

• ① : WAVE는 PC 오디오 표준형식으로 소리의 원음이 저장되고 재생이 쉽지만 용량이 큼
• ③ : MP3는 고음질의 오디오 압축 표준 형식

## 03 다음 중 아래의 설명에 해당하는 용어는?

> • 인터넷상에서 음성이나 동영상 등을 실시간으로 재생하는 기술이다.
> • 전송되는 데이터를 마치 끊임없고 지속적인 물 흐름처럼 처리할 수 있는 기술을 의미한다.

① 샘플링(Sampling)
② 스트리밍(Streaming)
③ 로딩(Loading)
④ 시퀀싱(Sequencing)

스트리밍은 대용량의 멀티미디어 자료를 작은 조각으로 나누어 연속적으로 전송함으로써 전체를 다운로드하지 않고도 실시간으로 재생해 주는 기술이다.

**오답 피하기**

• 샘플링(Sampling) : 연속적인 아날로그 신호를 일정한 간격으로 추출하여 매우 좁은 진폭 신호로 변환하는 과정
• 시퀀싱(Sequencing) : 입력된 데이터를 순차적으로 실행하는 것

## 04 다음 중 그래픽 데이터 형식에 관한 설명으로 옳지 않은 것은?

① BMP : Windows 운영체제의 표준 비트맵 파일 형식으로 압축하여 저장하므로 파일의 크기가 작은 편이다.
② GIF : 인터넷 표준 그래픽 형식으로 8비트 컬러를 사용하여 최대 256 색상까지만 표현할 수 있으며, 애니메이션 표현이 가능하다.
③ JPEG : 사진과 같은 선명한 정지 영상 압축 기술에 대한 국제 표준으로 주로 인터넷에서 그림 전송에 사용된다.
④ PNG : 트루 컬러의 지원과 투명색 지정이 가능하다.

BMP는 Windows 표준 비트맵 파일 형식으로 입출력 속도가 빠르나 파일의 크기가 크다.

정답 01 ③ 02 ④ 03 ② 04 ①

SECTION 03

# 멀티미디어 시스템

출제빈도 상 중 하
반복학습 1 2 3

빈출 태그 입력 장치 • 출력 장치 • 그래픽/이미지 제작 프로그램 • 웹 페이지 제작 프로그램

## 01 멀티미디어 하드웨어

### 1) 멀티미디어 PC 09년 2월, 05년 3월, 03년 8월

멀티미디어 처리 기능을 가진 PC로 고성능 CPU, 고해상도 그래픽 카드, 사운드 카드, 스피커, CD-ROM 드라이브 등이 필요하다.

### 2) 멀티미디어 시스템 구성 23년 상시, 22년 상시, 21년 상시, 11년 6월, 10년 9월, 09년 7월

| 장치 | 종류 |
|---|---|
| 입력 장치 | 키보드, 마우스, 스캐너, 디지털 카메라, 화상 카메라, 비디오, 카메라, 마이크, 터치 스크린, 디지타이저 등 |
| 출력 장치 | 모니터, 프린트, 사운드 카드, 스피커, VTR/VCR 등 |
| 저장 장치 | 하드 디스크, CD-ROM, DVD 등 |
| 처리 장치 | 고성능 CPU, DSP(Digital Signal Processor), 데이터 압축 장치 등 |
| 영상 처리 장치 | TV 수신 카드, 비디오 오버레이 보드, 프레임 그래버 보드, 멀티미디어 통합 보드 등 |

TV 수신 카드: 데이터를 TV로 수신할 수 있도록 처리한 장치

비디오 오버레이 보드: 비디오 신호를 컴퓨터 모니터에 맞게 변환하여 모니터 화면에 표시해 주는 보드. 문서를 작성하면서 TV나 비디오를 볼 때 사용

**기적의 TIP**

출제율은 낮지만 다양한 미디어 제작 프로그램들과 콘텐츠 제작 프로그램을 알아두세요.

**멀티미디어를 위해 꼭 필요한 장치**
사운드 카드, CD-ROM, 비디오 카드, 고성능 CPU

**MPC(Multimedia Personal Computer)**
멀티미디어 사용을 위한 소프트웨어와 하드웨어, 주변 기기의 최소 필요 사항을 규정한 표준안

**비디오 카드(Video Card)**
- 모니터 640×480 픽셀의 화면 사용 시 컬러는 16색을 사용
- 4비트($2^4$)=16컬러
- 8비트($2^8$)=256컬러
- 16비트($2^{16}$)=65,536(하이 컬러)
- 24비트($2^{24}$)=16,777,216(트루 컬러)

**CD-ROM 디이틀 제작 과정**
계획 → 설계 → 자료 수집 및 작성 → 저작 → 테스트 → 제품화

## 02 멀티미디어 소프트웨어 23년 상시, 22년 상시, 21년 상시, 15년 10월, 06년 8월, 05년 5월

**멀티미디어 개발 과정**
디자인 → 도구 선택 → 콘텐츠 생성 → 멀티미디어 → 저작 테스팅

### 1) 멀티미디어 제작 과정

| 기획 단계 | 개발 단계 | 상품화 단계 |
|---|---|---|
| 분석 → 디자인 | 시나리오 작성 → 콘텐츠 생성 → 멀티미디어 저작 → 테스트 | 생산 및 분배 |

### 2) 미디어 제작 프로그램

① 그래픽/이미지 제작 프로그램

| 비트맵 | 포토샵(Photoshop), 페인터(Painter), 코렐포토(Corelphoto), 포토 스타일러(Photo Styler) |
|---|---|
| 벡터 | 일러스트레이터(Adobe Illustrator), 코렐드로우(CorelDraw), 3D Studio MAX, Freehand |
| 2D 그래픽 | Photoshop, Adobe Illustrator, Painter, CorelDraw, Paintshop |
| 3D 그래픽 | 3D Studio MAX, Auto CAD |

② 동영상 제작 프로그램

| 프리미어(Premiere)★ | 어도비사에서 개발한 동영상 편집 프로그램 |
|---|---|
| 비디오 포 윈도우(Video For Windows) | 마이크로소프트사에서 개발한 동영상 관련 프로그램 |
| 비디오 스튜디오(Video Studio) | 사용하기가 쉽고 편리하여 간단한 영상 작업에 효과적인 프로그램 |

★ 프리미어(Premiere)
사운드가 결합된 디지털 파일과 동영상을 제작하는 데 사용되며 동영상을 잘라 내거나 합성하고 나누는 데 유용하게 사용되는 프로그램

③ 애니메이션 제작 프로그램

| 2차원 애니메이션 | 애니메이터 프로(Animator Pro), 애니메이터 스튜디오(Animator-Studio), 디렉터(Director) 등 |
|---|---|
| 3차원 애니메이션 | 3D 스튜디오 맥스(3D Studio MAX), 라이트웨이브 3D(LightWave 3D), 마야(MAYA) 등 |
| 웹 애니메이션 프로그램 | • 인터넷의 배너(Banner) 광고나 웹 페이지에서 강조하는 부분에 많이 이용되고 있음<br>• 애니메이티드(Animated) GIF, 플래시(Flash)★ 등이 있음 |

★ 플래시(Flash)
튀닝 기법을 사용하여 마이크로미디어사에서 제작한 벡터 애니메이션을 제작하는 프로그램으로 사용법이 간단하고 출력물의 결과가 뛰어나며, 상호 대화 방식의 웹을 제작할 때 필수적으로 사용

④ 사운드 제작 프로그램

| 사보용 프로그램 | 악보나 음악 등을 만드는 프로그램으로 피날레(Finale)★, 시벨리우스(Sibelius), 앙코르(Encore) 등 |
|---|---|
| 연주용 프로그램 | 케이크워크 프로세셔널(Cakewalk Pro), 트랙스(Trax), 비전(Vision), 이지 비전(EZ Vision) 등 |
| 사운드 편집 프로그램 | Sound Forge : 음향 변조 및 편집 작업을 손쉽게 수행할 수 있어 사운드 편집의 포토샵이라고 할 수 있는 프로그램 |

★ 피날레(Finale)
코다 뮤직사에서 발표한 프로그램으로 악보를 만드는 작업과 고품질의 인쇄용 악보 제작이 가능

⑤ 웹 페이지 제작 프로그램

Front Page, Dreamweaver, 나모 웹에디터 등이 있다.

| | |
|---|---|
| Front Page | • 마이크로소프트사에서 개발한 HTML 저작 도구<br>• 별도의 이미지 편집 프로그램 없이도 웹 페이지 제작이 가능 |
| Dreamweaver | • 마이크로미디어사에서 개발한 프로그램<br>• 웹 디자이너들이 가장 많이 사용하는 프로그램<br>• 복잡한 프레임도 간단하게 작성할 수 있고 개체의 삽입, 레이어 지원이 용이 |
| 나모 웹에디터 | • 나모 인터랙티브사에서 개발한 저작 도구<br>• 위지윅 방식으로 쉽게 홈페이지 작성이 가능 |

### 3) 멀티미디어 콘텐츠 제작 프로그램 10년 9월/5월, 09년 4월, 08년 5월

- 다양한 미디어 파일이나 미디어 장치를 유연하게 연결하여 대화형 멀티미디어 어플리케이션을 제작하도록 도와주는 소프트웨어이다.
- 멀티미디어 저작은 프로그래밍 언어에 대한 지식이 없더라도 저작 도구의 기능만으로도 멀티미디어를 제작할 수 있다.
- 디렉터(Director), 툴북(ToolBook), 오소웨어(Authorware), 슈퍼 카드(Super Card), 하이퍼 카드(Hyper Card), 칵테일 프리미어 등이 있다.

| | |
|---|---|
| 디렉터<br>(Director) | • Macromedia사에서 개발한 시각적 방식 저작 도구로, 애니메이션 기능이 뛰어남<br>• 기술적인 시뮬레이션 효과가 좋고 확장성이 뛰어나며 대화형 멀티미디어가 가능 |
| 툴북<br>(ToolBook) | • Asymetrix사에서 개발한 책 방식 제작 도구로, 페이지가 구조적인 순서를 갖도록 연결하는 방식을 사용함<br>• 객체가 메시지에 대해 어떻게 대응할 것인가를 기술하는 방식 |
| 오소웨어<br>(Authorware) | • Macromedia사에서 개발한 흐름도 방식 저작 도구로 웹과 온라인 교육물 제작에 주로 사용함<br>• 작은 플로우 차트 형태인 맵 아이콘으로 정보의 흐름을 표현 |
| 하이퍼 카드<br>(Hyper Card) | Apple사의 빌 애킨스에 의해 개발된 것으로 매킨토시 기반의 제작 도구 |

**저작 도구의 기능**
편집 기능, 구조화 기능, 프로그램 기능, 상호 작용 기능, 동시성의 지원, 확정성, 배포 기능

**타이틀 저작 방식에 따른 분류**
- 아이콘/흐름도(Icon-based 또는 Flowchart) 방식 : 오소웨어
- 스크립트 방식 : 툴북, 하이퍼 카드, 슈퍼 카드
- 시간 흐름(Time-based) 방식 : 디렉터

### 4) 멀티미디어 재생 도구 12년 3월, 08년 5월, 07년 7월, 03년 8월

| | |
|---|---|
| 윈도우 미디어 플레이어<br>(Windows Media Player) | Windows에서 제공하며 오디오 CD, 오디오, 비디오나 애니메이션 파일을 재생 |
| Xing MPEG Player | Video CD와 MPEG 데이터를 재생 |
| 리얼 플레이어<br>(Real Player) | 인터넷에서 가장 널리 보급된 스트리밍★ 미디어 솔루션으로 멀티미디어 파일을 전송 받으면서 실시간으로 재생 |

★ 스트리밍(Streaming)
대용량의 멀티미디어 자료를 작은 조각으로 나누어 연속적으로 전송함으로써 전체를 다운로드하지 않고 실시간 재생해 주는 기술

## 이론을 확인하는 기출문제

**01 다음 중 멀티미디어 저작 도구에 대한 설명으로 옳지 않은 것은?**

① 사용자의 입력에 따라 요소들의 제어 흐름을 조정할 수 있는 기능이 있다.
② 미디어 파일들 간의 동기화 정보를 통하여 요소들을 결합하여 실행하는 기능이 있다.
③ 저작 도구 사용 시 멀티미디어 요소를 결합하기 위해 대부분 C나 C++ 등의 프로그램 언어를 이용한다.
④ 다양한 미디어 파일이나 미디어 장치를 유연하게 연결할 수 있다.

멀티미디어 저작은 프로그래밍 언어에 대한 지식이 없더라도 저작 도구의 기능만으로도 멀티미디어를 제작할 수 있다.

**02 다음 중 멀티미디어 PC의 주변 장치에 대한 설명으로 옳지 않은 것은?**

① DVD는 기존 CD와 같은 크기로 한 면에 4.7GB의 정보를 담을 수 있다.
② CD-R은 WORM(Write Once Read Many) CD라고도 한다.
③ 사운드 카드는 오디오 파일의 음을 재생만 할 수 있는 장치이다.
④ 비디오 오버레이 보드는 외부 비디오 신호를 컴퓨터 화면과 함께 표시할 수 있도록 하는 장치로 TV나 비디오를 보면서 컴퓨터 작업을 할 수 있다.

사운드 카드는 오디오 파일의 음을 저장하고 재생하는 기능을 가지고 있다.

**03 다음 중 멀티미디어 PC의 주변 장치에 대한 설명으로 옳지 않은 것은?**

① DVD는 기존 CD와 같은 크기로 한 면에 4.7GB의 정보를 담을 수 있다.
② CD-R은 기록은 할 수 없고, 단지 읽기만 가능한 CD이다.
③ CD-RW는 여러 번 삭제와 기록이 가능한 CD이다.
④ 비디오 오버레이 보드는 외부 비디오 신호를 컴퓨터 화면에 보여주는 기기이다.

CD-R은 한 번 기록이 가능한 장치이고, CD-ROM는 읽기만 가능하다.

**04 다음의 멀티미디어 콘텐츠 저작도구 중 웹 페이지 저작도구로 옳지 않은 것은?**

① Finale ② FrontPage
③ Dreamweaver ④ 나모 웹에디터

Finale(피날레)는 음악 악보 프로그램이다.

**05 다음 중 멀티미디어 소프트웨어에 대한 설명으로 옳은 것은?**

① 2D 애니메이션 제작 프로그램으로는 MAYA, 플래시, 일러스트레이터 등이 있다.
② 동영상 제작 프로그램으로는 Auto CAD, 비디오 스튜디오, 리얼 플레이어 등이 있다.
③ 사운드 제작 프로그램으로는 Finale, Cake-walk Pro, 사운드 포지 등이 있다.
④ 웹 페이지 제작 프로그램으로는 포토샵, 윈도우 미디어 플레이어, 드림위버 등이 있다.

오답 피하기
- 2D 애니메이션 제작 프로그램 : 애니메이터 프로, 애니메이터 스튜디오, 디렉터 등
- 3D 애니메이션 제작 프로그램 : MAYA, 3D 맥스, 라이트웨이브 3D 등
- 동영상 제작 프로그램 : 프리미어, 비디오 포 윈도우, 비디오 스튜디오 등
- 웹 페이지 제작 프로그램 : 프론트 페이지, 드림위버, 나모 웹에디터 등

정답 01 ③ 02 ③ 03 ② 04 ① 05 ③

# 정보통신과 인터넷

학습 방향

다양한 통신 기술이 빠르게 변화함에 따라 폭넓은 출제 경향을 보이고 있는 챕터입니다. 최근에 OSI 참조 모델을 구체적으로 물어보는 문제가 출제되었고, LAN, ATM, 인터네트워킹 장비들은 꾸준히 출제되고 있으니 중점적으로 학습하세요.

출제빈도

| SECTION | 빈도 | 비율 |
|---|---|---|
| SECTION 01 | 상 | 71% |
| SECTION 02 | 중 | 29% |

SECTION 01

# 정보통신 활용하기

출제빈도 상 중 하
반복학습 1 2 3

빈출 태그 광케이블 • 전송 방식 • 연결 방식 • OSI 참조 모델 • 인터네트워킹 • 정보통신망의 종류 및 특징

**기적의 TIP**
정보통신 부분은 출제율이 매우 높은 편이고, 통신 프로토콜과 통신망의 종류는 1~2 문제씩 꼭 출제되는 부분입니다. 각 개념과 종류별 특징을 기억해 두세요.

## 01 정보통신의 특징 08년 10월/7월, 07년 5월/3월, 06년 8월, 04년 11월

- 정보통신은 통신 회선에 연결된 컴퓨터를 이용하여 정보를 전달하고 처리하는 것을 말한다.
- 정보통신은 다량의 정보를 전송할 수 있고 다른 컴퓨터의 자원을 공유할 수 있으며 전송 속도를 빠르게 함으로써 비용을 절감할 수 있다.
- 정보통신은 전송 거리나 시간에 구애받지 않고 데이터를 전송할 수 있으며, 에러 제어 방식을 채택하여 데이터의 신뢰성을 높여준다.

**PC 통신에 필요한 도구**
- LAN 카드(모뎀)
- 통신용 소프트웨어
- 컴퓨터(PC)

## 02 정보통신 시스템의 구성 요소 08년 5월, 07년 10월/7월, 05년 3월, 04년 8월, 03년 11월

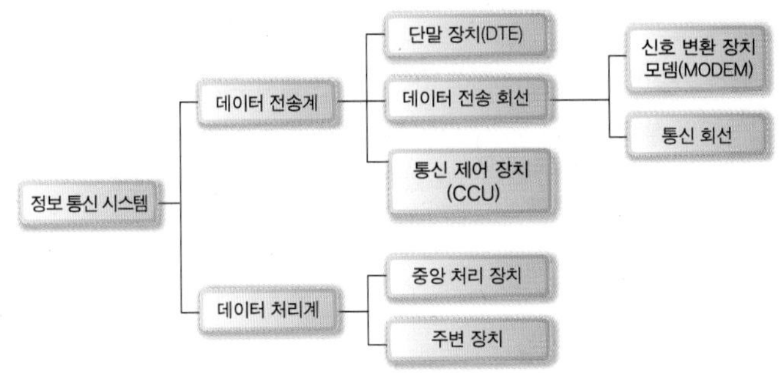


### 1) 데이터 전송계

- 단말 장치★, 데이터 전송 회선★, 통신 제어 장치로 구성된다.
- 데이터의 송 · 수신을 담당한다.

★ 단말 장치
데이터 통신 시스템과 외부 환경과의 접속점에 위치

★ 데이터 전송 회선
단말 장치 상호 간을 연결하여 주는 것으로 데이터의 송수신을 담당하는 장치

### 2) 데이터 처리계

- 데이터의 가공, 처리, 보관 등을 담당한다.
- 중앙 처리 장치와 주변 장치로 구성된다.

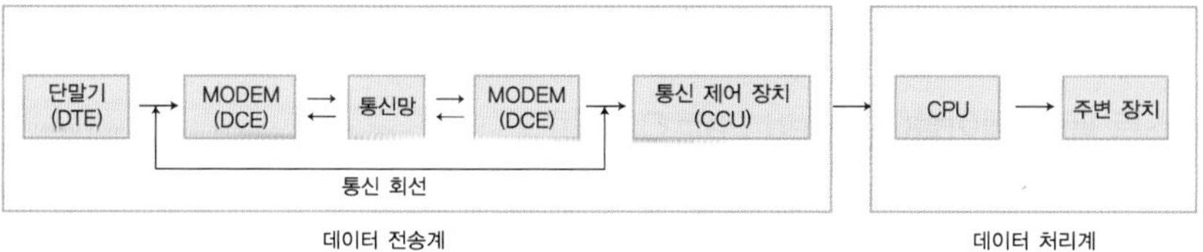


▲ 데이터 통신 시스템

## 03 전송계 11년 6월, 10년 9월, 09년 2월

### 1) 모뎀(MODEM)

변조의 앞 글자(MO)와 복조의 앞 글자(DEM)를 합쳐서 모뎀(MODEM)이라고 함

- 데이터의 전송을 위하여 전송 측에서 디지털 신호를 통신 회선의 특성에 맞도록 아날로그 신호로 변환해 주는 변조(MOdulation)★와 통신 회선을 통과하면 다시 아날로그 신호를 디지털 신호로 변환해 주는 복조(DEModulation)★ 과정을 거쳐 데이터가 처리된다.
- 신호의 변환은 미리 정해 둔 기준 신호의 형태를 변화시켜 진폭과 주파수를 가진 정현파(Sine Wave)를 사용한다.
- 변조 방식에는 진폭 변조, 주파수 변조, 위상 변조가 있다.

| 변조 방식 | 설명 |
|---|---|
| 진폭 변조<br>(Amplitude Shift Keying) | 기준 신호가 1이면 진폭을 높게 하고 0이면 진폭을 낮게 하는 방법 |
| 주파수 변조<br>(Frequency Shift Keying) | 기준 신호가 1이면 주파수를 좁게 하고 신호가 0이면 주파수를 넓게 하는 방법 |
| 위상 변조<br>(Phase Shift Keying) | 기준 신호의 위상을 바꾸는 방법으로 2개의 비트씩 쌍으로 사용하면 4가지 다른 신호로 사용함으로써 신호 변화율의 한계가 있는 전화선에서 고속의 전송이 가능한 방법 |

### 2) 통신 제어 장치(CCU)

신호의 변환, 전송 신호의 동기 제어, 송수신 확인, 전송 제어, 흐름 제어, 에러 검출 등의 기능이 있다.

| 통신 제어 장치 기능 | 설명 |
|---|---|
| 흐름 제어(Flow Control) | 자료를 송수신할 때 처리되는 속도 차이나 수신측 버퍼 크기의 제한 등으로 발생하는 데이터 손실을 줄이기 위해서 데이터의 흐름을 조절하는 기술 |
| 동기화(Synchronization) | 통신에 참여하는 양쪽 시스템의 동기를 유지하여 정확한 데이터의 전달하는 기술 |
| 에러 검출(Error Control) | 송수신할 때 발생되는 여러 가지 오류를 최소화하는 기술 |

★ 변조(MOdulation)
컴퓨터가 보내는 디지털 신호를 전화선으로 전송할 수 있는 아날로그 신호로 변환하는 것

★ 복조(DEModulation)
전화선을 통해 전송된 아날로그 신호를 컴퓨터가 처리할 수 있는 디지털 신호로 변환하는 것

**전송계**
- 변조 : 디지털 신호 → 아날로그 신호로 변환
- 복조 : 아날로그 신호 → 디지털 신호로 변환

**메시지 전송 시간**
= 지연 시간 + (자료 길이/자료 전송률)

## 04 전송 매체

### 1) 트위스트 페어 케이블(Twisted Pair Cable)

- 구리선이 꼬아져 있는 형태로 비용이 저렴하여 이더넷 통신망을 구성하는 데 사용되며 전송 속도가 느리고 감쇠 현상과 잡음이 많다.
- 다른 전기적 신호의 간섭이나 잡음에 민감하고 거리, 대역폭, 데이터 전송률에 많은 제약을 받는다.
- 건물 내의 근거리 통신망을 구성할 때 저렴하게 이용한다.

### 2) 동축 케이블(Coaxial Cable)

- 높은 주파수 대역과 전송률을 가지고 있어 고주파 전송이 가능하다.
- 장거리 전화 및 TV 방송, 케이블 TV 회선, 근거리 통신망, CCTV에 많이 사용된다.

### 3) 광(광섬유)케이블(Optical Fiber Cable) 23년 상시, 22년 상시, 20년 7월, 15년 6월, 09년 7월/2월, …

- 신호로 만든 광선을 내부 반사로 전송하는데, 다른 유선 전송 매체에 비하여 대역폭이 넓어 데이터 전송률이 뛰어나므로 전송 손실이 적다.
- 다른 전송 매체보다 크기가 작고 가벼우며, 빛의 형태로 전송하므로 충격성 잡음 등의 외부 간섭을 받지 않는다.
- 케이블 크기가 작고 가벼워 정보 전달의 안정성이 매우 높으나 설치 비용이 많이 든다.
- 리피터★의 설치 간격이 넓어 가입자 회선 및 근거리 통신망으로 이용한다.

**암기 TIP**

크기가 작고 가벼운 광대가 멀리뛰기를 해요. 결과는?
넓음 광케이블 대역폭
당연히 안정적으로 착지했죠.

★ 리피터
받은 신호를 증폭시켜 먼 거리까지 정확한 신호를 전달하는 장치

▶ 전송 매체의 비교

| 구분 | 트위스트 페어 케이블 | 동축 케이블 | 광섬유 케이블(광케이블) |
|---|---|---|---|
| 전송 속도 | 1~100Mbps | 10~100Mbps | 100Mbps 이상 |
| 전송 거리 | 100m | 10~80km | 100km |
| 장점 | • 설치가 용이<br>• 가장 저렴 | • 높은 신뢰도<br>• 접속 장비가 간단 | • 아주 높은 신뢰도<br>• 유연하며 설치가 용이 |
| 단점 | • 높은 에러율<br>• 잡음에 민감 | • 설치 어려움<br>• 낮은 대역폭 | • 고가의 설치 비용 |
| 특징 | 작은 네트워크에 적합 | 음성 · 화상 · 데이터 전송 가능 | 음성 · 화상 · 데이터 전송 가능 |

▲ 트위스트 페어 케이블

▲ 동축 케이블

▲ 광케이블(광섬유 케이블)

## 05 전송 기술

### 1) 전송 과정 07년 10월, 05년 5월, 04년 11월, 03년 11월

- 통신에서 음성, 화상, 영상 등의 아날로그 신호를 디지털 방식으로 변환해서 전송한다.
- 정보를 전송하는 곡선의 형태가 아날로그는 정현파(Sine Wave)이고, 디지털은 구형파(Square Wave)이다.
- 데이터는 코더(Coder)에 의해 아날로그 신호가 디지털 신호로 변환되고, 디코더(Decoder)에 의해 디지털 신호가 아날로그 신호로 재변환된다.
- 데이터를 전송할 때 회선을 연결하고 데이터 링크 확립이 되면 데이터 메세지를 전송하게 된다.

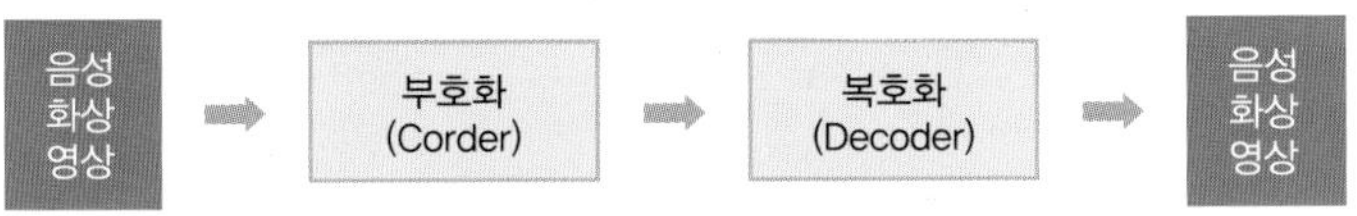


**코덱(CODEC : Coder DECoder)**
코더(coder)와 디코더(decoder)의 합성어로 음성 또는 영상의 신호를 디지털 신호로 변환하는 코더와 그 반대로 변환시켜 주는 디코더의 기능을 수행하는 장치

**비동기식과 동기식 전송**
비동기식 전송은 하나의 문자씩 전송하고, 동기식 전송은 미리 정해진 문자열만큼 전송하는 방식

### 2) 전송 방식 23년 상시, 22년 상시, 21년 상시, 20년 2월, 14년 3월, 12년 6월, 11년 9월

| | |
|---|---|
| **단향 전송**<br>**(Simplex)** | 한쪽 방향으로만 데이터의 전송이 가능한 방식<br>예 라디오, TV 방송 등 |
| **반이중 전송**<br>**(Half Duplex)** | 양쪽 모두 송신과 수신이 가능하지만 동시에는 할 수 없는 방식<br>예 무전기 등 |
| **전이중 전송**<br>**(Full Duplex)** | 동시에 양쪽 모두 송수신이 가능한 방식<br>예 전화, 비디오텍스 등 |

### 3) 전송 속도 12년 3월, 08년 7월, 07년 5월, 06년 8월, 04년 3월

| | |
|---|---|
| BPS<br>(Bits Per Second) | 1초간에 전송할 수 있는 비트 수<br>예 2,400bps → 1초에 2,400비트 전송(8비트가 한 문자일 경우 300자 전송 가능) |
| 보<br>(baud) | • 매초당 신호 또는 상태 변환의 수<br>• 초당 전송되는 비트 수(bps)와 같지만 한 신호를 2비트나 4비트로 부호화 하는 경우에는 같지 않음 |
| CPS | 1초에 전송할 수 있는 문자(바이트) 수 |
| KBPS | 1초에 1,000개의 비트를 전송 |
| MBPS | 1초에 1백만 개의 비트를 전송 |
| T1 | 1,544,000bps가 가능한 망 (T-2는 T-1의 2배 속도) |
| E1 | 2,048,000bps가 가능한 망 |

**암기 TIP**

안 좋은 소식을 비보(悲報)라고 하죠.
전송 속도 단위를 B(비)PS, 보(baud)로 외워봐요.

**개념 체크**

1 데이터를 아날로그 신호에서 디지털 신호로 변환하는 것을 (     )라고 한다.

2 데이터를 디지털 신호에서 아날로그 신호로 변환하는 것을 (     )라고 한다.

1 부호화(Corder)
2 복호화(Decoder)

## 06 연결 방식 22년 상시, 21년 상시, 14년 6월, 11년 3월, 10년 9월/5월, 06년 11월, 05년 11월/3월

| | |
|---|---|
| 호스트-터미널 방식 (Host-Terminal) | • 전체를 제어하는 컴퓨터와 단순한 기능을 가지는 터미널로 연결되는 방식<br>• 호스트 컴퓨터가 모든 데이터의 처리를 담당하고, 단말기는 서비스를 요청하기만 함 |
| 클라이언트-서버 방식 (Client-Server) | • 자원을 제공하는 서버와 자원을 요구하여 이용하는 클라이언트가 결합하여 작업하는 네트워크 결합 방식<br>• 클라이언트는 독자적인 중앙 처리 장치를 가지고 데이터를 처리하는 분산 처리 시스템 |
| 동배 간 처리 방식 (Peer-to-Peer : P2P) | • 네트워크를 관리하는 서버 없이 컴퓨터들이 동등하게 연결되는 방식<br>• 컴퓨터는 클라이언트인 동시에 서버가 되며, 소규모의 네트워크를 구축할 때 사용 |

**포인트 투 포인트(Point to Point) 방식**
데이터의 양이 많을 때 주로 사용되며 중앙 컴퓨터와 터미널이 1:1로 연결되어 유지보수가 쉬운 연결 방식

## 07 통신 프로토콜

### 1) 프로토콜의 정의 24년 상시, 12년 3월, 07년 10월, 03년 3월

- 프로토콜(Protocol)이란 데이터 통신에서 컴퓨터 시스템 간의 정보 교환을 원활하게 하기 위해 정해 놓은 약속(규약)이다.
- 프로토콜의 기본 요소는 구문(Syntax), 의미(Semantics), 순서(Timing)이다.
- 프로토콜은 전송하고자 하는 데이터 프레임의 구성에 따라 문자 방식, 바이트 방식, 비트 방식 등이 있다.
- 프로토콜에는 회선 접속 및 절단 방식, 통신 방식, 전송 속도, 오류 검출 방식, 데이터 형식 등의 기능이 포함된다.

### 2) OSI 참조 모델 24년 상시, 23년 상시, 22년 상시, 21년 상시, 17년 9월/3월, 16년 6월/3월, 12년 6월, 11년 9월/6월/3월, …

- ISO★에서 제정한 개방형 시스템의 상호 접속을 위한 참조 모델이다.
- OSI 참조 모델은 데이터 통신 프로토콜의 기능을 정의하는 7개의 계층으로 구성된다.

| | 계층 | 기능 |
|---|---|---|
| 1 | 물리 계층(Physical Layer) | 네트워크 미디어의 물리적 특징을 정의 |
| 2 | 데이터 링크 계층(Data Link Layer) | 물리 계층에서 사용되는 전송 매체를 이용하여 안정적인 데이터 전송을 제공(오류 발견, 수정, 링크의 확립, 유지) |
| 3 | 네트워크 계층(Network Layer) | 네트워크 접속에 필요한 데이터 교환 기능을 제공하고 관리 |
| 4 | 전송 계층(Transport Layer) | 네트워크 종단 사이에 신뢰성 있고 투명한 데이터 전송을 제공하고, 에러 점검과 흐름 제어를 담당 |
| 5 | 세션 계층(Session Layer) | 송 · 수신 프로세스 간에 대화(dialog)를 설정하고 그 사이의 동기를 제공 |
| 6 | 표현 계층(Presentation Layer) | 데이터 표현 형식을 표준화하고 암호화와 데이터 압축 등을 수행 |
| 7 | 응용 계층(Application Layer) | 네트워크를 이용하는 응용 프로그램으로 구성 |

★ ISO(International Organization for Standardization, 국제표준기구)
1947년 발족된 국제적인 표준기관으로 표준 및 관련 활동의 세계적 조화를 촉진하고, 국제 규격을 개발·발행하며, 회원 기관과 관련 국제 기구와의 협력을 도모하는 것을 목적으로 함

**암기 TIP**

**물데네전세표응**
물리 – 데이터 링크 – 네트워크 – 전송 – 세션 – 표현 – 응용

## 08 인터네트워킹★ 24년 상시, 23년 상시, 22년 상시, 21년 상시, 18년 3월, 17년 9월, 16년 10월/3월, 12년 6월, …

★ 인터네트워킹(Internetworking)
여러 개의 네트워크를 하나의 네트워크로 상호 연결하는 것으로 물리적인 연결 위에 논리적으로 네트워크를 연결해 주는 기법

### 1) 허브(Hub)

두 개의 서로 다른 컴퓨터를 연결하는 장치로, 각 회선을 통합적으로 관리하는 장치이다.

| | |
|---|---|
| 더미 허브 | 기능상 분류로서 허브 자체적으로 아무런 인텔리전트 기능이 없는 단순 허브 |
| 이더넷★ 허브 | 속도의 구분으로 10Mbps 인터페이스 포트를 구비한 허브 |

★ 이더넷(Ethernet)
- 가장 대표적인 버스 구조 방식의 근거리 통신망
- 네트워크 연결을 위한 국제전기전자기술자협회인 IEEE802.3의 표준으로, 초당 10Mbps의 속도로 전송하기 위한 LAN 연결 기술

### 2) 리피터(Repeater)

받은 신호를 증폭시켜 먼 거리까지 정확한 신호를 전달하는 물리 계층의 장치이다.

### 3) 브리지(Bridge)

데이터 링크 계층에서 두 개의 네트워크를 연결하며, 패킷을 적절히 중계하고 필터링하는 장치이다.

### 4) 라우터(Router)

네트워크의 모든 컴퓨터 주소, 다른 브리지나 라우터에 대한 정보를 알고 있으면서 네트워크에 메시지를 보낼 때 최적의 경로를 결정한다.

기적의 TIP
라우터는 유용한 네트워크 정보를 알아 적절히 이용하는 해결사입니다.

### 5) 게이트웨이(Gateway) 23년 상시, 22년 상시, 21년 상시, 19년 3월

두 개의 서로 다른 네트워크를 상호 접속하는 장치로, 필요한 경우 프로토콜 변환을 수행한다.

| 계층 | 장치 |
|---|---|
| 응용 계층(Application Layer) | 게이트웨이 |
| 표현 계층(Presentation Layer) | 게이트웨이 |
| 세션 계층(Session Layer) | 게이트웨이 |
| 전송 계층(Transport Layer) | 게이트웨이 |
| 네트워크 계층(Network Layer) | 라우터, 게이트웨이 |
| 데이터 링크 계층(Data Link Layer) | 브리지, 라우터, 게이트웨이 |
| 물리 계층(Physical Layer) | 리피터, 브리지, 라우터, 게이트웨이 |

## 09 정보통신망의 종류 및 특징 24년 상시, 23년 상시, 22년 상시, 21년 상시, 16년 10월, 14년 3월, …

### 1) LAN(Local Area Network : 근거리 통신망) 23년 상시, 22년 상시, 21년 상시, 11년 3월, 10년 9월, …

- 회사, 학교, 연구소 등의 특정 구역 내에서 여러 대의 시스템을 연결하여 데이터를 전송할 수 있는 통신망이다.
- 분산 처리와 실시간 처리가 가능하므로 고속 통신이 가능하고, 오류율이 낮아 신뢰성 있는 정보 전송이 가능하다.
- 연결 방식으로는 스타(Star)형, 버스(Bus)형, 링(Ring)형, 망(Mesh)형, 트리(Tree)형 등이 있다.

개념 체크
1 받은 신호를 증폭시켜 먼 거리까지 정확하게 신호를 전달하는 물리 계층의 장치는 (　　)이다.
2 네트워크에 메시지를 보낼 때 최적의 경로를 결정하는 장치는 (　　)이다.

1 리피터 2 라우터

① LAN 연결 방식 23년 상시, 22년 상시, 21년 상시, 15년 3월, 13년 10월, 11년 9월, 10년 5월/3월, 08년 10월/5월, 07년 7월, …

| 스타(Star)형 | 중앙의 컴퓨터와 단말기를 1:1로 직접 연결한 형태 |
|---|---|
| 버스(Bus)형 | 모든 단말기를 일렬로 연결한 형태 |
| 링(Ring)형 | 중앙의 컴퓨터가 필요하지 않고 이웃한 컴퓨터를 링처럼 서로 연결한 형태 |
| 망(Mesh)형 | 모든 단말기를 그물처럼 서로 연결한 형태 |
| 트리(Tree)형 | 중앙의 컴퓨터와 단말기를 하나의 통신 회선으로 연결하는 방식으로, 분산 처리 시스템이 가능한 형태 |

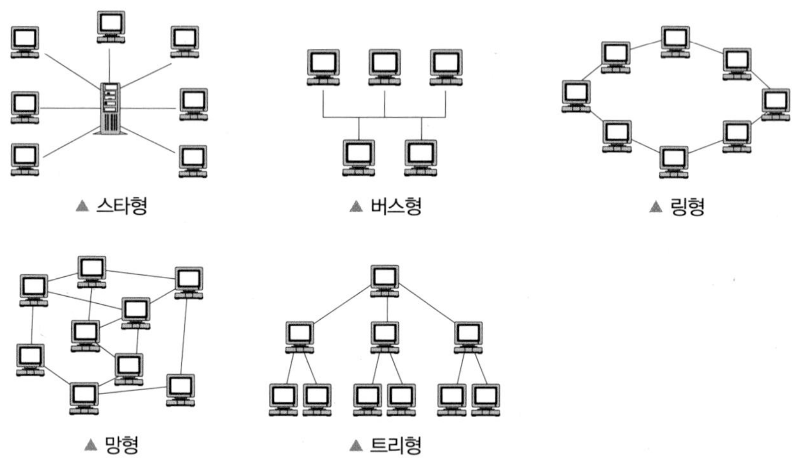


② LAN 접근 방식 23년 상시, 22년 상시, 21년 상시, 10년 3월, 09년 7월, 06년 11월/8월, 05년 5월, 04년 11월

| CSMA/CD | 전송 매체를 감시하다가 신호가 있으면 기다리고, 신호가 없으면 전송을 즉시 개시하는 방식 |
|---|---|
| 토큰 패싱 | 토큰이라는 제어 패킷을 통신망에 순회시켜 이것을 받은 송신자가 송신권을 얻는 방식 |
| 토큰 버스 | 한 스테이션이 토큰을 가지게 되면 특정 시간 동안 매체를 제어하고 하나 이상의 패킷을 전송할 수 있는 방식 |
| 토큰 링 | 링 주위를 프리 토큰이 순회하다가 패킷을 전송하려는 스테이션을 만나면 프리 토큰을 잡아 제어권을 얻는 방식 |

**정보 전송 방식의 구분**
- 정보 전송 방식에 따라 : 단방향, 반이중, 전이중 통신
- 데이터 전송 방식에 따라 : 직렬 전송, 병렬 전송
- 데이터 동기화 여부에 따라 : 비동기식 전송, 동기식 전송
- 연결 방식에 따라 : 점대점 방식, 다지점 방식

③ LAN 전송 방식

| 베이스 밴드 방식 | 특정 반송파를 변조하기 위해 사용되는 모든 신호에 의해 얻어지는 주파수 대역 |
|---|---|
| 브로드 밴드 방식 | 주파수 분할 다중화 기법을 이용해 하나의 전송 매체에 여러 개의 데이터 채널을 제공하는 방식 |
| 캐리어 밴드 방식 | 개방형 시스템 간 상호 접속(OSI)을 기준으로 하여 개발한 공장용 구내 정보통신망(LAN) 통신 규약에서의 전송로 규격 |

### 2) MAN(Metropolitan Area Network : 도시권 정보통신망)

- 도시와 위성 도시 간에 구축되는 통신망이다.
- LAN과 WAN의 중간 형태로 LAN과 같이 높은 데이터 전송률을 갖는다.

### 3) WAN(Wide Area Network : 광역 통신망) 23년 상시, 22년 상시, 21년 상시

- 국가나 전 세계에 걸쳐 형성되는 통신망이다.
- 넓은 지역을 연결하기 때문에 LAN보다 오류율이 높다.
- 다국적 기업이나 기관 또는 연구소 간을 연결하는 데 쓰인다.

### 4) VAN(Value Added Network : 부가 가치 통신망) 23년 상시, 22년 상시, 21년 상시, …

- 공중 통신 사업자로부터 회선을 빌려 데이터 전송 이상의 부가 가치를 부여하여 판매하는 통신망 서비스이다.
- 제공하는 정보가 다양하고 이용 방법이 편리하다.

### 5) ISDN(Integrated Services Digital Network : 종합 정보통신망) 23년 상시, …

- 하나의 통신 회선을 통하여 음성, 이미지, 동영상, 텍스트 등의 다양한 데이터 통신을 제공하는 디지털 통신망이다.
- 빠른 전송 속도에 비해 사용료가 경제적이다.

### 6) B-ISDN(Broadband ISDN : 광대역 종합 정보통신망) 23년 상시, 22년 상시, 21년 상시, …

- 광케이블을 사용하여 고화질의 동영상까지 전송할 수 있는 통신망이다.
- 비동기 전송 방식(ATM)을 기반으로 구축되며, 넓은 대역폭을 사용한다.
- ISDN보다 진보된 형태로 데이터, 음성뿐만 아니라 고화질의 동영상까지 손쉽게 전송한다.

#### ① ATM(Asynchronous Transfer Mode : 비동기 전송 방식) 23년 상시, 22년 상시, 21년 상시, …

- B-ISDN의 전송 · 교환 기술로 고정길이의 블록인 ATM 셀에 의해 순차적으로 전송하는 방식이다.
- ATM 셀은 53바이트 크기로 헤더(5바이트)와 정보 데이터(48바이트) 부분으로 나눈다.
- 높은 전송 효과로 다양한 정보를 고속으로 처리할 수 있는 기술이다.

#### ② 비동기식 전송 방식과 동기 전송 방식

| 비동기식 전송 방식<br>(Asynchronous Transmission) | 동기 전송 방식<br>(Synchronous Transmission) |
|---|---|
| 한 문자씩 데이터를 전송하며 데이터 비트의 앞과 뒤에 각각 시작 비트와 종료 비트를 삽입하는 방식 | 데이터 블록 단위로 전송하며 전송 타이밍을 양쪽이 동일하게 맞는 방식으로 보통 2000bps 이상의 고속 전송에 이용 |

**공중교환전화망(PSTN)**
세계의 공중 회선 교환 전화망들이 얽혀 있는 전화망으로 원래 고정 전화의 아날로그 전화망이었으나 현재는 완전히 디지털화 되었음

**광대역 통합망(BcN)**
개방형 통신망으로 통신, 방송, 인터넷이 융합된 멀티미디어 서비스를 언제 어디서나 끊김 없이 안전하게 이용할 수 있는 품질보장형 통합 네트워크

**FDDI**
토큰 링 방식에 광섬유를 전송매체로 사용해서 고속 전송을 가능하게 하는 기술로 듀얼 링에 연결되며 100Mbps의 속도로 데이터 전송이 가능

**광저장 통신망(SAN : Storage Area Network)**
대규모 네트워크 사용자들을 위하여 서로 다른 종류의 데이터 저장장치를 관련 데이터 서버와 함께 연결해 별도의 랜이나 네트워크를 통해 저장 데이터를 관리하는 통신망

암기 TIP

**ATM과 53**
ATM은 패킷 단위로 데이터를 전송하는데, 패킷 크기가 53바이트이다.

09년 2월, 07년 3월, 06년 3월, 05년 11월/5월, 04년 11월/5월, 03년 8월

#### 7) ADSL(Asymmetric Digital Subscrilber Line : 비대칭 디지털 가입자 회선)

- 미국 벨코어에서 제안된 기술로 음성보다 높은 주파수 영역에서 대역폭을 적절히 이용하는 기술이다.
- 전화국과 가정이 1:1로 연결되어 있어 전화선을 이용하여 서로 다른 주파수로 데이터를 보냄으로써 빠르게 전송할 수 있는 통신망이다.
- 전화국으로부터 전송 거리에 따라 1.5Mbps 속도에서 약 5.5km까지 전송의 제한을 받고, 6Mbps 속도에서 약 1.8Km까지 전송의 제한을 받는다.

| ADSL | ISDN |
|---|---|
| 기존 전화선 이용<br>(전화 + 인터넷) | |
| 주파수 대역폭으로 구분 | 가상 채널을 통해 신호 분리 |
| 8Mbps 〉 128Kbps | |

#### 8) VDSL(Very high-data Digital Subscrilber Line : 초고속 디지털 가입자 회선)

- ADSL보다 전송 거리가 짧은 구간에서 고속의 데이터를 비대칭으로 전송하는 기술이다.
- 다운로드와 업로드 속도가 동일하여 인터넷 방송, HDTV, VOD 등에 활용되는 통신망이다.

## 이론을 확인하는 기출문제

**01** 다음 중 정보 전송 방식에 대한 설명으로 옳지 않은 것은?

① 통신 회선 이용 방식에 따라 단방향 통신, 양방향 통신, 전이중 통신으로 구분한다.
② 데이터 전송 방식에 따라 직렬 전송, 병렬 전송으로 구분한다.
③ 데이터 동기화 여부에 따라 비동기식 전송, 동기식 전송으로 구분한다.
④ 연결 방식에 따라 점대점 방식, 다지점 방식으로 구분한다.

통신 회선의 데이터 전송 방식에 따라 단방향, 반이중, 전이중 전송으로 나뉜다.

**02** 다음 중 서로 인접한 노드끼리 둥글게 연결된 형태로 양방향 전송이 가능하고, LAN에서 가장 많이 이용하는 정보통신망의 유형은?

① 버스(Bus)형　② 링(Ring)형
③ 트리(Tree)형　④ 스타(Star)형

링형은 이웃한 컴퓨터를 링으로 서로 연결한 형태이다.

**오답 피하기**

- 버스형 : 하나의 통신 회선에 여러 단말기를 연결한 형태
- 트리형 : 중앙 컴퓨터와 이웃하는 단말기를 하나의 통신회선으로 연결하는 방식으로 분산 처리에 사용
- 스타형 : 중앙의 컴퓨터와 단말기를 1:1로 직접 연결한 형태로 중앙 처리에 사용

**03** 다음 중 정보통신을 위하여 사용되는 광섬유 케이블에 관한 설명으로 옳지 않은 것은?

① 대역폭이 넓어 데이터의 전송률이 우수하다.
② 리피터의 설치 간격을 좁게 설계하여야 한다.
③ 도청하기 어려워서 보안성이 우수하다.
④ 다른 유선 전송 매체와 비교하여 정보 전달의 안전성이 우수하다.

광섬유 케이블은 넓은 대역폭을 사용하며 리피터의 간격이 넓다.

**04** 다음 중 LAN을 매체 접근 제어 방식으로 분류했을 경우 이에 해당하지 않는 것은?

① CSMA/CD
② 토폴로지(Topology)
③ 토큰 링(Token Ring)
④ 토큰 버스(Token Bus)

LAN의 3가지 매체 접근 방법은 CSMA/CD LAN, 토큰 패싱 링 LAN, 토큰 패싱 버스 LAN이 있다.

**05** 다음 보기의 내용은 전송 방향에 따른 전송 방식을 설명한 것이다. 이에 적합한 것은 어느 것인가?

> 전화 회선처럼 송신자와 수신자가 동시에 양방향 통신을 할 수 있는 것으로 서로 다른 회선이나 주파수를 이용하여 데이터 신호가 충돌되는 것을 방지한다. 반환 시간이 필요 없으므로 두 컴퓨터 사이에 매우 빠른 속도로 통신이 가능하다.

① 단방향(Simplex) 통신 방식
② 반이중(Half Duplex) 통신 방식
③ 전이중(Full Duplex) 통신 방식
④ 이이중(Double Duplex) 통신 방식

**오답 피하기**

- 단방향 통신 : 한쪽 방향으로만 데이터를 전송하는 방식
- 반이중 통신 : 동시에 송수신할 수 없고 교대로만 송수신이 가능한 방식
- 이이중 통신 : 통신 회선이 두 개로 더 안정된 송수신이 가능한 방식

**06** 다음 중 서로 다른 프로토콜을 사용하는 망을 연결하는 데 사용되는 것은 무엇인가?

① 리피터　② 게이트웨이
③ 서버　④ 클라이언트

게이트웨이는 두 개의 서로 다른 네트워크를 상호 접속하는 장치이다.

**오답 피하기**

리피터는 신호를 증폭시켜 먼 거리까지 전달하는 장치이다.

정답 01 ① 02 ② 03 ② 04 ② 05 ③ 06 ②

SECTION 02

# 인터넷 활용하기

합격 강의

출제빈도 상 (중) 하
반복학습 1 2 3

빈출 태그 TCP/IP • 클래스 • 프로토콜 • 전자 상거래 • 인터넷 프로그래밍 언어 • 유비쿼터스 • 핑 • 캐싱

**기적의 TIP**

SECTION 01에 비해서 출제율은 낮지만 반드시 알고 넘어가야 할 내용이니 꼭 알아두세요.

★ ARPANET
1990년 ARPANET이 과학재단 네트워크인 NSFNET으로 이관되고 그 이후 일반 상업 목적의 네트워크가 연결되면서 현재의 인터넷으로 발전

**웹 접근성(Web Accessibility)**
장애인이거나 나이가 많거나 누구든 전문적인 지식이 없이도 웹에 접근해서 모든 정보를 이용할 수 있도록 보장하는 것

## 01 인터넷과 인터넷 주소 23년 상시, 22년 상시, 21년 상시, 20년 2월

TCP/IP 프로토콜에 접속된 네트워크의 집합체로 ARPANET★에서 유래되었다.

### 1) 인터넷 주소 09년 10월

인터넷: 전 세계의 컴퓨터가 서로 연결되어 정보를 교환할 수 있는 거대한 통신망

| | |
|---|---|
| IP 주소 | • 32비트의 숫자를 8비트씩 나누고 각 부분을 점(.)으로 구분<br>• 각종 인터넷 프로토콜을 위한 주소<br>예 192.215.54.29 |
| 도메인(Domain) 이름 | • IP 주소의 이해를 돕기 위한 주소<br>• 문자를 이용하여 사용자가 알기 쉽게 표기하는 주소 방식으로 호스트 이름, 기관 이름, 기관 종류, 국가 도메인으로 구성<br>예 www.bluehouse.gov |
| MAC 주소 | LAN 카드의 접근 제어를 위한 주소<br>예 00-E0-98-72-F3-69 |

IP 주소: 네트워크 부분과 호스트 부분으로 구성되고, A클래스에서 E클래스까지 5개 클래스가 사용

▶ **클래스별 연결 가능한 호스트 수**

| 구분 | 범위 | 사용 범위 |
|---|---|---|
| A 클래스 | 1.0.0.0~126.255.255.255(16,777,214개) | 초/대규모의 네트워크용 |
| B 클래스 | 128.1.0.0~191.254.255.255(65,534개) | 중형 규모의 네트워크용 |
| C 클래스 | 192.0.1.0~223.255.254.255(254개) | 소규모의 네트워크용 |
| D 클래스 | 224.0.0.0~239.255.255.255 | 멀티캐스트용 예 엠본 중계 |
| E 클래스 | 240.0.0.0~247.255.255.255 | 실업용 |

A 클래스

| 0 | 네트워크 부분 (8비트) | 호스트 부분 (24비트) |
|---|---|---|

B 클래스

| 1 | 0 | 네트워크 부분 (16비트) | 호스트 부분 (16비트) |
|---|---|---|---|

C 클래스

| 1 | 1 | 0 | 네트워크 부분 (24비트) | 호스트 부분 (8비트) |
|---|---|---|---|---|

따라하기 TIP

**IP 주소와 MAC 주소 알아보기**

① [시작]-[실행]을 실행하여 'cmd'라고 입력한다.
② 프롬프트 창이 나타나면 'ipconfig/all'이라고 입력한다.

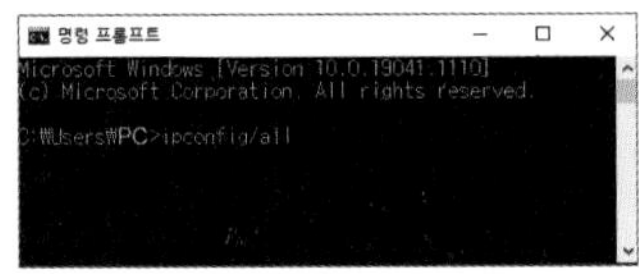

③ IP 주소와 MAC 주소를 확인한다.

> **ARP(Address Resolution Protocol)**
> LAN에서 어떤 컴퓨터에 IP 패킷을 물리적으로 전달하기 위해서 IP 주소로 그 장비의 MAC 주소를 알아내기 위한 프로토콜
>
> **RARP(Reverse ARP)**
> MAC 주소로부터 그 장비의 IP 주소를 알아내는 프로토콜

## 2) DNS(Domain Name Service)

- 영문자로 된 도메인 주소를 숫자로 된 IP 주소로 변환시켜 주는 작업을 의미한다.
- 이러한 작업을 전문으로 하는 컴퓨터를 도메인 네임 서버(Domain Name Server)라고 한다.
- 도메인 네임 서버는 자신의 도메인에 속한 IP 주소와 도메인 이름을 모두 보유하고 있다.

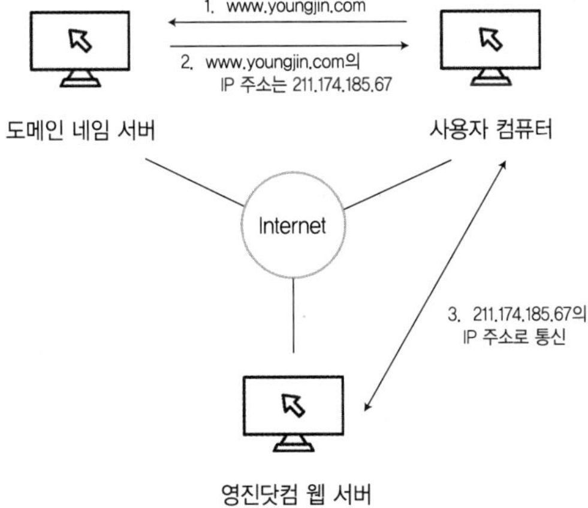


## 3) URL(Uniform Resource Locator)

- 인터넷에 있는 정보의 위치를 표기하기 위한 방법으로 웹에서 사용되는 표준 방법이다.
- 표기 방법 : 프로토콜://서버의 주소[:포트 번호]★/[디렉터리명]/[파일명]

예
- 웹 주소 → http://www.youngjin.com
- FTP → ftp://ftp.youngjin.com
- 전자우편 → book2@youngjin.com
- 텔넷 → telnet://214.174.185.67

> ★ 포트 번호
> 기본 포트를 사용하는 경우 생략해도 되지만, 다른 포트 번호를 사용하는 경우 URL에 포트 번호를 반드시 함께 지정해야 함
> 예
> - http : 80번
> - ftp : 21번
> - telnet : 23번
> - news : 119번

**프로토콜(Protocol)**
- 데이터 통신에서 컴퓨터 시스템 간의 정보 교환을 원활하게 하기 위해 정해 놓은 약속
- 구문, 의미, 순서의 세 가지 기본 요소로 구성
- 흐름제어, 동기화, 순서제어 등의 기능 수행

## 02 인터넷의 프로토콜 24년 상시, 23년 상시, 22년 상시, 21년 상시, 20년 7월/2월, 19년 8월/3월, 18년 9월/3월, …

### 1) TCP/IP란?

TCP – 전송 데이터의 흐름을 제어하고 데이터의 에러 유무를 검사
IP – 패킷 주소를 해석하고 목적지로 전송하는 역할

- TCP/IP는 네트워크로 연결된 시스템 간의 데이터 전송을 위해 인터넷에서 사용하는 표준 프로토콜이다.
- TCP/IP를 이용하면 컴퓨터 기종에 관계 없이 인터넷 환경에서의 정보 교환이 가능하다.

### 2) TCP/IP 프로토콜 구조

| TCP/IP 프로토콜 계층 | OSI 7계층 |
|---|---|
| 응용 계층 (FTP, SMTP, TELNET, SNMP, HTTP) | 응용 계층<br>표현 계층<br>세션 계층 |
| 전송 계층 (TCP, UDP) | 전송 계층 |
| 네트워크 계층 (IP, ICMP) | 네트워크 계층 |
| 데이터 링크 계층 | 데이터 링크 계층<br>물리 계층 |

▲ TCP/IP 네트워크의 구조

| 프로토콜 | 기능 |
|---|---|
| TCP(Transmission Control Protocol) | • 전송 데이터의 흐름을 관리하고 데이터의 에러 유무를 검사<br>• 신뢰성, 접속(Connection) 서비스 |
| IP(Internet Protocol) | • 데이터 패킷(Packet)을 목적지로 전송하는 역할<br>• 비신뢰성, 비접속(Connectionless) 서비스 |
| UDP (User Datagram Protocol) | • 간단한 데이터그램의 전송 서비스를 제공<br>• 비신뢰성, 비접속 서비스 |
| ICMP(Internet Control Message Protocol) | 호스트 또는 라우터 사이에 오류 정보, 제어 메시지를 전달하는 데 사용되며 주로 IP를 이용함 |
| SNMP(Simple Network Management Protocol) | 네트워크를 관리하고 네트워크 장치와 동작을 감시 및 총괄하는 프로토콜 |
| SMTP(Simple Mail Transfer Protocol) | 전자우편을 송신하기 위한 프로토콜 |

**POP(Post Office Protocol)**
전자우편을 수신하기 위한 프로토콜로, 주로 POP3를 사용

**ARP(Address Resolution Protocol)**
논리적 IP 주소를 물리적 주소인 MAC(Media Access Control) 주소로 대응시키는 프로토콜

**RARP(Reverse Address Resolution Protocol)**
물리적 네트워크 주소(MAC)를 논리적 IP 주소로 대응하는 프로토콜

**VoIP(Voice of Internet Protocol)**
기존의 데이터 통신망을 이용해 음성 데이터를 전송하기 위한 프로토콜로 확장성이 높으며, 이를 이용할 경우 기존 전화에 비해 요금도 저렴한 방식

## 03 인터넷 서비스 24년 상시, 22년 상시, 21년 상시, 17년 9월, 06년 11월, 03년 8월/6월/3월

| | |
|---|---|
| WWW (World Wide Web) | • 웹 서비스는 정보가 하이퍼텍스트 형식으로 제공되며 각종 형태의 텍스트, 그림, 동영상, 음성 등의 정보를 포함<br>• 웹을 통하여 정보 검색, 홈쇼핑, 온라인 게임, 방송, 라디오, 신문 등의 무궁무진한 서비스를 제공 |
| **파일 전송** (FTP : File Transfer Protocol) | • 인터넷을 통하여 파일을 송수신하기 위해 사용되는 서비스로 파일 공유<br>• 익명(Anonymous) FTP 사이트 : 별도의 계정 없이 공개된 파일을 송수신할 수 있는 사이트 |
| 아키(Archie) | 익명(Anonymous) FTP 사이트를 대상으로 사용자가 원하는 파일이 어디에 위치하는지 검색해 주는 서비스 |
| **원격 접속**(Telnet) | • 원격지의 컴퓨터에 접속할 수 있도록 해주는 서비스<br>• 원격 접속을 하려면 접속하고자 하는 컴퓨터가 네트워크에 연결되어 있어야 하고, 상대 컴퓨터를 이용할 수 있는 계정이 필요 |
| **고퍼**(Gopher) | • 메뉴 형식의 정보 검색 시스템으로 WWW가 활성화되기 이전에 많이 사용되던 서비스<br>• 베로니카 : 고퍼를 쉽게 검색할 수 있게 해주는 검색 도구 |

## 04 인트라넷/엑스트라넷/VPN

### 1) 인트라넷(Intranet) 11년 3월, 09년 10월, 08년 5월, 07년 7월, 05년 11월/3월, 04년 5월

인터넷의 기술을 기업 내 정보 시스템에 적용한 것으로 전자우편 시스템, 전자 결재 시스템 등을 인터넷 환경으로 통합하여 사용하는 것을 말한다.

| | |
|---|---|
| **장점** | 플랫폼 독립성(Platform Independency)을 제공하며, 구축 비용이 저렴 |
| **단점** | 내부 정보의 외부 유출 및 불법 접근을 막기 위해 방화벽과 같은 보안 도구가 반드시 필요 |

### 2) 엑스트라넷(Extranet)

기업에서 인터넷을 기반으로 한 네트워크를 구축하여 거래처는 물론 일반 고객과의 정보 교류 및 전자 상거래를 하는 것을 의미한다.

| | |
|---|---|
| **구조적** | 인트라넷과 동일 |
| **보안** | 타 기업의 접속이 허용되기 때문에 반드시 보안 기술이 필요 |

### 3) 가상 사설망(VPN : Virtual Private Network)

기존 사설망의 고비용과 비효율적인 관리를 해결하기 위한 방법으로, 인터넷과 같은 공중망을 이용하여 사설망을 구축, 암호화된 데이터를 전송할 수 있도록 만드는 기술이다.

**암기 TIP**

• 인터넷 기술을 기업 내(In)의 정보 시스템에 적용 = 인트라넷(Intranet)
• 인터넷 기술을 기업 밖(Exterior)의 정보 시스템에 적용 = 엑스트라넷(Extranet)

**사설망 IP 주소**
10.×.×.× or 172.16.×.× or 192.168.×.× 로 시작

## 05 전자 상거래의 개념 23년 상시, 22년 상시, 21년 상시, 05년 8월, 04년 11월/3월

### 1) 전자 상거래란?

전자 상거래(EC : Electronic Commerce)란 사이버 공간에서 행하는 판매, 구매 등의 상거래 행위와 광고, 발주 등의 모든 활동을 포함하는 행위로 EDI★, CALS★, 사이버 비즈니스를 모두 포함한다.

★ EDI(Electronic Data Interchange, 전자 문서 교환)
조직 간에 교환되는 문서를 컴퓨터와 컴퓨터 간에 교환하여 업무에 활용할 수 있도록 정형화된 양식이나 코드 체계를 이용하는 시스템

★ CALS
기업 간의 정보 시스템으로 기업의 활동으로부터 생성되는 자료를 디지털화하여 정보를 공유하는 방식

**ERP(Enterprise Resource Planning, 전사적 자원 관리)**
기업 내의 생산, 판매, 인사, 회계, 자금 등 기업의 기간 업무를 효율적으로 관리하는 통합 정보 시스템

### 2) 전자 상거래의 특징

- 시간과 공간의 제약을 극복할 수 있고 일대일 마케팅으로 고객 관리가 용이하다.
- 유통 채널이 단순화되어 있다.
- 고객 수요에 대한 정보 획득이 용이하고 초기 투자 비용이 저렴하며, 다양한 상품의 검색과 비교가 가능하다.

## 06 인터넷 프로그래밍 언어 24년 상시, 23년 상시, 22년 상시, 21년 상시, 20년 2월, 19년 8월/3월, 18년 9월, …

| | |
|---|---|
| HTML (Hypertext Markup Language) | • 하이퍼텍스트 문서를 만드는 데 사용되는 언어 규약으로, 웹 문서의 표준으로 사용<br>• 이식성이 높고 사용이 편리하나 고정된 태그만을 사용하여 복잡한 구조의 문서를 작성하기가 어려움 |
| HTML5(Hypertext Markup Language 5) | 별도 프로그램을 설치하지 않아도 인터넷 브라우저상에서 화려한 그래픽 효과를 구현하며, 음악 · 동영상을 자유롭게 감상할 수 있음 |
| UML(Unified Modeling Language) | 객체 지향 분석/설계용의 모델링 언어로 신뢰성이 높은 언어 |
| VRML(Virtual Reality Modeling Language) | 3차원 가상공간과 입체 이미지들을 묘사하기 위한 텍스트 파일 언어로 .wrl 확장명을 사용 |
| SGML (Standard Generalized Markup Language) | • 복잡하고 대용량인 멀티미디어 문서를 원활하게 교환할 수 있도록 ISO에서 제정한 데이터 객체 양식 표준<br>• 유연성이 높고 시스템에 독립적으로 운용 가능하나, 기능이 방대하고 복잡하여 시스템을 개발하는 데 어려움이 많은 언어 |
| XML (eXtensible Markup Language) | • HTML을 획기적으로 개선한 차세대 인터넷 언어로, SGML의 복잡한 단점을 개선한 언어<br>• 사용자가 새로운 태그와 속성을 정의할 수 있는 확장성을 가짐<br>• 유니코드를 사용하므로 전 세계의 모든 문자를 처리 |
| ASP (Active Server Pages) | • 기존의 CGI 기술이 서버에 무리를 주고 실행이 느리다는 단점을 극복하기 위한 기술<br>• ASP 문서는 웹 서버에서 분석되어 실행된 후에 클라이언트 쪽으로 실행 결과만을 전달<br>• 마이크로소프트사에서 제작하여 Windows 계열에서 사용 가능한 프로그래밍 언어로 서버 측에서 동적으로 수행되는 페이지를 만들기 위한 언어임<br>• HTML 또는 VB Script, 자바 스크립트를 이용하여 만들 수 있으며 확장자는 asp이고 마이크로소프트사의 IIS3.0 이상에서만 지원하므로 반드시 IIS3.0 이상 버전의 서버를 설치해야 함 |

| | |
|---|---|
| PHP(Professional Hypertext Preprocessor) | 웹 서버에 내장되어 기존의 CGI 형식을 벗어나 별도의 프로세서를 만들지 않고 빠르게 움직이는 서버측 스크립트 언어 |
| JSP (Java Server Page) | • 자바로 만들어진 서버 스크립트로, 다양한 운영체제에서 이용 가능<br>• 데이터베이스와의 연결이 쉽고, 시스템을 효율적으로 사용 |
| JAVA(자바) | 객체 지향 프로그래밍 언어로 WWW 환경에서 분산 작업이 가능하도록 설계 |
| DTD(Data Type Definition) | 사용자에 의한 태그 정의를 비롯해 XML 문서에 대한 제반 사항을 정의하는 부분 |
| DHTM(Dynamic HTML) | 기존의 HTML 기능을 보완하여 웹 페이지가 서버의 도움 없이 다양한 표현을 동적(Dynamic)으로 보여줄 수 있는 언어 |
| CGI(Common Gateway Interface) | • 외부 데이터베이스에 접근하거나 인터넷 호스트 내에서 다른 프로그램을 별도로 수행한 결과를 홈페이지에서 받아볼 때 사용<br>• 홈페이지에 일방적인 내용을 표시하는 것이 아니라 카운터, 방명록, 게시판과 같이 방문자 상호 간의 정보를 주고받는 기능을 추가해 줌 |
| Perl | • 1986년 UNIX 프로그래머인 Larry Wall에 의해 고안된 언어<br>• 웹 서버의 CGI를 위한 언어로 많이 사용되며 C언어보다 사용하기 쉽고 문법이 간결<br>• 특정 컴파일러나 링크를 필요로 하지 않기 때문에 프로그래밍 수행 속도가 빠름 |

• 객체 지향 프로그래밍 언어 : C++, C#, JAVA
• 절차 지향 프로그래밍 언어 : C, COBOL, FORTRAN

## 07 인터넷 정보 검색 19년 8월

### 1) 웹 브라우저

• 웹 브라우저(Web Browser)는 하이퍼미디어 방식의 WWW를 이용할 수 있도록 해주는 프로그램이다.
• 모자이크, 넷스케이프 내비게이터, 인터넷 익스플로러, 크롬, 사파리 등이 있다.

### 2) 검색 엔진

• 검색 엔진에는 주제별 검색 엔진과 키워드 검색 엔진, 메타 검색 엔진이 있다.
• 검색 연산자의 연산 순위(높은 순위 → 낮은 순위) : NEAR → NOT → AND → OR

| 분류 | 특징 |
|---|---|
| 주제별 검색 엔진 | • 웹 사이트를 주제별 카테고리(Category)로 분류하여 사용자가 순서대로 검색해 나가는 방식<br>• 데이터베이스의 양은 적지만 고급 정보를 제공<br>예 야후(Yahoo), 갤럭시(Galaxy) 등 |
| 키워드 검색 엔진 | • 로봇 에이전트(Robot Agent)★가 정보를 수집하여 분류한 데이터베이스를 사용자가 키워드를 입력하여 검색하는 방식<br>• 자료의 양은 방대하지만 원하는 결과를 찾기 힘든 경우가 많음<br>예 알타비스타(AltaVista), 네이버(Naver), 엠파스(Empas) 등 |
| 메타 검색 엔진 | 자체적으로는 데이터베이스를 가지고 있지 않고 여러 개의 검색 엔진을 대상으로 정보를 검색하는 방식<br>예 메타서치(Metasearch), 메타크롤러(MetaCrawler), 구글(Google) 등 |

★ 로봇 에이전트(Robot Agent)
웹 사이트를 주기적으로 돌아다니며 정보를 수집하는 프로그램으로 스파이더(Spider), 크롤러(Crawler), 웜(Worm) 등으로 불림

암기 TIP
메타 검색 엔진은 ㅁ(미음)자로 시작되죠. 메타서치, 메타크롤러도 모두 미음으로 시작되네요.

**기적의 TIP**

인터넷 정보 관련 용어를 묻는 문제가 출제되고 있습니다. 용어들을 잘 알아두세요.

**암기 TIP**

요즘은 캐시 카드가 신분을 알기 위한 수단으로도 쓰이죠. 고객이 자주 방문한 정보를 알고 빠르게 대처해 주는 것이 바로 캐싱이죠.

### 3) 인터넷 정보 관련 용어 24년 상시, 23년 상시, 22년 상시, 21년 상시, 20년 7월, 17년 9월, 16년 10월, 15년 10월, …

| 용어 | 설명 |
|---|---|
| 유비쿼터스 | • 개별 물건에 극소형 전자태그가 삽입되어 있어 언제 어디서나 자유롭게 네트워크를 통해서 컴퓨터에 접속할 수 있는 환경<br>• 시간과 장소에 구애받지 않고 언제나 네트워크에 접속할 수 있는 통신 환경(RFID, USN 등) |
| 핑(Ping) | TCP/IP 프로토콜이 정상적으로 작동하는지 원격으로 네트워크상의 호스트 연결이 되었는지 확인할 수 있는 명령 |
| 핑거(Finger) | 특정 호스트에 머물러 있는 이용자 목록이나 정보를 찾기 위한 도구 |
| 푸시(Push) 기술 | 이용자가 미리 지정한 정보를 자동으로 PC에 가져다 주는 기술 |
| 풀(Pull) 기술 | 이용자가 인터넷에 접속하여 정보를 직접 찾아보는 방식 |
| 데몬<br>(Daemon) | • 인터넷상에서 발생하는 서비스들을 처리하기 위해 웹 서버에 항상 실행 중인 상태로 있는 프로그램<br>• 사용자가 직접적으로 제어하지 않고, 백그라운드에서 돌면서 주기적인 서비스 요청 등 여러 작업을 하는 프로그램 |
| 미러 사이트<br>(Mirror Site) | • 인터넷상의 어느 사이트와 똑같은 것을 다른 장소에 만든 사이트<br>• 사이트의 부하를 분산하기 위해 인기 있는 웹 사이트를 2개 이상의 파일 서버로 만들어 똑같은 내용을 분산시켜 보유하고 있는 사이트 |
| 캐싱<br>(Caching) | 자주 사용하는 사이트의 자료를 하드 디스크에 저장하고 있다가 사용자가 다시 그 자료에 접근하면 네트워크를 통해서 다시 읽어 오지 않고, 이미 저장한 하드 디스크의 자료를 활용해서 빠르게 보여주는 기능 |
| 쿠키<br>(Cookie) | 사용자의 방문 날짜와 그 사이트에서의 행동을 기록한 정보가 들어 있는 파일로 웹 서버로 접속하면 쿠키를 통하여 사용자의 정보와 인터넷 접속에 연계성을 부여 |

# 이론을 확인하는 기출문제

**01** 네트워크상에서 물리적인 네트워크 주소(MAC : Media Access Control)를 IP 주소로 대응시키기 위해 사용되는 프로토콜은 어느 것인가?

① RARP
② ARP
③ SLIP
④ SNMP

**오답 피하기**

- ARP : IP 주소를 물리적인 네트워크 주소로 대응시키기 위해 사용되는 프로토콜
- SLIP : 데이터 링크 프로토콜로 서버가 사용자의 요구를 인터넷에 전달하고, 사용자의 요구에 따른 인터넷의 응답을 다시 사용자에게 되돌려주는 역할을 하는 프로토콜
- SNMP : 네트워크를 관리하고 네트워크 장치와 동작을 감시, 총괄하는 프로토콜

**02** 다음 중 객체 지향 프로그래밍 언어로만 짝지어진 것은?

① C++, C#, JAVA
② C, COBOL, BASIC
③ FORTRAN, C++, XML
④ JAVA, C, XML

C, COBOL, FORTRAN은 절차 지향 언어이다.

**03** 다음 중 웹 문서 관련 표준과 거리가 먼 것은?

① SGML
② XML
③ APL
④ HTML

APL는 연산을 목적으로 하는 프로그래밍 언어이다.

**04** 다음 중 인터넷에서 사용하는 프로토콜(Protocol)에 관한 설명으로 옳지 않은 것은?

① 통신망에 흐르는 패킷 수를 조절하는 흐름제어 기능이 있다.
② 송 · 수신기가 같은 상태를 유지하도록 동기화 기능을 수행한다.
③ 데이터 전송 도중에 발생할 수 있는 오류를 검출하고 수정할 수 있다.
④ 구문, 의미, 순서의 세 가지 기본요소로 구성된다.

프로토콜이 데이터의 전송 도중 오류 수정의 기능은 할 수 없다.

**05** 인터넷 기술을 기업 내 정보 시스템에 적용한 것으로 전자우편 시스템, 전자 결재 시스템 등을 인터넷 환경으로 통합하여 사용하는 것을 무엇이라고 하는가?

① 익스트라넷
② 인트라넷
③ 고퍼
④ 원격 접속

**오답 피하기**

- 익스트라넷 : 기업에서 인터넷을 기반으로 한 네트워크를 구축하여 거래처는 물론 일반 고객과의 정보 교류 및 전자 상거래를 하는 것
- 고퍼 : 메뉴 형식의 정보 검색 시스템
- 원격 접속 : 원거리에 있는 컴퓨터와 연결하여 컴퓨터를 제어할 수 있는 접속

정답 01 ① 02 ① 03 ③ 04 ③ 05 ②

## 06 다음에서 설명하는 것은 무엇인가?

> – 1개의 네트워크 물리적 주소를 여러 개의 논리적 주소로 나누는 것
> – IP 주소와 결합하여 네트워크 주소와 호스트 주소를 구분하기 위하여 사용
> – C 클래스의 주소는 '255.255.255.0'을 사용

① 서브넷 마스크
② 기본 게이트웨이
③ DHCP
④ DNS

**오답 피하기**

- 기본 게이트웨이 : 두 개의 서로 다른 LAN을 연결하는 장치로 네트워크로 들어가는 입구 역할
- DHCP : 중앙에서 유동 IP를 할당해 주는 서버
- DNS : 문자로 된 도메인명을 컴퓨터가 이해할 수 있는 IP 주소로 바꾸어주는 시스템

## 07 다음 중 전자 상거래의 장점으로 적절하지 않은 것은?

① 시간과 공간적인 제약이 없다.
② 보안의 문제없이 언제나 안전한 거래를 할 수 있다.
③ 유통 비용과 건물 임대료 등의 운영비를 절감할 수 있다.
④ 각 쇼핑몰의 가격을 비교하여 가장 저렴한 상품의 구매가 가능하다.

전자 상거래는 비교적 안전하긴 하지만 항상 보안의 문제를 가지고 있다.

## 08 다음 중 인터넷 사용자가 인터넷에 처음 접속할 때 방문하게 되는 웹 페이지를 지칭하는 용어로, 전자우편, 홈페이지, 채팅, 게시판, 쇼핑 등의 서비스를 통합하여 제공하는 것을 의미하는 용어는 어느 것인가?

① 아키
② 포털 사이트
③ 미러 사이트
④ 고퍼

포털 사이트는 정보 검색 서비스나 커뮤니티와 같이 사용자가 정기적으로 이용할 수 있는 서비스를 제공하고, 고정 방문객을 확보하여 인터넷 비즈니스로 연결시킨다.

## 09 다음은 어느 통신망에 대한 설명인가?

> 기업 내 통신망을 인터넷의 방대한 정보망에 연결하여 조직 내부 간의 통신망에 활용하는 시스템으로 업무 연락, 공지 사항, 공문 전달 등에 이용된다. 예를 들면, 해외 지사와 서울 본사가 정보를 공유할 수 있음은 물론, 전자 결재 시 인터넷 정보를 끌어내 결재 내용에 첨부하는 것까지 가능하다.

① Arpanet
② Externet
③ Intranet
④ Internet

**오답 피하기**

- Arpanet : 1969년 미국 국방성에서 지원하여 4개의 대학을 연결한 통신망
- Externet : 기업에서 인터넷을 기반으로 한 네트워크로 일반 고객과의 정보 교류 및 전자 상거래에 사용
- Internet : 전 세계적인 네트워크의 네트워크

## 10 다음 중 자주 사용하는 사이트의 자료를 저장한 후, 사용자가 다시 그 자료에 접근하면 네트워크를 통해서 다시 읽어 오지 않고 미리 저장되어 있던 자료를 활용하여 빠르게 보여주는 기능을 나타내는 용어는 어느 것인가?

① 쿠키(Cookie)
② 캐싱(Caching)
③ 스트리밍(Streaming)
④ 로밍(Roaming)

캐싱(Caching)은 자주 사용하는 사이트의 자료를 하드 디스크에 저장하였다가 사용자가 다시 그 자료에 접근하면 빠르게 보여주는 기능이다.

**오답 피하기**

- 쿠키(Cookie) : 사용자의 방문 날짜와 그 사이트에서의 행동을 기록한 정보가 있는 파일
- 스트리밍(Streaming) : 인터넷에서 음성이나 영상, 애니메이션 등을 실시간으로 재생하는 기법
- 로밍(Roaming) : 서로 다른 통신 사업자의 서비스 지역에서도 통신이 가능하게 연결해 주는 서비스

정답 06 ① 07 ② 08 ② 09 ③ 10 ②

# 정보사회와 보안

학습 방향

3과목에서 용어가 가장 어려운 챕터로 정보 보안과 암호화, 다양한 해킹 수법들의 유형이 자주 출제됩니다. 보안 서비스에 대한 특징을 알아두고 암호화 알고리즘인 RSA와 DES의 차이를 구분할 수 있도록 학습하세요.

출제빈도

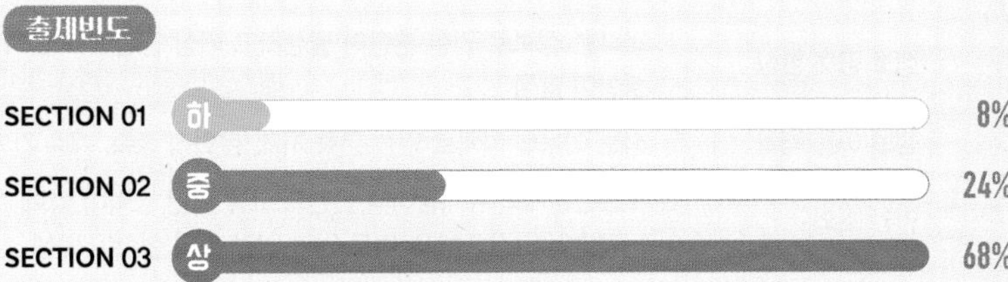

SECTION 01

# 정보사회와 윤리

출제빈도 상 중 (하)
반복학습 1 2 3

빈출 태그 정보사회의 순기능/역기능 • 정보 윤리 • 인터넷 사용 예절 • 정보사회 관련 법규 • DRM • 저작권

## 01 정보사회의 순기능과 역기능 24년 상시, 23년 상시, 22년 상시, 21년 상시, 18년 3월, 09년 2월, 03년 6월

정보사회: 컴퓨터와 통신 기술을 이용하여 정보를 생성, 가공, 유통하는 것이 사회를 움직이는 원동력이 되는 사회

### 1) 정보사회의 순기능

- 인터넷을 통해 정보를 빠르게 검색하여 원하는 정보를 쉽게 얻을 수 있다.
- 통신 기술의 발달로 시간과 공간의 제약이 없어져 재택근무나 사이버 강의를 듣는 것이 가능해졌다.
- 상호 작용이 가능한 쌍방향성이 실현되어 정보 교류로 지역 간의 특성화 사업이 발달하고 정치, 경제, 문화의 다양한 여론 조사도 가능해졌다.
- 홈쇼핑, 홈뱅킹, 각종 문화 시설 사용을 위한 예약이 편리해지고, 사이버 공간상의 새로운 문화가 형성되고 있다.

**정보화 사회의 과제**
- 정보 윤리 의식을 고취시켜 컴퓨터 범죄를 예방
- 정보 민주주의의 실현과 올바른 정보의 공유를 강화
- 지적 재산권에 대한 인식을 사회화하고 보호를 위한 제도적인 장치가 필요
- 컴퓨터 범죄, 프로그램의 불법 복제, 개인의 정보 유출로 인한 사생활 침해와 같은 역기능을 차단

**VDT증후군(컴퓨터단말기증후군)**
컴퓨터의 스크린에서 방사되는 해로운 전자기파로 인해 장시간 노출 시 눈의 피로, 두통, 구토, 불안감 등의 전신에 걸친 증세

### 2) 정보사회의 역기능

| | |
|---|---|
| 사생활 침해 | • 개인의 다양한 정보가 축적 · 유통 · 교환됨에 따라 사생활 침해가 우려되는 행위<br>• 타인 비방, 명예 훼손, 소외 집단 비하, 사생활 침해 등의 인권 침해 현상이 나타나는 현상 |
| 불건전한 정보의 유통 | 폭력물이나 음란물 등의 유포 및 판매 |
| 컴퓨터 범죄 | • 컴퓨터를 이용한 지능적인 통신 판매 사기, 컴퓨터 시스템 작동 방해 등 신종 범죄가 발생<br>• 불법 복제물 게시나 판매 광고 등의 지적 소유권을 침해 |
| 정보 공해 현상 | 과다한 정보로 인한 혼란이 발생하고 가상 공간에 의존하는 현실 도피와 인간성 상실이 발생 |
| 정보 이용 격차 | 정보 이용의 격차로 인한 문화 지체, 문화적 종속, 계층 간의 정보 차이 발생 |
| 인간 소외 | • 인간관계의 유대감이나 인간의 고유 판단 능력이 약화<br>• 기술의 인간 지배와 이로 인한 인간 소외 현상이 발생 |

문화 지체: 정보사회와 과학 기술이 발달하는 속도가 인간의 적응력보다 빨라 괴리감이 나타나는 현상

## 02 정보 윤리 21년 상시, 10년 5월

### 1) 인터넷 윤리의 기능

- 인터넷과 관련된 인간의 책임을 강조하는 윤리가 되어야 한다.
- 세계 보편 윤리가 되어야 하며 윤리적인 문제는 사전에 미리 반영되어야 한다.
- 올바른 인터넷 사용과 윤리적 의식을 형성해 가도록 교육하고 건전한 사이버 공간이 되어야 한다.

• 사이버 공간의 무질서와 혼동에 대한 하나의 반응으로 출현한 것이기 때문에 인간의 경험이나 제도, 정책 변형의 필요성을 강조해야 한다.

### 2) 인터넷 사용 예절 23년 상시, 22년 상시, 21년 상시, 17년 3월, 14년 3월, 11년 6월, 08년 7월, 07년 7월

| 장소 | 예절 내용 |
|---|---|
| 전자우편 | • 용건을 간단히 쓰고 스팸 메일★, 행운의 편지, 메일 폭탄★ 등을 보내지 않음<br>• 메일을 보내기 전에 주소를 확인하고 타인을 비방하거나 욕설을 하지 않음<br>• 간결하게 짧게 메일을 쓰고, 너무 많은 약어는 사용하지 않는 것이 좋음<br>• 전자우편을 보낼 때는 용량에 신경쓴다. 가급적 해상도 높은 사진, 동영상들을 축소<br>• 제목만 보고도 중요도와 내용을 알 수 있도록 작성<br>• 무분별하게 많은 계정으로 여러 번 보내지 않음 |
| 게시판 | • 글을 올리기 전에 게시판 내용을 읽어 보고 중복된 것이 있는지 확인<br>• 게시판의 글은 간결하고 명확하게 쓰고 주제에 맞는 그룹의 게시판에 올림 |
| 공개 자료실 | 자료를 올리기 전에 바이러스 검사를 하고 음란물이나 상업용 소프트웨어를 불법으로 올리지 않고 용량이 큰 자료는 압축하여 올림 |
| 웹 페이지 설계 | • 해상도가 높은 사진이나 동영상은 다운로드 시간이 오래 걸리므로 주의하여 올림<br>• 자신의 고유한 저작물에 대해서는 상표나 저작권을 반드시 기재함<br>• 특정 모니터 화면의 크기와 해상도에 구애받지 않도록 설계함 |

★ 스팸 메일(Spam Mail)
인터넷에서 일방적으로 전달되는 광고성 전자우편을 의미하며, 원치 않는 사람이 이를 읽거나 처리하는 데 많은 시간과 비용이 낭비됨

★ 메일 폭탄(Mail Bomb)
특정한 사람이나 서버에 수만 통의 전자우편을 일시에 보내거나 대용량의 전자우편을 지속적으로 보내 해당 서버의 작동을 멈추게 하는 해킹 수법

## 03 정보사회 관련 법규 24년 상시, 12년 3월, 11년 9월, 10년 9월, 06년 3월

### 1) 컴퓨터 프로그램 보호법

• 프로그램 저작물의 저작자 권리를 보호하고 프로그램의 공정한 이용을 도모하여 프로그램 관련 사업의 발전을 위해 제정한 법이다.
• 프로그램 저작권은 프로그램이 창작된 때부터 발생하며, 어떠한 절차나 형식의 이행을 필요로 하지 않는다.
• 프로그램 저작권은 그 프로그램이 공표된 다음 연도부터 70년간 존속한다.
• 현재는 폐지하고 저작권법에 통합하여 저작권법으로 보호하고 있다.

### 2) 저작권법

저작자의 권리와 이에 인접하는 권리를 보호하고 저작물의 공정한 이용을 도모함으로써 문화 및 관련 산업의 향상 발전에 이바지함을 목적으로 하는 법이다.

### 3) 통신 비밀 보호법

통신 및 대화의 비밀과 자유에 대한 제한은 대상을 한정하고 엄격한 법적 절차를 거치게 함으로써 통신 비밀을 보호하고, 통신의 자유 신장을 목적으로 하는 법이다.

### 4) 지능정보화 기본법

지능정보화 관련 정책의 수립 · 추진에 필요한 사항을 규정함으로써 지능정보사회의 구현에 이바지하고 국가경쟁력을 확보하며 국민의 삶의 질을 높이는 것을 목적으로 하는 법이다.

**카피레프트(Copyleft)**
미국의 리처드 스톨먼이 소프트웨어의 지나친 상업성을 반대하여 지적 창작물을 다른 사람과 공유할 수 있게 하는 행위나 운동
예 저작권의 공유로 유닉스나 리눅스 프로그램을 공개

**카피라이트(Copyright)**
(copyright) © 2009 by ~ 와 같이 표기되어 저작물에 대한 저작권을 표시하는 말

### 5) 개인정보 보호법

개인정보의 처리 및 보호에 관한 사항을 정함으로써 개인의 자유와 권리를 보호하고, 나아가 개인의 존엄과 가치를 구현함을 목적으로 하는 법이다.

### 6) 디지털 권리 보호 관련 용어

| | |
|---|---|
| DRM(Digital Rights Management) | 출판, 음반, 영화, 게임 등의 디지털 콘텐츠의 무단 사용을 막아 제공자의 권리와 이익을 보호해 주는 기술과 서비스 |
| DCRP(Digital Contents Rights Protection) | 콘텐츠 분배를 위한 디지털 권한 관리 |
| PICS(Platform for Internet Contents Selection) | 웹 사이트 내용에 대해 선택적으로 접근하도록 해주는 기반 구조로 웹 사이트에 포함된 정보 내용의 등급을 판단하는 표준 규격 |

**저작권 표시 용어(CCL : Creative Commons License)**
- 저작자 표시(BY) : 저작자와 출처 등을 표기하면 자유로운 이용 가능
- 2차 변경 금지(ND) : 저작물의 내용 변경과 2차적 제작물을 금지함
- 동일 조건 변경 허락(SA) : 동일한 저작권 표시 조건으로 변경을 허락함
- 비영리(NC) : 비영리에만 이용을 허락함

★ 발행권리
저작물을 발행하거나 복제, 전송할 권리

★ 이명
이름 이외에 불리워지는 별명

## 04 저작권 및 저작인접권 23년 상시, 22년 상시, 21년 상시

### 1) 저작권과 저작인접권

- 인간의 사상 또는 감정을 표현한 저작물에 대하여 그 창작자(저작자)가 갖는 권리이다.
- 넓은 의미에서는 저작인접권(연기, 무용, 연주 등의 실연자 · 음반제작자 · 방송사업자본인 등 저작인접권자가 갖는 권리) 및 데이터베이스 제작자의 권리, 출판권, 저작물의 배타적 발행권리★, 프로그램 저작 재산권을 포괄한다.

### 2) 저작권의 발생요건

저작권의 발생은 저작물의 창작과 동시에 발생된다. 저작물이 창작만 되었다면 등록이라는 별도의 특별한 절차 없이도 헌법과 저작권법에 의해 보호를 받을 수 있다.

### 3) 저작권 보호기간

- 저작권 등록 업무는 한국저작권위원회에서 수행한다.
- 이명★ 또는 무명 등의 저작자가 실명으로 신청주의의 원칙에 의해 등록하면 저작물의 보호 기간이 공표 후 70년으로 맨 마지막으로 사망한 저작자가 사망한 후 70년까지 보호된다.
- 업무상 저작물이나 영상저작물의 경우 공표연월일을 등록하면 창작 후 70년에서 공표 시 기준으로 70년까지 보호된다.

## 이론을 확인하는 기출문제

**01** **디지털 콘텐츠의 불법복제와 유포를 막고 저작권 보유자의 이익과 권리를 보호해 주는 것은 무엇인가?**

① PICS(Platform for Internet Contents Selection)
② DCRP(Digital Contents Rights Protection)
③ DRM(Digital Rights Management)
④ CRM(Customer Relationship Management)

오답 피하기

- PICS : 웹 사이트 내용에 대해 선택적으로 접근하도록 해주는 기반 구조로 웹 사이트에 포함된 정보 내용의 등급을 판단하는 표준 규격
- DCRP : 콘텐츠 분배를 위한 디지털 권한 관리
- CRM : 고객 관계 관리 시스템으로 기업과 고객과의 관련 활동을 계획, 지원, 평가하는 시스템

**02** **여러 사람이 공존하는 곳에는 반드시 윤리규범이 있어야 한다. 그러나 컴퓨터를 사용하는 공간에서는 사용자 얼굴이 분명하지 않다고 소극적인 면을 보여 왔다. 다음 중 인터넷 윤리학이 수행해야 할 기능이라고 보기 어려운 것은?**

① 처방 윤리
② 지역 윤리
③ 변형 윤리
④ 예방 윤리

인터넷 윤리의 기능에는 처방 윤리, 변형 윤리, 예방 윤리, 세계 윤리, 책임 윤리, 종합 윤리 등이 있다.

**03** **다음 중 저작권 표시(CCL : Creative Commons License)와 용어가 잘못 연결된 것은?**

① (BY) : 저작자와 출처 등을 표시하면 영리 목적으로 이용할 수 있지만 저작물의 변경 및 2차적 저작물의 작성을 허락하지 않는다.
② (=) : 저작자와 출처 등을 표시하면 영리 목적으로 이용할 수 있지만 저작물의 변경 및 2차적 저작물의 작성을 허용하지 않는다.
③ (SA) : 저작자와 출처 등을 표시하면 자유 이용을 허락하나 2차적 저작물에는 원저작물에 적용된 라이선스와 동일한 라이선스를 기준을 적용한다.
④ (NC) : 저작자와 출처 등을 표시하면 저작물의 변경, 2차적 저작물의 작성을 포함하여 자유 이용을 허락하고 영리적 이용은 불가하다.

(BY)는 저작자 표시(BY)로 저작자와 출처 등을 표시하면 영리 목적으로 이용할 수 있고, 저작물의 변경 및 2차적 저작물의 작성을 포함한 자유 이용을 허락한다는 뜻이다(BY; Attribution).

**04** **다음 중 저작권에 대한 설명으로 옳지 않은 것은?**

① 저작물에 대한 창작자가 갖는 권리이다.
② 연기나 무용 같은 창작물에 대한 저작 인접권자가 갖는 권리를 저작인접권이라고 한다.
③ 저작권은 창작한 후 반드시 한국저작권위원회에 등록해야 저작권이 발생된다.
④ 저작물의 보호 기간은 공표 후 70년간 보호된다.

저작권은 저작물의 창작과 동시에 발생된다.

정답 01 ③ 02 ② 03 ① 04 ③

SECTION 02

# 바이러스 및 악성 프로그램 처리하기

합격 강의

출제빈도 상 중 하
반복학습 1 2 3

빈출 태그 컴퓨터 범죄의 특징/유형/예방/대책 • 트로이 목마 • 랜섬웨어 • 스니핑 • 스푸핑 • 피싱

## 01 컴퓨터 범죄의 특징과 유형 23년 상시, 22년 상시, 21년 상시, 20년 2월

- 통신 기술의 발달로 인하여 컴퓨터 범죄가 늘어나고 있고 증거가 없어 적발이 어렵다.
- 컴퓨터 범죄자는 대부분 범죄 의식이 희박하고 연령층이 낮으며 반복되는 경우가 많다.
- 컴퓨터 조작 사기, 소프트웨어 불법 복제, 전자 게시판의 악용, 산업 스파이, 프라이버시 침해 등이 있다.
- 보낸 사람이 불분명한 전자우편을 열면 컴퓨터가 바이러스에 감염될 수 있다.
- 바이러스에 감염되면 하드웨어의 성능에도 영향을 줄 수 있다.
- 모든 일반 문서를 비롯하여 실행 파일을 포함한 모든 파일에도 바이러스가 감염될 수 있다.

**스패밍(Spamming)**
수신인이 원하지 않는 정보임에도 불구, 무차별적인 광고성, 종교성, 정치성 정보를 불특정 다수에게 전송하는 행위

## 02 컴퓨터 범죄의 예방과 대책 24년 상시, 23년 상시, 22년 상시, 21년 상시, 20년 7월/2월, 19년 8월, …

- 자신의 ID를 빌려주거나 타인의 ID를 사용하지 않고, 패스워드는 다른 사용자에게 노출되지 않도록 주의하며 수시로 변경한다.
- 중요한 자료를 암호화하여 저장하고 정보 손실에 대비하여 백업을 철저히 한다.
- 전자 상거래를 이용하거나 개인의 정보를 제공할 경우 반드시 이용 약관이나 개인정보 보호 방침을 숙지한다.
- 시스템에 상주하는 바이러스 방지 장치를 설치하고 해킹★ 방지를 위해 보안성이 뛰어난 보안망 체제를 설치하고 철저히 관리한다.
- 네트워크를 통해 바이러스에 감염될 수 있으므로 공유 폴더 관리를 철저히 해야 한다.
- 와이파이(Wi-Fi)망에서 양자 간 통신 내용을 가로채는 중간자 공격을 방지하기 위해 VPN 서비스를 강화한다.
- 악성코드나 바이러스 감염으로부터 예방하고자 운영체제와 백신 프로그램을 항상 최신 버전으로 업데이트한다.
- 악성코드 유포를 막기 위해 가급적 멀티미디어메시지(MMS)를 사용하지 않고 블루투스 기능은 항상 꺼 놓는다.
- 분실한 기기에 저장된 개인정보를 원격으로 삭제하여 불법 사용을 방지하기 위해 킬 스위치(Kill Switch) 기능을 사용한다.

**워터마킹**
디지털 콘텐츠 속에 사람의 시각, 청각으로 구별할 수 없는 정보를 삽입하여 불법 복제를 막는 기술

★ 해킹(Hacking)
컴퓨터 시스템에 불법적으로 접근, 침투하여 시스템과 데이터를 파괴하고 빼내가는 행위

**살라미 테크닉(Salami Technic)**
금융 기관에 허위 계좌를 만들어 놓고 금액을 조금씩 옮기는 기법

**미러링(Mirroring)**
해킹이나 장비 고장 등의 사고가 발생했을 때 데이터가 손실되는 것을 막기 위해서 데이터를 하나 이상의 장치에 중복 저장하는 것

## 03 해킹의 유형

### 1) 악성 프로그램(Malicious Program) 24년 상시, 23년 상시, 22년 상시, 21년 상시, 19년 8월, 16년 10월, …

① 바이러스(Virus)

- 컴퓨터의 데이터를 파괴할 목적으로 작성되어 사용자 모르게 자신 또는 다른 프로그램을 감염시키고 복제되어 다른 파일(일반 문서, 실행 파일 등)까지 전염시키는 프로그램이다.
- 자신을 복제하는 기능을 가지며, 데이터를 파괴하거나 시스템 성능을 저하시키는 악성 프로그램으로, 백신을 RAM에 상주시켜 감염을 예방할 수 있다.

② 트로이 목마(Trojan Horse)

- 정상적인 프로그램으로 위장하고 있다가 실행하면 시스템에 손상을 주는 프로그램으로 자기 복제 기능은 없는 프로그램이다.
- 지속적으로 사용자 컴퓨터에서 정보를 유출하거나 컴퓨터를 원격 제어한다.
- 직접 컴퓨터에 피해를 주는 것이 아니므로 사용자가 트로이 목마에 대한 감염 사실을 인식하기 어렵다.

③ 웜(Worm)

네트워크를 통해 연속으로 자신을 복제하여 시스템의 부하를 높이는 프로그램이다.

④ 백 도어(Back Door)

- 크래커가 시스템에 침입한 후 자신이 원할 때 침입한 시스템을 재침입하거나 권한을 쉽게 획득하기 위하여 만들어 놓은 일종의 비밀 통로이다.
- 서비스 기술자나 유지보수 프로그래머들이 액세스 편의를 위해 만든 보안이 제거된 비밀 통로를 의미한다.

⑤ 랜섬웨어(Ransom Ware)

인터넷 사용자의 컴퓨터에 잠입하여 내부 파일 등을 암호화하여 사용하지 못하게 만든 후 금품을 요구하는 악성 프로그램이다.

### 2) 프로그램의 취약점 공격

① 버퍼 오버플로(Buffer Overflow)

약속된 버퍼의 저장 용량을 초과하게 만들어 다른 주소로 바꾸게 만드는 공격 방법이다.

② 포맷 스트링 공격(Format String)

상대 컴퓨터에 기본으로 설정되어 있는 메모리의 값이나 주소 값을 변경하거나 파일의 권한을 변경하는 수법이다.

**기적의 TIP**

해킹의 유형이 자주 출제되고 있습니다. 구체적인 유형들과 내용들을 파악해 두세요.

**해킹과 크래킹 차이**

| 구분 | 공통점 | 차이점 |
|---|---|---|
| 해킹 | 타인의 시스템에 침입 | 실력 뽐내기 |
| 크래킹 | | 자신의 이익 |

크래킹: 네트워크에 불법으로 침입하거나 상용 소프트웨어의 복사 방지를 풀어서 불법으로 복제하는 행위

## 3) 프로토콜의 취약점 공격 24년 상시, 23년 상시, 22년 상시, 21년 상시, 20년 2월, 19년 8월, 18년 3월, 16년 6월, …

① 스니핑(Sniffing)

네트워크 주변을 지나다니는 패킷을 엿보면서 계정과 패스워드를 알아내기 위한 행위이다.

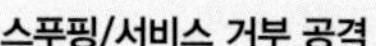

**스푸핑/서비스 거부 공격**

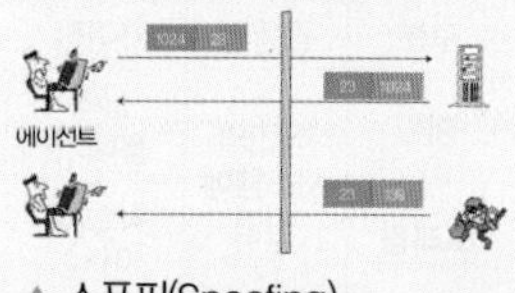


▲ 스푸핑(Spoofing)

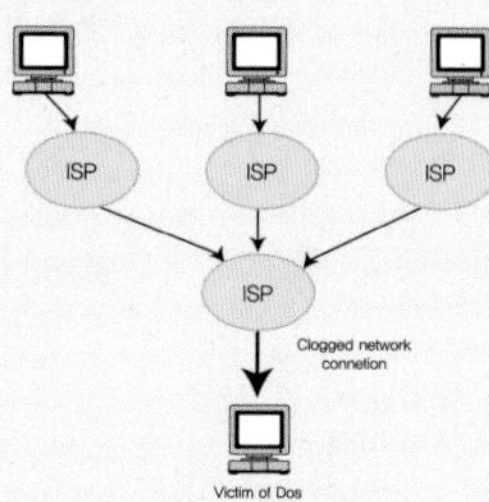


▲ 서비스 거부(DoS)

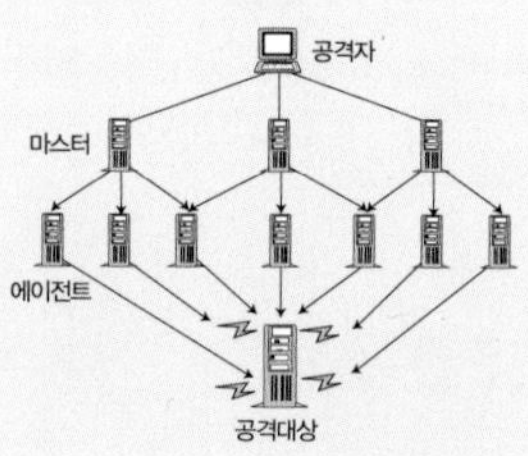


▲ 분산 서비스 거부 공격(DDoS)

② 스푸핑(Spoofing)

악의적인 목적으로 임의로 웹 사이트를 구축해 일반 사용자의 방문을 유도한 다음, 사용자의 시스템 권한을 획득한 뒤 정보를 빼가거나 사용자가 암호와 기타 정보를 입력하도록 속이는 행위이다.

③ 서비스 거부(DoS)

해당 시스템의 네트워크 트래픽 양을 증가시켜 시스템의 정상적인 동작을 방해하는 행위이다.

④ 분산 서비스 거부 공격(DDoS)

많은 수의 호스트에 공격 도구를 설치해 놓고 대상 시스템을 공격하는 방법으로 데이터 패킷을 범람시켜 네트워크 성능 저하 및 시스템 마비를 일으키는 행위이다.

⑤ 피싱(Phishing)

'낚시하다'라는 뜻의 은어로 불특정 다수에게 메일을 발송해 위장된 홈페이지로 접속하도록 한 뒤 인터넷 이용자들의 금융정보 등을 빼내는 신종사기 수법이다.

⑥ 스미싱(Smishing)

스마트폰 문자메시지를 통해 소액 결제를 유도하는 피싱 사기 수법이다.

⑦ 파밍(Pharming)

피싱 기법의 일종으로 사용자가 자신의 웹 브라우저에서 정확한 주소를 입력해도 가짜 웹 페이지로 이동하게 하여 개인정보를 훔치는 행위이다.

## 4) 기타 23년 상시, 22년 상시, 21년 상시, 16년 6월, 10년 3월, 08년 7월, 06년 3월

| | |
|---|---|
| **논리 폭탄**<br>(Logic Bomb) | 프로그램에 어떤 조건을 넣고 그 조건이 만족되면 자동으로 작동하여 불법 결과를 나타내게 하는 방법 |
| **위장 채널**<br>(Convert Channel) | 컴퓨터 시스템의 내부 특성을 이용하여 불법적으로 통신 채널을 생성시켜 정보를 유출하는 것 |
| **데이터 디들링**<br>(Data Didding) | 데이터 파일의 생성, 처리, 기록의 운반 도중 또는 데이터의 시험 처리 및 전송 시 절취, 변경, 추가하는 것 |
| **스파이웨어**<br>(Spyware) | 다른 사람의 컴퓨터에 숨어 있다가 인터넷 이용 습관이나 사용 내용 및 정보를 수집하거나 중요한 개인정보를 빼가는 프로그램 |
| **혹스**<br>(Hoax) | '남을 속이거나 장난을 친다'는 뜻을 가진 가짜 바이러스로 정상적인 윈도우 파일을 바이러스로 속여서 삭제하라는 내용을 보내거나 실제로는 악성 코드로 행동하지 않으면서 겉으로는 악성 코드인 것처럼 가장하여 행동하는 소프트웨어 |
| **드롭퍼**<br>(Dropper) | 컴퓨터 사용자가 인식하지 못할 때 바이러스나 트로이 목마 프로그램을 설치하는 프로그램 |

## 이론을 확인하는 기출문제

**01** **다음 중 인터넷상에서 보안을 위협하는 유형에 대한 설명으로 옳지 않은 것은?**

① 파밍(Pharming) : 스미싱의 발전된 형태로 사용자 동의 없이 사용자 정보를 수집하는 프로그램
② 분산서비스 거부 공격(DDoS) : 데이터 패킷을 범람시켜 시스템의 성능을 저하시킴
③ 스푸핑(Spoofing) : 신뢰성 있는 사람이 데이터를 보낸 것처럼 데이터를 위변조하여 접속을 시도
④ 스니핑(Sniffing) : 네트워크상에서 전달되는 패킷을 엿보면서 사용자의 계정과 패스워드를 알아냄

파밍(Pharming)은 피싱 기법의 일종으로 사용자가 자신의 웹 브라우저에서 정확한 주소를 입력해도 가짜 웹 페이지로 이동하게 하여 개인정보를 훔치는 행위이다.

**02** **다음 중 다른 사람의 컴퓨터에 잠입해 개인 신상 정보 등과 같은 타인의 정보를 사용자 모르게 수집하는 프로그램을 무엇이라고 하는가?**

① 백 도어(Back Door)
② 드롭퍼(Dropper)
③ 혹스(Hoax)
④ 스파이웨어(Spyware)

스파이웨어(Spyware)는 다른 사람의 컴퓨터에 숨어 있다가 인터넷 이용 습관이나 사용 내용 및 정보를 수집하거나 중요한 개인정보를 빼가는 프로그램이다.

**오답 피하기**

- 백 도어(Back Door) : 시스템 설계자나 관리자들이 정상적인 절차를 거치지 않고 응용 프로그램이나 시스템에 접근할 수 있도록 삽입된 코드지만 공격자가 시스템에 침입한 후 복잡한 과정 없이 관리자 권한을 얻는 비상구로 사용
- 드롭퍼(Dropper) : 컴퓨터 사용자가 인식하지 못할 때 바이러스나 트로이 목마 프로그램을 설치하는 프로그램
- 혹스(Hoax) : '남을 속이거나 장난을 친다'는 뜻을 가진 가짜 바이러스를 말하며 정상적인 윈도우 파일을 바이러스로 속여서 삭제하라는 내용을 보내는 등의 행위를 하는 바이러스

**03** **다음 중 컴퓨터 바이러스 예방 지침으로 옳지 않은 것은?**

① 바이러스는 외부로부터 감염되므로 새로운 프로그램을 사용할 때에는 최신 버전의 백신을 사용하여 점검한 후에 사용한다.
② 중요한 데이터나 프로그램은 정기적으로 백업을 해야 한다.
③ 최신 백신 프로그램을 사용하여 정기적으로 시스템 전체를 점검한다.
④ 사용자의 편의를 위해서 자신의 모든 파일은 가급적 공유 폴더를 이용한다.

폴더를 공유하면 바이러스에 노출되기 쉽다.

**04** **다음 보기에서 설명하는 해킹 방법으로 옳은 것은?**

| 트러스트 관계가 맺어져 있는 서버와 클라이언트를 확인한 후 클라이언트에 DoS 공격을 하여 연결을 끊은 다음, 공격자가 클라이언트의 IP 주소를 확보하여 서버에 실제 클라이언트처럼 패스워드 없이 접근하는 방법 |
|---|

① 스푸핑(Spoofing) : mac, ip 주소 등의 속임을 이용한 공격
② 스니핑(Sniffing) : 냄새를 맡다, 네트워크 주위를 지나다니는 패킷을 엿보는 행위
③ 세션 하이재킹(Session Hijacking) : 세션을 가로채기, 아이디와 패스워드를 몰라도 시스템에 접근하여 자원이나 데이터를 사용하여 공격
④ 크래킹(Cracking) : 특정 목표에 해를 끼치는 행위, 계정 탈취, 프로그램 조작

스푸핑은 악의적인 목적으로 웹 사이트를 구축해 방문을 유도한 다음 정보를 빼가는 행위이다.

정답 01 ① 02 ④ 03 ④ 04 ①

SECTION 03

# 정보 보안 위협 최소화하기

출제빈도 (상) 중 하

반복학습 1 2 3

빈출 태그 기밀성 • 무결성 • 부인 방지 • 가로막기 • 가로채기 • 암호화 • 전자서명

기적의 TIP

정보 보안과 암호화 내용은 모두 중요하므로 꼼꼼하게 학습하세요.

## 01 정보 보안의 개요

• 비밀성(Confidentiality) : 정보의 비밀을 보장
• 무결성(Integrity) : 정보 및 자원이 불법으로 변경되지 않도록 보호
• 가용성(Availability) : 정당한 권한이 주어진 사용자에게만 접근을 허용

### 1) 정보 보안 10년 5월, 09년 4월

- 개인이나 기관이 사용하는 컴퓨터와 그에 관련된 모든 정보를 안전하게 보호하는 것을 말한다.
- 컴퓨터 통신망에 불법적으로 접속하여 내부 네트워크의 자원 및 정보 등을 파괴하거나 탈취해가는 악의의 해커나 크래커로부터 컴퓨터 시스템 및 네트워크를 보호하는 것이다.

### 2) 정보 보안 서비스 24년 상시, 23년 상시, 22년 상시, 21년 상시, 17년 9월, 15년 6월, 11년 6월, 09년 10월, 07년 10월, …

| | |
|---|---|
| 인증(Authentication)★ | 시스템에 접근하는 사용자의 신원을 확인하는 절차 |
| 접근 제어 (Access Control) | 시스템의 자원 이용에 대한 불법적인 접근을 방지하는 과정 |
| 기밀성 (Confidentiality) | 전달 데이터를 제3자가 읽지 못하도록 비밀성을 유지하는 기능 |
| 무결성 (Integrity) | 권한이 없는 방식으로 변경되거나 파괴되지 않는 데이터의 특성을 말하며, 데이터를 보호하여 언제나 정상적인 데이터를 유지 |
| 부인 방지 (Non–repudiation) | 송신자의 송신 여부와 수신자의 수신 여부를 확인하는 기능으로 송수신자 측이 송수신 사실을 부인하는 것을 방지 |
| 가용성(Availability) | 인가된 사용자에게는 언제라도 사용 가능하게 함 |

★ 인증 기술
• 사용자 인증 : Login에서 ID와 Password가 일치하는지에 따라 사용자의 정당성을 확인하는 방법과 개인 신체적 특징인 지문, 홍채 및 얼굴, 정맥, DNA 등을 이용한 생체 인식 방법
• 메시지 인증 : 송신자가 전송한 내용이 수신자에게 변경 없이 전송되었는지를 확인하는 방법

### 3) 보안 위협의 형태 23년 상시, 22년 상시, 21년 상시, 17년 3월

| | |
|---|---|
| 가로막기 (Interruption) | • 데이터의 전달을 가로막아서 수신자 측으로 정보가 전달되는 것을 방해하는 것<br>• 가용성에 대한 위협 |
| 가로채기 (Interception) | • 송신한 데이터를 수신자까지 가는 도중에 몰래 보거나 도청하는 것<br>• 비밀성에 대한 위협 |
| 수정 (Modification) | • 메시지를 원래의 데이터가 아닌 다른 내용으로 바꾸는 것<br>• 무결성에 대한 위협 |
| 위조 (Fabrication) | • 사용자 인증과 관계해서 마치 다른 송신자로부터 데이터가 온 것처럼 꾸미는 것<br>• 무결성에 대한 위협 |

보안 위협의 형태

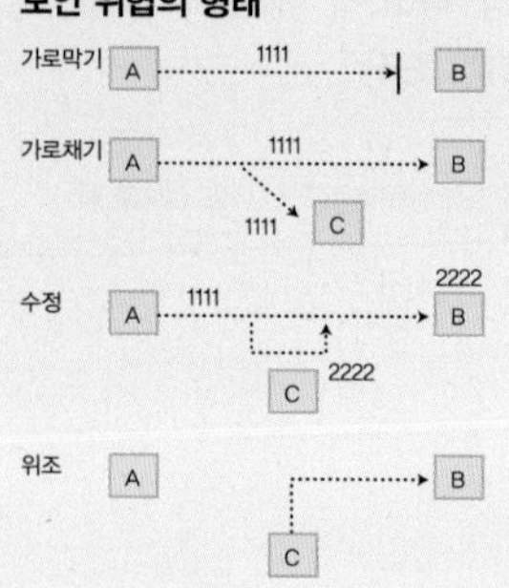

### 4) 보안 유형

#### ① 웹 보안 프로토콜 17년 9월, 11년 9월, 10년 3월, 08년 5월

| | |
|---|---|
| SHTTP | • Secure HTTP<br>• 기존의 HTTP에 보안 요소를 첨가한 프로토콜 |
| SSL | • Secure Socket Layer<br>• 인터넷을 통해 전달되는 정보의 보안을 위해 넷스케이프사가 개발한 프로토콜 |
| SEA | • Security Extension Architecture<br>• SSL과 SHTTP의 약점을 보완하여 HTTP 프로토콜과 더욱 밀접한 관계를 가지는 보안 프로토콜 |
| SET | • Secure Electronic Transaction<br>• 인터넷에서 안전한 신용 카드 기반의 전자 상거래를 위하여 개발된 지불 프로토콜★ |

#### ② 전자우편 보안

| | |
|---|---|
| PEM | • Privacy Enhanced Mail<br>• IETF(Internet Engineering Task Force)가 만든 인터넷의 표준으로 제안된 메일 보안 |
| PGP | • Pretty Good Privacy<br>• 암호화 알고리즘을 이용하여 인증, 기밀성, 무결성, 부인 방지 기능을 제공하는 전자우편 보안 도구 |

#### ③ 기타 보안

| | |
|---|---|
| SID(Security ID) | • 윈도우NT에서 사용자에게 고유한 번호를 부여<br>• 사용자가 로그온하면 내부 보안 카드로 인증되어 권한을 부여 받는 방식 |
| IPSec(Internet Protocol Security protocol) | • 기존 응용 계층에 삽입되었던 보안을 네트워크 계층에 삽입하여 보안을 더 강화한 것<br>• 사용자의 별도의 변경 없이 사설망과 가상 사설망을 통해 원격 사용자가 접속 가능<br>• 데이터 송신자의 인증을 허용하는 인증 헤더와 데이터 암호화를 함께 처리할 수 있는 보안 서비스를 제공 |
| TLS(Transport Layer Security) | • 전송 계층 보안이라고 하며 프로그램과 사용자의 개인정보를 보호하기 위해 개발된 프로토콜<br>• 서버와 클라이언트가 통신할 때 암호화 방식(DES)을 이용하여 암호화 알고리즘 및 암호 키를 결정하여 인증을 받아 처리하는 것 |

**SSO(Single Sign On)**
하나의 아이디로 여러 사이트를 이용할 수 있는 시스템으로 여러 개의 사이트를 운영하는 대기업이나 인터넷 관련 기업이 각각의 회원을 통합 관리할 필요성에 의해 개발된 방식

★ 지불 프로토콜 SEPP(Secure Electronic Payment Protocol)
인터넷상에서 신용 카드 결제를 안전하게 행하기 위한 것으로, 신용 카드 번호를 암호화하여 도용되는 것을 막기 위한 프로토콜

**암기 TIP**
• 웹 보안 프로토콜은 영어로 Secure(보안)로 중요해서 'S'자로 시작되죠.
SHTTP, SSL, SEA, SET
• 전자우편 보안은 Privacy (사생활)가 중요해서 'P'자로 시작되죠.
PEM, PGP

**보안 등급**
[국내]
K1→K2→K3→K4→K5→K6→K7
저등급 ←――――――→ 고등급

[미국]
D1→C1→C2→B1→B2→B3→A

## 02 암호화 15년 10월/6월, 12년 3월

### 1) 암호화 기술 08년 7월, 06년 5월/3월, 05년 3월

• 데이터에 암호 알고리즘을 적용하여 다른 사람이 알아볼 수 없는 암호문으로 변경시키는 방법으로, 침입자가 데이터를 입수하더라도 그 내용을 알 수 없도록 하는 기술이다.
• 평문을 암호문으로 바꾸는 것을 암호화(Encryption), 암호문을 평문으로 바꾸는 것을 복호화(Decryption)라고 한다.

**보안 기법**
암호화, 방화벽, 사용자 인증, 전자서명

★ DES(Data Encryption Standard)
1977년 미국 표준국(NBS)에서 연방 정부 표준으로 채택한 암호화 기법

**암기 TIP**

- 대칭키 암호화 기법(DES)은 복호화키(D) = 암호화키(E) = 비밀키(S)로 통일해서 DES 기법이라고 하죠.
- 암호화 = 복호화(DES)
- 암호화 ≠ 복호화(RSA)

★ RSA(Rivest Shamir Adleman)
암호 시스템 창안자인 Ron Rivest, Adi Shamir, Len Adleman의 머리 글자를 따서 만들어진 암호화 기법으로, 소인수 분해 문제를 이용함

**기적의 TIP**

공개키 암호화 기법은 암호화키와 복호화키가 서로 달라서 이중키 암호화 기법이라고도 합니다.

## 2) 암호화 기법의 종류

### ① 비밀키 암호화 기법 24년 상시, 23년 상시, 22년 상시, 21년 상시, 16년 6월, 11년 3월, 10년 9월, 07년 3월

- 대칭키 암호화 기법, 단일키 암호화 기법, 관용 암호화 기법이라고도 한다.
- 암호화키와 복호화키가 동일하다.
- 알고리즘이 단순하고 파일의 크기가 작다.
- 대표적인 알고리즘으로 DES★, IDEA, SEED 등이 있다.

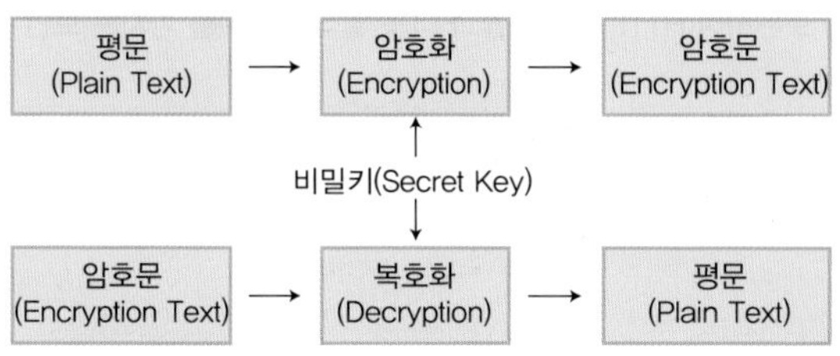


### ② 공개키 암호화 기법 24년 상시, 23년 상시, 22년 상시, 21년 상시, 18년 3월, 16년 10월, 10년 3월, 09년 7월, …

- 비대칭키 암호화 기법 또는 이중키 암호화 기법이라고도 한다.
- 암호화키와 복호화키가 서로 다르다.
- 암호키는 공개하고 해독키는 비공개한다.
- 대표적인 알고리즘으로 RSA★가 있다.

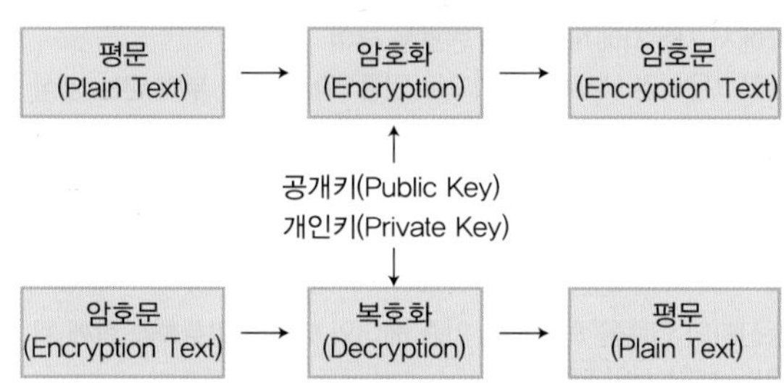


▶ **비밀키 암호화 기법과 공개키 암호화 기법의 비교**

| 구분 | 비밀키 암호화 기법 | 공개키 암호화 기법 |
|---|---|---|
| 장점 | • 암호화와 복호화의 속도가 빠름<br>• 키의 크기가 작고 알고리즘이 간단하여 경제적임 | 자신의 개인키만 보관하면 되므로 키의 개수가 적음 |
| 단점 | 사용자가 많아지면 관리해야 하는 키의 개수가 많아짐 | • 암호화와 복호화의 속도가 느림<br>• 키의 크기가 크고 알고리즘이 복잡하여 효율성이 떨어짐 |

### 3) 전자 서명(Digital Signature)

- 메시지에 부착하는 암호화된 데이터를 말하며 서명자 본인이 전자 문서를 내용 그대로 작성하였음을 증명한다.
- 전자 서명은 전자 상거래에서 전자 문서의 위조나 변조를 방지하는 데 쓰인다.
- 전자 서명에는 해시 함수★와 공개키 암호화 방법을 사용한다.

★ 해시 함수
임의의 입력 비트열에 대해 일정한 길이의 출력 비트열을 생성하는 일방향성 함수 또는 알고리즘

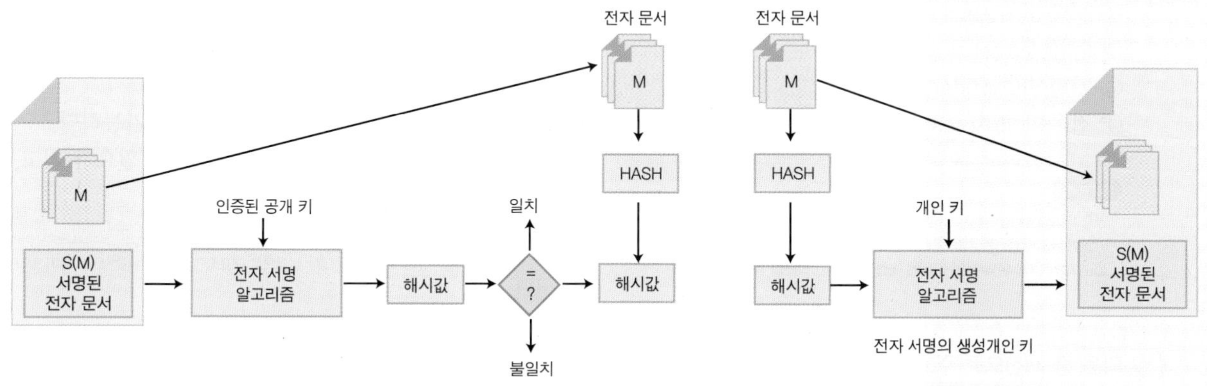


▲ 전자 서명의 검증

▲ 전자 서명의 생성

- 전자 문서를 해시 함수(Hash Funtion)로 처리하여 압축된 데이터인 해시값을 구한다.
- 다시 비밀키로 암호화하여 전자 서명을 만들고, 전송할 메시지에 첨부하고 전송한다.
- 수신된 전자 문서는 인증된 공개키로 복호화하여 해시값을 얻게 되며 인증 여부를 확인하고 원래 전자 문서를 얻게 된다.

**프록시 서버(Proxy Server)**
- 클라이언트와 서버 사이에서 데이터를 중계하는 역할을 하는 서버로, 캐시와 방화벽의 기능을 가짐
- 캐시의 기능 : 액세스하는 인터넷 사이트를 저장해 두었다가 그 사이트를 다시 읽을 때 프록시 서버에서 읽어 들여 속도를 향상시킴
- 방화벽의 기능 : 프록시 서버를 통해 외부와 연결함으로써 허용된 사용자만이 인터넷과 연결하거나 허용된 외부인만이 회사 내로 연결하도록 함

## 이론을 확인하는 기출문제

**01** 다음 중 정보의 내용이 전송 중에 수정되지 않고 전달되는 것을 의미하는 보안 기능을 무엇이라고 하는가?

① 무결성(Integrity)
② 인증(Authentication)
③ 기밀성(Confidentiality)
④ 접근 제어(Access Control)

오답 피하기
- 인증 : 시스템에 접근하는 사용자의 신원을 확인하는 절차
- 기밀성 : 데이터를 전달할 때 제3자가 읽지 못하도록 비밀을 유지하는 기능
- 접근 제어 : 시스템의 자원 이용에 대한 불법적인 접근을 방지하는 과정

**02** 다음 중 세션으로 주고받는 자료를 암호화 하고 전자 사인을 해서 주고받는 메커니즘을 사용하는 WWW 보안 프로토콜은 어느 것인가?

① PGP
② RSA
③ SSL
④ Smart Card

SSL(Secure Socket Layer)은 넷스케이프사에서 전자 상거래 등의 보안을 위해 개발했다. SSL은 네트워크 레이어의 암호화 방식이기 때문에 HTTP뿐만 아니라 NNTP, FTP 등에도 사용할 수 있는 장점이 있다.

**03** 다음 중 공개키 암호화 기법에 대한 설명으로 옳지 않은 것은?

① 이중키 암호화 기법이라고도 한다.
② 암호화키와 복호화키가 서로 다르다.
③ 대표적인 알고리즘으로 RSA가 있다.
④ 비밀키 암호화 기법에 비해 암호화와 복호화의 속도가 빠르다.

공개키 암호화 기법은 비밀키 암호화 기법에 비해 속도가 느리다.

**04** 다음 중 암호화 기법인 RSA의 특징에 해당하지 않는 것은?

① 암호키와 복호키 값이 서로 다르다.
② 키의 크기가 작고 알고리즘이 간단하여 경제적이다.
③ 적은 수의 키만으로 보안 유지가 가능하다.
④ 데이터 통신 시 암호키를 전송할 필요가 없고, 메시지 부인 방지 기능이 있다.

②는 비밀키 암호화 기법에 대한 설명으로 대표적인 알고리즘에는 DES 등이 있다.

**05** 다음 중 네트워크에서 데이터 전달의 흐름을 방해하여 가용성에 영향을 미치는 컴퓨터 시스템의 정보 보안 위협 유형으로 옳은 것은?

① 가로막기(Interruption)
② 가로채기(Interception)
③ 수정(Modification)
④ 위조(Fabrication)

오답 피하기
- 가로채기(Interception) : 송신한 데이터를 수신자까지 가는 도중에 몰래 보거나 도청하는 것
- 수정(Modification) : 메시지를 원래의 데이터가 아닌 다른 내용으로 바꾸는 것
- 위조(Fabrication) : 사용자 인증과 관계해서 마치 다른 송신자로부터 데이터가 온 것처럼 꾸미는 것

정답 01 ① 02 ③ 03 ④ 04 ② 05 ①

# ICT 신기술 활용하기

학습 방향

새로 등장하는 ICT 신기술을 파악하고 그 용어와 의미를 확실하게 학습하세요. 현대인의 필수품이 된 모바일 기기의 종류와 특징을 기억하세요. 모바일 운영체제의 종류와 다양한 앱을 활용할 수 있는 문제의 출제가 예상됩니다.

출제빈도

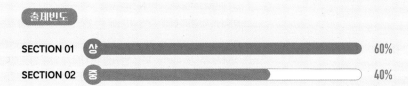

SECTION 01

# 최신 기술 활용하기

출제빈도 (상) 중 하
반복학습 1 2 3

빈출 태그 WiFi • SSO • RFID • USN • I-Pin • IoT • GPS • 증강현실 • DRM • 텔레매틱스

**최신 정보 기술**

- CAD : 컴퓨터 지원 설계(Computer Aided Design)의 약어로, 컴퓨터에 기억되어 있는 설계정보를 그래픽 디스플레이 장치로 추출하여 화면을 보면서 설계하는 시스템
- CAM : 컴퓨터 지원 제조(Computer Aided Manu-facturing)의 약어로, 컴퓨터 지원 설계(CAD)로 얻어지는 설계 정보에 기초하여 모든 제조 공정에 컴퓨터의 처리 능력과 해석 능력을 이용한 정보 처리 시스템

**HCI(Human-Computer Interaction)**
과학과 인문학 사이의 인터페이스로 인간과 컴퓨터 사이의 상호작용에 관한 연구를 하는 분야

**G-PIN**
공공기관에서 사용하는 개인 식별 번호

24년 상시, 23년 상시, 22년 상시, 21년 상시, 20년 2월, 19년 8월/3월, 18년 9월/3월, 17년 9월/3월, 14년 6월/3월

## 01 최신 ICT(Information Communication Technology) 용어

| 용어 | 의미 |
|---|---|
| WiFi | 고성능 무선 통신을 가능하게 하는 무선랜 기술로 유선을 사용하지 않고 전파나 빛 등을 이용하여 네트워크를 구축하는 방식 |
| Wibro(Wireless Broadband Internet) | 이동하면서 초고속 인터넷을 사용할 수 있는 무선 휴대 인터넷으로 고속 전송 속도로 인터넷에 접속하여 다양한 정보와 콘텐츠를 서비스 |
| OSS(Open Source Software) | 일반 사용자의 공동연구를 통해 개발, 시험, 개선작업과 공동연구를 보장하기 위해 해당 소프트웨어의 소스코드가 공개되는 소프트웨어 |
| SSO (Single Sign On) | • 여러 개의 사이트를 운영하는 대기업이나 인터넷 관련 기업이 각각의 회원을 통합 관리할 필요성이 생김에 따라 개발된 방식<br>• 하나의 아이디로 여러 사이트를 이용할 수 있는 시스템 |
| RFID (Radio-Frequency IDentification) | • 전자태그 기술로 IC칩과 무선을 통해 식품 · 동물 · 사물 등 다양한 개체의 정보를 관리할 수 있는 인식 기술<br>• 무선 주파수를 이용해 빛을 전파하여 먼 거리의 태그도 읽고 정보를 수신할 수 있음 |
| USN (Ubiquitous Sensor Network) | 필요한 모든 사물에 전자태그를 부착해(Ubiquitous) 사물과 환경을 인식하고 (Sensor) 네트워크(Network)를 통해 실시간 정보를 구축하고 활용하도록 하는 통신망 |
| Tethering (테더링) | • 휴대폰을 모뎀으로 활용할 수 있는 기능으로 노트북과 같은 IT 기기를 휴대폰에 연결하여 무선 인터넷을 사용<br>• 인터넷 연결로 다른 주변 기기에 1 : 1로 연결해 접속해 주는 기술 |
| I-PIN (아이핀) | • 인터넷 개인 식별 번호(Internet Personal Identification Number)로 인터넷 상에서 주민등록번호 도용 범죄를 방지하기 위해 만든 인터넷 신원확인번호<br>• 휴대폰번호, 신용카드번호, 범용공인인증서 등으로 본인인증을 한 후 발급받아, 웹 사이트마다 일일이 실명과 주민등록번호를 입력하는 불편함을 덜어줌 |
| Virtual Reality (가상현실) | 어떤 특정한 환경이나 상황을 컴퓨터로 만들어서, 그것을 사용하는 사람이 마치 실제 주변 상황의 환경과 상호작용을 하고 있는 것처럼 만들어 주는 시스템 |
| Kill Switch (킬 스위치) | 휴대폰의 도난이나 분실에 대비하여 정보기기를 원격으로 조작해 개인 데이터를 삭제하고 사용을 막는 기능 |
| Trackback (트랙백) | 내 블로그에 해당 의견에 대한 댓글을 작성하면 그 글의 일부분이 다른 사람의 글에 댓글로 보이게 하는 기술 |
| IoT (Internet of Things) | • 사물 인터넷으로 사물에 센서를 부착하여 인터넷으로 연결되어 서로 정보를 주고받는 기술<br>• 방문객의 위치, 오늘의 날씨, 관람객 정보 등 그때그때 상황에 맞춰 정보를 제공 |

| | |
|---|---|
| Li-Fi<br>(Light Fidelity) | • 천장에 라이파이 기술이 담긴 LED 전구를 달아두면 초당 200번 이상 깜빡이며 빛으로 바뀐 데이터 신호를 쏨. 이를 스마트폰이나 노트북, TV 등은 부착된 라이파이 송수신 센서를 이용해 신호를 주고받도록 설계됨<br>• 고속(10Gbps 이상)의 공용주파수를 사용 |
| Bluetooth<br>(블루투스) | • 휴대폰, 노트북, 이어폰, 태블릿 PC 등의 휴대 기기를 서로 무선으로 연결해 정보를 교환하는 근거리 무선 기술 표준<br>• 10m 안팎의 단거리에서 저전력 무선 연결이 필요할 때 사용하며, 양방향 정보 전송이 가능 |
| 핫스팟 | 무선 네트워크에 접속하여 초고속 인터넷과 각종 콘텐츠를 이용할 수 있게 하는 서비스 |
| MHL | 모바일 고선명 링크로 휴대기기의 영상 및 음성을 연결하는 기술 |
| GPS(Global Positioning System) | 미국 국방성에서 개발한 위성을 이용한 범세계적인 무선항법 시스템으로서, 사용자의 현재 위치, 속도 및 시간을 정확하게 계산할 수 있도록 해주는 시스템 |
| 증강현실(AR) | • 사용자가 눈으로 보는 현실 세계의 모습이나 실제 영상에 문자나 그래픽과 같은 가상의 3차원 정보를 실시간으로 겹쳐 보여주는 새로운 멀티미디어 기술<br>• 스마트폰 카메라로 거리를 비추면 건물의 이름, 상호, 업종 등의 정보를 직관적으로 파악하고, 가장 가까운 병원, 약국 등을 찾아주는 기능에 활용 |
| 스마트 그리드 | 전기의 생산부터 소비까지의 전 과정에 정보통신기술을 접목하여 에너지 효율성을 높이는 지능형 전력망 시스템 |
| 스마트 컨버전스 | 정보 산업과 다른 전 산업 분야와 융합하여 다른 새로운 분야의 기술 개발과 산업 발전을 이루게 하여 고부가 가치 산업을 창출해 내는 기술 |

## 02 최신 기술 동향

- 이동통신 기술이 5G 및 6G 기술이 주목되고 있다. 기존의 통신 기술보다 훨씬 빠른 속도의 데이터 전송을 가능하게 하기 때문이다.
- 5G의 핵심 기술은 Li-Fi로 빛의 깜박임을 통해 정보교환이 이루어지도록 설계되었다.
- 4차 산업혁명의 시대를 이끌고 있는 인공 지능★, 머신러닝★, 딥러닝★ 기술이 발전되고 있다.
- 생체 정보를 이용한 사용자 인증 기술이 발전하면서 모바일에 적용되고 있고 스마트폰에서 증강현실의 실현과 의료계 등에서 활발히 활용되고 있다.

★ 인공 지능
인간의 학습능력과 추론능력, 지각능력, 자연언어의 이해능력 등을 컴퓨터 프로그램으로 구현한 기술

★ 머신러닝
입력된 데이터를 통해 학습

★ 딥러닝
학습할 데이터를 스스로 분류

## 03 ICT 기술 분류

| 분류 | 항목 |
|---|---|
| 창조융합 | ICT와 융합(헬스, 의료, 생활, 안전, 에너지 등) |
| 이동통신 | 5G, 근거리 통신(WiFi, NFC 등), 기타 무선 통신 등 |
| 네트워크 | 스마트인터넷 플랫폼, 분산 클라우드 플랫폼 등 |
| 정보보호 | 암호, 인증, 해킹, 침해, 콘텐츠 보안 등 |
| 소프트웨어와 컴퓨팅 | 지능형 소프트웨어, 빅데이터, 클라우드 컴퓨팅, 웨어러블 컴퓨팅, SNS 등 |
| 융합 소프트웨어 | 임베디드 플랫폼, 빅데이터 응용, 인공 지능 응용 등 |
| 스마트 서비스 | IoT, UI/UX 플랫폼, 소셜미디어 등 |

## 04 최신 기술의 활용 
24년 상시, 23년 상시, 22년 상시, 21년 상시, 20년 7월, 18년 3월, 17년 3월, 16년 6월, …

**IT 관련 용어**
- ALL-IP : 유선 전화망, 무선망, 패킷 데이터망 등과 같은 기존의 통신망을 하나의 IP 기반망으로 통합하여 각종 데이터를 전송하는 기술
- 광대역 LTE : 서로 인접한 두 개의 주파수를 붙여서 마치 하나의 주파수처럼 사용할 수 있도록 하는 기술
- LTE-A : 서로 떨어져 있는 2개의 주파수를 주파수 집성(CA) 기술로 묶어서, 마치 두 주파수가 붙어있는 것처럼 사용할 수 있도록 하는 기술

① 클라우드(Cloud) 컴퓨터
- 소프트웨어와 데이터를 인터넷과 연결된 중앙 컴퓨터에 저장하여 두었다가 인터넷에 접속하면 언제 어디서든 데이터를 이용할 수 있는 서비스이다.
- 영화, 사진, 음악 등 미디어 파일을 서버에 저장해 두고 스마트폰이나 스마트 TV를 통해 다운로드 후 사용한다.
- 클라우드를 제공하는 사이트는 애플 iCloud, 네이버 N 드라이브, KT 유클라우드, 다음 클라우드, MS 클라우드 메일 서비스 등이 있다.
- 클라우드 컴퓨팅(Cloud Computing)이란 정보처리를 자신의 컴퓨터가 아닌 인터넷으로 연결된 다른 컴퓨터로 처리하는 기술로서, HW/SW 등의 자원을 자신이 필요한 만큼 빌려서 비용을 지불하는 방식의 서비스이다.

② RSS(Rich Site Summary)
- 포털사이트나 블로그와 같이 컨텐츠 업데이트가 자주 일어나는 웹 사이트의 업데이트 된 정보를 자동적으로 쉽게 사용자들에게 제공하는 서비스이다.
- RSS 피드에 등록하면 관심 있는 뉴스의 최신 제목과 내용 요약, 날짜 등이 표시되어, 해당 기사에 보다 쉽게 접근할 수 있다.
- 해당 사이트에 오래 머물지 않는다는 단점이 있다.

③ SNS(Social Network Service)
- 특정한 관심이나 활동을 공유하는 사람들 사이의 관계망을 구축해 주는 온라인 서비스이다.
- SNS를 통해 의견이나 정보를 게시하고 서로 관심 있는 사람들끼리 연계를 맺어주며 대표적인 사이트로는 페이스북, 트위터, 카카오스토리, 유튜브 등이 있다.
- SNS의 문제점은 프라이버시 보호, 온라인상의 공격행위, 지적 재산권 침해 등의 논란이 있다.

④ 소셜커머스(Social Commerce)

- 소셜네트워크서비스를 활용한 전자 상거래로 2005년 야후가 처음으로 제안하였다.
- 소비자들이 상품에 별점을 매기거나 장바구니 및 관련 정보를 공유하는 쇼핑 방식이며, 국내에서는 티켓몬스터, 쿠팡, 위메프 사이트 등이 있다.

⑤ 웨어러블 컴퓨터(Wearable Computer)

- 옷을 입거나 시계 · 안경처럼 자유롭게 몸에 착용하고 다닐 수 있는 컴퓨터를 총칭하며, 스마트 안경인 글라스, 말하는 신발, 스마트 시계인 아이워치 등이 있다.
- 몰래 카메라, 도청 등으로 사생활 침해 논란이 있다.

⑥ DRM(Digital Rights Management)

출판, 음반, 영화, 게임 등의 디지털 콘텐츠의 무단 사용을 막아 제공자의 권리와 이익을 보호해 주는 기술과 서비스로 디지털 저작권 관리를 의미하는 것이다.

⑦ 텔레매틱스(Telematics)

텔레커뮤니케이션+인포매틱스의 합성어로 원격통신과 정보과학을 결합하여 만들어졌다. 통신 및 방송망을 이용하여 자동차 안에서 위치추적, 인터넷 접속, 원격 차량진단, 사고 감지, 교통정보 및 홈네트워크와 사무자동화 등을 연계하여 사용할 수 있는 서비스이다.

⑧ 메시업(Mashup)

웹 상에서 제공되는 다양한 콘텐츠와 서비스를 혼합하여 새로운 서비스를 개발하는 기술이다.

⑨ 그리드 컴퓨팅(Grid Computing)

모든 컴퓨터 기기를 하나의 초고속 네트워크로 연결하여 컴퓨터의 계산 능력을 극대화한 차세대 디지털 신경망 서비스 환경으로서, 많은 컴퓨터와 하드 디스크, 프로그램 등을 한 곳에 인터넷으로 연결해 하나의 고성능 컴퓨터처럼 활용할 수 있는 기술이다.

⑩ 유비쿼터스 컴퓨팅(Ubiquitous Computing)

주변의 모든 기기를 인터넷을 통해 연결해 장소나 시간에 구애받지 않고 생활 속에서 편리하고 자연스럽게 컴퓨터를 사용하는 것이다.

⑪ 시멘틱 웹(Semantic Web)

차세대 지능형 웹으로서 컴퓨터들끼리 정보를 주고받으면서 자체적으로 필요한 일을 처리할 수 있는 기술이다. 정보들 사이의 연관성을 컴퓨터가 이해하고 처리할 수 있는 에이전트 프로그램을 통해 사용자가 원하는 정보를 찾아 제공한다.

**모바일 컴퓨팅**
노트북, 아이패드 등의 휴대용 PC 등을 이용하여 이동하면서 손쉽게 컴퓨터의 기능을 이용할 수 있는 컴퓨팅 시스템

**분산 컴퓨팅**
인터넷에 연결되어 분산되어 있는 여러 컴퓨터들의 처리 능력을 이용하여 계산 등의 거대한 문제를 해결할 수 있는 컴퓨팅 시스템

**개념 체크**

1 많은 컴퓨터와 하드 디스크, 프로그램 등을 한 곳에 인터넷으로 연결해 하나의 고성능 컴퓨터처럼 활용할 수 있는 기술은 (     )이다.

2 출판, 음반, 영화, 게임 등의 디지털 콘텐츠의 무단 사용을 막아 제공자의 권리와 이익을 보호해 주는 기술과 서비스로 디지털 저작권 관리를 의미하는 것은 (     )이다.

1 그리드 컴퓨팅 2 DRM

# 이론을 확인하는 기출문제

**01 다음 중 RFID에 대한 설명으로 옳지 않은 것은?**

① RFID는 무선 주파수를 이용해 사물에 내장된 정보를 근거리에서 읽어내는 기술
② RFID 리더는 태그에서 데이터를 읽기만 가능한 장치
③ 일반적으로 RFID 태그는 소형 전자 칩과 안테나로 구성
④ RFID는 비접촉식으로 여러 개의 태그를 동시에 인식

RFID는 데이터를 읽고 수신할 수 있는 기술이다.

**02 다음 중 각 시스템마다 매번 인증 절차를 밟지 않고 한 번의 로그인 과정으로 기업 내의 각종 업무 시스템이나 인터넷 서비스에 접속할 수 있게 해주는 보안 응용 솔루션을 무엇이라고 하는가?**

① Wibro(Wireless Boradband Internet)
② OSS(Open Source Software)
③ CGI(Common Gateway Interface)
④ SSO(Single Sign On)

SSO(Single Sign On)는 여러 개의 사이트를 운영하는 대기업이나 인터넷 관련 기업이 각각의 회원을 통합 관리할 필요성이 생김에 따라 개발된 방식이다.

**오답 피하기**

- Wibro(Wireless Boradband Internet) : 이동하면서도 초고속 인터넷을 이용할 수 있는 무선 휴대인터넷
- OSS(Open Source Software) : 일반 사용자의 공동연구를 통해 개발, 시험, 개선작업과 공동연구를 보장하기 위해 해당 소프트웨어의 소스코드가 공개되는 소프트웨어
- CGI(Common Gateway Interface) : 서버와 응용 프로그램 사이에 데이터를 주고받기 위한 표준화된 방법

**03 다음 중 아래의 설명에 해당하는 용어는?**

> – 휴대폰을 모뎀으로 활용할 수 있는 기능이다.
> – 노트북과 같은 IT 기기를 휴대폰에 연결하여 무선 인터넷을 사용할 수 있다.

① 와이브로(WiBro)
② 블루투스(Bluetooth)
③ 테더링(Tethering)
④ 3G(3Generation)

**오답 피하기**

- ① : 이동하면서 초고속 인터넷을 사용할 수 있는 무선 휴대 인터넷으로 고속 전송 속도로 인터넷에 접속하여 다양한 정보와 콘텐츠를 서비스하는 기술
- ② : 휴대폰, 노트북, 이어폰, 태블릿 PC 등의 휴대 기기를 서로 무선으로 연결해 정보를 교환하는 근거리 무선 기술 표준
- ④ : 이동통신 기술의 3세대를 칭하는 말로 국제전기통신연합의 3세대 이동통신 기술 규격

**04 다음 중 정보통신 기술(ICT)에 대한 설명으로 옳지 않은 것은?**

① 증강현실(Augmented Reality) : 현실 세계의 배경에 3D의 가상 이미지를 중첩하여 영상으로 보여주는 기술이다.
② RFID(Radio Frequency IDentification) : 전자태그가 부착된 IC칩과 무선 통신 기술을 이용하여 다양한 개체들의 정보를 관리할 수 있는 센서 기술이다.
③ 매시업(Mashup) : 웹상에서 제공되는 다양한 콘텐츠와 서비스를 혼합하여 새로운 서비스를 개발하는 기술이다.
④ 텔레매틱스(Telematics) : 유선 전화망, 무선망, 패킷데이터 망 등과 같은 기존의 통신망을 하나의 IP 기반 망으로 통합하여 각종 데이터를 전송하는 기술이다.

텔레매틱스는 텔레커뮤니케이션+인포매틱스의 합성어로 원격통신과 정보과학을 결합하여 만들어졌다. 통신 및 방송망을 이용하여 자동차 안에서 위치추적, 인터넷 접속, 원격 차량진단, 사고 감지, 교통정보 및 홈네트워크와 사무자동화 등을 연계하여 사용할 수 있는 서비스이다.

정답 01 ② 02 ④ 03 ③ 04 ④

SECTION 02

# 모바일 정보 기술 활용하기

합격 강의

출제빈도 상 중 하
반복학습 1 2 3

빈출 태그 스마트폰 • NFC • GPS • 안드로이드 • iOS

## 01 모바일 기기의 종류와 특징

모바일 기기란 이동성을 가진 단말기로 휴대폰 하나로 언제 어디서나 인터넷과 TV를 즐길 수 있는 내비게이션과 엔터테인먼트 등의 기능을 갖추고 있다.

| 종류 | 특징 |
|---|---|
| PDA | • 개인정보를 관리하거나 컴퓨터와 정보를 주고받을 수 있는 휴대용 컴퓨터<br>• 전자수첩과 같이 일정관리, 주소록, 메모장 등과 같은 개인정보관리가 가능한 단말기 |
| 노트북(Notebook) | 휴대가 간편하고 개인이 소지하고 이동하여 사용할 수 있는 노트 크기의 컴퓨터 |
| 태블릿 PC | • 스크린을 손가락이나 펜으로 터치하여 조작하는 휴대형 PC로 검색, 게임, PMP★ 등의 기능을 수행<br>• 미국 애플사의 아이패드(iPad)가 대표적인 제품 |
| 스마트폰<br>(Smart Phone) | 휴대전화에 인터넷 통신과 정보검색 등 컴퓨터 지원 기능을 추가한 지능형 단말기 |

★ PMP
음악, 동영상, 디지털 카메라 기능을 갖춘 휴대형 멀티미디어 플레이어

▲ PDA

## 02 모바일 내장 기능 24년 상시, 23년 상시, 22년 상시, 18년 3월, 17년 9월, 16년 10월/6월, 15년 10월/3월

| 기능 | 특징 |
|---|---|
| 카메라 | • 핸드폰으로 필름 없이 사진을 고해상도로 촬영하고, 컴퓨터와 연결하여 보거나 프린터로 출력 가능<br>• 사진 출력과 보관이 간편하고 축소 · 확대가 가능한 장점이 있음 |
| 근접 센서 | • 물체가 접근했을 때 위치를 검출하는 센서<br>• 스크린을 직접 터치하지 않고 스크린 가까이에서 움직임을 인식하여 화면을 전환하는 등의 기능에 활용 |
| NFC(Near Field Communication) | • 무선태그(RFID) 기술로 10cm 이내의 가까운 거리에서 기기 간의 설정 없이 다양한 무선 데이터를 주고받는 통신 기술<br>• 결제, 물품정보, 여행정보 전송, 교통, 출입통제 잠금 장치 등에 활용 |
| GPS(Global Positioning System) | • 위성에서 보내는 신호를 수신해 사용자의 현재 위치를 알아내는 시스템<br>• 자동차의 내비게이션, 길 찾기, 위치 추적 시스템 등에 이용 |
| DMB(Digital Multimedia Broadcasting) | 영상이나 음성을 디지털로 변환하는 기술을 이용하여 휴대용 IT기기에서 방송하는 서비스 |
| 화면 잠금 기능 | 화면을 일정 시간이 지나면 잠그는 기능 |

▲ 노트북

▲ 태블릿 PC

▲ 스마트폰

**지그비(Zigbee)**
저속 전송 속도를 갖는 홈 오토메이션 및 데이터 전송을 위한 표준 기술

**중력센서**
스마트폰이 가로 방향인지 세로 방향인지를 인식해 화면 방향을 보정해 주는 데 사용되는 기술

**적외선 통신**
전파 대신 빛을 매체로 통신을 하는 것으로 'IrDA'라는 통신의 표준 규격을 사용함

**FTTH(Fiber to the home)**
= FTTP(Fiber to the premises). '가정 내 광케이블' 혹은 '댁 내 광케이블'로 불리는 광케이블 가입자망 방식으로 초고속 인터넷 설비 방식의 한 종류로서, 광케이블을 가정까지 연결함으로써 기존 ADSL에 비해 100배 이상 빠르고 안정된 품질의 서비스를 제공할 수 있음

| | |
|---|---|
| 모바일 OTP를 통한 인증 기능 | 고정된 비밀번호가 아닌 일회용 비밀번호를 생성하여 인증하는 기능 |
| 플로팅 앱(Floating App) | • 여러 개의 앱을 한꺼번에 사용할 수 있도록 앱 실행 시 영상 화면을 오버레이의 팝업창 형태로 분리하여 실행하는 기능<br>• 스마트 기기의 멀티미디어 관련 어플리케이션 실행 시에 영상 화면을 오버레이의 팝업 창 형태로 분리 실행하는 기능 |
| 스마트 앱(Smart App) | 스마트폰 등의 모바일 기기에 설치하는 응용 프로그램으로 사용자의 목적과 용도에 따라 설치하여 일상생활에서 편리하게 활용할 수 있는 프로그램 |
| 블루투스(Bluetooth) | 근거리에서 데이터 통신을 무선으로 가능하게 해주는 표준 기술로 핸드폰, PDA, 노트북과 같은 휴대 가능한 장치들 간의 양방향 정보 전송이 목적임 |

## 03 모바일 기기의 운영체제(OS) 종류 및 특징 24년 상시, 23년 상시, 22년 상시, 21년 상시, …

스마트폰과 같은 모바일 장치나 정보기기를 제어하는 프로그램이 운영체제이다.

| 종류 | 특징 |
|---|---|
| 구글의 안드로이드 | • 구글에서 개발한 리눅스 커널 기반의 개방형 OS<br>• 인터넷과 메신저 등을 이용할 수 있고 다양한 정보 가전 기기에 적용할 수 있도록 소프트웨어와 하드웨어를 제어 |
| 애플의 iOS | • 유닉스 기반의 운영체제로 직관적이고 유연한 인터페이스와 20만 개가 넘는 어플리케이션이 내장<br>• 미국 애플사의 iPhone, iPad, iPod touch의 기반이 됨 |
| RIM의 블랙베리 | • 캐나다의 리서치인 모션(RIM)의 스마트폰 블랙베리에서 작동하는 OS<br>• 트위터나 메일 사용에 편리한 쿼티자판을 채택 |
| 노키아의 심비안 | • 오픈소스 모바일 OS<br>• 2G, 3G 네트워크 및 멀티미디어 메시징 시스템, IPv6, 이동 정보장치 프로파일, 자바를 지원 |
| 마이크로소프트의 윈도우폰 | • 마이크로소프트사에서 개발하여 사용자에게 익숙한 윈도우 형태를 그대로 사용<br>• 컴퓨터용 운영체제인 윈도우와 호환성이 탁월 |
| 노키아와 인텔의 미고 | • 인텔이 개발한 리눅스 기반의 오픈소스 OS<br>• 넷북용, 모바일용의 2가지 버전 사용 |
| 클라우드 OS | 어플리케이션을 스마트폰에 직접 설치하지 않고 웹에서 바로 구동할 수 있는 OS |
| 기타 | 삼성의 바다, LG전자의 웹OS 등 |

## 04 다양한 앱(Application Software)의 활용 24년 상시

| 종류 | 특징 |
|---|---|
| 앱스토어 | 스마트폰에 탑재할 수 있는 다양한 어플리케이션(응용 프로그램)을 판매하는 온라인상의 모바일 콘텐츠 장터 |
| 일정관리 | • 등록된 일정을 친구에게 문자로 보내거나, 같은 앱을 사용하는 사용자끼리 알림, 사진 등의 일정을 공유<br>• 메모, 음성/영상 메모, 수신함, 일정, 기념일, 프로젝트, 검색 등의 기능으로 진행 상황 알림 서비스 |
| 앱북<br>(App Book) | • 스마트폰, 태블릿 PC, 개인용 컴퓨터 등 단말기에서 별도의 어플리케이션으로 실행되는 전자책으로, 소프트웨어적 성향이 강하여 애니메이션의 음성, 동영상, 3D 그래픽스 등을 통해 보고, 듣고 만질 수 있는 서비스를 제공하는 프로그램<br>• 유통 비용과 관리 비용을 절약하고 업데이트가 쉬움 |
| 지도 | 모바일 기기에서 GPS 기능을 이용하여 실시간 경로를 찾아주는 앱 |
| 홈&쇼핑 | 스마트폰으로 이동하면서 홈쇼핑 생방송을 시청하며 물건을 구매하는 앱 |
| 기타 | 게임, 주식, 외국어 공부, 영화감상 등 다양하게 활용 |

# 이론을 확인하는 기출문제

**01** 다음에서 설명하는 신기술은 무엇인가?

> – 현실 세계의 배경에 3D의 가상 이미지를 중첩하여 영상으로 보여주는 기술이다.
> – 스마트폰 카메라로 주변을 비추면 인근에 있는 상점의 위치, 전화번호 등의 정보가 입체영상으로 표시된다.

① SSO
② 증강현실
③ RSS
④ 가상현실

오답 피하기

- SSO(Single Sign On) : 하나의 아이디로 여러 사이트를 이용할 수 있는 시스템
- RSS(Rich Site Summary) : 업데이트가 빈번한 웹 사이트의 정보를 사용자에게 보다 쉽게 제공하는 서비스
- 가상현실(Virtual Reality) : 어떤 특정한 환경이나 상황을 컴퓨터로 만들어서, 그것을 사용하는 사람이 마치 실제 주변 상황의 환경과 상호작용을 하고 있는 것처럼 만들어 주는 시스템

**02** 다음에서 설명하는 모바일 운영체제는 무엇인가?

> – 구글에서 개발한 리눅스 기반의 개방형 모바일 운영체제
> – 개방형 소프트웨어이므로 단말기 제조사나 이동통신사 등이 무료로 사용할 수 있으나 개방된 만큼 보안에 취약함

① 안드로이드
② 윈도우폰
③ iOS
④ 클라우드 OS

구글은 안드로이드 운영체제이다.

오답 피하기

- 윈도우폰은 마이크로소프트(MS) 운영체제
- 애플은 iOS 운영체제
- 클라우드 OS는 웹에서 바로 구동되는 OS

**03** 다음 중 모바일 기기의 보안 기술과 가장 관련이 먼 것은?

① 킬 스위치(Kill Switch)
② 화면 잠금 기능
③ 모바일 OTP를 통한 인증 기능
④ 근접 센서 기능

근접 센서는 물체가 접근했을 때 위치를 검출하는 센서이다.

오답 피하기

- 킬 스위치(Kill Switch) : 휴대폰의 도난이나 분실에 대비하여 정보기기를 원격으로 조작해 개인 데이터를 삭제하고 사용을 막는 기능
- 화면 잠금 기능 : 화면을 일정 시간이 지나면 잠그는 기능
- 모바일 OTP를 통한 인증 기능 : 고정된 비밀번호가 아닌 일회용 비밀번호를 생성하여 인증하는 기능

**04** 다음 중 모바일 운영체제의 종류가 아닌 것은?

① 구글의 안드로이드
② RIM의 블랙베리
③ 마이크로소프트사의 윈도우 10
④ 클라우드 OS

마이크로소프트사의 윈도우 10은 데스크탑용 운영체제이다.

정답 01 ② 02 ① 03 ④ 04 ③

# 전자우편과 개인정보 관리

학습 방향

메일을 보내고 받는 데 사용되는 프로토콜의 종류와 수신 메일을 구분하여 보관하는 방법, 스팸 메일과 광고성 메일 같은 문제에 대응할 수 있도록 합니다. 또한 요즘 강조되고 있는 개인정보 관리에 대한 내용이 증가되는 추세이니 출제된 문제 위주로 학습하세요.

출제빈도

| | | |
|---|---|---|
| SECTION 01 | 상 | 38% |
| SECTION 02 | 상 | 35% |
| SECTION 03 | 중 | 27% |

SECTION 01

# 메일 전송하기

출제빈도 (상) 중 하
반복학습 1 2 3

빈출 태그 전자우편 • SMTP • POP3 • MIME

## 01 전자우편이란? 24년 상시, 23년 상시, 22년 상시, 21년 상시, 19년 8월, 18년 9월, 16년 6월, 15년 6월/3월

- 전자우편(E-Mail)은 인터넷을 통해 다른 사람과 편지, 그림, 동영상 등 다양한 형식의 데이터를 주고받을 수 있는 인터넷 서비스이다.
- 전자우편은 보내는 즉시 수신자에게 도착하므로 빠른 의견 교환이 된다.
- 한 사람이 동시에 여러 사람에게 동일한 전자우편을 보낼 수 있는 동보전송이 된다.
- 수신자가 인터넷에 접속되지 않더라도 메일이 발송되어 메일 서버에 저장되며 수신자가 언제든지 인터넷에 접속하여 메일을 확인할 수 있다.
- 전자우편은 7비트의 ASCII코드를 사용하여 메시지를 전달한다.
- 전자우편에 사용되는 프로토콜은 다음과 같다.

| | |
|---|---|
| SMTP<br>(Simple Mail Transfer Protocol) | 사용자의 컴퓨터에서 작성한 메일을 다른 사람의 계정이 있는 곳으로 전송 |
| POP3<br>(Post Office Protocol) | 메일 서버에 도착한 이메일을 사용자의 컴퓨터로 가져오는 메일 서버 |
| MIME<br>(Multipurpose Internet Mail Extensions) | • 전자우편으로 화상이나 음성을 포함한 멀티미디어 정보를 보낼 때의 표준 규격<br>• 웹 브라우저가 지원하지 않는 각종 멀티미디어 파일의 내용을 확인하고 실행시켜주는 프로토콜 |
| IMAP<br>(Internet Message Access Protocol) | • POP와 달리 전자우편의 제목이나 보낸 사람만 보고 메일을 다운로드할 것인지 선택할 수 있는 프로토콜<br>• 전자우편의 수신을 담당 |

전자우편을 수신하기 위한 프로토콜로, 주로 POP3를 사용

암기 TIP

POP
'좋아하는 팝송(POP)을 음악 사이트에서 내려받아(수신) 들어요.'라고 기억해요.

## 02 메일 전송하기 24년 상시, 19년 8월/3월

- 전자우편 주소 형식은 '사용자ID@호스트메일서버주소'이다.
- 전자우편은 머리부와 본문부로 구성된다.

| | |
|---|---|
| 머리부(헤더) | • 보내는 이름(From) : 보내는 사람의 전자우편 주소<br>• 받는 사람(To) : 받는 사람의 전자우편 주소<br>• 참조(Cc) : 받는 사람 외에 추가로 전자우편을 받을 사람의 전자우편 주소<br>• 숨은 참조(Bcc) : 받는 사람에게 표시되지 않고 함께 받을 참조자의 전자우편 주소<br>• 제목(Subject) : 메일의 제목<br>• 첨부(Attach) : 전자우편과 함께 첨부하여 보낼 문서, 그림, 동영상 등의 파일명 |
| 본문부(몸체) | • 본문 : 실제로 전달할 내용을 입력하는 곳<br>• 서명 : 보낸 사람의 서명이나 로고를 표시 |

**스팸 메일(Spam Mail)**
통신이나 인터넷을 통해 불특정 다수에게 원하지도, 요청하지도 않은 메일을 대량으로 보내는 광고성 메일

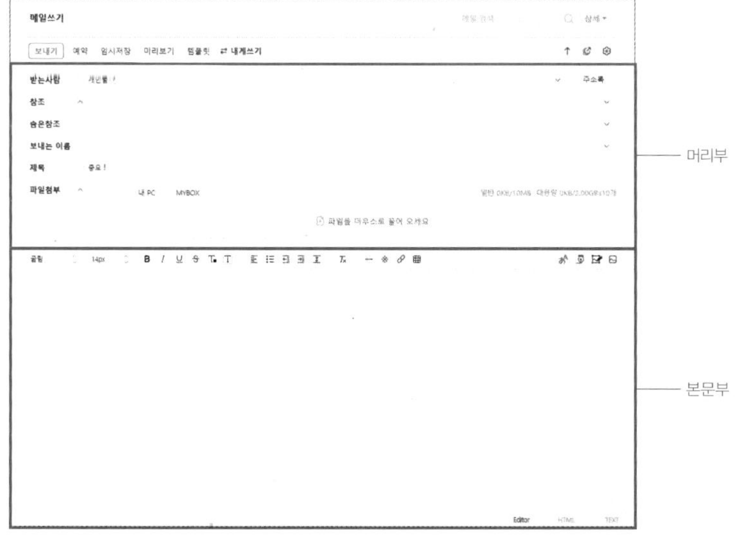


- [주소록]을 선택하면 연락처에 등록된 목록에서 받는 사람이나 참조할 주소를 빠르게 선택할 수 있다. 받는 사람이 여러 명일 경우 항목 구분은 세미콜론(;)으로 한다.
- [서명] 창에서 [서명 편집]을 한 후 메시지를 선택하면 본문 아래에 서명이 추가되어 전송된다.
- 메시지 창에서 받는 사람 메일 주소, 제목, 참조할 주소, 첨부 파일 등을 선택하고, 내용을 입력한 후 [보내기]를 선택한다.

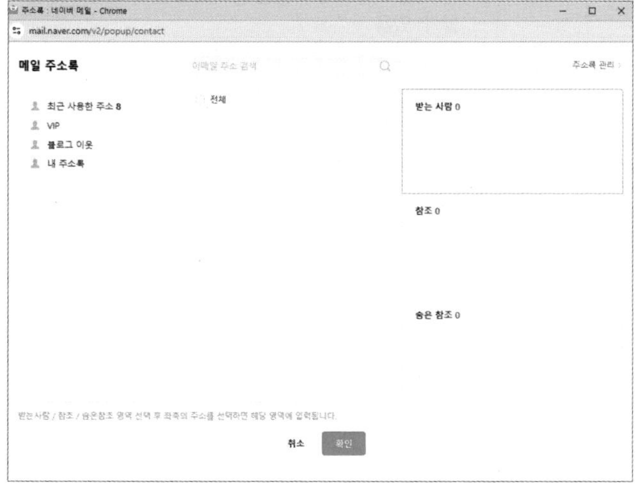

**연락처 관리하는 방법**

- 수신한 전자 메일에서 바로 연락처 등록 가능
- 동일인의 연락처를 새로 추가할 때는 중복된 항목으로 저장하거나 기존 연락처를 업데이트하여 저장
- 연락처를 엑셀이나 액세스 파일로 내보내기 가능
- 연락처 그룹을 만들면 한꺼번에 메일 발송 가능

**전자우편(이메일) 사용 예절**

- 간결한 문서 작성을 위하여 약어를 사용할 수 있지만, 너무 많은 약어는 사용하지 않음
- 동일한 내용의 메일을 여러 번 중복하여 보낼 필요는 없음
- 전자우편을 보낼 때는 용량이 너무 커지지 않도록 체크
- 제목만 보고도 중요도와 내용을 알 수 있도록 작성
- 무분별하게 많은 계정으로 보내지 않음

# 이론을 확인하는 기출문제

**01** 다음과 관련이 있는 전자우편의 헤더 부분은 무엇인가?

| 수신된 메일에 참조자가 표시되지 않으나, 함께 메일을 받을 참조자의 진자우편 주소 |
|---|

① 제목(Subject)
② 첨부(Attach)
③ 받는 사람(To)
④ 숨은 참조(Bcc)

숨은 참조(Bcc)는 받는 사람에게 표시되지 않고 함께 받을 참조자의 전자우편 주소이다.

**02** 다음 중 전자우편에 대한 설명으로 옳지 않은 것은?

① 전자우편의 송신을 담당하고 다른 사람의 계정이 있는 곳으로 전송하는 프로토콜은 IMAP이다.
② 메일 서버에 도착한 전자우편을 사용자 컴퓨터로 가져오는 프로토콜은 POP3이다.
③ 전자우편 주소 sang123@nara.co.kr에서 도메인 네임은 nara.co.kr 이다.
④ 회신은 받은 메일에 대해 답장을 작성하여 발송자에게 보내는 기능이다.

메일 전송 프로토콜은 SMTP이다.

오답 피하기

- IMAP는 전자우편의 수신을 담당, 제목과 송신자를 보고 메일을 다운로드할 것인지를 결정하는 프로토콜
- POP3는 메일 서버에 도착한 이메일을 가져오는 프로토콜

**03** 다음 중 전자우편 프로토콜에 대한 설명으로 가장 적절하지 못한 것은?

① POP3란 메일 서버에 도착한 메일을 사용자 컴퓨터로 가져올 수 있도록 메일 서버에서 제공하는 프로토콜이다.
② IMAP란 편지의 헤더 부분만 다운로드하여 본문 내용을 서버에 보관하는 전자우편 수신 담당 프로토콜이다.
③ MIME란 웹 브라우저가 지원하지 않는 각종 멀티미디어 파일의 내용을 확인하고 실행시켜 주는 프로토콜이다.
④ SMTP는 전자우편을 발송하기 전에 미리 암호화하여 전송 도중에 데이터의 유출이 발생해도 내용을 확인할 수 없도록 하는 프로토콜이다.

SMTP는 인터넷에서 전자우편을 보낼 때 이용하게 되는 표준 통신 규약이다.

**04** 다음은 어떤 프로토콜인가?

| – 전 세계 어디서나 다양한 장치에서 전자 메일을 확인할 수 있음<br>– 전자우편의 제목이나 보낸 사람만 보고 메일을 다운로드할 것인지를 선택하고 첨부 파일은 자동으로 다운로드되지 않음 |
|---|

① IMAP
② POP
③ SMTP
④ SNMP

오답 피하기

- POP : 전자우편을 수신하는 프로토콜
- SMTP : 전자우편을 송신하는 프로토콜
- SNMP : 네트워크를 관리하고 네트워크 장치와 동작을 감시 및 총괄하는 프로토콜

정답 01 ④ 02 ① 03 ④ 04 ①

SECTION 02

# 메일 관리하기

출제빈도 상 중 하

반복학습 1 2 3

빈출 태그 메일 수신 • 전자우편의 주요 기능 • 회신 • 주소록

## 01 메일 수신하기 23년 상시, 22년 상시, 21년 상시, 20년 2월, 16년 10월

① 메일은 날짜, 보낸 이, 제목, 크기별로 정렬하여 표시한다.

② 메일은 모든 메일, 안 읽은 메일, 읽은 메일, 중요 메일, 첨부 메일, 나에게 온 메일로 필터하여 표시할 수 있다.

③ 메일은 송 · 수신 항목에 따라 전체메일, 받은메일함, 보낸메일함, 임시보관함, 내게쓴메일함, 스팸메일함, 휴지통 등에 나눠서 보관한다.

④ [전체메일]

받은 메일로 읽은 메일과 읽지 않은 메일을 모두 표시한다.

⑤ [받은메일함]

전송받은 메일을 확인한다.

⑥ [보낸메일함]

메일을 보내기하면 보낸 메일함에서 목록이 표시된다.

⑦ [내게쓴메일함]

자신의 계정으로 보낸 메일을 보관한다.

⑧ [임시보관함]

메일을 쓰고 보내지지 않으면 임시 보관함에 보관된다.

⑨ [스팸메일함]

스팸 설정으로 걸러진 메일을 스팸 메일 또는 정크 메일이라고 하는데 스팸 메일함에 보관된다.

⑩ [휴지통]

받은 메일 중 불필요하여 삭제한 메일이 보관되는 곳으로 휴지통을 비우기하면 모두 지워진다.

⑪ 스팸 키워드 설정에 따라 대출, 광고, 홍보, 은행 계좌 번호와 암호 등의 개인 정보를 드러내도록 사용자를 유인하는 사기 수법인 피싱 메일도 스팸 메일에 들어간다.

**RSS 피드**

RSS(Rich Site Summary)는 뉴스나 블로그 사이트에서 참조하는 콘텐츠 표현 방식으로 아웃룩에서 해당 링크 주소를 클릭하면 그 사이트에서 제공하는 정보 메일을 수신하도록 설정

**정크 메일 폴더**

- [받은 편지함] 폴더에 배달되는 메일 중 필터로 걸러진 불필요한 메일이 보관됨
- 특정 주소나 도메인에서 보낸 메일을 무조건 [정크 메일] 폴더로 이동하도록 설정할 수 있음
- [임시 보관함]에 있는 메일을 [정크 메일] 폴더로 이동시킬 수 있음
- 정크 메일은 불특정 다수에게 보내는 광고성 메일로 필터에 의해 걸러진 후 아웃룩 익스프레스의 [정크 메일]함에 보관
- [정크 메일]함을 비우면 완전히 삭제됨

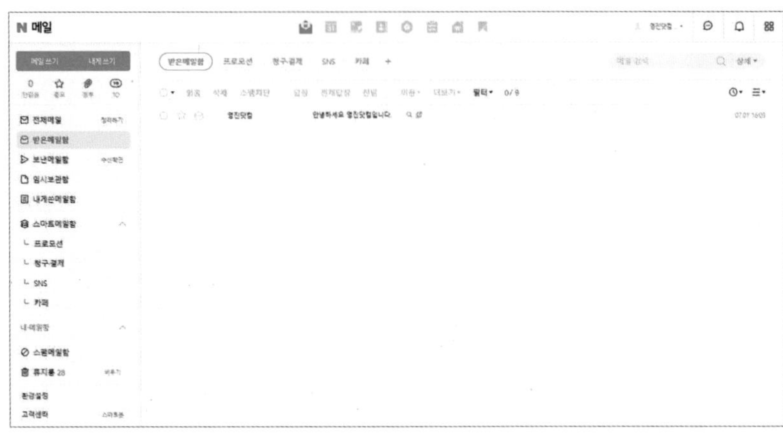

## 02 전자우편의 주요 기능 24년 상시, 20년 2월, 18년 3월

| 기능 | 의미 |
|---|---|
| 회신(Reply) | 받은 메일에 대하여 답장을 작성하여 발송자에게 다시 전송하는 기능 |
| 전체회신(Reply All) | 받은 메일에 대하여 참조인 모두에게 답장을 전송하는 기능 |
| 전달(Forward) | 받은 메일을 다른 사람에게 알려주고 싶을 때 받은 메일을 그대로 다시 보내는 기능 |
| 첨부(Attach) | 문서, 이미지, 동영상 등의 파일을 메일에 첨부하는 기능 |
| 참조(Cc) | 받는 사람 이외에 추가로 메일을 받을 사람을 지정하는 기능, 숨은참조(Bcc) |
| 주소록 | 주소록 대화 상자를 표시하여 주소록 등록 및 내용 등을 편집 |

**스팸 메일/OPT-in 메일**
- 스팸 메일(Spam Mail) : 불특정 다수에게 원하지 않은 메일을 대량으로 보내는 광고성 메일로 정크 메일(Junk Mail) 또는 벌크 메일(Bulk Mail)이라고도 함
- OPT-in 메일 : 광고성 이메일을 받기로 사전에 약속한 사람에게만 보내는 메일

더 알기 TIP

**중요하거나 불필요한 메일 관리하기**

- 특정 도메인이나 주소에서 보낸 메일이 특정 폴더([정크 메일] 등)로 이동되도록 설정할 수 있다.
- 제목에 특정 단어가 들어있는 메일만 필터링하여 특정 폴더([정크 메일] 등)로 이동되도록 설정하여 관리할 수 있다.
- 특정인이 보낸 메일을 원하는 폴더로 바로 이동되거나 소리가 나도록 설정할 수 있다.
- [정크 메일] 폴더와 [휴지통] 폴더를 비우면 해당 메일은 완전히 삭제된다.

## 이론을 확인하는 기출문제

**01** 다음 중 메일 관리에 대한 설명으로 옳지 않은 것은?

① 제목에 특정 단어가 들어 있는 메일에 대해서만 자동으로 회신하게 설정할 수 있다.
② 특정인으로부터 수신된 메일을 원하는 폴더로 바로 이동될 수 있도록 설정할 수 있다.
③ 제목에 특정 단어가 들어간 메일을 [정크 메일] 폴더에 보관될 수 있도록 설정할 수 있다.
④ 특정인으로부터 메일을 받으면 소리가 나게 설정할 수 있다.

제목에 특정 단어가 들어 있는 메일에 대해서만 자동으로 필터할 수 있다.

**02** 다음 중 전자우편의 기능에 대한 설명으로 옳지 않은 것은?

① 전달 : 다른 사람에게 알려주고 싶은 경우 받은 메일을 그대로 다른 사람에게 보내는 기능이다.
② 회신 : 받은 메일에 대하여 답장을 하되, 발송자는 물론 참조인 모두에게 전송하는 기능이다.
③ 첨부 : 문서, 이미지, 동영상 등의 파일을 전자우편에 첨부하여 보내는 기능이다.
④ 서명 : 메시지를 보낸 사람의 신원을 증명하기 위해 메시지 끝에 붙이는 표식으로 이름, 직위, 회사이름, 주소 등을 표시한다.

회신은 상대방이 보낸 메일에 답장을 하는 것이다.

오답 피하기

②는 전체 회신에 대한 설명이다.

**03** 다음 중 전자 메일에서 할 수 있는 기능이 아닌 것은?

① 실제로 전달한 내용을 입력하는 곳은 제목 부분이다.
② 다수의 사람에게 동일한 내용의 메일을 전송할 수 있다.
③ 첨부에는 문서, 그림, 동영상 등의 파일을 첨부한다.
④ 숨은 참조는 받는 사람에게 표시되지 않는다.

실제로 전달할 내용은 본문에 입력하고, 제목에는 메일의 제목만을 입력한다.

**04** 다음 중 전자우편과 관련하여 스팸(Spam)에 관한 설명으로 옳은 것은?

① 바이러스를 유포시키는 행위이다.
② 수신인이 원하지 않는 메시지나 정보를 일방적으로 보내는 행위이다.
③ 다른 사용자의 개인정보를 허락 없이 가져가는 행위이다.
④ 고의로 컴퓨터 파일상의 데이터를 파괴시키는 행위이다.

스팸(Spam)은 수신인이 원하지 않는 메시지나 정보를 일방적으로 보내는 행위이다.

**05** 다음의 설명으로 적합한 것은?

> 광고성 이메일(E-mail)이라는 점에서는 스팸메일과 같으나, 스팸메일이 불특정 다수에게 보내는 불법 메일인데 비해 이것은 광고성 이메일을 받기로 사전에 선택한 것이다. 즉, 고객의 권리를 존중하고 고객의 의사에 준해 메일을 발송하는 것이므로 법적으로 문제가 되지 않는다.

① Opt-in Mail
② Junk Mail
③ Green Mail
④ Net Mail

광고성 메일은 Opt-in Mail이다.

정답 01 ① 02 ② 03 ① 04 ② 05 ①

SECTION 03

# 개인정보 보호하기

합격 강의

출제빈도 상 (중) 하

반복학습 1 2 3

빈출 태그 개인정보의 유형 • 개인정보 보호의 8개 주요 원칙 • 쿠키(Cookie)

## 01 개인정보 보호의 개념 파악하기 23년 상시, 22년 상시, 21년 상시, 19년 3월, 18년 9월

**개인정보자기결정권**
자신에 관한 정보를 보호받기 위하여 자신에 관한 정보를 자율적으로 결정하고 관리할 수 있는 권리

**프라이버시권**
개인이 타인의 간섭과 공적인 영역으로부터 고유의 정보를 노출시키지 않는 자유를 확보하는 권리

### 1) 개인정보 보호의 개념

- '개인정보 보호법'에서는 개인정보란 살아 있는 개인에 관한 정보로서 성명, 주민등록번호 및 영상 등을 통하여 개인을 알아볼 수 있는 정보, 해당 정보만으로는 특정 개인을 알아볼 수 없더라도 다른 정보와 쉽게 결합하여 알아볼 수 있는 정보, 가명정보라고 정의한다.
- 즉, 개인정보란 살아있는 개인의 이름, 주민등록번호, 주소, 전화번호, 나이, 성별 등과 같이 개인을 알아볼 수 있는 정보를 말하며, 그 개념은 사회변화에 따라 변할 수 있다.

### 2) 개인정보의 유형 및 종류

| 유형 | 종류 |
|---|---|
| 일반적 정보 | 이름, 주민등록번호, 주소, 전화번호, 출생지, 혈액형, 성별 등 |
| 신체적 정보 | 얼굴, 지문, 홍채, 음성, 건강상태, 진료기록, 장애등급 등 |
| 정신적 정보 | 종교, 노조가입 여부, 인터넷 웹 사이트 검색 내역, 소비성향 등 |
| 사회적 정보 | 학력, 성적, 상벌기록, 생활기록부, 범죄기록, 직무평가기록 등 |
| 재산 정보 | 소득내역, 신용카드 정보, 통장계좌번호, 비밀번호 등 |
| 위치 정보 | IP 주소, GPS를 이용한 개인위치 등 |
| 병역 정보 | 병역 여부, 군번, 계급, 근무부대 등 |
| 통신 정보 | 통화 내역, 인터넷 웹 사이트 접속 로그파일, 이메일, 문자 메시지 등 |

### 3) OECD(경제협력개발기구) 권고에 따른 개인정보 보호의 8개 주요 원칙

| 원칙 | 주요 내용 |
|---|---|
| 수집 제한의 원칙 | • 개인정보의 수집에 제한을 두고 적법하고 공정한 수단으로 수집<br>• 정보수집의 주체를 알리고 민감한 정보수집에 제한 |
| 정보 정확성의 원칙 | • 개인정보는 사용목적과 범위가 일치<br>• 이용에 필요한 범위 내에서 정확하고 안전한 최신의 정보를 확보 |
| 목적 명확화의 원칙 | • 개인정보 수집 시 목적이 명확해야 하고 최초의 목적과 모순되지 않아야 함<br>• 이용 목적이 변경될 경우에는 다시 명시 |
| 안전보호의 원칙 | 개인정보의 분실, 불법적인 접근, 파괴, 정보공개, 도용과 같은 위험에 대비하여 안전보호 장치를 마련 |

**개념 체크**

1 개인정보의 유형 중 이름, 주민등록번호, 혈액형, 성별 등은 신체적 정보에 속한다. (O, X)

2 개인정보의 유형 중 학력, 성적, 생활기록부 등은 사회적 정보에 속한다. (O, X)

1 X 2 O

| 개인 참가의 원칙 | 정보주체가 개인정보의 존재 확인, 열람, 이의제기, 정정, 삭제 청구권을 가짐 |
|---|---|
| 이용 제한의 원칙 | 개인정보는 정보주체의 동의가 있는 경우나 법률의 규정에 의한 경우를 제외하고는 명확화 된 목적 이외의 용도로 공개되거나 이용되어서는 안 됨 |
| 공개의 원칙 | 개인정보에 관한 존재 사실, 개발, 운용 및 정책 공개의 원칙 |
| 책임의 원칙 | 개인정보 관리자는 이에 대한 책임과 의무를 가짐 |

### 4) 개인정보의 침해 유형 및 원인

- 당사자가 동의하지 않은 개인정보를 무단으로 가져가는 행위를 '개인정보의 침해'라고 한다.
- 정보통신서비스 제공자는 이용자의 개인정보를 수집할 경우, 개인정보의 수집 · 이용 목적, 수집하는 개인정보의 항목, 개인정보의 보유 · 이용 기간을 이용자에게 알리고 동의를 받아야 한다. 개인의 사상, 신념, 학력, 병력, 사회활동, 경력 등 개인의 권리나 이익 등의 사생활을 뚜렷하게 침해할 우려가 있는 개인정보를 수집하여서는 안 된다.

| 항목 | 침해 유형 |
|---|---|
| 1 | 이용자 동의 없는 개인정보 수집 |
| 2 | 개인정보 수집 시 고지 또는 명시의무 불이행 |
| 3 | 과도한 개인정보 수집 |
| 4 | 고시 · 명시한 범위를 초과한 목적 외 이용 또는 제3자 제공 |
| 5 | 개인정보 취급자에 의한 훼손, 침해 또는 누설 |
| 6 | 영업의 양수 등의 통지의무 불이행 |
| 7 | 개인정보관리책임자 미지정 |
| 8 | 개인정보 보호 기술적 · 관리적 조치 미비 |
| 9 | 수집 또는 제공받은 목적달성 후 개인정보 미파기 |
| 10 | 동의철회, 열람 또는 정정요구 등의 불응 |
| 11 | 개인정보 오류정정 요구 접수 후 미정정 정보이용 |
| 12 | 동의철회, 열람 또는 정정을 수집방법보다 쉽게 해야 할 조치 미이행 |
| 13 | 법정대리인의 동의 없는 아동의 개인정보 수집 |
| 14 | 영리목적의 광고성 정보전송 |
| 15 | 타인정보의 훼손, 침해, 도용 |

- 개인정보는 수집, 저장 및 관리, 이용 및 제공, 파기의 생명주기로 관리되는데 이를 위반하여 침해가 된다.
- 침해 원인으로는 기업 등 사회적 책임의식 부족, 법령 준법정신 부족, 이용자의 권리행사 부족 등이 있다. 즉, 정보주체의 동의 없는 개인정보의 수집이나 공개 위반, 기술적 · 관리적 조치 미비에 따른 개인정보 유출, 개인정보 수집 동의에 대한 철회요구 불응, 타인정보의 훼손, 비밀침해, 누설 등으로 발생한다.
- 개인정보 침해에 관한 위반 시 5년 이하의 징역 또는 5천만 원 이하의 벌금에 처한다.

## 02 개인정보 관리하기 20년 7월

### 1) 개인정보의 안전한 관리

개인정보를 처리할 때에는 개인정보가 분신 · 도난 · 유출 · 위조 · 변조 또는 훼손되지 않도록 기술적 · 관리적 · 물리적 조치를 해야 한다.

### 2) 개인정보 보호 조직 구성 및 역할

① 개인정보 처리자는 개인정보를 보호하고 개인정보와 관련된 이용자의 고충을 처리하기 위해 책임질 개인정보보호책임자를 지정해야 한다.

② 개인정보보호책임자의 역할

- 개인정보 보호를 위한 내부관리 계획의 수립과 시행
- 개인정보에 대한 불법적인 접근을 차단하기 위한 침입차단시스템 등의 통제장치의 설치와 운영
- 접속기록의 위조 · 변조 방지를 위한 조치
- 개인정보를 안전하게 저장 · 전송할 수 있는 암호화 기술 등을 이용한 보안조치
- 백신 소프트웨어의 설치 · 운영 등 컴퓨터 바이러스에 의한 침해 방지조치
- 개인정보 파일의 보호 및 관리 · 감독

### 3) 개인정보 취급자 및 위탁관리

- 정보통신 서비스 제공자 등이 개인정보보호책임자를 지정하지 않으면 사업주 또는 대표자가 보호책임자가 된다.
- 개인정보보호책임자는 위반 사실을 알게 되면 즉시 개선조치를 해야 한다.

### 4) 쿠키를 활용한 개인정보 관리

① 쿠키(Cookie)의 정의

- 쿠키란 웹 서버가 사용자의 특정 웹 사이트를 방문한 기록을 하드 디스크에 저장하는 사용자 파일이다.
- 쿠키를 설정하면 자주 방문하는 사이트의 아이디, 비밀번호, 이미지 등의 정보를 빠르게 불러와서 인터넷 속도를 높일 수 있으나, 인터넷상에서 검색한 기록 등을 저장하므로 사생활 침해 및 개인정보 유출과 악성코드의 경로가 될 수 있는 문제가 있다.

② 쿠키 설정

- [인터넷 익스플로러] 브라우저 창–[도구] 메뉴–[인터넷 옵션]–[개인정보] 탭–[사이트]를 선택한다.
- 웹 사이트 주소란에 관리할 웹 사이트 주소를 입력하고 [차단]할 것인지, [허용]할 것인지를 선택한 후 [확인]한다.

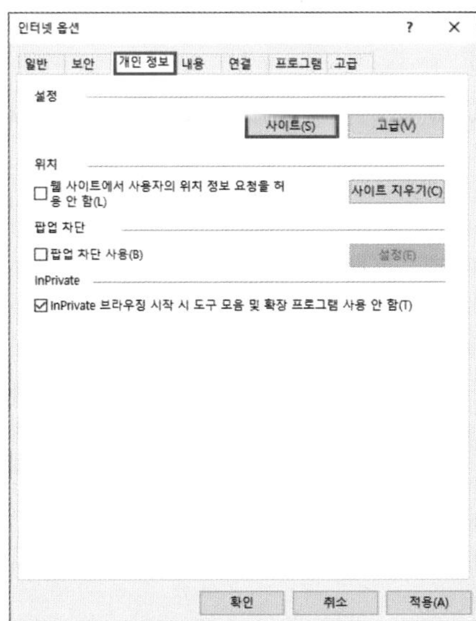


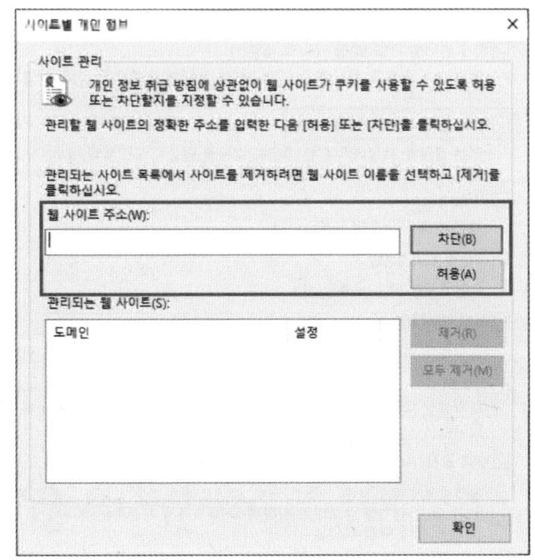


③ 쿠키 삭제

- [인터넷 익스플로러] 브라우저 창–[도구] 메뉴–[인터넷 옵션]–[일반] 탭–[삭제]를 선택한다.
- [쿠키 및 웹 사이트 데이터]를 선택한 후 [삭제]를 클릭한다.

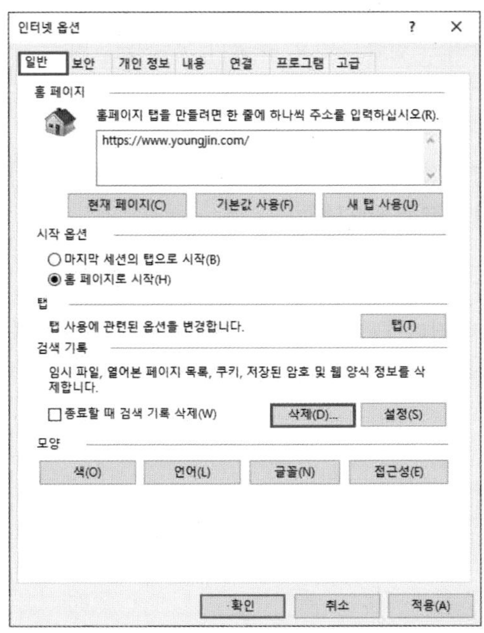

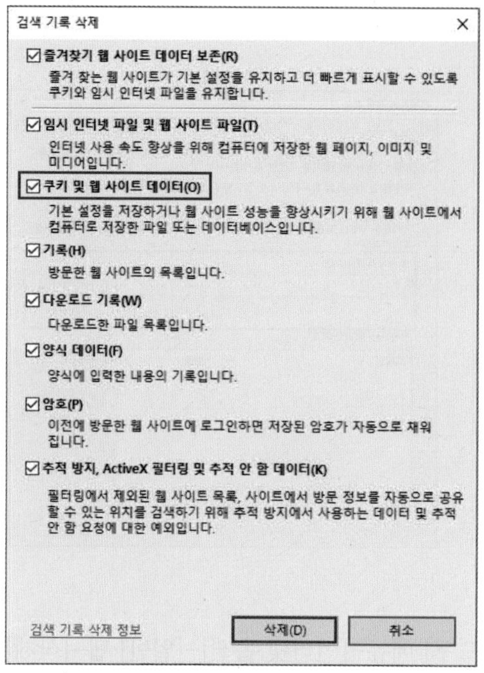


### 5) I–PIN을 활용한 개인정보 관리

- 아이핀은 인터넷상 개인식별번호로 인터넷상에서 본인을 확인받는 수단이다. 주민등록번호 대신 아이핀을 사용하여 주민등록번호 유출과 오남용을 막을 수 있도록 한다.
- 아이핀 아이디와 비밀번호를 사용하여 웹 사이트에서 본인을 확인한다.
- 아이핀 발급기관으로는 서울신용평가정보, 나이스신용평가정보, 코리아크래딧뷰가 있으며, 공공아이핀센터에서 무료로 발급한다.

### 6) 기타

한국마이크로소프트 보안패치를 이용하거나 PC 자동보안 업데이트 프로그램을 다운로드하여 보안을 자동 업데이트한다.

## 이론을 확인하는 기출문제

**01** 다음 중 개인정보 보호에 관한 설명으로 옳지 않은 것은?

① 개인정보처리자는 정보주체의 개인정보가 분실, 도난, 유출, 위조, 변조 또는 훼손되지 않도록 해야 한다.
② 기업은 개인정보 보호를 시작하기 위해서 개인정보보호 전담자와 조직을 만들어야 한다.
③ 개인정보 보호에 문제가 생겼을 때는 IT 부서 책임자나 최고보안책임자를 제외하고 경영자가 책임을 져야 한다.
④ 개인정보 보호는 개인정보자기결정권이 철저히 보장될 수 있도록 하는 일련의 행위이다.

개인정보보호책임자로 지정된 사람에게 책임이 있다.

**02** 다음 중 개인정보에 대한 설명으로 옳은 것은?

① 개인정보는 성명, 주소 등과 같이 살아 있는 개인을 식별할 수 있는 정보이다.
② 개인에 대한 다른 사람의 평가, 견해 등과 같은 간접적인 정보는 개인정보에 포함되지 않는다.
③ 개인정보 자기결정권은 자신의 개인정보 보호를 위하여 정보주체가 지켜야 할 권리이다.
④ 프라이버시권은 자신에 관한 정보가 언제 누구에게 어느 범위까지 알려지고 이용되도록 할지를 스스로 결정하는 권리이다.

**개인정보의 종류**
- 일반적 정보 : 이름, 주민등록번호, 주소, 전화번호, 출생지, 혈액형, 성별 등
- 신체적 정보 : 얼굴, 지문, 홍채, 음성, 건강상태, 진료기록, 장애등급 등
- 정신적 정보 : 종교, 노조가입 여부, 인터넷 웹 사이트 검색 내역, 소비성향 등
- 사회적 정보 : 학력, 성적, 상벌기록, 생활기록부, 범죄기록, 직무평가기록 등
- 재산 정보 : 소득내역, 신용카드 정보, 통장계좌번호, 비밀번호 등
- 위치 정보 : IP 주소, GPS를 이용한 개인위치 등
- 병역 정보 : 병역 여부, 군번, 계급, 근무부대 등
- 통신 정보 : 통화 내역, 인터넷 웹 사이트 접속 로그파일, 이메일, 문자 메시지 등

**오답 피하기**
- ② : 간접적인 정보 역시 개인정보에 포함됨
- ③ : 개인정보 자기결정권은 자신에 관한 정보가 언제 누구에게 어느 범위까지 알려지고 이용되도록 할지를 스스로 결정하는 권리
- ④ : 프라이버시권은 자신의 개인정보 보호를 위하여 정보주체가 지켜야 할 권리

**03** 다음 중 OECD에서 제시한 '프라이버시 보호 및 개인정보의 국제적 유통에 대한 가이드라인' 8원칙에 해당하지 않는 것은?

① 재사용의 원칙
② 정확성의 원칙
③ 공개의 원칙
④ 수집 제한의 원칙

**'프라이버시 보호 및 개인정보의 국제적 유통에 대한 가이드라인' 8원칙**
- 수집 제한의 원칙
- 정보 정확성의 원칙
- 목적 명확화의 원칙
- 안전보호의 원칙
- 개인 참가의 원칙
- 이용 제한의 원칙
- 공개의 원칙
- 책임의 원칙

**04** 다음 중 개인정보를 보호하는 방법으로 옳지 않은 것은?

① 로그인할 때 아이핀을 사용한다.
② 설문지에 자세한 개인정보를 기재하지 않는다.
③ 전자 메일은 안전하므로 개인정보를 입력해도 된다.
④ 아이디나 비밀번호를 허용하는 쿠키 사용을 제한한다.

전자 메일은 해킹이나 바이러스 침투 등의 침해 대상이 되므로 개인정보를 최소한으로 사용해야 한다.

정답 01 ③ 02 ① 03 ① 04 ③

# INDEX